国家出版基金项目

NATIONAL PUBLICATION FOUNDATION

[清] 欧阳厚均 撰
方红姣 校点

欧阳厚均集

(二)

湖湘文库编辑出版委员会
岳麓书社

易　鉴

序

岳麓为四大书院之一，乾嘉间罗慎斋鸿胪主讲斯地二十七年。吾师安仁欧阳坦斋侍御夫子，相从受业。越十稔而师以乞养归里，继在麓山讲席亦二十七年。教泽之深，历年之久，若合符节，湘人士至今传诵弗衰。玉麒弱冠从游，日见吾师手握一编，丹铅不废，无间寒暑。十馀年后以选贡入成均。邮书寄示，有“假年学易，日求寡过”等语。足见吾师既耄犹勤，深惜函丈，久离未得稍窥其涯涘也。玉麒通籍之岁，吾师遽归道山。询悉平生著作甚夥，尚未付梓，惟《易鉴》三十八卷，乃其晚年订本，先付手民，几乎不胫而走。讵料湘西寓庐兵燹蹂躏，微特板片无存，即吾师手订原本亦成灰烬，而是书不可复见矣。戎马倥偬，不遑收辑，迩年文孙信甫太守归自吴门，悼先泽之将湮，朝夕购求，乃徒坊肆中觅得旧本。玉麒始得受而读之，补前所未见，不可谓非幸也。夫《易》之为书，广大悉备。自汉宋以迄近代，注《易》者无虑数百家。惟杨诚斋《易传》就治道之兴替得失，见易理之悔吝吉凶，可与史传相表里。吾师择其精粹而简明者汇为是书，名之曰《易鉴》。间亦特摅己见，阐前人未尽之蕴，启后学无穷之悟，使读易者怵然于馀庆馀殃之戒，真如鉴之在室，拂拭生明，其裨益世道人心，良非浅鲜。信甫太守阐扬先绪，将重付剞劂以垂久远。吾师晚年嗜学之苦心，与其教人之深意，历刦不磨，未始不有数存乎其间也。爰不揣固陋而志其颠末于此。旹同治三年八月既望，门下士长沙周玉麒谨序。

序

世洵舞勺岁即侍先大父乡贤公于麓山讲席，公于经无所不通，而指示人者，往往切于日用行习，不徒为帖括资。惜世洵质愚，未克领会于万一也。晚年尤耽学易，玩索不置，尝谓：易理无所不包，但天地之道高远难言，不若反求近取，爰萃诸家之说，耑择其以人事诂易，而足以观感劝惩者，汇为一编，间亦附以己意，名曰《易鉴》。盖鉴古即以鉴今，显示穷经致用之旨，实隐寓转移世道之机，于人心风俗补救，岂浅鲜哉？书甫就公遽反道山，世洵时与锡谷、锡畴二叙校勘付梓，藏板麓山书舍。以费不继，印行者无多。不幸洪逆之变，焚扰湘西，公平生著述各稿及此板俱烬。世洵频年追随戎马间，每一念及，未尝不痛恨手泽之就湮也。辛酉自吴归，物色于省垣肆中，适得旧印本，惊喜过望，谨复为刊刻。迄乙丑冬间始克告成，以公诸世。呜呼！

乡贤公著作甚富，其经义仅存此一书，后之览者，于经济学问，亦可见其一斑矣。

同治四年岁次乙丑冬十月，长孙世洵谨识，时年六十。

易鉴卷一

上经

☰乾下乾上

乾，元亨，利贞。

周子濂溪曰：元亨，诚之通。利贞，诚之复。大哉易也，其性命之源乎！

程子伊川曰：乾，天也，健也。元者，万物之始。亨者，万物之长。利者，万物之遂。贞者，万物之成。

张子横渠曰：乾之四德，终始万物。迎之不见其首，随之不见其后，然推本而言，父母万物。

朱子晦庵曰：上下皆乾，阳之纯而健之至也。元，大也。亨，通也。利，宜也。贞，正而固也。文王以为乾道大通而至正，其占当得大通，而必利在正固，然后可以保其终也。此圣人教人卜筮，而可以开物成务之精意。

赵氏汝梅曰：天之运行，地之发育，阴阳之消长，万物之生生化化，皆不出范围之外。宇宙自开辟以前至万古以后，一元亨利贞也。帝王自兴创之初，至传授之际，一元亨利贞也。千岁有千岁之元亨利贞，一日一时有一日一时之元亨利贞，一事物、一语默乃至不可胜穷之变，莫不皆然。

胡氏云峰曰：元、亨、利、贞，诸家便作四德解。惟《本义》以为，占辞大通而至正，此天道之本然大通，而必利在正固，此人事之当然。

谨案：朱子尝谓，圣人作《易》，使人卜筮，以决所行之可否，而因之以教人为善。如严君平所谓，与子言，依于孝；与臣言，依于忠者。故《本义》之作，多为占者劝戒。胡氏推天道以明人事，深得其旨。盖《大易》一书，圣人所以垂教于天下万世者，罔不切于人事。上自朝廷君相，下及于闾巷士民，诚能观其象变，玩其辞占，大之可以行政莅官，小之亦足以束身寡过。古今来之治法、道法备于此矣，诚千古之宝鉴也。

初九，潜龙，勿用。

房氏元龄曰：譬之圣人，宜潜退俟时，勿经营也。

伊川曰：理无形也，假象以显义。龙之为物，灵变不测，故以象乾道之变化，阳气之消息，圣人之进退。乾六爻，如欲见圣人曾履处，当以舜可见，在侧陋时便是潜，陶渔时便是见，升闻时便是乾乾，纳于大麓时便是跃。

郭氏白云曰：潜之时，宜勿自用。伊尹耕于有莘，傅说隐于岩野，二老避于海滨，亦皆是道。

朱子曰：龙，阳物也。初，阳在下，未可施行。故其象为潜龙，其占为勿用。凡遇乾而得此爻者，当观此象而玩其占，隐晦而勿用，可也。

梁氏孟敬曰：初九之潜而勿用者，在圣人，则方居侧微也。在君子，则遯世无闷也。在学者，则养正于蒙也。在吾民，则耕凿出入也。在商贾，则韫匮深藏也。以是而推其用，何不可哉？朱子以象占言易，而不欲以事论，惧人泥而失之也。

谨案：程子以“乾之六爻，当以舜可见”，盖引古人以证爻义也。自是以来，解《易》者，如郑康成，论乾之用九，则及舜与禹、稷、契、皋陶立朝之事论随之。初九则取舜宾于四门之义，皆引证于古事也。后儒援史诂经者更多矣。即《朱子语录》亦谓“乾为创业之君，坤为守成之君。乾如萧何，坤如曹参”。盖征以事实较胜托于元虚。庶易为有用之书，使天下后世玩画象而明吉凶，观往迹而知劝戒矣。梁氏由君臣而推之四民，益可见易之为用广矣哉！

九二，见龙在田，利见大人。

孔氏颖达曰：虽非君位，而有君德，故天下黎庶利见九二之大人。先儒云，若夫子，教于洙泗，利益天下，有人君之德，故称“大人”。

房氏元龄曰：施之于人，若西伯治岐，力行仁政，二老来归。沛公入关，约法三章，秦民大悦。天下之人已利见之矣。虽非君位，亦君德也。

胡氏安定曰：圣贤君子之德，发见于世，利见大才。大德之君，若舜之得尧，禹之得舜，伊尹、吕望之得汤武是也。

伊川曰：利见大德之君，以行其道。君亦利见大德之臣，以共成其功。天下利见大德之人，以被其泽。

九三，君子终日乾乾，夕惕若，厉，无咎。

杨氏龟山曰：九三独言君子，盖九三，人之位也。

郭氏白云曰：三居臣道之尊，当兴事造业之任。故终日乾乾，法乾之健，不遑休息，此禹三过其门不入之时，思日孜孜，皆夕惕之意也。乾之道，尧舜得其大，禹得其健。

朱子曰：《易》之为书，广大悉备。常人皆可得而用。初无圣凡之别，但当著此爻，便用兢兢戒惕。

九四，或跃在渊，无咎。

孔氏颖达曰：若周西伯，内执王心，犹率诸侯以事纣也。

郭氏白云曰：六爻之义，大率以初为未仕，四为已仕，二为应君之臣，三为人臣尊极之位。

朱子曰：九阳四阴，居上之下，改革之际，进退未定之时也。其占能随时进退，则无咎矣。

陈氏曰：占者能随时进退，则其进也非贪位，退也非沽名，可以投事机之会，可以免失身之辱。何咎之有哉？

九五，飞龙在天，利见大人。

勾氏微曰：尧舜，得位之大人，能明目达聪，举八元八恺，任九二之大人也。

伊川曰：圣人既得天位，则利见在下大德之人，而共成天下之事。天下固利见大德之君也。

朱子曰：占法与九二同，特所利见在上之大人耳。若有其位，则为利见九二在下之大人也。太祖一日问王昭素，曰："九五，飞龙在天，利见大人。常人何占得此卦？"昭素曰："无害。若臣等占得，则陛下是飞龙在天。臣等利见大人，是利见陛下也。"此说得最好，此易之用所以不穷也。

梁氏孟敬曰：以二五互言之，则二所利见者，九五大德之君。五所利见者，九二大德之臣。朱子所谓"君有君用，臣有臣用，父有父用，子有子用"，于此可见。

上九，亢龙有悔。

王氏昭素曰：亢，极骄盈之君。凡动多为不道之事，皆悔过也。大康失邦，有三风十愆之类是也。

胡氏旦曰：若汉之孝武、唐之元宗，是过而亢，亢而悔之也。

石氏徂徕曰："亢"之为义，非谓久与老而不退之义。苟新君少主庸暗纵溢，怙贵而盈，恃富而骄，倚安忘危，专恣侈满，荒弃万机，侮慢百官，此亦"亢"也。

郭氏白云曰：九三，过而惕，故无咎。上九，过而亢，故有悔。尧老而舜摄，舜亦以命禹，伊尹复政厥辟，周公复子明辟。君臣之间，皆有是道，故知进退存亡者，其惟圣人乎？

朱子曰：占得此爻，须以亢满为戒。当极盛之时，便须虑其亢，最是易之大义，大抵于盛满时致戒。

用九，见群龙无首，吉。

郭氏白云曰：尧"无能名"，舜"有天下而不与"，文王"三分有其二，以服事殷"，皆无首之道。孔子曰："天何言哉？四时行焉，百物生焉。"知此，然后尽用九无首之吉也。

张氏紫岩曰：聪明圣智守以愚，贵为天子守以谦，富有天下守以俭，皆用九之道也。

《彖》曰：大哉乾元，万物资始，乃统天。朱子《本义》此专以天道明乾义，首释元义也。**云行雨施，品物流形，**此释乾之亨也。**大明终始，六位时成，时乘六龙以御天。**圣人之元亨也。**乾道变化，各正性命。保合大和乃利贞。**释利贞之义也。**首出庶物，万国咸宁。**圣人之利贞也。

伊川曰：天为万物之祖，王为万邦之宗。乾道首出庶物而万汇亨，君道尊临天位而四海从王者，体天之道则万国咸宁。

朱子曰：孔子之意，盖以此卦为圣人得天位，行天道，而致太平之占也。若使圣人在下，亦有元亨利贞。如孔子，出类拔萃，便是首出庶物。著书立言，泽及后世，便是万国咸宁。

林氏希元曰："仁"字首见于《尚书》，只作"爱人"说。至夫子，始作"心德"说。以此立教，仁道始行于世。

《象》曰：天行健，君子以自强不息。

游氏广平曰：至诚无息者，天行健也，若文王之德之纯是也。未能无息而不息者，君子之自强也，若颜子三月不违仁是也。

王氏童溪曰：尧兢兢日行其道，舜业业日致其孝，自强也。周公戒成王以无逸，伊尹勉太甲以日新，非自强也，有以使之也。虽然，安而行，利而行，勉强而行，及其成功，一也。又乌知人之非天哉？

赵氏汝梅曰：君子者，总君臣穷达而言。后者，君之称大人者，有大德之人。先王者，指往古凡居人上。自强为善者，君臣穷达所同，故称君子。后卦仿此。

谨案："以"者"用"也。六十四卦《大象》多有君子以，字或大人以，后以，先王以。可见《易》之为书，原以致用。圣人作《易》以垂训，将欲使天下万世无不知所从违，故随人、随时、随事，皆可用也。泥于象数，而不切于人，为空谈义理，而无关于行习，则《易》幾为无用之书矣。非圣人立教牖民之意也！

潜龙勿用，阳在下也。

伊川曰：阳气在下，君子处微，未可用也。

见龙在田，德施普也。

陆氏遯叟曰：阳气见于田，则生殖利于民。圣人见于世，则教化渐于物。故曰：德施普也。

梁氏孟敬曰：所谓“德施”，岂必博施济众乃谓之“施”乎？盖闻其风而兴起者，无非其德之施也。

终日乾乾，反覆道也。

伊川曰：进退动息，必以道也。

郭氏白云曰：“反覆”皆天道，造次颠沛必于是也。

或跃在渊，进无咎也。

伊川曰：量可而进，适其时则无咎。

飞龙在天，大人造也。

徐氏进斋曰：龙以飞而在天，犹圣人以作而居位。

朱子曰：“造”犹“作”也。

亢龙有悔，盈不可久也。

谷氏家杰曰：“亢”不徒以时势言，处之者与时势俱亢，方谓之盈，不可二字。圣人深为处盈者致戒。

用九，天德不可为首也。

谷氏家杰曰：一岁首春，一月首朔，似有首矣。然春即腊之底，朔即晦之极。浑浑全全，要之莫知所终。引之乌有其始，更无可为首也。用九者，全体天德循环不已。圣人之御天者，此也。

谨案：伏羲、文王、周公之易为经，孔子之易为传。古本原不相混。费直始以传附经，郑康成传费氏之学者，悉遵之。魏王辅嗣又有所更定说者，谓郑本如今之乾卦，先经后传。其坤卦以下，彖传、大象传附卦词后，爻象传附各爻词后，则王氏之本所析附也。唐孔颖达《周易正义》用王氏注，故从王本。宋元以来，诸儒释《易》者，多用其本。即程子、伊川《易传》亦从之。自明以经义取士，永乐间修《周易大全》盖即王氏旧本，唐用之以作《正义》者。命题次序悉因之，诸生童而习之，相沿盖已久矣。今逐卦逐爻采辑先儒论说，由汉迄明，按时代为先后，其编次则仍照孔氏《正义》，以便观玩。至文言古本编于系词之下，今亦照孔氏本。《乾·文言》附于《乾》卦之后，《坤·文言》附于坤卦之后。

《文言》曰：元者，善之长也。亨者，嘉之会也。利者，义之和也。贞者，事之斡也。君子体仁足以长人，嘉会足以合体，利物足以和义，贞固足以斡事。君子行此四德者，故曰：乾，元，亨，利，贞。

李氏鼎祚曰：天运四时以生成万物，君法五常以教化于人。

游氏广平曰：道者，天也。道为万物之奥，故足以统天。仁者，人也。仁为众善之首，故足以长人，犹之万物发育乎春，而震为长子也。大为之制，经为三百，曲为之防，详为三千。要皆归于大中而已。故曰：嘉会足以合礼，犹之万物相见于夏，而离为文明也。先王之义，劳之乃所以逸之，故民至于忘其劳。杀之乃所以生之，故民至于忘其死。故曰：利物足以和义，犹之万物凋悴于秋，而说言乎兑也。事以智谋，物以智创，智而不贞，则事不立。贞者，正而固也。谋之不正，则异议得以屈之守之。不固，则众力得以倾之。岂事之斡耶？故曰：贞固足以斡事，犹之万物收藏于冬，而成言乎艮也。

朱子曰：元于时为春，于人则为仁。亨于时为夏，于人则为礼。利于时为秋，于人则为义。贞于时为冬，于人则为智。“元者，善之长”以下四句，说天德之自然。“君子体仁”以下，说人事之当然。第一节申《彖传》之意与《春秋传》所载穆姜之言不异，疑古者已有此语。穆姜称之，而夫子亦有取焉。

谨案：朱子疑《春秋传》所载穆姜之言为古语，熊氏良辅以为非古语，直是夫子所发。穆姜先孔子生十有馀年，而反得用孔子语，谬矣。或古有此语，孔子取以为文言，穆姜亦称之而其下云云。朱子亦称其深得占法之意，盖《易》为卜筮之书，卜正则吉，卜僭则否。《左氏》载南蒯将叛，得坤之比。子服惠伯曰：忠信之事则可。而穆姜论此四德，亦有自惭不类之语，所言与惠伯合。龚氏泉峰则谓“穆姜而果知此义，必不淫姣而至于乱”，持论未免过苛。穆姜实多才有学，而又能悔过不吝。持失节无德，虽有才学何用？中冓自讼，祇增愧叹耳！《书》曰：非知之艰，行之维艰。子云：草元而失身于莽，中郎独断而受官于卓。自来衣冠丈夫，行不顾言者多矣，岂独一巾帼妇人也哉？

真氏西山曰：于穆之命，终古常新。人惟其有欲也，故恻隐之发而残忍夺之，辞逊之发而贪冒杂之，羞恶之发而苟且间之，是非之发而昏妄贼之。于是乎与天不相似矣！学者当知天有此德，吾亦有此德，屏除私欲，保养正性，则吾之一身皆仁。随触而应，无非恻怛，即天之春。吾之动容周旋，莫不中礼，即天之夏。吾之所以利物者，皆合于义，即天之秋。吾之所以贞固而守者，足以根本万事，即天之冬。人之与天，其果二乎哉？而况人君有天之德，又居天之位，则善端萌动者，元也。善端发达者，亨也。推而泽物，俾各获所者，利也。心既溥物，还复寂然者，贞也。虽一日之顷，一念之微，四者无乎不在。

赵氏汝梅曰：文王、周公之辞虽托诸象数，实主于人事。或勉之，或戒之，或开其迷蒙，或指其归宿，皆本人事以明吉凶，未尝一倚于象数。

蔡氏介夫曰：天之四德，自其生成万物者言也。圣人之四德，自其统治一世者言也。至此，所谓四德，又只就君子一身所行而言也。一身所行者，其礼也。统治一世，其用也。四德无乎不在也。

初九，潜龙勿用，何谓也？子曰：龙德而隐者也。不易乎世，不成乎名，遯世无闷，不见是而无闷，乐则行之，忧则违之，确乎其不可拔，潜龙也。

张子曰：孔子喜弟子之不仕，盖为德未成，则不可以仕，是行而未成者也。故，潜勿用。龙德而未显者也。用则行，舍则藏，惟我与尔有是。夫颜子，龙德而隐，遯世不见，知而无悔，与圣者同能。

杨氏龟山曰：孔子之门，惟颜渊、闵子未尝仕。盖“隐而未见，乐则行之，忧则违之，确乎其不可拔”，于二子见之矣！

张氏紫岩曰：纡紫怀金，不足以移颜氏之乐。与以天下，不足以改夷齐之操。曰：不易乎世，知我者天，夫何闷？所乐在道，夫何忧？

郑氏东谷曰：乐则行之，常乐也。忧则违之，不忧也。专求吾志而已，不愿乎其外也，是心浩然与天地同其大，何尝有隐显之间？舜之饭糗茹草也，若将终身者，此也。

王氏童溪曰：梁鸿之隐，作五噫之歌。贾谊之迁，赋吊湘之文。非无闷者，无他，其所养非龙德也。

朱子曰：《乾》卦六爻、文言皆以圣人明之，有隐显而无浅深也。如伊尹，居有莘之野，便是行而未成。

熊氏良辅曰：《易》无所不通也，故夫子特取乾龙，解从君德上去而在下之君子亦可以是占出处矣。

谨案：龙德处下，是潜而在下也。孔子变潜言隐，正熊氏所谓在下之君子者。大凡隐居以求其志，非具有确乎不可拔之操，则急欲成名而易其所守。三代而上，伊君之耕莘野，伯夷太公之居海滨。三代而下，惟诸葛武侯之在草庐，不求闻达，足以当之。若王猛者，君子重其人而惜其躁。

九二，见龙在田，利见大人。何谓也？子曰：龙德而正中者也。庸言之信，庸行之谨，闲邪存其诚，善世而不伐，德博而化。《易》曰：见龙在田，利见大人，君德也。

张子曰：颜氏求龙德正中，而未见其止。故择中庸得一善则拳拳服膺，叹夫子忽焉前后也。

项氏平甫曰：此章专言圣人之中德。庸言之信，庸行之谨，《书》之"惟一"也。闲邪存其诚，《书》之"惟精"也，皆"允执厥中"之事也。此所谓君德也。善世而不伐，德博而化，谓泽及一切而不自以为功，盖德大而人自化，非化之也。上三句言修已以敬，下两句言安人安百姓也。上言正已，下言正物也。

九三，"君子终日乾乾，夕惕若，厉，无咎。"何谓也？子曰：君子进德修业。忠信所以进德也，修辞立其诚，所以居业也。知至至之，可与幾也。知终终之，可与存义也。是故居上位而不骄，在下位而不忧，故"乾乾"。因其时而惕，虽危，无咎矣。

司马温公曰：立诚，自不妄语始。

明道曰：子贡之知，亚于颜子知至而未至之也。

张子曰：《乾》九三修辞立诚，非继日待旦如周公，不足以终其业。颜渊从师进德于孔子之门，孟子命世修业于战国之际，此所以潜。见之不同。

吕氏蓝田曰：所立卓尔而欲从之，知至至之也，于德有先见之明也。人不堪其忧而不改其乐，知终终之也，于分有当安之义也。

郭氏白云曰：修辞立其诚，如皋陶矢厥谟之类是也。发号施令，皆修辞也，以诚为主。

王氏童溪曰：太甲之三篇，周公之鸱鸮，此古之大臣修辞立诚以居业之实也。

赵氏汝梅曰：历观世变，夷泰之时少，险否之时多。圣人虑夫不得时位者，或忿激而失其正，乃因九三而反覆究明之。曰进修，曰忠信，曰修辞立诚，曰至，曰终，曰幾，曰义，曰上下，曰骄忧，曰因时不惮，谆复如此，皆所以示不得时、不得位之戒。学者可不深味圣言，服膺而谨行之？

林氏次厓曰：孝真是孝，弟真是弟，此之谓进德。若辞不修，语孝弟，俱是空言无实事，则此诚何由立？又何绩业可居？故言必有物，无一句虚妄，乃修辞也。修辞则行成。孝成个孝，弟成个弟。吾心之诚立，则业修而可居。

"九四，或跃在渊，无咎"，何谓也？子曰：上下无常，非为邪也。进退无恒，非离群也。君子进德修业，欲及时也。故无咎。

刘氏纬曰：以储位言之，则若夏禹之启，汉高之惠，居伯益赵王之际。进德修业欲及时，既不回邪，又不离群类，乃得无咎。

郭氏白云曰：孟子以可仕则仕，可止则止为圣之时，而《文言》以或跃为及时，其义一也。由是知鲁之司寇"或跃"之义存焉耳。

朱子曰：内卦以德学言，外卦以时位言。以圣人言之，是舜之历试，文王三分天下有其二，汤武鸣条牧野之时，九三是伊周地位。

真氏西山曰：乾卦皆圣人事，而九三、九四皆以进德修业为言。盖德不进则退，业不修则坏。故尧兢兢，舜业业，周公坐以待旦，孔子终日不食。凡以此也，然则学者奈何其不自力哉！

九五，“飞龙在天，利见大人。”何谓也？子曰：同声相应，同气相求。水流湿，火就燥。云从龙，风从虎。圣人作而万物睹。本乎天者亲上，本乎地者亲下，则各从其类也。

张子曰：谷神能象其声而应之，非谓能报以律吕之变也，犹卜筮叩以是言，则报以是物而已。易为同声相应是也。

郭氏白云曰：君臣之道，各从其类。故汤使聘之，幡然而改者，商之一德之臣也。闻文王兴而盍归乎来者，周之同德之臣也。

吕氏东莱曰：学者须详体此意。广而推之。吾胸中自有圣人境界。吾能反而求之，则当有应之者。如“克己复礼，天下归仁”之意是也。

上九，“亢龙有悔”，何谓也？子曰：贵而无位，高而无民，贤人在下位而无辅，是以动而有悔也。

张氏紫岩曰：民远之，贤去之，动悔，固宜矣。为君者，其戒于亢哉！

吕氏东莱曰：遇中则亢，中不可过。上过五则亢，日中则昃，月盈则食，亢之理也。贤者过之，亦是道术之亢。若清虚寂灭之学，所见非不自高，然至于无位、无民、无辅，则皆不可用。

谨案：孔子言高贵无辅，本就人事上说。若项羽入关，不能如沛公改除苛法，徒以勇力自恃，使陈平辈弃楚归汉。后虽有一范增，而不能用。即此爻之义也。原说治术之亢，吕氏却推到道术之亢，可见《易》之为书，广矣，大矣！随人、随地皆可以用，原不呆指一事。正朱子所谓“会看底，孔子说也活，无不通”。

潜龙勿用，下也。

见龙在田，时舍也。

伊川曰：此以下，言乾之时勿用，以在下未可用也。

胡氏曰：仲尼有圣人之德，而无其位，为时所舍也。

项氏平甫曰：龙德之动，世道随之。方舍于田，而其所感动固已远矣。舜在佃渔，天下之为父子者定。孔子为匹夫，乱臣贼子者惧。龙德之动，化其神若此，故曰：君德也。

“终日乾乾”，行事也。

“或跃在渊”，自试也。

项氏平甫曰：乾乾者，终日之所从事也。颜子之“四勿”是也。或跃者，试之于用，以自验也。曾子之“三省”是也。三言终日，四言及时，此二爻者，经营于昼夜之间者也。

“飞龙在天”，上治也。

苏氏濬曰：上治，犹言盛治。五帝、三王皆治之上者也。

“亢龙有悔”，穷之灾也。

朱氏汉上曰：阳穷于九，阴穷于六，位穷于上。穷则变，变则通，通则久。上九穷不知变，天灾，曰灾数极时也。然天人有交胜之理，故有悔。

乾元“用九”，天下治也。

吕氏东莱曰：天下本合常治。然一治一乱者，只为人与天不相似，不能得天之用，所以不治。故必待天与圣人同得其用，然后天下治。

“潜龙勿用”，阳气潜藏。

伊川曰：此以下言乾之义，方阳微潜藏之时，君子亦当隐晦，未可用也。

“见龙在田”，天下文明。

赵氏汝梅曰：法度彰，礼乐著，灿然文治，灼乎光明，此舜相尧之时。

“终日乾乾”，与时偕行。

朱氏汉上曰：终日乾乾，行不息也。周公继日待旦之时乎！

吕氏东莱曰：终日乾乾，与时偕行，在天之时，寒往则暑来，昼往则夜来，初未尝息。至于人，则朝气锐，暮气惰，不能终日乾乾者，盖梏于血气，不能与天地之气相通故也。若与天地之气相通，则与时偕行矣。

“或跃在渊”，乾道乃革。

吕氏东莱曰：四，离下位而升上位，如人自凡入圣也。非一跃岂能变革乎？

俞氏玉吾曰：下乾以终，上乾方始，犹天道更端之时也。

“飞龙在天”，乃位乎天德。

张子曰：不言帝王而言天德，位不足道也。所性不存焉。

张氏振渊曰：虽有其位，苟无其德，可谓之位乎？天位而已。飞龙在天，乃位乎天德。

“亢龙有悔”，与时偕极。

朱氏汉上曰：消息盈虚，与时偕行，则无悔。偕极而穷，故有悔也。

乾元“用九”，乃见天则。

伊川曰：用九之道，天之则也。天之法则谓天道也。或问：乾之六爻，皆圣人之事乎？曰：尽其道者，圣人也。得失则吉凶存焉，岂特《乾》哉？诸卦皆然也。

谷氏家杰曰：则者，有准而不过之意。用九者，有变而无常之意。天道不变焉，能使春夏秋冬各有其限。圣人不变焉，能使仁义礼智各有其节。用九，正天之准则不过处，故曰乃见。

乾元者，始而亨者也。利贞者，性情也。乾始能以美利利天下，不言所利，大矣哉！大哉乾乎！刚健中正，纯粹精也。六爻发挥，旁通情也。时乘六龙，以御天也。云行雨施，天下平也。

伊川曰：不言所利者，盖无所不利，非可指名也。凡顺理无害处便是利。君子未尝不欲利。然孟子曰：“何必曰利？”盖只以利为心，则有害。如上下交征而国危，便是有害。不遗其亲，不后其君，便是利。仁义未尝不利。

朱子汉上曰：诸卦言利者，指事而言之。利于此，或不利于彼。乾始万物资之，天下之大无不蒙其利者。不言所利，则其利大矣，故谓之“元”。元又训“大”也。

胡氏云峰曰：性情只是一“健”字。健者，乾之性。而情，其著见者也。且性情并言，昉于此释。《彖》曰：性命。此则曰性情。言性而不言命，非知性之本。言性而不言情，非知性之用也。

林氏次厓曰：不言所利，韩琦诗云：“须臾慰满三农望，敛却神功寂若无”，亦是此意。

君子以成德为行，日可见之行也。“潜”之为言也，隐而未见，行而未成，是以君子弗用也。

张子曰：若颜子可以当之。以能问不能，以多问寡，私淑艾以教人，隐而未见之仁也。

吕氏东莱曰：君子以成德为行，此漆雕开所以不仕欤？

君子学以聚之，问以辨之，宽以居之，仁以行之。《易》曰：“见龙在田，利见大人”，君德也。

石氏徂徕曰：学非今之所谓文。学经籍，所学者，治国治天下。学于古，学于师，尧舜稽古是也。

伊川曰：学聚问，辨进德，宽居仁，行修业也。君德已著，利见大人，而进以行之耳。进居其位者，舜、禹也。进行其道者，伊、周也。

熊氏良辅曰：由学问、宽仁以成君德，是亦大人矣。然犹利见大人者，得其时则为舜禹、为伊傅。不得其时，则为孔孟。孔孟，君德之在下者也。

赵氏汝梅曰：君德，谓虽非君位而有君德。文王其人也。若位乎天位，则德位兼隆，舜其人欤！

九三，重刚而不中，上不在天，下不在田，故“乾乾”。因其

时而惕，虽危无咎矣。

伊川曰：君子顺时兢业，所以能泰也。

张氏紫岩曰：周公思兼三王，以施四事。

九四，重刚而不中，上不在天，下不在田。中不在人，故“或之”。“或之”者，“疑之”也，故无咎。

张氏紫岩曰：文王有君人之大德，有事君之小心，卒免羑里之难，其用是道欤？

王氏童溪曰：乾之九三、九四处危疑之地，故其辞亦危。何危乎？当是时，上有尧舜，则揖逊之事兴。上有桀纣，则汤武之变成。故居此地者，皆当因时进德修业，而勿忘惕或之念，夫然后得俱免于无咎矣！

夫大人者，与天地合其德，与日月合其明，与四时合其序，与鬼神合其吉凶。先天而天弗违，后天而奉天时。天且弗违，而况于人乎？况于鬼神乎？

孔氏颖达曰：合德谓覆载，合明谓照临，合序若赏以春夏、刑以秋冬，合吉凶若福善祸淫是也。尊而远者尚不违，况小而近者乎？

郭氏白云曰：尧则天之大，舜能有大，禹为大禹，皆九五之大人与？

朱子曰：回纥谓郭子仪曰：“卜者言，此行当见一大人而还。”其占盖与此合。若子仪者，虽未及夫子之所论，然其至公无我，亦可谓当时之大人矣。

亢之为言也，知进而不知退，知存而不知亡，知得而不知丧，

其唯圣人乎？知进退存亡而不失其正者，其唯圣人乎？

杨氏诚斋曰：亢者，不知丧亡之幾，而不退者也。圣人唯能知之，故能不失其正以处之，又何亢之有？尧舜是也，嗟乎！圣人，吾不得而见之矣。若唐之睿宗，其庶矣乎！

朱子曰：知其理势如是，而处之以道，则不至于有悔矣。固非私计以避害者也。乾六爻，自天子以至于庶人，自圣人以至于愚、不肖，筮或得之，义皆有取。但纯阳之德，刚健之至，若以义类推之，则为圣人之象。而其六位之高下，又有似圣人之进退，故《文言》因潜、见、跃、飞自然之文，而以圣人之迹各明其义。

䷁坤下坤上

坤，元亨。利牝马之贞。君子有攸往，先迷后得主，利西南得朋，东北丧朋，安贞吉。

《彖》曰：至哉坤元，万物资生，乃顺承天。坤厚载物，德合无疆。含宏光大，品物咸亨。牝马地类，行地无疆，柔顺利贞。君子攸行，先迷失道，后顺得常。西南得朋，乃与类行。东北丧朋，乃终有庆。安贞之吉，应地无疆。

干氏宝曰：行天者莫如龙，行地者莫如马。故乾以龙繇，坤以马象。

伊川曰：含宏光大，犹乾之刚健中正，纯粹精也。含，包容也。宏，宽广也。光，昭明也。大，博厚也。

张氏紫岩曰：听唱而应，臣之事也。坤之先迷，其戒夫君心未格，而强之以难行耶？君子必先正君。君正道合，上以正而唱，下以正而应。得主之道，莫加于此矣！君造始，臣代终，人臣立事建业，以有为于下。失朋从之助，有不能独胜其任者矣，故西南以得朋为利。若夫立于本朝，左右天子，苟非绝类忘私，其何以上得君心，合德以治天下哉？然则得朋臣之职也，丧朋臣之心也，以是心行是职，丧朋云者丧其私云耳！归功以报于上，持美以效于君。但见君德，而莫或有专事擅权之咎，故曰："东北丧朋。"

谨案：坤言臣道。得朋即得主，亦必丧朋而后可以得主。周召同心，共和协力，得朋之义也。去四凶诛三监，丧朋之义也。后世如宋韩琦，在政府与富弼、范仲淹诸贤同寅和衷，未尝私荐一人而引用之，亦庶几合乎得朋丧朋之义矣？若昧乎此义，树党植私以为得朋，排斥异己以为丧朋，未有不失臣节而身为僇辱者，可不鉴哉？

朱氏汉上曰：得君者，臣之庆。得亲者，子之庆。得夫者，妇之庆。三者未有不离其朋类而得者也。故曰：东北丧朋，乃终有庆。

项氏平甫曰：东北丧朋，乃终有庆者，所以发文王言外之意也。地之交乎天，臣之事乎君，妇之从乎夫，皆丧朋之义也。

《象》曰：地势坤，君子以厚德载物。

《伊川集》杨遵道问：坤卦是人臣之事，人君有用处否？曰：是何无用？如厚德载物，人君安可不用？

林氏希元曰：天下之物多矣。君子以一身任天下之责，群黎百姓倚我以为安，鸟兽、昆虫、草木亦倚我以为命，使褊心凉德，其何以济？而天下之望，于我者亦孤矣！

初六，履霜，坚冰至。《象》曰："履霜坚冰"，魏志作初六，履霜。**阴始凝也。驯致其道，至"坚冰"也。**

《子夏易传》贼臣者，世皆有之。有随而灭之，此其象也。故圣人作而戒之。

伊川曰：犹小人，始虽甚微，不可使长。长则至于盛也。

沈氏守约曰：初之不慎，至上则战。在臣，不可不修之于始；在君，不可不防之于早也。

郭氏白云曰：大禹之戒言不见是图，而成王毖之于小，宣王慎之于微，《诗》、《书》有取焉。

王氏童溪曰：郑庄公之宠弟，不用祭仲蔓草之谏而待其自斃，遂至同气交兵，子母相失，昧乎履霜早辨之戒也。

朱子曰：圣人参天地，赞化育，观履霜坚冰之象，必有谨微之意。所以扶阳而抑阴也。

李氏蒙斋曰：观圣人之言，可以知君子之难进，而小人之易盛矣。有国者其亦思所以求君子于隐，而防小人之于早也。

六二，直方大，不习，无不利。《象》曰：六二之动，直以方也。不习，无不利，地道光也。

伊川曰：乾，九二，是圣人之事。坤，六二，是学者之事。

吕氏蓝田曰：六二，居坤，下体柔顺而中。君子存心治身，莫宜于此。

郭氏白云曰：臣道以顺为正，得顺之至者，其六二乎？舜曰重华，禹曰文命，皆地道之光也。

六三，含章可贞，或从王事，无成有终。《象》曰"含章可贞"，以时发也。"或从王事"，知光大也。

《子夏易传》为下之长，守臣之分也。

陆氏希声曰：臣之有善，必称其君，故不敢主其成功，则能终此臣道。

王氏逢曰："礼曰：'善则称君，过则称已'，斯其知之光也。"

伊川曰：为臣之道，当含晦其章美，有善则归之于君，乃可常而得正。上无忌恶之心，下得柔顺之道也。或从上之事不敢当其成功，唯奉事以守其终耳。守职以终其事，臣之道也。唯其知之光大，故能含晦浅暗之人。有善，唯恐人之不知，岂能含章也？

王氏童溪曰：晋武平吴，王濬每进见，陈其功伐之劳。

王通谓曰：卿功则美矣，然所以居美者，未尽善也。卿旋旆之日，角巾私第，口不言平吴之事。若有问者，辄曰：圣主之德，群帅之力，老夫何力之有焉！如是，则颜子之不伐，龚遂之雅对，何以过之？噫！此《坤》六二光大之智也。濬何足以语此！

六四，括囊，无咎无誉。《象》曰：括囊无咎，慎不害也。

陆氏希声曰：四处多事变化之际，犹臣居高位权势之间。若盛而致誉，有逼上之嫌。退而近咎，则有败事之累。惟慎其所出纳，使得其正，乃可立大德、建大功也。

李氏泰发曰：大臣以道事君，苟君有失德而不能谏，朝有阙政而不能言，则是冒宠窃位，岂圣人垂训之义哉？故《文言》以括囊为贤人隐之时，而大臣不可引此以自解。

杨氏诚斋曰：居危疑之地，而慎默括囊，可也。若可以言而不言，假六二之义以自文，则为张禹、胡广。学者审之。

谨案：括囊之义，诸家多以为时当慎默。李氏、杨氏之说，所以责大臣者，尤为严切。非独大臣为然也，凡有言责者，亦不可不知此义。

朱子曰：六四重险不中，故其象占如此。盖或事当谨密，或时当隐遁也。不止言大臣事，在位者便当去，未仕者便当隐。

赵氏汝梅曰：群小用事，君子过为之防，好遯深隐如括囊，然无咎，固其分也。没世无闻，君子所疾，何为有无誉之辞？名者忌之府，誉者毁之媒。往昔皦皦杰特之士，每多罹害婴衅，皆由得誉于衰乱之世，故知无咎，可以免祸。有誉亦足以招祸，蘧伯玉卷而怀之，括囊也。

梁氏孟敬曰：欲无咎，必无誉，然后可。苟有其誉，不免于咎矣。如东汉党锢之士，是也。

六五，黄裳，元吉。《象》曰："黄裳元吉"，文在中也。

朱子曰：六五以阴居尊，中顺之德充诸内而见于外。故其象如此，而其占为大善之吉也。占者德必如是，则其占亦如是矣。《春秋传》南蒯将叛，筮得此爻，以为大吉。子服惠伯曰："忠信之事，则可。不然必败。外强内温，忠也。和以率贞，信也。故曰：黄裳，元吉。黄，中之色也。裳，下之饰也。元，善之长也。中不忠，不得其色。下不共，不得其饰。事不善，不得其极。且夫《易》不可以占险，三者有阙，筮虽当，未也。"后蒯果败。此可以见占法矣。

谨案：胡氏云峰曰：《左传》载占筮不一事，本义于此。爻载南蒯事为详，可以见《易》之占，为君子谋，非小人盗贼可窃而用也。顾《易》为君子谋，未尝不为小人谋。使小人玩辞而知儆戒，改其行险徼幸之心，亦未始不可转祸为福也。

赵氏汝梅曰：《周官》"内司服掌王后之六服"，其四曰"鞠衣"，注黄衣也。《诗》绿衣黄裳，序者以绿衣喻妾，黄裳喻夫人。言黄裳于坤六五，则知为乾九五之配。坤，纯阴。圣人嫌于言君，又不敢以臣当之，故取象王后，以存君臣。又嫌于敌乾，故取象以下裳，示坤当下于乾。玩圣人立象之意，则知致谨于君臣之辨者益深。

谨案：此爻伊川解作示戒，并举女娲武后之事。朱子谓：此爻何曾有此义？都是硬入这意来。《本义》以为大善之占，其义最当。赵氏之说亦祖程子之意，以为取象王后，而不指其人，以实之其说，较为员通。盖坤言臣道、妻道，其义固可并存也。

上六，龙战于野，其血元黄。《象》曰："龙战于野"，其道穷也。

孙氏坦曰：乾之上九，阳之亢极，不言阴战之者，所以抑臣僭也。坤之上六，阴之过极，则与阳战者，所以警君防也。

郭氏白云曰：龙战于野，则为臣之道既穷，而在君之义亦阙矣。其血元黄，盖君臣两伤之谓也。观二帝三王之时，君臣一体，如元首股肱，人无尺寸之肤不爱，岂自伤其元首股肱哉？汉唐之君，屠戮、臣下如异类，其臣固有得罪者，而彰君之恶大矣！非特元黄而已，幾何不道穷而龙战哉？

杨氏诚斋曰：阴极伤阳，臣盛伤君。六而居上，阴极而臣盛矣！故阴阳争，君臣战，两伤两穷而后已。赵高篡秦，秦亡而高亦诛。王莽篡汉，汉微而莽亦败。为臣者，其勿至于此。为君者，其勿使其臣至于此也。盖上六之龙战已兆于初六之履霜，小人之可畏如此哉！

胡氏云峰曰：不言阴与阳战，而曰龙战于野，与《春秋》王师败绩于茅戎，天王狩于河阳，同一书法也。

用六，利永贞。《象》曰：用六，永贞，以大终也。

干氏曰：虽有权变，终归于正。是周公始摄归复子明辟之义。

石氏徂徕曰：此"终"字与"知终终之"之义合。处上六而能用六，能以大终。伊周是也。

胡氏云峰曰：坤安贞变而为乾，则为永贞。安者，顺而不动。永者，健而不息。乾变坤，刚而能柔。坤变乾，虽柔必强。善变化气质者，当如之。阳先于阴，而阳之极不为首。阴小于阳，而阴之极以大终。善抚驭世，变者当知之。

《文言》曰：坤至柔而动也刚，至静而德方，后得主而有常，含万物而化光。坤道其顺乎，承天而时行。

伊川曰：禹不矜不伐，至顺也，然乃见刚德。

张氏紫岩曰：论坤者，往往沦入于小人之柔顺，而失坤之贞。后世贪位冒宠者，或借是说以卒行其私志，驯致乱国丧家而莫知悔也。君子谨养其刚，而用之以柔。柔以承上，刚以立事。

杨氏诚斋曰：臣道一于顺乎？曰：有臣道，有臣节。臣道一于顺，故欲柔、欲静。不顺则为莽卓。臣节病于顺，故欲刚、欲方。顺则为张禹、胡广。坤何以动而刚？曰：发生必达。

朱子曰：此以上申《象》传之意。乾道奋发而有为，坤道静重而有守。

积善之家，必有馀庆。积不善之家，必有馀殃。臣弑其君，子弑其父，非一朝一夕之故。其所由来者渐矣，由辨之不早辨也。《易》曰："履霜，坚冰至。"盖言顺也。

张子曰：馀庆、馀殃，百祥、百殃，与《中庸》必得之义同。善者有后，不善者无后，理当然。其不然者，亦恐迟晚。然而不直之生也幸而免。

张氏紫岩曰：小人在下位，而不正之术足以荧惑人主之心。意必自阿意顺旨中来。以国、以家由之而乱，吁可畏也。唯克己之君为能辨之。

朱氏汉上曰：观诸天道，月之生死，晦尽而生明，既满而或亏。馀庆馀殃之说为不诬矣。是故，有虞之子不肖，而陈齐永祚，商辛之后，有国而禄父再亡。

赵氏汝梅曰：历观《史传》弑逆之祸，悉由不能见幾而早辨。故于履霜之初，即辨其为坚冰之渐。盖六阴方盛，阳未即生，无有逆而制之者，故其势顺。势顺而辨之不早，则有何嗟及矣之忧。春秋时弑逆之事，比国而有，故圣人示教，既明且严。

王氏伯厚曰：《坤》言早辨，《解》言夙吉，制治于未乱也。

胡氏云峰曰：《坤》言积善，以其善一家者，善一身也。《乾》言善世，以其善一家者，善一世也。

张氏振渊曰：阴之为道，利于从阳，不利于亢阳。坤之道可谓至顺矣。而顺之变，反为逆。故圣人深著其顺之利，明臣子之大分，究极其逆之祸，立君父之大防也。

谨案：《书》曰：制治于未乱，保邦于未危。危乱至于篡弑，则制之不及，保之不能。惟知其渐而豫为之防，则足以寝邪谋而戢异志。《春秋》书翚帅师即此意也。觊觎初萌，威势渐逼，圣人烛其隐微而大书特书之。使君父知此，则大阿不至倒持。臣子凛此，则功高不至震主。故曰：《春秋》作，而乱臣贼子惧。谓非谨之于其渐，而辨之于其早哉！

直，其正也。方，其义也。君子敬以直内，义以方外。敬义立而德不孤。直方大，不习，无不利，则不疑其所行也。

明道曰：乾卦言圣人之学，坤卦言贤人之学。古之人，耳之于乐，目之于礼，左右起居，盘盂几杖，有铭有戒，动静皆有所养。今皆废之，独有义理之养。心耳但存此涵养，久则自熟矣。

直内是涵养，意不庄不敬，则鄙诈之心生矣。

朱子曰：敬义立，方不孤。施之事君则忠于君，事亲则悦于亲，交朋友则信于朋友，皆不待习而无一之不利也。

李氏舜臣曰：《乾》九二言诚，《坤》六二言敬。诚敬者，圣学之源也。

项氏平甫曰：自昔臣道之祸，皆成于疑。疑者生于暗，惟明者惟能早辨而不习。故曰："地道光也。"

王氏伯厚曰：丹书敬义之训，夫子于《坤》六二《文言》发之。孟子以集义为本，程子以居敬为先。张宣公谓：功夫并进，相须而相成也。

胡氏云峰曰：《乾》九三，明诚并进也。《坤》六二，敬义皆立也。主敬是为学之要，集义乃讲学之功。

薛氏德温曰：敬以直内，涵养未发之中。义以方外，省察中节之和。敬以直内，戒慎恐惧之事。义以方外，知言集义之事。内外夹持，用力之要，莫切于此。

阴虽有美，含之以从王事，弗敢成也。地道也，妻道也，臣道也。地道无成，而代有终也。

宋氏仲子曰：臣子虽有才美，含藏以从其上，不敢有所成名也。地终天功，臣终君事，妇终夫业。故曰：代有终也。

项氏平甫曰：代者，继也。成家者夫，而传代者必资于妇。成岁者天，而传种者必资于地。故曰：地道无成，而代有终也。

真氏西山曰：详玩此旨，则为人之妻者，其可以擅家之柄。为人之臣者，其可以擅国之柄乎！《书》称牝鸡之晨，惟家之索。又称，臣之作福、作威、玉食则害于家，凶于国，其旨一也。呜呼！可不戒哉？

天地变化，草木蕃。天地闭，贤人隐。《易》曰：括囊，无咎无誉。盖言谨也。

游氏广平曰：天地闭，贤人隐，则伏其身而弗见。闭其言而不出，藏其智而不发，唯恐其不谨。如乡邻有门者，披发缨冠而往救之，则非所以为谨矣。

杨氏诚斋曰：天地闭塞之时，惟恐隐之不深。此龚胜所以不仕于莽之朝，而蔡邕所以失节于卓之官也。圣人于六四力劝之以洁身之节，其防患深远矣。

王氏童溪曰：后世之隐，有避咎而隐者，志于无咎而反有誉者。有好名而隐者，耻于无誉，而反有咎者。谷口郑子真耕于岩穴之下，而名振于京师，此志于无咎而反有誉，避咎之隐者也。梁鸿作五噫之歌而时君恶之，此耻于无誉而反有咎，好名之隐者也。六四爻赞既曰：括囊，无咎。谨不害也。于此又曰：括囊，无咎无誉。盖言谨也。岂不为好名者设哉？

君子黄中通理，正位居体，美在其中，而畅于四支，发于事业，美之至也。

朱氏汉上曰：其伊尹、周公共伯和之事乎？

蔡氏伯静曰：二五居中。二居内卦之中，其发见于外者，不疑所行而已。五居外卦之中，其施于外，有事业之可观。坤道之美，至此极矣。

胡氏云峰曰：盖直内方外之君子，即黄中通理之君子也。敬以直内，则胸中洞然，表里如一，是即所以为黄中。义以方外，则凡事之来，义以处之，无不合宜，是即所以为通理。

阴疑于阳必战，为其嫌于无阳也，故称龙焉。犹未离其类也，故称血焉。夫元黄者，天地之杂也。天元而地黄。

干氏宝曰：阴阳离则异气，合则同功。君臣、夫妻，其义一也。

房氏元龄曰：称龙者，责君父辨之不早，任小人居极位。龙与龙战，方可除灭。犹汉桓、宋文发兵诛梁冀、谢晦也。

朱氏汉上曰：月盛则掩日，臣强则疑君。阴疑于阳，必战。天地未尝一日而无阳，亦未尝一日而无君子。为其纯阴，嫌于无阳也，故称龙焉。

王氏童溪曰：若已离其类，而无杂揉之伤，则阳道反正而无事矣。此光武勇于大敌之后，所以投戈而息马也。

项氏平甫曰：曰疑于阳，曰嫌于无阳，曰犹未离其类，曰天地之杂，皆言阴之似阳，臣之似君。楚公子围之美矣。君哉也？然终以野死，则炽盛而上僭，亦何利哉？

易鉴卷二

䷂震下坎上

屯，元亨，利贞。勿用有攸往。利建侯。

《彖》曰：屯，刚柔始交而难生。动乎险中，大亨贞。雷雨之动满盈，天造草昧。宜建侯而不宁。

勾氏微曰：乾坤之后，以屯次之者。屯，人事也。用人事而参乾坤，备三才之道也。

伊川曰：方屯之时，未可有所往也。天下之屯，岂独力所能济，必广资辅助，故利建侯。

张氏紫岩曰：人君惟无逸而增修中德，然后贤才乐附，协心一德以济大难。不然，怠忽骄慢，任非其人，沦溺陷险，不可复出矣。后世民与兵分为二，牧守将帅皆侯也。然则后之欲济屯者，牧守将帅之任，安可不慎其选乎？

朱子曰：是能以贤下人，得民而可为君之象，故筮立君者遇之则吉。杂乱晦冥，塞乎两间，天下未定，名分未明，宜立君以统治，而未可遽，谓安宁之时也。

胡氏五峰曰：秦暴既极，陈涉以匹夫首事，不畏狼秦，动乎险中也。乃傲长者而妻父去，斩宾客而故人行，听谗毁而诸将不亲附，失建侯之义甚矣！死于城父，不保首领。勿用有攸往，岂不信乎？若汉高则起丰沛，扶义而西卷蜀汉，扶义而东诛残贼，其正固可知。得张良于解后，举陈平于亡命，拔韩信于行阵，取英布于敌国，收雍齿于故怨，是以能诛灭秦项，划革暴虐，与天下更始，四海会同，六合为家。由是观之，圣人示后世之意悉矣。

吕氏东莱曰：若就学者言之，如道学废绝之时，乃道之屯也。当此时，未可便有为。须广求有志之士，共扶此道，乃可有济。

谨案：《屯》卦诸家多就人君论。处屯之君，所以亨时之屯，济道之屯，其说详矣。吕氏独就学者言，盖士有士之屯也。推之，农遇凶年，工无利器，商贾居积滞而不行，皆屯也。朱子尝谓：易之卦爻，上自天子，下至庶人，皆有用处。可见易道之广大悉备矣。

《象》曰：云雷，屯。君子以经纶。

朱子曰：经纶，治丝之事，经引之，纶理之也，屯难之世，君子有为之时也。

吕氏东莱曰：屯难之世，人皆惶惧沮丧，不敢有为，殊不知正是君子经纶时节。

初九，磐桓，利居贞，利建侯。《象》曰：虽磐桓，志行正也。以贵下贱，大得民也。

王氏辅嗣曰：处屯之初，动则有难，不可以进。非为宴安弃成务，故虽磐桓，志行正也。

孔氏颖达曰：屯难之世，民思其主之时，既能以贵下贱，所以大得民心也。

沈氏守约曰：震为诸侯，坤为土、为众。震而为坤，有土有众，建侯之象也。卦变为比，辅也，众顺从也。先王以建万国，亲诸侯，是以利建侯也。昔卫襄公欲立子元，筮之遇屯之比。史朝曰：其繇曰利建侯。二卦皆云子建之。又毕万筮仕于晋，遇屯之比，辛廖占之曰："屯固比入，吉孰大焉。后必繁昌。"震为土，车从马，足居之。兄长之，母覆之，众归之，六体不易，合而能固，安而能杀，公侯之卦也。公侯之子孙必复其始。

谨案：《春秋左氏》筮法多以卦变及互体言。沈氏《易小传》中其占则全用《左传》所载。论者颇以其说为拘挛。顾易自汉儒以后，笺疏注解，其说愈繁而愈杂。《左氏》去古未远，所说卜筮多在孔子之前，或即太卜所掌周公以来之旧法也。今于沈氏所引悉录之，以存古义也。

赵氏汝梅曰：磐桓，非狐惑不断。利在居得其正也已。不与君应，则忠悃难通。群小在王所，则谗间易入。处己不正则召疑致谤，君怒臣谗，己且不免，何能亨时之屯？

项氏安世曰：萧何劝高祖勿攻项羽，就封蜀汉，养其人民，以收贤士，正得此爻之义。

胡氏五峰曰：东汉之末，有阳刚之德，宜为君者，刘备而已。为相于平原，为牧于徐州，归袁绍，投曹操，依刘表，曾未足以舒其志。然临祸患而信义益明，不少变其初志，三顾草庐以致诸葛，得庞统，来法正，追景升顾恋赴义之徒，而众士景从。以贵下贱，大得民也。于是遂定巴蜀，三分天下，而有济屯之势。居贞建侯之利大矣。

吕氏东莱曰：如主盟斯道者，欲广求人以济道之屯。若抗颜自尊，不屑降意，收接后进，亦岂能得人乎？

六二，屯如邅如，乘马班如，匪寇婚媾。女子贞不字，十年乃字。《象》曰：六二之难，乘刚也。十年乃字，反常也。

伊川曰：以女子阴柔，苟能守其志节？久必获通，况君子守道不回乎？

张氏紫岩曰：女子贞不字，十年乃字。盖以二抱节守志于艰难之世，而不失其贞也。若太公在海滨，伊尹在莘野，孔明在南阳，义不苟合，是为女贞。

朱子曰：十年数穷理极，则妄求者去，正应者合，而可许矣。

谨案：《礼》女子十五而笄，笄而字，女之常也。不字者，殆如行露之女子，六礼不备，虽速讼狱而不从。其不字也，女德之贞也。然而，非常道也。至于十年乃字，亦如孟光之贤，必得梁鸿而后嫁也。《象传》曰：反常盖复其常道也。

杨氏龟山曰：君先而臣后，君唱而臣和。所谓若绮里之徒，汉初求之，不可得而臣。女子贞也。晚出，从太子游，反常故也。

胡氏五峰曰：六，阴也。二，亦阴也。妻道也，臣道也。从一而终者也。苏武守是道，舍生取义，以死守节，虽身在匈奴，不为之用，岂求有功名于彼哉？譬如贞女，虽或介于强暴，而不可侵凌，终不为之字也。

胡氏云峰曰：乾父、坤母继以《屯》、《蒙》，故两卦提出两子字。必如《屯》六二，贞不字，可以为女子矣。必如《蒙》九二，子克家可以为男子矣。

六三，即鹿无虞，惟入于林中，君子几不如舍，往吝。《象》曰：即鹿无虞，以从禽也。君子舍之，往吝，穷也。

伊川曰：事不可妄动以从欲也。

赵氏汝梅曰：几者，动之微。能见险知幾，与其即人而失己，不若素位自守，以俟世道之亨。

胡氏五峰曰：炎汉再建之初，隗嚣起于陇西，有偏霸之志，是鹿也。若马援申屠刚，杜林郑兴诸贤皆莫之与而去之，是无虞也。嚣终不悟，举兵背叛，不知幾而往困于西域，饿而死，困穷甚也。窦融则不然，其保河西也。岂无专据方面之志哉？然闻光武勃起中原，遂舍五郡之权，一心汉室，终保福禄，亦可谓君子矣！

六四，乘马班如，求婚媾，往吉，无不利。《象》曰："求"而"往"，明也。

伊川曰：居公卿之位，己之才虽不足以济时之屯，若能求在下之贤，亲而用之，何所不济哉？

杨氏龟山曰：求而往，若诸葛孔明之于先主。

王氏童溪曰：昔孔子取虞人，取非其招而不往。孟子亦以不待而往，谓之枉己。成汤三聘伊尹，乃幡然而改。幡然之改，尹之明也。

胡氏五峰曰：桓公自莒入齐，鲍叔实辅之，既而不执其政。管仲有贤才而胜己，荐之于公，让之以政，求婚媾往者也。于是，桓公九合诸侯，一匡天下。管鲍为臣，至今称焉。可谓"吉无不利"矣。非明者，其能知己之短而肯进人之长乎！

胡氏云峰曰：求而后往，必如是而后合男女婚姻之礼，必如是而后见士大夫出处之义。

九五，屯其膏，小贞吉，大贞凶。《象》曰：屯其膏，施未光也。

伊川曰：威权去已，而欲骤正之求，凶之道也。鲁昭公高贵乡公之事也。若盘庚周宣修德用贤，复先王之政。诸侯复朝，谓以道驯致，为之不暴也。

杨氏龟山曰：小贞，渐而正之也。孔子欲救旅泰山者，姑小贞之而已。昭然卒至败亡，失此故也。

郑氏汝谐曰：汉唐创业之君，相提携于百战之中，是以能卒成大业。其继承者则不然。艰难夺于富贵，志气堕于嗜欲，一有所陷，虽有扶衰拨乱之才之志，顾未有大能济者。故曰：神尧以一旅取天下，后世子孙不能以天下取河北，“初”与“五”之别也。

项氏平甫曰：当屯之时，艰于施泽，此有司之事，非为政之体也。小贞吉，大贞凶者，言小人小事守此则吉，大人大事守此则凶也。《象》曰：施未光也。其义甚明。

胡氏五峰曰：自小而以渐正之，使膏泽浸润加于百姓，仁心仁闻著于天下，则有吉。如唐之武宗、宪宗是也。

胡氏云峰曰：可以施而不施，是自屯其膏，出纳之吝，有司之事，非大君之道也。

梁氏孟敬曰：小则吉者，以在于其位，为所可为也。大则凶者，以时势既失，而不可强为也。为可为于可为之时则从，为不可为于不可为之时则凶。可不慎哉？

上六，乘马班如，泣血涟如。《象》曰：泣血涟如，何可长也。

杨氏龟山曰：若唐昭宣是已，其危亡立至，又何可长？

王氏童溪曰：屯，极矣。居此高位，其能久乎？汤武一出而飞廉、恶来之诛，不可逭也。

项氏平甫曰：初九之磐桓，沛公在蜀汉，三秦时也。居贞者，不取妇女货财，约法三章，为义帝发丧也。建侯者立汉社稷也。以贵下贱者，辍洗吐哺以下贤也。六二，守贞不嫁，四皓两生也。六三，不见事几，妄就而取穷，孔鲋之从陈涉，范增之事项羽也。六四，明见事机，求而后往。子房之迫而后言，韩信之拜大将而后留也。九五，有权有势而屯膏，不下失士民之心，非以贵下贱。

项羽之为天下宰，不与人功，不与人利也。上六，无应无与，泣血以待亡，秦王子婴之爻也。

䷃坎下艮上

蒙，亨。匪我求童蒙，童蒙求我。初筮告，再三渎，渎则不告。利贞。

《彖》曰：蒙亨，以亨行时中也。匪我求童蒙，童蒙求我，志应也。初筮告，以刚中也。再三渎，渎则不告，渎蒙也。蒙以养正，圣功也。

伊川曰：贤者在下，岂可自进以求于君，苟自求之必无能信用之理。古之人所以必待人君，致敬尽礼而往者，非欲自为尊大，盖其尊德乐道，不如是不足与有为也。

杨氏龟山曰：汤之于伊尹，学焉而后臣之。尹非有求于汤也，而汤实求之。

沈氏守约曰：蒙有求师之义也少，蒙得师养正则圣。是以圣功也。三代学为君之法也。

胡氏五峰曰：太甲成王以幼冲而居君位，童蒙也。伊尹、周公任顾托之重，为发蒙之主也。夫伊、周非有求于太甲成王，而太甲成王非伊周则无以守其宗庙社稷。故匪我求童蒙，乃童蒙求我也。初筮告者，若伊尹于太甲，居忧时即放之桐宫密迩先王其训。周公于成王，自幼冲时左右侍御仆从，即以正人为之，使幼而见正行，闻正言，若待其听政，然后教之，则渎蒙矣。是以太甲、成王卒皆为大贤，以伊周能养其正于蒙，有作圣之功，此蒙之所以亨也。夫当发蒙之任，苟不持正，则必有乘间投隙而起者。惟贞，然后足以弭奸邪窥伺之心，厉忠贤进为之志，事功可就，而祸难不作矣。

李氏蒙斋曰：礼、乐、射、御、书、数，小学之事也。格物、致知以至于治国、平天下，大学之事也。幼则教之以小学，长则教之以大学，乃时中之义。躐等欲速，乌有能亨之理哉？

胡氏云峰曰：有天下即有君师，《乾》《坤》之后继以《屯》，曰：利建侯，君道也。又继以《蒙》，曰：童蒙求我，师道也。君师之道，皆利于贞。

《象》曰：山下出泉，蒙。君子以果行育德。

周子曰：童蒙求我，我正果行，如筮焉。筮，叩神也。再三则渎矣。渎则不告也。山下出泉，静而清也。汩则乱，乱则不决也。慎哉！其惟时中乎！

项氏平甫曰："果行"象泉之出，"育德"象山之深。力行者有进而无退，养德者暗然而内充。《彖》言治人之蒙，此言君子以蒙自治也。

初六，发蒙，利用刑人，用说桎梏，以往吝。《象》曰：利用刑人，以正法也。

伊川曰：自古圣人为治，设刑罚以齐其众，明教化以善其俗。刑罚立而教化行，虽圣人尚德而不尚刑，未尝偏废也。故为政之始，立法居先。治蒙之道，威之以刑者。所以说，去其昏蒙之桎梏也。或疑发蒙之初遽用刑，人无乃不教而诛乎？不知立法制刑，乃所以为教也。

王氏童溪曰：《传》曰禁于未发之谓豫。《书》曰制官刑儆于有位。用训于蒙士。六居初，阴暗而未明，所谓蒙士也。不于此时而豫以禁之，不可也。

项氏平甫曰：此爻在孔子为救失之教辞，孺悲哂仲由之类是也。

赵氏汝梅曰：刑者，圣人之不得已。圣人惧后世流于虐威庶戮，故为之辞曰：以正法也，则正法之外，不当以济私忿，况刑人者，象刑教刑之类，末世遽加黴墨刀锯。

胡氏五峰曰：舜有天下，先诛四凶。孔子执政，先诛少正卯。唐太宗起义兵，先诛高德儒。盖时方蒙蔽未知好恶之所在，惟先威之以刑，则观听耸动而民知所从矣。

胡氏云峰曰：刑人痛惩之也。说桎梏，暂舍之以观其后也。痛惩而不暂舍，一于严以往，是不知有敬敷五教在宽之道，故吝。

九二，包蒙吉，纳妇吉，子克家。《象》曰："子克家"，刚柔接也。

伊川曰：尧舜之圣，天下所莫及也。《尚》曰：清问下民，取人为善也。二能包纳，则克济其君之事，犹子能治其家也。

沈氏守约曰：父子、君臣类也，未有不孝于其家而能忠于其君也，故古求忠臣于孝子之门。

杨氏诚斋曰：臣事君如子事父，正使致君如伊周，亦臣子分内事，如子之克家耳，非功也。

陆氏希声曰：童之从师犹女子之从夫，学者能从圣教犹子能任家事。

项氏平甫曰：此爻在孔子为长善之教。包蒙则进，互乡纳妇，则与曾点也。

梁氏孟敬曰：包蒙，言其量之有容也。纳妇，言其志之相得也。子能克家，言其才之有为也。上蔡谢氏舜不藏怒，不宿怨，包蒙也。以爱兄之道来诚信而喜之，纳妇也。

六三，勿用取女，见金，夫不有躬，无攸利。《象》曰："勿用取女"，行不顺也。

张氏紫岩曰：女，臣象也。在臣而进不以正，惟势利之视，悖天逆人以狥其私，必不能忠于君而爱于人。尚何所用臣哉？吁！若三，盖人臣邪僻之尤者矣。

朱子曰：金夫盖以金赂己而挑之，若鲁秋胡之为者。

谨案：女子以守身为主，躬之不有，尚可取哉？礼义之防溃，廉耻之道亡，势将无所不至。自古败国亡家，每多由于女子。三代之季可鉴矣！然犹未闻其淫姣。至汉唐则宫帏之内，有不可言者矣！他如霍氏以山显覆宗，梁冀以孙寿灭祀。世家大族亦往往有之，况其在士庶之家乎！《爻》言勿用取女，取者，始娶之时，言辨之于早也。勿者，禁止之词，言杜之宜严也。后世之缔婚者，可不慎哉！

胡氏云峰曰：女子失身且如此，士而失身于所从，用之何利焉？

梁氏孟敬曰：立身一败则万事瓦裂，男取不正之女，女有不正之行，皆无所利矣。推之君臣之遇合，朋友之交际，安往而不然哉？

六四，困蒙，吝。《象》曰：困蒙之吝，独远实也。

张氏紫岩曰：亲君子而复性之诚，蒙可脱也。若小人邪伪虚诞，不幸而与之处，浸随以化，困其免乎？居大位者宜以昵比小人为戒哉！

郭氏白云曰：远，于二刚，无所发蒙，故困。以此而居上则失道而寡助，以此而务学，则孤陋而寡闻。然则困蒙抑亦自取之者！

杨氏诚斋曰：窒于通之谓困，啬于从之谓吝。吝疾者讳医，吝过者讳师。四之困蒙，而复吝于亲贤，所谓困而不学，民斯为下矣。

赵氏汝梅曰：四切近于五，犹生于世禄侈富之家。若从师亲友犹有困，而学之之功奈何？资性本昏，所与游者又皆阴昧之人，终陷于困而不学之下愚矣。自昔跅弛之士一有愤悱即折节为善，卒成佳士者多矣。若四则安于昏昧，无复为善之期，所以吝也。

胡氏五峰曰：汉元初立，萧望之以师傅下行端揆之职，为发蒙之主，史高与望之同受顾命，位望之上，为亲近大臣，以阴柔庸劣之才，辅暗懦之君，而暱比于恭显阉宦不中正之人，疏远望之，不与同心辅政于先帝付托之意，岂不负哉？是亦自远于刚阳笃实之贤，故有困蒙之吝耳。

六五，童蒙，吉。《象》曰：童蒙之吉，顺以巽也。

伊川曰：童，取未发而资于人也。为人君者，苟能至诚任贤以成其功，何异出于己也？舍己从人，顺从也。降志下求，卑巽也。能如是，优于天下矣。

郭氏白云曰：学焉而后臣，此童蒙之吉也。太甲之于伊尹，高宗之于傅说是也。太甲克终允德，高宗克迈乃训，皆顺以巽之义。

杨氏诚斋曰：有童稚之蒙，有小民之蒙，有学者之蒙，有圣人之蒙。六五以人君之尊，秉巽顺之德。自居于童稚之蒙，聪明睿知而守之以愚者也。高宗自以其德弗类而学于傅说。武王自以不知彝伦而访于箕子，所以圣益圣欤？

胡氏五峰曰：汉昭幼冲非天资愚昧，乃童蒙也。以其童蒙而天性聪明，故能上顺先帝之志，下任霍光之贤，而燕盖之谋不成，篡弑之祸不作，故为吉也。

上九，击蒙，不利为寇，利御寇。《象》曰：利用御寇，上下顺也。

伊川曰：若舜之征有苗，周公之诛三监，御寇也。秦皇、汉武穷兵诛伐，为寇也。

游氏广平曰：若齐之伐燕，利其土地重器，为寇也。葛伯仇饷，汤往征之，御寇也。

朱子曰：捍其外诱以全其真纯，虽过于严密，乃为得宜。凡事皆然，不止为诲人也。

项氏平甫曰：此爻在教者言之，则孔子之攻冉求，孟子之罪乐正，子皆御寇而不为寇者。吾徒畔道毫发不容，乃所以为师友之爱。

胡氏五峰曰：后世汉高之诛秦项，汉宣之诛先零，御寇也。平城之兵，马邑之伏，唐太宗之伐高丽，为寇也。御寇者出于不得已，故天人顺之。汉武为寇于四夷，而望天下之人皆顺己，其可得乎？

梁氏孟敬曰：贪忿之兵，为寇也。声罪致讨，御寇也。推之他事，凡无故加人者，皆为寇也。名正言顺者，皆御寇也。为寇、御寇，其事相类，而得失利害之分远矣！可不慎哉？

吴氏慎曰：治蒙之道，当发之、养之，又当包之，至其极乃击之，刑与兵所以弼教，治蒙之道备矣。

谨案：杜诗云，"包蒙欣有击。"包者，敷教在宽之意。其于蒙也，能容之。击则猛以济宽。其于蒙也，则惩之。《书》所谓"朴作教刑"，《礼》所谓"夏楚二物，收其威也。"

易鉴卷三

☵☰乾下坎上

需，有孚，光亨。贞吉。利涉大川。

《彖》曰：需，须也。险在前也，刚健而不陷。其义不困穷矣。需，“有孚，光亨，贞吉”，位乎天位，以中正也。“利涉大川”，往有功也。

郑氏东谷曰：需，有待也。在我者，有可需之才。在上者，有可需之君也。有是二者可以自信。故曰有孚。

朱子曰：涉川尤贵于能待，则不欲速而犯难也。后世策士辈只说出奇应变，圣人合当需时便需。

胡氏五峰曰：文王处于西伯而纣在上，险在前也。文王以服事殷，其忠信于上下，其诚动于残贼，故得行其号令于诸侯。天下化之而纣不以为嫌，刚健而不陷，岂有困穷乎？

胡氏云峰曰：卦辞言利涉大川者七，需首言之。盖涉川不待而争先，反致濡滞，甚者覆溺亦多矣！此《本义》所以曰“涉川尤贵于能待也”。

林氏希元曰：遇事势之未可为即安于义命，从容以待机会出。其真实而非虚假，如此则心逸日休，胸襟洒落，不亦光明豁达乎？

《象》曰：云上于天，需。君子以饮食宴乐。

房氏元龄曰：饮食宴乐以须，太平王在在镐，恺乐饮酒是也？

伊川曰：饮食以养其气体，宴乐以和其心志，所谓居易以俟命也。

郭氏兼山曰：《序卦》云《需》者，饮食之道也。文武以天保，以上治内，采薇以下治外，始于忧勤，终于逸乐，如此而已。至于蓼萧废则恩泽乖，湛露废则万国离。故需之为需，岂曰小补之哉？

朱子曰：饮食宴乐谓更无所为，待之而已。待之须有至时，学道者亦犹是也。

谷氏家杰曰：云上于天，而后可以待雨。君子有为于前，而后可以待治，不然不幾于坐废乎？

初九，《需》于郊，利用恒，无咎。《象》曰："需于郊"，不犯难行也。"利用恒无咎"，未失常也。

伊川曰：君子之需时也，安静自守志，虽有须而恬然若将终身焉，乃能有常也。

薛氏温其曰：郊远难而待，沙近难，泥涉难。

张氏紫岩曰：初惟不犯难以行险，而钦慎戒惧不替厥德，常若处险于需得矣。岂比夫妄冒侥幸者所为哉？

孙氏质卿曰：人惟中无常主，或为才能所使，或为意气所动，或为事势所激，虽犯难而不顾耳！所以不失常最难。

胡氏五峰曰：伊尹耕于有莘，傅说筑于傅岩，吕望钓于渭滨，皆待时于郊野旷远之地，不冒犯世患而求进者也。其耕也，其筑也，其钓也，用常而已，非有惊时异众之行也，故无咎。

九二，需于沙，小有言。终吉。《象》曰：需于沙，衍在中也。虽小有言，以吉终也。

沈氏守约曰：渐近于水则浸润易入，渐近于难则小人之谮愬易行，是以小有言也。

朱氏汉上曰：二，夫子之待贾也。五，天下之望成汤也。

王氏童溪曰：昔诸吕之难亟矣，而陆贾乃从容于平勃之间，未尝少激其势也。俄而，将相交欢，而左袒一呼，吕宗覆矣。若贾者可与论需之终吉也。

胡氏五峰曰：孔孟周行于诸侯，见可而进，需于沙者也，近于世难矣。或以微罪行，或三宿而后出昼，道广德宏，其心甚大，虽小有患害，厄于陈蔡，围于匡人。景子谓之不敬，尹士谓之干泽，于孔孟乎何伤？当时诸侯敬之、重之，万世之下尊之、仰之。以吉终者，此之谓也。

九三，需于泥，致寇至。《象》曰："需于泥"，灾在外也。自我致寇，敬慎不败也。

郭氏白云曰：敬慎而不败，君子责己反身之道。躬自厚而薄责于人，何败之有？是以君子居易以俟命，敬慎也。小人行险以徼幸，鲜不败矣？

王氏童溪曰：夫祸难之至，苟以为时势之使然，而我无与焉？则或坐视其祸，而不救者有矣；或知救之而不知敬戒之术，以致败也，亦有矣。曰：自我致寇，敬慎不败。此圣人警九三之辞也。

项氏平甫曰：敬慎而无失，则虽与之逼，亦无败。理蔡兴宗与小人同朝而免于辱祖，逖与石勒为邻而自不犯。

赵氏汝梅曰：敬慎非懦怯、辟却之谓。盖临事而惧，好谋而成，我既不败，寇斯败矣。不败者需之亨也。知此义者，可以帅师临敌。

胡氏五峰曰：范滂李膺，名冠天下，激浊扬清，进必以道，需于泥者也。时方多僻，灾在外也。奸邪畏忌，则思所以中伤之矣。党人禁锢，皆自致之也。如陈寔虽中常待，张让父葬亦往吊焉，敬慎之至也。及党人被诛而名士因陈寔得免者甚众，使范滂、李膺敬慎如此，岂有败乎？

六四，需于血，出自穴。《象》曰："需于血"，顺以听也。

王氏辅嗣曰：若以战斗言之，其出则为血；若以居处言之，其处则为穴。各随其义也。

胡氏五峰曰：汉桓既诛梁冀，拔黄琼，首居大位。琼奏诛州郡贪污者十馀人，海内翕然从之。是时，宦竖充朝，止人处于其间，佞幸之所必中伤也，需于血者也。夫琼之心岂止于诛州郡贪污而已哉？肃清廷列乃其志也，少须暇之耳，及嬖宠益横，琼自度力不能制。虽上疏极言，称疾不起，不敢安其位，出自穴者也。顺听时命，委而去之，虽其志不行，伤于小人而无凶祸之及矣。

杨氏启新曰：刚者能需，柔亦能需，刚柔皆有善恶。刚之需犹乾之健而知险，柔之需犹坤之简而知阻。

九五，需于酒食，贞吉。《象》曰："酒食贞吉"，以中正也。

代氏渊曰：五既得位，道亦宣畅。适会此时，其所需者，唯饮食安燕，与民同乐而已。

杨氏诚斋曰：太平之君以饮食宴劳忠臣嘉宾之时也。

赵氏汝梅曰：《鹿鸣》、《湛露》、《凫鹥》、《既醉》，诸诗足以观九五之心。贞吉正则吉也，正则无流连之乐，荒亡之行。

胡氏云峰曰：生民有欲，莫大于饮食男女。《屯》、《蒙》卦爻既于婚娶之正三致意焉，此复以饮食之正言之。五有刚中之德，需于酒食，惟正乃吉，况在下而可宴酣无度乎？

郑氏维岳曰：以治道言，使斯民乐其乐而利其利。期治于百年必世之后，而不为近功者，须待之义也。

谨案：郑氏以治道不为近功，深有合于需之义。即孔子所谓“无欲速，无见小利”也。治道固宜，教道亦然。优而游之，使自求之。餍而饫之，使自得之。孟子所谓“勿忘、勿助”，亦需之义也。

张氏振渊曰：内多欲，则有求，治大急之患，德惟中正，所以需，合于贞而得吉。

上六，入于穴，有不速之客三人来。敬之终吉。《象》曰：不速之客来，敬之终吉。虽不当位，未大失也。

吕氏东莱曰：大抵天下之事，若能款曲停待，终是少错。

项氏平甫曰：不当之失小，不敬之祸大。王允之诛董卓，五王之诛二张，皆已胜而忽不思所以终之也。几年需之，一日败之，可不惜哉？善需者勿以小失为嫌，而以大祸为忧。险虽已济，犹不敢忽，必入其穴，终其事而后已，则可谓能敬也已矣。

梁氏孟敬曰：三阳之进，势有必然。若能敬之，犹可赖其力以出乎险，故终有吉也。小人自取祸败而赖君子以得免，其占当如此云。

薛氏温其曰：处横逆之道也。

谨案：焦氏《易林》引“不速客来”指为贼盗，盖《需》上三爻属坎，说卦坎为盗。《象传》又言失，或古传占法，以此指盗贼也。

☵☰坎下乾上

《讼》有孚，窒惕，中吉终凶。利见大人，不利涉大川。

《彖》曰：《讼》，上刚下险，险而健，讼。讼“有孚窒惕中吉”，刚来而得中也。终凶，讼不可成也。利见大人，尚中正也。不利涉大川，入于渊也。

周子曰：圣人法天，以政养万民，肃之以刑，民之盛也。欲动情胜，利害相攻，不正则贼灭无伦，故得刑以治。情伪微暧，其变千状。苟非中正、明达、果断者，不能治也。《讼》卦曰：利见大人，以刚得中也。《噬嗑》曰：利用狱以动而明也。呜呼！天下至广，主刑者，民之司命也，任用可不慎乎？

张氏紫岩曰：自天子至于庶人，有敌必有讼。兵争辨诘大小不同，为讼一也。譬人之身与其家，一有不正，讼由以生。不反身而归之正，争競是务，为身为家，害未易言矣。

朱氏汉上曰：天下之难，未有不起于争。刚险不相下，君子小人不相容，难始作矣。圣人戒之中正，戒之不可成。汉唐之乱，始于小人，为险君子疾之已甚。其弊至于君子小人，沦胥以败而国遂亡，故曰：不利涉大川，入于渊也。

郭氏白云曰：非特讼者为然，听讼者亦如之也。好生之德洽于民心兹用，不犯于有司，窒之也。钦哉钦哉！惟刑之恤哉，惕之也！《吕刑》曰：简孚有众。又曰：狱成而孚，输而孚，有孚也，故乃明于刑之中，中吉也。《舜典》之疑惟轻，《吕刑》之疑有赦，不成其终也。

胡氏五峰曰：韩冯翊之讼萧，赵广汉之讼魏，皆中无孚，实不知畏惕过而失中道者也。故终极其事，皆至于凶。左雄周举，中吉也。王浑王濬，终凶也。

胡氏云峰曰：天子主诸侯，有司主庶人，讼非特士庶之争。

项氏平甫曰：利见大人，或不与之校，如直不疑；或为之和解，如卓茂；或使其心化，如王烈；或为之辨明，如仲由，皆讼者之利也。不利涉大川，涉险之道利在同心，此岂相争之时哉？熙、谭相攻袁祸愈亟，平勃交欢汉难遂济，此不利涉大川之明验也。

俞氏玉吾曰：在上者恃其刚以陵下，在下者怀其险以伺上。一刚一险，讼之由也。险者狡而工于争，健者强而力于争，是以讼也。唯险而又健，则内怀险恶多蓄智谋，外恃壮健不畏敲朴，讼之所以成也。

蔡氏介夫曰：讼不可成，以理言之，扬人之恶也，烦上之听也。损己之德也，增俗之偷也。又人己之图，俱废某业，虽得不偿失也，此岂君子所乐成者哉？谓之不可成，见其宜惕中也。

《象》曰：天与水违行，讼。君子以作事谋始。

刘氏长民曰：讼起多端，非礼法不能防人。其始司契者乃法之一端耳。

伊川曰：绝讼端于事之始，则讼无由生矣。谋始之义广矣，若慎交结、明契券之类是也。

项氏平甫曰：祸难之端，夫岂在大？曹刘共饭，地分于匕箸之间。苏史灭宗，忿起于笑谈之顷。谋始之诲，岂不深切著明乎？

林氏希元曰：于其始而谋之，看事理有无违碍，人情有无违拂，终久有无祸患。凡其事之不善，而可以致讼者，皆杜绝之而不为，则讼端无自起矣。

初六，不永所事，小有言，终吉。《象》曰："不永所事"，讼不可长也。"虽小有言"，其辩明也。

王氏辅嗣曰：处讼之始，讼不可终，故不永所事。然后乃吉。凡阳唱而阴和，阴非先唱者也。处讼之始，不为讼先，虽不能不讼而必辩明也。

胡氏五峰曰：郑兴桓谭。

吕氏东莱曰：知讼之不可长，不顾小有言之辱，更不报复目下。虽似可耻，终久谁得。计其利害，不待辩说而自明也。

九二，不克讼，归而逋，其邑人三百户无眚。《象》曰："不克讼"，归逋窜也。自下讼上，患至掇也。

王氏昭素曰：邑小人少，取退避之义。不然则掇患于已。

郑氏亨仲曰：圣人所以必使逋其邑人三百户者，恐其恃众凭险以成乱，所以谨上下之分也。

谨案：郑氏以"不克讼归"为句，而"逋其邑人三百户"为句，未免出自新意，不守成说。然自来以下犯上者，小而争辨，大而拒命，未有不由于恃众而凭险也。散其众，去其险，亦防乱之良策，则其说盖亦有足取者焉。

赵氏汝梅曰：或曰，臣无讼君之理，何为有上讼之辞？曰：晋郤至与周争鄇邑，王命刘康公、单襄公讼于晋，是亦讼也。未幾三郤皆以争田之怨基杀身之祸，患至掇之明验。

胡氏五峰曰：杨恽。

项氏平甫曰：一家好讼，则百家受害。言"三百户无眚"，见安者之众也。

俞氏玉吾曰：既逋则近已者皆无连坐之患，故曰："其邑人三百户无眚。"

梁氏孟敬曰：恃其险健，欲争夺人之土地，然理势不敌，退而安处，其邑虽地狭民寡，可终无眚。不然已之所有且不能保，而能夺人之所有乎？世之不度德量力而贪以取败者，观此可戒矣！

六三，食旧德，贞厉，终吉。或从王事，无成。《象》曰：食旧德，从上吉也。

朱氏汉上曰：窦婴之于田蚡，上下相激，至亡其身，不知六三之吉也。

胡氏五峰曰：郭子仪、鱼朝恩。

吕氏东莱曰：在下位者为上所宠任，往往忘其素分，临事不能退让，擅以为己功，所以多得祸也。

杨氏启新曰：食旧德，安其分之所当得，是不与人竞利也。或从王事者，分之所不得越，是不与人竞功也。盖不必告讦之风乃谓之讼，一有争竞之心亦讼也。

九四，不克讼，复即命，渝，安贞吉。《象》曰：复即命，渝，安贞不失也。

伊川曰：命谓正理。失正理为方命，故以即命为复也。

龚氏深甫曰：二以下讼上，其不克者，势也。四以上讼下，其不克者，理也。

胡氏五峰曰：杜淹。

杨氏敬仲曰：人惟不安于命，故以人力争讼。今不讼而即于命变，而安于贞吉之道也。

九五，讼元吉。《象》曰：讼元吉，以中正也。

朱子曰：阳刚中正，以居尊位。听讼而得其平者也。中则听不偏，正则断合理。

胡氏五峰曰：曹腾、梁商、贺若弼、韩擒虎、贾复、寇恂。

王氏童溪曰：舜、禹、皋陶曰：刑期于无刑，民协于中，中也。又曰：惟兹臣庶，罔或干予正，正也。

赵氏汝梅曰：五为讴歌讼狱之所归，王三宥然后制刑，则五为制刑之主。大人在上，诸侯万民之讼至于见逊畔逊，路而息争，吉孰大焉？

上九，或锡之鞶带，终朝三褫之。《象》曰：以讼受服，亦不足敬也。

张氏紫岩曰：上以刚亢处讼极，才健不中，有击柱论功之气。曰：或锡之命，虽自上，其德弗顺类夫。或者锡之也，若齐威、晋文在春秋时，而天子锡以命服、弓矢、车马云。

胡氏五峰曰：来俊臣之徒，主父偃。

李氏蒙斋曰：或者，未必之辞。爵命之服，人所敬也。彼其之子，不称其服，何足敬哉？

谨案：爻辞无讼字。《象》曰：以讼受服，诸家谓善讼。取胜受赏亦辱，固是相沿旧解。然命服之荣以赏有德，自古未闻有赏讼者章服之典。卦“九五，讼元吉”，解者以为听讼之主以中正居尊位，上九刚亢不中，穷极讼事，意必治讼者恃其刚健，锻炼周内，以为得情或有因此而受赏者，然而不旋踵而亦败。如胡氏五峰所谓“来俊臣之徒”欤！

易鉴卷四

☷☵坎下坤上

师，贞，丈人吉，无咎。

《彖》曰：师，众也。贞，正也。能以众正，可以王矣。刚中而应，行险而顺，以此毒天下，而民从之。吉又何咎矣？

干氏宝曰：兵刑荼毒，不得已而用之，故彖象六爻，皆著恐惧之辞。

伊川曰：司马穰苴擢自微贱，授之以众，乃以众心未服，请庄贾为将也。所谓丈人，不必素居崇贵，但其才谋德业众所畏服则是也。如穰苴既诛庄贾，则众心畏服，乃丈人矣。又如淮阴侯起于微贱，遂为大将，盖其谋为有以使人尊畏也。

游氏广平曰：师。贞，丈人吉。故《诗》称："方叔元老，克壮其猷"也。老者，成德之称。乞其言足以愈人之疾，故曰艾；宪其行足以助人之善，故曰叟。其更事多，其作谋审。其成德也尊，其致道也远。盖朝廷典刑所赖，而非特可以行师也。仰顺乎天，无违天以干时；俯顺乎人，无咈人以从欲。兴师之顺如此。

朱子曰：坎险，坤顺。坎水，坤地。古者寓兵于农，伏至险于大顺，藏不测于至静之中。

项氏平甫曰：此汤武所以为王者之师，伊尹太公所以为王者之佐。用师者多出于霸术，霸者之兵，专行诡道，用狙诈之人，故多胜者多祸，未有吉而无咎者也。易之言兵，必丈人，必出于王道，然后获吉而无后忧。汤必求元圣，武王必得仁人，知此义也。

赵氏汝梅曰：乌喙豨苓，非养生之常，善医者顺而用之，虽毒而病良已，亦以是夫。

雷氏西仲曰：刚而不中，楚子玉所以败兵也；不见应于上，燕乐毅所以出奔也。

梁氏孟敬曰：吉且无咎，如夫子言，我战则克，临事而惧，好谋而成是也。

《象》曰：地中有水，师。君子以容民畜众。

郭氏兼山曰：周官司空掌邦土，居四民，时地利，非容民乎？司马掌邦政，统六师，平邦国，非畜众乎？故自比闾族党州乡容民之道也，自伍两卒旅师军畜众之法也。居则出入相友，疾病相扶，持容民之常也；动则胜相让，败相救，畜众之终也。是以兵形象水，水因地而制形，兵因敌而制胜，师其有焉。若夫黄帝太公寓之于八卦，管仲制之为三军，诸葛亮、李靖因之为八阵、六花，皆师之遗法也。

陈氏琛曰：地中有水，犹民中有兵。君子观师之象，必容保其民，畜其众焉。盖田以民分，兵以赋出，故当无事之时，必制田里、教树畜，使比闾族党州乡之民无不各得其养。民既有养，则所谓伍两卒旅军师之众，以为他日折冲御侮之用者，皆畜于此矣。苟平时诲之无其方，则缓急谁复为之用哉？

初六，师出以律，否藏凶。《象》曰：师出以律，失律凶也。

《子夏传》律者，军事之命也。

伊川曰：失律有二义：有出师不以义理者，有行师无号令节制者，皆失律也。

苏氏东坡曰：以律者正胜，不以律者奇胜。既失律矣，胜亦负也。

杨氏龟山曰：《甘誓》左不攻于左，右不攻于右，《牧誓》不愆于六步七步，不愆于四伐五伐，此师律也。不如是皆失律也，刑戮随之矣。

沈氏守约曰：法行则人从法，法败则法从人。法从人则无以制众，众失制则师不能行，卦变为临。临，不行也，师出而不能行，是以凶也。昔晋楚战于邲，知庄子曰：此师殆哉！周易有之，在师之临，曰：师出以律，否臧，凶。执事顺成为臧，逆为否。众散为弱，川壅为泽，有律以如己也，故曰律。否臧其律竭也，盈而以竭，夭且不整，所以凶也。不行之谓临，有帅而不从，临孰甚焉？此之谓矣。果遇必败，彘子尸之虽免，而归必有大咎。

谨案：朱氏《汉上易集传》，此爻亦引《春秋左氏传》曰："师之临者，初六。动而成兑也，坤为众，坎为律、为川。坤毁则众散，坎毁则川壅而律竭。"盖朱氏《易集传》与沈氏《易小传》皆以变体言易，故《左氏》所载筮词多引之《春秋》，去古未远，其卜筮当系相传旧法也。

郭氏白云曰：汉武穷兵，以讨匈奴，仅有获焉。而天下户口减半，非否臧凶与？

王氏童溪曰：李广与程不识同时制军，广之军废刁斗、逐水草，自便而已。不识则日夜持严，常若敌至。诸军乐广而苦程不识也。然不识未尝遁败也，而广虽以勇名，竟以勇败，此所谓失律也。

赵氏汝梅曰：起师合军，必勒其步。武使无犯，命和其卒；乘使皆和辑，然后可以救无辜而伐有罪。故不可不谨于其始。周官大司马合军而首行禁令是也。

九二，在师中，吉，无咎。王三锡命。象曰："在师中"，吉承天宠也。"王三锡命"，怀万邦也。

勾氏微曰：若汤征葛，文王伐崇，东征西怨，故得万邦怀之也。

伊川曰：人臣之道，于事无所敢专，惟阃外之事，则专制之。虽制之在已，然因师之力而能致者，皆君所与而职当为也。

郭氏白云曰：春秋无义战，圣人贬之久矣。争地争城，杀人以求之，孟子辞而辟之。杀获之功，固非圣贤所尚矣。是以古仁贤之将，卒以安民和众为先，耻为孙吴小人变诈之谋，《师》卦所谓"丈人之徒"欤。

胡氏五峰曰：唐宪宗之讨淮西也，命裴度长御史往视师，又命以为相，又命往釐以既厥事，信之深，任之确，恩礼有加而无怠，所以能平逋寇宿贼，威震诸藩，合乎"王三锡命怀万邦"之义。

王氏童溪曰：古者人君命将出师，谋之于庙，遣之以礼，饯之于国门之外，敬而授之曰："阃外之事，将军制之。"故得以行其志，而后世乃以刑馀监军，事由中覆，殊失古之义矣。

项氏平甫曰：古之用兵者，皆言怀不言威，不独此卦然也。禹之征苗，曰感，曰格；汤之伐夏，曰室家相庆、民大悦；文之遏徂旅，曰笃周祜对天下；武之伐商，曰万姓悦服；成之四征不庭，曰绥厥兆民。方是时，未有明日复旆，诸侯畏之之谋也。未有威震海内，名闻诸侯之说也。

胡氏云峰曰：讼而终，则有三褫之夺；师而中，则有三锡之宠。讼与师，皆以中为贵也。

梁氏孟敬曰：自古忠良之将多矣，然其无成功者，或委任不隆，或吝于爵赏，或轻信谗间，或代以私人，若是者岂将之不能哉？由君之不能用也。如九二之为将，虽非因宠禄而后尽力者。六五之君，深所倚仗，其可无三锡之恩乎？

六三，师或舆尸，凶。《象》曰："师或舆尸"，大无功也。

伊川曰：军旅之事，任不专一，覆败必矣。

杨氏龟山曰：唐九节度之师，不立统帅，虽李郭之善兵，犹不免败衄，则舆尸之凶可知。

杨氏诚斋曰：河曲之师，赵盾为将，而令出于赵穿；邲之战，荀林父为将，而令出于先縠。皆六三之舆尸者也。六三不中不正，体柔用刚，而居九二贤将之上，是以弟子舆尸取凶之道也。唐以宦官监军，自取败衄，其是之谓乎。

王氏童溪曰：晋以戴若思遥制祖逖，遂使黄河以南不旋踵而复陷，亦此意也。故六五复申之戒曰：长子帅师，弟子舆尸，凶。

朱子曰："舆尸，谓师徒挠败，舆尸而归也。"

胡氏五峰曰："用师之道，必才德谋虑足以服人心。如丈人者，主之故能有成功。若乐毅丈人也，而以骑劫代之；廉颇，丈人也，而以赵括代之；李牧，丈人也，而以颜聚代之。此以众人而尸丈人之事者也，不败亡何待？"

六四，师左次，无咎。《象》曰："左次无咎"，未失常也。

崔氏憬曰：偏将军居左次，常备师也。

伊川曰：见可而进，知难而退，师之常也。惟取其退之得宜，不论其才之能否也。度不能胜而完师以退，愈于覆败远矣；可进而退，乃为咎也。易之发此义以示后世，其仁远矣。

张氏紫岩曰：晋士匄不伐齐丧而退，君子大之；楚伐陈，吴季札帅师救之曰："二国不务德而务兵。"遂旋师左次也。

杨氏诚斋曰：善师者不必战，以守为战亦战，以退为进亦进也。禹之班师，晋文公之退舍，必于进也乎。

王氏童溪曰：有决战之师，有持重之师。决战之师，利于速战；持重之师，利于退守。诸葛武侯与司马对垒，巾帼之遗意在速战也。辛佐治一杖节立军门，而魏师竟无战意，遂以不杀却敌，此持重之师也。

胡氏五峰曰："齐威伐楚，退师召陵；赵充国讨先零，固守不战；汉高祖伐项羽，舍荥阳、成皋而趋宛叶；朱隽讨韩忠，解围而后复战。皆左次也。"

胡氏云峰曰：讼与师，皆非得已。与其进而败，不若退之为愈。讼归逋复命，师左次，皆善其退。

梁氏孟敬曰：师之左次者，或义有不顺，力有不敌。而全师以退，或善师不战，善战不阵，而待敌自服，皆可以无咎。

六五，田有禽，利执言，无咎。长子帅师，弟子舆尸，贞凶。《象》曰："长子帅师"，以中行也；"弟子舆尸"，使不当也。

房氏元龄曰：弟子谓懦弱，素无威名，如魏豹之任柏直，汉祖谓之"乳臭"是也。

伊川曰：禽兽入于田中，侵害稼穑，于义宜猎取，若秦皇汉武皆穷山林以索禽兽者也。自古任将不专而致覆败者，如晋荀林父邲之战、唐郭子仪相州之败是也。

郭氏白云曰：执言奉辞也，故虽鸣条之师，牧野之战，汤武必执言誓师，明告其罪，而后举也。

胡氏五峰曰：吕蒙不肯与孙皎并为大督，曰："昔周瑜程普并将，幾败国事。"

赵氏汝梅曰：九二言吉无咎，六五不言吉者，兵戎之事戕民至惨。倘有穷黩之君，兴甲兵，危士臣，以求所大欲，将持此以藉口。故特致戒，谓帝王以不忍人之心，行不嗜杀人之举，乃仅止于无咎耳。

上六，大君有命，开国承家，小人勿用。《象》曰："大君有命"，以正功也；"小人勿用"，必乱邦也。

胡氏安定曰：高祖任韩、彭、英、卢，而不免叛逆，光武不任功臣，能用此义。王氏介甫曰：师之事，必曰王、曰大君、曰天子。征伐宜自天子出，万世之通法也。

伊川曰：小人平时易致骄盈，况挟其功乎？汉之英、彭所以亡也，圣人之深虑远戒。

朱子曰：小人勿用，勿与之谋议经画耳。汉光武能用此义，自定天下之后，一例论功行封，其用之在左右者，则邓禹、耿介、贾复数人，他不与焉。

杨氏敬仲曰：小人使之开国承家，则害及民，去一害民，又用一害民者，以乱易乱必不可。

谨案：《记》曰："用人之智去其诈，用人之勇去其怒，用人之仁去其贪。"盖随材器使，节取之道也。其诈、其怒、其贪，皆君子之过，非小人也。行师之时，效力戎行者，未尝不使诈、使怒、使贪，亦用其智也、勇也、仁也，略所短而取所长耳。至于战胜功成，方去天下召祸之小人，岂复用天下稔恶之小人，而乃锡以茅土，授之采田乎？况初之失律，三之舆尸，爻象已明，言其凶。用师之始已切戒之，何至师之终而反用之耶？此壮猷之方叔所以称元老，而文武之吉甫所以宪万邦也欤！

吕氏东莱曰：卦与比相表里，始见三代井田兵农之所起。师五阴，即五人，为伍之象；比五阴，即五家，为邻之象。此是兵农为一，当天下有事，出则权专在将，更无牵制之患，天下无事。入则权归于君，更无尾大不掉之患。

☷☵坤下坎上

比，吉。原筮，元永贞，无咎。不宁方来，后夫凶。

《彖》曰："比，吉也。比，辅也，下顺从也。原筮，元永贞，无咎，以刚中也。不宁方来，上下应也。后夫凶，其道穷也。"

伊川曰：比之道，由两志相求，君怀抚其下，下亲辅其上，亲戚、朋友、乡党皆然。故当上下合志以相从，苟无相求之意，则离而凶矣。以圣人之公言之，固至诚，求天下之比以安民也。以后王之私言之，不求下民之附，则危亡至矣。故上下之志必相应也。

杨氏龟山曰：先王什伍其民，乡田同井，使之相友相助，比之所以吉也。政散民流，用荡析离，居凶可知矣。

朱氏汉上曰：比吉者，比而吉也。凡物孤则危，群则强。父子、夫妇、朋友未有孤危而不凶者，人君为甚。

杨氏诚斋曰：君子周，小人比。而曰"比吉"者，此上下之亲比，非小人之朋比也。上亲下则下有归，下亲上则上有与。有归则不离，有与则不孤，故曰"比吉"。

赵氏汝梅曰：比之时独后于众，自取防风氏之诛，凶何所逃？

胡氏五峰曰：马援之择君，窦融之归光武，郭嘉之去袁绍，皆原筮者也。其相比，莫非有善谋，行常道，守正理，非刚中者不能如是。不然以利相比，如赵高二世之君臣、耳、馀、窦、灌之朋友，未有得无咎者也。

谨案：《礼》之原庙、原蚕，《左传》之原田，原皆训再。六十四卦，惟《蒙》、《比》以筮言。蒙之筮问诸人，一则专，故贵初筮；比之筮问其在我，再则审，故必原筮。

《象》曰：地上有水，比。先王以建万国，亲诸侯。

郭氏兼山曰："禹会诸侯于涂山，执玉帛者万国。周成王时诸侯来朝。助祭者千八百国。春秋之时，见于经者止百二十有四国，其后离为十二，合为六七，卒并于秦。方是时，征伐四出，转以相灭，原野厌人之肉，川谷流人之血，凡以天下无王故也。故易之有比，秋之有王，岂易言哉。"

张氏紫岩曰：建万国以下比其臣，亲诸侯以上比其君，若身使臂，臂使指，小大相维，顺以听命，制得其道也。且比必将有以比，其心读《蓼萧》、《湛露》之诗，先王待诸侯何其勤哉。

项氏平甫曰：古者尺地，一民皆分，以与人使世守之。王者世与其侯相亲，诸侯世与其王相亲，邻国世为邻国，臣民世为臣民，是以深交固结而不可犯也。秦始皇尽划之而不思陈、吴、刘、项之不畏己也，岂不悖哉！

胡氏云峰曰：《师》之容民畜众，井田法也，可以使民自相合而无间。《比》之建国亲侯，封建法也，可以使君与民相合而无间。

初六，有孚比之，无咎。有孚盈缶，终来有它，吉。《象》曰："比之初六"，有它吉也。

杨氏龟山曰："君子周而不比，小人比而不周。"故比以忠信为主，比而无孚，小人道也，能无咎乎？

郑氏亨仲曰：初比之道，以信为先，积之既久，昔之未比者皆自外至，故曰“有它吉”。

郭氏白云曰：“中孚”。曰：“鸣鹤在阴，其子和之。”盖诚信感人，有必应之道。

郑氏东谷曰：“有它吉者”，非期于必得而得之也。传说之于高宗，太公之于文王，若无自而能比，终于必比者，诚使之然也。

胡氏云峰曰：《大过》九四，《中孚》初九，皆曰“有它”。彼则戒其有它向之心，此则许其有它至之吉也。

六二，比之自内，贞吉。《象》口：“比之白内”，不自失也。

伊川曰：自内谓由己也，择才而用，虽在乎上，而以身许国必由于己，己以得君道，合而进乃得正而吉也。降志辱身，非自重之道也。故伊尹、武侯救天下之心非不切，必待礼至然后出也。

郭氏白云曰：夏商之季，天下诸侯相率以归汤武，或三千，或八百国。所谓六二贞吉，初六它吉者众矣。

朱子曰：六二，比之自内，贞吉。或慕其利而比之，或慕其名而比之，或慕其势而比之，皆自外也。

六三，比之匪人。《象》曰：“比之匪人”，不亦伤乎。

张氏紫岩曰：“比之匪人”荀卿曰：“与不善人居，如入鲍鱼之肆，久不闻其臭。”言不善足以移人知虑，使流入邪恶也。

朱氏汉上曰：“弥子瑕曰：‘孔子主我，卫卿可得也。’孔子曰：‘有命。’鲁桓公求会于卫，至桃邱，卫侯弗与之见。求比而不得，不亦可伤乎。”

王氏童溪曰：唐之七司马，皆世所称才，而柳子厚、刘禹锡尤其杰者。一失足于王叔文之门，蹉跌含恨以至于死者，昧不亦伤乎之戒故也。

项氏平甫曰：如卫人之女，失身于蚩氓，穷人之可伤者也。

胡氏五峰曰：“齐王建所比之群臣，宾客反为秦用，卒误王。建死于松柏之间，不亦伤乎。”

谨案：比，辅也，君得臣以辅政，士得友以辅仁，皆比之道也。正人立朝则国治，憸人在位则邦危，君固不可不择臣也。择交亦然，与善人居，习与为善，与恶人居，渐染于恶。孚于嘉则吉，比之匪则伤，可不慎哉！

六四，外比之，贞吉。《象》曰：外比于贤，以从上也。

干氏宝曰：上比圣主，下御列国。方伯之象，能外亲九服；贤德之君，务宣上志，绥万邦也。

赵氏汝梅曰：四为王朝近臣，倘志外而忘君，是不正之比，吉可得乎？成王命蔡仲以睦，乃四邻必继之曰：“以蕃王室”，是也。居外之贤，非在王左右者。为之荐进，则将终隐涧阿，野有遗贤，此所以许四之外比也。

九五，显比，王用三驱，失前禽。邑人不诫，吉。《象》曰：“显比”之吉，位正中也。舍逆取顺，“失前禽”也。“邑人不诫”，上使中也。

伊川曰：人君比天下之道，当显明其比道而已。如诚意以待物，恕己以及人，发政施仁，使天下蒙其惠泽，是人君亲比天下之道也。如是，天下孰不亲比其君。以臣与君言之，竭其忠诚，致其才力，不可阿谀逢迎，求其比己也。在朋友亦然，修身诚意以待之，不可巧言令色，曲从苟合，以求人之比己也。于乡党亲戚，于众人莫不皆然。三驱，失前禽之义也。

张氏紫岩曰：后世若汉武、唐武穷兵极武，于显比失之。然显比而有三驱之礼，是圣人亦不以天下比而忘武备也。

杨氏龟山曰：制畿封国以为属连，建牧立监以相维持，时问以通好，贺庆以展亲，所以比诸侯也。域民之制，同井而居，同巷相从，任之以九职，系之以九两，所以比其民也。凡此皆显比之道也。

郭氏白云曰：《书》曰："民心罔中，惟尔之中。"其使中之谓乎！由是知商之三千，周之八百，亦舍逆取顺而已。

杨氏诚斋曰：太王去邠而从之者如归市，则驱禽，而禽不去。成汤征葛而闻之者怨后予，则不令，而捷于令。圣人何心哉。

赵氏汝梅曰：一私不间于胸中，故显比无外内、无远迩，凡厥臣庶，一视同仁。彼秦越肥瘠之不通者，不能显比者也。

胡氏云峰曰："三驱，失前禽"，此成汤祝网，孔子弋不射宿之意也。师比之五，皆取田象。师之田有禽，害物之禽也；比之失前禽，背己之禽也。在师则执之，王者之义也；在比能失之，王者之仁也。

林氏希元曰："三驱，失前禽"者，王道之得；"邑人不诫"者，王化之行。王者能如九五之显比，则亦王道得而王化行矣。

陆氏振奇曰：三驱，失禽，置得失于勿恤，状荡平之王心。邑人不诫，泯知识于大顺，状熙皞之王化。

上六，比之无首，凶。《象》曰："比之无首。"无所终也。

伊川曰：凡比之道，其始善则其终善矣，有始而无终者，有之未有，无始而有终者也。敬是持己，恭是接人，与人恭而有礼，言接人当如此也。近世浅薄以相矖狎为相与，以无圭角为相亲爱，如此者，安能久？若相久，须是恭敬，君臣朋友皆当以礼为主也。比之上六曰："比之无首。"《象》曰："比之无首，无所终也。"

既无首，安得有终？比之道，须当有首也。

王氏巽卿曰：《彖传》曰："下顺从也。"上六孤立于外而不从，岂非后夫之象哉？

易鉴卷五

☴☰乾下巽上

小畜，亨。密云不雨，自我西郊。

《彖》曰：小畜，柔得位而上下应之，曰《小畜》。健而巽，刚中而志行，乃亨。密云不雨，尚往也。自我西郊，施未行也。

胡氏安定曰：文王当纣之时，左右前后皆憸人，终不能止之，以此知文王之志在明夷，而道在小畜也。

张氏紫岩曰：臣之诚意，虽通于上，而君德未孚，若天气未应，曰密云不雨。西郊阴位，自我西郊，言阳气未应也。何以尚往，臣事君勉，尽吾道而已。不以未孚而怠其爱君之心，畜道斯成。孟子曰："畜君何尤。"畜君者，好君也。

王氏童溪曰：为人臣而汲汲于得位者，盖位卑而言高罪也。信而后谏，未信则以为谤己也。魏郑公以房杜之无勋犹逊其直，则上下之情，安有忌者，故得以肆其志于太宗。贾生疏贱少年，遽然痛哭流涕，惊人耳目，绛灌辈讵能平哉？其见弃宜矣。刘去华以一介草莽，裂眥诵言，切齿宫闱，曾何补于万一哉？无他，昧小畜得位，而上下应之之义故也。

赵氏闲闲曰：宫之奇懦而不能强谏，志不健也；褚遂良置笏乞归田里，辞未巽也。

《象》曰：风行天上，小畜。君子以懿文德。

游氏广平曰：诗称仲山甫柔嘉维则，令仪令色，则所以畜宣王者，文德而已。故有明哲保身之说。

李氏蒙斋曰：风行天上，有润物。巽入之道，君子体之以懿文德，故曰远人不服，则修文德以来之。大舜之格有苗，孝文之怀尉佗，文德之懿也。扬子曰："浸以光大，不亦懿乎。"

初九，复自道，何其咎，吉。《象》曰："复自道，其义吉也。"

张氏紫岩曰：能反身以归道，其行己必不悖于理，是能自畜者也。

杨氏诚斋曰：启君之善在初，止君之不善亦在初。故伊尹告太甲以谨厥初，召公告成王以若生子纵于初、禁于末晚矣。复而归于道也，义之吉也，又何过咎之有？

胡氏五峰曰：郭子仪虽为鱼朝恩所忌，然朝闻命，夕引道，信命而行，复自道者，是以奸邪莫之能害而终吉也。若李光弼因谗间之言，遂拥兵不朝，则不能复于道矣。

赵氏汝梅曰："复"固君子所贵，又恶不由其道，颜子之克己，盖复礼之道也。

九二，牵复，吉。《象》曰："牵复在中"，亦不自失也。

杨氏诚斋曰：初安于复，故为自复；二勉于复，故为牵复。能勉于复，故亦许其不自失。

王氏童溪曰：伊尹之戒太甲也，曰虞机、曰省括、曰钦厥止、曰率乃祖，无非牵而复之，使归于中也。然则纵欲如太甲，而至于思庸，伊尹牵复之功益有劳矣。

吕氏东莱曰：《易传》云："阳之复，其势必强，二以处中。"故虽强于进，亦不至于过刚。元祐诸贤，似当深体此义。

九三，舆说辐，夫妻反目。《象》曰："夫妻反目"，不能正室也。

伊川曰："舆说辐"，言不能行也，"夫妻反目"，阴制于阳也。妇人为夫宠惑，既而遂反制其夫，未有夫不失道而妻能制之者也，故说辐反目三自为也。

项氏平甫曰：以魏郑公之事观之：则初九者，太宗导人谏之时也；九二者，说而从谏之时也；九三者，勉强从谏欲杀田舍翁之时也。

真氏西山曰：自昔柔闇之君，若唐高宗受制于武氏，不足怪也；隋文创业之君，而亦受制于独孤，何哉？由自处之不正故耳。

赵氏汝梅曰：尧将试舜，必观刑于二女；《关雎》风天下，始于正夫妇。曰刑，曰正，盖反身以闲家，不然则道不行于妻子。

谨案：夫为妻纲，妻固受制于夫者也。今反受制于妻，而至于反目。身不行，道不能修身以齐家，其为悍妻所制，盖自取之也。始而宠嬖之，继而姑容之，其卒也，虽欲禁止之而不能，反唇相稽，怒目以视，而夫纲为之不振矣。自古牝鸡司晨，艳妻煽方处，因之败国亡家者，岂少也哉？尚其鉴兹。

六四，有孚，血去惕出，无咎。《象》曰："有孚惕出"，上合志也。

伊川曰：以人君之威严，而细微之臣有能畜止其欲者，盖有孚信以感之也。

张氏紫岩曰：臣孚于爱君，君孚于从臣，则君受畜而不疑，臣效忠而不忧，君臣之心，若出于一，何咎之有？周公归相成王，诗美之曰："公孙硕肤，赤舄几几。"正血去惕出，象且以畜君为己任，伤者必至，若周公之管蔡是也。周公之德，足以格于天而信于人，是以成王终悟，志以上合，而伤之者去其道，岂不盛大哉！

朱氏汉上曰：自古人臣得位，上畜君，下畜众，不如六四之有孚，未有不伤。霍光之于魏相，萧望之于史高，卒见伤也。

郑氏东谷曰："惟诚信以孚，上合志也，上言五也。昔之人臣，见天下之威权在己，遂不知有其君，不知己之权乃君之权，一日不得于君，特一夫耳，安能有所为哉！四巽顺之臣也，苟非巽顺，则为权臣矣。"

王氏童溪曰：君臣之间，所恃相与以无间者，曰诚而已。臣不有以信乎君，君不有以信乎臣，则有言而不从，谏而不听，臣则惧伤惧谗去之而已，君则无陪无卿自用而已。今也不然，四以有孚，而合五之志，五以有孚，而挛四之邻。成汤之于伊尹，桓公之于管仲，蜀先主之于诸葛孔明，皆能尽其义矣。

胡氏五峰曰：汉明帝察察刚急，治汉楚王英狱，无辜连逮不可胜数，群臣希旨，无敢以情恕者。独侍御史寒朗心知其冤，出万死为无辜一言，发于忠诚恻怛，有孚者也。其情既伸，其辞既达，其义既明，故帝卒从其言，死罪免而恐惧亡矣。正君心，救无辜，何咎之有？

梁氏孟敬曰：夫子言未信而谏，则以为谤。已又教子路事君，曰勿欺。皆有孚之谓也。能有孚，诚则血伤可去，惕惧可出矣。

九五，有孚挛如，富以其邻。《象》曰："有孚挛如"，不独富也。

伊川曰：君子为小人所困，正人为群邪所厄。则在下者必攀挽于上，期于同进；在上者必援引于下，与之戮力。非独推己力以及人也，固资在下之助，以成其力耳。

郑氏东谷曰："以我之富，为邻之富，则下之权乃我之权也。五不独富，盖以其富而厚于四也。太甲成王委心以听于伊尹、周公，未尝独富也。商周太治而太甲成王实享其成焉。"

郭氏白云曰：此明畜之君道，如大舜，善与人同，取诸人以为善，是也。

李氏蒙斋曰：富以其邻者，谓人君富有天下，以信任贤臣故也。《书》曰："臣哉，邻哉。"盖指四而言也。且人君之富有天下，所贵乎置天下之民于富庶。风行草偃，靡然而为善也。岂谓使天下之人奉一人而已哉。

上九，既雨既处，尚德载，妇贞厉。月幾望，君子征凶。《象》曰："既雨既处，德积载也。君子征凶，有所疑也。"

陆氏希声曰：志盈满，臣道亏矣，虽君子，亦不可复有为也。

伊川曰：妇谓阴，以阴而畜阳，以柔而制刚，妇若贞固，守此危厉之道也。安有妇制其夫，臣制其君，而能安者乎？

朱子曰：若以事言之，则伊尹之于太甲，周公之于成王，固如此，如武后之于高宗亦然。问："武后恐不可谓之既雨？"曰："他也自和。"问："恐不可谓之'妇贞'？"曰："《易》中之意，言妇虽贞犹厉，而况于不贞乎？"

胡氏五峰曰：东汉阉宦之祸，自孝和永元中，郑众始得与闻国事。至永兴之时，中官近习，手握王章，口含天宪，政令一由之出矣。及元熹之末，遂党锢贤智，其势于是乎成。以其暱比顺事，惑媚人君，而桓灵心与之同，性与之合，既雨既处也。彼赵忠、张让之徒，日以益甚，终受诛戮，妇厉贞也。虽然，阉竖也，而执国柄，政自己出，侵逼人主，月几望矣。陈蕃、窦武，以区区之力，不复顾虑，诵言诛之，欲以一旦而夺百有馀年凭藉之权，不亦难乎？孔子曰："有所疑者"，戒当时君子必知疑虑徐思，所以制之，则不至于凶矣。

吕氏东莱曰："既雨既处，尚德载"，而继之曰"妇贞厉"，周公之忧惧有以也。

谨案：卦体巽上乾下。巽，阴也，妇也。乾，阳也，夫也。巽妇畜乾夫，以顺为正者，而阴加于阳，故虽贞亦厉。阴，小人也，阳为君子，妇受制于夫，犹小人受制于君子也，顾小人之难制也。四凶在朝，尧不能去，至舜乃流放之。他如前汉之冀商，后汉之操卓，众君子充溢朝野，卒不能胜小人，而反为其所害，盖阴既盛，足以抗阳，势必疑阳而战，故君子动则凶矣，不可以不戒也。

☱兑下乾上

履虎尾，不咥人，亨。

《彖》曰：履柔履刚也。说而应乎乾，是以履虎尾，不咥人，亨。刚中正，履帝位而不疚，光明也。

房氏元龄曰：臣而说君，多柔佞，九五所纳者，若明皇采张燕公之言，而东封近之也。

张氏紫岩曰：涉世之患，为可愕也。《系辞》曰："吉凶悔吝，生乎动。"吉一而凶悔吝三之，故君临天下者，其可危为大。盖人君以一身抚驭海内，使所履一，不正而蹈于非礼，则政令纪纲弛于上，谗贼寇攘起于下，若虎噬人不可制遏。穆王命君牙，曰："心之忧危，若蹈虎尾，涉于春冰"，是也。

王氏童溪曰：《书》称尧曰："钦明文思，光被四表。"称舜曰："帝光天之下，至于海隅苍生。"谓以帝者之德，履帝之位，故其效光明也。

张氏南轩曰：孔子恭而安，有子以"礼之用、和为贵"。夫礼未尝无和乐坦易之道，但众人为欲心所胜，乐放肆而惮绳检，视礼为难事，而不知妄意直行，乃所以蹈危也。圣人心与理一，习与性成，虽处众人所甚惧之地，而易直子谅之心油然而生，此"履虎尾所以不咥人也。"

胡氏五峰曰：袁涣之答吕布，严颜之答张飞，薛包之事父母，谢安之待桓温，所处至顺，所言至当，皆以柔履刚，说而应之，故虽履强猛暴戾之地，终不见伤害也。纣至强暴也，而文王徽柔懿恭以事之，故能免于羑里，以西伯一怒而安天下之民，刚得中正，履帝位而不疚，其德光大明于天下后世也，其亨可知。

项氏平甫曰：禹以临民为朽驭，汤以得位为深渊，穆王以宅丕后为虎尾，则居帝位，安得不皆谓之履虎尾乎？

胡氏云峰曰：人之涉世，多是危机，不为所伤，乃见所履。《大传》曰："易之兴也，其当文王与纣之事耶？"是故其辞危，危莫危于履虎尾之辞矣。故九卦处忧患，以履为首。

梁氏孟敬曰：人之践履卑逊，何往而不亨乎？行于强暴则强暴服，行于蛮貊则蛮貊化，行于患难则患难弭，皆和说之效也。然和非阿容也，说非佞媚也，亦恭顺而不失其正耳。《兑》之传曰："刚中而柔外"，此其道也。

《象》曰：上天下泽，履。君子以辨上下，定民志。

伊川曰：古之时，公卿大夫而下，位各称其德，终身居之，得其分也。位未称德，则君举而进之。士修其学，学至而君求之。皆非有预于己也。农工商贾勤其事，而所享有限，故皆有定志而天下之心可一。后世自庶士至于公卿，日志于尊荣，农工商贾，日志于富侈，亿兆之心，交骛于利，天下纷然。如之何其可一也？欲其不乱难矣。此由上下无定志也。君子观《履》之象而分辨上下，使各当其分，以定民之心志也。

杨氏龟山曰：礼莫大于明分，分之不明，则为下不安于下，而志不定。志不定则觊觎之心生，陵僭之祸起，而乱之所以作也。

谨案：履者，礼也。君子观天泽之象而制上下之礼，斯尊卑定而贵贱位矣。以此坊民志，未有不定者也。倘辨之不明，则志皆思逞于是。有属吏讦其上司者，有胥役诉其本官者，甚至厕随奴仆控其家长，贾生所谓"大不敬也，至亡等也，至冒上也"。既好犯上，鲜不作乱，其由来盖有渐矣。惟有礼以坊之，斯朝无僭窃之臣，家无违逆之子，卿士不妄希越职之宠荣，商贾不敢侈踰制之服用，等威辨而名分严，礼之为用大矣哉！

初九，素履，往无咎。《象》曰："素履之往，独行愿也。"

荀氏慈明曰：初九，布衣之士，隐而未见，行而未成，独行礼义，不失其正。

胡氏安定曰：礼本于质，故冠冕始于缁布，衣裳始于韠韨，器皿始于污尊，饮啜始于太羹，元酒是礼之始，率以质素为本。

游氏广平曰：《中庸》言"君子素其位而行，不愿乎其外"。盖位有贵贱得丧，而君子不因其位而改其素也。履之初言素履亦犹是也。素之为言无饰也，大行不加，穷居不损，岂借美于外哉？孟子所谓"不愿人之膏粱文绣者"是也。

杨氏诚斋曰：君子幼而学，壮而行。古者学而后行，后世行而后学。颜子陋巷之禹稷，仲舒下帷之伊吕，孔明草庐之管乐，不如是不为素履。

胡氏五峰曰：张良以布衣起为帝者师，及功成天下定，则从赤松子游；杨秉以儒生起为三公，尝称我有三不惑：酒也，色也，财也。此安其卑贱之素，往行其志愿者也。故贵势不能动其心，利禄不能乱其操，以是而行，岂有咎乎？

谨案：凡物无饰曰素，孔疏谓质素，明道谓雅素，横渠谓洁素，皆去华敦实，安处而无贪躁之意。衣受尘而化缁，丝受染而可黑，君子盖悲之矣。自人不能安于其素，穷居在下，志在温饱，膏粱文绣之愿，非独行之愿也。及一朝显达，宫室之美，妻妾之奉，穷极奢丽，丧其素心，安能免于咎乎？玩履初之占，可以愧而知所返矣。

九二，履道坦坦，幽人贞吉。《象》曰："幽人贞，吉"，中不自乱也。

杨氏龟山曰：幽人，颜子在陋巷不改其乐是也。古之圣人，虽在侧微，若将终身焉，中不自乱故也。若夫外骛而以纡朱怀金为乐，则利欲交战于胸中，而能不自乱者，未之有也。其能贞吉，不亦远乎。

胡氏五峰曰：黄宪汪汪，如万顷波澄之不清；挠之不浊，非有惊众险异之行也。初举孝廉，又辟公府，友人劝之仕，宪亦不之拒也。行至京师，竟无所就，若其中以利欲自乱，岂能从容应之如是乎？

梁氏孟敬曰：行于道中者，由中则平坦，从旁则崎险。九二以刚居中，是履道而得其平坦者也，持身如是，不轻自售，故为幽人贞吉。

六三，眇能视，跛能履，履虎尾，咥人，凶。武人为于大君。

《象》曰：眇能视，不足以有明也；跛能履，不足以与行也。咥人之凶，位不当也。武人为于大君，志刚也。

朱氏汉上曰：武人有为于大君，志刚则决，不虑其才知不足，而决于有为，盆成括是也。

胡氏五峰曰：吕布刚决不常，智卑而才小，固不足以济乱也。然以董卓之悖逆而杀之，以袁绍之背叛而绝之，眇能视、跛能履者也。其见非能穷理，其行非能尽义，亦迫劫于形势，因以为功耳。使遵约束而行，未必不为名将。如尉迟敬德之流，保其天禄矣。以其刚决武暴，自主一方，躁率妄行，履虎尾，蹈危难，终为曹操所禽，而被咥人之凶焉。

王氏巽卿曰：不顾强弱，勇猛直前，惟武人用之，以有为于大君则可。

九四，履虎尾，愬愬，终吉。《象》曰："愬愬，终吉"，志行也。

王氏昭素曰：位重忧深，故愬愬。然以存谦道，本志必行。虽有深忧，可保终吉。

郭氏白云曰：此圣人处危难之道也。志行者，不失其所志之谓也。舜之志孝也，文王之志仁也。父顽母嚚，而克谐以孝，舜居难而志行也；出羑里而请除炮烙之刑，文王居难而志行也。

胡氏五峰曰：东汉之初，窦融保据河西，专有方面，厥后归命光武，以为大司空。光武刚强明决，以法术制驭臣下，融本处于外，入居大官，履虎尾也。然融谦恭小心，有子欲其恂恂守道，不愿其才能，其畏慎可知，愬愬，畏慎也。融能如是，不以宠利居成功，其志行也，故终吉。

九五，夬履，贞厉。《象》曰："夬履，贞厉"，位正当也。

伊川曰：古之圣人，居天下之尊，明足以照，刚足以决，势足以专，然而未尝不尽天下之议，虽刍荛之微必取，此其所以为圣也。履帝位而不疚者也。若自任刚明，决行不顾，虽使得正，亦危道也。有刚明之才，苟专自任，犹为危道，况刚明不足者乎！

朱子曰：夬履贞厉，如东坡所谓，忧治世而危明主也。

胡氏云峰曰：九五，刚中正，履帝位，而下以兑说应之，凡事必行，何不可者？而圣人犹以夬履为戒，盖处顺境愈不可以不惧也。在下者不患其不忧，患其不能乐，故喜其坦坦；在上者不患其不乐，患其不能忧，故戒其夬履。坦坦则正，而吉许之也；夬履则虽正，而危戒之也。

上九，视履考祥，其旋元吉。《象》曰：元吉在上，大有庆也。

郭氏兼山曰：视履者，犹《洪范》之五事也；考祥者，犹念用庶征也；其旋元吉，犹向用五福也。

张氏紫岩曰：上德成位尊，履道已成，方且汲汲，益视所履，而思有不合于天者，必将正心诚意而求致其祥，非刚健不息，得乾元用九之道者，孰能至此？

梁氏孟敬曰：周旋无亏，其吉大矣。岂非动容周旋中礼，而为盛德之至与？

易鉴卷六

䷊乾下坤上

泰，小往大来，吉亨。

《彖》曰："泰，小往大来，吉亨。"则是天地交而万物通也，上下交而其志同也。内阳而外阴，内健而外顺，内君子而外小人，君子道长，小人道消也。

房氏元龄曰：君臣之道，虽交其志，同则治，不同则不治。施之于人，若汉祖得张良，如石投水是也。项籍、范增君臣虽交，志不同则亡矣。

邵子康节曰："天与人相为表里，天有阴阳，人有邪正。虽圣君在上，不能无小人；虽庸君在上，不能无君子。唐尧之世，君子多也，虽有四凶，不敢肆其恶；殷纣之世，小人多也，虽有三仁，不能遂其善。是知臣择君、君择臣者，是系乎人也；君得臣、臣得君者，是系乎人也，系乎天也。"

伊川曰：阴阳和畅则万物生遂，天地之泰也。以人事言之，君推诚以任下，臣尽诚以事君，上下之志通，朝廷之泰也。君子来处于内，小人往处于外，是君子得位，小人在下，天下之泰也。

沈氏守约曰：昔秦伯纳公子重耳，董因迎于河，公问焉，曰："吾其济乎？"对曰："臣筮之。"得《泰》之八，曰："是谓天地配亨，小往大来。今及之矣，何不济之有？"此为无动爻，故以卦体为断。

谨案：沈氏所引《国语》注云："泰三至五为震，震，诸侯之象。”盖用互体为占也。汉郑康成注易，多言互体，朱子亦谓互体。自左氏已言，亦有道理，盖春秋时，去古未远，或犹为太卜之遗法欤！

张氏南轩曰：在天有否泰之理，在圣人有处否泰之道。观一身血气盛衰，否泰之理也；导养有方处，否泰之道也。人当血气壮健，而虐用其四体，耗惫其精神，未幾而羸病暴至，非反泰为否乎？至于血气衰弱，能待其饮食，节其劳逸，以却病而引年，非革否而为泰乎？如是则人力有时而胜天矣。

项氏平甫曰：历代史传，凡小人得志，必害君子，君子得志，未尝使小人失所。故“泰”于吉之下，又加一“亨”字，明泰之福所及者公，物无不遂也。

王氏伯厚曰：君子道盛，小人自化。故舜举皋陶，而不仁者远。玉泉喻氏曰：“泰，小人道消。”非消小人也，化小人为君子也。

乔氏中和曰：有阳必有阴，有君子必有小人，必欲绝而去之有是哉。善养身者，化痰邪为气血；善治国者，化盗贼为良民而已矣。

《象》曰：天地交，泰。后以财成天地之道，辅相天地之宜，以左右民。

杨氏元素曰：天生有限，地出有涯，而人之欲无节，当大通之时，而失其均，则有馀者奢侈而不知止，不足者冻馁而不知恤，则否乱自此而生也。故裁成辅相，使天地生养之道，人得而共享之，天地多少之宜，人得而平分之，以左右防民之失。此所以久乎泰之道，而杜绝乎否之生也。

郭氏兼山曰：上治之道，见于成法者，如《洪范》之五行，应之以五事，而休咎之征，若合符节。下治之道，见于政事者，若虞夏之九功，《洪范》之八政。山林有时，薮泽有禁，则穀与鱼鳖不可胜食，材木不可胜用在民。天命谓性，则使生者有以养，死者有以葬；率性谓道，则谨庠序之教，申之以孝弟之义；修道谓教，则建用皇极，而纳之于大中。及其至也，向之者惠以五福，违之者威以六极，是以尧舜之民比屋可封，用此道也。

朱子曰：裁成以制其过，辅相以补其不及。问："辅相裁成，学者日用处有否?"曰："饥食渴饮，冬裘夏葛，耒耜网罟皆是。"

初九，拔茅茹，以其汇，征吉。《象》曰：拔茅征吉，志在外也。

刘氏向曰：贤人在上位，则引其类而聚之于朝；在下位，则思与其类俱进。故汤用伊尹，不仁者远而众贤至，类相从也。

伊川曰：自古君子得位，则天下之贤萃于朝廷，以成天下之泰；小人在位，则不肖者并进，然后其党胜而天下否矣。盖各从其类也。

杨氏诚斋曰：君子之志在天下，不在一身，故曰"志在外也"。

九二，包荒，用冯河，不遐遗朋，亡得，尚于中行。《象》曰："包荒，得尚于中行"，以光大也。

伊川曰：四者处泰之道，若无含宏之度，有忿疾之心，则无深远之虑，有暴扰之患，深弊未去而近患已生矣，故在包荒也。人情习于久安，安则守常，惮于更改，自古泰治之世，必渐至于衰替，盖由狃习安逸，因循而然，自非刚断之君，英烈之辅，不能挺持奋发，以革其弊也，故曰用冯河。人心狃于泰，则苟安逸而已，恶能复深思远虑，及于遐远之事哉？治夫泰者，尝周及庶事，虽遐远不可遗。若事之微隐，贤才之在僻陋，皆遐远者也。自古立法制事，牵于人情，卒不能行者多矣，若夫禁奢侈则害于近戚，限田产则妨于贵家，如此之类，既不能断以大公而必行，则是牵于朋比也。治泰不能朋亡，则为之难矣。

张氏紫岩曰："处至治而兢兢若未治，惟恐一夫失所，一才见弃，一事不公，有以害吾治，其为中也至矣。事业岂不从而光大哉！"

郑氏东谷曰：非特处泰治之世当如是，其处小人之道亦当如是。制小人者，岂必蹙之于至穷之地哉？曰包荒不以褊心而起其怨也，曰用冯河不以疑心而来其间也，曰不遐遗毋以在远者为可忽也，曰朋亡毋以在我者为可私也。处泰如此，则能以其中道而上配乎其君。君为之主，我行其志而其道光大矣。

吕氏东莱曰：乱世智者效其谋，勇者效其力，不暇为朋党。当泰之时，人臣各有朋党，是以汉之朋党不起于高帝光武之时，而起于中叶之后；唐之朋党不起于高祖太宗之时，而起于文宗之际。此泰之所以贵朋亡也。

谨案：初言以其汇，征吉。盖世值乎泰，正为贤士奋兴之期时际乎。初宜鼓豪杰向往之志，茅茹之拔，引类而进之也，征行之吉，以共襄泰治也。至二则又言朋亡，二臣位也，有进退人才之责，宜登明选公，不可怀私植党也。初之汇征，即坤得朋之义；二之朋亡，即坤丧朋之义也。

项氏平甫曰：郭子仪之待回纥与鱼朝恩，裴度之待蔡人，皆包荒而不恶，冯河而不疑，故盗贼小人意消心化，其道愈大，其德愈光，其九二之谓乎！

赵氏汝梅曰：泰之时三阳三阴，君子小人常对立于天下，天地不能使草木无荆棘，圣人不能使人品皆君子，翕受兼收，包括无遗，小人方幸君子之见容，亦将革面洗心受君子指使，以共成泰道。小人岂无才智，亦欲粗见于当时，倘痛排穷治，使无所容，则妖狐潜伏，狡鼠夜动，将乘吾谋虑所不及，倏起而为大害。自古小人失位，卒祸君子者，可鉴矣。不协极，不罹咎，皇则受之，乃皇极之盛世。共鲧与禹并列，尧廷不害成巍巍荡荡之名。不然，名节党锢而汉衰，南衙北司迭胜负而唐亡。

九三，无平不陂，无往不复，艰贞无咎。勿恤其孚，于食有福。《象》曰："无往不复"，天地际也。

关氏子明曰：天人有交胜之理，治乱有可易之道，大哉人谋，其与天地终始乎！

伊川曰：德日积则福禄日臻，德踰于禄则虽盛而非满，自古隆盛未有不失道而丧败者也。

张氏紫岩曰：观山川陵谷之迁变，日月星辰之推移，平陂往复，气数自然也。夫治至于泰，其君必骄，其臣必怠，其德必衰，其政必慢，斯亦自然之理也。勉以孚，尽在我之诚，以启迪弼正而不恤其他，则泰治可长保也。

郭氏白云曰：艰贞无咎，帮有道，穀之时，是以于食有福，况太平之世，既醉以酒，既饱以德，君子万年，介尔景福，则于食有福明矣。

徐氏直方曰：小人所以胜君子者，非乘其怠，则攻其隙，艰则无怠之可乘，贞则无隙之可攻，如此则可以无咎，可以勿忧其孚矣。平陂往复者，天运之不能无，艰贞勿恤者，人事之所当尽，天人有交胜之理，处其交，履其会，必有变化。持守之道，若一诿之天运，以为无预于人事，则圣人之易可无作矣。

胡氏云峰曰：谓泰否之非天不可也，不尽人事而一诿诸天亦不可也。况自乾坤而后历六坎，险阻备尝，然后循至于泰，而泰第三爻已有否渐焉，立身难而失之易，创业难而败之易，致治难而乱之易，如此哉。

六四，翩翩，不富以其邻，不戒以孚。《象》曰："翩翩，不富，皆失实也。不戒以孚，中心愿也。"

伊川曰：夫人富而类从者，为利也；不富而从者，志同也。

李氏蒙斋曰：下三爻，皆以刚直事其上；上三爻，皆以谦虚接乎下。四当二卦之交，故发此义。爻言不富，象言失实，是皆不以富贵骄人，而有虚中无我之意也。

六五，帝乙归妹，以祉，元吉。《象》曰："以祉元吉"，中以行愿也。

阮氏逸曰：易著人事，皆举商周。高宗伐鬼方，箕子之明夷，商之事也。密云不雨，自我西郊，王用亨于岐山，周之事也。

伊川曰：自古帝女皆下嫁，至帝乙然后制为礼法，使降其尊贵，以顺从其夫也。五能倚任其贤臣，而顺从如帝乙之归妹然。

沈氏守约曰：释者多以帝乙为成汤，晋赵鞅卜救郑，阳虎以《周易》筮之，遇《泰》之《需》，曰："宋方吉，不可与也。微子启帝乙之元子也。宋郑甥舅也。"祉，禄也。若帝乙之元子，归妹而有吉禄，我安得吉焉？乃止。亦以帝乙为成汤，释者盖本此说。

朱氏汉上曰：京房载汤嫁妹之辞，曰："无以天子之尊而乘诸侯，无以天子之富而骄诸侯。阴之从阳，女之顺夫，本天地之义也。往事尔夫，必以礼义。"则帝乙汤也。

杨氏诚斋曰：王姬之贵，不有其贵而贵其夫，君人之尊，不居其尊而尊于贤，此六五以柔中之君，而下从九二刚中之臣也。言莫予违者，主之蔽；从谏如流者，君之明。予惟克迈乃训，尔交修，予罔予弃。高宗所以为从谏之圣也。以祉元吉，中以行愿，君任其臣以致泰之治，则泰之福溥于天下，君之愿欲，孰大于是。

上六，城复于隍，勿用师。自邑告命，贞吝。《象》曰："城复于隍"，其命乱也。

刘氏长民曰：施命不行于王庭，故各自其邑告命。

张氏紫岩曰：天下之乱，莫大于权臣擅命，而政出多门。读《雨无正》之诗，可以概见，此最泰极之大戒。嗟夫！治至泰极，荒淫骄奢所自生也，主命必移于臣，而天下之心失矣，内何以守，外何以战哉！

朱子曰：治久则人心放肆，故乱因此生；乱极则人心恐惧，故治由此起。固是生于人心，履其运者，必有变化，持守之道，如明皇开元自是好，若但能把捉不至如天宝之放肆，则后来亦不应如此狼狈。

项氏平甫曰：泰之上六，东周平桓之爻也，雅降为风，王降为国，城复于隍也。彼其之子，不与我戍申。勿用师也，告命不出于王畿，自邑告命也。当是时，天命已乱，闵默自守而已，故曰贞吝。若无德以造命，而欲用力以胜之命，其可得胜乎？

赵氏汝梅曰：凿斯池，筑斯城，使有纪纲法度，足以维持人心而固守之，是能制治于未乱，保邦于未危者，决无城复之患。惟政刑不修，命令乖乱，则城非不高，池非不深，委而去之，是城复之类也。

李氏蒙斋曰：当时运变革之际，上下之情否塞不通，其能用众乎？用众适足以速祸，高贵乡公是也。“自邑告命”谓：命自小者出，其命可谓乱矣，此群小擅命之象也。汉唐之君，其权或在臣下，或在阉竖，或在群盗，皆乱命也，上之人所处虽正，亦不免于羞吝，况未必正乎？人君处泰，可不敬哉！

䷋坤下乾上

否之匪人，不利君子贞，大往小来。

《彖》曰：“否之匪人”，不利君子贞。“大往小来”，则是天地不交，而万物不通也；上下不交，而天下无邦也。内阴而外阳，内柔而外刚，内小人而外君子。小人道长，君子道消也。

胡氏安定曰：内柔而外刚，小人之体也，《语》曰：“色厉而内荏。”外有严厉之色，内有柔荏之心，此所以反君子之道也。

王氏介甫曰：“孔子曰：‘道之将废也，命也。’孟子曰：‘吾之不遇鲁侯，天也。’与否之彖合矣。”

张子曰：古之人，一邦不治，别之一邦，直至天下皆无邦可之，则止有隐耳。

张氏紫岩曰：“上下不交，是君臣各有心，其道不通，为君者骄亢于上，为臣者蔽塞于下，纪纲法度，荡然不复有也，此犹可以为国乎？”

朱氏汉上曰：泰多君子，否多小人，岂天降之才有殊哉？否时君子消、小人长，自中人以下，化之为不正，虽有君子，寡徒少偶，难乎免于衰世。于是有善人载尸，哲人之愚，故曰：“不利君子贞。”

王氏童溪曰：正道之在天下，不可一日无也。今也君子之道否塞而不通者，皆否之匪人，不利乎贞故也。盖小人之心，同乎己者则利之，异乎己者则不利也。

李氏蒙斋曰：卫侯言计是非，群臣和者如出一口，子思子曰：“以予观卫，所谓君不君，臣不臣者也。”不察事之是非，而说人赞己。闇莫甚焉；不度理之所在，而阿谀求容，谄莫甚焉。君闇臣谄，国无类矣。夫君刚而闇愎，臣柔而谄佞，上下之情否塞而不通，无复人道，即无类也。天下无邦，正释匪人之义。

《象》曰：天地不交，否。君子以俭德辟难，不可荣以禄。

郭氏兼山曰：否之时，小人恶直丑正，协比谗言以害君子者多矣。诗云：“为鬼为蜮，视人罔极”，是也。而俭德辟难，发于早辨，故醴酒不设，穆生去之曰：“国人将钳我于都市。”何必见否之已然，而后去之乎？

郭氏白云曰：“君子未尝有意于害小人，而小人尝忍于害君子。盖方泰之时，君子汇进，以小人乱邦，不过远而勿用也；小人得志，则以君子为害己者，必欲穷其陷害诛绝之而后已。为君子者，可不避哉？汉之党锢，虽有以致之，然小人忍于诛戮，一至是哉。”

张氏紫岩曰：否之俭德，盖隐德不彰，可言不敢言，可为不敢为，高爵厚禄可致不敢致。知夫言为之无益，祗害其身，而正道一丧，将孰与维持振起之于后。

王氏童溪曰：禄，仕人之所荣也，然有所可，有所不可，视时而已。当其时也，若干禄欲仕，则难亦何可辟耶？此惟寂惟寞之人，所以不免于投阁之祸也。

谨案：士君子生当隆盛筮仕于朝，荣以爵位，食其禄糈，作盛世之良臣，享太平之福泽，斯亦人臣之厚幸也。至否之时，君子道消，君子者，成德之名。德者，禄之媒。禄者，难之饵，故必以俭德。《书》曰："慎乃俭德"，谓以贬损为德。《本义》亦云收敛其德也。若食人之禄者，当忠人之事，难乌可以辟乎？不可荣以禄，人不可得而荣之，君子亦自不干禄也，程傅所谓宜晦处穷约也。故申屠蟠不就征聘，斯能辟党锢之难，司空图坠笏弃官，斯能辟清流之难也。

初六，拔茅茹，以其汇，贞吉亨。《象》曰："拔茅贞吉"，志在君也。

伊川曰：爻以六自守于下，明君子处下之道。象复推明，以尽君子之心。

杨氏龟山曰：世虽否矣，君子盖未尝一日忘天下，而志不在君也。孔子佛肸召，欲往卒不往者，不失正而已。孟子三宿而出昼，岂舍王哉？则其志可知矣。此圣贤所以处否之道，而吉亨也。

李氏泰发曰：小人当退黜之时，往往疾视其上，君子则穷通皆乐，未尝一日忘其君。

郭氏白云曰：先大夫有言曰："居庙堂之高，则忧其民；处江湖之远，则忧其君。"盖《泰》言志在外，《否》言志在君之意也。君子俭德辟难，岂忘君者哉！如伊尹乐尧舜之道，其爱君至矣。君臣之义，如之何其废之。故荷蓧之徒，圣人无取焉。

王氏伯厚曰：泰之征吉，引其类以有为；否之贞吉，洁其身以有待。

六二，包承。小人吉，大人否，亨。《象》曰："大人否"亨，不乱群也。

伊川曰：承顺乎上，以求济其否，为身之利，小人之吉也。大人则以道自处，岂肯枉己屈道，承顺于上，惟自守其否而已，身之否乃其道之亨也。

杨氏龟山曰：居否之时，扬己矜众以自暴，白其能不乱群也。夫如是，鲜不及矣。此东汉之君子所以俱陷于党锢，惟陈寔独免，其庶幾乎！

郭氏白云曰：不乱群，如鹰鹯鸟雀必不可同群，伯夷不立于恶人之朝，不与恶人言是也。

项氏平甫曰：入兽不乱群，入鸟不乱行，涅而不缁，磨而不磷，惟大人能之。故曰："大人否，亨，不乱群也。"

赵氏复斋曰：下包初，上承三，小人行之以免祸，大人行之以否亨。全己者小，济时者大也。

六三，包羞。《象》曰："包羞，位不当也。"

王氏介甫曰：处臣之盛位，而不能发舒以正其君，是可羞也。

伊川曰："三以阴柔而不中正，又切近于上，非能守道安命，穷斯滥矣，极小人之情状者也。其所包蓄谋虑邪滥无所不至，可羞耻也。"

游氏广平曰：在下体之上位寖显矣，而当否之时，不能去，是可羞也。世之寡廉鲜耻，苟贱之士，处显位以播恶于众，而不自知其丑者多矣。

郭氏白云曰：尸位素餐，所谓包羞者也。孔子曰："邦无道，穀，耻也。"其六三之谓欤。

王氏童溪曰：杨子云著书立言，以伊周比安汉公，至新室既成，又且作为文章，剧秦而美之，此否之六三所谓包羞也。俄而天禄之祸，遂贻羞于千古。君子谓雄之所包者，至是而发矣。

谨案：包羞之象，与《恒》九三或承之羞同，然承则羞已外至，而包则羞尚内藏，故恒三有吝辞，而此爻无凶咎之戒，盖羞恶之心人皆有之，幸其包而未发，犹不至于廉耻尽丧，无所忌惮。圣人著此象，使之反其本心，有愧于内，亦冀小人之改过，而开其迁善之门也夫。

九四，有命，无咎，畴离祉。《象》曰："有命无咎"，志行也。

伊川曰：当君道方否之时，处逼近之地，所恶在居功取忌而已。若能使动必出于君命，威柄一归于上，则无咎而其志行矣。

杨氏龟山曰：命谓君命也，东汉之衰，嬖幸持权，否极矣。窦武、何进招集天下名儒硕德，共起而图之，宜若可为也。然而命不出于其君，而下不应，故与其畴类俱至于陷祸，后之处否者，可不监之哉？

张氏紫岩曰：君奉天命以施令，臣奉君命以行事，万世不易之理。近臣挟制以擅君命于否，是谓权臣其背道失心，必遗害于天下，后世何祉之有？惟在否而以君命行志于道，为顺且君子同心致时于治，并受福矣。周公《大诰》书命皆本成王，是以十夫翼予，大难竟平。

郭氏白云曰：汤之命见于《汤誓》，曰："聿求元圣，与之戮力"，伊尹是也；武王之命见于《泰誓》，曰："既获仁人，以遏乱略"，太公是也。商周非伊吕则无休否之祉，伊吕非汤武之命将老死于莘渭间，尚何志行之有哉。

雷氏曰：郭子仪当阉竖猜间嫉妒之际，屡帅师而出，凡闻召命，即日就道，是以谗间不行，终享安荣。其将佐往往有列土之封，则有命无咎，畴离祉，信矣。

九五，休否，大人吉。其亡其亡，系于苞桑。《象》曰："大

人之吉，位正当也。”

伊川曰：大人当位，能以其道休息天下之否，以循致于泰，犹未离乎否也，故有其亡之戒，当深思远戒，常虞否之复来。汉王允、唐李德裕不知此戒，所以致祸败也。

杨氏龟山曰：唐之穆宗承章武恢复之馀，而萧侻遽献太平销兵之策，而河朔乱，失此之谓也。

郭氏白云曰：《商书》曰：“徯予后，后来其苏。”此汤之休否也。《周书》曰：“一戎衣，天下大定。”此武王之休否也。汤之书曰：“慄慄危惧，若将陨于深渊。”仲虺又为之《诰》曰：“慎厥

终，惟其始。”此汤其亡苞桑之义也。武王之书曰：“归马放牛，示天下弗服。”召公又训于王曰：“为山九仞，功亏一篑。”此武王其亡苞桑之义也。

郑氏东谷曰：系于苞桑，固其根本也。国之根本，其端不一，如结民心，如用仁贤，如正心术，诚能如此，《系辞》所谓“危者安其位，亡者保其存，乱者有其治”，此少康宣王所以能兴夏周也。若根本一失，则乱亡不可复救矣。

王氏童溪曰：“唐太宗尝问侍臣曰：‘创业守成，孰难为？’元龄曰：‘创业难为。’魏征则曰：‘守成难为。’太宗曰：‘龄从我冒百死，出一生，故知创业之难。征常恐我骄奢生于富贵，祸乱生于所忽，故知守成之难。然创业之难既已往矣，守成之难方将与诸公谨之。’若太宗者，其能系念苞桑之戒乎。”

梁氏孟敬曰：“其亡其亡”，戒惧之辞也。无道之君，自谓不亡，故亡；有道之君，常惧其亡，故不亡。

上九，倾否，先否后喜。《象》曰：“否终则倾，何可长也。”

伊川曰：反危为安，易乱为治，必有刚阳之才，而后能也。

故否之上九，则能倾否，屯之上六，则不能变屯也。

胡氏五峰曰：否终则倾，言否之不可长久也。

王氏童溪曰：夫方否之时，人情壅塞而不通，其亦可知也已。忠言嘉猷不接于冕旒，德意志虑不孚于兆姓，民瘼不求也，遗才不收也。奸竖佞嬖日与端人为仇也；贪夫暴吏日与善类为蟊也。则亦既已久矣，一旦否塞之患倾而无馀，则人之情孰不洒然而醒濯。然而明如屈获，信如縶获行矣，故曰："先否后喜。"言倾否而不言否倾，人力居多焉。

何氏楷曰：先否后喜，即先天下而忧，后天下而乐之意，正与其亡其亡之君心相似。则字要归到人事，谓否极则当思所以倾之，何可使长否也，正责成于人之意。

易鉴卷七

☲离下乾上

同人于野，亨。利涉大川，利君子贞。

《彖》曰：《同人》，柔得位得中，而应乎乾，曰同人。《同人》曰：同人于野，亨。利涉大川，乾行也。文明以健，中正而应，君子正也。唯君子为能通天下之志。

勾氏微曰：上不居位之贵，肯同于下，如光武之求严陵，帝尧之召许由。

胡氏安定曰：凡人之情，思虑不广，惟止一身一家，君子能推仁义忠恕之理以及天下。人莫不欲安，君子扶而不危；人莫不欲寿，君子生而不伤；人莫不欲逸，君子节其力而不尽。君子尽之于己，推之于人，恢广宏大，无所不同，故能通天下之志。

石氏徂徕曰：周所以兴，同心同德也；纣所以亡，离心离德也。夫欲建大功，立大事，除大灾，定大难，君臣同心，上下协济乃可。

司马温公曰：君子乐与人同，小人乐与人异，君子同其远，小人同其近。

薛氏温其曰："刘向曰：'众贤和于朝，万物和于野。'自朝及野，自人及物，君子之道也。故门无咎，郊无悔，野方亨也。"

伊川曰：君子之贞，则天下至公，大同之道，故虽居千里之远，生千岁之后，若合符节，推而行之，四海之广，兆民之众，莫不同。小人则惟用其私意，所比者虽非亦同，所恶者虽是亦异，故其所同者，则为阿党，盖其心不正也。

沈氏守约曰：圣贤大公之心，天下大同之道也。故迹虽胡越，心实同归，时虽先后，道则同源。岂若小人用其私意，分曹立党，相比为周，以比为同哉？

张氏南轩曰：四方之民，虽异而受衷上帝者则同。恻隐羞恶之端，所以发之于中者则同。然而不同者，私欲蔽之耳。夫遇难共济，则胡越为手足；为争不休，则父子为仇雠。方其遇难，至诚相与，纤伪不萌，故皆不约而同。及一毫之利，挠其欲心，则挺然而起，彼我分而为敌，非以私欲之心，蔽其所素同者哉？圣人扩至诚大公之道，包覆天下，是以无往而不同。

王氏童溪曰：自去古渐远，人伪日滋，强者侵，众者夺，矜者忿，愚者诈，畦町尔汝，德锄谇箕，无所不至。昔之所谓气之和者，移而为锲薄矣；昔之所谓序之济济者，转而为贸乱矣。若是不已，则禽兽而后已，又岂特鬼蜮而已哉。呜呼！此《易》之所以作也，此《易》之所以有《同人》也。

胡氏云峰曰：或曰君子周而不比，和而不同，而卦名曰《比》曰《同》，何哉？比有一阳，为众阴所托，而坎居五，为得其正，故曰：元永贞，是其比也。即所以为君子之周。同人一阴，为众阳所同，而离阴居二，为得其正，故曰利君子贞，是其同也。即所以为君子之和。同人于野，其同也大，利君子贞，其同也正。

《象》曰：天与火，同人。君子以类族辨物。

虞氏翻曰：方以类聚，物以群分，君子和而不同，故于同人，以类族辨物也。

石氏徂徕曰：十，六相四凶，舜能类而辨君子，小人并进，大乱之道也。

伊川曰：君子小人之党，善恶是非之理，物情之离合，事理之异同，凡异同者，君子能辨明之，故处物不失其方也。

郭氏兼山曰：陈相道许行之言，使市贾不二，国中无伪，孟子曰："物之不齐，物之情也。子比而同之，是乱天下也。"故类族辨物，乃所以尽同之之道也。

初九，同人于门，无咎。《象》曰："同人于门"，又谁咎也？

王氏伯厚曰：同人之初，曰出门随之初，曰出门谨于出门之初，则不苟同，不诡随。

胡氏云峰曰：同人与随，皆溺之于私，随必出门，而后可以有功。同人必出门，而后可以无咎。盖《易》以人名卦者有二：《家人》，一家之人也。《同人》，天下之人也，门以内所同者，一家之人而已，六二同人于宗是也。出门同人所同者，一国之人也，天下之人也，卦辞同人于野是也。

林氏希元曰：无私系而能同人者，内不失己，外不失人，又谁得而咎之？

谨案：同人之道，最宜慎之于初，不可与同而同之，则失己，可与同而不同，则失人。内外无失，则其所同者公而溥，出门则公而无私，溥而不狭。若六二之于宗，则私且狭矣，立朝则所同者比党朋奸，择交则所同者燕朋损友，安足以为君子之贞哉？

六二，同人于宗，吝。《象》曰："同人于宗"，吝道也。

伊川曰：宗，党也。同于所系，应是有所偏与，在同人之道，为私狭矣。故五不取君义，盖私比非人君之道。

张氏紫岩曰：《语》曰："如有周公之才之美，使骄且吝，其馀不足观也已。"周公惟贤才，并用不牵于私党，道以盛行，二其戒矣。

朱子曰：大凡悔者，自凶而之吉；吝者，自吉而趋凶。

九三，伏戎于莽，升其高陵，三岁不兴。《象》曰："伏戎于莽"，敌刚也。"三岁不兴"，安行也。

郭氏白云曰：伏戎，不敢显发也。升高，畏而顾望之意。程传谓此爻深见小人之情状，然小人欲以此道同人，难矣。

赵氏汝梅曰：莽，林莽也，可以伏兵之所，北魏李弼以高欢兵众，命将士偃戈于苇中是也。大阜曰陵，升高而望，兵家之常，楚子登巢车以望晋军是也。

梁氏孟敬曰：世之强暴者，欲夺人之所有，而畏于名义，迁延顾望，其状盖如此。

九四，乘其墉，弗克攻，吉。《象》曰：乘其墉，义弗克也，其吉则困而反则也。

郭氏白云曰：弗克攻者，知君臣之大分，是以吉也。伊周示大信于天下，必无乘墉弗攻之议，观汉帝骖乘之惮，则霍光不幾于乘墉弗攻之人欤。

赵氏汝梅曰：反则者，安于分义，知悔前非，贰讨服舍，圣人不欲穷治之，所以开小人自新之门，然必有九五大师，足以制敌乃可，不然则姑息长奸，如唐藩镇。

梁氏孟敬曰：常人之情，过而能改者鲜矣，而于讼与师，则必伸其意，其能自反者为尤鲜。盖有计穷力屈，不得已而退者矣，未有其力之强，而能自退者也。春秋赵宣子纳捷菑于邾，邾人辞之以义，宣子引师而去之。先儒引此爻之义以美其事，盖闻义能徙者，诚人情之所难也。

九五，同人，先号咷而后笑。大师克相遇。《象》曰：同人之先，以中直也。大师相遇，言相克也。

朱氏汉上曰：不得其所同则怨，怨而无告，则号咷随之，岂惟人哉？鸟雀亡其类，则啁啾而鸣，犬兽亡其群，则踯躅而悲。

郑氏东谷曰：周公之事武王，霍光之事武帝，君臣之志同，不闻有谗慝之言。至成王昭帝举国而听于周霍，由是三监上官杰之徒始起而间之，非两君二臣同心之密，安能复相遇哉。武王武帝以比道而任周霍，成王昭帝以同人而任周霍也。

杨氏诚斋曰：师莫大于君心，而兵革为小；克莫难于小人，而敌国为小。

谨案：虞氏易谓同人与师反，故亦称师。师者，众也。用众以克敌，去其异己者也。卦名同人，而三四两爻有争夺之义，曰伏戎，曰乘墉，相敌相攻者，盖非我族类，其心必异。大象传曰："类族辨物，所以审异而致同也。"然义理本同，非物之所得而间，大师克之，克之则相遇矣，盖反其异而后归于同也。

赵氏汝梅曰：君臣同于谋国，官寮同于事主，朋友同于问学，有异己间之者多矣。不然非理而同者，亦非理而暌。

上九，同人于郊，无悔。《象》曰："同人于郊。"志未得也。

子夏传：居外已过其同，无与同者，患争之端则免矣，求同之志可得乎。

张氏紫岩曰：郊犹取于同人，君子何适而不用其同耶？虽穷居约处，而志同道合，以琢以磨，君子进德，不谓居无事而辄已也。

朱子曰：同人于野，是广大无我之意；同人于郊，是无可与同之人。取义不同，自不相悖。

胡氏云峰曰：上九不同乎国之人，乃出乎国之外，是荒僻无人之所在外，而无与应者，如荷蒉之徒是也。故不谓之凶，但谓之无悔。

☲乾下离上

大有，元亨。

《彖》曰：大有，柔得尊位，大中而上下应之，曰大有。其德刚健而文明，应乎天而时行，是以元亨。

郑氏康成曰：元亨者，能长群臣以善，使嘉会礼通，若周公摄政，朝诸侯于明堂是也。

郭氏兼山曰：柔得尊位大中，谦以居之，不自满假者也。以一柔而应五刚，所谓所宝惟贤，光天之下，万邦黎献，共为帝臣，不如是不足以尚贤也。

王氏童溪曰：书之称舜曰：元德升闻，乃命以位。夫帝之位，亦尊且大矣，而帝之处此者，则温恭而已，非柔得尊位，而大中之谓乎。当时朝觐，归之讴歌，归之讼狱，归之无惑乎，上下应之，多且众也。然则语大有之盛，大舜有焉。

《象》曰：火在天上，大有。君子以遏恶扬善，顺天休命。

司马温公曰：火在天上，明之至也，至明则善恶所逃。善则举之，恶则抑之，庆赏刑威，得其当，然后能保有四方，所以顺天休也。

伊川曰：君子享大有之盛，当代天工，治养庶类，治众之道，在遏恶扬善而已，恶惩善劝，所以顺天命而安群生也。

谨案：《同人》之《象》曰："类族辨物"，盖旌别淑慝之义。善者为善，恶者为恶，不能使世之小人尽为君子，能使君子无失其为君子，小人适成其为小人也。至《大有》之《象》曰："遏恶扬善"，则操彰瘅之权，而行劝惩之道者，诚以天下之治，数君子成之而不足，天下之乱，一小人败之而有馀。恶不遏之，是纵有罪也，故刑一人而千万人知所惩；善不扬之，是蔽有德也，故举一人而千万人知所劝。五刑之用，天讨之也，五服之章，天命之也，王者惟钦承乎天而已。所由天其申命用休，永保大有之业，亿万年久安而长治也夫。

郭氏兼山曰：遏恶云者，尚贤之世，不使小人得杂乎其间，是以舜命九官十二牧。亦曰：遏绝苗民，四罪而天下咸服，斯大有之道欤。

朱子曰：天命有善而无恶，当大有时，遏止其恶，显扬其善，反之于身，亦莫不然，非止用人，用人乃其一也。

初九，无交害，匪咎，艰则无咎。《象》曰：大有初九，无交害也。

伊川曰：大凡富有，鲜不有害，以子贡之贤，未能尽免，况其下者乎？克念艰难，则骄溢之心无由生矣，所以不交涉于害也。

郭氏白云曰：大有尚贤，将使野无遗贤，何患于不进哉？难进易退，士之常也，不失是道，则无咎矣，故曰艰则无咎。叔孙之毁仲尼，臧仓之沮孟子，无交之害，如此而孔孟未尝枉道以干之，所谓艰则无咎也。

项氏平甫曰："冯衍、梁鸿之在东汉，皆居大有而无交者也。衍退而自修，可以无咎，鸿作五噫之辞，为章帝所恶，则失于轻易，违初九克艰之义矣。"

赵氏汝梅曰：宗周之覆，岂嫠妇之咎，至于忧不恤纬者，艰畏也。若自以为咎不在我，而侈然泰肆，则咎将生矣。

陆氏振奇曰：保终之道，慎于厥始，必有克艰于初，而后有天祐于终。

九二，大车以载，有攸往，无咎。《象》曰："大车以载"，积中不败也。

王氏辅嗣曰：任重而不危。

张氏紫岩曰：凡德之美者皆曰中，君子于中，不可须臾忘。闲邪去伪，止私寡欲，积中之道也。中不积则败天下之事，生民之命将无所托，后之为臣者，慎勿以既治而忘其中也。一日失中，天下被害，可不畏哉，可不慎哉！

郭氏白云曰：自任以天下之重，伊君也，大车以载，非伊尹不足以当之，以此而往就汤可也，就桀可也，相汤伐桀可也，放太甲于桐可也，归太甲于亳可也，又何咎之有？盖圣人道积于中，无所往而不利，故如大车之不败也。

王氏童溪曰："南丰曾子固曰：'夫所谓宰相者，以己之才为天下用，则为天下用而不足；以天下之才为天下用，则为天下用而有馀。'九二有大车以载之象，则以天下才为天下用之谓也。"

赵氏汝梅曰：身佩安危者，凡经国子民之事，知无不行，行无不力，然后四海乂安，一人可端拱无为于上。故大车以载，必有攸往，乃可以无咎，不然据权自尊，恣睢坐视而不之为，斯固后世盗权卖国之臣，求无咎得乎？

九三，公用亨于天子，小人弗克。《象》曰："公用亨于天子"，小人害也。

伊川曰：自古诸侯，能守臣节，忠顺奉上，则蕃养其众，以为王之屏翰，丰殖其财，以待上之征赋。若小人处之，则不知为臣奉上之道，以其为己之私，民众财丰，则反擅其富强，益为不顺。是小人大有则为害，又大有为小人之害也。

沈氏守约曰：当公侯之位，能以其力合天下之睽，则纠合诸侯，一匡天下，齐威晋文之事也，故为公用亨于天子之象。然土地人民之富，皆王者之有也，诸侯用之，屏翰王室以合天下之睽，则人臣之正也。小人处之，则反擅其富强，益为不顺，是小人则为害也。盖乾而为兑，《左传》所谓天为泽以当日，公用亨于天子之象。昔秦伯将纳王，使卜偃筮之，遇《大有》之《睽》，曰："吉，公用亨于天子"之卦，战克而王飨，吉孰大焉？且是卦也，天为泽以当日，天子降心以逆公，不亦可乎？大有去睽而复亦其所也。言去睽卦，复论大有，天在下亦天子降心之义也。

谨案：左氏谓天为泽，盖大有五互兑也，春秋多以互体为占。

张氏紫岩曰：小人以事君为容悦，无所不用其私，为民之贼，为政之患，为国之忧，是将壅蔽其君，以毒乱天下者也。使斯人而居上位，必为天下大害，大有之君，尤宜察诸。

项氏平甫曰：君子用亨，则为桓文，小人弗克，则为曹马矣。

九四，匪其彭，无咎。《象》曰："匪其彭，无咎。"明辨晢也。

伊川曰：彭，盛多之貌，能谦损不处其大盛，则得无咎也。

沈氏守约曰：以刚处柔，谦以自居，而惧以戒其盛，得明哲保身之义，故无咎也。

赵氏汝梅曰：九四，近在君侧，乃有威权之近臣，自贬其强盛，以崇君父，故无咎。霍光骖乘人主，若背负芒刺，卒致灭宗之祸，不可专咎孝宣之少恩。

谨案：彭，盛貌。四近君位，九刚有逼上之嫌，诸家以匪其彭为能自损其盛。先儒白氏以九四不屈己折节，以事权臣，如魏之王祥不拜司马氏，汉之汲黯长揖卫将军，则以匪其彭为藐视其盛，亦可备一解也。

六五，厥孚交如，威如，吉。《象》曰："厥孚交如"，信以发志也。"威如"之吉，易而无备也。

孔氏颖达曰：惟行简易，无所防备，物自畏之，故曰易而无备也。

张氏紫岩曰：君臣交孚以道，则德修政立，天下憬然迁善远罪，而莫敢为非，虽荒服远裔，知所畏慕，率从吾化，初不待征伐、刑罚之施也。

沈氏守约曰：昔成季之生，筮之遇《大有》之《乾》，曰："同复于父，钦如君所。"盖乾为君为父，离而为乾，故曰同复于父，钦与君同也。

郭氏白云曰：君能下下以成其政，臣能归美以报其上，尽君臣相与之诚，故曰厥孚交如也。交如，亲之也，通诚信之道也。威如，尊之也，严君臣之分也，道以通，分以严，故能销患于无形，非人君尽惟幾惟康之道者，不足以与此。君臣上下，信以发志，孰为猜嫌之忌，是以易而无备也。

赵氏汝梅曰：夫宽易坦夷，人斯亲爱，事边幅峻城府者，疑忌之招也。故豁达大度而韩信服，推赤心置人腹中而群盗降。彼刚明不足而下有强臣，不能推诚，胥与乃过为猜嫌，立威严备以求胜，其高贵带道之流与。

上九，自天祐之。吉，无不利。《象》曰：大有上吉，自天祐也。

勾氏微曰：《大有》，丰富之时，上九以无累于位为贤。《蛊卦》，有事之时，上九以不事为高。凡人乐权，富好有为。此二爻圣人所以贵之也，大抵谄权贵者近其祸，好为事者殒其躯。

伊川曰：君子满而不溢，乃天祐也。

游氏广平曰：伊尹将告归，旁求俊乂，启迪后人，自不居其功，盖用此道也。

郭氏白云曰：大有上吉，此吉大有之吉也，非止上九之吉也，与《小雅》乐得贤之诗，每章必终以寿考同意。

项氏平甫曰：群下已至，而又能尊贤，乃足以为大也。有群下易，有大贤难，武王必得箕子而后为大有，不至于此，不足以言大有之成也。

易鉴卷八

☷☶艮下坤上

谦，亨，君子有终。

《彖》曰：谦，亨，天道下济而光明，地道卑而上行。天道亏盈而益谦，地道变盈而流谦，鬼神害盈而福谦，人道恶盈而好谦。谦尊而光，卑而不可逾，君子之终也。

邵子曰：人有祷鬼神而求福者，福可祷而求耶？曰：善恶者，人也；祸福者，天也。天道福善而祸淫，鬼神其能违天乎？自作之咎，固难逃矣，天降之灾，禳之奚益。修德积善，君子常分，安有馀事于其间哉。

伊川曰：君子志存乎谦巽，达理故乐天而不竞，内克故退让而不矜，安履乎谦，终身不易，自卑而人益尊之，自晦而德日光显，此所谓君子有终也。若小人则有欲必竞，有德必伐，虽使勉慕乎恭谦，亦不能安行而固守，不能有终也。

刘氏屏山曰：圣人明为善之大端，使人向焉，而不诱人以利心。谦者，盛德之事也，《易》但言其终吉而已。安而行之，尊而光，卑而不可逾，言之法也。出于矫激，反悖其性，有所歆慕，益乱其真。故无利心而为恶，其恶可移；有利心而为善，其善益隳。大躁静其容，大辨讷其口，贪倚廉为地，佞假真为媒，非无善迹也，利心存焉，泯泯棼棼，多借圣言以济其私者矣。周公吐哺握发，岂以此来天下之士，而沽一时之名乎？何为勤勤拳拳若是耶，成其己也。易日谦以自牧，谦之妙用也，周公所行，安有利心哉！

郭氏白云曰：谦为不居其德之称，德且不居，则富贵崇高皆馀事矣。孔子不居圣，颜渊愿无伐善，无施劳之谓也。

项氏平甫曰：必称君子者，以君子之心行之，则有后福，苟非其人，如共工、王莽之象，恭得罪于天，虽欲有终得乎？

梁氏孟敬曰：《书》曰："满招损，谦受益。"《诗》曰："彼交匪敖，万福来求。"人而能谦，其益其福有不期而然者，其亨通为何如哉。然惟成德之君子能之，由其安理乐天，而物我无间，故不自满足，而自然卑巽，非矫为之也。若内有矜伐之心，而外示抑损之意，则非安履乎谦者矣。其始虽饰其情，其终则见于色，亦安能有终乎？故谦而有终者，君子之德也。

《象》曰：地中有山，谦。君子以裒多益寡，称物平施。

张氏紫岩曰：昔先王制礼，使贤可俯而就，不肖可跂而及，贵者不至骄，贱者不至污，无有馀，无不及，用此道也。《杂卦》曰："谦以制礼。"

朱氏汉上曰：君子取有馀、益不足，以贵下人，则贵贱平矣。以财分人，则贫富平矣；以德分人，则贤、不肖平矣。然物之不齐，物之情也，所谓平者，非漫无尊卑上下差等也，称物而施，适平而止平者，施之则也。

杨氏启新曰：人情自高之心常多，下人之心常寡，不裒而益之，则自处大高，处人大卑，而物我之间，不得其平。故抑其轻世傲物之心，而多者不使之多，则自视不见其有馀，增其谦卑逊顺之意；而寡者不使之寡，则视人不见其不足，而物我之私各得其平，兹其为君子之谦与。

初六，谦谦君子，用涉大川，吉。《象》曰："谦谦君子"，卑以自牧也。

郭氏白云曰："昔舜戒禹曰：'汝惟不矜，天下莫与汝争能；汝惟不伐，天下莫与汝争功。'曾子谓颜渊曰：'有若无，实若虚，是知谦。'谦，非君子不能也。"

胡氏双湖曰：涉川贵于迟重，不贵于急速，用谦。谦之道以涉川，居后而不争先，自然万无一失，故吉。

胡氏云峰曰：三劳而能谦，在上之君子也，初谦而又谦，在下之君子也。在上者尊而光，在下者卑而不可逾，皆所以为君子之终也，虽用以济急可也，况平居乎？

六二，鸣谦，贞吉。《象》曰："鸣谦"，贞吉，中心得也。

伊川曰：谦德充积于中，故发于外，见于声音颜色，非勉强为之，中心所自得也。

张氏紫岩曰：德积于中，谦形于言，其所以感动上心，莫非至诚忠厚，有益国家之论，非谀说无益之辞。

九三，劳谦，君子有终，吉。《象》曰："劳谦君子"，万民服也。

伊川曰：上为君所任，下为众所从，有功而持谦德者也。古之人有当之者，周公是也。身当天下之大任，上奉幼弱之主，谦恭自牧，夔夔如畏，可谓有劳而能谦矣。

张氏紫岩曰：勤劳王家，臣之常分也。矜伐之心一生，则恃功忽下，安宠擅事，天下之争所归，非所以自全也。其能保有万世令名，而服天下之心乎！

郭氏白云曰：禹克勤于邦，至于九功，惟叙所谓劳也。不自满假，而拜昌言，所谓谦也。至于询谋佥同，鬼神其依，则天地人鬼莫不从，有终之吉大矣，万民服者，特其一而已。

谨案：《乾》九三以君子称，《坤》六三以有终称，谦之卦词兼之九三，爻词亦兼言之。盖三为成卦之主，谦五阴一阳，三以阳居内卦之上，为众阴所宗也。劳，谓功劳也，人臣居功，最难勋铭旂常，策勒金石，功愈崇者忌愈众，名愈重者谤愈多，往往然也。谦则有而不居，僚采不能毁诋，谗邪不能构会，夫而后可以保其终也。后世惟郭汾阳能知谦义耳，厚重如周勃，顾犹失之，况王濬、贺若弼之流乎。

六四，无不利，撝谦。《象》曰："无不利，撝谦"，不违则也。

伊川曰：当恭畏以奉谦德之君，卑巽以让劳谦之臣，动作施为，无所不利于撝谦也。撝，施布之象，如人手之撝也。

朱氏汉上曰：无不利者，非事是君为容悦也，非持禄养交也，不违其则而已。

吕氏东莱曰：四当大臣之位，上有谦顺之君，下有劳谦之臣而已。居其上须有处之之道，如撝谦方可。如汉杨敞、车千秋，当霍光上官，事惟听光所为，却不足以当之，盖敞千秋乃无能而已。

项氏平甫曰：三为大功之臣，五为柔顺之主，四居其中，当贵臣之位。使接三不用其谦，则必有抑功臣而激其变，如卢杞之于唐者；奉五不用其谦，则必有挟柔主而弄其权，如中常侍之于汉者。

六五，不富以其邻，利用侵伐，无不利。《象》曰："利用侵

伐”，征不服也。

伊川曰：人君而持谦，顺天下所归心，然君道不可专尚谦柔必须威武相济，然后能怀服天下。故利用侵伐，盖五之谦柔，当防于过，故发此义。

张氏紫岩曰：奸宄害治，治世所不能无，惟谦德之大天下，属心用能正天下之不谦，以成其治。舜命禹征有苗，舞干羽格之，初不待兵刃之接，无不利也。

陈氏曰：尧舜之朝，三苗必征，四凶必去，人主之道虽以谦为德，必以威御下，然后动不失断，而威尊可保。当其行谦也，故不富而用其邻；及其能断也，故征伐以服骄逆，不其伟欤！

王氏童溪曰：汉文帝，谦逊仁柔之主也，和亲以待单于，上古帝王之所未喻也，后不堪其侮，励兵讲武，一戎服而匈奴遁。故后汉崔子真作《为政论》有曰：“文帝以严致平，非以宽致平，则于不服也而征之。”此君道之宜也。

胡氏云峰曰：自禹征有苗，而伯益发之，六五一爻，不言谦而曰利用侵伐，抑亦以戒夫谦柔之纯，或不能自立者也。

上六，鸣谦，利用行师，征邑国。《象》曰：“鸣谦”，志未得也。“可用行师”，征邑国也。

张子曰：其迹显闻，故曰鸣谦，最上用谦，为众所服，故利用行师。一云鸣谦则师有名。

谨案：上六之鸣，诸家皆以为与六二之鸣不同，盖二居中而上无位也。然皆以谦而有闻也，张子谓鸣为师出有名，亦可参。

朱氏汉上曰：征邑国者，非侵伐也，克己之谓也。君子自克则诚，诚则物无不应，有不应焉，诚未至也。

朱子曰：大抵谦自是用兵之道，只退处一步耳，如必也，临事而惧之意。

赵氏汝梅曰：六五制征伐之命，上六行征伐之师，五为君而上在外也，不云无不利者。上六为奉命之将，他事所不得专。邓艾有取蜀之功，而身为僇者，专封拜之过也。

谷氏家杰曰：上之鸣谦，外虽有声誉，而其心则歉然不自满足，志犹未得，志未得正是谦处。

何氏楷曰：志未得者，自视歉然，犹以谦为未足，如益赞于禹，满损谦益之意。

☷☳坤下震上

豫，利建侯，行师。

《彖》曰：《豫》，刚应而志行，顺以动，《豫》，顺以动，故天地如之，而况建侯行师乎？天地以顺动，故日月不过，而四时不忒。圣人以顺动，则刑罚清而民服。豫之时义大矣哉！

明道曰：豫者，讲豫也，逸豫也。事豫故逸乐，其义一也。

伊川曰：豫者，安和悦乐之义。又上动而下顺，诸侯从王，师众顺令之象。君万邦，聚大众，非和悦不能使之服从也。

司马温公曰：逆理而动者，心劳而事难，故顺以动则豫也。

郭氏白云曰：周封同姓五十，而不以为私，顺故也，所谓利建侯也。汤东西南北之征，而天下不以为怨，顺故也，所谓利行师也。

谨案：《国语》晋侯将入秦，筮之，得《屯》之《豫》，司空季子占之谓屯豫，彖，皆利建侯，得国之象也，此以本卦之两彖词为断也。《晋书》元帝为晋王时，使郭璞筮之，遇《豫》之《睽》，璞引大象传词，先王以作乐崇德，殷荐之上帝，以配祖考。

为占验解者，谓豫上震为龙，为首出之子，下为坤土，此奋而出地之象。悔为睽，上离下兑，向明而治金以宣之，亦中兴之象也。朱子《本义》以屯为筮，立君者之吉占，则豫亦立君之吉占也。顾《屯》言建侯而不言行师，《谦》言行师而不言建侯，惟豫兼言之，盖震长子也，故建侯取之，坤众也，故行师取之。屯有震无坤，谦有坤无震，惟豫合震坤成卦，故兼之二者，皆国之大事也。豫之时人心和，乐夫而后利，盖建一侯，四境之人民戴之，必使邦人咸喜，颂为良翰，豫斯喜矣；行一师，万民之生死以之，必使室家交庆，望如时雨，豫斯庆矣。故惟得人心者，乃可以成大事也。

《象》曰：雷出地奋，豫。先王以作乐崇德，殷荐之上帝，以配祖考。

郑氏康成曰："王者功成作乐，以文得之，作籥舞，以武得之，作万舞，各充其德，而为制祀天帝，以配祖考，与天同享其功也。"故《孝经》云："郊祀后稷以配天，宗祠文王以配上帝"是也。

杨氏龟山曰："先王之作乐，非徒自豫而已，所以崇德也，如咸池大章之类，皆是也。得四海之欢心，然后可以配上帝祖考，惟豫之时为然。"

吕氏东莱曰：上天下泽，《履》，此易之言礼；雷出地奋，《豫》，此易之言乐。

初六，鸣豫，凶。《象》曰："初六鸣豫"，志穷凶也。

子夏传："君子之心，静而自居，知得丧之终始，而不迁其正，故其乐不极，其忧不沮，何患之及哉。小人之始得志，夸其大而极其志，极而不及于祸者无之。”

伊川曰：志意满极，不胜其豫，至发于声音轻浅，如是必至于凶也。

杨氏龟山曰：豫，岂可以声音笑貌为哉！其鸣也，是乃胁肩谄笑而已。

张氏紫岩曰：圣人于豫，首发鸣豫之戒，盖天下安乐无事，谄佞者易进，圣人致戒于初，不惟使小人知所惩艾，欲天下后世之为君臣者，深察而放远之也。

沈氏守约曰：小人恃一时之宠，肆无厌之求，以骋其欲而矜其志，未有不及于祸者，是以凶也。盖人之欲，易以纵乐之豫，易以荒处豫乐之时，苟不知抑制情欲，而节之以礼，则必至于耽溺，自肆而为流连荒亡之行矣。小则至于殒身丧名，如初六之凶；大则至于去权失国，如六五之祸，可不为之深戒乎。

朱氏汉上曰：初六，豫之始。于其始也，鸣豫至于末流，则志穷而凶，太康后羿之事乎。

王氏童溪曰：此正人家弱子幼弟，席其父兄之庇之象也。当此之时，志足意满，不胜其豫，以至发于声音，此取凶之道也。

赵氏汝梅曰：四以一阳总群阴，初但知位应，乃逾分陵级，以求之如琐琐姻娅，虽在卑官，犹引胫长鸣，以希进取，乌得无凶。武攸绪当武后时，其宗族皆权贵烜赫，攸绪独盘旋龙门、少室间，冬蔽茅菽，夏处石室，不应聘召，及武族被诛，攸独不受祸，不鸣豫者也。

王氏伯厚曰：鸣谦则吉，鸣豫则凶，鸣者心声之发也。

六二，介于石，不终日，贞吉。《象》曰：“不终日，贞吉。”以中正也。

伊川曰：处豫不可安且久也，久则溺矣。如二可谓见幾而作者也。中正故其守坚，而能辨之早，去之速。

郭氏白云曰：古之人行此道者，其惟文王乎！文王之治也，至于不敢盘于游田，以庶邦惟正之供，故能亨国长久，而得介于石之吉也。明此道者，其惟周公乎，观其作《无逸》，以戒成王曰："无淫于观、于逸、于游、于田，以万民惟正之供。"故成王能持盈守成，为太平之君，其亦得介于石之吉也。不然则盘游无度，太康尸位之逸豫，酗于酒德，商王受之迷乱也。故孔子曰："知幾其神乎，惟文王周公其尽之。"

朱子曰：其德安静而坚确，故其思虑明审，不俟终日，而见凡事之幾微也。《大学》曰："安而后能虑，虑而后能得，"正如此。

项氏平甫曰：人之常情，居豫之时，不矜则怠，是以祸乱相寻，倚伏不休，抑亦先觉者是贤乎，则六二也，以往事验之。初六则弦黄之恃齐，以为豫也；六三则曹卫之慢晋，以自豫也；若六二则微子之去，箕子之留，比干之死，分义所在，坦然明白于殷周未判之先，《中庸》所谓"前定之豫"也，非中正之人，其孰能之。

六三，盱豫，悔，迟有悔。《象》曰："盱豫有悔"，位不当也。

朱子汉上曰：睢盱，上视而不正也。向秀曰：小人喜悦佞媚之貌。

朱子曰：此如人趋时附势，以得富贵，而自以为乐者也。

胡氏云峰曰：盱豫与介石相反，迟与不终日相反，中正与不中正故也。六三犹有能悔之意，然悔之速可也，迟则又必有悔矣。

九四，由豫，大有得。勿疑，朋盍簪。《象》曰："由豫，大有得"，志大行也。

刘氏长民曰：簪者，所以固冠而总发，冠之危，赖簪以固之，犹君位危，赖臣以安之，其桓文之事乎。

石氏徂徕曰：四居盛位，大有权以得民也。其君得无疑乎？必以其民附于君，此一爻周公当之。

张氏紫岩曰：姬旦总群臣以辅成王，诚信而已矣。惟其待天下以不疑，是以得贤才之助，而永保功业。汉霍光反是，不再世丹族，吁，可戒哉。夫众贤协归，则上可安宗庙，次可安百姓，下可安吾身。疑心一生，合者将离，尚可以致天下之豫哉。

吕氏东莱曰：周公摄政之际，外则四国流言，内则王不知周公，只是推诚而已。不惟大臣如此，而朋友之道，亦只是推诚相与，自然勿疑而朋盍簪。

谨案：此卦爻辞，诸家多即君臣立言，吕氏推之于朋友，盖易之为书，随时随事人皆可用，况朋友有信，原宜推诚相与，庶幾直谅之道行，诈虞之风息，面朋少而益友多矣。择交者其知之。

项氏平甫曰：四为上下众阴之所宗，仰所宜连，合群类以扶王室，岂可更有疑缓之心，以滋其怠哉。管仲曰："宴安鸩毒，不可怀也。"姜氏曰："怀与安实败名，皆明于由豫之幾者欤。三四居上下之交，故两爻皆有迟疑之戒。"

蔡氏介夫曰：由豫，任大责重，难以独力，必得同德者以自辅。自古以圣哲之资，而居元臣之任者，如舜则举八元八恺，伊尹周公皆有俊乂吉人之助，诸葛孔明亦必开诚心以来诸贤之益。圣人命辞之意深矣哉！

六五，贞疾，恒不死。《象》曰："六五贞疾"，乘刚也。"恒不死"，中未亡也。

薛氏曰：东周所存，位号而已，所由来者，非逸豫乎。《书》曰："怠忽荒政"，戒守器之失也。

伊川曰：居得君位，贞也，受制于下，有疾也，恒不死，汉魏末世之君是也。

朱氏汉上曰：周室东迁，齐晋二伯托公义以令诸侯，中未亡也，失天下者多矣。必曰：豫者，威权之失，必自逸豫也，谀臣进，女谒行，大臣专主威，则社稷移矣。《易传》曰："若五不失君道，而四主于豫，乃任得其人，安享其功，如太甲成王是也。"

杨氏诚斋曰：六五以柔弱之资，居逸豫之时，耽宴安之酖，所以疾也。有九四刚正之臣以正之，所以贞也。一正君而国定，然其效止于不死，终不能去疾。元帝有望之，望之不能使之为孝宣。安帝有杨震，杨震不能使之为光武，正而不死，中而未亡，九四之力已不少矣。

王氏童溪曰：当逸豫之时，恣骄侈之欲，宜其死于安乐也。然乘九四之刚，恃以拂弼于己，故得恒不死也。

孟子曰："入则无法家拂士，出则无敌国外患者国恒亡。"然后知生于忧患，而死于安乐也，则六五之得。九四得法家拂士也，故虽当豫之时，不得以纵其所欲。

吕氏东莱曰：观豫六五之象，然后知上无耽乐之君，则下无擅权之臣。

赵氏汝梅曰：鲁昭公、秦二世、魏高贵乡公不能守中，则疾而死矣。虽然春秋作，而乱臣贼子惧，使知中未亡之旨，则奸心消绝，当革而为忠孝。

雷氏西仲曰：君虽失道，有忠臣以正之者，常不亡。故《孝经》曰："天子有诤臣七人，虽无道，不失其天下。"元宗之不逐韩休，其是之谓欤？张中庸不取虚器仅存之说，恐后世人主妄杀大臣也。

胡氏云峰曰：《易》之言疾者四，曰：无妄之疾，勿药有喜；曰：损其疾，使遄有喜；曰：介疾有喜，皆言疾之愈而可喜。此言贞疾，仅得不死耳，未可喜也。豫最易以溺人，以六五之中，仅得不死，然则初之鸣，三之盱，上之冥，其不中者，皆非生道矣。

谨案：守身之道，莫大于慎疾。凡疾之起，多由躭于逸豫罔知。欲不可纵，乐不可极，溺情肆志，一旦受疾，遂至不治，吁可慨也。贞而有疾，常疾也，常疾则有戒心，慎寒暑，节饮食，省嗜欲，常存畏惧，亦可以永其生而不死矣。读《易》者苟明此义，其可不以守身为大哉。

上六，冥豫，成有渝，无咎。《象》曰：冥豫在上，何可长也。

伊川曰：冥豫虽已成，能变则善也。圣人发此义，所以劝善也，故更不言冥之凶，专言渝之无咎。

杨氏诚斋曰：知逸豫之不可长，幡然而能变，安知逸豫之主不为忧勤之主乎。能变则为太甲、为齐威；不变者小则汉成帝、唐明皇，大则夏太康、唐庄宗。

王氏伯厚曰：冥于豫而勉其有渝，开迁善之门也；冥于升而勉其不息，回进善之机也。

梁氏孟敬曰：处豫之极，而至于昏冥，能有变志，犹可以无咎。以往事观之，如楚庄听伍举之谏而罢淫乐，齐威因淳于髡之讽而行诛赏，其皆成有渝之义与！

易鉴卷九

䷐震下兑上

随。元亨，利贞，无咎。

《彖》曰：《随》，刚来而下柔，动而说，《随》。大亨贞，无咎，而天下随时。随时之义大矣哉。

胡氏安定曰：圣贤君子以至刚之德、至尊之位、至贵之势接于臣而下于民，故赏罚号令一出于上则民皆悦而随于下也。

石氏徂徕曰：凡随之义可随则随。君有诤臣，父有诤子，若惟之务，不以正道，安能亨乎？

谨案：随之义在以己随人。石氏以为，可随则随，非惟随之务，所以戒世之谄媚而诡随者。盖事君者非以顺君之欲为忠，事亲者非以从父之令为孝，为人臣子者不可不知此义。

刘氏长民曰：刑政之宽猛，礼乐之沿革，文质之损益，各随时变，所以顺民心也。

伊川曰：凡人君之从善，臣下之奉命，学者之从义，临事而从长，皆随也。

朱子曰：《春秋传》穆姜曰："有是四德，随而无咎，我皆无之，岂随也哉。"今案四德虽非本义，然其下云云，深得占法之意。

谨案：《春秋左氏传》穆姜始往东宫，筮之，遇《艮》之八，史曰："是谓艮之随，随其出也。"姜曰："是于《周易》曰：随，元亨利贞，无咎。元，体之长也。亨，嘉之会也。利，义之和也。

贞，事之干也。体仁足以长人，嘉德足以合体，利物足以和义，贞固足以干事，是以虽随无咎。今我妇人，而皆无之，岂随也哉。我则取恶，能无咎乎？弗得出矣。”凡称八者皆主不变爻，为言此卦五爻，惟二不变。刘氏谓变者五，定者一，宜从少者是也。其论元亨利贞与文言同，所异者二字耳。朱子疑古者已有此语，穆姜称之，而夫子亦有取焉，又尝谓：“穆姜所诵之语，谓‘元者’体之长，觉得‘体’字较好，是一体之长也。”而于此卦谓四德，非本义，盖朱子以文王只是说大亨而利于正，夫子然后解作四德也。

吕氏东莱曰：易三百八十四爻，一言以蔽之，只是一时字。如孔子大不可名，孟子只以圣之时尽之，《中庸》只说一时中。

《象》曰：泽中有雷，随。君子以向晦入晏息。

刘氏长民曰：君子成天下之务，抱宵旰之忧，岂冀乎宴息哉？然时乎求安，则不可苦节以困物情。

杨氏绘曰：当众诡随之时不妄动，可随而不随者矫，不可随而随者谄，与其谄也，不如矫。韩愈言：行成于思，毁于随。

伊川曰：礼，君子昼不居内，夜不居外，随时之道也。

张氏紫岩曰：静者动之基，君子向晦宴息，盖随时而养之以静也。《传》曰：君子有四时，朝以听政，昼以访问，夕以修令，夜以安身。君子用随于一日之间者然。

赵氏汝梅曰：宰予昼寝，邦无道，穀。岂随时者哉？若周公坐以待旦，所以制治乱之时，夫子终夜不寝，所以讲随时之学。《大象》言君子随天之时，释《象》言天下随君子之时，六爻言阴阳之情，圣人错综其辞，以明卦义，凡卦皆然。

初九。官有渝，贞吉。出门交有功。《象》曰："官有渝"，从正吉也。"出门交有功"，不失也。

房氏元龄曰：出门有功，先择后交。

伊川曰：常人之情，爱之则见其是，恶之则见其非。故妻孥子言虽失而多从，所憎之言虽善为恶也。苟以亲爱而随之，则是私情所与，岂合天理？故出门谓非私暱，交不以私，故其随当而有功。

朱氏汉上曰：人之情，随同而背异，随亲暱而背疏远，故朋友责善或牵于妾妇附耳之语，溺于私也。

梁氏孟敬曰：世之趋事赴功者，固有得其时而合乎义者矣，然或用人之出于私，所因之失其亲，亦卒以败事。盖昧乎出门交之义也。

六二，系小子，失丈夫。《象》曰："系小子"，弗兼与也。

伊川曰：人之所随，得正则远邪，从非则失是，无两从之理。二苟系初，则失五矣，弗能兼与也。所以戒人从正当专一也。

张氏紫岩曰：其戒夫居随而不诚心一意以事其君者与！

吕氏东莱曰：宣政间，蔡京为相，一给事中封驳甚多，以是罢黜，或问蔡曰："是亦相门出也，何故罢之？"蔡曰："彼既欲为好官，又欲为好人，此虽奸人之言，然正合弗兼与之义，可以为世戒也。"

六三，系丈夫，失小子。随有求，得，利居贞。《象》曰："系丈夫"，志舍下也。

伊川曰：上随则善也，如昏之随明，事之从善，上随也。背是从非，舍明逐暗，下随也。虽然，固不可非理枉道以随于上，苟取爱悦以遂所求，如此，乃小人邪谄趋利之为也，故云利居贞。

杨氏龟山曰：亲仁尚贤，随之上也；同流俗合污世，随之下也。

张氏紫岩曰：三系四而利居贞者，盖圣人深著不可附丽权臣之戒。

杨氏诚斋曰：求道得道，求仁得仁。贞者。求在我者也。陈相舍陈良而从许行，六二以之；夷子舍墨氏而见孟子，六三以之。

王氏童溪曰：昔孔子见罗雀者，所得皆黄口小雀，问之曰："大雀独不得，何也？"曰："大雀善惊而难得，黄口贪食而易得。黄口从大雀，则不得；大雀从黄口，亦得。"顾谓弟子曰："善惊以远害，利食而忘患，自其心矣，而独以所从为祸福。故君子谨其所从，以长者之虑则有全身之阶，小者之戆则有危亡之败。"《易》曰："系丈夫，失小子。"

九四。随有获，贞凶。有孚在道，以明，何咎。《象》曰：随有获，其义凶也。有孚在道，明功也。

伊川曰：为臣之道，当使恩威一出于上，众心皆随于君。若人心从己，危疑之道也，故凶。居此地者，唯孚诚积于中，动为合于道，以明哲处之，则又何咎？古之人有行之者，伊尹、周公、孔明是也，皆德及于民，而民随之。得民之随，所以成其君之功，致其国之安，是以下信而上不疑，位极而无逼上之嫌，势重而无专权之过。其次如唐之郭子仪，威震主而主不疑，亦由中有诚孚而处，无甚失也，非明哲能如是乎？

吕氏东莱曰：如燕之慕容恪，亦当主少国危之时，内有强臣，外有强宗，恪能以至诚自守，故能全燕之社稷而无咎，正得有孚在道一爻之象。

梁氏孟敬曰：大臣之道，当正其义不谋其利，明其道不计其功，今有求而必获，虽受所当受，其能免于凶乎？欲免于凶，惟积孚诚以释其疑，尽臣道以致其忠，明幾微以保其身，斯无咎之道也。如汉之韩信，恃功既求封齐，复求王楚，高祖唯所欲则予之，可谓随有获也。然帝疑忌之心积之久矣，此其所以及于祸也。萧何素知帝心，帝在军中，数遣使劳问何，何悉，遣其子弟从军，而帝大悦。帝击陈豨，遣使拜何相国，益封五千户。何让其封不受，悉以家财佐军用，而帝又大悦。何之使帝不疑以保其身，其于有孚在道，以明，亦庶幾乎？

九五。孚于嘉，吉。《象》曰：孚于嘉，吉，位正中也。

胡氏安定曰：得位处中，天下之人莫不鼓舞以随之，故当虚心尽诚，以信任天下大才大知嘉善之人，以共成天下之治，则吉莫大焉。

伊川曰：自人君至于庶人，随道之吉惟在随善而已。

王氏伯厚曰：信君子者治之原，《随》之九五曰：“孚于嘉吉。”信小人者乱之机，《兑》之九五曰：“孚于剥，有厉。”

俞氏玉吾曰：美之至为嘉。《书》云：嘉谟，言之至美也。《诗》云：嘉宝，臣之至美也。

谨案《文言》曰：“嘉会足以合礼。”礼有嘉礼，所以亲万民，美之会也。孚者，开诚布公，信从于善一德相孚之谓。君三接于昼日，臣匪懈于夙夜。惟君以明白坦易之衷盟臣心以笃棐，斯臣无怀贰挟私之念，报君德以忠贞，斯所为孚之至美，其吉不待言矣。

上六，拘系之，乃从维之。王用亨于西山。《象》曰：“拘系

之"，上穷也。

郭氏兼山曰：舍己从人，不咈人以从己之欲，随民之道也。随民则民亦随之，其归之若自拘系之又从而维之，见其归之固如是也。

朱子曰：居随之极，随之固结而不可解者也。诚意之极可通神明，故其占为王用亨于西山，亨亦当作祭享之享。

吕氏东莱曰：如《有客》《诗》，"言授之絷，以絷其马。"《白驹》诗："絷之维之，以永今朝。"正合此爻。

☶☴巽下艮上

蛊。元亨，利涉大川。先甲三日，后甲三日。

《彖》曰："蛊"，刚上而柔下，巽而止，蛊。蛊，元亨，而天下治也。利涉大川，往有事也。先甲三日，后甲三日，终则有始，天行也。

伊川曰：治蛊之道当思虑其先后，先究其所以然，后虑其将然，一日二日至于三日，言虑之深推之远也。究其所以然则知救之之道，虑其将然则知备之之方。善救则前弊可革，善备则后利可久。甲者事之首，庚者变更之首，制作政教之类，则云甲，举其首也。发号施令之事，则云庚。庚，犹更也，有所变更也。

沈氏守约曰：昔晋侯求医于秦，秦使医和视之。曰：疾不可为也。是谓："近女室，疾如蛊。于文，皿蛊为蛊。榖之飞亦谓之蛊。在周易，女惑男，风落山，谓之蛊，皆同物也。盖器受蛊，蛊食之而坏，榖受蠹化为虫而飞。女惑男，乱其心也。风落山，殒其实也，故蛊坏也，乱也，惑也。"《说文》曰：蛊，晦淫之所生也。枭桀死之鬼亦为蛊，巫蛊之蛊亦谓之蛊，凡蛊之义如此。

昔秦伯伐晋，卜徒父筮之，吉。其卦遇《蛊》，曰：“千乘三去，三去之馀，获其雄狐。”夫雄狐，必其君也。蛊之正，风也；其悔山也。岁云秋矣，我落其实而取其材，所以克也。实落材亡，不败何待？战于韩，获晋侯。此筮诸爻不动，故以卦体言之，内卦为正，外卦为悔。内，秦之象。外，晋之象。风落山，故云我落其实而取其材也。

张氏紫岩曰：刚上而止，柔下而顺。为君者高亢而德日消，为臣者邪佞而权日盛。臣顺而谄，君止而怠，治道以墮，蛊之所以蛊也。

朱氏汉上曰：先甲后甲，故能革前弊弭后患，久而可行图始者至矣。汉尝削诸侯之地，唐尝讨弑君之贼，令下而兵起，言出而祸随，昧乎治蛊之道也。

朱子曰：先甲三日，辛也；后甲三日，丁也。前事过中而将坏，则可自新，以为后事之端而不至于大坏后事。方始而尚新，当致其丁嘱之意，以监前事之失而不使至于速坏，圣人之深戒也。

吕氏东莱曰：如宪宗、武宗平淮蔡、泽潞，当时群臣沮者甚多，二君断然而往，故克济。

赵氏汝梅曰：诸爻言父母不及君臣，父子天性，理无离绝。为人子者，靡惮劳苦不避悔吝，必求亨蛊而后已。有如国事胶轕患难纠纷，君子适遭其时，当视国如家，尽瘁戮力之死，靡他以济时艰。不然，平时则安其爵禄，缓急则轻于去就，付国事若弗与知，是利己害国之人去，卖降从叛者幾希，是以诸爻皆取家事为象，各以其位干家之蛊，至上蛊已亨，始特明臣子去就之大节。

龚氏焕曰：甲者事之始，庚者事之变。《蛊》彖传以先甲后甲为终则有始，如创业之君，新一代之法度也。《巽》爻辞以先庚后庚为无初有终，如中兴之主，革前朝之弊事也。

俞氏玉吾曰："文子云：'流水之不腐，以其逝故也。户枢之不蠹，以其运故也。'大抵器欲常用，久不用则蠹生。体欲常动，久不动则病生。蛊之时，止而不动，则天下之事终于蛊而已，故勉之，使往不可坐视其弊而弗救也。"

《象》曰：山下有风，蛊。君子以振民育德。

石氏徂徕曰：艮，止也。巽，齐也。止者定之以法制，齐者申之以号令，此所以治蛊也。

张氏紫岩曰：作育人材以兴弊补坏，周宣用之。夫人各有德，顾在上者养之何如耳？先王盛时，学校兴礼化行，终至天下之材不可胜用，振而育之之功也。

初六，干父之蛊，有子，考无咎。厉，终吉。《象》曰：干父之蛊，意承考也。

王氏逢曰：有子然后考无咎。武王、周公，其达孝矣乎！

苏氏东坡曰：器久不用而虫生谓之蛊，人久宴溺而疾生谓之蛊，天下久安无事而弊生谓之蛊。蛊之灾，非一日之故也，必世而后见，故爻皆以父子言之。

薛氏温其曰：文武之事坏于夷，厉宣王复之；高祖之事坏于诸吕，文帝复之。既复干则前人无咎，意承者继志述事之谓。

李氏泰初曰：天下蛊坏，非得善继之子堪任大事，曷足以振起之？宣王承厉王后，修车马、备器械、复会诸侯于东都，卒成中兴之功，可谓有子矣。故考可以无咎。然则，中兴之业难以尽付之大臣，《蛊》卦特称父子者以此。

王氏童溪曰：秦皇、汉武穷兵黩武一也，秦亡而汉存者，始皇无子而武帝有子以干之也。孝昭以八岁即位，承武帝凋弊之后，其元年则遣使者行郡国、举贤良、问疾苦，二年则遣使赈贷贫民，六年则采贤良、文学之议，罢盐铁，榷酤后，又诏罢不急官，减外徭，减口赋钱，此皆因武帝既弊之事而力干之也。武帝得不与始皇同科者，赖有子尔，故曰考无咎。

李氏蒙斋曰：治蛊，非创始之事，非若屯难之难济，否塞之难倾也，当家道弊坏之初，故六虽柔弱之才，亦能干焉，干则为有子矣，则考乃无咎。

杨氏启新曰：前人以失而致蛊，未必无悔过之心，幹父之蛊乃承考之意，而置之无过之地也，此圣人以子之贤圣归之于父，为训之义大矣。

九二，幹母之蛊，不可贞。《象》曰：幹母之蛊，得中道也。

伊川曰：以刚阳之臣辅柔弱之君，义亦相近。

杨氏龟山曰：人君无刚健之才辅之以大，有为之事鲜克济矣。齐王问好货好色，孟子务引之当道而已，不逆其欲也，知此则知所以事君也。

薛氏温其曰：危行言逊，信而后谏，非梁公之徒，孰能与此？

王氏童溪曰：幹父之蛊易，幹母之蛊难。父与母，人子之尊而敬，亲而爱之所在也，固宜遵命从令之不暇。然以王季为父，以大任为母，为文王者可以无忧。其或作之于前者，未能无后日之弊，则承之于后者，可无果敢救弊之道乎！鲁庄公不能防闲文姜，故诗人为之赋，猗嗟，盖其不及于中道。郑庄公以叔段之故，遂置武姜于城颍而誓之，盖其过于中道也。然则幹母之蛊，欲其不失正又不可直以正之，非九二之得中道不可也。君子之事君，当阃密之寄也亦然。尽其道者，唐之魏郑公是也，故太宗忘其正直而反以为妩媚，可不谓之善幹其蛊者乎？

胡氏五峰曰：家之坏或由妇人，而其子才能饬之，亦幹母蛊也。

九三，幹父之蛊，小有悔，无大咎。《象》曰：幹父之蛊，终无咎也。

薛氏温其曰：君臣道合，过亦不诛，汲黯矫制，虽悔何惧？

郭氏白云曰：幹蛊之道，欲知其弊而顺治之耳。《诗》曰："不愆不忘，率由旧章。"遵先王之法而过者，未之有也。九三之才已过矣，然不至于大悔，终无咎者，盖所幹之蛊遵先王之法而已。宣王之诗有箴规，是为小有悔也。

王氏童溪曰：九三之刚过，父之争子也。其事父也，不从其令而以争事焉，此小有悔也。然其争也，所以免父于不义也，谓之非孝可乎？此君子之所予也，故曰：无大咎。

六四，裕父之蛊，往见吝。《象》曰：裕父之蛊，往未得也。

朱子曰：九三有悔而无咎，由凶而趋吉也。六四虽目下无事，然却终吝，由吉而趋凶也。元祐间，刘莘老刘器之之徒，必欲尽去小人，却是未免有悔。至其他诸公欲且宽裕无事，莫大段整顿不知目前，虽遮掩拖延得过，后面忧吝却多，可见圣人之深戒。

项氏平甫曰：晁氏曰："裕，益也，秦二世以就始皇之宫室为孝，卫州吁以修先君之怨为孝，皆裕蛊也。"按裕者，长其恶也。若二人，则逢其恶不止于吝而已。

谨案：周至幽、厉，蛊极矣，平王东迁，不思克复旧京，至宗庙尽为禾黍。宋至徽、钦，蛊极矣，高宗南渡，不思恢复中原，致二帝终于漠北。皆裕蛊之谓也。

刘氏弥邵曰：强以立事为幹，怠而委事为裕。事弊而裕之，弊益甚矣。盖六四体艮之止而爻位俱柔，夫贞固足以幹事。今止者怠，柔者懦。怠且懦，皆增益其蛊者也。持是以往吝道也，安能治蛊耶？

六五，幹父之蛊，用誉。《象》曰：幹父用誉，承以德也。

伊川曰：夫创业垂统之事，非刚明之才则不能继。世之君虽柔弱之质，苟能任刚贤，则可以善继而成令誉也。太甲成王皆以臣而用誉者也。

朱氏汉上曰：承以德者，誉谓德誉，非虚誉也。隋炀以俭闻，以奢败，虚誉也。

王氏童溪曰：周文武以谟烈，所以启佑后人，既曰：咸以正罔缺，何蛊弊之云乎！继之，宜若无所事矣，而《大雅》之誉成王也，则有《凫鹥》之什焉。而曰：太平君子能持盈保泰也，未足也。又继之以《假乐》之诗焉，曰：假乐君子，显显令德，未足也。又继之以《卷阿》之作焉，曰：岂弟君子，俾尔弥尔性，而及于似先公酋矣，岂非以文武之谟烈？其能以似以续者，其在成王乎？

上九，不事王侯，高尚其事。《象》曰：不事王侯，志可则也。

伊川曰：贤人君子，不偶于时而高洁自守，不累于世务者也。古人伊尹、太公之事，曾子、子思之徒，不屈道以徇时，自善其身守其志节而已。士之自高尚，亦非一道。有怀抱道德，不偶于时，而高洁自守者；有知止足之道，退而自保者；有量能度分，安于不求知者；有清介自守，不屑天下之事，独洁其身者；所处虽有得失大小之殊，皆自高尚其事者也。所谓“志可则者，进退合道者也。”

郭氏兼山曰：此许由、务光见取于唐虞，盖有时而尚之也。

郭氏白云曰：上九既无绝物之过，又无屈道之累，其用舍行藏之志，是可为法于天下后世矣，此孟子所以称伯夷百世之师也。不然，虽不仕如荷蓧，狂歌如接舆，放荡不法如庄周，为我无君如杨氏，皆流荡不反，自为高尚以欺世，君子不取焉。故孔子不为索隐行怪，孟子深鄙陈仲子之为廉也。

郑氏东谷曰：概之圣人虽非中道，而其高洁不屑之志亦可法则矣。武王既兴周，光武既兴汉，夷齐、严光不事王侯，君子未有非之者，有可则之志也。

张氏紫岩曰：伊尹复辟告归，体此也，后世若汉留侯，天下已定奉身而退，庶几高尚者哉？不然，已在高位，无补天下国家，而曰：我姑退是足高尚乎！

赵氏汝梅曰：盖示万世勋臣之戒。若未尝勤劳国家而犹持禄保位，夜行不休，此爻之罪人也。

胡氏云峰曰：君子之出处，在事之中尽力以幹焉而不为污，在事之外洁身以退焉而不为僻。

吴氏埠斋曰：如曾子不忍违亲而辞齐之聘，其志岂不可则？

谨案：下五爻言蛊，至上始言事。《程传》：蛊，事也，蛊乃有事也。诸爻以干事为事，上以不事为事，盖上居高无位，非臣子而为宝师，先儒以任事之外高洁自守，可为世世法也。赵氏以诸爻皆取家事，至上则蛊已亨，始特明臣子去就之大节。盖示万世勋臣之戒。固足愧后世之贪位恋栈以宠利居成功者。俞氏玉吾《易集说》谓：“亲年已老，事亲之日短，何暇事王侯哉”则仍就家事言，亦足以备一解也。

易鉴卷十

䷒兑下坤上

临。元亨利贞。至于八月有凶。

《彖》曰：临，刚浸而长。说而顺，刚中而应。大亨以正，天之道也。至于八月有凶，消不久也。

王氏逢曰：一阳复于下可以修身，二阳浸长可以临人。临天下之大，不有四德可乎！

伊川曰：圣人为戒必于方盛之时，若既衰而后戒则无及矣。自古天下安治，未有久而不乱者，盖不能戒于盛也。故狃安富则骄侈生，乐舒肆则纲纪坏，忘祸乱则衅孽萌，是以浸淫不知乱之至也，消不久也。在阴阳之气言之，则消长如循环，理不可易也。以人事言之，则阳为君子，阴为小人。方君子道长之时，圣人为之戒，使知极，则有凶之理而虞备之常不至于满极，则无凶也。

朱氏汉上曰：临，在复、泰之中，方长而戒之，不俟乎极也，故尧、舜、禹三圣人相戒必于临民之初。

赵氏汝梅曰：当临之时，人皆喜阳刚之浸长，而圣人已垂浸消之戒，视剥、复、泰、否，言消长于两卦者，其忧深思远为尤切。唐五王反正，未幾而瞬息败于三思，当知圣人不为过计。《临》言八月有凶，与《姤》言女壮，皆要其终。

陆氏振奇曰：日阳象，月阴象，八少阴之数，七少阳之数，故言阴来之期，曰：八月；言阳来之期，曰：七日。

《象》曰：泽上有地，临。君子以教思无穷，容保民无疆。

刘氏长民曰：岸高于泽，俯临之也。

朱氏汉上曰：君子之于民，临之以势，势有尽也。亲之以教，教无穷也。是以忘有尽之势，思无穷之教，教思无穷则待之非一日也。故包容之、保有之而无疆。无疆者坤也，三代之民不忘先王之泽，三代而下一决则横流矣。

赵氏汝梅曰：上之临下，教养为先，政刑为后。故言教养而略政刑，君师之道也。人品不齐，难于速化，教亦多术，久而后成，故设教思为无穷。容民犹泽之容水，保民犹保其堤防，容之、保之皆养也。天下非止一泽，率土非止一民，故容、保贵于无疆。使教如鼠技，养有畦町，则临民之仁有限矣。

蔡氏介夫曰：劳之、来之、匡之、直之、辅之、翼之，使自得之又从而振德之，此可见君子教思之无穷。民，吾同胞，以至鳏寡孤独皆吾兄弟之颠连无告者，必使皆乐其乐而利其利，可见君子之容，保民无疆也。

谨案：《书》曰：天降下民，作之君，作之师。知临天下者，有君师之责也。教之则师道立，保之则君道尽。曰：无穷，曰：无疆。德可大而业可久也。开创之君子，启后人以无缺；守文之君子，监成宪则罔愆。国之所以久安长治者，胥是道也。

初九，咸临，贞吉。《象》曰：咸临贞吉，志行正也。

虞氏曰：犹贤人思治，愿奉其上，上能用之以为临也。

李氏蒙斋曰：臣之临民临事，与夫君之临天下均临也。幼而学，壮而行，人岂不欲有临哉！初之与四相感，非苟求见知，期于进达也，其志在行，其所学之正道耳，故曰志行正也。以正应正，故曰贞吉。

九二，咸临，吉无不利。《象》曰：咸临，吉无不利，未顺命也。

游氏广平曰：九二以刚中之才，任六五之眷倚，则有从道不从君之事矣，故《象》以为未顺命。

杨氏龟山曰：欲有谋焉，则就之。召之则不往，未顺命也。未者，非遽然之辞。学，然后臣之，终则顺命矣。

郭氏兼山曰：未顺命者有献可替否之义，非独顺命而后为利也，故舜之戒禹曰："予违汝弼汝无面从，退有后言。"六五中顺之君在上，故九二未以顺命为吉也。

张氏紫岩曰：大抵致其君为尧舜之君，必有所以大正其心，固非屑屑顺命者能之。

六三，甘临。无攸利。既忧之，无咎。《象》曰：甘临，位不当也。既忧之，咎不长也。

朱氏汉上曰：六三，有临人之位而无临人之德，柔不当位，以口说人，甘临也。若当位，则不言而信，何俟于说人哉？子朝之文辞，新室之奸言，内不足也。

项氏平甫曰：二以心感人，三以口说人，此君子小人之所以分也。

赵氏汝梅曰：知甘佞之不足以临人而忧之，忧之而审己自安，不敢妄居人上，则咎可免矣。后世行妇人之仁，以要誉求众者，尚监于兹！

俞氏玉吾曰：甘临与《诗》"盗言孔甘"之甘同然。说之不以道，亦何所利？及其既也，知其过而忧之，则非小人之无忌惮者矣，故无咎。

谨案：节之五，曰：甘节，往有尚，节不可苦，故甘则吉。《临》之三曰：甘临，无攸利。临是之道不利于以甘也。且五位中正，三则不中不正，又居兑体之上，以口说人，安能临下？况三为臣位，事君而可为甘说乎？虞廷堲谗说，诗人刺巧言为臣而有临民之责者，不可以不戒也，能戒则忧，知忧知惧，庶能改过，无咎者善补过也。爻辞系此，其开人迁善之门也夫。

六四，至临，无咎。《象》曰：至临无咎，位当也。

陈氏皋曰：成王虽幼，尸大君之位，虽周召在下，临之可也，然不以专至之诚临之，则咎未可免。

薄氏曰：临民以正不以邪，以公不以私。

吕氏东莱曰：上得乎君，身得其正，下得其助，临之至也。

六五，知临，大君之宜，吉。《象》曰：大君之宜，行中之谓也。

伊川曰：五能倚任于二，不劳而治以知临下者也。夫以一人之身临乎天下之广，若区区自任，岂能周于万事？唯能取天下之善，任天下之聪明，则无所不周，是不自任其知，则其知大矣。

杨氏龟山曰：聪明睿知，足以有临也。人君之聪明宪天而已，非以小知自私也。故明四目达四聪，好问而好察迩言，乐取诸人以为善，此舜所以为大知也与？人君之知孰过于是。

张氏紫岩曰：人君据大位以临天下，每患恃其聪明智力而不屈己下贤，骄盈怠傲日肆一日，忠言莫告，以颠以覆非所宜于临也。

谨案：《书》曰："惟天生聪明时乂。"又曰："亶聪明作元后。"自来临天下者，天未有不锡之以知也。顾挟私知者遍矜，独知隘知，不足以周万物，非大君之宜也。盖一耳一目闻见幾何，惟以众目视，以众耳听，任天下之知以为知。君能任所知，所知者必分所任，所谓不自用而取诸人，集思广益，执中用中，总成其大。故知曰大知，以此临天下而称大君，谁曰不宜。

项氏平甫曰：五曰知临大君之宜，后世必有以苛察为知者，故曰：行中之谓也。言知在知人，使中正之贤得行其道，不在遍知也。

赵氏汝梅曰：宜者，权宜。唯时是适，圣人虑后世借宜之名以行诈文奸，故以行中释之。

上六，敦临，吉，无咎。《象》曰：敦临之吉，志在内也。

伊川曰：尊而应卑，高而从下，尊贤取善，孰厚之至也。

吕氏东莱曰：大抵在上临下，下虽未应，在上不可不过厚以临之，如尧舜之世，上厚于下，下厚于上，上下相应，固尽善矣。若盘庚迁都，胥动浮言，下不应上，如此盘庚三篇之戒谆谆告谕，此亦敦临之意。

曾氏传道曰：敦者，厚道也。厚于治人则人无不服者，临是也。厚于治己，而己无不修者，艮是也。人之自处，岂可处于薄乎？

梁氏孟敬曰：六五处得其中则谓之知临，上之以敦厚，临人者又岂非敦仁之君子与？

杨氏启新曰：处临之终，有厚道焉。教思无穷，容保民无疆者也。如是则德厚而物无不载道，久而化，无不成。

䷓坤下巽上

观，盥而不荐，有孚颙若。

《彖》曰：大观在上，顺而巽，中正以观天下，观。盥而不荐，有孚颙若，下观而化也。观天之神道，而四时不忒。圣人以神道设教，而天下服矣。

虞氏曰：容止可观，进退可度，则下观其德而顺其化。

伊川曰：居上者正其仪表以为下民之观，当庄严如始盥之初，勿使诚意少散。

张子曰：天不言而信，神不怒而威。诚故信，无私故威。天之不测谓神，神而有常谓天。

游氏广平曰：圣人久于其道而天下化成，盖天下之化非有资于号令之鼓舞也，刑赏之惩劝也，一于诚而已。诚至则天下徯其志而从之，如恐不及矣。

郭氏兼山曰：圣人以神道设教而天下服，知声色之于以化民末也。

沈氏守约曰：《前汉·五行志》云：于《易》地上之木为观，其于王事威仪容貌可观者也，故行步有佩玉之度，登车有和鸾之节，田猎有三驱之制，饮食有享献之礼。出入有名，使民有时，则木得其性，否则木不曲直。盖木于五事为貌，貌曰恭，威仪不恭，上天可观，故貌气毁而木失其性也。

朱子曰：圣人在上，视听言动皆当为天下法而不敢轻，亦犹祭祀之时，致其洁清而不敢轻用。

赵氏汝梅曰：或曰：盥则诚一，荐则诚贰。曰：圣人之诚，纯亦不已。凡人之诚，事一至焉。季氏继烛以祭，则肃敬之心夺于倦怠。子路晏朝而退，圣人许之由盥而荐，曾几何时，诚敬岂遽衰乎！古者设教寓于庠序，学校自小学至大学，品节甚详，粲乎明且备也。今乃以神道言，神无迹也，奚取乎曰：风。无迹故草无不偃，教无迹故民不从。有迹之教，可以淑君子，无迹之教，可以化小人。夫冥顽下愚诵诗书则侮，圣言执干戚则乱行缀，欲委而听之则理不可，欲起而齐之则力不能。唯有神明其德，使人可敬而不可窥，可畏而不可测，则亵渎不生，慢易不作，群小自当观感于形迹之表，莫不耸然敬服矣。

吴氏草庐曰：常人以言设教则有声音，以身设教则有形迹。圣人妙天道于不测，其应捷如影响，盖所存者神，所过者化也。

杨氏启新曰：圣人设教，诚于此，动于彼。不显之德，笃恭之妙，与上天之载无声无臭者同一机。而其动物之妙，丕变之感，有非人所能测者，故曰：神道设教。

《象》曰：风行地上，观。先王以省方观民设教。

郭氏白云曰：省方观民设教。伊川谓“如奢则示之以俭，俭则示之以礼”是也。礼，《王制》言巡守之礼，命大师陈诗以观民风，命市纳贾以观民之所好恶，命典礼考时月定日同律。礼乐制度，衣服正之，此省方观民设教也。

王氏童溪曰：先王之观不过曰省耕、省敛，以为补助之政云尔，故曰：为诸侯度。其在后世流连荒亡，如秦皇之出游，汉武之行幸，徒为是烦扰而无补于海内，故曰为诸侯忧。其视先王观民设教之意，不亦远乎？

初六，童观，小人无咎，君子吝。《象》曰：初六童观，小人道也。

朱子曰：自上示下曰观，自下观上曰观，故卦名之观，去声。而六爻之观，皆平声。

吕氏东莱曰：小人道也，辞虽指小人，意却属君子。小人则可，君子则不可。

项氏平甫曰：初六为下民，故曰童观。言其观也，如童子之时未有知识也。下民日用而不知，则其常也。君子而不著不察则可羞矣。六二在中馈，故曰阈观。言其观也，如妇人之目所阈者，狭也。妇无公事，所知者蚕织。女无是非，所议者酒食，此在女德不失为贞，男子而寡见谀闻则可丑矣。二爻皆小人之安于下者也，故独论其德，以为非君子之事而已。

王氏巽卿曰：卑下而无远见，在凡民为可恕，在君子为可羞。

六二，阈观，利女贞。《象》曰：阈观女贞，亦可丑也。

陆氏曰：处内阈外，女子之丑行。然处不失位以自守，故利女贞。

刘氏长民曰：妇人有幕外之志，纵其志则情斯荡矣，故利正也。

谨案：阈观，注谓所见者狭，疏谓窃而视也。《说文》谓倾头门中视也。女子之道，足不逾闺，倾头门中窃视门外，与钻穴隙而相窥何异？岂女子之所宜乎？爻辞言利贞，所以戒之也。《象辞》言可丑，则戒之綦严矣。圣人垂戒之意未始非欲世之谨闺门而修帷薄也。盖女子以守身为重，贞则利，不贞则丑阈且不可，至于越礼犯义，将必有不可道者。诸家多以阈为君子之观，丑为男子之丑，固就卦义而言谓丈夫，而为女子之阈，其丑更甚也。然陆氏、刘氏之说，亦可并存而不相悖。

郭氏兼山曰：男女吉凶不同，故《恒》卦曰："妇人吉，夫子凶"，则知利女贞者固为男之丑也。

王氏童溪曰：以女子之贞为贞，则是长孙无忌辈之事太宗也。昔太宗尝谓无忌等曰："朕欲自闻其失，公等宜直言无隐。"无忌等曰："陛下无失。"他日又问，曰："陛下武功文德，臣等将顺之不暇，又何过之可言？”夫居大臣之位，当观之时，其他无所见也；而务以女子之贞为贞，陋哉斯见也。故曰：阙观女贞，亦可丑也。

胡氏云峰曰：初位阳，故为童。二位阴，故为女。童观是茫然无所见，小人日用而不知者也。阙观是所见者小而不见全体也。占曰：利女贞，则非丈夫之所为可知矣。

六三，观我生，进退。《象》曰：“观我生，进退”，未失道也。

刘氏长民曰：自观其道，应于时则进，不应于时则退。

伊川曰：观我生，谓动作施为出于己者。

游氏广平曰：“六三，观我生，进退”者，省诸己也，度德以就位，量能以任官也。九五，观我生，验诸民也，所以审好恶而察治忽也。夫如是，则兴事造业无过举矣，故无咎。若上九之观其生，则观其时之施设也，此有君子之才而无其位，身在畎亩而志常在君者之所为。

张氏紫岩曰：后世不度德量才以贪冒大位，蔽贤疾能，莫知省己，以贻祸天下，彼岂知一己进退，天下休戚利害系之，安可重一己而轻天下哉？是大惑大愚者所为，君子不取也。

郭氏白云曰：观我道之可进而进，可退而退，孔子用舍行藏，孟子得志不得志之说，如是而已。

朱子曰：事君则观其言听计从，治民则观其政教可行，膏泽可下，可以见自家所施之当否，而为进退。

雷氏西山曰：子使漆雕开仕，曰：“吾斯之未能信。”其是之谓乎！

六四，观国之光，利用宾于王。《象》曰："观国之光"，尚宾也。

伊川曰：夫圣明在上，则怀抱才德之人皆愿进于朝廷，辅戴之以康济天下。四既观见人君之德，国家之治，光华盛美，所宜宾于王朝，效其智力，上辅于君，以施泽于天下，故云"利用宾于王"也。古者有贤德之人，则人君宾礼之，故士之仕进于王朝，则谓之宾。

沈氏守约曰：处众阴之上，比于贵而非主也，是以利宾也。昔陈厉公之生敬仲，筮之遇《观》之《否》曰："是谓观国之光，利用宾于王。"此其代陈有国乎？不在此，其在异国，非此其身，在其子孙。光远而自他有耀者也。坤，土也，巽，同也。乾，天也。风为天于土上，山也。有山之材而照之以天光，于是乎居土上，故曰："观国之光，利用宾于王。"犹有观焉，故曰：其在后乎？风行而著于土，故曰其在异国乎！必姜姓也。姜，大岳之后也，岳则配天，物莫能两大，陈衰，此其昌乎！

王氏童溪曰：昔汤之三聘伊尹也，尹乃幡然而改，则六四观国之光是也。孟子曰：汤之于伊尹，学焉而后臣之，故不劳而王，伊之得君如此，向使其初无幡然之志，而不以宾于王为利焉，此岂尹之所观也哉？

九五，观我生，君子无咎。《象》曰：观我生，观民也。

孔氏颖达曰：九五居尊，为观之主。四海之内由我而化，我教化善，则天下有君子之风；教化不善，则天下著小人之俗。故观民以察我道，有君子之风者则无咎矣。

伊川曰：我生出于己者，人君欲观己之施为善否，当观于民。民俗善则政化善也，王弼云：观民以察己之道是也。

郭氏白云曰：《中庸》曰："取人以身，修身以道"，又曰："失诸正鹄反求诸其身"，皆九五观民之道也。群黎百姓遍为尔德，人有士君子之行，皆天下为君子之时也。

朱子曰：九五之观我生，如观风俗之孅恶，臣民之从违，可以见自家所施之善恶。

谨案：观我者观民之本，上无道揆则下无法守，惟敛福、锡福者建维皇上极。斯遵道、遵路者近天子之光，而观民者即观我之验。下有唐虞三代之风，必其上为尧舜禹汤之主，故民罔不中惟尔中，民罔不正惟尔正。圣天子返观内省，议道自己，则民皆有所观感而兴起，道一风同，皞皞然蒸为太平之盛治矣。

上九，观其生，君子无咎。《象》曰：观其生，志未平也。

伊川曰：是贤人君子抱道德不居位，为众人观仰法式者也，固不得安然放意，谓己无与于天下也，必观其所生，君子矣，乃得无咎。圣人又从而赞之曰：志当如此，未得安然平定，无所虑也。观圣人示后贤如此之深，贤者存心如此之仁，与夫索隐独善者异矣。

朱氏汉上曰：自古观其君而去者，以未平之志为忿世疾邪之事，多失之。矫激大过，岂能无咎？夫聪明深察而近于死者，好讥议人也，辨博闳远而危其身者，好发人之过者也。梁鸿作五噫以显宗之贤，犹不能堪之，非失之过乎？进退无咎者，君子之道也。

王氏童溪曰：古者以民情之未协，民俗之未一民，隐之未究也，故其志亦为之未平。故处观其生之任，亦必君子而后无咎，何者？君子之志，不以一身为乐，而以万民为忧，使以一身为乐，则无所谓未平之志矣。

朱子曰：观其生，是就自家视听言动，应事接物处自观。

项氏平甫曰：唐武宗之时，内之宦者，外之牛李之徒皆欲攻李德裕者也，但以武宗刚明在位，故仰视而不敢动。一日事变则万事去矣。

李氏蒙斋曰：上九，道之已成，处观之极不当其任者。故观其生，九五之君、六四之臣，皆在所观也。昔武王革命，天下归心，伯夷守节，甘采薇于首阳，盖观武王之革命、群贤之趋时赴功，若有不足者，其志未能平也欤？夫观之时，天下既定，观其国之光华为急而不知趋时之弊，又有甚焉。是以后世风俗奔竞委靡不振，去道日远矣。孟子称伯夷百世之师也，圣之清者也，所谓君子无咎者也。

易鉴卷十一

☲☳震下离上

噬嗑。亨。利用狱。

《彖》曰：颐中有物，曰噬嗑。噬嗑而亨，刚柔分，动而明。雷电合而章。柔得中而上行，虽不当位，利用狱也。

伊川曰：君臣、父子、亲戚、朋友之间有离贰、怨隙者，盖谗邪间乎其间也，除去之，则和合矣。故间隔者，天下之大害也，去天下之间在任刑罚。故卦取用刑为义。雷震而电耀，照与威并行。用狱之道也。能照则无所隐情，有威则莫敢不畏。治狱之道，全刚则伤于严暴，过柔则失于宽纵。五以柔处刚而得中，得用狱之宜也。

张子曰：子路礼乐文章未足，尽为政之道，以其重然诺言为众信，故片言可以折狱。如《易》所谓"利用狱"，"利用刑人"者，皆非卦爻盛德，适能是而已矣。

郭氏白云曰：唐虞之民不犯，成康刑措不用。方是时，则不以用狱为利也，故知利用特在于有间之时。

朱氏汉上曰：人君，止于仁。不以明断称，以皋陶失不经，曾子哀矜勿喜之言观之，则不在于明断审矣。自易失其传，参之以申韩之学，人君用明断决狱讼，躬行有司之事，其弊至刻薄少恩，民心日离，读《易》不察之过也。

王氏童溪曰：皋陶之称，舜也，曰简，曰宽，曰好生，此柔德也，然必曰帝德。罔愆者，此柔得中也，故其效至于民，无有司之犯。当《噬嗑》之时，施之用狱，莫若柔而得中之为利也。

赵氏汝梅曰：体卦之画则宽严胥济，体卦之德则明清善听，体卦之象则狱不淹宿，噬以刚动而能嗑。《象》言利用狱，疑当以刚能断制。而圣人归之六五之柔，其哀矜惟良之义乎！大君在上，三宥而后制刑德，虽似柔，于狱则利。唐朱南山、万国俊作《罗织经》，且谓丽景狱为例，竟乃知圣人之虑远矣。

《象》曰：雷电，噬嗑。先王以明罚敕法。

薄氏曰：专威不明则虐而不察；专明不威则察而不断。

郭氏兼山曰：《春秋》书震夷伯之庙，《左氏》曰：展氏有隐慝焉。《金縢》曰：今天动威以彰周公之德，故知雷电之威无隐而弗及也。

郭氏白云曰：若周官大司寇县刑象之法于象魏，小司寇令以木铎曰：不用法者，国有常刑。令群士乃宜布于四方，宪刑禁至于士师，又宪禁令于国及郊野，此之谓明罚敕法也。

徐氏子与曰：明罚者所以示民而使之知所避，敕法者所以防民而使之知所畏，此先王忠厚之意也，未至折狱致刑处，故与丰象异。

谨案：法者一朝之宪典，所以禁民为非也，敕法则民皆知法守法。如是者，法立民皆畏法而不敢犯法，如是者法尊。顾后世法令如牛毛，文纲日密，巧伪益滋，猾胥至以多法为奸。过小者法宜轻或可比，而入罪大者法宜重或可缘以解。是以，民皆畏吏而不畏法，世之用法者不可以不知也。

初九，履校灭趾，无咎。《象》曰：履校灭趾，不行也。

王氏辅嗣曰：居无位之地受刑而非治刑者，凡过始于微而后至于著，罚始于薄而后至于诛。过轻戮薄，桎其行也，足惩而已。

伊川曰：古人制刑有小过则校其趾，盖取禁止其行，使不进于恶也。

吕氏东莱曰：大抵为恶先制之，则不能长。昔周公治商之顽民，不急于他事，乃禁其群饮。商民染纣之沈酣，遂至顽而不淳。周公察其所从来，自其所以为恶之本原而制之，岂后人区区制其末流之比哉？

六二，噬肤灭鼻，无咎。《象》曰：噬肤灭鼻，乘刚也。

伊川曰：二乘初刚，是用刑于刚强之人，必须深痛，故至灭鼻而无咎也。二中正之道，易以服人，与严刑以待刚强，义不相妨。

郭氏白云曰：古者刑，乱国用重典，岂非噬肤乘刚之义乎？

吕氏东莱曰：观孔子温和之气象，处乡党则恂恂似不能言。一旦见原壤之箕倨，则以杖叩其胫；见冉求之聚敛，则鸣鼓而攻之。圣人以严御恶，正所谓中也。

六三，噬腊肉，遇毒。小吝，无咎。《象》曰：遇毒，位不当也。

刘氏长民曰：三处下体而无位，吏之小者也。

伊川曰：强梗难服至于遇毒，然用刑非不当也，故虽吝亦小，非有咎也。

雷氏西仲曰：夫治奸恶不胜，而反被毒至于丧身者多矣。而曰：小吝无咎，何也？不幸而不能成诛不仁之功，何大过之有哉？故曰：小吝。其志在于诛不仁，于义何愆哉，故曰：无咎。

九四，噬乾胏，得金矢。利艰贞，吉。《象》曰：利艰贞吉，未光也。

刘氏长民曰：吏之大者也。

郭氏兼山曰：民讼入束矢，不直则入其矢，所以惩不直也。民狱入钧金，不信则入其金，所以惩不信也。九四之听讼也，既得其矢，又得其金，狱既折而得其情矣。尚且曰利艰贞吉。则人之于狱讼，其可易言哉！故曰：刑者侀也，侀者成也，死者不可复生，刑者不可复续，言一成而不变也。故于听之始如此之审，于其成也，则又可知矣。

吕氏东莱曰：人情当患难未平之时，则克艰其事，及患难既平则忘之圣人。特于此致戒。后汉董卓为汉大间，王允诛之。至于终而不能艰贞，汉遂复乱，正此爻之所戒也。

邱氏行可曰：噬嗑，惟四五两爻能尽治狱之道。《象》以五之柔为主，利用狱之言，独归之五爻，以四之刚为主，吉之言独归之四。主柔而言以仁，为治狱之本。主刚而言以威，为治狱之用。仁以寓其哀矜，威以惩其奸慝。刚柔迭用，威爱兼施，治狱之道得矣。

谨案：四，大臣近君之位者也。九，阳德刚直用以治狱，亦必艰其事，贞其守，斯利而吉矣。盖廷尉持天下之平，司寇守朝廷之法。倘执法不坚，谳狱不平，人主得以喜怒行诛，左右各以严苛顺旨，酷吏窃经义而舞文，权奸报私怨而变律。于是，刑罚不足以禁小人而恒中于君子者，有之矣，此虞廷君臣交儆以克艰。皋陶，刑官也，而惟明克允，所由与三后并称也夫？

雷氏西仲曰：夫以宽服民，刑措不用，此圣人光大之德也。四，猛于用刑以除邪，虽曰刚直，岂光大之道乎？故《象》曰："未光也。"

六五，噬乾肉，得黄金。贞厉，无咎。《象》曰：贞厉无咎，位得当也。

郭氏兼山曰：六五，听狱之道，可以明于刑之中，率乂于民，棐彝者也。尚且曰：贞厉无咎，何也？曾子曰：“哀矜勿喜。”孔子曰：“必也使无讼乎。”故六五之贞厉，仅得当而已。

项氏平甫曰：圣人之待强梗，其仁如此，而强梗之于圣人未必皆退听也。故又用艰贞之力以成其吉，操贞厉之心以免其咎。舜禹之待三苗，周公成王之待商民，其得此义也。夫人臣当九四之艰，故曰：遗大投艰于朕身。人主当六五之厉，故曰：邦之安危，惟兹殷士。

李氏西溪曰：九四以刚噬，六五以柔噬。以刚噬者，有司执法之公；以柔噬者，人君不忍之仁也。

谷氏家杰曰：四，先艰而后贞者。先以艰难存心，而后出入，罔不得其正。此狱未成之前，详审之法，人臣以执法为道也。五，先贞而后厉者。虽出入无不得正，而犹以危厉惕其心。此狱既成之后，钦恤之仁，人君以好生为德也。

谨案：五，居尊位，乘在上之势以刑下，犹必贞固而危惧，乃得无咎。盖狱成于三公，而上之一人宸衷断决，则从前犹有生之一路，此后惟有死之一途。至于生之不得，死之不忍，哀矜之念迫为惕厉矣。虞廷好生之德与夏禹之泣罪，周文之视民如伤，其揆一也。盖主威严峻必开臣工酷烈之风，君德宽仁斯养海宇和平之福。后世如唐大宗诏群臣，以五覆为允，亦几知此义矣。

上九，何校灭耳，凶。《象》曰：何校灭耳，聪不明也。

郭氏白云曰：小人不积小善，不去小恶，终至何校灭耳之凶，则其听之不明可知也。盖能明善恶安危之戒，必无是凶矣。

吕氏东莱曰：上九为恶之大，一至于此，为桀纣、为盗跖，皆以不能听人之言也。

赵氏汝梅曰：耳，固为上之象，然圣人姑喻其不聪，非如宋翔之弥尾青、来俊臣之定百脉之惨也。初已履校，上岂不闻，犹不知改，终陷于狱，非耳官不职而何？

谨案：朱子以初上无位为受刑之象，中四爻象为用刑之象。爻辞初言灭趾，《象》曰：不行也，上言灭耳，《象》曰不明也。盖初居卦下，始犯，故小惩之，校之使不得行，犹冀其悛改而不至于怙终也。上处卦终，穷极于凶而不自知，岂非无所见闻聋暗而不明者乎？故初尚无咎，而上则恶积而罪大矣。然则生当盛世，皆宜知法畏刑，谨始以毖其后患，虑终而改其前非。庶幾俗美风醇咸得并生于光天之下矣。

☶離下艮上

贲。亨。小利有攸往。

《彖》曰：贲，亨，柔来而文刚，故亨。分刚上而文柔，故小利有攸往，天文也。文明以止，人文也。观乎天文，以察时变，观乎人文，以化成天下。

郭氏兼山曰：观乎天文，则日中星鸟、宵中星虚而知东作西成之序，薄蚀之异，精祲之祥而知吉凶。水旱之变，则时变可知也。观乎人文，则君尊臣卑、父坐子立、兄先弟后、夫唱妇随。上行之以为教，下化之以成俗，则二南之道，《麟趾》、《驺虞》之应而化成可知矣。

王氏童溪曰：在昔观文之主，于唐虞成周见之，命羲和以授人时，在玑衡以齐七政。与夫致日致月以辨四时之序，则变之在时，岂有所隐？和万邦而黎民于变，敷五典而五典克从。与夫礼防乐防以合天地之化，则化之在天下，岂有所遗。曰焕乎有文，曰重华，曰文明，曰郁郁乎文。后世语贲文之盛，舍此焉属？

项氏平甫曰：古人之于文，不敢一日离也，其交也以礼，其合也以义，百拜而饮，三辞而受，六礼而婚，所以饰其情而养其耻也。荀子不知而以为伪，晏子不知而以为劳。战国之君以为迂阔，西晋之士以为鄙吝，独《易》以为此所以奉天命之变，成人伦之化，不可以一日无也。

王氏伯厚曰：《大畜》为学《贲》为文，能止健而后可以为学，文明以止而后可以为文，笃实而已。不以笃实为本，则学不足以成德，文不足以明理。

胡氏潜斋曰：君臣、父子、兄弟、夫妇、朋友，粲然有礼以相接者，文之明也。截然有分以相守者，文之止也。是则卦中离明而艮止者也。

梁氏孟敬曰：朝廷文之以仪制，宾主文之以礼貌，家人文之以伦序，官府文之以教令。推之事物，凡有质者，无不待于文也，文则无不亨也。

张氏振渊曰：柔来文刚，是当质胜之馀而以文济之。刚上文柔，是当文胜之后而以质救之，三者皆以质为主。

《象》曰：山下有火，贲。君子以明庶政，无敢折狱。

孙氏坦曰：居上而峻且明，则下病于太察，当照其本原。

朱子曰：明庶政，事之小。折狱，事之大者。如今州县治狱，禁勘审覆，自有许多节次。过乎此而不决，便是留狱，不及乎此而决，便是敢于折狱。《书》云：要囚至于旬时，他自是有许多时口，此一段与《周礼·秋官》同意。

项氏平甫曰：用文以修明庶政，则周之礼乐庶事备也，不亦可乎？用文以折狱，则张汤、杜、周贤于皋陶矣，岂所以求民情哉？

何氏楷曰：《吕刑》曰："非佞折狱，惟良折狱。苟恃其明察，而缘饰以没其情，民且有含冤矣。"故言刻核者曰深文，言锻炼者曰文致。法曰文纲，弄法曰舞文。治狱之多冤，未有不起于文者，此皆敢心误之也。

谨案：《丰》象曰折狱，《旅》象曰不留狱。盖断狱者，贵其能折，尤不可以稽延。圣门许子路以片言折狱，即折而不留之义。而《贲》之象又曰：无敢折狱，不几以迟疑启淹滞之弊乎？顾狱情不一，疑窦恒多，必详审覆勘者，深恐爰书一定，死者不可复生矣。非若武健严酷之吏，自恃明察，敢于断折也，故折狱不留者，君子之矜，恤民情也。无敢折狱者，君子之慎，重民命也，二者固并行而不相悖。

初九，贲其趾，舍车而徒。《象》曰：舍车而徒，义弗胜也。

刘氏长民曰：居下无位，乘则僭矣，素贫贱，行乎贫贱，行而宜之之义也。

杨氏龟山曰：轩车不容巷，子贡以为愧，仁义之慝，舆马之饰，原宪不为也，此舍车而徒之义欤？

朱子曰：君子之取舍决于义而已。

胡氏五峰曰：季氏使闵子骞为费宰，闵子骞辞。王烈寓于辽东，公孙度欲以为吏，为商贾以自秽，乃免。

梁氏孟敬曰：人所为贵于轩冕者，尚贲饰而已，然有命焉而不致，则有吾身之富贵者在焉，而何羡于其外也？古之恬退者安步以当车，晚食以当肉，无罪以当贵，岂非贲趾舍车之义欤？

谨案：《记》曰：君子耆老不徒行，《语》曰：从大夫之后不可徒行，盖以优老而尚爵也。初居下位，贲趾舍车，《程传》以为守义，《本义》谓君子之取舍决于义而已。若后世富商大贾贵介华族，乘坚策肥，驰骋于九达之逵，五都之市，意气扬扬，皆不为贲初之义者也。

六二，贲其须。《象》曰：贲其须，与上兴也。

胡氏五峰曰：六二，文明，贲之主，其质阴柔，随质之善恶而贲之耳，故不能变其质也。如叔孙通制礼仪，因汉高所能行者而已。

蒋氏悌生曰：须于人身，无损益于躯体，但可为仪表之饰。周旋揖让，进退低昂，皆随面貌而动，使人仪举者文采容止可观，故《象》曰：与上兴也。

九三，贲如，濡如，永贞吉。《象》曰：永贞之吉，终莫之陵也。

朱氏汉上曰：富商之财，足以金玉其车文错其服。而木楗苇藩过于朝而不歉者，知礼法之不可以干也。苟失其正，乘其间者有竞心焉，安能自免于陵轹乎？

胡氏五峰曰：三处文明之极，阴阳交合，情文悦怿，贲之盛也。如舜得十六相，文王得四友，汉高得三杰，光武得二十八将，唐太宗得房杜王魏，君臣相辅，光被天下后世，而膏泽下于民。贲如，濡如也。方世之乱，英雄角逐，君择臣，臣择君，皆以情义意气相从耳。苟不长守正固，而继之以疑阻猜嫌，则君臣必不相保，未有能终者也，安得吉？如陈灵之杀泄治，赵迁之杀李牧，袁绍之杀田丰是也，终为人所陵辱矣。

吕氏东莱曰：文士虽为人所爱，而亦为人所薄，若唐之王、杨、卢、骆。虽有文采，终为人薄者，以不正故也。若孔孟，非不文也，后人莫不肃然起敬者，以其永正也。六经之文亦然。

项氏平甫曰：三居离之极，文盛而溢，故为濡如暗弱者居之，则文献日亡，国势日削。九三刚正有馀，但能守文不失，则人莫敢陵。周鲁之亡，非文之罪，不能守，其文之罪也。故以永贞劝之。

六四，贲如，皤如，白马翰如，匪寇婚媾。《象》曰：六四当位，疑也。匪寇婚媾，终无尤也。

张氏紫岩曰：四，近臣洁白，其德以自守且气之清者为贤，贤德以清洁为本。孔子曰："清明在躬，志气如神。"贲之交饰尤恶夫德浊而伪，故四有皤如白马象。若上九曰贲，德大成矣。

朱子曰：人白则马亦白，言无饰之象如此。

六五，贲于邱园，束帛戋戋。吝，终吉。《象》曰：六五之吉，有喜也。

胡氏安定曰：邱园，敦实之地。使天下知务农重穀之事，则国用丰阜，又当吝啬节用，故终获吉。

胡氏五峰曰：德宗陆贽。

朱子曰：五居尊位，如此务农尚俭，便似吝啬。如卫文公、汉文帝，虽是吝却终吉，此在《贲》卦有反本之意。戋戋，浅小之意。

王氏童溪曰：汉至文帝，贾生上书，有定经制之请，则贲饰之道也。而帝则谦逊，未遑然开籍亲耕，皇后躬桑，劝农之诏，无岁无之，敦本之风既行，而殷富之效乃见，则贲六五之吉，文帝以之。

赵氏汝梅曰：人文明盛之时，隐约穷居者易于厌弃。五，能贲之庶几，立懦廉贪，返华为朴，以化成天下。始虽吝，终则吉也。贲饰褒显之恩，或施于嬖幸，国事岂不可忧？今邱园之贲，宜有足喜者。

上九，白贲无咎。《象》曰：白贲无咎，上得志也。

郭氏兼山曰：《杂卦》曰：“贲，无色也。孔子从先进。”又曰：“文质彬彬，然后君子。”圣人之尚质，自然之质也。圣人之尚文，当文之文也。故曰：忠信，礼之质也。义礼，礼之文也。苟无忠信，不可以虚拘者，此也。

郭氏白云曰：大哉，白贲之义也，立德之始也，治天下之本也。以天下言之，忠之弊救以质。质之弊救以文。文之不已，其弊塞矣。大者骄奢淫佚于其上，小者放辟邪侈于其下，是岂圣人之教哉？知白贲之道，则救塞以忠。于此，继周虽百世可知。此三代之治，可以复也。不然则君臣上下沉湎淫佚，卿士师师非度，从流忘返，尚何化成天下之有哉？故《彖》曰：文明以止。所以止其初。上九言：“白贲，无咎。”所以复其终，其义一也。

朱氏汉上曰：五色本于素，五味本于淡，五声本于虚。质者，文之本。上九变动而反本，则文何由胜？咎何由有？我得志矣，故曰：大礼必简，至敬无文。

王氏童溪曰：古者非不知酒醴之美，而元酒明水之尚；非不知黼黻文绣之美，而疏布之尚；非不知莞簟之安，而蒲越藁秸之尚。先进之礼乐如此，曾何足以动荡人之侈心欤？贲极反本，饰，无过咎，上九之志，始得矣。

熊氏良辅曰：贲之取义，始则因天下之质而饰之以文，终则反天下之文而归之于质。

胡氏云峰曰：《履》，礼也，初素履，往无咎。《贲》，文也，终白贲，无咎。其反贲之文为履之素欤？

谨案：《序卦》曰："贲者饰也。"《杂卦》曰："贲，无色也。"上之爻辞曰：白贲，记有之白受采。白本无色，而饰之以采，白固居采之先也，犹有质而后有文，文固在质之后也。九居上无位，高洁其志，敛华敦素，反朴归淳。故尘视轩冕，芥视珠犀，此四皓所以终老而不臣，二疏所以辞荣而归里也。

易鉴卷十二

䷖坤下艮上

剥，不利有攸往

《彖》曰：剥，剥也，柔变刚也。不利有攸往，小人长也。顺而止之，观象也。君子尚消息盈虚，天行也。

伊川曰：群阴长盛，剥于一阳之时，众小人剥丧于君子，故不利有所往。惟当巽言晦迹，随时消息，以免小人之害也。

杨氏龟山曰：顺而止之，往斯害矣。东汉之君子不知出此引奸凶而授之柄，卒至俱伤两败，而国随以亡。盖有以取之也。

朱氏汉上曰：汉唐之季，小人道长，诸贤不能顺而止之，悉力以抗小人，是以无成功。王弼谓强亢激拂，触忤以殒身，身既倾焉，功又不就，非君子之所尚也。

张氏紫岩曰：致剥者小人，而所以致，则自人君之心。人君刚德既丧，安逸豫，尽声色，溺货贿，然后小人得以擅事于下。天下必将均受其祸。使君子视天下之祸而莫之恤，是岂仁人之用心哉？君子有顺止之道焉！钦修厥德，不与力争，以待其后是谓顺。

杨氏诚斋曰：不利有攸往，其遂听天下之自乱乎？盖观诸剥之象，坤顺艮止，止乱以顺，止小人亦以顺，故解党祸者陈实之临，延唐祚者方庆之对，皆顺而止之，非逆而激之也。此君子治剥之道矣。

王氏童溪曰：东汉之季阴小得志，贤人君子不知观剥之象，而尚夫消息盈虚之理，至使刊章逮捕，骈首受戮，而士类为之一空，其能不为危言激论而怨祸不及者，惟一郭泰。其能绝迹于梁砀之间，因树为屋，自同傭人者，惟一申屠蟠，故司马温公曰：天下有道，君子扬于王庭，以正小人之罪，而莫敢不服。天下无道，君子括囊不言，以避小人之祸，而犹或不免党人。生昏乱之世，而欲以口舌救之，撩虺蛇之头，践虎狼之尾，以至身被淫刑，祸及朋友，士类歼灭，国随以亡，不亦悲乎！夫惟郭泰既明且哲，以保其身。申屠蟠见几而作，不俟终日，卓乎其不可及矣！

赵氏汝梅曰：顺而止之，非姑息也，非养奸也。一阳无恙来复于是而基焉。不然，并与一阳而剥之，君子之道不幾于熄乎！

陈氏友文曰：《夬》象曰：刚决柔，而《剥》象曰：柔变刚，何也？君子之去小人，声其罪，与天下共弃之，名正言顺，故曰：决，小人之欲去君子，辞不顺，理不直，必萋菲浸润以侵蚀之。故曰：变一字之间，君子小人之情状皦然矣！

《象》曰：山附于地，剥。上以厚下安宅。

刘氏长民曰：山以地为基，厚其地则山保其高。君以民为本，厚其下则君安于上。

王氏介甫曰：《行苇》之诗可谓厚下。上不见剥，可以安宅。

赵氏汝梅曰：凡为人上者，能厚下则可以安宅。世之剥下以厚己，方侈然人上，以为有泰山之安，不知积怨稔衅。君子视之，其危甚于泰山之压，是剥人袛以自剥耳。

初六，剥床以足，蔑贞凶。《象》曰：剥床以足，以灭下也。

陆氏曰：譬下吏剥国政令，民失所安，遂能害政。

刘氏纬曰：乱世小民蔑无君上之教化，如纣之民，比屋可诛。

六二，剥床以辨，蔑贞凶。《象》曰：剥床以辨，未有与也。

郭氏白云曰：天下之患，未有不自小至大，自微至著，苟不辨之于早，鲜不至于凶者。

张氏紫岩曰：民病则国危，为上者何以安处甚哉！小人进用于时，上下不得安枕矣。人君甘于顺从而莫之悟，曾不念夫危难之及身，惜哉！蔑贞者，君子之道方消，而贞道不复明于天下，是可为痛心疾首也。

六三，剥之，无咎。《象》曰：剥之无咎，失上下也。

荀氏慈明曰：众皆剥阳，三独应上无剥害意，是以无咎。

伊川曰：群阴剥阳，众小人害君子。三虽从正，其势孤弱，所应在无位之地，安得吉也，其义为无咎耳。如东汉之吕强是也。

胡氏五峰曰：昔东汉吕强处阉官之中，独有爱君子忧宗社之心，虽身被杀，犹有令名，故无咎也。

胡氏云峰曰：《剥》之三即《复》之四，《复》六四不许以吉，《剥》六三许以无咎。曰：复，君子之事。明道不计功，不以吉许之可也。剥，小人之事。小人独知有君子不以无咎许之，无以开其补过之门也。

梁氏孟敬曰：众阴方剥阳，而三独与上为应，是小人中之君子也。如三者，虽得罪于私党，而见取于公论，其义无咎矣！而利害之私者奚较焉！

六四，剥床以肤，凶。《象》曰：剥床以肤，切近灾也。

崔氏曰：肤谓荐蓆。剥于大臣之象近身于君。

陆氏曰：床有茵蓆，犹国有近幸。用近寺剥政令，最为切近之灾。

张氏紫岩曰：近体为肤，剥至肤，身益不安矣。君人者惑小人一时顺说，不知为身害若此，重可叹也。四重阴不中而近君，小人之雄者欤？

沈氏守约曰：人之防患，常在于应接之际，危疑之时。至于处于安平，当向晦宴息之时，则必安肆自放，往往亡过防之虑。小人之害君子，亦必于其心逸体胖，思虑有所不及之时，以浸淫之术行其包藏之志，及其浸润之谮，肤受之愬已行，则剥道已成，无所及矣。故《剥卦》自初至四，皆以剥床为象。床，人所寝，处以为安者也。《易》曰：君子安其身而后动。又曰：身安然后国家可保也。始于剥床以足，浸及于肤，以及其身，则其凶可知也。盖由觉之不先，而辨之不早也。方众阴有剥阳之渐，而觉之不先，辨之不早，是何异寝于积薪之上，火未及然，而自以为安乎？非知幾之道也。

六五，贯鱼以宫人宠，无不利。《象》曰：以宫人宠，终无尤也。

陆氏曰：宦寺之属，宠以金帛，任以宫闱之事，不及政事，何有不利？

苏氏东坡曰：宠均则势分，分则害浅，岂以自安，亦以安人，故无不利。

伊川曰：不言剥而别设义，以开小人迁善之门。

杨氏龟山曰：言人君处剥之道也。鱼贯之，则其叙不乱，群阴顺承之象。先王嫔御之职，皆列于天官，太宰涖之，则燕好嬖暱之私，不得干其上矣。夫女子与小人之难养一也。先王所以处之无二道焉。使群阴顺承如鱼以宫人宠之，是亦顺而止之之道也。

若夫付之以心膂之寄，借之以威福之重，而遽绝之，则肘腋之变不可测，可不戒之哉！

朱氏汉上曰：古之进御于君者，望前先卑，望后先尊，尊卑迭为进退。五得尊位，下制众阴，若贯鱼。然咸顺于上，以宫人宠之厚其锡予不及以政，宠均则势分。不及以政则无权，小大相持乃可为也。

赵氏汝梅曰：成周之时，以时叙进于王所，九嫔掌之，叙于王之燕寝，女御掌之，阴礼有教，妇职有教，妇学有教，禁令政法，肃然有序，故险陂私谒不得行，而邦家乂安。今者群阴虽盛，以贯鱼者贯之，则骈首而不乱，以宠宫人者，宠之则不及政事，彼不能为吾害，而亦得自庇其身，无不利也。后世妃嫔与政巷职擅权，卒贻国家之祸，小人亦受诛夷，则无一而利。唐上官婉儿其尤也。

张氏振渊曰：《遁》，阴长而犹微，可制也，则告阳以制阴之道，曰："畜臣妾吉。"《剥》，阴长已极不可制矣，则教阴以从阳之道，曰："以宫人宠。"

谨案：诸家多以剥五不取君位，如《坤》、《遁》、《旅》诸卦，非人君之所处也。沈氏复斋《易说》谓六五有后妃之象，惟无欲而后可以得其助也。《周南·樛木》之诗序以为后妃能逮下而无嫉妒之心。孔疏谓以恩意接下，众妾使俱以进御。《召南·小星》之诗序以为夫人无妒忌之行，惠及贱妾，进御于君焉，皆贯鱼以宫人宠之象也。和以感和，顺以召顺，教起宫帏，化行境内，所由子孙蕃衍，国祚绵长匡稚圭，所谓万福之原，基于此矣，利莫大焉！何尤之有？后世之正位中宫者，可不以是为法哉？

上九，硕果不食，君子得舆，小人剥庐。《象》曰：君子得

舆，民所载也。小人剥庐，终不可用也。

明道曰：息训为生者，盖息则生矣。一事息则一事生，中无间断，硕果不食，则便为复也。

伊川曰：阴道盛极之时，其乱可知。乱极则自当思治，故众心愿载于君子。君子得舆也。诗《匪风》、《下泉》所以居变风之终也。

张氏紫岩曰：自古大乱之后，必有君子扶持振起之，人主之心复于道，则君子以类进剥可弭矣。剥所以致复者在人，故用君子则有生物而载之功，若舆之能载。用小则害物而天下各不得其所安，人主亦将无所寄其身于上，若人之有庐而剥之也。后之为君者，其慎用君子哉！

王氏童溪曰：君子存则小人安，君子去则小人祸。若飞廉、恶来、赵高、杨国忠之徒，终亦自取祸败尔。故曰：终不可用也。然则君子亦何负于小人，而小人亦何利于剥君子也。

朱子曰：惟君子乃能覆盖小人，小人必赖君子以保其身。今小人欲剥君子，则君子亡，而小人亦无所容其身，如自剥其庐也，且自古小人欲害君子，到害得尽后国破家亡，其小人曾有存活者否？

项氏平甫曰：天道岂能无小人？人道岂能无女子？但处置得宜，自无剥阳之祸矣。然此英主之事，非六五所能为也，圣人特著此，以开后世救剥之路耳。上九当剥之终，岿然独存，其吉凶皆不可料。天若祐晋，则为谢安之止桓温，而天下皆得所载。天不祐汉，则为王允之死于滩汜，而小人相随以俱亡。斯二者天也。故此一爻独无吉凶利否之，古圣人之意深矣。

谨案：果之中有核，核之中有仁，天地生生之心存焉。在人则为心，故孟子曰："仁，人心也。"古无不朽之树，而有相传之果；世无不死之人，而有常存之心。剥之时，世衰国乱，必有数君子生乎其间，或杀身以成仁，或求仁而得仁，身虽死而其心照千古。凛凛乎，其如生焉。迨至由剥而复，乱极复治之时，亦必赖君子为之。辅相裁成，此乾坤所以不毁，而生生之所以不息也。盖天生君子以仁天下，君子以天地之心为心，仁一身以及万民，故天下莫不愿载君子，而君子亦能在庇天下。彼小人者奈何不载君子，反欲害君子，而自失其所庇，致无容身之处也哉！

䷗震下坤上

复。亨。出入无疾，朋来无咎。反复其道，七日来复，利有攸往。

《彖》曰：复，亨。刚反，动而以顺行，是以出入无疾，朋来无咎。反复其道，七日来复，天行也。利有攸往，刚长也。复其见天地之心乎？

邵子曰：复次剥，明治生于乱乎？夬次姤，明乱生于治乎？时哉时哉，未有剥而不复，夬而不姤者。

伊川曰：若君子之道既消而复，岂能便胜于小人？必待其朋类渐盛，则能协力以胜之也。

朱子曰：当沈迷蔽锢之时，忽然一夕省觉，但是阳动。处齐宣王兴甲兵，危士臣，构怨于诸侯，可谓极矣，及其不忍觳觫，即是善端之萌。肯从这里做去，三王事业何患不到？圣人之心，天地之心也。故尧之不虐，舜之好生，禹之拯溺，汤之救民于水火，文王之视民如伤，皆是以天地之心为心也。

赵氏汝梅曰：复彖"动而以顺行"，盖初复之刚精锐勇往，况乎众刚朋来，动易决裂。剥之小人自觉气象日消，方潜谋阴计，为报复之图。倘君子逆理而行，则小人将伺隙而起，复之亨未可保也。

梁氏孟敬曰：以人事言之，一贤人在位而受小人之害，则其同列者皆当见幾而避害；一贤人方进而其志得行，则其在下者皆可汇进而获吉。阳既生矣，则朋类之来，夫何咎哉！

郑氏亨仲曰：七者，阳数。日者，阳物。故于阳长言七日。八者，阴数。月者，阴物。临刚长以阴为戒，故曰八月。

《象》曰：雷在地中，复。先王以至日闭关，商旅不行，后不省方。

伊川曰：在人之一身亦然，当安静以养其微阳也。

朱子曰：月令是月也，斋戒掩身以待阴阳之所定。

初九，不远复，无祇悔，元吉。《象》曰：不远之复，以修身也。

张氏紫岩曰：复，自心始而用之于家国，于天下，故《复》诸爻皆取义于身。

刘氏屏山曰：学易者必有门户。复卦，易之门户也。入室必自户始，学易者必自复始。得是者，其惟颜子乎！不远复之义，盖本夫子尝以“复礼为仁”之说告之矣。

赵氏汝梅曰：人谁无过。惟觉之必早，闲之无缓，闲不容发，是之谓修身。如是贰过惮改，须臾不复，则理欲之闲有介然者，而性与习远矣。既远而复警悟，不惟悔吝且多，其用力亦难。

胡氏云峰曰：春秋公孙敖如京师，不至而复。公如晋，至河乃复，皆以不极其往为复。复善贵早，故易以不极其往者言之。故远而复必至于悔，未远而即复，所以不抵于悔。元吉，《本义》

云大喜，而吉是从事上说。一本作向善而吉，是从心上说，读者详焉。本心，呈露之初。

六二，休复，吉。《象》曰：休复之吉，以下仁也。

郭氏白云曰：不远之复，克已者也。克已复礼，仁也。故六二之下初九，所以为下仁也。然古之修身者岂徒然哉，所以为齐家，治国，平天下之始。圣人之治天下，仁之而已。孟子所谓推恩保四海是也。夫欲仁天下，必先仁其身。是以《中庸》言修身以道，修道以仁，而复以初九修身，六二为下仁，不亦宜乎？

王氏童溪曰：求之孔门则曾子之于颜子是也，观其尝有言曰："昔者吾友尝从事于斯矣。"若曾子非能下仁，其能知斯人而友之乎？

李氏蒙斋曰：休即美也。二，虽阴爻，天资中正，切比于初，见初能复，以为美而乐从之，是能忘势而乐善也，故象谓之下。《书》曰："其心休休焉，其如有容焉。"解《书》者以休为乐善。六二休复，蹇叔以之。

谨案：六经言"仁"始于《商书》，孔门弟子乃无不以仁为问。《论语》记孔子论仁，凡五十有八章，仁字之见于《论语》者，凡百有五。其第九章则记子罕言仁。今观圣人之赞易也，卦、《彖传》、《大象传》、爻、《象传》幾数千言，而独于复之二言下仁，盖赞易之词非答问可比也，亦可见圣人罕言之故，盖不轻以仁许人也。故事功之仁惟许管仲，虽忠如楚令尹、清如陈文子，皆不知其仁。心性之仁独许颜子以不违。《系辞》于初九不远复，亦以颜氏为庶幾焉。诸家以二云下仁，为下于初，谓初为颜子而二为冉闵之徒也。

六三，频复，厉，无咎。《象》曰：频复之厉，义无咎也。

伊川曰：圣人开迁善之道，与其复而危其屡失。频复频失虽为危道，然复善之义则无咎也。

郭氏兼山曰：惟君子能久其道，其馀则日月至焉而已。是以子夏之徒出见纷华盛丽而悦，人闻夫子之道而乐。与夫回之为人，拳拳服膺而弗失之者，固有间矣。

朱氏汉上曰：六三，困而学之者也。叔孙病不能相礼退而学礼之爻乎。

六四，中行独复。《象》曰：中行独复，以从道也。

郭氏白云曰：居四阴之中，独从初九之道而应焉，是以舍其类而独行其志者也。七十子于衰周之际，从夫子于洙泗之间，其是道与《剥》之六三，与《复》之六四反对，其义相类。故在《剥》则取其失上下以应乎阳，在《复》则取其独复以从道也。

王氏童溪曰：六四一爻远应初九，其在后世则扬子云所谓睎颜之人也。

赵氏汝梅曰：自昔人品惟中才为多，以其可上可下，好善好暴之殊，惟上之仪表是从。

缪氏昌期曰：复之所以为复，全在初爻。犹人之初念也，五阴皆复此而已，惟四在阴中有所专向，故发此义。

谨案：人性本善，其有善有不善者，习相远也。复者，复其性之本也。初之复在心，四之复在事。内外之分，中行则不惑于岐途。独复，则不假于旁贷，毅然复之而已。《象传》于初曰修身，四曰从道，道盖修身之事也。故《中庸》曰：修身以道。

六五，敦复，无悔。《象》曰：敦复无悔，中以自考也。

王氏介甫曰：能以中道自考，则动作不离于中。

项氏平甫曰：六五不取君义，以胡广赵戒之徒，厚重而中立为一世之望者。当之上六，则中常侍张逊之徒，以汉俱亡者也。

李氏蒙斋曰："'中以自考'，非自有降衷之性，不能成此德也。汉昭帝之明察足以当之。"

胡氏云峰曰：不远复者，善心之萌；敦复者，善行之固。故初九无祇悔，敦复则可无悔矣。不远复，入德之事也。敦复，其成德之事欤？

上六，迷复，凶。有灾眚。用行师，终有大败，以其国君凶，至于十年不克征。《象》曰：迷复之凶，反君道也。

石氏徂徕曰：桀、纣、幽、厉卒不省悟，至于亡国，反君道也。

伊川曰：人君居上而治众，当从天下之善，乃迷于复，反君之道也。非止人君，凡人迷于复者，皆反道而凶也。

张氏紫岩曰：远性故迷，迷则失德，而获罪于天人。德失于内，兵动于外，理必然也。秦皇、汉武之事可考矣。《谦》六五曰：利用侵伐，上六曰：利用行师。圣人用《谦》，道德必充，仁义必修，人才必得，政事必举，是以有征伐行师之利也。迷复则失其常性，好大喜功，其动必败，迷复而行师可乎哉？

沈氏守约曰：昔蔡侯之如晋也，郑伯使游吉如楚。及汉，楚人还之，曰："宋之盟，君实亲，辱今吾子来，寡君谓吾子姑还！吾将使驲奔问诸晋而以告。"太叔归，告子展曰："楚子将死矣！贪昧以逞其愿欲，久得乎？《周易》有之，在《复》之《颐》曰：'迷复，凶。'其楚子之谓乎？欲复其愿，而弃其本，复归无所，是谓迷复。能无凶乎？"

谨案：春秋左氏传：成十六年，晋楚遇于鄢陵。晋侯筮之，史曰吉。其卦遇《复》，曰："南国蹙，射其元王，中厥目，国蹙王伤，不败何待？"晋侯从之，及战，吕锜射共王，中目。杜氏注云：复，阳长之卦，阳气起，于南行推于阴，故曰南国蹙也。南国势蹙则离受其咎。离为诸侯，又为目。阳气激南，飞矢之象。沈氏《易小传》多引左氏占验，而此条集中未载，今补录之。

朱氏汉上曰：夫从天下之善，则改过不吝。举错当于人心，以此用众则师克，以此用国则民听。天祐人助，何凶之有？

杨氏诚斋曰：上六以阴柔小人之极，居亢满大臣之位，遂其奸而不改，迷于邪而不复，故凶于身，则天灾人眚之毕集，凶于而国则师败。君凶而不振，卢杞是也，害真卿沮怀光，天下皆以为奸邪，而德宗不觉，伐叛之师未反，而朱泚之变已作。奉天之围未解，而梁州之幸已严。自是而后，姑息之政行，而强藩之势成矣。至于元和，乃始克征，何啻十年而已乎？

赵氏汝梅曰：勾践栖于会稽，卧薪尝胆，出入必以败告，犹十年生聚，十年教训，而后足以沼吴而雪耻。倘大败而犹不悔艾，十年虽久，亦不克征。大哉复乎，不远而复，匹夫可以为圣；迷而不复，岁久而犹凶，百尔君子，可不监诸？

杨氏启新曰：心为天君，以其国君言，丧失其本心也。惟天君能役群动，而反以群动役，与心之道相背驰者也。

何氏楷曰：一心不能驭，众动徇物，必至丧天君也。

易鉴卷十三

☰☳震下乾上

无妄，元亨，利贞。其匪正有眚，不利有攸往。

《彖》曰：《无妄》，刚自外来而为主于内，动而健，刚中而应。大亨以正，天之道也。“其匪正有眚”，不利有攸往，无妄之往，何之矣？天命不祐，行矣哉？

伊川曰：动以天为无妄，动以人欲则妄矣。叔孙武叔之毁，乃无妄之疾也。

陈氏曰：世之无妄者，莫过耕稼之事。故六爻得失皆以取喻。

朱氏汉上曰：无妄，天理也。有妄，人欲也。人本无妄，因欲有妄。去其人欲，动静语默无非天理。如舜、禹之有天下，天下大物也，可妄而有乎，无非天也。

郑氏东谷曰：《诗》称文王伐崇，文王之心，天也。惟动以天，虽至于兴师动众，亦皆天也。使文王于天理之外而有毫发攸往之心，是岂为文王也哉？

朱子曰：无妄，实理自然之谓。《史记》作无望，谓无所期望而有得焉。其义亦通。无妄虽无邪心，苟不合正理，则妄也。时或以子路使门人为臣为证？曰：如鬻拳兵谏之类是也。或云，王荆公亦然。曰：温公忠厚，故称荆公无奸邪，只不晓事。看来荆公亦有邪心夹杂，他却将《周礼》来卖弄，有利便行之事。欲富国强兵，然后行礼义。不知未至富强，人心风俗已先坏了。

邱氏行可曰：惟其无妄，所以无望也。若其处心未免于妄，则无道。以致福而妄欲邀福，非所谓无望之福。有过以召灾而妄欲克灾，非所谓无望之灾。此皆未免容心于祸福间，非所谓无妄也。若真实无妄之人，则纯乎正理，祸福一付之天，而无苟得幸免之心也。

《象》曰：天下雷行，物与无妄。先王以茂对时育万物。

伊川曰：雷行于天下，发生万物，其所赋与洪纤高下各正其性命，无有差妄，物与无妄也。王者体天之道，养育人民以至昆虫草木，使各得其宜，乃对时育物之道也。

郭氏兼山曰：先王之仁被万物者，在对时而已。以正仲春平秩东作，以正仲秋平秩西成，烝民乃粒，万邦作乂。先王之政也。国君春田不围泽，大夫不掩群，士不取麛卵，则仁及于禽兽草木，黄落然后斧斤入山林，则仁及于草木，獭祭鱼然后渔人入泽梁，则仁及于鱼鼈。凡以对时育物而已。古之兴王莫不皆然，亦曰：则天之明，因地之利率之，无妄而已。

张氏紫岩曰：先王化育万物，一本于诚。用能安之、治之，无水旱疾疫之灾，无兵革寇盗之变，薄海内外各得其生，仁之所及远矣。盖天下之乱常生于利，心害之起于至微，而患成于至大。先王兢兢钦畏，顺天下之自然而因以治之，朝夕于大公至正之道，是以天下万物均得其生月令。盖祖述先王对时育物之意，而先王之仁政一出于诚，不独拘拘然举行其典文而已。

初九，无妄往，吉。《象》曰：无妄之往，得志也。

伊川曰：诚之于物无不动者，以之修身则身正，以之治事则事得其理，以之临民则人感而化，无所往而不得其志也。

张子曰：《易》所谓得志，圣贤获其愿欲也。得臣无家，尧之志也。升阶贞吉，舜之志也。

六二，不耕获，不菑畲，则利有攸往。《象》曰：不耕获，未富也。

陆氏曰：乘刚而动，则妄矣。居中履正，故以守先人之成绪者也。守成嗣德之世不及开基创业之才，故曰未富。

伊川曰：谓不首造其事，因其事理所当然。顺理应物，非妄也。或曰：圣人制作以利天下者，皆造端也，岂非妄乎？曰：圣人随时制作，合乎风气之宜，未尝先时而开之也。若不待时，则一圣人足以尽为矣。岂待累圣继作也？时乃事之端，圣人随时而为也。

朱子曰：因时顺理而无私意期望之心，言其无所为于前。无所冀于后也。富如非富天下之富，言非计其利而为之也。

赵氏汝梅曰："王猛曰：'吾辈耕之，君食之耶？'此可概见不耕获之义。"

梁氏孟敬曰：取象如是，亦设言以见无营度之心耳。以义推之，如圣人之无为，而治君子之不要人爵而人爵从之，皆是也。

何氏楷曰：人之有妄，在于期望。不力耕而即望其有获，不力菑而即望其成畲也。学者之除妄心而必有事焉，当如此矣。

谨案：耕而获，菑而畲，此用力得报，积勤有获，理之常也。乃获而不耕，畲而不菑，则是未耜而可观铚艾，勤敷菑不必修疆亩，惰农而望有秋，其可得乎？而顾曰：利有攸往，何哉？爻之取象，盖设言之以明君子之修为，去其妄心而已。无所希冀于后，并无所图谋于先，穷达时也，丰啬数也。素位而行，绝其位外之顾。淡泊而寡营，心逸之，所以日休也。此则不言所利而利莫大焉。彼世之皇皇终日者，程力而计其功，课勤而谋其利，妄念纷乘其心，亦已劳矣，何利之有？

六三，无妄之灾，或系之牛，行人之得，邑人之灾。《象》曰：行人得牛，邑人灾也。

关氏子明曰：无妄而灾者，灾也。有妄而灾，则其所也，非灾之也。运数适然非己自致，乃无妄之灾。

伊川曰：行人、邑人但言有得，则有失。妄得之得，失亦称之，固不足以为得也。人能知此，则不为妄动矣。

郭氏白云曰：自其小者言之，则得失一牛耳。由其大者言之，尧汤水旱皆无妄之灾也。于道何损焉？

郑氏东谷曰：所处不正，见理不明，徒知牛既系矣，必邑人得之。不知得之者，乃有行人也。卒之邑人乃灾以其妄也。吴谓胜齐晋可以图霸，而戕吴者不在齐晋，乃在于越。季孙谓颛臾：近费而固，以为子孙忧。夫岂知季孙之忧，乃在萧墙之内也？事之若此，甚众，举一二则可以类推矣。

杨氏诚斋曰：事固有不相及而相遭者，城门火，池鱼殃，鲁酒薄，邯郸围。此非无妄之灾乎？故仲尼被围以貌偶似阳虎，不疑偿金偶与亡金者同舍也。无妄而灾，可无愧矣。故灾至无愧者，圣贤君子之所能也。无妄免灾者，非圣贤君子之所能也。楚王出游，亡乌号之。弓左右请求之，王曰：楚王失弓，楚人得之。何必求？行人得牛，邑人灾也。有得则必有失，何足以为得乎？楚人失弓，楚人得之。有失则必有得，何足以为失乎？塞翁丧马，曰：焉知其非福？及其得马，又曰：焉知其非祸？塞翁之于得失，其有见于此乎？

朱子曰：无故而有灾，如行人牵牛以去，而居者反遭诘捕之扰也。

丰氏寅初曰：无故被诬者反己无怍，君子求其无妄而已。祸福听之于天，悉置度外也。

九四，可贞，无咎。《象》曰："可贞无咎"，固有之也。

朱氏汉上曰：妄始于欲，欲之为害，自一介取诸人，充之至于为盗。舜与蹠之分，其初甚微也。刚者能绝之，不以小害为无伤而不去也。

王氏童溪曰：正者，人之性也。非外铄我者，我固有之也。因其固有而不失之，故曰：可贞，无咎。

九五，无妄之疾，勿药有喜。《象》曰：无妄之药，不可试也。

孔氏颖达曰：尧汤之厄灾非己招，但顺时修德，勿须治理。必欲治之，则劳烦于下。若人无罪过，忽遭祸患，不须忧劳救护，亦恐反伤其性。

陆氏曰：所谓礼义不愆，何恤人言之谓也。

伊川曰：有喜谓疾自亡也。无妄之所谓疾者，谓若治之而不治，率之而不从，化之而不革，以妄而为无妄之疾。舜之有苗，周公之管蔡、孔子之叔孙、武叔是也。

沈氏守约曰：药攻有疾，彼不为疾，此自生疑，是以不可试也。此戒上疑下者也。当无妄之世，天子当阳，诸侯用命。本无强大之嫌，因疑隙而生间，无妄之疾也。苟人君不能慎察，因谗疾之间而轻于攻讨，则必有所伤矣。

王氏童溪曰：以商之高宗而说，犹有惟甲胄起戎，惟干戈省厥躬之戒，况后世好大喜功之主，代不乏人乎！盖有是疾而后试之以药，则药不为妄。无是疾而试之以药，则妄矣。汉武帝尝试是药矣，唐太宗尝试是药于高丽矣，皆无疾而药，而反以致惫者也。欲有喜得乎？曰：勿药。曰：不可试云者。盖所以深著后世人君之戒也！

胡氏云峰曰：文王羑里之囚，周公流言之变，不殄厥愠，亦不陨厥问。公孙硕肤，德音不瑕，文王、周公之疾，不药而自愈矣。

梁氏孟敬曰：天下之理，邪不胜正，妖不胜德。故虽有是疾，亦勿药而自愈矣。是又无妄之福也。

谨案：凡人之疾，多由于不能寡欲。饮食男女，生人之大欲也。甘、脆、肥、酞，命曰：腐肠之药。蛾眉、皓齿，命曰：伐性之斧。《史记·仓公传》所载，其为人也，好内，疾多不治，其明证也。盖疾不可为，虽和缓亦束手而无策。药亦何益之有哉？至无妄之疾，不过偶尔失调，其平日薄滋味固，啬其精神，讲之素矣，何必试药？且药之性不一，病之证各殊，以药治病，寒温攻补全在医者之善于施用。一失其宜，疾曷由愈？《周礼·医师》所掌，自失一以至于失四。古盖有之，况近世？岐黄不作，卢扁罕逢，良医少而庸医多，以其药杀人者，比比然矣！药其可轻试乎？谚云：有病不治，恒得中医，见于贾公彦《周礼疏》。医家谓：不病病而病药，见于赵氏汝梅《周易辑闻》。《鲁论·乡党》记孔子之言，药未达不敢尝。盖子之所慎者疾也。爻辞曰：勿药。勿者，禁止之辞。《象传》曰：不可试，亦深戒之辞也。世之养生、卫生者其知之。

上九，无妄行，有眚，无攸利。《象》曰：无妄之行，穷之灾也。

刘氏长民曰：乾过亢则反阴，故有穷之灾。

郑氏东谷曰：上九以乾之极居卦之终，穷其所行，灾自已致，其类乎秦皇之妄欤？

吕氏东莱曰：天理所在，损一毫则亏，增一毫则赘。无妄之诚，天理纯全，虽加一毫不可也。

龚氏焕曰：居无妄之极，不可有行。若不循理而动，则反妄矣。其有眚而不利也，宜哉？

☶乾下艮上

大畜，利贞，不家食，吉。利涉大川。

《彖》曰：《大畜》，刚健笃实，辉光日新。其德刚上而尚贤，能止健，大正也。"不家食，吉"，养贤也。"利涉大川"，应乎天也。

伊川曰：在人为学术道德，充积内乃所畜之大也。人之蕴畜宜得正道，故云：利贞。若夫异端偏学，畜至多而不正者固有矣。

游氏广平曰：小畜，仲山甫之于宣王是也。故诗人称之曰：衮职有阙，惟仲山甫补之。大畜，伊尹之于太甲是也。故高宗称之曰：先正保衡，作我先王，则补衮之阙，不足道也。夫人主之势，能擅生杀，可不谓健乎？非有大人之正德，孰能止之？昔之辨士，盖有能变乱名实而使其君虚心以听之，其术智亦足以畜其君矣！而君子恶之为其不正耳！此大畜所以言利贞也。

张氏紫岩曰：商高宗得傅说，置诸左右，而说为旁招俊，又列庶位，尚贤止健，高宗有焉。

郑氏东谷曰：畜有三义；以蕴畜言畜德也，以畜养言，畜贤也，以畜止言，畜健也。

杨氏诚斋曰：君之不善，曷能止之？有大人正己之德，而潜格其非心也。故袖中之鹜，耻魏征之见，苑中之游，畏韩休之闻，不然三归之卿，能禁六嬖之霸？贪赀之宰，能杜穷奢之主乎？

吕氏东莱曰：所畜者，大而不能正则反，为学者之害。所谓学而博者，言语足以动人，文章足以耸众，不正则反为害，故利于正。

项氏平甫曰：畜人、畜物皆不为大，畜贼、畜兵皆不为正。畜之大正者，畜贤、畜德而已。

赵氏汝梅曰：刚健之臣足以涉险济难。商高宗曰：若济巨川用汝作舟楫是也。上有养贤之君，而后诏爵诏禄，可以扬名当时，垂休后世，斯为吉也。不然上之养者非贤，下之求养者不以道，如此而食于王公，一旦身婴戮辱，何吉之有？

谨案：士君子当未遇时，槃涧寤歌，衡泌栖迟，饱乎仁义，不愿膏梁，家食致足，乐也。及朝廷悬爵禄以求贤，得时则驾，咏《缁衣》而授餐于馆，歌《鹿鸣》而燕乐于朝，养以大烹，共食天禄。此国家之盛典，亦臣子之宠荣也。然必量而后入，不以大言受小禄，亦不以小言受大禄，夫而后受禄不诬。非然者如《伐檀》之君子，取禾悬特，素食素飧，风人且刺之矣，安得为吉乎？

梁氏孟敬曰：畜之不正，则上之畜才也为小人之渊薮，下之畜学也为曲学之小道，圣人何取焉？

《象》曰：天在山中，大畜。君子以多识前言往行，以畜其德。

伊川曰：考迹以观其用，察言以求其心，识而得之，以畜成其德。

杨氏龟山曰：世之学者，欲以雕绘组织为工，夸多斗靡，以资见闻而已。欲摭其华，不茹其实，未尝畜德，亦乌用学为哉？

初九，有厉，利已。《象》曰："有厉，利已"，不犯灾也。

《子夏传》居而待命则利，往而违上则厉。

伊川曰：有危则宜已，不可犯灾难而行也。不度其势而进，有灾必矣。

游氏广平曰：贤者之畜君亦必有道焉。量而后入，信而后谏。不量而入则将至于失身，未信而谏则君必以为谤己，故初则有厉而利已。

九二，舆说輹。《象》曰："舆说輹"，中无尤也。

朱氏汉上曰：初刚正也，二刚中也，四五柔也。柔能畜刚，刚知其不可犯而安之，时也。夫气雄九军者，或屈于宾赞之仪。才盖一世者，或听于委裘之命。故曰：大畜，时也。

郑氏东谷曰：昔之有智勇者，惟椎钝朴鲁而不自用。其智勇者，能畜之以智勇，相角于胜负之中，偶则为二，参则为三，未有受其畜者。观刘项之得失可见矣。

九三，良马逐，利艰贞。曰《本义》曰当作日月之日。**闲舆卫，利有攸往。《象》曰："利有攸往"，上合志也。**

游氏广平曰：道合则从，不可则止者，中无尤之道也。

张氏紫岩曰：士君子以进为荣，而不知进之难。《大畜》初利已，二说輹，至三德业已隆。二阳从类，君子于是可有为矣。曰利艰贞，曰闲舆卫。兢兢勉勉，惧或失之。君子不忘自治，可为后世法也。

郭氏白云曰："利艰贞，闲舆卫"，盖惧有失焉。此《中庸》

始言戒慎恐惧，终言不愧屋漏之义。不然则汤之慄慄危惧，文王小心翼翼，《诗》、《书》何取焉？

朱氏汉上曰：夫恃应而不知备，锐时而不知戒，鲜不及矣！

六四：童牛之牿，元吉。《象》曰："六四，元吉"，有喜也。

伊川曰：大臣之任上畜止人君之邪心，下畜止天下之恶人。人之恶止于初则易，既盛而后禁则捍格而难胜。故上之恶既甚，则虽圣人救之，不能免违拂。下之恶既甚，则虽圣人治之，不能免刑戮。莫若止之于初，如童牛而加牿，则元吉矣。止于微小之前，不劳而无伤，故可喜也。

杨氏龟山曰：古之人君，前疑后丞，左辅右弼，居中无为，以守至正，其止之有素也。必待好恶之已形，嗜欲之已著，而始面折廷争，何知之晚也。成王翦桐之戏，以封唐叔，周公为之，将顺于其早，正救之于其小也。

朱子曰：制于未角之时，为力则易。《乐记》曰：禁于未发之谓豫。正此意也。

谨案：卦爻取象马、牛、豕，皆人家所畜者。取畜止之养也。良马之逐利于闲，童牛之牿防其渐，豮豕之牙绝其源。牛未角，曰童而牿之。朱子引《乐记》禁于未发之谓豫。王氏伯厚谓制官刑则具训蒙，士无彝酒则诰教小子，皆《易》牿童牛之意，亦引《乐记》之说，言禁之不可不豫也。

六五，豮豕之牙，吉。《象》曰：六五之吉，有庆也。

明道曰：不去其牙而豮其势则自善矣。治民者不止其争，而教之、让之，类是也。

伊川曰：六五，居君位，止畜天下之邪恶。夫以亿兆之众发其邪欲之心，欲力以制之，虽密法严刑不能胜也。君子法豮豕之义，则察其机，持其要塞，绝其本原，故不假刑法严峻，而恶自止也。且如止盗民，有欲心见利则动，苟不知教而近于饥寒，虽刑杀日施，其能胜亿兆利欲之心乎？圣人则知所以止之之道，不尚威刑而修政教，使之有农桑之业，知廉耻之道，虽赏之不窃矣。故止恶之道在知其本，得其要而已。不严刑于彼而修政于此，是犹患豕牙之利，不制其牙而豮其势也。

杨氏龟山曰：上古结绳而治，后世圣人易之以书契，除民讼之本也。群饮汝勿佚，尽执拘以归于周，予其杀，绝酒患之本也。申其义，去其害，是“豮豕之牙”之义也。

郭氏白云曰：童牛未尝失天性，无欲可去。大人不失其赤子之心，似之豕牙。盖已陷于人欲者求其放心之论似之。

张氏紫岩曰：五在君位，四实同德，而象皆取私欲不行。呜呼！欲之为害大矣。自天子、公卿、大夫、士、庶人以欲丧身、亡家、失国，若出一辙。盖私欲生则志意昏，志意昏则谗佞进，谗佞进则贤者远，害不肯止。故夫君臣所以自畜者，莫过夫力去私欲，而畜贤、畜天下之道，悉奉此。

王氏童溪曰：《书》之《吕刑》，惟敬五刑以成三德。一人有庆，兆民赖之。夫穆王言刑，而及于德，而曰：此一人之庆而兆民之所赖也。则六五之豮豕，去其势而驯其牙之效也。

赵氏汝梅曰：福威爵赏惟君制之。天下有冥顽梗化之人，要非纯柔之所能化，或至于强凌弱、众暴寡。六四之所可畜者，亦将不得其养矣。惟济以刚克，使强暴之，夫皆知平心养德养体之仁，周洽于四海矣。其为吉，岂不有庆乎？

蔡氏介夫曰：五不如四所处之易者，时不同也。四不如五所济之广者，位不同也。

上九，何天之衢，亨。《象》曰："何天之衢"，道大行也。

游氏广平曰：畜道之成贤路，自我而四达矣。故曰：何天之衢，亨。《象》曰：刚上而尚贤，则大畜之义主于上九也。崇俊良以列庶位，推毂贤路，使天下无家食之贤者，上九之任也。贤无家食，则道之大行，孰盛于此？

吕氏东莱曰：畜极则散，如伊尹乐尧舜之道。居畎亩之中，其畜可谓大矣。必佐汤以发其所蕴，是得时如天之衢也。故曰：道行得时，行道之谓也。

李氏蒙斋曰：上九为一卦之主，畜道也。成圣人之道，大行也。伊尹、周公足以当之。

胡氏云峰曰：随畜随发不足为大畜。惟畜之极而通，豁达无碍如天衢，然此不徒为仕者之占。《大学·章句》所谓用力之久，一旦豁然贯通者，亦是此意。多识前言往行，以畜其德者，以之可也。

谨案：胡氏以此爻不徒为仕者之占，而引《大象》多识前言往行以畜其德者，以之可也。盖《大畜》本言学术，四五两爻、牿牛豮豕，皆去私遏欲之象也。《彖传》所谓日新其德，亦学者之事。惟学不可以自足，自足则志满气盈，以前言往行为无益，师心自用，不能温故知新，安望豁达无碍，其道大行乎？此近日学者之大患也。不可不知。

易鉴卷十四

☶☳震下艮上

《颐》，贞吉，观颐，自求口实。

《彖》曰：《颐》，贞吉。养正则吉也。观颐，观其所养也。自求口实，观其自养也。天地养万物，圣人养贤以及万民。颐之时，大矣哉！

王氏逢曰：汤用伊尹，不仁者远，可以见其所养也。

伊川曰：圣人设卦推养之义，大至于天地养万物，圣人养贤以及万民，与人之养生、养形、养德、养人，皆颐养之道也。动息节宣以养生也，饮食衣服以养形也，威仪行义以养德也，推己及人以养人也。

张氏紫岩曰：颐以道德仁义之养为贞，率是道也。天下蒙福，孟子有养小体、大体之论，曰："饮食之人，则人贱之矣。谓其养小以失大也。"禹菲饮食，舜饭糗茹草，文王不遑暇食，夫子饭疏食饮水。圣人之养在道不在物。故不急急于小体之求，自养之道，圣人其尽之。圣人养贤，盖将正己而又有以正天下，不特使之家给人足而已。方将以中养不中，以才养不才，礼义之化洋溢宇宙，养贤及民，其道甚大。

王氏童溪曰：昔者乐正子从子敖之齐。孟子曰：徒哺啜也。穆公亟馈于子思，子思不受。曰：今而后知君之犬马畜伋，则君子之所养，其可不以正乎？昔汉文帝诏曰：吾百姓鳏寡孤独之人，或溺于死亡而莫之有忧，为民父母将何如？其议所以赈贷之？呜呼！文帝养万民者也，惜夫不知所以养也。孟子曰：尧舜之仁，不偏爱人，急亲贤也，是也。使其家赈而户贷之，则布帛酒肉之赐，今日之惠也，其如来日何？

朱子曰："观颐"，观其所养之道。如学圣贤之道，则为正黄老申韩，则为非凡见于修身行义者，皆是也。观其自养是所以养身之术，则饮食起居皆是也。

赵氏汝梅曰：圣人之于万民，岂能家与之粟而人与之衣？其急先务者亦曰：养贤而已。贤得其养，则仁恩自及于百姓矣。

雷氏西仲曰：舜养十六相而去四凶，所养正也。孟子以寡欲

养心，以直养气。又曰：万钟于我何加焉？自养之正也。

陈氏琛曰：集义以养其气，寡欲以养其心，守圣道而不溺于虚无，崇圣学而不流于术数，则所以养德者正矣。穷而不屑于嘑蹴，达而不至于素餐，不以贫贱饥渴害其心，不以声色臭味汩其性，则所以养身者正矣。

《象》曰：山下有雷，颐。君子以慎言语，节饮食。

《子夏传》言语者，祸福之幾，饮食者，康病之由。动止得其道，身乃安。

伊川曰：在身为言语、于天下则凡命令政教出于身者皆是也，慎之则必当而无失。在身为饮食，于天下则凡货财资用养于人者皆是也，节之则适宜而无伤。推养身之道养德、养天下，莫不然也。

朱子曰：谚有云："祸从口出，病从口入。"此语前辈曾用以解《颐》之象。

赵氏汝梅曰：言语饮食，人所不可废。然不谨则小以招祸，大以阶乱。不节则小以致疾，大以丧名。

初九，舍尔灵龟，观我朵颐，凶。《象》曰："观我朵颐"，亦不足贵也。

王氏辅嗣曰：夫安身莫若不競，修己莫若自保。守道则福至，求禄则辱来。居养贤之世，不能贞其所履而舍其灵龟之明兆，羡我朵颐而躁求，凶莫甚焉。

郭氏兼山曰：龟之所养也，内内以气为主。人之所养者，外外以食为主，故食气者寿，食味者夭。理固然也。然养气有三，下焉者强其气而已，若孟施舍之养勇是也。中焉者保其气，如庄子所谓吹嘘呼吸吐故纳新，彭祖寿考之所得也。上焉者充其气，若孟子所谓浩然之气，至大至刚，塞乎天地，此养正之大也。孟子言养其大者为大人，养其小者为小人，则朵颐口体之养，又何足为贵乎？

朱氏汉上曰：夫贵乎阳者，为其特立不屈于欲，故能无禄而富，无爵而贵。守道修己，淡然无营。今躁妄以求，无耻自辱，亦不足贵也。

谨案：龟熊咽气，不求养于外。至灵而至贵者也。朵颐则见食垂涎，动而求养，故《象传》言其不足贵也。夫人人有贵于己者，所以不愿人之膏粱也。若饮食之人养小以害大，则人贱之矣。乌乎！贵君子求诸己，谋道而不谋食，淡泊寡营，曾何宠禄之足以扰其心哉？世之人观颐初之戒，无自丧其良贵焉，可也。

六二，颠颐，拂经于邱颐，征凶。《象》曰：六二征凶，行失类也。

伊川曰：女不能自处，必从男。阴不能独立，必从阳。二阴柔不能自养，待养于人者也。天子养天下，诸侯养一国。臣食君上之禄，民赖其司牧之养，皆上养下，理之正也。二既不能自养，必求养于刚阳。若反下求于初，则云颠倒。若求养于邱，则往也，必有凶。邱在外而高之物，谓上九也。今有人才不足以自养，见在上者势力足以养人，非其族类，妄行而求之。取辱，得凶，必矣。

六三，拂颐，贞凶，十年勿用，无攸利。《象》曰："十年勿用"，道大悖也。

刘氏长民曰：居明哲之朝，当禄贤之世，则上不可以邪进，位不可以妄处。违时悖德，凶其宜矣。

郭氏白云曰：《易》每以十年，然后反常，则人心一失必十年而后复，可不慎哉？

郑氏东谷曰："十年勿用，无攸利"戒之也。因其多欲妄动，示之以自反之理，作《易》之本意也。

王氏童溪曰：以诸葛孔明之智也，而失之魏延、杨仪。以魏郑公之贤也，而失之杜正伦、侯君集。小人之小，有才而不可用者，类皆如此。君子与之居相应之地，不亦过乎十数之终也。其曰"十年勿用"云者，深戒之辞也。

六四，颠颐，吉。虎视耽耽，其欲逐逐，无咎。《象》曰：颠颐之吉，上施光也。

伊川曰：夫居上位者，必有才德威望。为下民所尊畏，则事行而众心服从。若或下易其上，则政出而人违，刑施而怨起，轻于陵犯，乱之由也。六四，质本阴柔，赖人心济，故必养其威严。耽耽然如虎视，则能重其体貌，下不敢易，又从于人者，必有常。其欲谓所需用者，必逐逐相继而不乏，则其事可济。若取于人而无继，则困穷矣。既有威严，又所施不穷，故能无咎也。

游氏广平曰：六二行失类，六四则其志正矣。其位近君矣。官尊禄厚足以无求，而汲汲于应初。非好善忘势，又将与贤者共之，不能如此。若孟献子之家，有友五人焉者，近是。瞻视尊严，俨然人望而畏之，欲仁而得仁，则无恶于欲矣。谁能咎之哉？

李氏蒙斋曰：魏成食禄千钟，什九在外，故得卜子夏、田子方、段干木之贤。故曰：富观其与，上施光者，魏成有焉。尧舜犹下询于刍荛，周公犹躬吐哺，恐失天下之士，况其下者乎？此四、五颠颐拂经而皆吉也。

梁氏孟敬曰：世之人臣，固有在高位而才德不称者，然能咨诹善道，擢引贤良，使上赖其益，而下蒙其泽，亦可谓贤矣！

谨案：初四两爻以龟虎对言。天下之动物，自养于内者，莫如龟。求养于外者，莫如虎。龟能节欲，不拂民以从己之欲也。虎则有欲，其欲也，如得其民者，所欲与之聚之也。且龟，灵物也。故舍之则不足贵。虎，威物也。故自上施之则有光。

六五，拂经，居贞吉，不可涉大川，《象》曰：居贞之吉，顺以从上也。

伊川曰：以阴柔之才，虽倚赖刚贤能持循于平时，不可处艰难变故之际。故曰：不可涉大川也。以成王之才，不至甚柔弱也。当管蔡之乱，幾不保于周公。况其下者乎？故艰险之际非刚明之主不可恃也。发此义者，所以深戒。为君也，于上九则据。为臣致身尽忠之道言，故不同也。

游氏广平曰：不利涉大川，为五六之君言也。利涉大川，为上九之臣言也。使大臣之才，如上九足以养天下，而人主顺以从之。其蔑不济矣！此周公复政之后，成王所以四征不庭，制礼作乐，六服承德也。

项氏平甫曰：成王不疑周公，孝昭委任霍光，颐六五之贞也。成王、昭帝非济难之君。能济难者，周公、霍光也。

赵氏汝梅曰：大君志在养民，苟得天下之贤者，委以牧养之寄，何必尽出己哉？洪水未平，禹敷治之。艰食鲜食，益稷司之。舜为大圣，恭己南面而已矣。故舜为养贤以及万民，六五为顺贤以养万民。

上九，由颐，厉，吉。利涉大川。《象》曰："由颐，厉，吉"，大不庆也。

伊川曰：上九，以刚阳之才，居师傅之任。君赖之养天下，由之以养也，必常怀危厉，则吉也。如伊尹、周公，何尝不忧勤兢畏，故得终吉。身当天下大任，宜竭其才力，济天下之艰危，成天下之治安。故曰：利涉大川。得君如此之尊，受任如此之重，不济艰危，何足称委任而谓之贤乎？当尽诚竭力而不顾虑，然惕厉则不可忘也。

郭氏白云曰：大有庆者，天下得其所养也。禹、稷己溺已饥，伊尹思天下被尧舜之泽，周公思兼三王以施四事。由颐之道。盖自任天下之重者，如禹、稷、伊、周为能尽之。

梁氏孟敬曰：六五之君，不能养天下而权由于上九。若养之以正，则伊尹、周公也。养之不正，则徐偃、田常也。其可不慎乎？曰："厉，吉"者戒以惕厉，则吉也。圣贤出而任天下之责，德泽出于己而上下不疑焉，亦处之以惕厉而已矣。

吴氏敬斋曰：养之为道，以养人为公，养己为私。自养之道。以养德为大，养体为小。艮三爻皆养人者，震三爻皆养己者也。初二、三皆自养口体，私而小者也。四五、上皆养其德以养人，公而大者也。公而大者吉，得颐之正也。私而小者凶，失颐之贞也。可不观颐而自求其正耶？

☱☴巽下兑上

《大过》栋桡，利有攸往。亨。

《彖》曰：大过，大者过也。“栋桡”本末弱也。刚过而中，巽而说，行。“利有攸往。”乃亨。大过之时，大矣哉。

邵子曰：《大过》，本末弱也，必有大德大位，然后可救。故常分有可过者，有不可过者，有大德大位可过者也。伊周其人也，不可惧也，有大德无大位，不可过也。孔孟其人也，不可闷也。大哉位乎？待才用之宅也。

伊川曰：所谓大过者，常事之大者耳，非有过于理也。惟其大，故不常见。以其比常所见大，故谓之大过。如尧舜之禅让，汤武之放伐，皆犹是也。如立非常之大事，兴不世之大功，成绝俗之大德，皆大过之事也。

杨氏龟山曰：尧、舜、禹三圣之相授而讴歌讼狱，皆归之汤武之用师，东征西怨，南征北怨，箪食壶浆以迎王师。故能成大功，非巽而说，行何以有此？反是则子之之逊，白公之争耳，何亨之有哉？

张氏紫岩曰：周公遭变，孔子辙环，势不得已。故大过以攸往亨。巽而说行用利往于大过时，东汉之季，刚过有馀。巽说不足，事穷势激，卒肇大祸，其事可鉴。

朱子曰：大过之事，圣人极是不得已处，且如尧舜之有朱均，岂不欲多择贤辅以立其子？汤武之于桀纣，岂不欲使之悔过自省？然理到这里做不得，只得如此，皆是事之不得已处。故虽过乎事，而不过乎理。

《象》曰：泽灭木，《大过》。君子以独立不惧，遁世无闷。

伊川曰："天下非之而不顾，独立不惧也。举世不见知而不悔，遁世无闷也。"

郭氏白云曰：君子于大过之时，或进而大有为，或退则穷处而已。禹之治水，伊尹之相汤，皆大过之事，可谓独立不惧者。孔子反鲁，而删《诗》、《书》、系、《周易》作《春秋》。颜子人不堪其忧，而不改其乐，亦皆大过之事，可谓遁世无闷者。若接舆、荷蓧、沮溺，皆非遁世之士也。遁世无闷幾于潜龙之义，二者皆圣贤出处之大义。

赵氏汝梅曰：众处则安，独立则惧，得时则喜，遁世则闷，此人之情也。今而独立无与，必知识超世。虽朝廷不知，四国流言，东征之师，不少沮丧，隐约弗耀，必定力不渝。虽箪食瓢饮，人不能堪而舍之，则藏其乐不改。斯二者皆圣贤之卓行，惟才德大过于人者能之。若小过之事，则中材畏谨者所可为也。

初六，借用白茅，无咎。《象》曰："借用白茅"，柔在下也。

胡氏安定曰：大过之时，其事至重功业至大，尤不可易于有为。苟于事始慎之如此，则可以立天下之大功，兴天下之大利，又何咎之有？

伊川曰：人之过于敬慎，为之非难，而可以保其安而无过。苟能慎斯道，推而行之于事，其无所失矣。

郭氏兼山曰：大人之过也，过于厚。小人之过也，过于薄。借用白茅，厚之至也。

杨氏诚斋曰：君子当大过之世，而在下柔以顺承，洁以自淑而已。郭林宗曰：大厦将倾，非一木之支。不忤群小。独免党祸，故无咎。

赵氏玉泉曰：当过时而阴居巽下。是以过慎之心，任事谨始慎终，无所不至，如物措于地，又借之以白茅。如是则视天下无可忽之事者，举天下无不可为之事。身无过动，行无败谋，何咎之有？

九二，枯杨生稊，老夫得其女妻，无不利。《象》曰老夫女妻，过以相与也。

孔氏颖达曰：老夫得少而更壮，女妻得老则益长。

伊川曰：老夫之说少女，少女之顺老夫，其相与过于常分。谨案：婚姻之正，阴阳宜相配偶。咸兑上艮下，少男少女，男女交感之情也。恒震上巽下，长男长女，夫妇居室之道也。今《大过》之《象》九二，老夫得其女妻，未嫁曰女，是以再娶之夫而得未嫁之女。而爻词曰："无不利。"九五，老妇得其士夫，男未娶曰士。是以已嫁之妇而得未娶之男也。而《象传》曰：亦可丑。阴错阳差，而占辞之休咎各异，何哉？苏氏东坡释九二以夫老而妻少则妻悍而夫恭，固是俗情之常，然而何利之有？至以君臣取象，谓君骄而臣不骄，殊与卦义不合。程朱皆以女妻犹能成生育之功，老妇岂能生育？诚有合于生稊生华之爻象也。

张氏紫岩曰：英才遇合而后化育之功成。人臣排大难建大功，非得天下英才与之共事，则无以存国之亡，复民之生。在《大过》时必得九二之臣援初六而进之，始可有为。

杨氏诚斋曰：九二下比于初，此大臣之能下士而得助者也。持是道以当大厦将颠之世，则废可与，衰可扶矣。木枯而根生，废可兴也。身老而妻壮，衰可扶也。大厦何患于不起哉？故曰：

无不利。萧何必荐韩信，邓禹必荐寇恂。所谓大厦非一木之支，太平非一士之略也。

九三，栋桡，凶。《象》曰："栋桡"之凶，不可以有辅也。

伊川曰：夫居《大过》之时，兴大过之功，立大过之事，非刚柔得中取诸人以自辅则不能也。九三以过甚之刚，动则违于中和而拂于众心。安能当大过之任乎？故不胜其任。

杨氏龟山曰：夫大舜有大焉，以其善与人同也。过刚而不中，独立而无辅，不足以有其大矣。

王氏童溪曰：昔者周公负荷重任，其材固有大过人者。然吐哺握发以求天下之助，未敢以骄矜自处。岂如九三之以阳居阳，其刚过甚，以至如栋之桡，不可以支辅。孟子曰：一薛居州其如宋玉何？此之谓大厦之倾，非一木之所能支也。

项氏平甫曰：九三，庾亮之急也。九四，王导之宽也。

赵氏汝梅曰：三，既刚矣。而临之以九，是辅其刚也。魏明帝第知凌风台，楼观随风动摇，而不知作楼之初，秤平众材，咸得其平，乃扶以大木，楼即颓坏，辅之者之过也。

梁氏孟敬曰：以国家言之，此过盛而崩坏之时也。然圣人不委之时命，必有扶显持危之道焉。

九四，栋隆，吉；有它，吝。《象》曰："栋桡"之"吉"，不桡乎下也。

刘氏长民曰：四志惟存下，忽于奉上。隆其栋，务于高，则吉。

郑氏东谷曰：救过于其末者，不如救之于其本。《大过》之栋桡，由本末弱也。本末俱不可弱，然实以本为主。三所居不得位而应乎上，救其末于已过之后，故栋桡而不可有辅也。四居大臣之位而应乎初，救其本于未过之初，故栋隆而不桡乎下。其下不桡乎上，焉得而不隆？必戒以有它吝者。救其本者不可不一其心也。汉之季世，缙绅之祸，已成国家之势已。几于不支矣。李固陈仲举之徒，乃欲援之于末流纷纷之中。噫，亦晚矣！使当未大过之时，有大君子反而归之于正，祸岂如是之酷哉？

谨案：三曰栋桡，与鼎四折足覆悚同义，皆言用人之不当也。故《象传》曰：不可以有辅也。四曰栋隆，则巍然在上桢干之材，咸俯而在下，且莫不托栟宇而受其庇。盖大臣之位高任重，力能胜而量足以有容，宜其吉也。而犹兢兢然有它之吝者，盖一人倚重，百尔具瞻，一颦一笑，前后左右之窥伺者，因逢迎而开侥幸之窦。故宵小之徒，每即君子之所恃者中，君子是以端揆之地，不容有私人。从来大臣误国，因大臣之所用者而误大臣多矣。《象传》曰：栋隆之吉，不桡乎下也。桡乎下，斯不能隆于上。防其桡，斯可以保其隆。为大臣者，其可不警戒哉？

九五：枯杨生华，老妇得其士夫，无咎无誉。《象》曰："枯杨生华"，何可久也。"老妇士夫"，亦可丑也。

郭氏白云曰：九五不以君道责之，亦犹君道之无明夷也。曰：人君亦有大过如此者，其义何如？曰：人君大过如此，则九五休否之君也。

项氏平甫曰：《象》言"可丑"正解"无誉"二字。明居上位而中立者，不可自以无咎为能也。以此防民，后世犹有以长乐老自誉者。

上六：过涉灭顶，凶。无咎。《象》曰：过涉之凶，不可

咎也。

吕氏蓝田曰：涉虽不济，义不得已。“灭顶”取凶命，不可逃义命，合一并非咎也。

张氏紫岩曰：周公遭变，箕子奴，龙逄、比干死。圣人终不以凶而易，求仁得仁。奚咎彼荷蒉者，自谓深厉浅揭，不及于难，其于利泽天下之志，盖蔑如也。此岂圣贤之仁乎？

杨氏诚斋曰：水溢而过于涉者，不足以济川，徒没其顶。任重而过其才者，不足以济难，而徒灭其身。王衍、曹爽训注以之。

朱子曰：处过极之地，才弱不足以济，然行义为无咎。盖杀身成仁之事。东汉诸人不量浅深至杀身亡家，此是凶。然而其心何罪？故不可咎也。

项氏平甫曰：上六一爻则象所谓末弱者也。力不足以济难，而志存大义，故过于勇。如陈蕃、李膺之事，此亦大过。人之行虽灭顶，而不可咎也。

赵氏汝梅曰：大过之时，不顾危亡以求济时艰，身既殒矣。或有全躯保妻子之人，不原其心，从而追咎之。则人怀自利之心，背君卖国者，接踵而起矣。比干谏纣，志在存商，其死也，圣人以仁称之。仇牧、孔父志存其主，《春秋》特书之，以开志士死节之途，不可咎者，是亦无咎也。

易鉴卷十五

䷜坎下坎上

习坎，有孚维心，亨，行有尚。

《彖》曰：习坎，重险也。水流而不盈。行险而不失其信。维心亨，乃以刚中也。行有尚，往有功也。天险，不可升也。地险、山川邱陵也。王公设险，以守其国。险之时用大矣哉。

邵子曰：中正行险，往且有功。虽危，无咎。能自信故也。伊尹以之，使伊尹避放君之名。岂不曰忠，则天下之事去，又安能正嗣君，成终始之大忠乎？若委寄于匪人，三年之间其如嗣君，何则天下之事亦去矣！《坎》，有孚维心，亨，不亦近乎？

张子曰：色以离见，声以震闻，臭以巽知，味以坎达。

伊川曰：至诚可以通金石，蹈水火，何险难之，不可亨也。尊卑之辨，贵贱之分，明等威，异物采，凡所以杜绝陵僭，限隔上下者，皆体险之用也。

谨案：《坎》，险也。《彖传》推之于天地王公，尽三极之理以见险之时用大矣。天险不止于高山大川也，地险不止于高城深池也，在乎王公之所设何如耳。体天险则神道设教而天下服用，地险则宅都以势而建国安，凡纪纲法度，人所不能逾者，皆所以法天地也，不徒恃城郭关隘以守其国而已。故孟子曰：域民不以封疆之界，固国不以山溪之险，威天下不以兵革之利。

苏氏东坡曰：方者可斫以为员，曲者可矫以为直。常形不可恃以为信也。水无常形，因物以为形，天下之信未有如水者也。

郑氏东谷曰：服习、温习皆有重义。水虽至险而习乎水者，虽出入乎水而不能溺，然则习乎水者斯能无入而不自得也。舜、禹、汤、文，皆未免乎险难，惟其习于此，是以能安于此。圣人加坎以习忧患之心，与仁天下后世之心，可想而见矣。

陈氏曰：法制兵刑之事，不得已而用之。圣人慎其事，故加“习”字。

吕氏东莱曰：此心苟诚，则赴汤蹈火无有龃龉。一不诚焉，则出言吐气亦不成伦理。如李广之射入石、唐之番人能水行三十里不噎。又如心风人力倍常时与被火之人，窜身烟火之中而能保全者，是其诚一之所致也。坎，陷也。阳居阴中则无陷离丽也。阴居阳中则为丽是知。小人犹可依附君子，君子于小人群众中决无容身之地。

赵氏汝梅曰：凡人按节行辔于康庄之涂，则进止有度，不爽其常。及驱车于峻坂陵谷之间，则步骤扰乱，疾徐无章。所贵维此心以求亨耳。二、五，刚中刚，故不耆于险中，故无诡遇谲诈之患。是可以行险矣。

章氏潢曰：六十四卦，独于《坎》指出心以示人，可见心在身中真如一阳陷于二阴之内，所谓道心维微者，此也。

《象》曰：水洊至，习坎。君子以常德行，习教事。

司马温公曰：水之流也，习而不已，以成大川。人之学也，习而不止，以成大贤。故君子以常德行，习教事。

郭氏兼山曰：圣人制为刑法以治其小，陈其甲兵以防其大。有廉陛之峻以象天，有封疆之固以象地。故常德行以立事也，习教事以制变也。黄帝垂衣裳而天下治，七十二战而蚩尤灭，用此道也。

王氏童溪曰：坎者，水之科也。水洊至，为习坎之象。此孟子所谓盈科而后进也。君子德行贵其有常，教事贵于习熟，此不舍昼夜之功也。

朱子曰：治己治人皆必重习，然后熟而安之。

初六，习坎、入于坎窞，凶。《象》曰："习坎入坎"，失道凶也。

干氏曰：百川流于地中，水之正也。及其泛溢平地而入于坎窞，是失道也。刑狱不平而入于枉滥之象。

张氏紫岩曰：阴居重坎，下迷不知，复以习于恶。故凶。失正道也。小人行险以侥幸，初六之谓。

朱氏汉上曰：此何异学泅者，不知与波俱出，而溺死者乎？

九二：坎有险，求小得。《象》曰："求小得"，未出中也。

伊川曰：君子处险难而能自保者，刚中而已。刚则才足自卫，中则动不失宜。

郭氏白云曰：求小得，不过如明哲保身而已。异乎小人之求之也。

陈氏仁锡曰：求其小，不求其大，原不在大也。涓涓不已，流为江河，如掘地得泉，不待溢出外然后为流水也。

六三，来之坎，坎险且枕，入于坎窞，勿用。《象》曰："来之坎坎"，终无功也。

伊川曰：险者，人之欲出也。必得其道乃能去之，求去而失其道，益困穷耳。

张氏紫岩曰：小人徇私挟数，专志利己，动无非险。人君不可不辨，曰勿用深，疾之之辞。

李氏蒙斋曰：杨氏曰“孟子所谓安其危而利其菑，乐其所以亡者。安往而不入于坎，以此涉险，终无功也。”

六四：樽酒，簋贰，用缶，纳约自牖，终无咎。《象》曰：“樽，酒簋贰”则柔际也。

伊川曰：六四在高位，故言为臣处险之道。大臣当险难之时，惟至诚见信于君，其交固而不可间，又能开明君心，则可保无咎矣。自古能谏其君者，未有不因其所明者也。故讦直强劲者，率多取忤；而温厚明粹者，其说多行。张良之于汉高祖，左师触詟之于赵太后是也。非惟告其君如此，为教者亦然。从其心之所明而入，然后推及其馀。孟子所谓成德达材是也。

谨案：《语》曰信而后谏。盖人臣之道，必先恪恭笃实以取信于上，而其进言也，又宜委婉曲折以冀上之听。从故面折廷争，敢言无讳，忠也。即杀身成名，究无补于国，是陈善闭邪，立言有体，忠也。或谏行言听，可徐悟乎君心？自牖者，程子谓“室之暗”也。设牖以通明，欲纳约于君者，当自明处开悟之，而引古之善谏者为证。朱子谓不由户而自牖时，不可以直致也。亦即五谏中直谏而外，有讽谏、谲谏之类是也。二义相足而不相悖。

杨氏龟山曰：齐宣王好勇，孟子则以文武之事告之。好货色，则以公刘太王之事告之。皆曰：惟恐王之不好。盖逆闭其涂而拒绝之，则齐王进善之心熄矣。故孟子启其蔽，开其明，使通内外。庶乎其有见也。此“自牖”之义也。如此则知所以事君矣。

郭氏白云曰：苟有明信，涧溪沼沚之毛、蘋繁蕰藻之菜、筐筥锜釜之器、潢污行潦之水，可荐于鬼神，可羞于王公者，无他焉，交际之道以诚为主，故也。

张氏紫岩曰：汉留侯用坎之四，观夫绝栈之请、据鞍之对，借箸之决、蹑足之幾、偶语之警、布越之封，四隐之来，莫不因君心之明，徐感悟之。留侯诚且闻道，汉祖深知、信之、恃为心腹。得刚柔交际之义。

梁氏孟敬曰：臣之事君，能质实以取信，委曲以纳忠，以义言之，终无咎矣！然其济与否，则君之贤愚也，时之否泰也，吾惟能尽吾之诚心而已矣。

潘氏梦旂曰："樽酒簋贰用缶"与《损》之"二簋可用亨"同意，皆言不事多仪而尚诚实也。"纳约自牖"与《睽》之"遇主于巷"同意，皆言自间道而通于君也。

九五：坎不盈，祗既平，无咎。《象》曰：坎不盈，中未大也。

伊川曰：人君虽才，安能独济天下之险？居君位而不能致天下，出于险则为有咎，必祗既平，乃得无咎。险难之时，非君臣协力，其济乎？五之中未大，以无臣也。

张氏紫岩曰：《屯·九五》：屯其膏。圣人释之曰：施未光。《坎·九五》曰：坎不盈。圣人释之曰：中未大。盖方天下有事时，而欲兴其利除其害，非汲汲皇皇益太厥德无以克济。圣人为后世之劝者至矣。

上六：系用徽纆，置于丛棘。三岁不得，凶。《象》曰：上六失道，凶三岁也。

朱氏汉上曰：上六，无出险之才，处险极之时，如人陷于狴犴之中，坐而省过，虽上罪也，不过三岁得出矣。妄动求出，则陷之愈深，虽三岁，岂得出哉？

赵氏汝梅曰：小人闲居燕处，其志未尝不险，况居险极，是怙终之小人，为险者也。徽纆丛棘，在上者设之，以治小人之险，三岁而不得，出为险，而自蹈于险，罪弥大。故凶。弥甚也。翟义起兵诛莽，莽反以棘毒，葬其三族，倒置如此。

吴氏草庐曰：周官司圜收教罢民。能改者，上罪三年而舍，其不能改，而出圜土者，杀。三岁不得，其罪大而不能改者欤？

☲离下离上

《离》，利贞。亨，畜牝牛吉。

《彖》曰：离，丽也。日月丽乎天。百穀草木丽乎土。重明以丽乎正，乃化成天下，柔丽乎中正，故亨，足以"畜牝牛吉"也。

孔氏颖达曰：柔不处内，似妇人而预外事。若柔而不履中正，则为邪僻之行。内外俱强则失于猛害，内外俱顺则失于劣弱。

伊川曰：万物莫不有所丽，有形则有丽矣。在人则为所亲附之人，所由之道，所主之事，皆其所丽也。

王氏童溪曰：以唐人之君，多定策于刑馀。唐人之臣多失足于权幸者，失所丽也。曰："利贞亨"以言其贞则亨，不贞则不亨矣。

吕氏东莱曰：利贞，亨，吉。言人有所附丽，不可不附于正人，如孔子。微服而过宋，乃主司城贞子，则所附得其正，可知故必贞而亨。

吴氏敬斋曰：坎陷欲之类也。离炎忿之类也。坎惟心亨以刚中则不陷。离畜牝牛以中顺则不炎。

《象》曰：明两作，《离》。大人以继明照于四方。

伊川曰：大人以德言则圣，人以位言则王者。

郭氏兼山曰：尧曰放勋，舜曰重华。不害其为重明也。文王、武王宣重光奠丽不害其为继明也。尧舜君臣也，而并文武父子也，而继所遇之时异也。

项氏平甫曰：日，君象也。不容有两，故两作君，为大人继明之象。有前后之义，日继日，犹君继君，有天子诸侯嗣位之象。

徐氏在汉曰：继明者，无时不明也。照于四方者，无处不照也。惟其无时不明，所以无处不照。是之谓“明明德于天下”也。

初九：履错然，敬之，无咎。《象》曰：“履错”之“敬”，以辟咎也。

郭氏兼山曰：初九，文明之初，错然者也。不敬，何以行之？子入太庙，每事问，亦其意也。

朱氏汉上曰：荣辱安危系于所丽。君子处离之始，安其分、义守正而已。故无所丽，是以无咎。管宁逡巡于万乘之招，王丹偃蹇于三公之贵，以避咎乎？

杨氏诚斋曰：《离》，明之初，如火之始然，日之始旦。虽在下无位，文明之德已不可掩矣。非晦其明则众之所忌，咎之所集，惟敬以辟之也。夫子圣德彰而众忌兴，晏子子西之贤，然且疑之于陈蔡，大夫何诛？曰：圣则吾不能，则吾岂敢事君尽礼？为礼必敬，故匡人不能杀，桓魋不能害，不然何以辟咎哉？

冯氏时行曰：日方出，人夙兴之晨也。履错然，动之始也。于此始而加敬，则终必吉。祸福幾微，每萌于初动之时，故戒其初。

六二：黄离，元吉。《象》曰：“黄离元吉”，得中道也。

刘氏长明曰：离为火之焰，猛而易烬，九四是也。过盛则有衰竭之心，九三是也。惟二得中，离之元吉也。

伊川曰：以文明中正之德，上同文明中顺之君，是以元吉。

郭氏白云曰：黄为中之色，而德之至美者也。其美与《坤》六五相类。

九三：日昃之离，不鼓缶而歌，则大耋之嗟，凶。《象》曰：日昃之离，何可久也？

荀氏慈明曰：初为日出，二为日中，三为日昃。

胡氏安定曰：尧倦于勤，舜代之，故得免大耋之嗟。

伊川曰：盛必有衰，始必有终，常道也。达者则知其常理，乐天而已。此处死生之道也。求人以继其事，退处以休其身，安常处顺，何足以为凶也。

郭氏白云曰：圣贤之乐，亦岂鼓缶而歌哉？圣贤心与众人同，所以为乐则异，故接舆歌而过门，林类歌而拾穗，庄周之鼓盆，二子之临尸，狂荡不法。以极其矫枉之心，终不异于众人日昃之歌矣，盖未能安之者也，是以孔氏之门皆无有焉。

张氏紫岩曰：圣人戒夫人臣履高位，居晚节，不知虚心乐道，守志以正，而每戚戚其中，以自取祸败也。自古士君子之学贵知道，语曰：血气既衰，戒之在得。彼知道者，视生死为一致，况得失微事肯屑屑经意也哉？孔子发愤忘食，乐以忘忧，不知老之将至。孔子安有大耋之嗟哉！

梁氏孟敬曰：夫持满定倾，非中正之君子不能。三处日之夕而过刚不中，其志荒矣。其歌也，乐之失常也。其嗟也，哀之失常也。哀乐失常，能无凶乎？君子则思患之心与乐天之诚并行不悖，是固不暇于歌矣，而亦何至于嗟乎？

九四：突如，其来如，焚如，死如，弃如。《象》曰："突如，其来如"，无所容也。

房氏曰：戾太子之象。

伊川曰：九四，继明之初，故言继承之义。善继者，必有巽让之诚，顺承之道。若舜启然。今四突如其来，失善继之道也。

郭氏白云曰：九四近君，当慄慄危惧，如临深渊，可也。反肆其刚暴不能自制，速死之道也。古之君子于进也必有渐，是以有三揖而进，一辞而退之义，况居近君多惧之地者乎？

朱氏汉上曰：先儒谓古有焚刑，刑人之丧，不居兆域，不序昭穆，焚而弃之，祸极矣，凶不足言。

赵氏汝梅曰：周官掌戮，凡杀其亲者焚之。

吕氏东莱曰：人臣之继君，必如舜继尧，禹继舜，乃可无舜禹之心，即是莽卓。

六五：出涕沱若，戚嗟若，吉。《象》曰：六五之吉，离王公也。

伊川曰：六五之吉者，所丽得王公之正位也。据在上之势而明察事理，畏惧忧虞以持之，所以能吉也。

吕氏东莱曰：以柔顺文明之才居君之位，自可怡然燕处。然位虽高而理实危，水能载舟亦能覆舟，苟恃其尊则必底于败。故曰：抚我则后，虐我则讐，惟离之。六五能泣涕戚嗟而不敢安也。若《书》谓予临兆民，凛乎若朽索之驭六马焉，所以致吉。

雷氏曰："六五"，柔丽乎中正，非失道之主，而又有公侯之忠烈者附之，以顺讨逆，除其乱而吉矣。明帝用温峤、陶侃讨王敦，即此爻之义也。王公谓"王之三公"，指上九也。

胡氏云峰曰：九三，大耋之嗟，以死生为忧者，不当忧而忧，故凶。六五，戚嗟若，居君位而能忧者也，忧所当忧，故吉。

谨案：孟子曰“生于忧患”。张子西铭亦谓“忧戚玉汝于成”。自古圣贤未有不常怀忧惧、兢兢业业若陨深渊、蹈虎尾、涉春冰也。安不忘危，治不忘乱，保邦保家之道，莫外乎此。玩“六五”戚嗟之占，可知矣。

上九：王用出征，有嘉折首，获匪其丑，无咎。《象》曰：“王用出征”，以正邦也。

伊川曰：九刚明之极者，明则能照，刚则能断，能照足以察邪恶，能断足以行威刑。故王者宜用行，其征伐则有嘉美之功也。夫明极则无微不照，刚极则无所宽宥，不约之以中则伤于严察矣。去天下之恶，若尽究其渐染诖误，则何可胜诛？伤残亦甚矣！故止折取其魁首，所执获者非其丑类，则无残暴之咎矣！《书》曰：歼厥渠魁，协从罔治。

郭氏白云曰：折首，获匪其丑，明黩武之戒也。师盖不得已而用之，正邦故也。左氏曰：兵犹火也，弗戢将自焚也。《洪范》八政终之以师，亦圣人之深意。

郭氏白云曰：舜征有苗，启攻有扈，成王伐淮夷，皆非得已之师，用以正邦而已。正邦者，非利人民土地之师也。

吕氏东莱曰：上九一爻，正如成汤，天乃锡王勇智，表正万邦。以之出征，则东征西怨，南征北怨。其时简贤附势，实繁有徒，罪恶非不众，汤但放桀而已。《书》曰：迪简在王庭，有服在大僚，则其馀皆无罪。《象》曰：以正邦也。此亦表正万邦之义。

项氏平甫曰：六五，舜初继尧，让德不嗣。禹初继舜，稽首固辞之时也。上九，诛四，凶。征有苗之时也。嗣位之主固当以忧畏为先，然亦不可以不振也。有不服者则动而用其明，去其首恶，安其党与，则有正威定国之誉，而无反侧不安之咎矣！若察见其党，则人皆不安，咎孰大焉？

赵氏汝梅曰：兴师用武，非王者初政之所急，不幸而败。常干正之人，或能耸群听而紊国经，倘不加狝夷之威。是为昏庸懦弱之主，失继明之道矣。圣人犹惧有不令之王假爻辞以黩武者，故特以正邦许之。康王曰：张皇六师，无坏我高祖寡命是也。

胡氏云峰曰：坎为法律，故上六言用刑。离为戈兵，故上九言用兵。

谨案：征之为言正也，必不得已而战。诛其首恶，赦其协从，庶不至烈于猛火，玉石俱焚矣。有嘉非嘉，其胜敌之功，谓有明而仁恕之美，无咎者，亦谓其无贪而残暴之咎也。盖除暴所以安民，非如后世之妄动干戈，糜烂其民而战之也。玩《易》者其鉴之。

易鉴卷十六

下经

䷞艮下兑上

《咸》：亨。利贞。取女吉。

《彖》曰：《咸》，感也。柔上而刚下，二气感应以相与，止而说，男下女，是以“亨，利贞，取女吉”也。天地感，而万物化生。圣人感人心，而天下和平。观其所感，而天地万物之情可见矣。

孔氏颖达曰：六十四卦，旧分上下，《乾》、《坤》象天地，《咸》、《恒》明夫妇。《乾》、《坤》乃造化之本。夫妇实人伦之原。婚姻之义，男先求女，亲迎之礼，御轮三周，皆是男先下于女，然后女应于男。所以取女得吉也。

谨案：取女者，婚姻之始也。始之不慎，后悔不及矣。《蒙》三爻辞曰：“勿用取女，以不有其躬也。”《姤》卦辞曰：“勿用取女，以其壮”也，皆慎之于始也。而《咸》则曰：取女吉者，盖卦山下于泽艮，男下于兑女。山泽之气通男女之情感也。古婚礼自问名至亲迎，皆以男先下女也。六礼不备，与钻穴逾墙者何异？故初婚之礼，必以正而后吉也。且艮少男，兑少女，两少相感，其感最真。艮，止也。兑，说也。止则男之情专，说则女之情应。止而不说，则离。说而不止，则乱。亨而贞则止，而不至于固，说而不至于流，吉莫大焉。

伊川曰：凡君臣上下以至万物，皆有相感之道。君臣能相感，则君臣之道通。上下能相感，则上下之志通。以至父子、夫妇、亲戚、朋友，皆情意相感则和顺而亨通。相感之道，利在于正，不以正则入于恶矣。如夫妇之以淫姣，君臣之以媚说，上下之以邪僻，皆相感之不以正也。

邱氏富国曰：《咸》，二少相交者，夫妇之始也。所以论交感之情，故以男下女为象。男下于女，婚姻之道成矣。《恒》，二长相承者，夫妇之终也。所以论处家之道，故以男尊女卑为象。女下于男，居室之伦正矣。《损》，虽二少而男不下女，则感。感之义微益。虽二长而女居男上，则恒久之义悖。此下经所以不首《损》、《益》而首《咸》、《恒》与？

王氏伯厚曰：《咸》之感无心，感以虚也。《兑》之说无言，说以诚也。

胡氏云峰曰：上经《彖》辞不言女，下经《咸》取女吉。《家人》利女贞。《姤》勿用取女。《渐》女归，吉。多言婚娶之事，而首于《咸》见之。上经首《乾》，《彖传》言性。下经首《咸》，《彖传》言情。《复》之《彖》言天地之心，《咸》言人心。学《易》者于此当有辨矣。

《象》曰：山下有泽，《咸》。君子以虚受人。

王氏童溪曰：天下之人，不同智者，有谋材者，有技武者，有勇贤者，有德使不能，虚中无我，扩其容受之地，而或亢高绝物，则彼与吾何自而相为感通也？故君子以虚受人。

吕氏东莱曰：心不虚而中有私主。所主者，在官职，则山林之言不受。所主者在山林，则应世之言不受。惟无所主，故无不受。

初六：咸其拇。《象》曰："咸其拇"，志在外也。

伊川曰：人之相感，有浅深轻重之异。识其时势，则所处不失其宜矣。

胡氏云峰曰：《乾》，气化之始。六爻象龙气之变者不测。《咸》，形化之始，六爻象人身形之感者易滞。

蔡氏介夫曰：《本义》云：此卦虽主于感，然六爻皆宜静不宜动，此即以虚受人之理。《大传》曰：寂然不动，感而遂通天下之故。程子曰：廓然而大公，物来而顺应。周子所谓"主静"。朱子所谓"鉴空衡平"及先儒所谓"无心之感"者，皆谓此也。

六二：咸其腓，凶，居吉。《象》曰：虽"凶"，居吉，顺不害也。

王氏辅嗣曰：腓，体动躁者也。由躁故凶，居则吉矣。

伊川曰：先动求君则凶，居以自守则吉。

吕氏东莱曰：大抵君当求臣，臣不可先求君。上当求下，下不可先求上。贵贱之理亦如此焉。若不待求而先自动，则不能安分，谄谀冒进。惟能居守而不好动，则可以吉。

九三：咸其股，执其随，往吝。《象》曰："咸其股"，亦不处也。志在"随"人，所执下也。

刘氏长民曰：上不能安其身，下不能制其足，志在随人。执其随，仆厕之志也。

谨案：刘氏以"随"为"仆厕"。"仆"谓家仆。厕谓厕役。如隶卒随从之类，皆是也。世之居官者，莫不各有随人。其在外执役者，皂隶之属。其在内司事者，统名之曰：长随。狐假虎威，志且扬扬而自得。官愈尊者，势焰愈大。前明奸相严嵩，其家奴严年，朝士竞称之为“萼山先生”。廉耻丧尽，一至于此。爻词曰：往吝。固谓随人者，其志为可差，亦以戒。夫干谒权门者，夤缘家人为进身往见之阶，其羞吝更有甚焉者？

郭氏白云曰：君子于行止之间有道存焉。孔子可以止则止，至公山佛肸之召，欲往而不往，是以无“九三”执随之吝，有“六二”居中之吉也。

九四：贞吉，悔亡。憧憧往来，朋从尔思。《象》曰：“贞吉悔亡”未感害也。“憧憧往来”，未光大也。

司马温公曰：心苟倾焉，则物以其类应之。故喜则不见其可怒，怒则不见其可喜，爱则不见其可恶，恶则不见其可爱。

朱子曰：往来固是感应，憧憧是一心方欲感他，一心又欲他来应。如正其义便欲谋其利，明其道便欲计其功。又如赤子入井之时，此心方怵惕，要去救他，又欲他父母道我好，这便是憧憧。如霸者以私心感人，便要人应。王者周遍公溥，无所私系。王者之感，如王用三驱失前禽。去者不以为恩，获者不以为怨。如此方是公正无私心。父慈则感得子愈孝，子孝则感得父愈慈，其理亦只一般。

九五：咸得脢，无悔。《象》曰：“咸其脢”，志未也。

伊川曰：九居尊位，当以至诚感天下。偏私浅狭，非人君之道，岂能感天下乎？脢，背肉也。与心相背，而所不见者也。言能背其私心感非其所见，而说者则得人君感天下之正而无悔也。

吕氏东莱曰：大抵为学最要识向背。若任私心而行，私心所喜则感，不喜则不感。所见者感，所不见者不感。如此则所感浅狭，曷足为咸感之人君哉？故《象》言“志末”也。

李氏蒙斋曰：心犹镜也，居其所而物自以形来，则所鉴广矣。若执镜随物以度其形，其照几何？

上六：咸其辅颊舌。《象》曰：“咸其辅颊舌”滕口说也。

伊川曰：不能以至诚感物，而发见于口舌之间，小人女人之常态也，岂能动于人乎？

郭氏兼山曰：《易》称近取诸身，独《咸》、《艮》二卦言之为详。而其成终者特异，岂非咸极于说而艮终于止耶？观艮，其辅，言有序，为可知矣。

吕氏东莱曰：至诚方能感人，上六专以口舌感人，譬之巧言如簧，其口虽不能辨，其心终不感。且如二帝未尝无典谟，三王未尝无训诰，孔孟未尝无问答，其所以感人者，乃在典谟、训诰、问答之外。若无诚意，未免为滕口说也。

赵氏汝梅曰：施命敷诰，帝王所不敢轻言，固不可说也。使我以诚信则大哉！王言人莫不应。今上六惟口说是滕，用簸弄簧鼓之人，不足与言感，不足与较吉凶矣。

䷟巽下震上

恒；亨，无咎。利贞，利有攸往。

《彖》曰：恒，久也。刚上而柔下，雷风相与，巽而动，刚柔皆应，恒。恒亨，无咎，利贞，久于其道也。天地之道，恒久而不已也。利有攸往，终则有始也。日月得天而能久照。四时变化而能久成。圣人久于其道，而天下化成。观其所恒，而天地万物之情可见矣。

胡氏安定曰：君子为学，久而不已，可至于圣贤。君臣为治，久而不变，可施仁义礼乐以化成天下。何往而不利哉！

伊川曰：咸，少男。在少女之下，以男下女，是男女交感之义。恒，长男。在长女之上，男尊女卑，夫妇居室之常道也。论交感之情，则少为深绝。论尊卑之序，则长当谨正。君子之恒于善，可恒之道也。小人之恒于恶，失可恒之道也。恒所以能亨，由贞正也。故云利贞。

杨氏龟山曰：有恒心，然后可与为善。苟无恒心，放僻邪侈，无不为矣！故善人不可见思见有恒者。

朱氏汉上曰：且以夫妇之道观之，尊者上，卑者下，分严矣。不能相与，则情何由通相与矣！刚或犯义，柔不得礼，亦岂能久？巽而动上下，内外应而家道成。推之以治国、治天下，一道也。故曰恒。易穷则变，变则通，通则久。恒非一定而不变也，随时变易，其恒不动，故利有攸往。

朱子曰恒非一定之谓，故昼则必夜，夜而复昼，寒则必暑，暑而复寒。若一定则不能恒也。其在人，冬日则饮汤，夏日则饮水，可以仕则仕，可以止则止。今日道合便从，明日不合则去。又如孟子辞齐王之金而受薛宋之馈，皆随时变易。故可以为常也。

吕氏东莱曰：大抵易合者必易离，君子之交淡如水，小人之交甘若醴。君子淡以成，小人甘以坏。且如闾巷之交，其初非不欲常，其终必变者，何哉？以其不知久敬之道也。为学亦然。门户已是，议论已正，常而行之，虽终身不可改也。所学所行，未得其正，则安可一朝居哉？天下后世常行而无弊者，必正理也。一时之所尚，一人之所行，则必不能久。故恒之亨，利于贞。亦如汉文帝好黄老，至文帝之后，则黄老之道不行。梁武帝好浮屠，至武帝之后，则浮屠之道不行。盖非正道则必不能久。

解氏求我曰：恒有二义，利贞者，不易之恒，所以体常。利有攸往者，不已之恒，所以尽变天地。圣人所以能恒者，以其能尽变也。

林氏次厓曰：惟其不易，所以不已。

《象》曰：雷风，恒。君子以立，不易方。

褚氏曰：雷资风而益远，风假雷而增威。

薛氏温其曰：雷以震动，其出有时。风以挠散，其发有道。出发不恒，成令何禀？

石氏徂徕曰：孙复先生曰：咸男下女以成家。既成其家，不可不正也。君先下臣以成国，既成其国，不可不治也。男动乎外，女顺乎内。君动于上，臣顺于下。家国之常，不可易也。易则生乱，故曰："君子以立，不易方"。

初六：浚恒，贞凶，无攸利。《象》曰："浚恒"之凶，始求深也。

胡氏安定曰：天下之事必皆有渐，在乎积日累久而后能成其功。初六居下卦之初，为事之始，责其长久之道，永远之效。是犹为学之始，欲亟至周孔；为治之始，欲化及尧舜；为朋友之始，欲契分之深；为君臣之始，欲道之行。孔子所谓"欲速不达"。

伊川曰：柔暗之人能守常而不能度势，求望于上之深，凶之道也。或问刘贲曰：浚恒之凶，始求深也。然则宜何如？曰：尺蠖之屈，以求伸也。疏遂小臣一旦欲以新间旧，难矣。

杨氏龟山曰：匹夫一日而见天子，假如问人臣之忠邪，遽为之辨别是非，则有失身之悔。君子于此，但不可以忠为邪，以邪为忠。语言之间，故不无委曲也。

朱氏汉上曰：人道交际，贵乎知时而适浅深之宜。故孟子三见齐王而不言。

吕氏东莱曰：交游亦然，始也相亲相应，亦固其常，自夫一贵一贱之分，而势位异矣。苟不知势之异，劳精神以求其应，则亦有求深之凶。然“始”字最当玩味。大抵人情责己轻责人深，不知势位之既分，而以始交之心求之，故言始求深也。

赵氏汝梅曰：行远自近始，求深得浅始。一锸岂有及泉之功，经始而遽求深，固执以致凶而已。

李氏蒙斋曰：浚者，求治之深也。故《春秋》书浚洙孟子称浚井。陆宣公言于德宗曰：陛下求治太切。浚恒太深，是治民而始求之深者也。未信而骤谏，交浅而言深。以类推之，无非浚恒之道，贞固守此，凶之道也，何所利哉？

九二：悔亡。《象》曰：九二，“悔亡”，能久中也。

张氏紫岩曰：记曰：“回之为人也，择乎中庸。得一善服膺勿失。《语》曰：回也，其心三月不违仁”，久中也。盖久中非刚健者莫能为之。且中则无所往而不善。曰公，曰正，曰忠，曰仁，曰诚。凡天下所谓善者，悉自中生。伊尹一德终始惟一，久中之功也。其用顾不大哉！

吕氏东莱曰：中也者，亘古今而不易，历万世而无弊。《中庸》曰：人皆曰予知择乎中庸，而不能期月守也。又曰：中庸其至矣乎！民鲜能久矣！九二所以悔亡，由久于理之中也。观此，则见时中之义。

九三，不恒其德，或承之羞，贞吝。《象》曰：不恒其德，无所容也。

张子曰：进则犯上，退则乘刚。故动则招悔取辱，惟常守一德，庶幾取容。故曰：不恒其德，则无所容也。

郭氏白云曰：人之于德也，过中则不恒，不恒则日入于小人之域，是以为机变之巧无所用耻焉。虽或承之羞，亦忍而固守，方自以为得计而不知耻，是可鄙也。孔子曰："人而无恒，不可以作巫医。盖言不能容身于巫医之贱，况事君治民之职乎？"故曰：无所容也。

伊川曰：或承谓"有时而至"也。

九四：田无禽。《象》曰：久非其位，安得禽也？

胡氏安定曰：以阳居阴，不正也。位又不中，不中不正而居大臣之位，是无德而忝位者，故为治则教化不能行，抚民则膏泽不能下。

朱氏汉上曰：久处非其位，自无得禽之理。此不知义之所当为而失其所欲者也。冒荣招辱，贪得致亡，曷若守恒之无患？学者亦然。学无常位，亦何所托业哉！

吕氏东莱曰：如人为学不得正当门户，则虽伏几案、废寝兴、劳神敝志，亦终无所得而已。

梁氏孟敬曰：以人臣言之，既无其功而又不能去，乃持禄固位之人也。

六五：恒其德，贞，妇人吉。夫子凶。《象》曰：妇人贞吉，从一而终也。夫子制义从妇，凶也。

伊川曰：五君位而不以君道言者，如六五之义，在丈夫犹凶，况人君之道乎？君道岂可以柔顺为恒也？

郭氏兼山曰：六五柔而在中，位有馀而才不足称也。能恒其德，妇人吉，夫子凶。何哉？君子立，不易方，常而有变之义者也。是以伯夷圣之清，孟子谓之隘，宋伯姬守礼而不去。孔子取其恭，于此可见也。

张氏南轩曰：六五以柔居尊，非人君之常道。君尊臣卑，天地之大义也。降尊而下卑，执柔而驭强，权一时之宜则可守，以为常则不可。汉元帝优游不断，文宗仁而少断，使权臣僭逼，宦官制命者，皆执柔道以为常之过也。

赵氏汝梅曰：一者，纯而不贰也。妇人能一于柔顺终身不渝，斯其为吉也。若夫子者，齐家典则之主，刑寡妻至兄弟，御家邦，皆于我乎取正。要必以刚德制义，正己以正家，倘久于柔顺，唯妇是从，则牝晨家索，乌乎而不凶？

谨案：贞女不更二夫。《礼·郊特牲》云：壹与之齐，终身不改。《春秋·穀梁传》云：妇人以贞为行者也。玩爻辞曰：妇人吉。《象传》又添一“贞”字，明恒其德，为妇人之贞也。《柏舟》之诗所谓“之死矢靡他”知此义也。顾一十五国之风。夫子祇录卫共姜二百四十馀年之史，夫子亦祇取宋伯姬，何其靳也？可见从一之谊，自古难之矣。巴妇怀清、梁媛高行，其见于史册者，亦不数数，觏自朝廷，有旌节之典，哀茕独而悯阨穷，于是闾巷闺门咸知守义，亲戚信之，族党称之，然往往为胥吏遏抑，格不准行，有力者，或蒙表扬，无力者多致湮没。世之居高位而主持风化者，尚其留心案牍，无徒委之于幕僚也。

上六：振恒，凶。《象》曰：“振恒”在上，大无功也。

王氏辅嗣曰：夫静为躁君，安为动主。故安者上之所处也，静者可久之道也。处卦之上，居动之极，以此为恒，无施而得已。

张氏紫岩曰：当天下无事时乃欲变乱先王法度，行私志于天下。否则辟国聚财，欲有为于一时，设心本以幸功，其得罪于天下后世甚大，何锱铢之功可录哉？夫继世以有天下，莫大乎用常而变常。乱法每由大臣生事。观上之训，有天下者不可不察也。

王氏童溪曰：如汉至建元元光间已七十馀载矣！文景恭俭富庶之馀，天下廓然无事，而王恢一倡马邑之谋，以致匈奴侵挠，兵连不解，财用耗衰而不赡，入利者补官，出货者除罪，桑孔辈言利事析秋毫矣。然则首汉世骚扰之祸者，王恢也。恒之上六曰："凶"，曰："大无功"，此正为恢等生事者设也。

项氏平甫曰：在上而好动，如秦皇汉武之类是也。

王氏巽卿曰：此所谓天下本无事，庸人自扰之。其好功生事之过乎？曰："大无功"，言振扰于守恒之时，决无所成也。

谨案：卦体上震，振者震也。《春秋公羊传》曰：震之者何犹？曰：振振然也。风撼木亦谓之振。振则动，妄动者多凶。以振为恒，宜其凶矣。恒之所以攸往而有功者，履大变而不惊，创非常有不惧，动其可妄乎？好侈大者贻终身之悔，喜纷更者基数世之祸，世之欲立功者可不戒哉？

易鉴卷十七

☴艮下乾上

遯，亨，小利贞。

《彖》曰：《遯》，亨，遯而亨也。刚当位而应，与时行也。小利贞，浸而长也。遯之时义大矣哉。

伊川曰：遯藏所以伸道。刚当位而应，尚有可为之理也。圣贤之于天下，虽知道之将废，岂忍坐视？苟可致力，孔孟所屑为也？

张氏紫岩曰：遯者，圣贤屈伸翕张之道，不必处山林为遯，不以时之不可为而不为，亦阴扶而默救之要。求所以全吾之道而已。

郭氏白云曰：小利贞者，可小事也。孔子乘田、委吏、中都司寇，皆屑为之。至孟子为齐卿，其道皆止于一国、一邑、一职之间。在圣贤，皆谓之小事也。

朱氏汉上曰：与时偕行，岂必遯哉？孔子所以迟迟去鲁，孟子所以三宿而后出昼，小利贞者。先儒谓居小官、干小事，其害未甚，我志犹行。盖遯非疾世避俗，长往不返之谓也。去留迟速，惟时而已，非不忘乎君，不离其群。消息盈虚、循天而行者，岂能尽"遯之时义"？故曰："遯之时义大矣哉"！

项氏平甫曰：此陈仲弓不忤中人，故能脱颍川于党祸，所谓遯而亨也。小利贞者，圣贤救世之微机也。阴方浸长，道未至尽亡。天若未丧，亦有兴利反正之时。此郭林宗周旋郡国，诱掖人才之意也。自遯而上，更进一阴，则不利君子贞，无复小利贞之望矣。此徐孺子所谓“非一木所支之时”也。

梁氏孟敬曰：人臣之义，有当遯者，有不当遯者。遯，亨者，当遯，其君子之在下位者，与当小人方进则见幾而作，不俟终日，而可迟回顾恋以罹其祸哉？小利贞者。不当遯，其大臣之任安危者，与大臣君在与在，君亡与亡，安得而遯？其曰：小利贞，亦犹《屯》之小贞吉也。夫小人构祸非一日之故，则其靖难也，亦非一日之力。故必以小而正之言。正之以渐，不可骤也。

《象》曰：天下有山，遯。君子以远小人，不恶而严。

伊川曰：远小人之道，若恶声厉色，适足以致其忿怨。惟在矜庄威严，使知敬畏，则自然远矣。

郭氏白云曰：孔子曰“人而不仁，疾之已甚，乱也。”不恶则不疾矣。又曰：“君子无众寡，无小大，无敢慢，正其衣冠，尊其瞻视，俨然人望而畏之”，皆严之谓也。自古山林江海，遯世之士多矣。独遯以道者，孔孟而已。

张氏南轩曰：萧望之、刘向甚矣，二子之疏也。所为自多不正，用人要当公选。而二子者，不惟其贤，惟其附己，不知小人迎合于外者，讵可保耶？故以郑朋之倾邪，而使之待诏，至于华龙之污秽，亦欲入其党，彼盖有所召之也。在易有之，君子以远小人，不恶而严。所谓严者，严其在我者也。二子处群小之间而不严，如是其可得乎？

赵氏汝梅曰：小人远之则怨，不恶则不我怨；近之则不逊，严则不与亵近。夫子之遇阳货以之。

初六：遯尾，厉，勿用有攸往。《象》曰：“遯尾之厉，不往

何灾也。”

孔氏颖达曰：危厉既至，则当固穷。危行言逊勿用，更有所往。

伊川曰：见幾先遯，固为善矣。遯而为尾，危之道也。往既有危，不若不往而晦藏，可免于灾，处微故也。士人处微下隐，乱世而不去者多矣。

谨案：遯初，勿用有攸往。《象传》曰：不往何灾，《本义》谓晦处静俟可免灾。只作占词看，与《程传》异。盖初位居卑下，不往即遯也。当小人势盛之时，士君子退避晦藏，亦明哲保身之道，故朱子尝欲劾韩侂胄，占得此爻而止。

吕氏东莱曰：君子见幾而作，当小人道长之时，固当奉身而退。若群贤既遯之后方欲去，不可去矣，故有灾。正如蔡邕，当献帝时，董卓擅权，君子皆去，独邕未能远遯。其后卒为卓所用，竟不能免。

六二：执之用黄牛之革，莫之胜说。《象》曰：“执用黄牛”，固志也。

侯氏果行曰：上应贵主，志在辅时。独守中直，坚如革束。执此之道，莫之胜说。殷之父师当此爻矣。

张子曰：二居君臣正合之位，戡难救时，莫若中顺固志，使奸不能干，不然，小人易间矣。

张氏紫岩曰：处遯而能决所从，其太公望散宜生之俦与？

郭氏白云曰：孔子于定哀，孟子于齐梁，非无应也。而其道不可以少贬以从时好者，所谓固志也。

九三，系遯，有疾，厉。畜臣妾，吉。《象》曰：“系遯之

厉”，有疾惫也。畜臣妾，吉，不可大事也。

伊川曰：臣、妾、小人、女子怀恩而不知义。亲爱之则忠其上，系恋之私恩，怀小人、女子之道也。然以暱比相亲，非待君子之道。若以正则虽系，不得为有疾。蜀先主之不忍弃士民是也。虽危，为无咎矣。

郭氏兼山曰：《剥》之六五以宫人宠，言君位也。《遯》之九三，“畜臣妾吉”言臣位也。位虽不同，其义则近矣。

朱氏汉上曰：以动为疾，久则极惫困笃不可救矣。晋张华是也。

郑氏东谷曰：大抵小人之欲，其始志于宠利而已。不饱其欲而禁之太甚，所以滋小人之祸也。诸吕方强，平、勃听其擅有王爵，且假以兵柄，北军一呼，士皆左袒其胜者，幸也。所以畜诸吕者，本非其道也。先儒以王陵为正，而以平、勃为非，岂过论哉？

王氏童溪曰：乱世之君子不知全身远害而贪位慕禄，日与小人为偶而忘其明哲保身之道，如西汉之杨雄、东汉之范滂、唐之王涯、贾悚是也。

苏氏君禹曰：小人之易亲，如臣妾之易以惑人。畜之之法，止有不恶而严。严以杜其狎侮之奸，而不恶，以柔其忿戾之气，庶可以免疾惫而吉矣！

九四：好遯，君子吉，小人否。《象》曰：君子好遯，小人否也。

伊川曰：君子虽有所好，爱义苟当遯，则去而不疑。所谓克己复礼，以道制欲，是以吉也。小人则暱于所好，牵于所私，至于陷辱其身而不能已。故在小人则否也。

张氏紫岩曰：伊尹去桀，微子去纣，惧夫正道将坠，不可不去也。苟不度时变必欲引朋合类，侥幸万一，是诚小人所为，适足以产祸召乱。

郭氏白云曰：好遯，所谓遯世无闷者也，潜龙之义也。君子安之，故吉。小人汲汲于富贵，戚戚于贫贱，岂能好遯而安哉？

李氏蒙斋曰：知时当遯而从其好。陋巷之颜、汶上之闵、舞雩之曾，可谓好遯之君子矣。

九五：嘉遯，贞吉。《象》曰：嘉遯贞吉，以正志也。

伊川曰：遯非人君之事，故不主君位言。然人君之所避远者，乃遯也，亦在中正而已。

张氏紫岩曰：若人君履大位不可言遯。嘉遯正志，汤在亳、文王在岐是也。

王氏童溪曰：《程传》谓人君之所避远者，皆遯也。避远者何事也？天下之治乱、社稷之存亡，君子小人之贤否，生灵之利害，吾身动静之吉凶，避凶而从吉，除害而兴利，舍否而用贤，戒亡而图存，去乱而即治，其所避远者，此其凡也。

赵氏汝梅曰：君位非可遯，唯美君子之能遯者耳。与其祸至而后逃，曷若见幾而先遯。五之“嘉”之美，其能远害以全君子之类也。

谨案：赵氏之说亦以五不主君位，盖人臣之居高位者，正其志乃人臣出处之大义也。仕固不可不正，遯亦不可不正。孔子所谓进以礼，退以义也。后世之为臣者，苟知此义，在位而志必正，庶不至妨贤病国，蹈窃位之讥。去位而志必正，庶不至恃宠居功，昧保身之道矣！

上九：肥遯，无不利。《象》曰："肥遯无不利"，无所疑也。

王氏辅嗣曰：超然绝去，心无疑顾，忧患不能累，矰缴不能及，是以"肥遯无不利"也。

石氏徂徕曰：无应于内，高尚其志。子云所谓"山雌之肥，弋人何慕"四皓之规类是也。

孙氏曰：太公之亨于周，四皓之亨于汉，脱然高举，孽未芽而介于道，厉未阶而絜于身，行之藏之，系我独照而已。

谨案：遯字从豚。初言尾，上言肥，皆因豚而立象也。肥者充大宽裕之意，疾惫之反也。超然物外，无所疑系蝉蜕污泥之中浮游尘埃之表道腴而德饱，心广而体胖，如颍滨巢、许商山、四皓焉。往而不自得也哉！

张氏紫岩曰：孔子归鲁，孟子出昼，盛德令闻千世不泯。若汉留侯愿从赤松游，诚恐平勃绛灌辈未知其心，肥遯之次者也。扬子曰：至蠡策仲而遯肥矣哉！蠡又其次焉。

吕氏东莱曰：惟无所疑，然后能肥遯也。子夏出见纷华而说，入闻夫子之道而乐。二者交战于胸中，则不能无疑，及无战而道胜，所以肥而乐也。此子夏所谓始之癯，终之肥也。肥遯之肥，盖亦如此。

项氏平甫曰：《遯》下三爻，艮也。艮主于止，故为不往，为固志，为系遯，上三爻乾也。乾主于行。故为好遯，为嘉遯，为肥遯。在下位而不往者，柳下惠也。在内而固其志者，季札、子臧也。当遯而犹系者，大夫仲也。乘相好之时而退者，范蠡也。已为嘉耦而犹遯者，张子房也。在事物之外肥而无忧者，四皓、两生也。

☳☰乾下震上

大壮。利贞。

《彖》曰：大壮，大者壮也。刚以动，故壮。大壮利贞，大者正也。正大，而天地之情可见矣。

伊川曰：壮而不正，强猛之为，非君子之道。

张子曰：古气节之士，冒死以有为，于义未必中。然非有志概者莫能。况吾义理已明，何为不正以不刚？惟大壮乃能克己。

吕氏东莱曰：不正而壮，乃血气之壮耳。用壮于血气者，是蔽于私欲小智，反所以自狭自弱也，卒不能成其大。

项氏平甫曰：壮有大小，抚剑疾视，曰：彼恶敢当我哉！此小者之壮也。居广居立，正位行大道，此大者之壮也。子犯言直为壮，孟子言大勇、小勇，其说皆出于此。

赵氏汝梅曰：《复》言天地之心，《大壮》言天地之情，心蕴于中，情则外见。

胡氏云峰曰：孟子养气之论自此而出。大者壮也，即是其为气也，至大至刚，大者正也，即是以直养而无害。

《象》曰：雷在天上，大壮。君子以非礼弗履。

伊川曰：君子之大壮莫若克己复礼。古人云：自胜之谓强。《中庸》于和而不流，中立而不倚，皆曰强哉矫，赴汤火，蹈白刃，武夫之勇可能也。至于克己复礼，则非君子之大壮不能。故云：君子以非礼弗履。

薛氏温其曰：壮不由礼，失柔克之道。汤禀纯刚至正之德，动与天齐，犹率履不越用此象也。

谨案：人生三十曰“壮”。壮而立，顾不知礼者无以立。礼，所以束人筋骸，固人肌肤，故《论语》曰：“立于礼。”盖礼者，理也。理直则气壮，庄敬之所以日强也。孔子告颜渊以克己复礼，盖以理胜私，自胜之谓强也。而复申之以四勿之目，礼之不可以已也。如是彼不知义理之勇，徒恃血气之刚，越礼犯分以为壮，可不取法于大壮之君子乎？

初九：壮于趾，征凶，有孚。《象》曰："壮于趾"，其孚穷也。

伊川曰：九在下用壮，而不得其中。夫以刚处壮，虽居上犹不可行，况在下乎？

吕氏东莱曰：既处卑下居贫贱，而恃其强壮，躁于求进，信乎其凶也。犹人始学之动，稍有刚强，制遏不定，便欲奋然作为，见于行事，其行而得凶，必信而无疑者也。

九二：贞吉。《象》曰："九二贞吉"，以中也。

孔氏颖达曰：以其居正履谦，行不越礼，故得正而吉也。

胡氏安定曰：大壮之时不可怙其刚盛，故以阳居阴则皆获吉。

张氏紫岩曰：士君子以刚德立人之朝，其志必欲尽革天下之弊而兴其利，锄去小人俾无遗种，志固善矣！诚恐夫矫枉过正，激成祸端，非所以为天下长久计。尧舜之世，禹、稷、契、皋、夔，相与都俞赓歌于一堂。初无变常骇俗之政，而天下阴受其惠中也。

九三：小人用壮，君子用罔，贞厉。羝羊触藩，羸其角。《象》曰：小人用壮，君子罔也。

京氏君明曰：壮，一也。小人用之，君子有而不用。

刘氏长民曰：罔，不也。君子尚德而不用壮。若用其壮，则危矣。

伊川曰：凡物莫不用其壮，齿者齧，角者触，蹄者踶，羊壮于首，羝为喜触，故取为象。

张氏紫岩曰：用罔之义，惟周公为能尽。以叔父之尊有大勋劳，群贤皆乐为用，而公逊美。不居不骄、不吝，其所以居壮者何如？唐李德裕才术之优，惟识量气度方周公为小，及得君得位，窃窃然恃其势力，快意朋党之私用，不旋踵而败唐之大业，卒以不振，用壮之过也。观周公之得，与夫德裕之失，《大壮》九三之象思过半矣。

郭氏白云曰：小人务胜人，故喜壮而用之。君子务胜己之私，是以勿用壮于外也。以用壮为正，则危矣。以羊譬壮，见小人之情矣。

朱子曰：小人以壮败，君子以罔困。

雷氏西仲曰：小人暗于理而不知其祸，故骄矜亢傲，恃其壮而用焉，卒丧其壮。梁冀之徒是也。君子则位愈高而身愈恭，任愈重而心愈敬，抑其所有而不用。故曰：君子用罔。周公不以贵骄人是也。

九四：贞吉，悔亡。藩决不羸，壮于大舆之輹。《象》曰：藩决不羸，尚往也。

郭氏白云曰：九四之壮用得其宜。君子之所以能任重者以此。

杨氏诚斋曰：四阳俱协而时可往，此陆贾和调平、勃，以安刘灭吕之事耶！

吕氏东莱曰：天下事惟壮，然后有济。四居壮之盛，所以贞吉而无悔。

项氏平甫曰：大壮至四，犹曰“尚往”。夬至五，犹曰“利有攸往”。盖刚不可长，柔不尽消，其事不竟。故曰刚长乃终，此除恶务本之法。自治与治国皆当如此，不可以小恶为无伤而弗去也。

赵氏汝梅曰：二与四皆言贞吉。二止吉于其身，其独善者与？四壮于大舆引群阳，进而为乾，其兼善者与？

六五：丧羊于易，无悔。《象》曰：“丧羊于易”，位不当也。

伊川曰：君臣上下之势不相侔也。苟君之权足以制下，则虽有强壮跋扈之人，不足谓之壮也。必人君之势有所不足，然后谓之治壮。故治壮之道，不可以刚也。

张氏紫岩曰：五位为君，用得其道，则周成王众建诸侯，皆所以藩屏王室。用失其道，则唐自德宗以后，藩镇擅命莫可谁，何矣？非六五有坤顺之德，动静不违天人之心，何以无悔哉！

沈氏守约曰：六五言丧羊于易，非唯明人君退小人之道，亦戒小人早退也。昔鲁昭公薨于乾侯，赵简子问于史墨，曰：季氏出其君而民服焉，诸侯与之，君死于外而莫之罪？对曰：君臣无常位，自古以然。在《易》雷乘乾曰《大壮》，天之道也。盖乾为天子，震为诸侯。雷在天上，人臣有震主之威，而在君之上诸侯强大，天子卑弱之象也。征伐之威自天子出，诸侯奉之于下，可也。今反居上，诸侯过于大壮之象也。君臣上下之势本不相侔也。苟人君之权足以制之，则虽有跋扈之臣不足以壮。人君之势有所不足，而后有治壮之道焉？六五之君，柔弱不足以制，故圣人设丧羊于易之戒，谓以和悦之道待之，则庶幾无悔。亦戒为下者早退，开小人改过之门也。

朱氏汉上曰：盖位尊则能制下，德中则和而不流，以此用和，其谁不服？光武曰：吾治天下亦柔道，六五之谓乎？

雷氏西仲曰：羊之性狠，狠，愎也。五君位亦以柔居之，则忘其威势，执柔以纳其臣下。不狠愎以拒谏者也。何悔之有？汉高祖、唐太宗从谏如转圜，丧羊于易之道。

上六：羝羊触藩，不能退，不能遂，无攸利，艰则吉。《象》曰："不能退，不能遂"，不详也。"艰则吉"，咎不长也。

伊川曰：非其处而处，故进退不能，是其处之不详慎。

张氏紫岩曰：君子进而有为，必其志先定于内，然后度德量力，缓而前之；鲜有不济。上六阴柔，才德不能止壮，冒昧以固其位，踟躅以幸其成，幾何而不败哉？

郭氏白云曰：圣人兢业，其难其慎，以不矜不伐为己任，又安有用壮之厉乎？是以艰则吉也。

谨案：上六至进退不能，何利之有而复勉之？曰：艰则吉，所以开改过之门也。自古为君难，为臣不易。《书》曰：后克艰厥后，臣克艰厥臣。又曰：思其艰以图其易。盖以为易也，则难者将至；以为难也，则易者将至。此艰之所以吉也。《象传》曰："不详"，人之处事而不详审，盖以为易也。若以为难，则详审而不轻率，咎可不长也。然则有国有家者，可不兢兢业业，其难其慎也哉？

杨氏诚斋曰：上六之"不能遂"，非病也，不能退乃病也。以阴柔居六位之上，眷眷焉不能退，上不过为张华，其下商鞅、李斯矣。

易鉴卷十八

䷢坤下离上

《晋》：康侯用锡马蕃庶，昼日三接。

《彖》曰：晋，进也。明出地上。顺而丽乎大明，柔进而上行，是以康侯用锡马蕃庶，昼日三接也。

王氏辅嗣曰：以讼受服则终朝三褫，柔进受宠则昼日三接也。

孔氏颖达曰：《讼》言终朝，《晋》言一昼，俱不尽一日，明黜陟之速，所以示惩劝也。

伊川曰：《晋》，进盛之时，上明下顺，君臣相得，在上而言则进于明盛，在臣而言则进升高显，受其光宠也。

杨氏龟山曰：问国之富以马，锡马蕃庶，其厚之也。昼日三接，其亲之也。郑武公父子并为周司徒，其三接之谓与？

沈氏守约曰：上明故能锡有功而亲诸侯，《诗序》所谓“思古明王能爵命诸侯”是也。下顺故能享宠锡而见亲礼，《诗》所谓“媚兹一人，应侯顺德”是也。

朱氏汉上曰：大行人之职，诸公三飨三问三劳，昼日访问之时，三接极盛之礼，所以康诸侯者至矣。

王氏童溪曰：申也，甫也，韩也，召也，在周宣王世所谓康侯也。而宣王又能施宠遇之礼如此，其隆且至也。则周家王业之所以能再隆而有光者，固诸侯之力。然宣王实使之，故序《诗》者于《崧高》《烝民》《韩奕》《江汉》，盖以其功归之宣王也。若宣王者，在《易》之《晋》，所谓文明之主也。

吕氏东莱曰：柔顺二字最当玩味，非特君臣之间为然，学者欲进德修业，若不柔顺则矜己自大，德日益晦矣。故傅说戒高宗曰：惟学逊志，“逊”之一字，其入道之门乎？

《象》曰：明出地上，晋。君子以自昭明德。

郭氏白云曰：古之人莫不务明明德于天下，为君、为臣亦岂有二德哉？是以伊尹言“咸有一德”，武王言“同德同心”。

朱氏汉上曰：乾曰：自强。晋曰：“自昭。”二者自己为之，人力无所施。天行日进，谁使之哉？

胡氏云峰曰：至健莫如天，君子以之自强。至明莫如日，君子以之自昭。

初六：晋如摧如，贞吉，罔孚，裕无咎。《象》曰：“晋如摧如，独行正也。”“裕无咎”，未受命也。

王氏介甫曰：初六以柔进，君子也，度礼义以进退者也。常人不见孚则或急于进以求有为，或急于退则怼上之不知。孔子曰：我待贾者也，此罔孚而裕于进也。孟子久于齐，此罔孚而裕于退也。

伊川曰：在下而始进，岂遽能深见信于上？苟求信之心切，非汲汲以失其守，则悻悻以伤于义皆，有咎也。君子之于进退，或迟或速，惟义所当，未尝不裕也。圣人恐后之居位者，废职失守以为裕，故特云未受命也。若有官守不信于上，而失其职，一日不可居也。

赵氏汝梅曰：“裕无咎者，宽绰厥心，自乐畎亩之中，乃免觊荣千禄之咎。”世之贤哲见摈于小人，倘不安义命由径以希进固已不可。其或适有故人近在君侧，以其绨袍之义已寒。我乃悲愤频颇，不克自宽，亦徒有羁穷而已。古者不为臣，不见优游休裕，泊然与世。若不与者，其无官守，言责之所为与？

六二：晋如，愁如，贞吉，受兹介福，于其王母。《象》曰："受兹介福"，以中正也。

杨氏龟山曰：《诗》云："靖共尔位，好是正直。神之听之，介尔景福"，此之谓也。

郭氏白云曰：小人以进为喜，而君子以进为惧。故召公为保则不悦，正考父三命而伛俯，兹其所以顺而丽乎大明与？是以既贞且吉，受介福也。孔子言诸侯长守富贵之道，曰：战战兢兢，如临深渊，如履薄冰，则"晋如，愁如，受兹介福也"宜哉！

杨氏诚斋曰：蒍子冯避令尹之位，蔡谟辞司徒之拜，皆以进为忧。

雷氏西仲曰：进而得位，当轴处中，任天下之重者也。责愈重而忧愈深，当靖共不懈，职思其忧，以致君泽民，为心则正而吉。

六三：众允，悔亡。《象》曰："众允"之志，上行也。

伊川曰：有顺上向明之志而众允从之，是以悔亡。古人曰："谋从众则合天心。"

朱氏汉上曰：此大臣因众之愿而效之上者，以此居位，虽柔必强，何忧乎不得其任哉？

朱子曰：众所允者，必至当也。世固有不善，而得众者如齐之陈氏、鲁之季氏，顾可以为善乎？

吕氏东莱曰：且如陈仲子廉，众皆与之，乡原之德。一乡与之，又如王莽在汉、皆谓周公再出，使从当时之人，安得无悔？

当看“允”之一字，非是其确然自信，乃人心所同然，处若虚声相鼓，非所谓允。

吴氏敬斋曰：“初”罔孚，未信也，三“众允”，见信也。信于下斯信于上，故弗信乎友，弗获乎上矣！

九四：晋如鼫鼠，贞厉。《象》曰：“鼫鼠贞厉”，位不当也。

陆氏希声曰：履非其位，固其宠禄鼫鼠之志，窃食黍稷而已。

张氏紫岩曰：鼠，昼伏夜动，伺隙肆欲，譬诸侯，德昏渔猎其民，人而有之者，大臣贪得怀私，疾贤而畏人者，其趋向举措若鼠，危可胜言哉！

吕氏东莱曰：此最见小人贪进患失之情状。居近君位，是得宠之小人，才不胜位，下又为三阴所迫，常怀忧惧，惟恐其进。盖小人贪宠之心切也，然则当如何？曰去一己贪进患失之私心，扩推贤逊能之公道，则可矣。

谨案：鼫鼠，《子夏传》作硕鼠。《魏风·硕鼠》之诗，刺贪也。鼠昼伏夜动，贪而畏人。《易》之取象深见小人之情状矣！自古患得患失之鄙夫，吮痈舐痔，无所不至，惟知持禄保位，鲜能推位让贤，皆贪之一念误之也。吕氏示以去私心而扩公道，所以开其迁善之门也！

胡氏云峰曰：《解》以阴居阳者象狐，《晋》以阳居阴者象鼠。狐性疑，解当去其疑。鼠性贪，晋当去其贪。取象各有攸当。

六五：悔亡，失得，勿恤，往吉，无不利。《象》曰：“失得勿恤”，往有庆也。

胡氏安定曰：天下之广，万几之细，岂无一失？既能任贤，不必恤也。

伊川曰：以大明之德得下之附，推诚委任则可以成天下之大功，是往而有福庆也。

王氏童溪曰：夫苟恤其得失，以察察为明，则天下或有蒙其祸者矣。如汉宣之核实，而萧韩诸贤俱受其戮。如显宗之慧察，至自撞郎而钟离意辈得以为言。如德宗以强明自任，疑萧复之轻己，谓姜公辅为卖直，至用卢杞、赵赞，则至于败乱而不知悔是也。安能庆及臣下乎？《象》曰有庆，则无汉唐诸君之失矣。

朱子曰：得失勿恤，只是尽其所当为者而已。如仁人正其谊不谋其利，明其道不计其功。

吕氏东莱曰：大抵人君之体若屑屑亲细务而恤其得失，以此为明察，安能无不利？惟夫俨然在上，总其大纲，委任大臣而失得勿问。使在下者得尽心力为之，则无往而不利。《书》称文王曰："克知三，有宅心。灼见三，有俊心，以敬事上帝，立民长伯"，皆是失得勿恤而委之贤能者也。

胡氏云峰曰：当晋之时易有患得患失之心，才柔又易有得失之累。大明在上，用其明于所当用，不当用其明于计功谋利之私也。

上九：晋其角，维用伐邑，厉吉，无咎，贞吝。《象》曰："维用伐邑"，道未光也。

张氏紫岩曰：汉萧王陈李之贤，不知刚过而自恃为贞，卒不免难，其吝孰大？

郭氏白云曰：伐邑，非好攻战而乐杀人也。是以无咎，以伐邑为贞，非吝而何？是以"春秋无义战，彼善于此。"圣人无取焉？然则齐晋之霸；方之康侯，其未优乎？

吕氏东莱曰：大刚非道之中，以之治人则失之酷，以之事君则失于讦，以之干禄则失于躁，惟以之自治则可。故伊川曰：伐邑惟内自治也。人之自治，刚极则守道愈固，进极则迁善愈速，以之自治则虽伤于厉而吉者，且无咎矣！

谨案：爻言伐邑，诸儒以为伐其私邑。盖内治其邑，如《大车》之诗，所谓："畏子不敢，畏子不奔"，王国大夫自治其采邑也。吕氏以为自治，引程子守道迁善之说，则反身而求，克治其私也。治一家者，严束其门内之家人，一官一职者，杜绝其请托之私人，然后吉而无咎也。玩《易》者亦可以为鉴矣！

赵氏汝梅曰：道德之盛不足而事征伐，此所谓谋动干戈于邦内，御下之道未为光也。唐室之强藩悍镇，天子优礼无节，卒至骄蹇跋扈，不免移师以伐之，幸而克捷。犹非盛世之事，况其不济乎？

䷣离下坤上

《明夷》，利艰贞。

《彖》曰：明入地中，明夷。内文明而外柔顺，以蒙大难，文王以之。利艰贞，晦其明也，内难而能正其志，箕子以之。

郑氏康成曰：犹圣人君子有明德而遭乱世，抑在下位则宜自艰，无干事以避小人。

张子曰：文王体一卦之用，箕子以六五一爻之德。文王难在外，箕子难在内也。

郭氏白云曰：圣人之德，惟明为大。有明德以在上，大有之君是也。有明德以居下，晋之臣是也。明夷者，明伤也。故为明德遭难之时，非圣人其难其慎用，晦而明，殆且伤矣！所以利艰贞也。

谨案：大难关系天下之大，民命之所寄也。内难关系一家之中，宗社之所寄也。惟文王文明柔顺可以蒙大难，惟箕子能正其志可以处内难。使逞其智、矜其能而不知晦其明，后世如杨修，文人也，卒致被害，曹子建，魏之周亲也，终见疏远，皆味乎艰贞之义者也。

胡氏云峰曰：羑里演《易》，处之甚从容，可见文王之德。佯狂受辱，处之甚艰难，可见箕子之志。然此一时也，文王因而发伏羲之易，箕子因而发大禹之畴，圣贤之于患难，自繁斯文之会，盖有天意存焉？

《象》曰："明入地中"，明夷。君子以莅众，用晦而明。

《子夏传》"明入地中"，藏其明也。民可使由之，不可使知之。故君子之莅众也，外用晦以使民内保明以为治。

孔氏颖达曰：冕旒垂目、黈纩塞耳，无为清静，民化不欺。若运其聪明，显其智慧，民即逃其密网，奸诈愈生。岂非藏明用晦，反得其明也？

王氏童溪曰：昔者西门豹治邺，民不敢欺，子产治郑，民不能欺。子贱治单父，民不忍欺。魏文帝问群臣三不欺于君德孰优？钟繇、华歆、王朗对曰：君任刑则下畏罪，不敢欺君。任察则下畏觉，不能欺君。任德则下感义，不忍欺。优劣之悬在于权衡，非徒低昂之差，乃钧铢之较也。夫任刑固非莅众之道，而任察亦非也。莅众之道在有宽厚含宏之德，而不任察以为明也。昔有问安边之策于班超者，超告之曰：凡居边者，类非忠臣孝子，察见渊鱼者不祥。问者忽其言不用，而边果以叛闻，岂非莫明于用晦，莫不明于任察乎？

吕氏东莱曰：如舜之时，罪疑惟轻，功疑惟重。若汉宣帝信赏必罚，截然无差。则是舜犹不免于疑，而宣帝乃能辨察，而后世论舜以为圣德之盛，宣帝乃杂霸之君。其所以异必有在矣！学者须仔细玩味。

林氏次厓曰：用晦而明，只是不尽用其明。盖尽用其明，则伤于太察，而无含宏之道。惟明而用晦，则既不汶汶而暗，亦不察察而明。虽无所不照，而有不尽照者。此古先帝王所以莅众之术也。

初九：明夷于飞，垂其翼。君子于行，三日不食。有攸往，主人有言。《象》曰："君子于行"，义不食也。

荀氏慈明曰：不食者，不得食君禄也。

王氏辅嗣曰：远遁绝迹，怀惧而行。志急于行，不遑暇食。以斯适人，人必疑之。

王氏介甫曰：二老避纣，不食之象。伊尹就桀，有攸往之象。

伊川曰：明伤而不能上进，于飞而垂其翼也，始伤未显，知几者独见，非众人所能识也。若俟伤已及则不能去矣。此薛方所以为明，而扬雄所以不获其去。穆生去楚，申公、白公且非之，但讥其责小礼而不知其避胥靡之祸也。又如袁闳于党祸未起之前，潜身土室，人以为狂，卒免党锢之祸。所往而人有言，故无足怪也。

杨氏龟山曰：君子于行，三日不食。若孔子接淅而行是也。直道事人焉，往而不三黜。故有攸往，主人有言。

沈氏守约曰：初鲁穆子之生也，庄叔以《周易》筮之，遇《明夷》之《谦》以示。卜楚邱，曰："是将行而归为子祀"，以谗人入。其名曰"牛"，卒以馁死。明夷，日也。日以数十，故有十时，亦当十位。自王以下，其二为公，其三为卿。日上其中，食日为二，旦日为卿。明夷之谦，明而未融，其当旦乎？故曰：

“为子祀。”日之谦当鸟，故曰：“明夷于飞。”明而未融，故曰：“垂其翼。”象日之动，故曰：“君子于行。”当三在旦，故曰：“三日不食。”离，火也。艮，山也。离为火，火焚山，山败。于人为言，败言为谗，故曰：“有攸往，主人有言。”言必谗也。纯离为牛，世乱谗胜，胜将适离，故曰：“其名曰牛。”谦不足，飞不翔，垂不峻，翼不广，故曰：“其为子后乎。”吾子，亚卿也，抑少不终。

王氏童溪曰：以伊尹之五就桀也，终不能移桀而之善。以三仁之在商，所谓周亲也，而不能回商辛之听。况疏远之臣，其如之何？得以免害，幸矣！此初九之君子所以义在引去而不顾也。

王氏巽卿曰：义所不食，则于飞攸往。义所当行，明矣。去之可不速乎？此伯夷太公之事。

六二：明夷，夷于左股，用拯马壮，吉。《象》曰：六二之“吉”，顺以则也。

张氏紫岩曰：文王居羑里之时，非才健志顺，若大颠，闳夭、散宜生之徒密为之辅，何以卒免于难？

项氏平甫曰：当戡黎征葛之时，夏商之王苟能用伊尹、祖伊之言，幡然而改，遵道而行，则其兴也勃焉！何患其不吉哉？“六二”当位之臣，忍伤以救国，事合于为臣之则。故曰顺以则也。

赵氏汝梅曰：“三居臣位之正，欲行而不可幸丽于二阳之间，能拯以马壮，则可蒙大难而无害。文王身为西伯，非可如太公伯夷之举，故不免羑里之拘，赖有四辅之贤，是以卒免于难。“吉”者，免难之谓。

谨案：明夷，象人身、股肱、首心是也。四，为外臣，曰左腹夷股较夷腹其伤犹浅。人之股肱，用右为便，蹶张用左。《丰·

九三》，折其右肱，伤之切而不可用也。《明夷·六二》夷于左股，伤未深而犹可救也。拯用壮马救之，速则可免于难矣。诸家多以此爻，文王羑里之囚，当之泰颠闳夭，拯马也。出囚而得专征伐，吉矣。盖文王内文明而外柔顺，内卦离体二为文明之主。以六居二，柔顺之至，而位中正也。人之自处，苟能以顺而不失中正之则，其亦可免于难而保其吉矣。

九三：明夷于南狩，得其大首，不可疾，贞。《象》曰："南狩"之志，乃大得也。

伊川曰：斯义也，其汤武之事乎？以下之明除上之暗，其志在于去害而已，岂有意于利天下乎？不然乃悖乱之事也。

吕氏蓝田曰：君子之于物，无不爱也。虽有甚恶，闵之而已，正之而已。君子用兵，皆出于不得已也。

朱子曰：成汤起于夏台，文王兴于羑里，正合此爻之义，而小事亦有然者。

吕氏东莱曰：汤武革命，上受天命，下迫民臣，然汤必使伊尹五就桀，然后有鸣条之师。武王必五年观政于商，然后有牧野之誓，皆非一举而为。故曰："不可疾，贞。"《象》所谓大得志，若应天心，顺民心也。无汤武之志则篡矣。

项氏平甫曰：人之常情，不急则懈。故又以贞勉之。今朕必往致天之罚，贞也。

赵氏汝梅曰：群阴在外，昏昧者多，未可旦暮晓化，倘恃我昭昭；急而正之，适滋其乱，是以昏伐。昏也而可乎？故周公康叔之辞曰："勿庸杀之，姑惟教之。"

胡氏云峰曰：初无位，可去则去之。二在位，可救则救之。若"九三"有向明除害之象，然"二"之救难可速，"三"之除害不可速也。故又有不可疾贞之戒。武王须暇五年，其得此与？

六四：入于左腹，获明夷之心，于出门庭。《象》曰：入于左腹，获心意也。

陆氏曰：以权纳于腹，以正会于门，反经合道。伊尹五就之事。

石氏曰：如武王观兵，诸侯来会，于出门庭，言相从之众也。

杨氏龟山曰：腹，坤象也。左腹，尊右故也。获明夷之心，所谓求仁而得仁也。自靖人自献于先王，我不顾行遁，此微子之明夷也。

赵氏汝梅曰："六四"与"六五"同体，殆居腹心之地而不受腹心之托者乎？惟居腹心之地，故知昏主之心必有贼虐忠良之事。惟不受腹心之托，故出门庭以自疏其微子去之者与？

胡氏云峰曰：获明夷之心者，微子之自靖出门庭者，微子之行遁也。

六五：箕子之明夷，利贞。《象》曰：箕子之贞，明不可息也。

伊川曰：五为君位，乃常也。然易之取义变动随时。上六处坤之极，阴暗伤明，故以为明夷之主。五为切迫至暗之主，故不以君位言，以君道言，义亦如是。人君有当含晦之时，亦外晦其明而内正其志也。箕子晦藏，不失其贞固。虽遭患难，其明自存，不可灭息也。若遭祸，遂失其所守，则是亡其明，乃灭息也。古之人如扬雄是也。

苏氏东坡曰：六五之于上六，正之则势不敌；救之则力不能，去之则义不可。此最难处者也。如箕子而后可，箕子之处此，身可辱也，而明不可息也。

胡氏云峰曰：士大夫处平时易，处明夷之时难，处明夷之时，为微子、比干，犹易为箕子难，微子已去，不可复去。比干已死，不可复死。内难而能正其志，箕子以之。此殷有三仁，爻独以箕子言之也。

上六：不明晦，初登于天，后入于地。《象》曰：初登于天，照四国也。后入于地，失则也。

司马温公曰：其言失则者，何国家之所以立者，法也。故为工者，规矩绳墨不可去也。为国者，礼乐法度不可失也。度差而机失，纲绝而网紊，纪散而丝乱，法坏而国家从之。呜呼！为君者可不谨哉！

朱氏汉上曰：人君近君子，远小人，兢兢惟惧，不明乎善，所以守其则也。得失无不自己为之，得之明，失之晦，昼夜之象。圣人举《晋》、《明夷》二卦，反复以释爻义。原初惩后，为人君万世之戒。

吕氏东莱曰：此一爻，唐明皇当之。开元之初，姚宋为相，而致太平，可谓明照四国，及后用李林甫、杨国忠至于窜身失国，是入于地也。《象》曰："失则"也。则字最当看，乃是开人君自悔之道。

胡氏云峰曰：离之照四方以德，言此之照四国。以位言则者，不可逾之理。失则为纣，顺则为文王。

谨案：《大象》曰：用时而明，盖藏其明于晦中，非不明也。上六爻辞则不明而晦，初高朗而后昏暗也。此卦爻辞原主君臣而言，然为学亦然。虚灵不味，人皆有本体之明。入学之初，未尝不欲希贤希圣以达天。迨嗜欲攻取，蔽其本心，好为诡异，入于邪僻，而明者昏矣！晦莫甚焉！惟去其后起，复其初心，庶几缉熙光明，无一毫之晦蔽，儒生之学固如此，帝王又岂有异学乎？

项氏平甫曰：下三爻属离，皆明者也。不在其位则去之，在其位则救之，终不可救则狩之。故初九，海滨之二老也。六二，伊尹、祖伊之事也。九三，汤武之事也。下三爻属坤，皆暗者也。六四，入逢其难，出行其权者，崇侯虎以之。六五，晦于大难，迹暗而心明者，箕子以之。上六，暗极不返，祸及其身者，桀纣以之。六五，君位而主箕子者。此卦主为有明而见夷者设也。纣不明之，人故以上六当之，言晦不言夷，已则自晦，非汤武夷之也。

易鉴卷十九

☲☴离下巽上

家人，利女贞。

《彖》曰：家人，女正位乎内，男正位乎外。男女正，天地之大义也。家人有严君焉，父母之谓也。父父，子子，兄兄，弟弟，夫夫，妇妇，而家道正。正家，而天下定矣。

《子夏传》正家之道在于女正。故圣人设昏礼焉，重而娶之，当其位也，然后可任其久。

伊川曰：家人者，家内之道。父子之亲，夫妇之义，尊卑长幼之序。正伦理，笃恩义。家人之道也。虽一家之小，无尊严则孝敬衰，无尊长则法度废。有严君而后家道正。家者，国之则也。

张氏紫岩曰：自古家国兴亡，莫不一本于女礼，以大昏为正，女正则无往不正也。

郭氏白云曰：齐家自夫妇始。故舜观厥刑于二女，文王刑于寡妻，至于兄弟。然则“利女贞”者，又家道之本也。此与《诗》首《关雎》言后妃之德同意。

王氏童溪曰：有国者主于义。过于义者，常至于伤恩。故为君者，欲如父母之子万民。《书》以元后作民父母是也。有家者，主于恩。过于恩者，常至于害义。故为父母者，欲如君之正一家。《易》以父母为严君是也。

赵氏汝梅曰：女正则家道正，不正则家道乖。诗曰：妇有长舌，惟厉之阶。又曰：乱匪降自天，生自妇人。妇人岂皆为厉为乱哉？不正故耳。或曰：父义母慈，母何以亦称严？曰：母不严，家之蠹也。渎上下之分，庇子弟之过，乱内外之别，嫚帷薄之仪。父虽严有不能尽察者，必父母尊严内外齐肃，然后父尊子卑，兄友弟恭，夫制妇听。父母、兄弟、夫妇各尽其道，而家道正。家道正则始于家邦，终于四海，皆家之推也。若卫之辄聩，郑之庄段、鲁之文姜，则反是。

《象》曰：风自火出，家人。君子以言有物，而行有恒。

孔氏颖达曰：物，事也。言必有事，即口无择言；行必有常，即身无择行。正家之义修于近小。言之与行，君子枢机。出身加民，发迩化远。故举言行以为诫。

张子曰：家道之始，始于饮食烹饪。故曰风自火出。

杨氏龟山曰：言忠信则有物，行笃敬则有恒。无稽之言，是无物也。暴慢邪僻，是无恒也。

郭氏白云曰：君子之修身也，非礼勿言则言有物，非礼勿动则行有恒。是以《乾》之九二自“庸言之信，庸行之谨”终至于尽君德。《家人》自“言有物，行有恒”终至于正家，而天下定其义一也。

初九：闲有家，悔亡。《象》曰：“闲有家”，志未变也。

王氏辅嗣曰：凡教在初而法在始，家渎而后严之，志变而后治之，则悔矣。处家人之初，为家人之始，故必“闲有家”，然后“悔亡”也。

胡氏安定曰：凡人之情爱之极则无疑，亲之至则无防。君子治家，必当思虑未及于邪，耳目未接于私之时，预为之防也。

伊川曰：苟不闲之以法度，失长幼之序，乱男女之别，伤恩义，害伦理，无所不至。能以法度闲之于始，则无是矣。

杨氏龟山曰：礼始于谨夫妇。为宫室，辨内外。男位乎外，女位乎内。男不入，女不出，所以闲有家也。家人之初，闲而有之，所以谨始也。始之弗闲，则终必乱矣。

郭氏白云曰：制治于未乱，保邦于未危，此圣人防微杜渐，早辨之道也。苟乱而后治之，危而后保之，不亦晚乎？家人之道能闲于初，故能有家而悔亡。

朱氏汉上曰：礼内外不共井，不共湢浴，不通寝席，不通乞假，男女不通衣裳。内言不出，外言不入。防渎乱也。初者，家人之志未变之时也。于是闲之内外，各守其正，何悔之有？

王氏童溪曰：鲁桓公之于文姜也，不能防闲之，使为二国之患。诗人所为赋《敝笱》也。郑庄公之于叔段也，不知早为之所，遂至于同气交兵，激祭仲“蔓草”之谏。此无他，不知闲有家之戒也。

赵氏汝梅曰：夫妇狎而易流于其初，而闲之则义立而好不乖，既纵而后刚制，则反目而已。闲家者，外严轨范，内实从容。不近之以纳侮，不远之以致怨，如是而后为闲也。若鲁桓、隋文防之于既变之后，卒至殒身之祸，何止不能亡其悔而已耶？

胡氏云峰曰：初之时当闲，九之刚能闲。颜之推曰：教子婴孩，教妇初来，其得此爻之义乎？

梁氏孟敬曰：有家之始，如子之始有室，始代父而任事，始命于朝而为士大夫，皆是也。

六二：无攸遂，在中馈，贞吉。《象》曰：六二之“吉”，顺以巽也。

胡氏安定曰：《礼》后有瑶爵之献，奠盎之事。《诗》有《关雎》《采蘋》，皆后夫人之职也。

张氏紫岩曰：承命而行，妇道之正。阃以外不敢专也。汉唐女后之祸，率由家法不正。戒哉！

朱氏汉上曰：《诗》曰：无非无仪，惟酒食是议。孟母曰：妇人之礼，精五饭，羃酒浆，养舅姑，缝衣裳而已。故有闺门之修而无境外之志。

杨氏诚斋曰：六二以柔顺之令德宅阃内之正位。无攸遂，以尊其夫，羞馈以事所职，顺以巽也。此二女之事舜，太姒之事文王也。

梁氏孟敬曰：妇人之道，在家从父，既嫁从夫，夫死从子。于家事不敢专者，惟顺从而已。以四德言，无攸遂者，妇德在中馈者，妇功其馀，妇言、妇容之类，皆必以正也。

谨案：《大戴礼》曰：妇人从夫，无所敢自遂也。后汉杨震上疏谓："妇人不得与政事，盖深恐乾刚不振，内政专权。如汉之吕后，唐之武后，临朝称制几覆宗社矣。乃若宋代宣仁皇后，垂帘听政，信任群贤，翊卫幼主，迨君长归政则犹有合于顺巽之义。故当时称之为女中尧舜。然当退位入宫，韩魏公大呼撤帘，盖有鉴于汉唐之遂事，深得大臣之体矣。

九三：家人嗃嗃，悔，厉，吉；妇子嘻嘻，终吝。《象》曰："家人嗃嗃"，未失也。"妇子嘻嘻"，失家节也。

伊川曰：严谨之过，虽于人情不能无伤，然苟法度立伦理正，乃恩义之所存也。若嘻嘻无度，乃法度之所由废，伦理之所由乱，安能保其家乎？

吕氏东莱曰：如入一家，见其父子、夫妇济济有礼，则可以知其必兴；见其嘻嘻以歌舞为乐，则可以知其必败。

赵氏汝梅曰：有家者，恩易以夺义，情足以胜礼。嗃嗃，虽有悔也，能危厉自谨，则子严父诏，妇顺夫指，下至耕奴织婢，莫敢不恪共乃事，是家道之吉也。

六四：富家，大吉。《象》曰："富家大吉"，顺在位也。

郭氏白云曰：《礼》曰：父子笃，兄弟睦，夫妇和，家之肥也。《易》之所谓富，犹《礼》之所谓肥也。礼以家之肥，国之肥，天下之肥为大顺。《象》言顺在位则礼之大顺是也。

谨案：阳主义，阴主利，故致富之家多由于妇女内职克勤，畜禁于牢，茧红于筐。此世俗之所谓富也。六四之富，非多财之谓也。柔而巽顺，和气所蒸，一家雍睦所由，永保其富而家有馀庆，吉莫大焉！非然者，满而易盈，奢而不逊，刻薄成家，则富且为丛怨之府，何吉之有？

项氏平甫曰：四在高位则既富矣，若以骄亢处之则凶，以顺在位则能保其富而吉。卫公子荆之居室，其知此者乎？

赵氏汝梅曰：牝鸡晨，索其家者也。夫妇和，肥其家者也。富家之吉，孰大于此。唐中宗之在房陵，与韦后有不禁之约。及复位，遂斜封以隳国纲，佚游以乱家法，终之以大逆。中宗、韦后两失之。富家云者，非若寡妇清之为放利以谋财贿之谓。自昔家富而贾祸者多矣。吉且不可得，况大吉乎？

九五：王假有家，勿恤，吉。《象》曰："王假有家"，交相爱也。

伊川曰：王者之道，修身以齐家，家正而天下治矣。自古帝王未有不以恭己正家为本。非止使之顺从而已也，必致其心化诚合。夫爱其内助，妇爱其刑家，交相爱也。能如是者，文王之妃乎！

赵氏汝梅曰：文王为君，太姒为妃，王季为父，太任为母，武王为子，邑姜为妇，文王其何忧乎？尧之协和时雍始于睦族，故一家交爱而一国交爱，一国交爱而天下四海无不交爱。此王家之所以为大。

杨氏彬夫曰："闲有家"，闲之于其始；"假有家"，则假之于其终也。

邱氏行可曰：治家之道尚严。《象》以严正为吉，五以相爱为义。严以分言正家之义也，爱以情言假家之义也，假有感格之义。故以相爱言之。

上九：有孚威如，终吉。《象》曰："威如"之吉，反身之谓也。

伊川曰：治家之道，非至诚不能也。故以有孚为本。治家者，在妻孥。情爱之间，慈过则无严，恩胜则掩义。故家之患，常在礼法不足而渎慢生也。长失尊严，少忘恭顺，而家不乱者，未之有也。故必有威严则能终吉。都氏圣与曰：此家人之既济也。《杂卦》，既济，定也。《象》曰：正家而天下定。天下之本在国，国之本在家，家之本在身，反身而诚，孰敢不定？父子、兄弟、夫妇，莫不安分循理，而天下化之无事而定矣。

朱氏汉上曰：孟子曰："身不行道，不行于妻子。石庆家人有过辄不食，家人谢过而后复是，亦反身也。

王氏童溪曰：常人之情，于妻孥则以恩掩义，于臣妾则以慢胜礼。能不失其威严，而使家人有祇畏之心者，未之有也。

赵氏汝梅曰：爻于初言闲，三言嗃嗃，上言威。圣人虑后世以为威严有馀而亲睦不足。谓非严厉以为威，反求诸己而已。不然而徒事威严，则父子相夷，兄弟阋墙，夫妇反目矣。故知闲非拘制，嗃嗃非怒骂呵责，故特以反身终之。

☲兑下离上

睽，小事吉。

《彖》曰：睽，火动而上，泽动而下；二女同居，其志不同行。说而丽乎明，柔进而上行，得中而应乎刚，是以“小事吉”。天地睽而其事同也。男女睽而其志通也。万物睽而其事类也。《睽》之时用大矣哉。

《子夏传》：古者圣人之治也。用天下之物成天下之事。取异物相制或以相合，其类多矣，则天下无不同也。至于天地之殊，男女之别，体异而事同，况乎小物也。子曰：弦木为弧，剡木为矢，盖取诸《睽》。合众材各睽其小体而成其大器，观是而他可知矣。夫济天下之务者，岂止于一材乎？非圣人不能合睽而为功也。

孔氏颖达曰：物情乖异，不可大事。大事谓兴役动众，必须大同之世。小事谓饮食衣服，不待众力，虽乖而可。天高地卑，其体悬隔，而生物品物，事则同。男外女内，分位有别，而成家理事志相通。万物殊形，各自为象，而均于生长，事相类，明睽理合同之大，非大德之人不能用也。

周子曰：家人离必起于妇人。故《睽》次《家人》，以二女同居而志不同行也。尧所以厘降二女于沩汭，舜可禅乎？吾兹试矣！是治天下观于家，治家观于身而已矣。

吕氏蓝田曰：睽趋异而不相合也。物有异而同者，天地男女是也。有同而异者，二女同居，其志不同行是也。异而同者，迹异而心同。孟子曰：“或远或近，或去或不去，君子亦仁而已。何必同”？又曰：“禹、稷、颜回同道。曾子、子思易地”，则皆然是也。同而异者，迹同则心异。孟子曰：有伊尹之志则可，无伊尹之志则篡也。鲁人曰："柳下惠则可，吾固不可"是也。

张氏紫岩曰：《鸿雁》美周宣王诗。万民离散，劳来还定安集之。宣王居睽而吉者也。宣王用柔，不可大事。

赵氏汝梅曰：《睽》，盖人情事势之适然。圣人自有御时之方，小事吉者，就其睽异之中，有以善处之，则亦吉矣。其《屯》之"小贞"，《洪范》作内吉之时乎？天地不睽则清浊淆渎，男女不睽则内外无别，万物不睽则生化杂揉。《睽》者，其体合者其用。

《象》曰：上火下泽，睽。君子以同而异。

王氏辅嗣曰：同于通理，异于职事。

荀氏慈明曰：大归虽同，小事当异。百官殊职，四民异业，文武并用，威德相反，共归于治。故曰：君子以同而异。

伊川曰：圣贤之处世，于秉彝则同矣。于世俗之失则异也。不能大同者，乱常拂理之人也。不能独异者，随俗习非之人也。要在同而能异耳。《中庸》曰："君子和而不流"是也。

朱子曰：《彖辞》言睽而同，《大象》言同而异。在人则出处语默，虽不同而同归于理。讲说文字、为说不同，而同于求合义理；立朝论所见不同而同于忠君。

赵氏汝梅曰：伯夷、柳下孔子之同者，圣也。异者，清和时也。微子、箕子、比干之同者，仁也。异者，生死也。同人之类族，辨物别其异，所以为同睽之同而异。因其同不可不考，其异同异之故。圣人散见于诸卦，学者会而观之可也。

初九：悔亡。丧马勿逐，自复。见恶人，无咎。《象》曰："见恶人"，以辟"咎"也。

伊川曰：当睽之时，小人乖异者至众若弃绝之，不几尽天下以仇君子乎？如此则失含宏之道，又安能化不善而使之合乎？故必见恶人则无咎也。古之圣人所以能化奸凶为善良，革仇敌为臣民者，由弗绝也。

苏氏东坡曰：惟好同而恶异，所以为《睽》。故美者未必悦，恶者未必恨。从我而来者未必忠，拒我而逸者未必贰。以其难致而舍之，则从我者皆吾疾也。是相率而入于咎矣！故“见恶人”所以避“咎”。

杨氏诚斋曰：善合睽者，与其亟也，毋若舒。与其褊也，毋若宏。初九勿逐，自复，此合《睽》以舒，不以亟之道也。相如之感廉颇，子仪之安光弼是也。于恶人不以避为避，而以见为避，此合《睽》以宏不以褊之道也。子见南子、陈实吊张让是也。

朱子曰：见恶人可以避咎，如孔子之于阳货也。

项氏平甫曰：见与追斯可以见之见同。非往见之，若往见，则违“勿逐”之戒矣！

梁氏孟敬曰：圣人达节，如孔子之于阳货。若未至于圣贤而欲冯河也，往则溺矣。吁难矣哉！

九二：遇主于巷，无咎。《象》曰：“遇主于巷”，未失道也。

伊川曰：巷者，委曲之涂也。遇者会逢之谓也。当《睽》之时，君心未合，贤臣在下，竭力尽诚，期使之信合而已。至诚以感动之，尽力以扶持之，明义理以致其知，杜蔽惑以诚其意。如是，宛转以求其合也。遇非枉道，逢迎也。巷非邪僻，由径也。故云未失道也。

张氏紫岩曰：周公相成王，因伯禽示诲，进之有渐，至诚委曲之意尽矣。

王氏童溪曰：尧舜之时，朝廷清明，无有欺蔽，或吁或俞，故不待于委曲宛转也。孟子之于战国则不然。然对好色以太王言，对好货以公刘言，对好勇以文武言，曾何失道之有？若商鞅之说秦也，帝不入则王，王不入则伯，此虽有所遇合，然失道多矣。能无咎乎？

谨案：人主之尊如堂，廉远堂高。君臣之分至严也。古者君臣相见，皆由庭阶以升堂，礼也。巷者，宫垣之小径也。遇主者名大分与常仪而于巷。爻辞曰：无咎。《象传》曰：未失道者。盖时当乖睽，遇合最难。劲直之不能行，必委婉曲折以道之。如孟子于齐宣王，陈古之善而闭其邪心，所谓引其君于当道也。于巷者与《坎》四之“自牖”同义。人臣之事君，不可不知此义也。

六三，见舆曳，其牛掣，其人天且劓，无初有终。《象》曰：“见舆曳”，位不当也。“无初有终”，遇刚也。

孔氏颖达曰：应在上九，执志不回。初虽受困，终获刚助。

伊川曰：不正而合未有久而不离者，合以正道自无终睽之理。故贤者顺理而安行，智者知几而固守。

张子曰：乘刚过敌，舆卫皆困。

九四：睽孤，遇元夫，交孚，厉，无咎。《象》曰：“交孚无咎”，志行也。

伊川曰：“元夫”犹云善士也。当睽乖之时同德相亲必须至诚，相与交孚各有孚诚也。以至诚相合，则何时之不能行，何危之不能济？故虽危厉而无咎也。

杨氏龟山曰：同舟而济，虽胡越无异心。天下方睽则遇而交孚其宜矣！

郭氏白云曰：天下之势，合则众，睽则孤。处孤之道求人以自助而已。故求善士而相与以诚，则虽危无咎矣！所谓德不孤也。

杨氏诚斋曰：举朝皆武氏之臣，而狄仁杰以一身殉唐，非孤立于睽离之世乎？乃荐洛州司马张柬之，一柬之而五柬之合与仁杰，而六周复为唐，仁杰之志行矣。

六五：悔亡。厥宗噬肤，往，何咎。《象》曰："厥宗噬肤"，"往"有庆也。

伊川曰：宗，党也，噬肤则入之深矣。以周成之幼稚而兴盛王之治，以刘禅之昏弱而有中兴之势。盖由任圣贤之辅，而姬公孔明所以入之者深矣。

胡氏云峰曰：五以二为宗，其合也，如噬肤之易。二以五为主，其合也，有于巷之遭。宗，亲之也，上当以情亲下也；主尊之也，下当以分严上也。

谨案：胡氏谓：二以五为主，尊之也。五以二为宗，亲之也。盖臣尊其君，君亲其臣。君臣合德，何咎之有？自古失士者亡，得士者兴，外托君臣，内逾骨肉，则所以入之者深矣！其有福庆也，宜哉。

上九：睽孤，见豕负涂，载鬼一车，先张之弧，后说之弧。匪寇，婚媾。往遇雨，则吉。《象》曰："遇雨"之"吉"，群疑亡也。

王氏介甫曰：睽之极则物有似是而非者，虽明犹疑。疑之已甚则以无为有，无所不至，况于不明者乎？上九刚过中，用明而过者也，故其始不能无疑。

伊川曰：上居卦之终，睽极则咈戾而难合；刚极则躁暴而不详，明极则过察而多疑。才性如此自睽孤也。如人虽有亲党，而多自疑猜，妄生乖离。虽处骨肉亲党之间，而常孤独也。

耿氏南仲曰：凡物之情，信然后合，合则愈信。疑然后睽，睽则愈疑。

张氏紫岩曰：为人上者，不患不明，患在恃其明以自用，逆耳之言不复闻。故谗间易入而疑隙以生也。四与上睽孤象同，皆以阴阻之，而上下不获相应。四之疑上，臣道孤也。上之疑君子而迩小人，君道孤也。《语》曰："德不孤，必有邻。"君臣之间，其勉夫德而戒夫孤哉！

谨案：张氏以四与六象皆睽孤。四臣道孤也，上君道孤也。君臣之间宜戒夫孤，顾四居大臣之位不妨孤立，庶免植党树私之咎。元夫，善士也。交孚则以诚心相感，非若后世权臣引同类以相助，排斥正士而君乃孤矣！虞书钦四邻，商书求一德，皆赖臣以辅治也。毋听谗间之言，毋疏公忠之士，任贤勿贰，群疑亡而君不孤立矣。

赵氏汝梅曰：此以物言也，取诸人情，方其睽也。疑婚姻以为寇，不特发贝邱之矢，施竹堂之射，及其合也。匪寇仇而为婚，不特释怨耦之仇，且将鼓琴瑟之欢矣。所以然者，以其正应，往而求之，遇必有合。犹阴浊充塞，宇宙昏曀，狐狸为之嗥舞，及乎阴阳浃洽于太空之间，云行而雨施，而宇宙为之一清矣。齐威见鬼而病，疑也。管仲一言而愈，疑亡之谓与？"怪力乱神"，圣人不语，而此卦言之甚详。故圣人断之曰：疑盖心疑则境见，心明则疑亡。知此者，志怪之书可焚，无鬼之论可熄。

易鉴卷二十

䷦艮下坎上

蹇。利西南，不利东北。利见大人。贞吉。

《彖》曰：蹇，难也，险在前也。见险而能止，知矣哉。蹇，“利西南”，往得中也。“不利东北”，其道穷也。“利见大人”，往有功也。当位“贞吉”，以正邦也。蹇之时用大矣哉。

伊川曰：蹇难之时，必有圣贤之人济天下之难。故利见大人。济难者，必以大正之道而坚固其守。故贞则吉。若不能固其守入于邪滥，虽使苟免，亦恶德也。知义命者所不为也。处蹇之时，济蹇之道，其用至大。顺时而处，量险而行，从平易之道由至正之理，乃蹇之时用也。

郑氏东谷曰：少康以羿浞之难而兴夏，宣王以猃狁昆夷之难而兴周，不自处于险，乌能济险哉？

项氏平甫曰：屯与蹇皆训难。屯者，动乎险中济难者也。蹇者，止乎险中涉难者也。凡行之跛躄而不进者曰蹇，言之呐呐而不利者曰謇，非不言不行也，言之艰行之难耳。若不言不行，则人不见其功矣！蹇之所以称用者以此。

《象》曰：山上有水，蹇，君子以反身修德。

张氏简曰：《云汉》，宣王治蹇之诗。

伊川曰：孟子曰“行有不得者皆反求诸己”，故遇艰蹇必自省于身，有所未善则改之，无歉于心则加勉，乃自修其德也。君子修德以俟时而已。

郭氏白云曰：《屯》之难济以动，故君子以经纶；《困》之难济以说，故君子致命遂志。《蹇》之难在止于至善，故曰：反身修德，难非一也。故所以济难亦不能同也。

赵氏汝梅曰：反求诸身以自修其德，大学之絜矩，孟子“我必不仁”之类是也。盖惟知自反者，乃能自修。不然，则直情径行，惟有责人不责己，德之害也。

初六：往蹇来誉。《象》曰：“往蹇来誉”，宜待也。

伊川曰：上进则为往，不进则为来。时未可进，宜见几而止以待时，可止而后行也。

朱氏汉上曰：天下之险未有久而不解者，故伯夷大公居海滨以俟。若先时而起则愈蹇矣。

王氏巽卿曰：往而行险，不如居易以俟之为宜也。

龚氏幼文曰：见险而即止。《象传》之所谓“知”也。

六二：王臣蹇蹇，匪躬之故。《象》曰：“王臣蹇蹇”，终无尤也。

王氏辅嗣曰：执心不同，志匡王室者也。

伊川曰：圣人取其志而谓其无尤，所以劝忠荩也。

谨案：二，臣位也，为君所任，则曰“王臣”。自古委质为臣，即以身许国，记曰：“自献”其身。《语》曰：“能致其身”，皆“匪躬”之谓也。况当时之蹇，有杀身以成仁，舍生而取义者，肯惜身躯而保首领乎？虽然济蹇必赖乎臣。人臣以一身系天下之安危，身存则国与俱存，身亡则国与俱亡。为臣者，固不惜一死以报国。为君者，亦当谅其忠荩矜全而爱护之。慎毋堕敌人之计，自坏其万里长城也。

王氏童溪曰：昔退之作《争臣论》，尝引此爻与《蛊》之上九，以讥阳城矣。而曰：若《蛊》之上九居无用之地而致匪躬之节，以《蹇》之六二在王臣之位而高不事之心，则冒进之患生，而旷官之刺兴。志不可则而尤不能无也。无谏诤言官也。犹不可旷。况居大臣之位而当蹇难之时，其可以静处于静止之地而已乎？

朱子曰：不言吉凶者，占者。但当鞠躬尽力，成败利钝则非所论也。

赵氏汝梅曰：国有险难，正臣子图济之时。周公之遭变也，商奄叛；二叔流言，成王疑，邦君御事，咸曰艰大。周公勤劳三年，曾不回挠而安周室。观《鸱鸮》、《破斧》诸诗，则知周公匪躬之节矣。蹇蹇而行，不顾危难，其初盖有尤之，如《金縢》未启之时。其终也，天彰之，大夫美之，孰有尤之者乎？

胡氏云峰曰：平时未足以见臣节，蹇之时方见之。蹇蹇，事君能致其身者也。《本义》引孔明之言，成败利钝则非所计，必如此而后义利之分明矣。天下事固当论是非，不论成败也。孔明虽志决身歼天下，后世谁得而尤孔明也？

九三：往蹇来反。《象》曰："往蹇来反"，内喜之也。

石氏徂徕曰：古人亦有保一城居一国者，若过险难，内有众民仰恃于己，外有妻子之忧亦未可往，救内舍外，宜悦从也。

伊川曰：以来为反，犹春秋之言归也。

杨氏诚斋曰：此刘瑜陈蕃劝窦武速断大计而武不从之事也。二子往而不反其济否，何如也？

王氏童溪曰：《春秋》书季子来归。《穀梁》曰：来归，喜之也。盖当庄公死，鲁国方危，内难未平。国人思得季友以安社稷。

闵公元年落姑之盟，纳季子也。《公羊》亦曰：来归者，何喜之也？何休释之曰：季子来归则国安，故喜之。此则《蹇》三“往蹇来反，内喜之也”之谓也。

六四：往蹇来连。《象》曰：“往蹇来连”，当位实也。

荀氏慈明曰：蹇难之世不安其所。故曰：“往蹇来连。”承五则与至尊相连，故曰“来连”。

伊川曰：同处艰戹者，其志不谋而同也。

杨氏诚斋曰：张良力不能破楚而引韩彭，狄仁杰力不能谋唐而引张柬之辈，亦往蹇来连之象。

朱子曰：连于九三，合力以济。

九五：大蹇朋来。《象》曰：“大蹇朋来”，以中节也。

胡氏安定曰：五以刚中得人臣之节，二以柔中得人君之节。若汤伐夏而得伊尹，武王伐纣而得吕望也。

伊川曰：自古帝王济天下之蹇，未有不由贤圣之臣为之助者，汤武得伊尹是也。中材之君得刚明之臣而能济大难者，刘禅之孔明、唐肃宗之郭子仪、德宗之李晟是也。虽贤明之君，苟无其臣则不能济于难也。上下中正而不济者，君臣之才不足也。自古守节秉义而才不足以济者，岂少哉？汉李固、王允，晋周顗、王导之徒是也。

朱子曰：“大蹇”所谓遗大投艰于朕身。人君当此，则须屈群策用群力，乃可济也。

谨案：主治者君，辅治者臣。故圣主必得贤臣以助理，虞廷之师师百僚，成周之蔼蔼多士，同心一德，共襄盛治，尚矣。至当大蹇之时，国步艰难，需才孔亟，惟求贤若渴，从谏如圜智者效其能，勇者效其力，朋来则多助之至，以之济险，不难矣。

上六：往蹇来硕，吉，利见大人。《象》曰："往蹇来硕"，志在内也。"利见大人"，以从贵也。

伊川曰：硕，大也。宽裕之称。

郭氏白云曰：居难之极，难将革矣，犹能以往为戒，慎之至也。

李氏蒙斋曰：蹇之极，有出蹇之道。上六阴柔，才不足以济蹇，其见九五大德之人，协力同心以济蹇难，何难之不可舒？何蹇之不可出？萧何之举韩信，鲍叔之荐管夷吾，其亦知此道也夫。

䷧坎下震上

解。利西南。无所往，其来复吉。有攸往，夙吉。

《彖》曰：解，险以动，动而免乎险，解。解，"利西南"，往得众也。"其来复吉"，乃得中也。"有攸往，夙吉"，往有功也。天地解而雷雨作，雷雨作而百果草木皆甲坼。《解》之时大矣哉！

孔氏颖达曰：褚氏云"世有无事求功"。故诫以无难宜静亦有待败乃救。故诫以有难须速也。

伊川曰：当天下之难方解，人始离艰苦，不可复以烦苛严急治之，当济以宽大简易。汤除桀之虐而以宽治，武王诛纣之暴而反商政，皆从宽易也。自古圣王救难定乱，其始未暇遽为也，既安定则为可久可继之治。自汉以下，乱既除则不复有为，姑随时维持而已，故不能成善治。盖不知来复之义也。有所为则夙吉。早则往而有功，缓则恶滋而害生矣。王者法天道、行宽柔、施恩惠、养育兆民，至于昆虫草木，乃顺解之时，与天地合德也。

张氏紫岩曰：无所往，武不可黩也。其归马放牛之义乎？

《诗》美宣王复古，而箴规之，诗继之。宣王勤始怠终，昧夙吉之戒也。

王氏童溪曰：益之戒。禹曰：警戒无虞。皋陶亦曰：屡省乃成钦哉！此有攸往而以夙为吉也。夫惟夙致其警戒之心，则有所不往，往而有功矣。

朱子曰：无所往，其来复，吉。《程传》以为天下之难已解而平安无事，则当修复治道、正纪纲、明法度，复先代明王之治。夫祸乱既平，正合修明治道，求复三代之治。两汉以来，人生还有理合正心诚意否？如神庙，大有为之主，励精治道。是时却有许多人材，若专用明道为太臣，当有可观。明道天资高，又加以学，诚意感格，声色不动，而事至立断。当时用人参差如此者，亦是气数乘逆。

吕氏东莱曰：无所往者，患难方解。不可复，有所往也。秦并天下，筑长城，平百粤，隋兼南北，再伐高丽，终皆不免于难。故《解》贵乎无所往，然必有所往者，又当不终朝为之夙夜以进，则吉。如晋武帝平吴之后，固未尝兴兵生事，然而君臣之间因循苟简，清谈废务，坐视而至于弊。故二者不可一偏。

赵氏汝梅曰：有攸往者，遗患馀衅，安能尽除？必敏疾果断，不俟终日，而威已震。然后奸邪不得起谋以间我。此狐疑犹豫，窦武、何进所以逢害，夙吉之戒，垂鉴于未然如此。

邱氏行可曰：大抵处时方平者易缓，除恶不尽者易滋。圣人于患难方平之际，既不欲人以多事自疲，又不欲人以无事自怠也。

《象》曰：雷雨作，解。君子以赦过宥罪。

孔氏颖达曰："过"谓误失。"罪"谓故犯。过轻则赦，罪重则宥。

刘氏长民曰：汉祖宽秦法，汤武赦宥夏商之民，匪常所行也。

郭氏白云曰：古者罪有宽宥而无赦。赦而释之者，惟过失耳。此过、罪之不同也。故《康诰》言，人有小罪，非眚。而曰：乃不可不杀，谓罪也。乃有大罪，非终。而曰：时乃不可杀，谓过也。观《解》之象与《康诰》之言，可见先王用刑之意。

王氏童溪曰：人君之赦，若屡行而不已，适所以长寇而滋奸，非政也。其后世之过乎此驳赦之论，所以作于五代之张元。

赵氏汝梅曰：雷者，天之威。雨者，天之泽。威中有泽，犹刑狱之有赦宥。

谨案：《大象》言刑狱者五卦，《噬嗑》、《贲》、《丰》、《旅》、《中孚》，皆取能察能断，仁之至、义之尽也。《解》象言赦宥，则又体造物发育之仁。盖雷雨作，天所以解万物之屯。赦宥行，君子所以解万民之难。《虞书》言流宥、言肆赦者，好生之德，所以洽于民心也。《吕刑》言赦皆五刑五罚之疑，亦即《虞书》罪疑惟轻之意。疑则赦之，非概从宽释也。无心失理则为过。赦之，使之更新。至有心丽法则为罪，宥而不赦，使之自悛而不至复陷于恶。圣人哀矜恻怛之仁，又未尝不裁之以义也。

初六：无咎。《象》曰：刚柔之际，义“无咎”也。

吕氏东莱曰：当解之际，君臣俱以简易相接，方无咎。如汉之初，使高祖欲休息天下，若萧、曹，皆以刚勇生事，安得无咎？使萧、曹欲清净而帝好大喜功，又安得无咎？故曰：“刚柔之际，义无咎”也。

李氏蒙斋曰：光武当拨乱之初，奋乎昆阳，破赤眉，降铜马，卒定祸乱者，得以刚居初，以贵下贱之义也。天下既定，谢西域，礼匈奴，却臧宫，马武之请者，得以柔居初，无咎之义也。

蔡氏介夫曰：初六以柔在下，则能安静而不生事以自扰，何咎之有？

九二：田获三狐，得黄矢，贞吉。《象》曰：九二“贞吉”，得中道也。

伊川曰：天下小人常众，刚明之君在上，则明足以照之，威足以惧之，刚足以断之。故小人不敢用其情，然犹常存警戒，虑其有间而害正也。况难方解，而治之初，其变尚易。二既当用，必须能去小人，则可以正君心而行其刚中之道。群邪不去，君心一入则中直之道无由行矣。桓敬之不去，武三思是也。

杨氏诚斋曰：当解之时，二欲其获狐，三戒其致寇，四欲其解拇，五欲其退小人，六欲其射隼。一卦六爻，而去小人者居其五。然则召天下多难者谁乎？人君亦何乐乎？天下之多难而乐于近小人以疏君子哉？狐者，小人之妖，恭显是也。拇者，小人之贱，通嫣是也。隼者，小人之鸷，宪冀是也。负乘者，小人之僭，莽卓是也。

朱子曰：大抵此爻为卜田之吉占，亦为去邪媚而得中直之象。

吕氏东莱曰：人以尽去小人为失之过，殊不知尽去小人乃中道也。昔元祐君子在朝，至元祐末，小人之大者如章子厚、吕惠卿之徒，固已远窜，然尚有未尽去者。至绍圣之后，君子之道不明，盖缘去小人不尽。至建中靖国初欲用正人，当时朝论以为元祐时人当用，绍圣时人亦当用，殊不知君子小人参用乃非中道。其后蔡京之徒复用，中道不行，盖不知此爻之义也。

王氏伯厚曰：世之治也，君子以直胜小人之邪。《易》“田获三狐，得黄矢”世之乱也。小人以狡胜君子之介。《诗》曰：“有兔爰爰，雉罹于罗。”

胡氏云峰曰：狐，邪媚之兽。所以形容小人者尤切。

六三：负且乘，致寇至，贞吝。《象》曰："负且乘"，亦可丑也。自我致戎，又谁咎也？

胡氏安定曰：小人得在高位者，盖在上之人慢其名器，不辨贤否而与之，以至为众人所夺，而致寇戎之害也。

张氏紫岩曰：孟子曰"不仁而在高位，是播其恶于众"。小人得位，内而中夏，外而四夷，莫不皆启陵侮之心。如汉淮南视公孙宏辈，犹发蒙耳。且小人用事于时，而纲纪慢于上，政事暴于下，人心积怨，敌因轻视，寇安得不至邪？

赵氏汝梅曰：车服所以旌有德。负者而乘，衹以播恶，何足贵者？

雷氏西仲曰："负且乘"，小人自以为荣，而君子所耻。故"可丑"。寇小则为盗，大则为戎，任使非人则变解而蹇，天下起戎矣。

九四：解而拇，朋至斯孚。《象》曰："解而拇"，未当位也。

伊川曰：居上位而亲小人，则贤人正士远退矣。必斥去小人，则君子之党进而诚相得矣。

谨案：拇为足指，小人群比之象也。解之，则去小人而君子之朋至矣。昔宋臣欧阳永叔作《朋党论》，曰：小人无朋，其暂为朋者，伪也。始终如一者，君子之朋也。人君但当退小人之伪朋，用君子之真朋，则天下治矣。舜佐尧，退四凶之小人，进元凯之君子，及舜为天子，凡二十二人为一朋，天下大治。武王之臣三千人为一大朋，而周用以兴。后汉献帝时尽取天下名士囚禁之，汉室大乱。唐昭宗时尽杀朝之名士，投之黄河，而唐遂亡矣。兴亡治乱之迹，为人君者可以鉴矣！观永叔之论，即易之爻义也。世之为君者，玩其辞焉，可不以退小人、用君子为急务哉？

杨氏诚斋曰：四以阳刚之贤，居近君之位者，当大臣之任而比微贱之小人，则君子望望然去之矣。惟解散其小人，则君子信其忠正而朋至矣。故蘧子冯比八人者，而申叔时远之，郭子仪任吴曜而僚佐去之，拇体之微，而在下者，小人之象也。

何氏楷曰：九四居近君之位，苟昵近比之小人而不解，则君子之朋虽至，彼必肆其离间之术矣。

六五：君子维有解，吉。有孚于小人。《象》曰：君子有解，小人退也。

刘氏长民曰：是赦过宥罪之君，既出其险又宽其法，小人信服。汤武之道。

伊川曰：君子之所亲者，必君子。所解去者，必小人。小人去则君子进矣。

谨案：《解》，去小人之卦也。卦惟四五两爻言解。“拇”，在下之小人也。“朋”，君子之朋也。四解小人而后君子至，五君子能解之，则小人退。盖邪正不容两立，犹兰鲍之异臭猋石之殊性也。自古贤奸并进，国事多不可问。北宋季年，为调停之说者，元祐诸贤与绍圣之徒参用，卒之宵小盈朝，忠良屏逐，宗社因而覆亡。可鉴也夫！

杨氏龟山曰：能有解，故能有孚于小人。若董卓之诛卒至京城流血；萧俛议销兵而朱克融等客长安饿且死，不得一官，皆不知维有解之道也。

朱氏汉上曰：难生之初，刚柔交错。小人道胜，君子合内外之力以济其难，非以胜小人也。如理乱绳惟有解其结而已。

郑氏东谷曰：益之戒曰：任贤勿贰，去邪勿疑。如使世之小人皆信，上之所用者必君子，而所解者必小人。则必改心易虑，不复有投隙抵巇之望。是惟未孚于小人。此小人所以犹有觊幸之心也。

杨氏诚斋曰：六五，当解之世，为解之君，有解散患难之功，维得解之要而已。小人者多难之宗，君子者解难之源。故洪水非尧之难，而四凶过于洪水。四裔非四凶之威，而一舜烈于四裔。曰：君子维有解。吉，言解之吉。惟用君子一事而已。

朱子曰：孚，验也。君子有解，以小人之退为验也。

上六：公用射隼于高墉之上，获之，无不利。《象》曰："公用射隼"，以解悖也。

伊川曰：圣人于此发明藏器待时之义。夫行一身至于天下之事，苟无其器，与不以时而动，小则括塞，大则丧败。自古喜有为而无成功，或颠覆者，皆由是也。

苏氏东坡曰：夫欲毙所争而解交斗，惟不涉党者能之，故高墉之隼，惟上六为能射而获之。

郑氏东谷曰：解之极，动之终，而射去小人，是谓藏器于身，待时而动。舜必俟鲧之久任，然后殛之三苗。罪极恶盈，然后窜之。汤之征葛、文王之伐崇、所以动而不括，出而有获者，皆此道也。

王氏巽卿曰：以其柔邪谓之"狐"，以其阴鸷谓之"隼"。

易鉴卷二十一

䷨兑下艮上

损。有孚，元吉，无咎。可贞。利有攸往。曷之用，二簋，可用享。

《彖》曰："损"，损下益上，其道上行。损而有孚，元吉，无咎，可贞。利有攸往，曷之用，二簋，可用享。二簋应有时。损刚益柔有时，损益盈虚，与时偕行。

郑氏康成曰：山在地上，泽在地下。泽自损以增山之高，犹诸侯损国之富以贡献于天子。

刘氏长民曰：损有孚者，取于民。当以诚信取之，有制什一而税是也。二簋应有时者，八蜡不通所以谨民财，是岁凶民不足之时，当用约以取民也。

伊川曰：损，减损也。凡损益其过以就义理，皆损之道也。圣人以俭为礼之本，故于损，发明其义，以享祀言之，二簋可用，言在乎诚而已。诚为本也。天下之害无不由末之胜也。峻宇雕墙本于宫室，酒池肉林本于饮食，淫酷残忍本于刑罚，穷兵黩武本于征讨。凡人欲之过者，皆本于奉养，其流之远则为害矣。先王制其本者，天理也。后人流于末者，人欲也。损之义，损人欲以复天理而已。

吕氏蓝田曰：君子不以微薄废礼。苟有明信，涧溪沼沚之毛，可荐于鬼神。故"二簋可用享"。

朱子曰：后世不知絜矩之道，惟务竭民财以自丰。故上愈富而下愈贫，夫以四海而奉一人，不为不厚矣。使在上者常有厚民之心，而推与共之，犹虑有不获者，况皆不恤而惟自丰殖，则民安得不困极乎？《易》，损上益下曰益，损下益上曰损，所以然者，邦本厚则邦固而君安，乃所以为益也。否则反是。

赵氏汝梅曰：此章三致意于时，可以损可以无损，可以益可以无益，惟识时者能之。故知百世之损益者，圣人也。后世有事变倏起，上用不足，加赋于常法之外，事定而以为常者，损之罪人也。

胡氏云峰曰：盖上有不得已而损下者，非以自奉也。二簋可用享者，损之时，享，犹不敢过，则所以自奉者可知矣。

《象》曰：山下有泽，损。君子以惩忿窒欲。

虞氏仲翔曰：兑说故惩忿，艮止故窒欲。

孔氏颖达曰：惩者，息其既往。窒者，闭其将来。

杨氏龟山曰：损，德之修也。所当损者，惟忿欲而已。故九思始于视听貌言，终于忿思。难见得思义。

朱子曰：惩忿如摧山，窒欲如填壑。惩忿如救火，窒欲如防水。

初九：已事遄往，无咎，酌损之。《象》曰："已事遄往"，尚合志也。

孔氏颖达曰：如人臣欲自损己奉上，然各有职掌，若废事而往，咎莫大焉？若事已不往，则为傲慢竟事。遄往乃得无咎。

刘氏长民曰：居损之初，事可为者为之，可已者已之。然亦当酌庆。秦罢侯而孤睽，汉强国而畔逆，不能酌损也。

伊川曰：下之益上，当损己而不自以为功。所益于上者，事既已则速去之，不居其功，乃无咎也。

游民广平曰：所谓事者，损之事也。未事而往，则恭敬无实而人未孚。后事而缓往，则于疾无损而事不济。

朱氏汉上曰：遄往，如鲁人欲以璠玙葬，夫子历阶而止之是也。

赵氏汝梅曰：役以事则损民之力，岂能免咎？必已事即休，咎乃可免。不能不劳而不敢过劳，酌损之也。不然筑台而讴者不止，其不能酌损者与？

九二：利贞。征凶，弗损，益之。《象》曰："九二，利贞"，中以为志也。

伊川曰：失其刚正而用柔说适足损之矣。世之愚者，虽无邪心，惟知竭力顺上为忠，不知"弗损，益之"之义也。

王氏童溪曰：李大亮之在凉州也，台使讽献名鹰。大亮密表曰："陛下绝田猎久矣，而使者求鹰。如陛下意，乃乖昔旨；如其擅求，是使非其才。"太宗报书曰："有臣如此，朕何忧"？倪若水为江州刺史，明皇遣使江南采鸡鹊。若水论之，为反其使。李德裕之在浙西也，诏造银盝子妆具二十事、织绫二千匹。德裕上疏论罢之。又诏益州织半臂背子、琵琶捍拨、镂牙合子等，苏颋不奉诏。唐室诸臣所以益上者如此，正得"利贞弗损益之"之义。

赵氏汝梅曰：什一天下之正也。九二为人君理财之臣宜以正取之，或以恣奢侈之需，是征进无节，财聚民散，能无凶乎？初资民之力，曰：酌损。二资民之财，什取其一，民不知损而上自益。故曰："弗损，益之"，岂若后世朘膏竭泽而上下俱困者哉？

林氏次厓曰：志在自守，不肯妄进，九二之贞也。故占者利于守贞。若征行，则是变其所守而得凶矣。夫自守而不妄进，宜若无益于上矣。由是而启时君尊德乐道之心，止士大夫奔竞之习，其益于上也不少，是弗损乃所以益之也。桐江一丝，系汉九鼎，清风高节，披拂士习，可当此爻之义。

六三，三人行，则损一人。一人行，则得其友。《象》曰："一人行"，"三"则疑也。

《子夏传》一与一，则志专而相应也。一以待而二以应之，则惑矣，而况于三乎？于男女则不生化矣，于所求则累其德矣，于建策则多劳而寡功矣。

游氏广平曰：损一人盖德二三也。得其友盖德惟一也。己之德二三，能无疑乎？

朱子曰：两相与则专，三则参而乱。

张氏南轩曰：一阴偶二阳，一阳蓄二阴，皆非致一之道。举此一端以泛观天下万物，凡过公越私之事，乌得不损哉？

赵氏汝梅曰：天地人物之妙化由于致一，况人之交际可二三其德乎？故士贰其行，诗人刺之。

杨氏启新曰：人之相与，惟其心之同而已。苟精神不孚，意气不贯，则群党比周，固三也。即一人之异，亦三也。是皆不可以不损也。苟精神相孚，意气相贯，则二人同心，固两也。即千百其朋亦两也。是皆不可以不得者也。

六四：损其疾，使遄有喜，无咎。《象》曰："损其疾"，亦可"喜"也。

石氏徂徕曰：得位近尊大臣之象。凡疵病皆谓之疾。民方难解，有病未尽去者，宜速去之。禹思天下有溺者，此也。

郭氏白云曰：意必固我，人之疾也，孔子绝之。迁怒贰过，人之疾也，颜子去之。谓其“损其疾”者如此，故曰：损以远害。

赵氏汝梅曰：决于攻疾则疾遄愈，勇于改过则过速更。待来年以损攘鸡之过者，咎可免乎？

谨案：《系辞》曰：损，以远害疾身之害也，遄，速也。治疾者必使之速愈，而后疾不至大渐。若悠游怠忽，久则生变，或病加于小愈，或患贻于后时，厥疾弗瘳，往往不可救药者有之。损之之道在于调和血气，固啬精神，节饮食，寡嗜欲。《大象》之所谓“惩忿窒欲”者是也。如是则“疾可速愈有喜”，与《无妄》之“疾，勿药有喜”者同矣。世之保身者其知之。

六五：或益之十朋之龟，弗克违，元吉。《象》曰：“六五，元吉”，自上祐也。

王氏辅嗣曰：阴非先唱，柔非自任。尊以自居，损以守之。故人用其力，事竭其功，知者虑能，明者虑策，弗能违也。众才之用尽矣！

伊川曰：人君能虚中自损以顺从在下之贤也。能如是，天下孰不损己自尽以益之？龟者，决是非吉凶之物。众人之公论必合正理，古人曰：谋从众则合天心。

郭氏白云曰：益之至，岂独人事而已？虽元龟之灵弗能违。此其所以“元吉”也。《洪范》曰：汝则从龟、从筮、从卿士、从庶民，“从是”之谓“大同”。六五之“元吉”，犹《洪范》之“大同”也。自上祐者，所谓天且弗违，而况于人乎？况于鬼神乎？

王氏童溪曰：《诗》之《卷阿》言求贤用吉士而作也。其《七章》曰：“王多吉士，维君子使。”其《八章》曰：“王多吉人，维君子命。”则益之不一，盖如此也。然于其《四章》曰：

"弗禄尔康，纯嘏尔常"，则元吉。自上祐又可知也。然则成王之所以能为持盈守成之主者，盖有得于《损》之"六五"也与？

上九：弗损，益之，无咎，贞吉。利有攸往，得臣无家。《象》曰："弗损益之"，大得志也。

王氏子邕曰："得臣无家"，万方一轨，故无家也。

勾氏微曰：为物所归，虽曰得臣，非已所有，盖以四海为家。

胡氏安定曰：在上者益民以道，则欢心归之，皆臣服而远近无间，天下一家也。

杨氏龟山曰：德宗之播迁卒有忠智之臣为之谋，遂至复国。非"得臣无家"之效与？

朱氏汉上曰：益下必以正理，则取之愈有，用之不竭，人各安于分量之内。故正吉。

郑氏东谷曰：施益则得民之归，非有远近内外之间也。禹稷拯天下之饥溺，其心如是。故曰"大得志"也。

朱子曰：居上而益下，有所谓惠而不费者，不待损己，然后可以益人也。惠而不费，其惠广矣。故又曰："得臣无家。"

赵氏汝梅曰：九居爻之最上，然分则臣也。其益上如此，楚子文毁家纾国者近是。

谨案：人臣之义，公尔忘私，国尔忘家。盖君国之念重，则身家之念轻。古之人有散家赀为军费者，有在军中得家书焚而不览者，皆"无家"之义也。乃世之为臣者，甫登仕籍，即问利人之多寡。为职任之丰瘠；其贪婪者甚至剥民以肥己，若人臣爵位既尊，禄糈较厚而簠簋不饬者，亦往往有之。因贵致富，固已家饱身温，又复问舍求田，为后世子孙计，亦昧乎忘私忘家之义矣！

梁氏孟敬曰：上之益下，不待损己，惟以天下之益益天下。

如欲养老，但教之树蓄，使自养其老；欲富民，但禁其游惰，使民之自富，岂非“弗损益之”乎？如是则可以无咎矣。

☳☴震下巽上

《益》。利有攸往。利涉大川。

《彖》曰：《益》，损上益下，民说无疆，自上下下，其道大光。利有攸往，中正有庆。利涉大川，木道乃行。《益》动而巽，日进无疆。天施地生，其益无方。凡益之道，与时偕行。

郑氏曰：君以益下为德，故谓之《益》。雷动风行，犹人君出教令，臣下奉行之。故利有攸往，利涉大川。

孔氏颖达曰：向秀云明王之道，志在惠下，故取下谓之损，与下谓之益。

陆氏敬舆曰：约己而裕于人，人必悦而奉上矣，岂不谓之《益》乎？上蔑人而肆诸己，人必怨而畔上矣，岂不谓之《损》乎？

范氏希文曰：益上则损下，损下则伤其本也。损上则益下，益下则固其本也。

胡氏安定曰：利涉大川者，君能以仁义之道益下。下受其赐，则捐躯而报上，效命以助君，可济险难。

郭氏白云曰：益动而巽，则无盈满之累。故日进无疆。颜子有若无，实若虚，终日不违如愚，所以见其进，未见其止也。

朱氏汉上曰：上益其下，百姓亲附，乐为之用。入可以守，出可以战。如子弟之卫父兄，孰不致其死力以犯大难哉？故曰：利涉大川。

王氏童溪曰：凡人君损四海之供奉以益天下之不足，则天下以为此吾君之惠也。损万乘之尊严以下天下之贤者，则天下又以为此人君之谦也。其道下济，岂不光大矣乎？

蔡氏介夫曰：损下益上，民贫则君不能独富，损道也。

故为《损》。损上益下，民富则君不至独贫，益道也。故为《益》。

《象》曰：风雷，益。君子以见善则迁，有过则改。

胡氏安定曰：风得雷而威益彰，雷得风而声益远。

薛氏温其曰：风，无所不至，迁善宜速。雷，动而复静，改过宜思。

伊川曰：风烈则雷迅，雷激则风怒。

郭氏白云曰：颜子克己之始于视听，言动之非礼，皆勿而绝之，所谓惩忿窒欲也。及其得一善则拳拳服膺而弗失，所谓见善则迁也。有不善未尝不知，知之未尝复行，所谓有过则改也。知此则损益之道尽矣。

朱子曰：迁善如风之速，改过如雷之烈。

胡氏云峰曰：雷与风自有相益之势。速于迁善，则过当益寡；决于改过，则善当日纯。是迁善改过，又有相益之功也。

何氏楷曰：咸，言速，心之德通于虚也。不损不虚，惩忿窒欲。损之又损，致虚以复其为咸。恒，言久，心之德凝于实也。不益不实，迁善改过，益之又益，充实而成其为恒。

初九：利用为大作，元吉，无咎。《象》曰："元吉无咎"，下不厚事也。

伊川曰：在下者，本不当处厚事。厚事，重大之事也。以为在上所任，所以当大事，必能济大事，而致元吉而无咎。能致元吉，则在上者任之为知人，已当之为胜任。

朱氏汉上曰：先王用民之力，岁不过三日，惟田与追胥竭作，其不可厚事也，如此为大作也。非元吉则安得无咎？

赵氏汝梅曰：初为民大作者，造都邑，亦震动于下之义。营洛而四方民大和会是也。《周官·廪人》："凡邦有会同师役之事，则治其粮与其食。"盖民在田野，则自食其力，作民以兴役则食于公上。得食于公上，益民之事也。范文正公守杭岁饥，令诸佛寺大兴土木之役，仰食者日数万人。民无流徙州境晏然，得大作之义。利用大作，以佚道使民，民之从也轻。犹文王之筑台沼，不日成之，不厚事者，作虽大而民不病，其难也。其"元吉无咎"也固宜。

谨案：为大作者，为大益于民之事也。上之益下，不必家而给之，人而与之，如越勾践之稻脂餔啜、齐陈氏之家贷公收也。因民所利而利之，益莫大焉！

赵氏以为"役作"与朱氏"竭作"之意亦通。虞氏《易》以耒耜取诸《益》，耕播之事为大作。《书》曰：平秩东作。孔氏谓耕作之事。《史》曰：大兴农功，则康功、田功皆可谓之大作也。不厚事者，上不竭下之力，使下自事其事，而大有益于下矣！

六二：或益之十朋之龟，弗克违。永贞吉。王用享于帝，吉。《象》曰："或益之"，自外来也。

伊川曰：人处中正，虚其心以求益，而能顺从天下，孰不愿告而益之？孟子曰：夫苟好善，则四海之内皆将轻千里而来告之以善。夫满则不受，虚则来物，理自然也。

张氏紫岩曰：舜获禹、稷、契、皋陶之助，尧荐于天。周公十夫予翼，毕召之徒辅助之，《金縢》书启，天乃雨，反风。夫贤，天所喜也。故享帝莫大于得贤。

兰氏惠卿曰：六二，柔顺受益之臣，王用之可以享帝。如成汤之用伊尹而享天心，太戊用伊陟而格上帝。

王氏童溪曰：此正秦穆公所谓一个臣无他技者，然其休休能容而天下之益皆归焉！以是而辅相人主，优于天下矣。此好善之力也。卫文公臣多好善，贤者乐告以善道，诗人为赋《干旄》以美之。况六二为益之大臣，其益之多且众宜也！

李氏蒙斋曰："王用享于帝，吉"犹言使之主祭而百神享之也。

六三：益之用凶事，无咎。有孚中行，告公用圭。《象》曰："益用凶事"，固有之也。

胡氏安定曰：君子不在其位，不谋其政。若民之凶荒患难至，不顾一身奋然而往，则可以无咎。而又以由中之信合中道而行，执符瑞以告于公，明所益之事。若汲黯发河内粟以救民，归而请矫制之罪，是乃非其位，越职以救凶荒也。然益民安国之心固有之也。

张子曰：用心不私以拯凶难，可以用之。牧伯以为屏藩之臣矣。

伊川曰：居下体之上，在民上者乃守令也。居下当禀承于上，乃专任其事，惟救民之凶灾，拯时艰。急则可也。乃处急难变故之权，故得无咎。

朱氏汉上曰：公虽人臣之尊位，为善辄专有拊妪其民之嫌，虽益犹有咎。季路为蒲宰，修沟洫，不白于君，以箪食壶浆与民，而夫子止之者，亦此类也。

项氏平甫曰：六三，居危疑之地而当受益之时，故于凶事为宜。此伊周威文之事也。必有孚，而后可以事君。曹操处此，则不可复入朝矣。六二有外来之益，故曰："或益之。"六三，守固有之益，故曰"益之"。

赵氏汝梅曰：凶事，凶荒之事也。大司徒以荒政十二聚万民，遗人县都之委积以待凶荒。六三，酌其中以予民，如乡大夫赒万民之艰厄，以王命施惠，逮其卒事，用圭以告之，汲黯以节矫制发廪近是。委积之储皆他年取之于民者，乃下之所固有以予之耳。后世义仓颇得此意。使知"六三"之义，决不耗蠹以供他用。

张氏振渊曰：益不以美事而以凶事，如投之艰难，置之盘错，儆戒震动之谓也。无咎，言可因是而迁善补过也。有孚者，涤虑洗心，诚于体国而不欺。中行者，履正奉公，合于中道而不悖。

六四：中行告公从，利用为依迁国。《象》曰："告公从"，以益志也。

张氏紫岩曰：自古不得已而迁国便民，莫如周太王之仁，以益为志。不以一己私为志，志顺于天，告公从也。

朱子曰：利用迁国，程昌禹守寿春，肤人来占得此爻，迁来鼎州，后平杨么有功。

项氏平甫曰：姚小彭曰：凡迁国必有依周之迁也，依晋郑邢卫之迁也，依齐得其所依也，许之迁也。依楚蔡之迁也，依吴失其所依也。此公刘、古公之事迹。若损民而志在益下，观《盘庚》三篇可见损益之实矣。

赵氏汝梅曰：六四为近臣，迁国重事与赒民之急者不同，必待告之公，上得从而行之，犹周公营洛邑以图及献卜是也。益下而言迁国，犹盘庚迁亳，去河患而奠攸居，莫大之益也。

九五：有孚惠心，勿问，元吉。有孚惠我德。《象》曰："有

孚惠心"，勿问之矣。"惠我德"，大得志也。

王氏辅嗣曰：为益之大莫大于信，为惠之大莫大于心。因民所利而利之焉。惠而不费，惠心也。信以惠心，尽物之愿，固不待问而元吉。以诚惠物，物亦应之，故曰："有孚，惠我德"也。

崔氏憬曰：专心及下，终不言以彰己功。问，犹言也。

谨案：《益》，巽体在上。巽，命也。三曰告，四亦曰告，以言告之也。五曰勿问。崔氏以为"问"犹"言"也。谓惠由心出，不待宣之于口也。盖天无言而时行物生，咸顺其序而若其性，有莫知其所自者，上之惠下亦犹乾以美利利天下，不言所利而利莫大焉！故一时之感恩被泽者佥曰"我德"，谓匪他人之德也。成汤之子惠困穷，而其苏共望文王之惠，鲜鳏寡而孔迩兴歌。自上施之，只为心。自下受之，则颂为德矣。若无至诚之实意，徒恃播告之虚文，所谓口惠而实不至，且为丛怨之府矣！安能有孚于下而惠我德乎？

王氏童溪曰：圣人之益天下，自使之丝身谷腹，仰父俯子，各遂其生，而外岂无劳苦恐惧之事？使之趋之，而天下皆曰"此上之生我也"，安我也。则上之益下者，岂非有至诚惠益之心，而下之蒙益者，岂非至诚以归惠于上之德哉？以诚召诚，理固然也。

吕氏东莱曰：人君但诚心惠民，不须问民之感。苟惠民而先问民之感不感，是计功谋利，非诚心惠民者也。安能使民之乐应乎？梁惠徒有移民之小惠，遽问孟子以"邻国之民不加少，寡人之民不加多"，此不知勿问之理也。

梁氏孟敬曰：人君之益天下，如天之生物，其春生秋杀，阴润阳煦，天之心固无私也。而物生之不齐，则天不与知焉？故既有孚惠之心，则勿问其效之何如，而大吉可知矣。

上九：莫益之，或击之，立心勿恒，凶。《象》曰："莫益之"，偏辞也。"或击之"，自外来也。

王氏辅嗣曰：处益之极，求益无已，心无恒也。人道恶盈怨者非一，故"或击之"。

伊川曰：利者，同人所欲也。专欲利己，其害大矣。欲之甚则昏蔽而忘理义，求之极则侵夺而致仇怨。故夫子曰："放于利而行，多怨。"孟子谓"先利则不夺不餍"，圣贤之深戒也。

郭氏白云曰：天下之理，高极者必危，满极者必溢。是以《益》赞于禹曰：满招损，谦受益。诗人美成王，言能持盈守成则知盈满之戒。古人深慎之也。《益》上九，益道既极，其损将至，故莫益之，莫之与，益也。

胡氏云峰曰：五之吉，由中心之有孚。上之凶，由立心之勿恒。吉凶之道，未有不自心生者。

梁氏孟敬曰：天下之理，聚必有散，盛必有衰。惟仁者知其理不可恒，故散财以得民，不以利为利。小人居之则但知益之为恒，而岂知自损乎？其曰："立心勿恒"，戒之也。

易鉴卷二十二

䷪乾下兑上

夬，扬于王庭，孚号，有厉，告自邑，不利即戎，利有攸往。

《彖》曰：夬，决也，刚决柔也。健而说，决而和，扬于王庭，柔乘五刚也。孚号有厉，其危乃光也。告自邑，不利即戎，所尚乃穷也。利有攸往，刚长乃终也。

王氏介甫曰：凡决去柔邪，当先明信其法，宣其号令，一小人犹在上，须常怀危厉，故《彖》曰：危乃光也。

伊川曰：君子之治小人，以其不善，必以己之善道胜革之。故圣人诛乱，必先修己。舜之敷文德是也，邑，私邑，告自邑，先自治也。

游氏广平曰：扬于王庭，诵言于上也。孚号，诞告于下也。告自邑，自近而及远也。夫去小人，而播告之修，若是其详。盖君子之夬，固将戮一以惩百，使天下皆知恶之不可为，如四罪而天下服也。

张氏紫岩曰：一阴在上，以说为体而内蓄贰心，若尧之四凶，舜之有苗，自非群阳用事，君臣同心，其势未易决去。扬于王庭，暴白其罪状于天下也。不利即戎者，东汉王允，李唐崔嗣远，各以尚兵穷。夫有天下而不知修德，用君子以自强其国，乃切切然兵戎是急，则争难不解，而为天下害滋大，不亦过乎！

沈氏守约曰：迫人者，其智浅，迫于人者，其智深，势使然也。数穷势迫，则小人将日夜为计，以备一旦卒然之急，不可不为之防也。是以孚号有厉，其危乃光也。小人急之则合，宽之则散，自古然也。唯内以自固其君子之交，以一其心而厚其势；外以阳浮顺适小人之意，以宽其虑而俟其间。是以用力少，决之易，且无后害也。健而说，宽小人之意也；决而和，固君子之交也。将相和则士豫附，天下虽有变而权不分，西汉大臣所以决诸吕安刘氏，用此道也。

朱氏汉上曰：古之人退人以礼，其用刑至于杀之而不怨，所以异于刑名家也。彼严而少恩，敢于杀以失人之情，岂知健决有和说之义。离光也，所谓与众弃之，舜去四凶而天下服是也。若隐其诛，如唐去李辅国，则不光矣。决小人不能扬于王庭，孚大号于天下，借兵戎以清君侧，犹凿木去蠹，熏社逐鼠，岂夬之尚哉！如汉唐之季召，外兵以去近习，其祸至于覆宗，圣人之戒，不其深乎。君子之道，有始必有终，不能终则必有悔。彦范之不诛武三思，卒为世患，刚长不终也。

郑氏东谷曰：去小人之道，虽健而当说，虽决而贵和，王允之徒不知此理，卒至陨身丧国。李训郑注，沾沾小人，乃欲以燕伐燕，尤见其不知量也。

王氏童溪曰：东汉之君子，切齿厉色，日与小人争锋，故小人之谋日深，而君子之党日危，以至忠良尽歼，而社稷随之。向使即健而说，悟决而和之旨，无是祸也。夫何小人不可决去之乎？

胡氏云峰曰：必扬于王庭，使小人之罪明，以至呼号其众，使君子之类合。不可以小人之衰，而遂安肆也，有危道焉；不可以君子之盛，而事威武也，有自治之道焉。盖阴之势虽微，蔓或可滋，穷或为敌，故君子固无时不戒惧，尤不可于小人道衰之时忘戒惧也。小人有一人之未去，犹足为君子之忧，人欲有一分之未尽，犹足为天理之累。必至于纯阳为乾，方为刚长乃终也。

吴氏敬斋曰：《复》，利有攸往，譬如平地之一篑，故喜其进，而曰刚长也。《夬》，利有攸往，譬如九仞之尚亏一篑，故恐其止，而曰：刚长乃终也。

《象》曰：泽上于天，夬。君子以施禄及下，居德则忌。

沈氏守约曰：决小人者，非常之功也，不可居之自以为德也，计功受禄，则分之于下可也。是以君子施禄及下，居德则忌也。其汉之留侯乎？建储之事非常也，留侯可决也，而托之四皓，以全其不居者也。智哉留侯，可谓善藏其用者也。

赵氏汝梅曰：居，若宠，利居，成功之居。所谓有其善矜其能者，以德自居，犹以禄自富，自富者人夺之，自居者人忌之，忌，嫉也。

李氏蒙斋曰：泽上于天，乃云兴雨施，润万物之象。君子法之，所以施禄及下。居德者，谓以德自居，犹言有其善也，忌如道家所忌之忌，功被天下而守之以让，其是道与！

胡氏云峰曰：履大象，病后世风俗之弊甚切；于夬也，诛后世君心之非甚严。

初九，壮于前趾，往不胜，为咎。《象》曰：不胜而往，咎也。

孔氏颖达曰：暴虎冯河，孔子不与，谬于用壮必无胜理，不胜之理在往前也。

吕氏蓝田曰：不能量敌虑胜，徼幸轻进，欲胜柔邪而反长之，兹乃为咎，不可不慎。

郑氏东谷曰：阳微而在下，且不任夬决之责者，有所往则不胜，徒咎耳，故戒之。朱云以未见信之小，夫欲去师傅之张禹，难矣哉。

王氏童溪曰：宋申锡之谋诛宦官也，在唐文宗之世，实首其议，然不能谨密，谋未及施，而身被其祸，然则决柔之谋，其可轻动而躁进哉？

项氏平甫曰：初位卑而势远，遽前其趾，欲除君侧之恶，在大壮时，君方柔暗，故行必凶。此刘蕡、孟昭图之事也。在夬之时，虽不至于凶，亦可为咎也。

赵氏汝梅曰：智者策胜败于未战之先，知我之未必胜而且往焉，咎也。杨震为太尉，攻阿母王圣辈，屡疏不省也，不胜矣。复救赵腾，卒以放归而死，露棺岁馀。谪及诸子，咎莫甚焉，况在下位者乎？

谨案：兵法胜在往，前量而后往，有不往，往必胜矣。以君子决小人，其权足以驭之，其力足以制之，何至往而不胜。盖虑远者无忧，持重者鲜败，故必计出万全，而后可奋然一往。初居下而壮于前，进不量力、不度势，其不胜而咎宜也。玩初爻之辞，位卑者而轻进躁动，可不戒哉。

九二，惕号，莫夜有戎，勿恤。《象》曰：有戎勿恤，得中道也。

伊川曰：君子决小人，不可忘戒备也。内怀兢惕。外严诫号，虽莫夜有戎，勿恤也。

吕氏蓝田曰：先知所以豫备之道，不为穷兵幸胜之计，则寇来不可犯。

沈氏守约曰：小人之为乱，常乘衰晚之势，因暧昧之时，发其阴机，以肆其巧，故以莫夜为言也。

王氏童溪曰：夬，所以去小人者也。特患其谋不缔，戒备无素，而小人之谋或先我而发耳。宋申锡之谋未及施，而郑注之诬告已为王守澄地矣。此无他。不知内怀警惕，而外严诫号之过也。

朱子曰：王子猷卜，遇《夬》之九二，卜者告之曰："必夜有惊恐，后有兵权。"未幾，果夜遇寇，旋得洪帅。

谨案：自来兵戎隐伏，往往乘夜窃发，此小人所以称宵小也。盖宵小阴谋，事起仓卒，每在昏暮之时，令人以不测也。史册所载叛奴戕主，嬖宠杀嫡，逆贼之弑父与君，未有敢于白昼行事者，惟兴戎之故，多起于不知警惕，于先惕则去恤，得中道而已。如五代史唐明宗时，路晏夜如厕，有盗伏焉。晏心动取烛照之，盗告晏勿惊，某禀命，虽有自来，然察公正直，不敢妄害，匣剑而去。后召董贺筮，遇《夬》九二，曰："难已过矣。但守中正，请释忧心。"晏亦终无恙。此即有戎勿恤之占验也。

赵氏汝梅曰：今军旅之帅，或骄或弛，猝有敌警，又不能持重坚忍，一为所动，则扰乱溃败矣。周亚夫军夜警坚卧不动，卒胜吴、楚，亚夫无备而警，犹以坚卧致胜，况有备乎？

九三，壮于頄，有凶。君子夬夬，独行遇雨若濡，有愠，无咎。

《象》曰：君子夬夬，终无咎也。

陆氏希声曰：当君子之世而应小人，故外有沾污之累，内怀愠恨之心，然终获无咎者，志有存焉。

郑氏东谷曰：吾心则期于必决而后已，故终无咎。平、勃之决诸吕，盖得是理。

朱子曰：頄，颧也。九三刚过乎中，是欲决小人，而刚壮见于面目也。愠是自不能堪，如颜杲卿使安禄山，受其衣服。至道间，语其徒曰："吾辈何为服此？归而借兵伐之。"正此类也。九三虽与上六为应，而实以刚居，刚有能决之象，故壮于頄则有凶，而和柔以去之，乃无咎。如王允之于董卓，温峤之于王敦是也。

项氏平甫曰：九三与上六正应，若不决于心，遽然发于面，勃然应之，则有凶。安知不如张奂之助王甫以诛陈蕃哉？此即《大壮》之小人用壮也。君子则不然，其中夬夬，刚决甚明，虽在众阳之中，独行遇应，外若相濡，中实有愠，则于君子之道终无所失。如陈实听侯览而吊张让，何咎之有？此即《大壮》之君子用罔也。

李氏蒙斋曰：方众阳共决一阴之时，九三乃与之应，凶也。君子义之与比，决于当决，可也。不与君子同行，而已独行焉，则与之遇而和矣。能远绝之，若将浼焉。小人虽愠，不足为咎。故《象》曰："终无咎也。"晋之王导，其知此也夫。

九四，臀无肤，其行次且。牵羊悔亡，闻言不信。《象》曰：其行次且，位不当也。闻言不信，聪不明也。

伊川曰：过而能改，闻善而能用，克己以从义，惟刚明者能之。处柔则失其正性，岂复有明也，故闻言而不能信。

张子曰：牵羊者必让，而先之则为力也，易溺于所趋，必不能用，故曰：闻言不信。溺于心者，听必不聪。

张氏紫岩曰：甚矣，夬决之难也，五阳同类以进，四犹次且，盖断大事、决大事，非刚中者不能。而刚中之贤，岂易得哉？周公大告邦君卿士，罔不反曰："艰大。"所见盖不同也。心本为国，不同何害？四之次且，若邦君卿士，谓东征为艰大，而非怀奸以动摇国是者，故无凶咎、悔吝辞。

朱子曰：以阳居阴，不中不正，居则不安，行则不进，若不与众阳竞进，而安出其后，则可以亡其悔。

九五，苋陆夬夬，中行无咎。《象》曰：中行无咎，中未光也。

刘氏长民曰：陆者，最高之地。若小人在高位，众人疾之决之亦易矣。

谨案：苋，马齿苋也，感阴气之多者，曝之难干，其根至蔓，取之不尽，小人之多而难绝也。类此姤九五，取象于瓜，瓜亦阴类，虽始生而必溃者。盖夬三月之卦也，苋始生时；姤五月之卦也，瓜始生时。爻之取象，皆以细草阴类喻小人也，然夬则决之，姤则包之，足见君子之待小人，严以绝之，未尝不宽以容之也。

杨氏龟山曰：禹征有苗，益以一言赞之，遂振旅而退，苗亦随格。盖舜之时，天下已大治，与其勤师远伐，不若修德以来之。若夫三监之叛，变起王室，小人不诛而纵之，其祸将不胜救矣。周公亦不可已，所以必征之也。《易》曰：中行无咎，其舜之事乎。

郑氏东谷曰：圣人之于小人，非贵于诛而绝之也。诛之孰若使之归吾仁，绝之孰若使之畏吾义。殛鲧窜三苗，尧舜之心，亦以是为病也。

赵氏汝梅曰：《象》曰："中未光也。"唐诛李辅国，不能肆诸市朝，而嫁之盗窃，遂使锄奸之功暗而弗彰，是为似之。

上六，无号，终有凶。《象》曰：无号之凶，终不可长也。

伊川曰：夬者，小人之道消亡之时也。决去小人之道，岂必尽诛之乎？使之变革，乃小人之道亡也，道亡乃其凶也。

朱子曰：阴柔小人，居穷极之时，党类已尽，无所号呼，终必有凶也。

杨氏敬仲曰：柔已决去，刚道已长，然不可不警戒。苟忽然不警戒则放逸，放逸则失道矣，失道者终于凶。

徐氏子与曰：以盛进之五刚，决衰退之一柔，其势若甚易，然而圣人不敢以易而忽之，故于夬之一卦，所以周防戒备者，无所不至。

☰巽下乾上

姤，女壮，勿用取女。

《彖》曰：姤，遇也，柔遇刚也。勿用取女，不可与长也。天地相遇，品物咸章也。刚遇中正，天下大行也。姤之时义大矣哉！

孔氏颖达曰：女之为体，婉娩贞顺，方可期之偕老，淫壮若此，不可与之长久，故勿用取女。若刚遇中正之柔，男得幽贞之女，则天下人伦之化，乃得大行也。

司马君实曰：世之治乱，人之穷通，事之成败，不可以力致也，不可以数求也，遇与不遇而已矣。舜遇尧而百揆时叙，禹遇舜而地平天成，伊尹遇成汤而格于皇天，师尚遇文王而天下大定。姤之时义岂不大哉！

伊川曰：阴长则阳消，女壮则男弱，取女者，欲其柔和顺从以成家道。女渐壮则失男女之正，家道败矣。姤虽一阴甚微，然有渐壮之道，所以戒也。

张氏紫岩曰：巽为长女，所应失正，遇不以道。譬小人才力有馀，而容悦苟合，宜辨于早也。女不正足以败家，譬小人柔巽不正，内挟权术足以败国。其为遇也，可不畏哉。

郭氏白云曰：阳至四五而后言壮，一阴方长即为壮者，亦见君子小人之情不同也。是以阳为君子，而阴为小人。地之遇天，臣之遇君，主于一则可。而以一遇五则不可也，遇不主于一，岂长久之道哉？故贞女不从二夫，忠臣不事二君，是以姤之女壮，勿用取也。

朱氏汉上曰：《诗》以蛇虺为女子之祥，熊罴为男子之祥，刚柔反易，必有女祸。

吕氏东莱曰：一阴何以谓之壮？一念初发，善善恶恶，莫不皆甚壮也。

李氏舜臣曰：以一阴遇五阳，女下于男，有女不正之象，故曰：勿用取女。《咸》所以取女吉者，以男下女，得婚姻正礼故也。若《蒙》之六三，以阴而先求阳，其行不顺，故亦曰：勿用取女。

项氏平甫曰：小人方壮，若引以为配，必至于灭刚。匹嫡并后，耦国贰政，乱之本也。

赵氏汝梅曰：姤者，不期而会之词，犹阳货之遇孔子。圣人以“遇”释卦，意已深矣，继之曰：柔遇刚者，明非刚遇柔也。巽女虽壮，身犹在家，位犹处下，彼之壮害不及我，倘引以自近，是与之使长，一与和齐，将用壮于夫家，浸至剥阳之凶。

谨案：《彖传》曰：姤，遇也。郑氏本姤作遘，《诗》墙茨中冓，陆氏音义冓又作遘，故卦以女为象，一本姤作媾，婚媾之道也。《系辞》男女搆精，一作媾，交媾之义也。故卦以取女为象，《咸》以男下女，故取之则吉，《姤》一阴遇五阳，《朱子本义》谓女壮为女德不贞也，《语录》谓如人尽夫也，之事其可取乎？《彖传》曰：不可与长，言必不能从一而终也。且女壮则男弱，牝晨家索，厉之阶也。汉之吕、晋之贾、唐之武韦，可不鉴哉！

《象》曰：天下有风，姤。后以施命诰四方。

伊川曰：诸象或称先王，或称君子大人，称先王者，先王所以立法制、建国、作乐、省方、敕法、闭关、育物、亨帝皆是也。称后者，后王之所为也。财成天地之道，施命诰四方是也。君子则上下之通称，大人，王公之通称。

张氏紫岩曰：命非圣人得已也，盘庚周公，诰书谆谆，反覆不啻慈父母之训，正阴生阳微之几，圣人抑阴助阳，若风之行为命。

龚氏幼文曰：姤与观相似，在姤，则曰施命诰四方，在观，则曰省方观民设教。曰施、曰诰，自上而下，天下有风之象也。曰省曰观，周历遍览，风行地上之象也。

初六，系于金柅，贞吉，有攸往，见凶，羸豕孚蹢躅。《象》曰：系于金柅，柔道牵也。

伊川曰：君子小人异道，虽微弱之时，未尝无害，君子之心，防于微则无能为矣。

张子曰：豕方羸时，力未能动，然至诚在于蹢躅，得申则申矣。如李德裕处置阉宦，徒知其帖息威伏，而忽于志不忘逞，照察少不至，则失其几也。

杨氏龟山曰：阳城之事，永叔不取，曰裴延龄之欲相，其来非一朝一夕，何不救之于渐乎。至于陆贽之贬，然后论延龄之奸佞，无益矣。盖小人之恶，制之于未成则易，制之于已成则难。延龄之用事，权倾宰相，虽不正名其为相，其恶自若也，何更云待其为相，然后取白麻坏之耶？

朱氏汉上曰：夫君子小人相为消息，一阴虽弱，方来也，五阳虽强，既往也，其可忽诸。自古祸乱或始于床第之近，给使之贱，夷裔荒服之远，易而忽之，则致大乱，反求其故，必本于刚正不足。若柔道在牵，君子小人各当其分，祸乱何由而作？

胡氏云峰曰：非特为君子小人言也，吾心天理人欲之几固如是也，人欲之萌，盖有甚于羸豕之可畏者，能自止之而不使滋长，则善矣。

谨案：君子虽盛，常有包容小人之意；小人虽弱，每怀贼害君子之心。犹豕虽羸，未尝无淫躁之性，踯躅之形也。爻辞曰系，《象传》曰牵，皆恶其长而止之也。与坤初“履霜坚冰”之戒同，不可不辨之于早，防之于渐也。胡氏更推之于吾心之理欲，盖君子小人之不容两立，犹天理人欲之不能并存也。人欲之潜滋暗长，有甚于羸豕之蹢躅者。《大畜》之四曰“童牛之牿”，遏欲于将萌也，五曰“豮豕之牙”，窒欲于未形也，其义并可相通。

九二，包有鱼，无咎，不利宾。《象》曰：包有鱼，义不及宾也。

伊川曰：遇道当专一，二则杂矣。

朱氏汉上曰：一民不可有二君，古者有分土，无分民，得道则归往，失道则携持而去，无远近内外之间，顾遇民之道何如耳，此二所以无咎。

李氏蒙斋曰：雷氏谓鱼之为物，制得其道，则可得而有之，民之象也。《书》曰：“民罔常怀，怀于有仁。”《史记》曰：“平易近民，民必归之。”近民，亲近而爱，养之之谓也。祖豫州不纳后赵之民，正堕羯胡氏计中也。包有鱼不利宾，识者不能无遗憾。

胡氏云峰曰：包如包苴之包，容之于内而制之，使不得逸于外也。

何氏楷曰：包字与系豕、包瓜同意，古之小人所以乱天下者，往往君子激之也。二曰包有鱼，则不视小人为异类，而直以兼容之量包之，既不迩之使近，亦不激之使无所容，其何咎焉？

九三，臀无肤，其行次且，厉，无大咎。《象》曰：其行次且，行未牵也。

伊川曰：非义求遇，固已咎矣，知危而止，则不至于大也。

张氏紫岩曰：小人不可迩，尚矣。居上位，而有迩小人之心，则德与名俱丧，为咎孰大？幸三能厉，未牵于初耳。

杨氏诚斋曰：孔明说先主，谓中原已为操所得，而江东已为吴所得，吴不可图而可以为援，此次且而无大咎也。

九四，包无鱼，起凶。《象》曰：无鱼之凶，远民也。

伊川曰：居上位而失其下，下之离由已之失德也。为上而下离，必有凶变。起者，将生之谓。

郭氏白云曰：得道者多助，失道者寡助，寡助之至，亲戚畔之，此无鱼所以起凶。鱼民象为君而不得其民，能无凶乎？

王氏童溪曰：鲁昭公之去季氏也，宋乐祁讥之曰："无民而能逞其志者，未之有也。鲁君失民矣。静以待命犹可也，动必忧矣。既而昭公伐季氏，果不胜而死于外。"以是观之，无鱼之凶，吁可畏也。盖尝因是而论之，姤之初与四，其正应也，初不四之应，而惟是二之遇，远与近之间也。夏之民不癸之应，而汤之遇癸，实远之而汤近之也。商之民不辛之应，而文武之遇辛，实远之而文武近之也。然则古人所谓民罔常怀，怀于有仁者，此非民之无常也，上之人所以遇之之道，无常故也。

九五，以杞包瓜，含章，有陨自天。《象》曰：九五含章，中正也。有陨自天，志不舍命也。

胡氏安定曰：以求贤言，天若未坠其命，则我求之不已，天必生贤臣以为己辅佐。志不舍命者，我之志不舍求贤之命，高宗之得傅说，周世宗之得王朴。

伊川曰：自古人君至诚降屈，以中正之道求天下之贤，未有不遇者也。高宗感于梦寐，文王遇于耕钓，皆由是道也。

张子曰：以杞包瓜，文王事纣之道，厚下以防中溃，尽人谋而听天命者与。

张氏紫岩曰：五何取乎含章，盖人君惟不恃其聪明，然后刚中之贤得以展尽底蕴，成君臣相遇之治。后世若秦皇汉武，矜其智能，群下不敢尽情，卒以毒乱天下，遇之失也。

郭氏东谷曰：张子横渠、程子伊川二说，虽异而理则一。在天曰命，在人曰志，笃吾之志，而不舍天之命，志之所至，命亦至焉。文王之得民，高宗之得贤，志不舍命，故有陨自天也。

王氏童溪曰：昔召公作《召诰》，以告成王，专以天命告之也。一书之旨，则在祈天永命之一语，厥命之早坠者，乃在厥德之不敬，而疾于敬德者。又祈天永命之要学也。吾以是知九五有中正之德，志不舍命，其能祈天永命矣。

上九，姤其角，吝，无咎。《象》曰：姤其角，上穷吝也。

伊川曰：人之相遇，由降屈以相求，和顺以相接，故能合也。上九高亢而刚极，人谁与之？以此求遇，固可吝也。

项氏平甫曰：九五之有陨自天，舜禹之所遇也。上九之姤其角，孔孟之所遇也。初六，秦民之遇沛公也，其系之坚矣。九二，沛公之得秦民也，民已主汉，义不及楚矣。九三，项羽之争秦也，无以系民而强争之，其能有遇乎？九四，子婴之无民也，无民而欲起，则足以速凶而已。

易鉴卷二十三

☷坤下兑上

萃，亨。王假有庙，利见大人，亨，利贞。用大牲吉，利有攸往。

《彖》曰：萃，聚也。顺而说，刚中而应，故聚也。王假有庙，致孝享也。利见大人，亨，聚以正也。用大牲吉，利有攸往，顺天命也。观其所聚，而天地万物之情可见矣。

王氏辅嗣曰：方以类聚，物以群分，情同而后乃聚，气合而后乃群。

孔氏颖达曰：招民聚物，其道必通，天下崩离，民怨神怒，谁复享祀与？无庙同至，大聚之时，孝德乃洽，始可谓之有庙。

陆氏希声曰：气聚而生，故精气为物，气散而死，故游魂为变。魂气游散，无所依归，故圣人于萃聚之时，立宗庙以致孝享。

伊川曰：王者萃聚天下之道，至于有庙，极也。群生至众也，而可以一其归。仰人心莫知其乡也，而能致其诚；敬鬼神之不可度也，而能致其来。格天下，萃合人心，总摄众志之道非一，其至大莫过于宗庙。祭祀之报，本于人心，圣人制礼以成其德耳。故豺獭能祭，其性然也。天下之聚，必得大人以治之。人聚则乱，物聚则争，事聚则紊，非大人治之则争，乱萃以不正，则人聚为苟合，财聚为悖人，安得亨乎？故利贞。

郭氏白云曰：萃聚之世，既富既庶之时也。孔子曰："既富矣，又何加焉？"曰："教之。"故圣人设教，必于富庶之后，而设教之道，莫先乎孝享以为天下先。故观之神道设教，亦必以盥而不荐为首，与萃之时，王假有庙致孝享之意同。

吕氏东莱曰：凡物之聚者最可观，如观士于庠序，观商于市廛，观农于畎亩。观山野则知鸟兽之所聚，观河海则知鱼龙之所聚，固皆能观物之聚矣，而不能观其所以聚，则天地万物之情，未必可见也。

雷氏西仲曰：天下萃聚之时，万物盛多，足以备礼，而又得万国之欢心，四海之内，各以其职来祭，然后可以谓之有庙，而致孝享。《孝经》所谓“天子之孝”，正谓此耳。

梁氏孟敬曰：如聚人以财，固萃也，然理财正辞，禁民为非，则所以治其争而保其聚也，非大人而能之乎？利贞所聚者，利于得正也。

《象》曰：泽上于地，萃。君子以除戎器，戒不虞。

王氏辅嗣曰：聚而无防，则众生心。

伊川曰：众聚则有争，物聚则有夺，大率既聚则多故，故观萃象而戒也。

张氏紫岩曰：顺说之极，上恬下熙，安于佚豫，仓卒之变，可不虑哉？君子知聚必有散，安必有危，有国有家，不可一日忘备。

朱氏汉上曰：萃则多故，君子过为之防，是以萃而无患，非用明于至微者不能也。秦销锋镝，唐销兵卒，至大乱，岂知戒不虞哉！

赵氏汝梅曰：君子体水聚之义。方国力富强，有申儆军实之资，治兵械以备不虞，所以保其聚也。《抑》之诗曰：“弓矢戎兵，用戒不虞。”盖古人之常训，夹谷衣裳之会，夫子具左右司马以行，卒却莱夷之兵，戒不虞之谓乎？

谨案：击柝取诸豫，弧矢取诸睽，而萃象言除戎器、戒不虞者，盖兑司肃杀，坤为师众，固其象也。顾萃之时，人民富庶，礼义可兴，而揆文教者，必奋武。卫萃之时，人民保聚，祸乱不生，而无外患者，恐有内忧。萃之君子，盖亦制治于未乱，保邦于未危之意也夫。

王氏巽卿曰：泽上有地，临则聚泽者，地岸也。泽上于地，萃。则聚泽者，堤防也，以地岸而聚泽，则无堤防之劳，以堤防而聚泽，则有溃决之忧。故君子观此象，为治世之防，除戎器以为不虞之戒，若以治安而忘战守之备，则是以旧防为无用而坏之也，其可乎？

初六，有孚不终，乃乱乃萃，若号，一握为笑，勿恤，往无咎。

《象》曰：乃乱乃萃，其志乱也。

伊川曰：初四正应，本有孚以相从者，然三阴聚处柔，无守正之节，若舍正应而从其类，乃有孚而不终也，乃乱，惑乱其心也，乃萃，与其同类聚也。

朱氏汉上曰：自古不知坚守其节，从应以动，舍君子之正义，畏小人之非，笑相牵陷于非义，皆不知萃之道。

钱氏志立曰：号以求萃，可以破涕为笑，《同人》先号咷而后笑者是也。

六二，引吉，无咎，孚乃利用禴。《象》曰：引吉无咎，中未变也。

陆氏希声曰：中正尽诚，祭必受福，何用多品。

胡氏安定曰：君子之进，不可自媒以苟媚其君，而幸其时之宠荣也。进用必须有道，待其君援引于己，然后往之，此所以得吉而无咎也。

张子曰：能自持不变，引而后往，吉乃无咎。凡言利用禴者，皆诚素著白于幽明之际。

杨氏诚斋曰：君臣之聚会，始于相求，终于相信。臣固求君也，然君之求臣，亟于臣之求君。观汤之于伊尹，先主之于孔明可见矣。贤臣非能自进也，引而进之者君也。六二之进，非九五引之而谁也？故曰：引吉无咎。

王氏童溪曰：古之人未尝不欲仕也，又恶不由其道，夫必由道而后往，此六二之所以吉于有引也。《象》以用大牲为吉，而六二以用禴为利者，备物者，王者所以随其时；有孚者，人臣所以通乎上。

六三，萃如嗟如，无攸利，往无咎，小吝。《象》曰：往无咎，上巽也。

朱子曰：戒占者，当近舍不正之强援，而远结正应之穷交，则无咎也。

雷氏西仲曰：《比》卦曰："比之匪人，不亦伤乎。"萃而不得其人，能不惜乎。范增之萃项籍，叹恨而无所利也。陈平韩信去楚而适汉，往无咎者也。《象》曰："上巽也"，韩信所以得萃者，萧何、高祖能纳故也。

九四大吉，无咎。《象》曰：大吉无咎，位不当也。

房氏元龄曰：大吉谓匪躬尽瘁，始终无玷，可免专权之咎。有谓立大功可免咎者，非也，窦宪何以伏诛？

伊川曰：上下之聚，固有不由正道而得者，非理枉道，而得君者，自古多矣。非理枉道，而得民者，盖亦有焉。如齐之陈恒，鲁之季氏是也。然得为大吉，得乎为无咎乎，故九四必能大吉，然后为无咎也。

张氏紫岩曰：得君而不得民，则道不行于天下。得民矣，君或未之信焉，间隙疑忌之起，殆不可胜言，亦何以行其志哉？以四之大吉，仅能免咎于萃，古人谓蹈富贵为危机，信矣夫。

赵氏汝梅曰：违道说民，专权附众，咎之大者。必思为免祸之举，如《大有》九四匪其彭乃可。是故知戒惧则为伊周，不然霍子孟以之灭族。

胡氏云峰曰：五曰萃有位，以见四之萃非有位也，无尊位而得众心，非大吉，安能无咎？

梁氏孟敬曰：以周公之圣，其忠诚之心，皎如日月，人孰不知也。然在嫌疑之地，而得人心之归，犹不免于流言，而况忠诚之不及者乎。

九五，萃有位，无咎。匪孚，元永贞，悔亡。《象》曰：萃有位，志未光也。

伊川曰：萃天下之众，得中正之道，无咎也。如是不信而未归焉，则道未光也，自反以修其德，则无思不服而悔亡矣。苗民逆命，帝乃诞敷文德，所谓得元永贞之道也。

郭氏白云曰：元者，尽君长之道也。永，可久也。贞，正也。得位而孚充，是三者之道，则大君之能事毕矣，汤文是也。

胡氏云峰曰：四必大吉而后无咎，位不当也，五萃有位而匪孚，志犹未光也。然则欲当天下之萃者，不可无其位，有其位，尤不可无其德也。

上六，赍咨涕洟，无咎。《象》曰：赍咨涕洟，未安上也。

王氏辅嗣曰：处上独立，远近无助，危莫甚焉。若能知危之至，惧祸之深，忧病之甚，至于涕洟，不敢自安，亦众所不害，故得无咎也。

胡氏云峰曰：夫萃，极盛之时也，宜物情和说顺适，以应坤兑之象。今也初则号，三则嗟，上则赍咨涕洟，何也？祸福倚伏，盛满难居，故《大象》有不虞之戒，六爻皆言无咎，必能补过，而后无咎。

黄氏陶庵曰：上乃孤孽之臣子也，萃极将散，而不得所萃，乃不得于君亲者。赍咨涕洟四字，乃极言怨艾之情，故终得萃而无咎。

赵氏光大曰：言危惧而不敢自安于上，操心危，虑患深，安得晏然而已乎？

谨案：聚散悲欢，人之常情，故相聚则乐，离别则悲，上九独处位外，求萃不得，嗟叹不已，继之以泣，赍咨涕洟之象也。骨肉萃于一室，则和乐且耽；明良萃于一廷，则喜起志庆。伯奇被逐，传履霜之操；屈原见放，作《离骚》之辞；子臣之不得于君父者，象皆类此。《象传》曰"未安"，盖未敢肆然自安，危以图存，乃得无咎，其生于忧患之义乎？

䷭巽下坤上

升，元亨，用见大人，勿恤，南征吉。

《彖》曰：柔以时升，巽而顺，刚中而应，是以大亨。用见大人，勿恤，有庆也。南征吉，志行也。

刘氏长民曰：五以柔居尊位，是虚己而中正者也；二以刚中而往，不为邪谄者也。往则见纳，如石投水，若行此道，以见大人，何用忧恤，必有庆也，兹乃元恺之升于舜也。阳气左行而南，巽顺阳气而发生，故南征吉。志行者，文王柔以时升，渐基王迹，武王终获南狩之志。汤亦伐桀，升自陑。陑，南也。

伊川曰：凡升之道，必由大人，升于位则由王公，升于道则由圣贤。用巽顺刚中之道，以见大人，必遂其升，勿恤不忧。其不遂也，遂其升，则己之福庆，而福庆及物也。

沈氏守约曰：《乾凿度》谓阳气升上，阴气下承，万物始进。譬若文王修德积道，宏开基业，邻国被化，岐民和洽，周道始亨，始得升平之路。故六四爻取王用亨于岐山为象，亦其理也。

朱氏汉上曰：日之初升，阴固未退，及其清风戒旦，则群阴解驳尽矣，夫何忧哉？故曰：勿恤有庆也。大则虞舜升闻在上，小则文子同升诸公与。学以聚之，自下而上，达而升之道，皆趋于明也。

《象》曰：地中生木，升。君子以顺德，积小以高大。

伊川曰：善不积不足以成名，学业之充实，道德之崇高，皆由积累而至，积小所以成高大，升之义也。

胡氏云峰曰：木之生也，一日不长则枯；德之进也，一日不慎则退。必念念谨审，事事谨审，其德积小高大，当如木之升矣。

初六，允升，大吉。《象》曰：允升大吉，上合志也。

郭氏白云曰：初六居众爻之下，沉滞而难升者，能自信之笃，确然不移，终自拔于沉滞之中，故言允升，而致大吉也。

谨案：允，信也。不信乎朋友，则不获乎上，信于下斯信于上矣，故《象传》曰："上合志也"，义与《晋》三之众允同。此则初居下位，柔以时升，如侧陋之遇明扬，末僚之得荐引，上下皆信从，故曰允。异乎竿牍钓名，互相标榜为梯荣之捷径，纯盗虚声者也。

郑氏东谷曰：文王初为诸侯，其允升乎？允，信也。虽处于下，其升可信也。升之六爻，无一不吉，非文王谁足以当之。

九二，孚乃利用禴，无咎。《象》曰：九二之孚，有喜也。

伊川曰：自古刚强之臣事柔弱之君，未有不为矫饰者也。禴，祭之简质也，既孚乃宜，不事文饰，专以诚敬感通于上，如是则得无咎。

郑氏东谷曰：文王卒自免于羑里，孚乃利用禴也。

九三，升虚邑。《象》曰：升虚邑，无所疑也。

王氏介甫曰：升虚邑者，易而小之也，汤武之升是也。

李氏元量曰：初与二，臣之升也，过于二，则非纯臣之象。是以九三之升，惟汤武足以当之，方夏之末，商之季，法度废矣，礼乐堕矣，故国虽大，谓之邑，其曰虚，又若无人耳。

龚氏深甫曰：李元量、耿希道皆以此爻为汤武之升，而以六五为舜禹之升，盖六四“王用亨于岐山”，既为文王之升矣，则以此爻为汤武，六五为舜禹故也。

郑氏东谷曰：文王伐密、伐崇墉，皆此爻之义。

六四，王用亨于岐山，吉无咎。《象》曰：王用亨于岐山，顺事也。

孔氏颖达曰：文王岐山之会也，顺物之情，而立功立事，故曰顺事。

陆氏希声曰：升之六四，柔以时升，太王之德，随之上六，天下悦随，文王之德。

石氏徂徕曰：文王岐山之会，得上下之心也，三分天下有其二，以服事殷，是顺而事上也。

伊川曰：昔文王居岐山之下，上顺天子而欲致之有道，下顺天下之贤而使之升进，己则柔顺谦恭，不出其位，至德如此，周之王业，用是而亨矣。

吕氏蓝田曰：六四，太王之事，六五，文王之事，太王避狄去豳之岐，因以肇基王迹，柔升之义，莫盛于此。文王大得天下之心，犹执柔中以事上，不失人臣之贞，故曰：贞吉，升阶。

郭氏白云曰：孟子言太王，邑于岐山之下居焉，又曰：昔者文王之治岐也，则岐山为大王、文王之所治也。

郑氏东谷曰：文王有君民之大德，系之于二，不可也；有事君之小心，系之于五，不可也。四尊而居下，正文王之事。

王氏童溪曰：盖谓文王尝用此至顺之道，以亨于岐山矣。若后世之权臣强诸侯，不知王者有至顺之道，而包藏祸心，至于攘夺僭窃者，难免乎万世之咎矣，况欲吉得乎！

六五，贞吉，升阶。《象》曰：贞吉升阶，大得志也。

项氏平甫曰：至诚以感，乃顺以事上，非干上也，故有福而无咎。此舜尚见帝之时也。二之升五，正如升阶，二五相交而正，故曰贞吉。此尧逊舜之时也。

伊川曰：贞乃得吉，若不能贞固，则信贤不笃，任贤不终，安能吉也？君道之升，患无贤才之助耳，有助则犹自阶而升矣。

张子曰：《易》所谓得志者，圣贤获其愿。欲得臣无家，尧之志也；贞吉升阶，舜之志也。

李氏元量曰：人君升乎天位，有去民之害。顺乎天而升，若汤武者，有功德被于天下。荐诸天而升，若舜禹者，六五于正既吉，升而有序，尧舜禹是也。故以阶言之，谓宾主以揖逊而升者也。

郑氏东谷曰：文王得百里之地而君之，至于三分天下有其二，文王之升，积小以高大，巽于下而以柔升也。五之贞吉升阶，厥德不回，以受方国也。

李氏蒙斋曰：群贤并升，君德日进，何忧乎天下之不治也？故曰：大得志也。

谨案：五，君位也。升阶非仅选士，俊士之升于司徒，升于司马已也。如舜之升闻，汤之升自陑，得志行乎中国。《象传》所谓大得志也。爻曰：贞吉。贞者，正也。舜恭己正南面，汤则表正万邦也，盖修齐治平，必先正其心。君正莫不正，以正朝廷，以正百官，以正万民，斯治臻上理。《书》所谓允升于大猷也，君道之吉，孰大于此。

上六，冥升，利于不息之贞。《象》曰：冥升在上，消不富也。

伊川曰：以小人贪求无已之心，移于进德，何善如之。

张氏紫岩曰：自天子至公卿大夫，势位既崇，冒昧利欲，不知厌极，其能不丧身而亡家国几何？惟惕然惧省，以增修夫仁义之道，则无忧乎。消不富矣，圣人灼知至理之必然，而为之戒。

朱氏汉上曰：不息之贞，仁义忠信，乐善不倦是也，惟施于此，则利若于公卿大夫可已，而不已不利。

郑氏东谷曰：六爻大抵皆文王之事，上之冥升，谓纣犹在上，其升犹冥冥也。文王不以冥冥之故，而不息之诚，惟以正为升也。

消不富者，谓自处退抑之地，不以富藏广大自居，是以不受命也。

谨案：郑氏以六爻俱指文王，与诸说互有异同，然借古人以证爻义，各说亦不可废，故并录之。

吕氏东莱曰：冥升，利于不息之贞。经训所载，若曰念终始，典于学，厥德修，罔觉，若曰仁者先难而后获，正谓学者多端顾虑者众，一意勇往者少，故每惓惓于此也。

徐氏之祥曰：豫上乐极，故冥豫；升上进极，故冥升。

梁氏孟敬曰：《中庸》言弗得弗措，愚必明，柔必强，其亦不息之贞乎？

易鉴卷二十四

☱☵坎下兑上

困，亨，贞，大人吉，无咎。有言不信。

《彖》曰：困，刚揜也。险以说，困而不失其所，亨，其唯君子乎？贞，大人吉，以刚中也。有言不信，尚口乃穷也。

孔氏颖达曰：困者，穷厄委顿之名，小人处困，穷斯滥矣，君子遇之，则不改其操。

石氏徂徕曰：大人君子，虽有困厄，长守正道，大舜发于畎亩，傅说、胶鬲、叔敖之徒，皆是也。天降大任，必先苦其心志，劳其筋骨，而后亨。仲尼厄陈，文王囚羑，孟子不遇，荀卿逃谗，是能守其正者。

张子曰：困之进人也，为德辨，为感速。孟子谓人有德慧术智，常存乎疢疾，以此，自古困于内，无如舜，困于外，无如孔子，以孔子之圣而下学，则其蒙难。正志圣德日跻，必有人所不及知，而己独知之者，故曰：莫我知也，夫知我者其天乎！

吕氏蓝田曰：困而不失其所亨者，颜子居陋巷，不改其乐也。

朱氏汉上曰：古人尘视富贵，梦视生死，惟不失其所亨也，惟君子能之。夫子曰："人不知而不愠，不亦君子乎。"刚中而正，文王、周公、孔子也。

朱子曰：有言不信，又戒以当务晦默，不可尚口，益取困穷。

谨案：言必有信，有言不信，无实之言也。《彖传》曰："尚口乃穷。"盖言不由衷，徒尚口说者也。口者人之所以出言，好言自口，莠言亦自口。谗口嚣嚣，诗人刺之。利口喋喋，汉相恶之。语云："御人以口给，屡憎于人。"其处困而穷也，宜哉！世之恃口辨以求胜者，可以戒矣。

赵氏汝梅曰：夫子之厄于陈、畏于匡，孟子之毁于臧仓，圣益圣，贤益贤，非君子能之乎。盖身有困而道无困，身之困止于一时，大人得正，则道可伸于万世，所以能吉。若不安义命，而嚣嚣然觊人之援手，则身之困者，沦于无穷矣。

《象》曰：泽无水，困。君子以致命遂志。

伊川曰：君子当困穷之时，知命之当然也，则穷塞祸患不以动其心，行吾义而已。苟不知命，则恐惧于险难，陨获于穷戹，所守亡矣，安能遂其为善之志乎？

郭氏白云曰：孔子曰："道之将行也，与命也；道之将废也，与命也。"孟子亦曰："行止非人所能也，吾之不遇鲁侯，天也。"则孔孟之困，皆致之天命，而无怨也。遂志者，所志者道，不以困穷而变。孔子用之则行，舍之则藏，孟子曰："穷则独善其身，达则兼善天下。"皆遂志也。

单氏沨曰：如不可求，从吾所好，谓遂志也。

何氏楷曰：致，犹委也。人不信其命，则死生祸福，营为百端，居贞之志，何以自遂。今一委之命，则不以命贰志者，夫且能以志立命。

初六，臀困于株木，入于幽谷，三岁不觌。《象》曰：入于幽谷，幽不明也。

伊川曰：谓无所庇，而不得安其居，则益迷暗，妄动方益入于困，无自出之势。

张氏紫岩曰：小人之困君子，适足以自困，惜其快一时私意，曾莫悟耳。观三阴，皆以草木衰败不振者为象，见圣人之心，嫉小人者深也。

胡氏云峰曰：柔之困也，于株木、于石、于葛藟，所困者槎枿之木，缠绕之草，于石则又甚焉。刚之困也，于酒食、于金车、于赤绂，饮食车服，皆美物也，六爻别而言之，其崇阳抑阴之意可见矣。

九二，困于酒食，朱绂方来，利用亨祀，征凶，无咎。《象》曰：困于酒食，中有庆也。

陆氏希声曰：此文王羑里之难，而受命之基生焉。

伊川曰：在困之时，利用至诚，如享祀。然其德既盛，自能感通于上。自昔贤哲困于幽远，德卒升闻，道卒为用者，惟其自守至诚而已。若不至诚，安处以俟命，往而求之，则犯难得凶，乃自取也。不度时而征，乃不安其所，为困所动也。

郭氏白云曰：大人以道自任，岂以口腹酒食为困哉？盖酒食以见君臣相遇，交际之道也，不得乎此，虽伊尹乐尧舜之道，不过老死莘野而已，终无享天心，革夏正之事也。是知酒食之间，有天下之大庆存焉，故《需》卦于九五言“需于酒食”，而诗人于《鹿鸣》言燕乐。盖一义也。

谨案：食以养阴，饮以养阳，酒食所以养人也。而反为其所困者，盖醉饱过宜，往往致疾亡身，而干馔以愆，至于失德，酗于酒德，甚而丧邦，其受困者岂小哉！九二之困，非沉湎饕殄者，比也。盖以为食人之食者，当事人之事，事浮于食，则志安舒。食浮于事，则心郁抑。不以爵禄为宠荣，而以德不称爵，功不称禄为愧怍，则困非口腹之困，乃心志之困也。《象传》曰：“大有庆也。”朱绂之来，有由然矣。

朱子曰：朱绂方来，利用亨祀，以之事君，则君应之，以之祀神，则神应之。

项氏平甫曰：如孔子之畏，文王之囚，纵使不免，亦何咎之有。

六三，困于石，据于蒺藜，入于其宫，不见其妻，凶。《象》曰：据于蒺藜，乘刚也。入于其宫，不见其妻，不祥也。

苏氏东坡曰：困之三阴，其始相缔交而揜刚，其终初六之臀困，六三之妻亡，小人易合而难久。

张氏紫岩曰：小人幸君子困，行行然贪欲日肆，自以为得，不知获罪于天人，适足以困己，其名、其身、其家将不能保于后，在彼何利哉？惜夫阴柔不正，日以昧昧，智不知此耳。

沈氏守约曰：卦变大过，棺椁之象，取诸大过，死期将至之象也。若齐崔武子欲取棠公之妻，筮之遇《困》之《大过》，陈文子曰：“夫从风，风陨妻，不可娶也。”且其繇曰：“困于石，据于蒺藜，入于其宫，不见其妻，凶。困于石，往不济也，据于蒺藜，所恃伤也，入于其宫，不见其妻，凶，无所归也。

赵氏汝梅曰：守道而困，身困而名彰；违道而困，身名与之俱丧。遁居隐约，据其所也，怨天尤人，睢盱蹢躅，非所据也，其招祸甚矣。身且不保，家何可全，又奚有妻孥之乐哉？

九四，来徐徐，困于金车，吝，有终。《象》曰：来徐徐，志在下也。虽不当位，有与也。

王氏辅嗣曰：以阳居阴，履谦之道，量力而处，不与二争，虽不当位，物终与之。

伊川曰：有终者，事之所归者正也。初四正应，终必相从也。寒士之妻，弱国之臣，各安其正而已。苟择势而从，则恶之大者，不容于世矣。

郑氏东谷曰：楚汉之际，司马欣、董翳之徒，困于楚则降楚，困于汉则降汉，盖不知有终之道。

苏氏君禹曰：四与五同为上六所揜，进而见揜，岂君子直遂之时耶？惟沉潜以养其晦，从容以俟其几，故五曰乃徐，四曰徐徐，志在下者。四位虽上，而心则下也。然四五合德，天下之事，终以舒徐济之，故曰：有与，又曰：有终。

九五，劓刖，困于赤绂，乃徐有说，利用祭祀。《象》曰：劓刖，志未得也。乃徐有说，以中直也。利用祭祀，受福也。

陆氏希声曰：困穷而通，德辨而明，中正道行，志则大遂，乃徐有说也。

胡氏安定曰：五为困之主，众所不辅，困之极也，当用慈惠仁义，屈己下人，人则归之。反以刚壮之道，刑罚之威，以服其人，人必不从，反为诸侯之所困也。

赵氏汝梅曰：人人有士君子之行，《菁莪》之本心也，不幸有不安义命之人，至于刑之以示惩，诚不得已也。九五居中而刚直，与二同德，舒徐优游，以胥与情，通道合用，能变穷愁为欢说，以此亨困。祝无私告，可以告于神明，而百神飨之。

上六，困于葛藟，于臲卼，曰动悔有悔，征吉。《象》曰：困于葛藟，未当也。动悔有悔，吉行也。

陆氏希声曰：天地之道，困极必通，不可以动而辄悔，遂穷不思变，知将有悔，思变而行，困极而亨，理当获吉，所谓吉凶悔吝，生乎动者也。

伊川曰：物极则反，事极则变，困既极矣，理当变也。

朱氏汉上曰：征以正行也，以正而行，吉且无悔矣，是行而后吉也。范雎困于郑安平，虞卿困于魏齐，犹能解相印以全其躯，况体易之君子乎！

徐氏子与曰：震无咎者，存乎悔。困已极矣，有悔则可出困而征吉，困穷而通，其谓是乎。

䷯巽下坎上

井，改邑不改井，无丧无得。往来井井，汔至，亦未繘井，羸其瓶，凶。

《彖》曰：巽乎水而上水，井。井养而不穷也。改邑不改井，乃以刚中也。汔至，亦未繘井，未有功也。羸其瓶，是以凶也。

郑氏康成曰：井以汲人，水无空竭，犹人君以政教养天下，惠泽无穷也。

陆氏希声曰：井犹国之有法，国可变，法不可易。欲汲而来，既汲而往，不拒不留，君子之道，亦犹是也。

胡氏安定曰：邑犹君子之身，可贵可贱，可富可贫，道无以损，无丧无得，犹君子积德于身，用与不用，乃君子幸与不幸耳。君子之身，何所损益？往来井井，往来之人蒙其利，犹君子之德无不及也。

伊川曰：君子之道，贵乎有成，所以五谷不熟，不如荑稗，掘井九仞，而不及泉，犹为弃井。有济物之用，而未及物，犹无有也。

朱氏汉上曰：君子穷居不损，大行不加，穷亦乐，通亦乐，非刚中不变能之乎？故曰：改邑不改井，乃以刚中也。

王氏童溪曰：君子有善用之才，则取之己，而用于人有馀也。才或不善用焉，则如东汉不知谨密之君子，自保其身之不暇，又何暇于济世而救物也哉。故曰：羸其瓶，是以凶也。

雷氏西仲曰：城邑可以迁改，井则可塞而不可改也。君子临大节而不可夺身，可杀而志不可改，富贵不能淫，贫贱不能移，威武不能屈，用此道也。

《象》曰：木上有水，井。君子以劳民劝相。

朱氏汉上曰：《小雅》"鸿雁劳来，远定安集之"之诗，其词曰知我者"谓我劬劳"。又曰："虽则劬劳，其究安宅。"劳民劝相者，固自劳也。

项氏平甫曰：千亩其耘，徂隰徂畛者，劳之也。馌彼南亩，田畯至喜者，劝相之也。皆养而不穷之义。晁公武曰："劝之以言，相之以力。"

赵氏汝梅曰：大禹戒之用休，董之用威，劝之以九歌是也。

李氏心传曰：劝相，即相友、相助、相扶持之意。

初六，井泥不食，旧井无禽。《象》曰：井泥不食，下也。旧井无禽，时舍也。

陆氏希声曰：井由于源，渎其源则井泥，法生于礼，礼乱则法乖。惟井与邑，民居所在，国墟无人，则禽犯井邑，邑苟有人，旧井可治，一时所舍，未可永废。

伊川曰：井本济人之物，井之不食以泥也，犹人当济物之时，而才弱无援，不能及物，为时所舍也。

郭氏白云曰：初六知守下，而不知动出之功，故为时舍也。亦犹人之一性不能自修，伪恶日生则性失矣，安能有及物之功乎？

胡氏云峰曰：人之性，习于污下，而无日新之功者，犹是也。

谨案：《后汉书》云："古礼、立秋，浚井改水。"《淮南子》云："八方风至，浚井取新泉，四时皆服之。"盖浚旧井而改其水，旧水不可食，新泉乃可食也。泉水新出，滃然上浮，则禽亦下而食之，井泥则旧井未浚，水不上出，浊污滓秽，人既不食，禽亦不往，而濡其味矣。时舍者，《程传》谓不能济物，人弃之也。胡氏谓无日新之功，则自弃者也。人奈何甘自弃，而习于卑污哉。

九二，井谷射鲋，瓮敝漏。《象》曰：井谷射鲋，无与也。

石氏徂徕曰：喻中人之性，不能应上，从师友之训，而反习于下，自败其材器之象。

伊川曰：阳刚之才，本可以养人济物，而上无应援，故不能上而就下，是以无济用之功。若上有与之者，则当汲引而上，成井之功矣。

游氏广平曰：井道以高洁为体，以上出为功，故初为井泥，二为井谷射鲋。盖其自处污下，而功用熄矣。

杨氏诚斋曰：初六，阴潜而细微，有小人之资，二既下比小人，则上之君子无我与，自上无我与，则上无我汲者矣。子常信无极，而国皆怨，子冯昵八人者，而君不安。

胡氏云峰曰：人之禀性虽美，而无诱掖汲引之者，其亦犹是乎。

九三，井渫不食，为我心恻，可用汲，王明，并受其福。《象》曰：井渫不食，行恻也。求王明，受福也。

伊川曰：三之才足以济用，如井之清洁可用汲而食也。若上有明王，则当用之，而得其效，贤才见用，则已得行其道，君得享其功，下得被其泽，上下并受其福也。

杨氏诚斋曰：井一用，一邑受其福，君子一用，天下受其福。有美井无善汲，则如无井；有君子无明王，则如无贤。仲尼曰："明王不兴，天下孰能宗予。"故微明扬之尧帝，则大舜雷泽之渔父，微明哲之高宗，则傅说岩野之胥靡。

朱子曰：若非王明，则无以收拾人才。

项氏平甫曰：人之相与，苟非中心恻怛，何以见其有孚。外虽相与，而中无恻怛之念者多矣。第五伦所谓一夜十起，退而安寝者是也。

梁氏孟敬曰：贤人君子之修德于下，非以求知，然其才行显著，人莫不期之以致君泽民，王者有知人之明，则进之于位，而授之以政，此贤者之福也，亦明王之福也，亦天下之福也。向之恻者，今则为之喜矣，明明在朝，穆穆布列，其九三遇王明之时乎。

六四，井甃，无咎。《象》曰：井甃无咎，修井也。

陆氏希声曰：井坏则水浑，故甃而修之；法乱则民扰，故治而正之。

伊川曰：四虽才弱，不能广济物之功，修治其事，不至于废可也。

杨氏诚斋曰：井之不修，井之咎也。修矣，或汲焉，或舍焉，或食焉，或否焉，井何咎哉。故德之不修，足以忧孔子。学不能行，足以病子贡。

胡氏云峰曰：渫与甃，其皆日新之功乎。日新而不已，寒泉之来不穷矣。

九五，井洌寒泉，食。《象》曰：寒泉之食，中正也。

孔氏颖达曰：井洁而寒泉，然后乃食，以言刚正之主，不纳非贤，必须行洁才高，然后乃用。

张氏紫岩曰：犹圣贤有美德，天下仰惠，斟酌饱满，各得其欲也。

郭氏白云曰：洌者，井之修洁，主人事而言。寒者，泉有自然之性，主天理而言。人事，学也。天理，命也，两得之斯为至矣。《系辞》论九卦，皆言德，德未有不修性而得者，此井之道，所与性通也。

杨氏诚斋曰：泉而不洌不寒，君而不中不正，人有吐井泥羞污君而去之者，故传说非其后不食，伯夷非其君不事，君天下者，可不惧哉。

谨案：井以养人，日食之所必需也，初泥不食，不可食也，三渫不食，不见食也，至五然后乃食。诸爻不言泉，至五始言泉，掘井九仞，而不及泉，犹为弃井，是井以得泉为利也。《下泉》之诗曰洌彼，《凯风》之诗曰寒泉。洌且寒，泉之清洁而甘美者，非若行潦之挹注，山溜之涓滴也。顾泉不择人，原有普济之功，而人必择泉，始获利用之益。菊井之泉，可以延年，橘井之泉，可以疗病，皆人之所宜食也。慎勿饮盗泉以解渴，酌贪泉而伤廉也。

赵氏汝梅曰：井之义，大君长养人材之喻也。初以喻辱在泥涂之贤，二以喻岩谷之士，三则脱泥涂而濯清泠，四则辞涧阿而进在廷，五则向之不食者。今食之贤者，利泽周于天下，则丰芑数世之仁，所以然者，五居中且正，为泉流之主，泉流而不竭，故养而不穷也。

胡氏云峰曰：初泥已浚，二漏已修，井道全矣，三之渫洁之也，可食矣，而不如五之食。五在上，三犹在下也，然则渫与洌，性也。食与不食，命也。

上六，井收勿幕，有孚元吉。《象》曰：元吉在上，大成也。

王氏辅嗣曰：井功大成，群下仰之，以济渊泉，由之以通者也，不擅其有，不私其利，则物归之。

石氏徂徕曰：如人有功德，不私其利，不伐其能，所以为人信向而大吉。

刘氏长民曰：君子体井之用，德则取其常，行则取其清洁，义则取其博施而无穷，善则取其有终也。卦辞虽不具四德，而四德具矣。

胡氏云峰曰：君子必如此，而后为尽性之功。

易鉴卷二十五

䷰离下兑上

革，已日乃孚，元亨，利贞，悔亡。

《彖》曰：革，水火相息，二女同居，其志不相得曰革。已日乃孚；革而信之。文明以说，大亨以正。革而当，其悔乃亡。天地革而四时成，汤武革命，顺乎天而应乎人。革之时大矣哉！

王氏辅嗣曰：民可与习常，难与习变，可与乐成，难与虑始。故革之为道，即日不孚，已日乃孚也。

明道曰：息训为生者，盖息则生矣。一事息，则一事生，中无间断。

伊川曰：革者变其政也，革而无甚益，犹可悔也，况反害乎古人所以重改作也。在上者于改为之际，即当详告申令至于已日，使人信之。先王政令，人心始以为疑者有矣，然其久也必信。终不孚而成善治者，未之有也。

朱氏汉上曰：秦革封建，子弟无立锥之地；汉革郡县而七国叛；唐革府兵而兵农分，不当故也。故曰："革而当，其悔乃亡。"

赵氏汝梅曰："万世无弊者道也。曰治、曰法，皆不能无弊。弊则盭戾而不通。必革其故而图其新。革非圣人之得已也。琴瑟不调而更张之，政事弊斁而振起之。穷则变，变则通也。事不能无革，亦不容轻革。大亨者必以正，正而革之，乃可当于事，协于人心。"

梁氏孟敬曰：事虽当革，而必利于正。若其不正，则前弊未去，后弊复生。或新不如其旧者，多矣。

谨案：离为中女，兑为少女。中少二女同居一卦，《睽》与《革》也。《睽》曰：不同行。盖幼在父母之家，同居一室。长则各有所归，犹姊妹之适人，不同行。故止于睽也。革则志不相得，犹一妻一妾之处室者，嫡不能以礼率下，庶不能以分自安，彼此求胜，未免相争。如水火而至于革矣。自来家之不齐多由于女子妇姑，犹不免于谿勃。况同居之二女乎？是惟刑家有道，其身正则其家正。厘降之帝子观刑于沩汭，未闻其志，不相得也。二南所咏：江沱之嫡有悔心，小星之妾无怨言。序者谓南国夫人被后妃之化，无嫉妒之心焉，非文王之刑，于曷克臻此。

《象》曰：泽中有火，革；君子以治历明时。

伊川曰：夫变易之道，事之至大，理之至明，迹之至著，莫如四时。观四时而顺变革，则与天地合其序矣。

张氏紫岩曰：君子之革，本以顺天。其设施措置，凡有因革于天下，罔不稽于天，而协于人也。

初九：巩用黄牛之革。《象》曰：巩用黄牛，不可以有为也。

王氏辅嗣曰：在革之始，革道未成，固夫常中，未能应变，可与守成，不可以有为也。

伊川曰：变革，事之大也，必有其时，有其位，有其才。审虑而慎动，而后可以无悔。

郑氏东谷曰：居位之下革之，而人未必从。当革之始，遽革而人未必信，固执中顺之道，循理而变通，可也。自我有为，不可也。商鞅、李斯出私意以立制度，卒祸秦而亡之。鞅斯非不足于才，不知中顺之理也。革而中且顺，岂有以改作而乱天下者哉？于革之初言之，欲其谨于始也。

六二：已日乃革之，征吉，无咎。《象》曰：已日革之，行有嘉也。

伊川曰：征则吉而无咎，谓可以革天下之弊，新天下之事。处而不行是无救弊济世之心，失时而有咎也。

张氏紫岩曰：桀纣之恶著，伊尹太公不得已而兴商周，令闻令望传于后世。商周之革，二臣之力也。其征吉，诚以契天人之心也。

九三：征凶，贞厉，革言三就，有孚。《象》曰：革言三就，又何之矣。

崔氏憬曰：受命之君即行改命，习俗不安，故曰"征凶"。犹以正自危，故曰："贞厉。"

王氏介甫曰：称三者，众辞也。言从革者，众而有成功也。以言而后能革。有德无位，有位无德，必至于反覆告诫，然后能感喻其人而成革之功。《盘庚》《太诰》之所以革民者，不可谓未占有孚也。

伊川曰：稽之众论至于三，就事至当也。乃顺理而行，非己之私意所欲为也。必得其宜矣。

王氏童溪曰：夫朝纲不振，吏治苟且，纠之以严，可也。严而不已，以至祸及搢绅，动罹戳辱者，此刚过也。奸宄害治，罪恶既稔，惩之以刑，可也。刑之不敬，以至禁网苛密，刀锯横施者，此亦刚过也。戎虏伺衅，猾我中夏，威之以兵，可也。兵或不戢，以至中外骚扰，民不堪命者，此又刚过也。夫以九居三正也，刚而或过，得为正乎？

九四：悔亡，有孚，改命，吉。《象》曰：改命之吉，信志也。

虞氏仲翔曰：将革而谋谓之言。革而行之谓之命。

陆氏希声曰：革而当，故悔亡也。为物所信则命令不便于民者，可改易而获吉。志在救物，信则行焉，志可尚者也。

王氏童溪曰：唐太宗尝欲以郑仁基息女为充华。典册已具，魏征言之，帝即诏停其册，及遣使往诸国市马，征言之皆止。凡此类者，所谓改命也。然苟非征剀切之诚，上当帝心，则改命之吉未至此也。

雷氏西仲曰：臣之事君，信而后谏。信己之志而不疑，然后改命而吉。未信其志，而遽改上命，则戮辱之道矣。其能吉乎？汉武命汲黯视河内火，黯乃擅发仓以赈饥民，而帝不之罪。信黯之志，忠君而爱民也。使人君知此而得骨鲠之臣以辅之，则命令无不当矣。

谨案：下三爻皆言“革”。至四曰改，盖革旧而改新也。如汉初除秦苛法，约法三章是也。命谓君命臣下，所当奉行也。改命亦君改之。臣工不得擅改也。王氏引唐宗听谏停雷氏引汲黯矫诏求民为改命。使其君有从谏如流之美，其臣亦不失忠君爱国之心。于义皆通。诸儒或有以抗君之命为改，涂诏批敕反君之命为改者，此则臣心可谅而臣道未纯，不可为天下后世训也。

九五：大人虎变，未占有孚。《象》曰：大人虎变，其文炳也。

马氏曰：大人虎变，威德折冲，万里望风而信。以喻舜舞干羽而有苗自服，周公修文德越裳献雉。故曰：“未占有孚。”

刘氏长民曰：五为革命之主，是威武宣而文德著者也。

张氏紫岩曰：文王道德之化，默施天下。观汉广德教所及，汝坟道化所及，其为孚也，岂待占而后知哉！

郭氏白云曰：昔汤征自葛，天下信之，未占有孚之道也。

朱氏汉上曰：非天下之至诚，不言而信能如是乎？文王之不长夏以革，而虞芮质厥成是也。

赵氏汝梅曰：无事于占而民已信。汤之徯，后来苏武之不期而会是也。至盘庚，则谆复于迁亳之举。周公犹反覆于伐商之役，果哉革之难也！未占有孚，此应天顺人之盛。盘庚、周公其已日乃孚者乎。

胡氏云峰曰：变即孟子所谓“存神过化，与天地同流”，非区区小补之事也。

上六：君子豹变，小人革面，征凶，居贞吉。《象》曰：君子豹变，其文蔚也。小人革面，顺以从君也。

《子夏传》：小人安于旧俗，乐于旧政，革面而已。犹思其故行也，如周之三监。

干氏宝曰：君圣臣贤，殷之顽民皆改志从化。故曰：小人革面，天下既定。当偃武不用，故“征凶居贞吉”。

伊川曰：人性本善，皆可以变化。然有下愚，虽圣人不能移者。以尧舜为君，以圣继圣，百有馀年，天地被化可谓深且久矣。而有苗有象其来格烝乂，盖亦革面而已。

吕氏蓝田曰：上六与九五皆革道已成之时。虎之文修，大而有理。豹之文密，茂而成斑。其文炳然，如火之照而易辨也；其文蔚然，如草之畅茂而丛聚也。当革之终，小人犹知革面，则革道亦可以已也。革而不已，变乱纷扰，民无所措其手足矣。正惟静而不变则因革以时矣。故曰：“贞吉，无咎也。”

王氏童溪曰：革道大成，岂可复有所往？务在镇静以安人心。汉承秦之后，萧规曹随以兴清净之化可也。夫苟昧此，则斯民未有息肩之暇矣。

梁氏孟敬曰："革道已成，惟守其贞。静则吉，若复有为，则徒事烦扰，乃王莽之为也。圣人之变革岂如是哉！"

杨氏启新曰：首创之君，开大型范，耳目一新。若混沌初辟，其文疏朗阔大。继体之君，则渐深邃遒密耳。周之顽民，既历三纪，世变风移，则革面之谓革而不守以贞，则所变者随复变矣。天下事未革，患其不能革；既革，患其不能守，故戒以居贞。

谨案：革，鸟兽之皮也。《彖传》曰：天地革而四时成。盖鸟兽更四时，则皮毛改换。《尧典》希革、毛毨之类是也。三爻取象于牛，牛之皮至坚韧，难以更革，喻人当坚确固守，不可轻于有为。六五取象于虎豹，皆焕乎而有文者。虎文彪炳，革命创制之大人也。豹文蔚缛，润色鸿猷之君子也。革面者亦如禽兽之有灵性者，驯之则顺，教之则从，以喻民风之丕变也。

项氏平甫曰：革之六爻自初至终，其时序皆可推考。初九在事之初，不可以有为。此伊尹耕莘、二老居海滨之爻也。六二得中有应，行有嘉也。此伊尹就汤，二老归周之爻也。九三居下卦之终，世道将革。众言三就，其势必革，将安所逃，又何之矣。此桀纣之爻也。九四时已革而成说。革之而民说，则革之，汤武是也。改命之吉，此南巢牧野之事也。九五未占有孚，此汤之有事于四方。若卜筮罔不是孚，武王之垂拱而天下治也。至于上六则革之终，说之极。当是时也。为汉武之纷更诸事，则凶。为成康之持盈守成，则吉。故曰："征凶居吉"，此则周成康，汉文景之爻也。

䷱巽下离上

鼎，元吉，亨。

《彖》曰：鼎，象也。以木巽火，亨饪也。圣人亨以享上帝，而大亨以养圣贤。巽而耳目聪明，柔进而上行，得中而应乎刚，是以元亨。

《子夏传》：圣人巽于圣贤，以天下之目视也，以天下之耳听也。上而尊贤，刚而任能，是以大有庆，而能通也。

沈氏守约曰：《五行志》曰：商之高宗祭成汤，有蜚雉升鼎耳而鸣。刘歆以为《易》有《鼎》卦，鼎，宗庙之器也，主器奉宗庙者，长子也。野鸟自外来，入为宗庙器主，是继嗣将易也。一曰鼎三足，三公象，而鼎以耳行，野鸟升鼎耳，小人将居公位，败宗庙之祀也。高宗恐骇谋于忠贤，修德而正事，举傅说于版筑之野，授以国政，因能致治中兴，享国之久。盖以传器主祭言之，则长子之象也，以鼎足承上，任天下之重，则三公之象也，亦各有所取也。

郭氏白云曰：人君之视听以天，而其明四目、达四聪也，以人能享上帝、养圣贤，则其耳目聪明之用广大矣，故可以垂旒充耳，而听天下也。

谨案：鼎以亨饪为用，《本义》谓享帝贵诚，用犊而已。养贤则饔飧牢体，当极其盛，故曰：大亨。盖贤臣能格于皇天，格于上帝，是养贤即可以享帝也。卦惟《颐》及《井》、《鼎》言养道，《颐》之象传曰："养贤以及万民"，井汲在邑，井养民之象也，鼎用在朝廷，养贤之象。贤臣辅君以治民，养贤即所以养民也。卦辞曰：元亨，与《大有》同，鼎以养贤，《大有》为尚贤之卦，其爻辞，《大有》之上曰："吉，无不利"，《鼎》之上亦曰："大吉，无不利"，皆他卦他爻所无也。自古圣主必得贤臣，王褒所以作颂也。弓招币聘尚贤之典，式燕授餐养贤之义。

孟子曰：“尧舜之仁，不遍爱人，急亲贤也。”人君能法尧舜，以求贤为急务，吉莫大矣。

胡氏云峰曰：人之所需者，饮食；饮食所需者，井与鼎。革茹毛而为火食，有取于鼎也。尚矣后世制器，尚易之象，而伏羲画象，则已取诸井鼎之器矣。

梁氏孟敬曰：鼎之有耳者，其象也；亨饪者，其用也；安重者，其德也；有实者，其量也。人而如之，则仪是以法，才足以用，德足以镇，量足以容，以是而处崇高之位，临下之民，盖有不动而敬，不言而信者，故其占为元亨。

《象》曰：木上有火，鼎。君子以正位凝命。

金氏曰：已革之后，立成器以为法度，不可复变以乱其制，故君子如此正人伦之大法，正朝廷之纲纪，使君臣、父子、贵贱、尊卑之位，一正而不可乱。礼乐、刑政，朝廷命令之所出，一正而不可变。

房氏元龄曰：鼎者，神器，至大至重，正位凝命。法其重大，不可迁移也。

伊川曰：正位谓正其所居之位，君子所处必正，其小至于席不正不坐，毋跛毋倚。

郑氏东谷曰：革以改命，鼎以定命，知革而不知鼎，则天下之乱滋矣。周公定鼎于郏鄏，体国经野，建中立极，所以定民心，而重国本也。

项氏平甫曰：存神以息气，人所以凝寿命也，中心无为以守至正，君所以凝天命也。

赵氏汝梅曰：鼎以养人，则止于亨饪，以为宝镇，则君德昏明之符，天命去留之验也。鼎贵正，正则不倾；鼎贵安，安则不摇。大君之正天位，凝眷命；君子之正居位，安义命。皆体其象也。革已改命矣，改不可以不凝，正王位以德元，祈永命以用德，又大君正凝之本。

初六，鼎颠趾，利出否。得妾以其子，无咎。《象》曰：鼎颠趾，未悖也。利出否，以从贵也。

孔氏颖达曰：妾者，侧媵。正室虽亡，妾犹不得为室主，妾若有贤子，则母以子贵，以之为继室，则得无咎。以从贵者，去妾之贱名，而为室主，亦从子贵也。

陆氏希声曰：妾至贱，不当贵，以其子，故得贵焉。《春秋》之义，母以子贵是也。

谨案：古者人君立子以嫡，无嫡以长，无长以贤，长与贤皆庶出，非嫡出也，嫡无子而立妾之子，《春秋传》所谓母以子贵也。公卿士庶之家，亦有妾，置妾，所以广嗣续也，顾最难得者，贤良之妾耳。爻言得妾，盖深幸而得之也。《象传》曰：从贵，固系母从子贵，而从有顺从之义，从夫从嫡，皆从贵也，循理守分，斯无咎矣。若乃薄正室而宠偏房，溺爱不明，以致匹嫡，家之所以不齐也。为妾者复恃宠而骄，甚至小加大，贱妨贵，咎且丛生，安能免乎？

苏氏东坡曰：圣人之于人也，贵其身，不问其所从，论其今，不考其素。苟骍且角，犁牛之子可也。

朱氏汉上曰：以君臣言之，得贱臣者，苟利于宗庙社稷，则或出于屠贩、奴隶、夷裔、俘虏，不问其素可也。

朱子曰：此爻之象，而其占无咎，盖因败以为功，因贱以致贵也。

赵氏汝梅曰：妾媵，所以广嗣续，重祖宗，然鼎之颠趾，有时而然可无咎也。唐明皇为太子，其妃方娠。太平公主恶其多息，太子躬自煮去胎之药，梦神人覆其鼎，如是者三，是生肃宗。斯爻之义，证于千馀载之后，故曰：无有远近幽深，遂知来物，噫！神矣哉。

九二，鼎有实，我仇有疾，不我能即，吉。《象》曰：鼎有实，慎所之也。我仇有疾，终无尤也。

伊川曰：鼎之有实，乃人之有才业也，当慎所趋向。不慎所往，则亦陷于非义矣。

郭氏白云曰：古之人爵高禄厚，不免凶祸者多矣，皆自能即之故也。仇非一也，既满而仇人，则人为仇；既满而骄，则骄为仇；既满而贪，则贪为仇。凡能害我者，无彼无此，皆仇也。是以古之君子，慎之敧器之戒，以虚则敧，中则正，满则覆。九二之仇，不我能即者，用中故也。《象》言慎所之，之怨耦、之骄、之贪，皆所之也，是以君子慎之。

九三，鼎耳革，其行塞，雉膏不食，方雨，亏悔，终吉。《象》曰：鼎耳革，失其义也。

杨氏诚斋曰：君子处心，要使美食备于我，而不计行之通塞。及其终也，阴阳相济有至和，将雨之兆，此所以亏。其始之悔，而终必获吉也。

李氏蒙斋曰：三之行塞，是有雉膏而不见食也。鲁平公见孟子者，乐克启之也。不见孟子，藏仓沮而改之也。

胡氏云峰曰：《井》、《鼎》九三，皆民下而未为时用。《井》三如清洁之泉，而不见食；《鼎》三如鼎中有雉膏，而不得以为人食。然君子能为可食，不能使人必食，三以刚正自守，始虽有不遇之悔，终当有相遇之吉。《井》三所谓王明并受其福者，亦犹是也。

九四，鼎折足，覆公𫗧，其形渥，凶。《象》曰：覆公𫗧，信如何也。

胡氏安定曰：鼎之实，必有齐量，不可以盈溢，若遇其盈溢，则有覆𫗧之凶。君子之人，虽有才德，亦有分量，若职事过其才分，则有堕官之谤矣。

伊川曰：四，大臣之位，任天下之事者也。天下之事，岂一人所能独任，必当求天下之贤智，与共协力。得其人，则天下之治，可不劳而致也；用非其人，则败国家之事，贻天下之害。渥，谓赧汗也。

王氏童溪曰：昔吴起与田文论功，文皆应之曰："不如起。"曰："位居吾上，何也？"文乃曰："主少国疑，大臣未附，百姓不亲，方是之时，属之谁乎？"起默然。王陵让平、勃，阿吕氏意，背高帝约，卒之。诛吕安刘者，平与勃也。夫田文、陈平，方之古大臣虽曰未可，然位高位，谋大谋，任重任，言与事符，亦庶几于能信者。

赵氏汝梅曰：授任者，贵器使；受职者，贵自量。不择而授，弃其官也；不量而处，不自有其躬也。乾上九曰"盈不可久"，攲器之铭曰："满则覆"，举覆𫗧一节，则士君子之制行，何莫监斯。

梁氏孟敬曰：夫大臣之比小人，为持禄计也，然折足覆𫗧，则公事既堕，而己之禄亦丧矣。向之自满者，孰知其反以自倾乎？

六五，鼎黄耳，金铉，利贞。《象》曰：鼎黄耳，中以为

实也。

陆氏希声曰：是天子三公，能举其职者。

胡氏安定曰：以人事言，则是君谦虚接贤，贤相牵以辅于己。

郭氏白云曰：中以为实者，六五阴虚，以黄中之德为实也。亦犹坤之六五，美在其中之道也。

上九，鼎玉铉，大吉，无不利。《象》曰：玉铉在上，刚柔接也。

石氏徂徕曰：上九在卦之外，如一贤人在上，当鼎立制度已成之后，不累于位者，以刚履柔，不为过亢。此爻周公告老之时当之矣。

郑氏东谷曰：鼎之于上，鼎之成也；鼎至于终，鼎之定也。事至于成且定者，未有不贵于刚柔之得节也。周之定鼎，其上九之时乎？

赵氏汝梅曰：新国用轻典，乱国用重典，因其国俗而用之也。治国用平典，则节其刚柔之用，如成王之不刚不柔。施之亨饪，则调五味时献享，使适其味之和。推以养人，则懋迁有无，均节财贿，使上下和，贫富均，皆此义也。

熊氏良辅曰：《井》、《鼎》皆以上爻为吉，盖水以汲而出井为用，食以亨而出鼎为用也。

易鉴卷二十六

☳☳震下震上

震，亨。震来虩虩，笑言哑哑。震惊百里，不丧匕鬯。

《彖》曰：震，亨。震来虩虩，恐致福也。笑言哑哑，后有则也。震惊百里，惊远而惧迩也。出可以守宗庙社稷，以为祭主也。

《程传》迩也下脱“不丧匕鬯”四字。

孔氏颖达曰：天之威怒，所以肃整怠慢，故迅雷风烈，君子为之变容。施之于人事，则是威严之教行于天下矣。诗传谓鬯是香草，案《王度记》云：天子鬯，诸侯薰，大夫兰。以例而言之，则鬯是草，明矣。

王氏童溪曰：天下后世，徒知成王能守宗庙、主祭祀，而不知《清庙》之作固有所谓“遭家不造，嬛嬛在疚”之惧。《我将之享》又有所谓“畏天之威，于时保之”之惧，则成王恐惧之心，盖未尝一日忘于怀也，此其所以荷太平之休，享假乐之富与。

项氏平甫曰：国君立子以嫡，无嫡以长，无长以贤，皆取其威重而民震之也。晋之公子雍，楚之王子比，皆以德位素轻民，无震焉，故不足以为祭主也。

赵氏汝梅曰：登降奠献之际，虽勤劳而不自觉，所谓有甚于雷者，宜乎仓卒。惊震不丧其所守，非若刘先主匕箸之失也。

邱氏行可曰：惊者卒然遇之而动乎外，惧者惕然畏之而变于中。

张氏清子曰：出者即说卦，帝出乎震之谓主者，即序卦主器莫若长子之谓。若舜之烈风雷雨弗迷，可以出而嗣位矣。

《象》曰：洊雷，震。君子以恐惧修省。

赵氏汝梅曰：宣王遇灾而惧，必侧身修行，乃可弭太甚之旱；成王当大雷电之时，惟深省致变之由，由于惑二叔而疑周公，而后获反风之应。后世有山冢崒倾、彗孛飞流之变，而恬不知惧者，其于修省可知矣。

胡氏云峰曰：恐惧作于心，修省见于事，修克治之功，省审察之力。

初九，震来虩虩，后笑言哑哑，吉。《象》曰：震来虩虩，恐致福也。笑言哑哑，后有则也。

干氏宝曰：震来虩虩，羑里之厄也；笑言哑哑，后受方国也。

房氏元龄曰：《震》之初九，慎始恐惧，所以致福；《豫》之初六，倡始逸豫，所以致凶。

范氏希文曰：君子之惧于心也，思虑必慎其始，则百志弗违乎道；惧于身也，进退不履于危，则百行弗罹于祸。故初九震来而致福，慎于始也。

赵氏汝梅曰：虩虩，君子以修省，小人则皇遽而失措；哑哑，君子以和豫，小人则纵泆而改度。

谨案：王氏伯厚曰：乾以惕无咎，震以恐致福，皆生于忧患意。自古圣贤未有不始于忧患，终于逸乐者。《书》曰："憟憟危惧，若将殒于深渊。"《诗》曰："惴惴小人，如临于谷。"皆恐惕之谓也。然惕非懦慑，恐非恇惶也。行无愧怍，心存敬畏，尸居而龙见，渊默而雷声，此虩虩之象也，岂以徼福。而天道福善，百祥之降，有莫之致而致者。岂若小人，惟无忌惮，斯不免于长戚戚，安能受天之祜哉！

六二，震来厉，亿丧贝，跻于九陵，勿逐，七日得。《象》曰：震来厉，乘刚也。

郑氏东谷曰：亿，度也。度宝货之可丧而丧之，不惮九陵之险而升之，避害以自全，静退以观变，事定则必得其所，安利也。晋重耳享室家乘马之奉，乃欲安于齐；沛公既入关，亦利宫室帷帐、子女之美而欲安之。晋难未靖，项氏方强，是岂可安之地？惟子犯、张良为能知几也。

杨氏敬仲曰：昔太王既不能御狄，不可安处，去而邑于岐山之下，而他日兴周焉，此象也。

六三，震苏苏，震行无眚。《象》曰：震苏苏，位不当也。

《子夏传》：居则不安，行乃无眚。

孔氏颖达曰：位不当者，犹窃位者，遇威严之世，不能自安也。

赵氏光大曰：当震时而惧益甚，精神涣散，故为震苏苏之象。然天下不患有忧惧之时，而患无修省之功，若能因此惧心，而行则持身无妄动，应事有成规，又何眚之有？

九四，震遂泥。《象》曰：震遂泥，未光也。

伊川曰：四陷溺于重阴之中，处震惧则莫能守也，欲震动则莫能奋也。

王氏童溪曰：以唐宪宗之刚明果断，慨然发愤，志平僭叛，而捍命者诛，悔过者服，固可称矣。然淮西既平，而骄侈浸生，信用非人，而功业不竟，故史臣止称之曰：唐之威令几于复振。

曰几云者，未光之辞也，岂非有所泥而然与？

赵氏汝梅曰：赏罚者，震世之具，时出而用之。刑当其罪，则刑一人而千万人惩，倘刑政无章，亵于出而紊于行，终亦委靡，人弗畏之矣。

六五，震往来，厉，亿无丧，有事。《象》曰：震往来厉，危行也。其事在中，大无丧也。

胡氏安定曰：当威震之世，下有刚权不正之臣，若专无为而治，则不足以拯天下之难，救天下之敝。因当有为，独任以权天下可也。其惟合于中道，虽兴起大事，亦无丧失也。

张子曰：无丧有事，犹云不失其所有也。以其乘刚，故危；以其在中，故无丧。祸至与不至皆惧，则无丧有事。

张氏紫岩曰：易道尚中，周成东征之后，不敢自逸，王业更昌；宣王遇灾而惧，工化复行。二君以柔中，得大无丧之义。

朱子曰：六五，是生于忧患，死于安乐。

上六，震索索，视矍矍，征凶。震不于其躬，于其邻，无咎。婚媾有言。《象》曰：震索索，中未得也。虽凶无咎，畏邻戒也。

伊川曰：圣人于震，终示人知惧能改之义，为劝深矣。

张子曰：危以动，惧以语，无交而求，则民弗与也。故以征凶，能以邻为惧，不待及身而戒，则可免咎。

郑氏东谷曰：震索索而气不充，视矍矍而神不固。人之过于恐惧者，固无足取，若能举动之际睹事之未然而知戒，亦圣人之所许也。

王氏童溪曰：睹邻戒，亦生畏惧，则虽凶而无咎。司马温公曰：“震不于其躬，于其邻者，祸在彼而思在此也。”楚人灭江，秦穆公为之降服，出次，不举，过数，且曰：“吾自惧也。”君子曰：《诗》云：“维此二国，其政不获。维彼四国，爰究爰度。”其秦穆公之谓乎！

谨案：婚媾，所亲也。我躬之外，相近者为邻，相亲者为婚媾。同居里巷之中，耳目之闻见易及，因邻戒而知畏，故可无咎。至琐琐姻娅，其能深谋远虑者，常少与共安乐，不知儆戒无虞，及忧患之来，则未免怨咨而有言矣。况婚姻之故，相望尤切，旧姻新特之异情，《小雅·我行其野》之诗所由兴刺也。常人之情往往如此，其有言也，何足怪哉？

䷳艮下艮上

艮其背，不获其身，行其庭，不见其人，无咎。

《彖》曰：艮，止也。时止则止，时行则行，动静不失其时，其道光明。艮其止，止其所也。上下敌应，不相与也。是以不获其身，行其庭，不见其人，无咎也。

孔氏颖达曰：止物之情，妨其动欲，故谓之止。老子曰：“不见可欲，使心不乱。”背者，无见之物也。

胡氏安定曰：艮止之道，必止于未萌之前。若圣人治天下，欲禁民之邪，必于利害嗜欲未行未作之前，先正其心，而不陷于邪恶。若止于背，目所未睹，不见其身也。

石氏徂徕曰：仲尼之门，独颜子用之则行，舍之则藏，是知止者少也。若止非其时，是则索隐行怪，鸟兽不可与同群，又非知止之人也。

明道曰：内外两忘，则澄然无事矣。无事则定，定则明，明则尚，何应物之为累哉？八元有善而举之，四凶有罪而诛之，各止其所也。释氏只曰止，安知止乎？

伊川曰：人之所以不能安其止者，动于欲也。背是所不见者，止于所不见，则无欲以乱其心，而止乃安。不获其身，不见其身也，谓忘我也，无我则止矣。外物不接，内欲不萌，如是乃得止之道，为无咎也。子曰："于止知其所止。"谓当止之所也，夫有物必有则，父止于慈，子止于孝，君止于仁，臣止于敬，万物庶事，莫不各有其所。得其所则安，失其所则悖。圣人所以能使天下顺治，惟止之各于其所而已。

张子曰：易言光明者，多艮之象，著则明之义也。

吕氏蓝田曰：耳司听，目司视，火之炎，水之润，各止其用而不可乱也。达于父子、夫妇、长幼、君臣、尊卑、贵贱、亲疏之分，各安其所而不乱，此道所以光明也。

郭氏兼山曰：人之耳、目、口、鼻，皆有欲也，至于背则无欲，内欲不动，则外境不入，是以行其庭，不见其人也。不获其身，止其止矣；不见其人，止于行矣。内外兼止，故人欲自灭，而天理固存。孟子曰："养心莫善于寡欲"，其艮其背之义乎？

张氏紫岩曰：尧之光被四表，舜之重华协帝，皆自真止中来。《书》称尧安，安其君臣相警戒，亦曰安汝止。尧舜盖深得于易者，且夫子固尝用易矣。可仕则仕，可止则止，可久则久，可速则速，夫子之道，昭明于天下，后世亦以性止于内，故动静无往不当也。

朱氏汉上曰：不获其身，忘我也；不见其人，忘物也。所以能各止其止也。古人绣黻于裳，两已相背，其艮之象乎。

朱子曰：艮其背，静而止也；行其庭，动而止也。定则明，凡人胸次烦扰，则愈见昏昧，中有定止，自然光明。庄子所谓泰宇定而天光发是也。不获其身，如君止于仁，臣止于忠，但见得事之当止，不见此身之为利为害。

赵氏汝梅曰：引而伸之，杀身成仁，舍身取义，不获其身之类与？自反而缩，不见千万人之为众说，大人不见巍巍之为尊，不见其人之类与？

《象》曰：兼山，艮。君子以思不出其位。

邵子曰：庄子曰："庖人虽不治庖，尸祝不越樽俎而代之。"此君子思不出其位，素其位而行之意也。

伊川曰：位者，所处之分也。万事各有其所，得其所则止而安。若当行而止，当速而久，或过或不及，皆出其位也，况逾分非据乎？

张子曰：位所安之分也如素，夷狄行乎？夷狄素患难，行乎患难。

耿氏希道曰：不出其位，其身止也；思不出其位，其心亦止也。所以象兼山也。

张氏紫岩曰：为人子思孝，为人臣思忠，在士思学，在朝廷思治，在上思所以利下，在下思所以事上，夫子著思无邪之训，自艮发之。

朱氏汉上曰：位者，所处之分。君子据正循分，各止其所而已。周公之忠，大舜之孝，皆分当然也。

邱氏行可曰：凡人所为，易至于出位者，以其不能思也，思则心有所悟，知其所当止，而得所止矣。

谨案：《象传》位字固重，思字亦不可略。《洪范》五事，思作睿，睿作圣，君子九思，貌言视听，皆用其思。盖耳目之官不思，而蔽于物，心之官则思，思则得之。故心为天君，思为入圣之基也。出位之思，往来朋从之思也；不出位，《中庸》所谓慎思，子夏所谓近思也。玩《易》者其知之。

初六，艮其趾，无咎，利永贞。《象》曰：艮其趾，未失正也。

张氏紫岩曰：士君子不知止，鲜克有终者。情欲内牵，势利外诱，心不知止而一肆其所行，尚何惠利之及人哉？是不可不贞于早，而持以久也。

郭氏白云曰：动莫先于趾，止于动之先则易，而止于既动之后则难。止于其先，故得无咎，利永贞者，则在久于其道而固守之也。《中庸》曰："择乎中庸而不能期月守者，不知利永者也。"又曰："得一善则拳拳服膺而弗失之，是能利贞者也。"

六二，艮其腓，不拯其随，其心不快。《象》曰：不拯其随，未退听也。

伊川曰：言不听，道不行，故其心不快。士之处高位，则有拯而无随；在下位，则有当拯有当随。有拯之不得而后随，有不拯而惟随者，以在上者未能下从也。退听，下从也。

郭氏白云曰：六二，有为之臣位也，欲天下各安其所止。盖伊尹使是君为尧舜之君，使是民为尧舜之民，孟子欲正人心之时而不拯其随者，是以其心不快也。

朱氏汉上曰：六二止于下，制于九三之强，而拳拳然不忘纳忠于君，非中正君子，孰能如是乎？孟子出吊，王驩辅行之时乎？

项氏平甫曰：止非其所，其害如此，此渊明之所以耻于心之为形役也。不拯其随，是不能令也；其心不快，是又不受命也。

九三，艮其限，列其夤，厉，薰心。《象》曰：艮其限，危薰心也。

孔氏颖达曰：君臣共治，大体若身。大体不通，则君臣不接，君臣不接，则上下离心。列夤则身亡，离心则国丧，忧危莫甚焉。

胡氏安定曰：此言人不能制事于始，又不能成事于终。于措置之间，不得其道，而欲止于中道，则进退不可而致蛊败。其事故有危厉之苦，而薰灼其心也。

伊川曰：止道贵乎得宜，行止不能以时，而定于一，其坚强如此，则处世乖戾，与物睽绝，其危甚矣。人之固止一隅，而举世莫与宜者，则艰蹇忿畏，焚挠其中，岂有安裕之理？厉薰心，谓不安之势薰灼其中也。

胡氏云峰曰：寂然不动者，心之体。如之何可以徇物感而遂通者，心之用；如之何可以绝物，三过刚，不中确乎止，而不能进退，以至上下隔绝，是绝物者也。惟见其危厉薰心而已矣。

六四，艮其身，无咎。《象》曰：艮其身，止诸躬也。

王氏童溪曰：孔子曰："射有似乎君子，失诸正鹄，反求诸其身。"太甲自怨自艾之言曰："欲败度，纵败礼，以速戾于厥躬。"古之圣贤，施止道于其身也，盖汲汲如此，诚知所本矣。孟子曰："天下之本在国，国之本在家，家之本在身。"身与躬即一物也。

吴氏敬斋曰：视听言动，身之用也，非礼勿视、听、言、动。艮其身也，时止而止，故无咎。若艮限则一于止，是犹绝视听言动，而以寂灭为道者矣。

六五，艮其辅，言有序，悔亡。《象》曰：艮其辅，以中正也。

苏氏东坡曰：口欲止，言欲寡。

张氏紫岩曰：人主安危荣辱之机在言，一失其序，左右得以窥伺，而谗间疑隙所生也。况发号出令，所以止天下之动，安可不慎重其言，以自贻悔哉？为君而不知止，则事物惑之，谄佞移之，声色蔽之，玩好夺之，殆将沦于不中不正之域。故心不诚于言，言不得其序，今日是之，明日非之，虽纷纷多言，谁其信从也哉！

郭氏白云曰：君子居其室，出其言，善则千里之外应之，有序者固如是也。庸主忽其言，故天下亦共违之。观舜命九官，则知艮其辅，言有序之道。而商纣谓己有命，谓敬不足行，谓祭无益，谓暴无伤，岂非孔子所谓丧邦之言哉？

赵氏复斋曰：能默故能言，非默而不言也。由是以推行，所谓艮者，亦如是而已。

赵氏汝梅曰：言行，君子之枢机。辅车静正，言不躁发，发必中伦，出令有缓急，发言有先后，论事有本末，缓者急则民不信，后者先则机不密，本者末则事不成。倘有序焉，千里之外应之，悔斯亡矣。四艮其身，为无过行；五言有序，为无过言。故一以无咎，一以悔亡。

谷氏家杰曰：止在言前，非出口方止也，然有序为止，止亦非缄默之谓也。

谨案：艮，止也。辅口，辅所以出言也。《礼·玉藻》记君子之容，曰口容止。能止则言不妄发，发必当理，凡人之言，易则诞，烦则支，肆则忤，悖则违，皆悔也。言而无序之故尔，有序则口无失言矣。观《咸》之上九，则言不可逝，玩《易》者当知所戒矣；观《艮》之六五，则言思可道，玩《易》者当知所法矣。

上九，敦艮，吉。《象》曰：敦艮之吉，以厚终也。

伊川曰：敦，笃实也。居止之极而不过，故为敦。人之止难于久终，故节或移于晚，守或失于终，事或废于久，人之所同患也。上能厚于终，止道之至善，所以吉也。六爻之德，唯此为吉。

郭氏白云曰：慎厥终，惟其始者。古人之戒，有始有卒者，圣人之事，能过于止，是厚于终也，又安有失哉？

朱子曰：艮居外卦者八，而皆吉，惟《蒙》卦半吉半凶。蒙，学者之事，始之之事也。艮，成德之事，终之之事也。

张氏南轩曰：八卦之终，惟艮为吉。乾亢坤疑，坎陷离暴，巽极则失，兑极则志流，震极则索则凶，惟艮独以吉终，何也？《系辞》曰："吉凶悔吝，生乎动者也。"动则获凶，常多得吉，常少静而知止，何咎之有？圣人所以洗心退藏于密，其至矣哉！

胡氏云峰曰：凡上爻，除《井》、《鼎》外，鲜有吉者，惟《艮》之在上体者，凡八而皆吉。人可不自厚哉？厚于始，可不厚于终哉？

易鉴卷二十七

䷴艮下巽上

渐，女归吉，利贞。

《彖》曰：渐之进也，女归吉也。进得位，往有功也。进以正，可以正邦也。其位刚，得中也。止而巽，动不穷也。

胡氏安定曰：天下万事莫不有渐，然于女子，尤须有渐，何则？女子处于闺门之内，必须男子之家问名纳采，请期以至于亲迎，其礼毕备，然后乃成其礼，而正夫妇之道。君子之人处穷贱，不可干时邀君，急于求进，处下位不可諂谀佞媚，以希高位，皆由渐而致之，乃获其吉也。

伊川曰：天下之进，必以渐者，莫如女归。臣之进于朝，人之进于事，固当有序，不以其序，则陵节犯义，凶咎随之。然以义之轻重，廉耻之道，女之从人最为大也，故以女归为义，且男女万事之先也。

张氏紫岩曰：进以正，谓上下交孚，以礼而进，有回天格心之功，无顺旨阿谀之事。君臣之间用，无失道于天下，而天下从其正，故可以正邦。盖人臣进为于时，莫患乎躁动而不知止，知止则定，定则能应。度时而动，徐以尧舜仁义之道，启沃君心，鲜不入矣。是以上得君心，且能有所建立功业之兴，无有穷矣。

郭氏白云曰：女归不以渐则奔也，渐则为归，速则为奔。故女归以渐为吉也。天下之进，如女归之渐，无不吉也。利贞者，女归之道正也，固守之，无不利矣。

朱氏汉上曰：臣之进于君，人之进于事，学者之进于学，君子之进于德，未有犯分躐等而能进者，而渐专以女归为义，礼义廉耻之重，天下国家之本，无若女之归也。故娶妻者，非媒则不得，非卜筮则不从，纳采问名，纳吉纳征，请期亲迎，莫不以渐，女子之嫁也。母醮之房中，父命之阼阶，诸母戒之两阶之间，三月庙见，而后成妇，示必以渐，如是而归，则正。正则吉。

赵氏汝梅曰：归以正，犹宜于得正，不正则钻穴俟著之类也。

胡氏云峰曰：咸取女吉，取者之占也。渐，女归吉，嫁者之占也。然皆以贞艮为主，艮，止也，止而悦，则其感也以正，是为取女之吉；止而巽，则其进也以正，是为女归之吉。

谨案：《咸》、《恒》、《渐》、《归妹》，皆男女配合之象，惟《咸》得其正，惟《恒》得其常，《渐》与《归妹》，长少皆不相配，顾渐则吉，而归妹则凶者，盖妄动者多悔，躁进者多阻。艮止则不妄，巽顺则不躁，女归以渐，故吉而利。归妹，震动兑说，情动则易溺，性说则多媚，是牵于情欲之私，而乖于义理之常者，所归者妹，故凶，而无攸利也。观渐之义，见礼备而后成婚，不可遽进也；观归妹之义，见位在中闺，不可志存，征，进也。故先儒谓渐以教顺，归妹以教慎。

《象》曰：山上有木，渐。君子以居贤德，善俗。

郭氏白云曰：德非一日可成也，俗非一日可善也。居贤德善俗，又渐之义也。居贤德而后善俗，盖先自治而后治人。

冯氏时行曰："居，积也。德以渐而积，俗以渐而善。内卦艮止，居德者止于内也；外卦巽入，善俗者入于外也。体艮以居德，体巽以善俗。

赵氏汝梅曰：君子贤德在身，必真积力久，优游序进，则资深而居安，否则躐等凌节，日月至焉，虽有德而不能居。推以善俗，必渐。摩之母急近，效而后观，感动化人，皆为士君子之归，否则弃灰徙木，可以变俗而非善也。

初六，鸿渐于干，小子厉，有言无咎。《象》曰：小子之厉，义无咎也。

李氏鼎祚曰：鸿随阳鸟，喻女从夫。卦明渐义，爻皆称焉。

伊川曰：君子深识远照，知义理之所安，时事之所宜，处之不疑。小人幼子惟能见已然之事，从众人之知，非能烛理也，故危惧而有言。

项氏平甫曰："小子对丈夫言之，小子居之，则危厉而难安，士穷则困，于流俗语言，小故，亦所不免，但于大义无咎，此固大丈夫之所安也。元稹初时，亦不肯苟合，特以资本不洪，故不能堪困踬之厄，受众多之口，遂改途而妄进矣。艮为少男，故以此戒之。"

何氏楷曰：六爻皆取鸿象，往来有时，先后有序，于渐之义为切也。昏礼用雁，取不再偶，又于女归之义为切也。

六二，鸿渐于磐，饮食衎衎，吉。《象》曰：饮食衎衎，不素饱也。

伊川曰：中正君子，遇中正之主，渐进于上，将行其道以及天下。所谓饮食衎衎，谓其得志和乐，不谓空饱饮食而已。

郭氏白云曰：盖君臣相遇，安而和乐也，与《诗》所谓嘉宾式燕以衎同意。

赵氏汝梅曰：君子渐而得时，居臣位之正，上之人养贤以礼，如《鹿鸣》，下之人德称爵，功称禄。无不稼取禾之讥，食焉无慊心，故能乐，不家食而吉者也。

谨案：衎衎，和乐之象，君臣相说，燕饮和乐，如小雅《鹿鸣》、《鱼丽》诸诗，非仅适馆授餐、公庭锡爵已也。顾委质为臣，量能授禄，一饮一食，皆饱君上之赐，非徒饱也。玩《象传》之言，食其食者，必事其事，夫而后受禄不诬。《诗》美羔羊之大夫，委蛇退食。美《伐檀》之君子，不素餐兮。六二之谓也。彼贪禄恋职，非窃位之小人，亦伴食之中书，无益国家，何吉之有哉？

九三，鸿渐于陆，夫征不复，妇孕不育，凶。利御寇。《象》曰：夫征不复，离群丑也。妇孕不育，失其道也。利用御寇，顺相保也。

伊川曰：居渐之时，志将渐进而上无应援，当守正以俟时，若或不能自守，欲有所牵，志有所就，则失渐之道，故为之戒。复，反也，不复谓不反。顾礼义以不正而合，虽孕不育，盖非其道也。守正以闲邪，所谓御寇也。君子之与小人比也，自守以正，岂惟君子自完其已而已，亦使小人得不陷于非义，是以顺道相保，御止其恶，故曰御寇。

谨案：三征孕皆凶，而利于御寇。《程传》谓守正以闲邪，御止其恶也。寇，强暴之徒也，《行露》之诗畏多露而不行，惧为强暴所污，是守正之女子也。怀春之女子，吉士诱之，相诱则非义非道，吉士亦寇也。而无感帨，无惊尨，则所以御止之也。盖女子以守身为重，能御寇，斯能谨身自守，以保其身，何不利之有？

胡氏云峰曰：鸿群不乱，止则相保，亦有御寇象。

杨氏敬仲曰：非正者足以害我，故曰寇。虑三之失道，或亲于寇而不能御也。故教之御寇，则我不失于正，顺而夫妇可以相保矣。

六四，鸿渐于木，或得其桷，无咎。《象》曰：或得其桷，顺以巽也。

房氏元龄曰：进而渐于木，失所也，或得劲直之桷，可容托足而安栖，故无咎。

张氏紫岩曰：位高，危道也。履高位而至安，其惟顺乎？顺于道故其感人深，而君安之，吾身亦以之安。公孙硕肤，赤舄几几。诗人美周公，四其是哉！

九五，鸿渐于陵，妇三岁不孕，终莫之胜，吉。《象》曰：终莫之胜，得所愿也。

伊川曰：君臣以中正相交，其道常行，虽有间，其间者终岂能胜哉？徐必得其所愿，乃渐之吉也。

杨氏诚斋曰：五欲亲二，而九三在旁以间之，如蒯通之说韩信。二欲亲五，而六四近上以间之，如管蔡之毁周公。此其所以“妇三岁不孕”也。惟君臣皆有中正之德，故终不为綦间之所胜，而底于吉，而得所愿也。渐于陵，非进于位之渐也，进于功业之渐也，然岂一日之故哉？亦三岁之渐而至也。故文皇之治不见于正观之初，而见于三年之后，开元、元和亦然。君臣遇合之艰，成就之不易也如此。

赵氏汝梅曰：自昔小人据高位，以刚愎蔽其下，在王所者，以柔佞惑其上，使贤才不得遇合者有之矣。然亦君臣有未得中正者，而后小人得肆其奸。今二五皆中正，彼三四终何能胜我耶？及其终而莫之胜，二五亦少需而遂吉，渐之功也。

上九，鸿渐于陆，其羽可用为仪，吉。《象》曰：其羽可用为仪，吉。不可乱也。

王氏辅嗣曰：进处高洁，不略于位，无物可以淈其心，而乱其志。峨峨清远，仪可贵也。

王氏介甫曰：其进也，以渐而不失时；其翔也，以群而不失序。所谓进退可法者也。

伊川曰：安定胡公以陆为逵，谓云路也。在人则超逸于常事之外者也。至进于是而不失其渐，贤达之高致也，故可用为仪法而吉也。

项氏平甫曰：此盖元老旧臣，筋力已衰，而在宾师之位者。譬如望飞鸿之羽于九达之逵，但见其次序之不可乱，亦足仪刑众庶，使诸大夫国人皆有所矜式，不待见之行事也。

梁氏孟敬曰：自人言之，则其进于朝也，必高出乎庸才而可以师下僚；其超于俗也，必高尚其心志而有以励贪懦，是皆贤达之高致也。夫惟大雅，卓尔不群于上九见之。

䷵兑下震上

归妹，征凶，无攸利。

《彖》曰：归妹，天地之大义也。天地不交，而万物不兴。归妹，人之终始也。说以动，所归妹也。征凶，位不当也。无攸利，柔乘刚也。

孔氏颖达曰：易论归妹，得名不同。泰卦六五，据兄嫁妹，谓之归妹；此卦以妹从娣而嫁。故初九爻辞，归妹以娣是也。咸卦明二少相感，恒卦明二长相承，此卦以少承长，非是匹敌，明系妹从姊嫁，故谓之归妹。妹从姊本非正匹，惟须自守卑退，以事元妃，若妄进求宠，则有并后凶咎之败，故曰征凶，无攸利。

陆氏希声曰：妹者从娣而嫁，本非其正，用以继室则可，欲专内政则凶。

石氏徂徕曰：不孝有三，无后为大，娣侄之从，广其嗣息，是人伦之终始也。人非正匹，岂乐从哉？说而动，是妹从娣之象。

伊川曰：卦有男女配合之义者四：咸、恒、渐、归妹也。咸，男下女，止而说，男女之情相感也；恒，男上女下，巽顺而动，是男女居室，夫妇唱随之常道；渐，男下女，而各得正位，止静而巽顺，其进有渐，男女配合，得其道也；归妹，男上女下，女从男也，而有说少之义，以说而动，动以说则不得其正矣。咸、恒，夫妇之道；渐、归妹，女归之义；咸与归妹，男女之情也，咸，止而说。归妹，动于说，皆以说也。恒与渐，夫妇之义也，恒，巽而动，渐，止而巽，皆以巽顺也。男女之道，夫妇之义，备于此矣。男女有尊卑之义，夫妇有唱随之礼，此常礼也，如恒是也。苟不由常正之道，狥情肆欲，惟说是动，则夫妇渎乱，男牵欲而失其刚，妇狃说而忘其顺，如归妹之乘刚是也。夫阴阳之配合，男女之交媾，理之常也，然从欲而流放，不由义理，则淫邪无所不至，伤身败德，岂人理哉？此归妹之所以凶也。

张子曰：妹者，是少女之称也，对长男而言之。先儒谓侄娣之义，于卦不见，于爻辞则有君与娣之称。

吕氏蓝田曰：大臣不以而近臣用事，大贤不任而小贤获用，皆归妹之义也。

朱氏汉上曰：父命子而醮之，代父之道终之也；婿受女于主人，人道之始始之也。终始相续，生化无穷，故曰归妹，人之终始也。古者昏礼冕而亲迎，婿御妇车，男下女也。婿乘其车，待于门外，女从男也。男下女则天地之义明，女从男则天地之位正。斯道之并行，所以不偏废与。若以说而动，所履不正，其凶必矣，

《氓》是也。

李氏蒙斋曰：女乘于男，妇陵于夫，牝鸡之晨矣，何所利哉！

《象》曰：泽上有雷，归妹。君子以永终知敝。

伊川曰：归妹，说以动者也。异乎恒之巽而动，渐之止而巽也。少女之说而动，情之感也，动则失正，非夫妇可常之道。天下之反目者，皆不能永终者也。不独夫妇，天下之事，莫不有终有敝，莫不有可继可久之道。观归妹则当思戒也。

杨氏元素曰：震，长阳；兑，少阴。老夫女妻，过以相与，又非其正，苟不知永终之敝而预妨之，不讳之后。小者家，大者国，少母稚男，妻妾之位不明，嫡庶之分不辨，或不修于帷薄，或干预于刑政，其敝非可一二陈。汉武之于勾弋夫人，其知此乎。

郭氏白云曰：卫人作《氓》诗，盖言男女无别，遂相奔诱，华落色衰，复相弃背，此所谓男女不终之敝也。归妹之义，虽非奔诱，然以长说少，志在容色，失夫妇之大义，其去奔诱不远矣。是以君子于此，欲思永终偕老之道，而戒不终之敝也。《礼》曰：壹与之齐，终身不改。故夫死不嫁，所以永终者如此。

赵氏汝梅曰：古者婚姻以时，咸以少遇少，恒以长遇长，夫妇之正也。今以长男遇少女，遇非其正，败且日多，知其敝而早辨之，则败可以免。永终之图，严等威，辨嫡庶，其为虑甚周，妨敝于未然也。《绿衣》之怨，已不可褒姒，元宗祸及家国，可惧哉！

李氏蒙斋曰：靡不有初，鲜克有终者，人情之常，盖言晚节末路之难也。周宣王，中兴之贤君，鸿雁之后，诗人有《黄鸟》之刺；唐太宗，创业之英主，贞观之末，魏徵有《十渐》之讥，况其下者乎？有始有卒，惟圣人能之，故孔子以永终知敝为戒。

知敝者，知不免终之敝也。

吴氏敬斋曰：永终之敝，言远虑其终，而知有敝也。《氓》之诗不思其反，所以终见弃于人与。

初九，归妹以娣。跛能履，征吉。《象》曰：归妹以娣，以恒也。跛能履吉，相承也。

孔氏颖达曰：征吉者，少长非偶。为妻而行则凶，为娣而行则吉。

胡氏安定曰：跛者，足之偏也。娣侄非配，而能尽其道以配君子，犹足虽偏，而能履地而行，不至于废也。

伊川曰：刚阳在妇人，为贤贞之德，而处卑顺，娣之贤正者也。

赵氏汝梅曰：古者天子诸侯嫁女，娣侄从行，如尧釐降二女，长为君，少为夫人。无则同姓之国，归之如《春秋》，晋人来媵，初德当其位，有为媵之才，犹跛躄之行，不正不害其能履，以斯妹而备媵，必能知其命有贵贱，无骄僭之患，归妹之吉也。

九二，眇能视，利幽人之贞。《象》曰：利幽人之贞，未变常也。

伊川曰：守其幽贞，未失夫妇常正之道，世人以媟狎为常，故贞静为变常，不知乃常久之道也。

沈氏守约曰：潜晦之士，与众异观，偃岩谷而骄富贵，侣麋鹿而轻王公，亦岂可弃哉？举而用之，亦未必无所补也，是以利幽人之正也。

朱子曰：九二，阳刚得中，女之贤也。上有正应，而反阴柔不正，乃女贤而配不良，不能大成内助之功，故为眇能视之象，而其占则利幽人之贞。幽人，亦抱道守正，而不偶者也。

谨案：倾城之妇，由其哲也；专政之妃，因有才也。故女子以幽静守贞为利，安恬持躬，不轻自售，女德之贤者也。顾诸爻言归妹，二则独不言，盖二为人位，曰幽人，与履二之言幽人同也。士之潜德韬光，不求闻达，亦犹女之怀清矢洁，不改贞操。沈氏之说，即朱子抱道守正之义也。

梁氏孟敬曰：妇人之道，以顺为正，配虽不良，在我其可自失乎？能尽其贤智以治内事，安于命分，不为邪行，则如眇者之能视其明，虽不远而犹不替其操女，而如是岂非贤德乎？

来氏矣鲜曰：壹与之齐，终身不改。此妇道之常也，守幽人之贞，则未变其常也。

六三，归妹以须，反归以娣。《象》曰：归妹以须，未当也。

陆氏希声曰：在天文，织女为贵，须女为贱。

胡氏安定曰：犹侄娣之年尚幼，未可适人，必待年于父母之国，待其长大，然后归君子之家。故《春秋》隐二年，书伯姬归于纪，至七年，书叔姬归于纪是也。

朱氏汉上曰：鲁春姜之女，三往三遂，春姜召其女留之三年，乃复嫁之。卒知为人妇之道，春姜知反归以娣之义也。

梁氏孟敬曰：须女之贱者，六三居下之上，本非贱也，然以不中不正，为说之主，故失行之甚，人莫之取，而反为娣以从人也。世之躁动失守，而自取卑贱者，观此可戒矣。

九四，归妹愆期，迟归有时。《象》曰：愆期之志，有待而行也。

孔氏颖达曰：嫁贵及时，今乃过期而迟归者，此嫁者之志，欲有所待而后行也。

刘氏长民曰：女过盛年，则兴摽梅之叹，四虽有勤望之志，而不为淫奔之行，此待礼而行者。

伊川曰：所以愆期者，由己而不由彼。贤女人所愿娶，乃其志欲有所待，得佳配而后行也。

王氏童溪曰：若阳货谓孔子，而孔子从而诺之，夫时之失而日月之逝。在夫子岂不知此？然夫子之志，盖亦有待之尔，故尝以椟玉自况，而曰：我待贾者也。又尝以匏瓜，况其不然，而曰：吾岂匏瓜也哉。则圣人之志，非故为是，愆期之事，以取诮于人也。亦曰迟，迟吾行者，此非我也，时也。

谨案：迟，待也。待聘、待年、待佳耦而后归也。贤如孟光，三十不嫁，必遇伯鸾而乃为之举案，其自待也厚矣。士之仕也，犹女之归也，以身许人，尚不轻从，以身许国，而可躁进乎？故莘野之耕，夫必待三聘；傅岩之胥靡，必待旁求；渭滨之钓叟，必待后车之载。彼策高足而先据要津，盗虚声为梯荣捷径，甚至奔走权门，逢迎干谒，枉道求合，其志卑而其行苟，不知有待之义，观《象传》之辞，可以愧而知返矣。

赵氏汝梅曰：缓不渝盟，行不失节，归妹之正者乎。

六五，帝乙归妹，其君之袂，不如其娣之袂良，月几望，吉。

《象》曰：帝乙归妹，不如其娣之袂良也。其位在中，以贵行也。

伊川曰：王姬下嫁，自古而然，至帝乙而后正婚姻之礼，明男女之分，虽至贵之女，不得失柔巽之道，有贵骄之志。故易中阴尊而谦降者，则曰帝乙归妹，泰六五是也。柔顺降屈，尚礼而不尚饰，乃中道也。

陈氏曰：臣之事君，如女之事夫，不可盛满以敌其上。

郭氏白云曰：《诗》序言王姬，车服不系其夫，下王后一等，犹执妇道，以成肃雝之德。则诗人所美者，系乎肃雝之德，不独取于车服也。月几望者，不自满假之意也。其娣袂良，犹能谦下，而无嫉妒之心，盖《樛木》逮下之义也。《樛木》之诗，每章必以福履终之，是亦月几望，而继以吉之义也。

朱氏汉上曰：几望则不盈，既望则已盛，圣人于此深虑之。后世犹有以列侯奉事，舅姑通问，盈满之祸可胜言哉！

王氏童溪曰：月望则与日并，阴盛则与阳敌，此女娲、吕、武所以乱天下也。其祸可胜言哉？然其所以至此者，无他，不知亢满之戒尔。

上六，女承筐无实，士刲羊无血，无攸利。《象》曰：上六无实，承虚筐也。

陆氏希声曰：实以象仪，血以象诚。女承筐无实，则助奠之礼不成；士刲羊无血，则祭庙之诚不至。

伊川曰：古者房中之俎，葅歜之类，后夫人职之诸侯之祭，亲割牲，卿大夫亦然。割取血以祭，礼云血祭，盛祭也，无实则无以祭，无血亦无以祭也。不能奉祭祀，则当离绝矣。是夫妇之无终者，何可往而利哉。

沈氏守约曰：卦变为睽，睽，乖也。嗣续不绍，宗庙失奉，乖夫妇之道，睽莫甚也。初晋献公筮嫁伯姬于秦，遇归妹之睽，史苏占之曰："不吉"，其繇曰："士刲羊亦无衁也，女承筐亦无贶也，西邻责言不可偿也。"归妹之睽，犹无相也。震之离亦离之震，为雷为火，为嬴败姬，车说其輹，火焚其旗，不利行师。败于宗邱，归妹睽孤，寇张之弧，侄从其姑。六年，其逋逃归其国，而弃其家，明年，其死于高梁之虚。

项氏平甫曰：无夫谓之女，无妻谓之士，女无阳以为实，士无阴以为血。此象死而失偶，及生而相弃者，故无攸利。在君臣之际，则李德裕之丧武宗，周世宗之失王朴是也。

赵氏汝梅曰：君取夫人之辞曰："请君之玉女，与寡人共有敝邑，事宗庙社稷。"今若此，果何往而利耶？

易鉴卷二十八

☲离下震上

丰，亨，王假之，勿忧，宜日中。

《彖》曰：丰，大也。明以动，故丰。王假之，尚大也。勿忧，宜日中，宜照天下也。日中则昃，月盈则食，天地盈虚，与时消息，而况于人乎？况于鬼神乎？

伊川曰：天位之尊，四海之富，群生之众，王道之大，极丰之道，惟王者能至也。丰之时，人民之繁庶，事物之殷盛，治之岂易，周宜如日中之盛明广照，无所不及，然后无忧也。保有之道，非小才小智之所能及，故所尚亦宜大也。

张氏紫岩曰：亲贤远色，去佞止欲，凡事物足以昏吾正性者日去。德之明也，岂不大哉？其德大，其治亦大，以天下百姓为心，知其好恶，知其疾苦，若日之中，去亢去骄，去泰求贤，而下之举能而用之。其于天下也，毫发无不照之情，然后权臣不得擅其政，而治安可以长保。

王氏童溪曰：保丰之道，曰持其盈，守其成，如周之成王是矣。以《诗》考之，嬛嬛在疚，见于朝庙之言。成王不敢康，见于郊祀之保。予其惩而毖后患，又见于求助之作，此其故也。

朱子曰：盛极当衰，有忧道焉。圣人以为徒忧无益，但能守常，不至于过盛则可矣。故戒以勿忧，宜日中也。人君于此时，当如奉盘水，战兢自持，方无倾侧满溢之患，若有纤毫骄矜自满之心，即败矣。所以处此极难绍圣中，群臣创为丰亨豫大之说，当时某论某人曰：当丰亨豫大之时，而为因陋就简之说。君臣上下动以此借口，于是安意肆志，无所不为，而大祸起矣。

张氏南轩曰：己无暗德，下无隐情，使天下晓然，莫得以藏慝而蓄奸，则丰可守矣。

项氏平甫曰：既已丰矣，而言勿忧，有大则患失其大，无疆惟休，则无疆惟恤，此古今之至情也。汉高祖之除彭韩、系萧何、疑陈平，唐太宗之杀刘洎、李君羡，皆既丰之后，忧之深也。圣人曰是不必忧，愈忧则愈盛，非保大之道也。

梁氏孟敬曰：盛极则衰，治极则乱，固天道也。有圣贤者能战兢惕励，则可以引天休于永久，所谓宜日中者此道也。

《象》曰：雷电皆至，丰。君子以折狱致刑。

孔氏颖达曰：断决狱讼，须得虚实之情；致用刑罚，必得轻重之中。若动而不明，则淫滥斯及，故君子象于此卦。

伊川曰：离，明也，照察之象。震，动也，威断之象。折狱者，必照其情实，惟明克允；致刑者，以威于奸恶，惟断乃成。《噬嗑》言先王敕法，明在上而丽于威震，王者之事，故为制刑立法；丰言君子折狱，明在下而丽于威震，君子之用，故为折狱致刑；旅明在上而言君子者，旅取慎用刑而不留狱，君子皆当然也。

赵氏汝梅曰：折狱者，弊狱之成；致刑者，致刑之用，皆断决之义也。死者断者，圣人岂能生且续哉？而为是断决之政，辟以止辟，不得已也。惟不得已，故明罚敕法，警之有其素；赦过宥罪，宽之有其时。狱不可留而死可缓，情苟未得无敢折也，必如是，生之不能，释之不可，然后折之致之，以济教化之不及。其敢淫刑鬻狱，且以为戏怒之资耶？

谨案：赵氏所谓淫刑鬻狱，切中时弊，刑者所以惩有罪也，淫刑以逞，谁则无罪，其可以小民之肢体，供堂上之戏怒耶？《吕刑》言五刑之疵，一曰惟货，鬻狱之弊，自昔有之。狱以贿成，则刑皆赂具，民未尝犯刑也；而或借刑具为敛财之道，民不当入狱也；而或假牢狱为取货之方，酷以济贪，贪则未有不酷者。古之良吏，以其深刻而目之为酷；今之酷吏，以其武健而称之曰能。小民何辜，而一任屠伯之诛夷，贪夫之朘削乎？世之君子，尚其玩易，而知所戒也夫。

初九，遇其配主，虽旬无咎，往有尚。《象》曰：虽旬无咎，过旬灾也。

胡氏安定曰：旬者，十日也，谓数之盈满也。言初与四，其德相符，虽居盈满盛大之时，可以无咎。以此而往，则行有所尚也，若过于盈满，则必有倾覆之灾也。

伊川曰：非明则动无所之，非动则明无所用，相资而成用。同舟则胡越一心，共难则仇怨协力，事势使然也。往而相从，则能成其丰，可嘉尚也。与人同而力均者，在乎降已以相从，协力以从事，若怀先己之私，有加上之意，则患当至矣，故曰："过旬灾也。"

梁氏孟敬曰：九四以大臣任君事，初在下之贤与之同德相应，故谓之遇其配主。夫以大臣之贤，而与在下之贤相遇合，将以辅其君，而成丰亨之治，非窃权植党以倾其君者，故其势虽均敌，而可无咎也。

六二，丰其蔀，日中见斗，往得疑疾，有孚，发若，吉。《象》曰：有孚发若，信以发志也。

服氏子慎曰：日中而昏也。

苏氏东坡曰：凡人知生于忧患，而患生于安逸，丰之患常在于暗，故诸爻皆以明暗为吉凶也。

伊川曰：君子之事上也，不得其心则尽其至诚，以感发其志意而已。苟诚意能动，则虽昏蒙可开也，虽柔弱可补也，虽不正可正也。古人之事庸君常主而克行其道者，己之诚意上达，而君见信之笃耳。管仲之相桓公，孔明之辅后主是也。

张氏紫岩曰：日伏其明，斗益焕然。权臣用事，君德蔽亏象也甚矣。人君傲慢荒淫之志常生于治安后。当是时，贤臣之进说甚难，况权幸用事，肆为欺蔽，非明德至诚君子，徐有以感动警悟发上之志，俾知天命不常，人情可畏，以我之诚复君之诚，则何以维持天下之治哉？故曰："有孚发若吉。"

郭氏白云曰：天下之理，明则无疑，暗则疑。六二用明投暗，往得疑疾，乃其宜也。然任其中正，有孚而发，则动无不吉。

赵氏汝梅曰：疾得于境之疑，孚发于志之信。

谨案：《书》曰："任贤勿贰，去邪勿疑。"人君之用人，固不可有疑心也，疑则猜，猜则忌，忌斯疾矣。惟人臣积诚以感之，格其非心，而后启乃心，沃乃心，所谓有孚发若也。然则人君不可挟疑以任下，臣亦不可怀疑以事上，庶诈虞之心泯，而一德交孚之休著矣。

九三，丰其沛，日中见沫，折其右肱，无咎。《象》曰：丰其沛，不可大事也。折其右肱，终不可用也。

王氏辅嗣曰：折其右肱，故可以自守而已，未足用也。

伊川曰：贤智之才遇明君，则能有为于天下，上无可赖之主，则不能有为，如人之折其右肱也。

张氏紫岩曰：沫，小星也。若女谒寺人，用事于内而自表见者，其害治至大。夫斗沬见于日中，而失其常度，则是近幸之臣得志用事，君道衰矣。折肱而止于是为宜，且可止则止，君子何咎？微子去，箕子奴，折右肱之义也。

沈氏守约曰：昔晋侯问日食于士文伯，文伯对曰："不善之政也。"国无政不用善，自取适于日月之灾，故政可不慎乎？务三而已：一曰择人，二曰因民，三曰从时。此推日食之占，循变复之要也。于易在丰之震，曰丰其沛，日中见沬，折其右肱，无咎。明小人乘君子，阴侵阳之原也。

赵氏汝梅曰：丰沛见沬之象，视见斗者，暗抑甚矣。运动而适致右肱之折，虽废而不可用，乃无冥行之咎，此庄周所以有瓦全玉毁之喻。

潘氏士藻曰：不可用而不用，保身之哲也。

九四，丰其蔀，日中见斗，遇其夷主，吉。《象》曰：丰其蔀，位不当也。日中见斗，幽不明也。遇其夷主，吉行也。

伊川曰：居大臣之位而得在下之贤，同德相辅，其助岂小也哉？故吉也。

郭氏白云曰：有为之时，明动必相济，然后有成。故初谓四为配主，四谓初为夷主。夷，等也，等亦匹配之义。迭称主者，明动相须，惟明者知求动以为主，动者知求明以为主。

李氏蒙斋曰：夷主者，同德相应而为夷等也。九四，高则为颜仇由、司城贞子，次亦不失为魏无知、常何。

六五，来章有庆誉，吉。《象》曰：六五之吉，有庆也。

伊川曰：六二，文明中正，章美之材也。五能致之在位而委任之，可以致丰大之庆，名誉之美，故吉。君虽柔暗，能用贤才，则可以为天下之福。

张氏紫岩曰：周成用之左右师保，天下大治而颂声以作，有庆誉也。

郭氏白云曰：为君者，居丰盛之世，上欲丰于朝廷，下欲丰于民物，而或欲丰其货财，丰其土地、城邑、宫室、车徒之类，是不知丰之，世盛大无以加，又求丰之，是无厌也。圣人贵夫持盈守成，而不以丰大为务，故《书》有“满招损”之戒，而《易》著丰蔀、丰沛之失。是以六爻中称丰者，皆无善道，而六五不言丰，独为可尚也。

谨案：阴之美曰章，坤六三含之；臣有其美则曰含，丰六五来之；王受其美则曰来，时值丰盛，岳贡其琛，川输其赆，方物毕献，已莫不梯航而来矣。而多士济济，蔚为国华，《旅獒》谓所宝惟贤，而异物不足贵也。《楚书》谓惟善为宝，而哗嚣之美不足言也。所由吉庆有馀，名誉益广，席丰保丰之道，莫逾于此矣。

上六，丰其屋，蔀其家，窥其户，阒其无人，三岁不觌，凶。《象》曰：丰其屋，天际翔也。窥其户，阒其无人，自藏也。

石氏徂徕曰：始显大，终自藏，皆圣人戒其大盛。子云曰：“炎炎者灭，隆隆者绝。”观雷观火，为盈为实，天收其声，地藏其热，高明之家，鬼瞰其室，正合此义。

张子曰：丰屋蔀家，自蔽之甚，犹大明之世，而夷墨其行，穷大而失居者也。

沈氏守约曰：昔郑公子曼满与王子伯廖语，欲为卿，伯廖告人曰：“无德而贪，其在《周易》丰之离，弗过之矣。”间一岁，郑人杀之，取此义也。

郭氏白云曰：班固言许史、三王、丁傅之家，皆重侯累将，极贵极富，见其位矣，未见其人也。岂阒无其人之谓乎？

朱氏汉上曰：胡旦论丰，上六曰乾极则亢，泰极则隍，豫极则冥，萃极则叹，履考祥而无吉，贲白贲而无咎，井勿幕而有孚，艮敦艮而厚终，人道之难可不念哉！

赵氏汝梅曰：今富贵之家，崇广其第宅，重檐复屋，珠箔绮疏，交映非不宏且丽也，主人者又深居简出，若与世绝，或鬼物瞰之，或侨寓矮屋，几类无人迹者，观此可以鉴矣。

李氏蒙斋曰：自古小人蒙蔽其君之明者，内臣仇士良，教其徒以固宠之术，曰天子宜以奢靡娱其耳，自使无暇更及他事，慎勿使之读书亲近儒臣，彼见前代兴亡，心知危惧，则吾辈疏斥矣。此叔世小人传心术之秘也。圣人于易，逆发其心之至隐，而晓以祸之必然，穷大者必失其居，自此，三岁其家无复有人迹也，凶莫大焉。西山真氏论曰：秦室危而斯高僇，汉业坏而张赵诛。士良小人但知以窃权固宠为荣，而不知国败家亡则权宠亦无自保之理。然士良之言，自奸臣之所未发，人主宜写一通置之座隅，则必近儒生，必亲经史，奢靡不能惑，奸佞不能蔽矣。

䷷艮下离上

旅，小亨，旅贞吉。

《彖》曰：旅，小亨，柔得中乎外，而顺乎刚，止而丽乎明，是以小亨，旅贞吉也。旅之时义大矣哉！

石氏徂徕曰：寄旅而不失其中，常人之所难，故仲尼至圣，栖栖于旅。人至是邦也，必闻其政，是能以温良恭俭让而得也。

朱氏汉上曰：君子入国，问禁兴之日，从新国之法，顺乎刚也。四方固男子之事，居者必有旅也，顾处之如何耳？夫子历国应聘，尝去父母之邦矣，去他国矣。欲浮于海，居九夷矣。盖得旅之时义也。旅之时不一而义者，时措之宜。知其时而不知其宜，不可也。非大人孰能尽之。

郑氏东谷曰：旅，一也，所以为旅则异也。苏、张、范、蔡之徒，奔走列国以求所利者，旅也；孔孟皇皇欲行吾道，以善斯世，亦旅也。观旅之得失，系其所处如何尔。

王氏童溪曰：孔子进以礼，退以义。孟子得以知其心，断以主痈疽与待人瘠环，则何以为孔子。此卦之德，又曰旅贞也。孟子曰："吾闻观近臣，以其所为主；观远臣，以其所主何也。"君子有所止，不可不丽乎明也。

故孔子曰："居是邦也，事其大夫之贤者，友其士之仁者。"

赵氏汝梅曰：旅在外，不惟疾徐进止，皆贵乎得中，而刚柔为尤甚。旅不能无所托，我质柔矣，当顺抚乎纪刚之仆，而后外侮不侵，此旅行之道也。旅不能不暂止，必行李明白，所主端人而后关讥无阻，此旅止之道也。行则顺乎刚，止则丽乎明，斯为旅道之正。此卦之所由吉也，皆审其时，正其义。则太公旅海滨而为王者师，孔孟旅列国而道以行，下焉如百里奚、申包胥之徒，皆能强国济难，以显其名，其时义顾不大哉！

梁氏孟敬曰：凡客于外，皆谓之旅，非止于商旅也。如天子之蒙尘，诸侯之寄寓，大夫之去国，圣贤之周游，皆是也。

《象》曰：山上有火，旅。君子以明慎用刑，而不留狱。

郭氏白云曰：狱者，天下之至难明者，以舜之圣，犹至于再三训戒。有曰："钦哉钦哉，惟刑之恤哉。"有曰："惟明克允。"有曰："明于五刑。"由是观之，则明慎用刑，宜圣人之致意也。

朱子曰：慎刑如山，不留如火。

赵氏汝梅曰：火炀则宅于灶，冶则宅于炉，在山则野烧之暂，犹旅寓耳，故为旅之象。狱者，人之所旅也，不留狱，不使久处其中也。用刑固贵于明，然明者未必谨，谨者或留狱。明矣谨矣，而淹延不决，虽明犹暗也，虽谨反害也。后世之主刑狱者，智不足以察奸，威不足以戢吏。是非易位，冤枉莫伸者，昧圣人之明；任情喜怒，率意出入者，悖圣人之谨。而钩党株连，历年弥岁，瘐死而后已，闻不留狱之训，可不惧哉！

谨案：后世主刑狱之弊，赵氏可谓言之痛切矣。顾世风日降，刑措不用，囹圄空虚之盛，已不可以复睹，固由人心不古也。而吏治亦不可问，离罗离网者，悉无辜；宜岸宜狱者，皆瘨寡。乃至动用非刑，设立班管，较赵氏所言更有甚焉。复有知法士民，地方官吏恶其不利于己者，密禀于上，以为援上，即据有司之禀，启为大吏之访，闻箠楚之下，何求不得罗织多方，不难文致其罪矣。世之君子，尚其玩旅象之辞，矜慎刑狱，有父母斯民之责，宜视小民如赤子，有察吏安民之责者，毋纵吏以殃民。庶几上不负国，下不负民矣。

张氏清子曰：明则无遁情，慎则无滥罚，明慎既尽断决随之。圣人取象于旅，正恐其留狱也。

初六，旅琐琐，斯其所取灾。《象》曰：旅琐琐，志穷灾也。

胡氏安定曰：柔顺大过为卑贱动其心，苟容苟合，其道不通，其志困穷，是以取灾。

郭氏白云曰：夫穷志毕力于琐琐之务者，终不能大有为于天下，初六阴柔之才，自居于卑，故无高远之见。孟子曰："养其大体为大人，养其小体为小人。"旅之大义与其琐琐，皆在人自养之而已，可不审哉！

谨案：《旄邱》之诗，黎侯失国而寓于卫也，其末章曰："琐兮尾兮，流离之子。”流离，鸟名，生而漂散。琐之义，先儒皆训为小。是旅寓之人，本有琐象，旅之初六，则位卑体柔，琐而又琐，不知旅之大义也。《杂卦》云：“亲寡旅也。”远适异国，寄迹天涯，势孤而情睽，必与同行共相慰借耳。今乃与同行者较量，彼此计财利得失之毫末，招侮召辱，自取之也。且羁旅之时，最为难处，取或疑其为窃也，进或疑其为干也，留或疑其为濡也，去或疑其为逋也，况又琐屑猥鄙，其取灾也宜矣。世之为旅人者，可不戒哉！

谷氏家杰曰：爻贱其行，象鄙其志。

六二，旅即次，怀其资，得童仆，贞。《象》曰：得童仆贞，终无尤也。

伊川曰：次舍，旅所安也；货财，旅所资也；童仆，旅所赖也。

张氏紫岩曰：其周公居东，十夫予翼之事乎。

胡氏云峰曰：旅中不能无赖乎童仆之用，亦多不免乎童仆之欺，惟得其贞信，则无欺而有赖。

九三，旅焚其次，丧其童仆，贞厉。《象》曰：旅焚其次，亦以伤矣。以旅与下，其义丧也。

张氏紫岩曰：鲁昭以之有子家子而不能用，近小人，失君子，是不知与下之义矣。

赵氏汝梅曰：人不安于家而安于次，非得已也，今又焚之，已可伤矣。童仆，我能抚之使安焉，如家方肯卫主，今以旅之不安者，与其下则仆痡马瘏，虽无弃仆之心，其义则应丧也。

潘氏天锡曰：九三以刚居下，体之上则焚次；上九以刚居上，体之上则焚巢。位愈高，刚愈亢，则祸愈烈矣。

黄氏陶安曰：下即童仆，以旅与下，谓视童仆如旅人也。焚次而失其身，所依庇亦已伤而不安矣，况又丧其童仆乎？然非童仆之无良也，当旅时，而与下之道刻薄寡恩，直若旅人，然宜不得其心力，义当丧也，将谁咎哉！

九四，旅于处，得其资斧，我心不快。《象》曰：旅于处，未得位也。得其资斧，心未快也。

张氏紫岩曰：晋文在秦，刚不过，柔不屈，贤士从之，得资斧之义，志未及行，心其快耶？

郑氏东谷曰：齐晋之君，或欲以季孟之间待孔子，或欲养孟子以万钟，孔孟甘心于旅而不就者，以处之非其地也。

王氏童溪曰：孟子之在齐、在宋、在薛也，兼金之馈，或受或不受。其受之也，以其有辞，其不受也，以其无处而馈之也，故曰：君子而可以货取乎？此四之虽得资斧，而我心未始以为快也。

六五，射雉一矢亡，终以誉命。《象》曰：终以誉命，上逮也。

陆氏希声曰：命，犹名也。言虽不得正位之实，而终名誉之美也。尼父之旅近之。

郑氏东谷曰：命，犹命世之命，以誉归之之谓。孔孟皇皇于天下，旅亦甚矣，而为万世之所尊仰。射雉，虽亡矢，誉命不我舍者，以上与之也。或谓孔孟无一君用之，何以为上与？孔孟所至，必闻其政，君致敬尽礼以交之，非上与而何？

杨氏诚斋曰：六五，王者之蒙尘而在旅者，少康逃虞思之国，宣王匿召公之家，所谓祸乱之作，天所以开圣人其旅之六五乎？故有德则少康、宣王，自旅人而为天子，无德则太康、厉王，自天子而为旅人。有天下者，可不惧哉！

上九，鸟焚其巢，旅人先笑后号咷。丧牛于易，凶。《象》曰：以旅在上，其义焚也。丧牛于易，终莫之闻也。

张氏紫岩曰：夏桀商纣之君，失众于上，天下莫亲，而己独以位为乐，卒亡天下，易之失也。况羁旅失国，而自乐其乐，以偷旦夕之安，其能不亡乎！

朱氏汉上曰：轻易者，自塞其耳而聪不明也。陆机羁旅，处群士之上，而不闻牵秀孟玖之毁，其以高亢轻易而致祸乎。

赵氏汝梅曰：汉成河平二年二月，泰山山桑谷，㦸焚其巢；唐僖光启二年七月，中条山鹊焚其巢，三年七月，鹊复焚巢。作《易》圣人姑以焚巢立象，后乃真有其事，无有幽深远迩，遂知来物，信哉！

雷氏西仲曰：鸟巢，高而危者也，故为上九之象，以王烈之贤，而不能安辽东，况其下者乎。

易鉴卷二十九

☴巽下巽上

巽，小亨，利有攸往，利见大人。

《彖》曰：重巽以申命。刚巽乎中正而志行。柔皆顺乎刚，是以“小亨，利有攸往，利见大人”。

孔氏颖达曰：巽之为义，以卑巽为体，以容入为用。上下皆巽，不为违逆，君唱臣和，命令乃行。

刘氏长民曰：《蛊》言先甲三日，《巽》言先庚三日，甲主仁，庚主刑，夫齐之以刑，不若道之以德，故《蛊》为元亨，《巽》为小亨。

伊川曰：上顺道以出令，下奉命而顺从，上下皆顺，重巽之道也。

王氏童溪曰：孔子曰：“不戒视成谓之暴。”孙武子曰：“约束不明，申令不熟，将之罪也。”必也先后之告戒，终始之谆复，而后下之观听也，熟则顺从乎上者，斯众矣。

朱子曰：风之吹物，无处不入，无物不鼓动。诏令之入，人沦肌浃髓，亦如风之动物也。

象曰：随风，巽。君子以申命行事。

荀氏慈明曰：巽为号令，两巽相随，故申命也。法教百端，令行为上，故曰行事也。

郭氏白云曰：君子之德风也，有风之德而下无不从。《易》于巽主教令，犹《诗》之言风也，故《观》则省方观民设教，《姤》则施命诰四方，《蛊》则振民育德，皆主巽而言也。

朱子曰：随，相继之义。

项氏平甫曰：申命，象风之声；行事，相风之迹。

赵氏汝梅曰：播告之言，王者之命令也，四方绝远，人情之利。病不同一，命之未遍乎，申命之而后事行。观《盘庚》、《康诰》、《多士》诸书，至于再于三勤恳不已，迁亳化商之事，卒以有行，申命之谓也。

邱氏行可曰：申者所以致其戒于行事之先，行事者所以践其言于申命之后。

初六，进退，利武人之贞。《象》曰：进退，志疑也。利武人之贞，志治也。

张氏紫岩曰：出命而二三其心，唱之者既疑，听之者必惑，而安能立天下大事哉？必也外用其权，内济以果，去姑息之弊，得中正之宜，巽道行矣。圣人故于初发之。

郭氏白云曰：治已以武人之贞，斯无进退之疑矣。孔子语冉求以闻，斯行之是也。

赵氏汝梅曰：武人用以正，则为致命死敌；不正则为奸命暴乱。故以正戒之。治与疑对，志疑而不决，故进退靡定，志治而不乱，故决于行。

黄氏陶庵曰：两可不决之谓疑，一定不乱之谓治。

谨案：《履》三曰：武人以其志刚危之也。《巽》初亦曰：武人以其志治勉之也。志者，心之所之也。巽为进退，则志游移而多疑，疑则心乱，治则心不疑也。蓄疑者败谋，故不患其不能谋，患其不能断也。武人者，师武臣力也。借张皇之师，以振其犹豫之志，此行事之至贞者，何不利之有？

九二，巽在床下，用史巫纷若，吉，无咎。《象》曰：纷若之吉，得中也。

刘氏长民曰：史巫荐人之诚，罄折俯仰，纷纭以巽谢于神明，故巽慎而不为之咎，盖守中存实谦卑，可荐神获吉。

伊川曰：人之过于卑巽，非恐怯则谄说，皆非正也。二实刚中，虽巽体而居柔为过，于巽非有邪心也。恭巽之过，虽非正礼，可以远耻辱，绝怨咎，亦吉道也。

张氏紫岩曰：当巽申命行事时，号令之发，祸福之几也，非得忠荩之臣，如伊尹于太甲，傅说于高宗，周公于成王，拜手稽首，以尽其由中之情，朝夕孜孜，曾不惮烦，则何以置君于无过之地，而发号出令，罔不当天下之心哉？

沈氏守约曰：汉文之诏所以泣东山之父老，德宗之反正当时，谓诏诰之功，用此道也。其诚信所入之深，足以感幽明而获其助者也。

朱氏汉上曰：史巫纷若，则卑巽之意达于上下，巽在床下，何咎之有？此子游重服，立诸臣之位，以感悟文子之道也。

谨案：吉礼尊者在床，卑者拜于床下，在床下盖伛偻俯伏，卑巽之象也。史巫者通诚意，以巽谢于神明者，《朱子本义》谓竭诚以祭祀之，吉占也。周官史掌卜筮，巫掌祓禳，卜筮所以占吉凶，祓禳所以除灾害也。荀氏谓史以书勋，巫以告庙，征伐既毕，史巫并用者，承初爻武人以用兵言，义亦可通，究以主祭祀说为妥，不必轻废旧解也。

九三，频巽，吝。《象》曰：频巽之吝，志穷也。

王氏会之曰：情之未然，道而之善，使乐以易，非逆而止之也。三用刚，而必使由之，频数之令人所不与，故曰吝也。

王氏童溪曰：盛德之君子，谦恭巽顺，本于自然，如孔子乡党，恂恂庙朝，便便以至，侃侃訚訚，与与鞠躬，战色随处，随当动而不穷，何其盛哉！此无他，执谦之志，曾无不足故也。若九三频巽之吝，其志穷也，何足以语此？

赵氏汝梅曰：频巽者，既巽复巽者，犹频复也。

苏氏君禹曰：巽而频焉，则振作之气不足，其志亦穷，而无所复之矣。

六四，悔亡，田获三品。《象》曰：田获三品，有功也。

伊川曰：四之地本有悔，以处之至善，故悔亡而复有功。天下之事，苟善处，则悔或可以为功也。

张氏紫岩曰：巽顺群刚，上下顺之，大臣之守其位，诸侯之保其国，如是则可以立于无过之地矣，故悔亡。

沈氏守约曰：田获三品，令行之效也。行君之令而致之民，将以兴利除害，害去利获，令行而功著，是以田获三品也。

九五，贞吉，悔亡，无不利。无初有终。先庚三日，后庚三日，吉。《象》曰：九五之吉，位正中也。

陆氏希声曰：甲庚者，皆申命令之谓。甲者，德政也，先甲后甲，所以原始要终也。庚者，刑政也，先庚后庚，所以信而审之也。甲出也，庚，更也，以庚变甲，天之道也。先后三日，使知其意，审其令也。

张氏紫岩曰：先庚后庚，巽之贞也。先三日，盖慎始而图其几；后三日，盖思终而考其成。慎始思终，权斯行矣。《子夏传》

曰："甲者，创事之始；庚者，甲之中。"扬雄太元曰："庚断义，甲断仁。"庚者，制变之义，当以刚德为主，不然其弊将沦溺而入于蛊矣。

郭氏白云曰：慎乃出令，君人之道也。风行草偃，莫易于是。犹且三日，而申命之慎之至也，慎之至者，令出惟行，弗惟反也。命令之出，有必可行之善，而无不可行，复反之失，是以吉也。庚即命令，先庚谓未出令之前已申命。后庚谓出令之后而后行事也。伊川曰："甲者，事之始也；庚者，变更之始也。"

朱子曰：庚，更也，事之变也。先庚三日，丁也；后更三日，

癸也。丁所以丁嘱于其变之前，癸所以揆度于其变之后。

李氏蒙斋曰：盘庚迁都先之以上篇之书，后之以中篇、下篇之书。成王化商民，先之以《召诰》、《洛诰》，后之以《多士》、《多方》，即先庚后庚之意也。

胡氏云峰曰：蛊者，事之坏。先甲后甲者，饬之使复兴起。巽者，事之权。先庚后庚者，行之使适变通。

张氏清子曰：甲者，十干之首，事之端也，故谓之终则有始。庚者，十干之过，中事之当更者也，故谓之无初有终。以造事言之，故取诸甲；以更事言之，故取诸庚。《易》于甲庚，皆曰先后三日者，盖圣人谨其始终之意也。

梁氏孟敬曰：凡事之变更，必审之于始，而虑其所终。先庚三日，于未更之前，而审其始也；后庚三日，于既更之后，而虑其终也。巽之义为入，人于事能熟思，则入于理者深而见于行者，决巽之道，然后为尽矣。不然优柔牵制，其多思者乃所以为累也，曷足贵乎？

上九，巽在床下，丧其资斧，贞凶。《象》曰：巽在床下，上

穷也。丧其资斧，正乎凶也。

王氏辅嗣曰：斧，所以断者也。过巽失正，丧其所断。

朱氏汉上曰：丧其所以利，则莫或爱之；丧其所以断，则莫或畏之，正乎凶矣。鲁自襄公三家分其民，其君四世从之，至昭公失国，无所窜伏，盖处上极巽，亡其资斧，乃正凶也。

杨氏诚斋曰：位极乎人臣，身极乎崇高，爱其所有之富贵权势，而患失之心生，故必极其巽顺，阿谀以保其所有，不知顺愈过而身愈危也。故小则丧其资用，大则丧其权势。李斯忧蒙恬之代其相，则顺赵高废立之邪谋；惧失其爵禄，则顺二世之欲，而劝之以逸乐。将以顺易位，而以位易宗，故司马迁论之曰："持爵禄之重，阿顺苟合。"可谓洞见其肺腑矣。

项氏平甫曰：上既失位，并其刚德而亡之，故资斧皆丧也。此德宗奉天之后，姑息之时也。

梁氏孟敬曰：夫在下而卑巽无断，虽不足以立事，而犹可以免害也。若居上而如是，则自丧其权，无以驭下，将如神龙之失水而居陆，几何而不为蝼蚁之所制哉？丧斧之戒深矣。

苏氏君禹曰：巽者，入也，然所谓入者，岂徒借口于纡徐渐次之功，以济其因循悠缓之习已耶？是故武人之贞，不可弛也；三品之获，不可后也；史巫纷若，不以为激也；先庚后庚，不以为烦也。《传》曰："巽以行权。"

䷹兑上兑下

兑，亨，利贞。

《彖》曰：兑，说也。刚中而柔外，说以利贞，是以顺乎天而应乎人。说以先民，民忘其劳。说以犯难，民忘其死。说之大，民劝矣哉。

孔氏颖达曰：泽以润生万物，所以万物皆说。施于人事，犹人君以恩情养民，民无不说也。

刘氏长民曰：天之所助者，顺也；人之所助者，信也。柔外为顺，刚中为信，故得顺乎天而应乎人。

胡氏安定曰：不谓之说，而谓之兑者，圣人感天下之心，必以仁义恩惠之道，不可言语口舌，故去其言而为兑。

伊川曰：说而能贞，说道之至正至善者也。若夫违道以干百姓之誉，不顺天，非应人，苟取一时之说耳，非君子之正道。

郭氏白云曰：昔汤之东征西怨，南征北怨，武王之无思不服，此得兑说之道者。所谓顺乎天，而应夫人者也。孟子论以德服人者，中心说而诚服，兑之道也，是能应乎人，则顺天矣。其应乎人者，非寒而衣之，饥而食之，又非有矜恤抚养之言，使之闻之也，圣人惟知道耳。

朱氏汉上曰：夫就佚辞劳，好生恶死，民之常情，用之以说，乃忘四体之勤，决一旦之命而不顾，非说之以道，能如是乎？古之人有行之者，周公之东征是也。

杨氏诚斋曰：劳且死，曷为而说也。知圣人劳我以逸我，死我以生我，是以说自劝也，夫劝民与民自劝，相去远矣。是以圣人大之劳而忘劳者，禹之治水是也；死而忘死者，汤之东征西怨是也。

吕氏东莱曰：当适意时而说，与处安平时而说，皆未足为难，惟当劳苦患难而说，始见真说。圣人以此先之，故能使之任劳苦而不辞，赴患难而不畏。如文王之作灵台，庶民攻之，不日成之，则民忘其劳也。楚庄王伐萧，军士多寒，王循而抚之，三军之士如挟纩。此虽不足以望圣人之师，是亦三代使民忘劳忘死之遗意也。

赵氏汝梅曰：民之劝，非力邀而强制者，不曰：劝民，而曰：民劝，民说而无俟于劝也。岂若鲁庄之战，以小惠沾沾，然求于民哉！

胡氏云峰曰：咸取无心之感，兑取不言之说。

《象》曰：丽泽，兑。君子以朋友讲习。

虞氏仲翔曰：学以聚之，问以辨之，兑两口对，故朋友讲习也。

孔氏颖达曰：同门曰朋，同志曰友。朋友聚居，讲习道义，相说之盛，莫过于此也。

周子曰：人生而蒙长，无师友则愚，是道义由师友有而得尊且贵，其义不亦重乎？其聚不亦乐乎？

苏氏东坡曰：取其乐而不流者也。

张氏紫岩曰：《书》曰："学于古训乃有获。"后世若唐太宗取学士十八人，与之朝夕议论，虽未知先王逊志之学，而于兑说之道，尚庶几夫用于身也。

吕氏东莱曰：《彖》之言王者之事，《象》之言乃学者之事，此又见易道之无穷，王者观之如此，卿大夫观之如此，学者观之又如此，各随所观而见其义，至于说之体则一也。今之学者，惟其不专意于讲习，故群居相与，多至于争是非、较胜负，使其一意讲习，则只见聚处之可乐，而不见其多事矣。

谨案：《易》言人事，人事以伦为重，朋友乃五伦之一，卦辞得朋、丧朋，爻辞朋亡、朋至、朋来，皆朝廷之朋也。兑，《象传》言讲习，则师儒之朋也。讲以辞说之，相会以文也，习以身行之，相观而善也，皆言学问之事，如两泽相丽，交相浸润，互有滋益也。后世聚徒讲学，亦同志合道之义。其弊也，分朋树党，入者主之，出者奴之，门户愈峻，猜忌益多，甚至以草野之清谈，议朝廷之秕政，不能集益，适以贾祸，其亦昧乎丽泽之议矣。世之君子可不鉴哉！

俞氏玉吾曰：讲多则义理明，习久则践履熟，所以有滋益，如两泽之相丽也。若独学无友，则孤陋而寡闻，故《论语》以学之不讲为忧，学而时习为说，以有朋自远方来为乐。

初九，和兑，吉。《象》曰：和兑之吉，行未疑也。

郭氏白云曰：夫知和为说，不和为非，说则上不谄媚以从人，而下无私情以示人之失，是则用和为贵，何所疑乎？

朱氏汉上曰：晋訾祐实直而博，范宣朝夕顾之以问国事。不正其身，未有能决人之疑者。故曰：和兑之吉，行未疑也。

赵氏汝梅曰：情志和而说，出于由衷，视胁肩谄笑而心不然者有间矣，是以吉。

胡氏云峰曰：君子和而不同，同与和异，说体之下，得阳刚之正，是说而不流于邪。故其象为和，其占为吉。

来氏矣鲜曰："和"与《中庸》发而皆中节谓之"和"，同谓其所说者无乖戾之私，皆性情之正，道义之公也。

九二，孚兑，吉，悔亡。《象》曰：孚兑之吉，信志也。

简子曰：信道笃而自知明，说之不以道，不说也。

郭氏白云曰：有贤如此，未有事，是君而为容悦者也。昔成汤克宽克仁，彰信兆民，盖信在我而信之者在人，虽君臣之道不同，其与九二孚兑信志之理一也。

苏氏东坡曰：和而不同，谓之和；信于其类，谓之孚。

朱氏汉上曰：石碏、石厚，父子也；叔向、叔鱼，兄弟也；

子产、伯有，同族也。虽比也，岂能说之。《程传》曰："志存诚信，岂至说小人而自失乎。"

六三，来兑，凶。《象》曰：来兑之凶，位不当也。

石氏徂徕曰：一阴为四阳之主，来者已皆说之，如一小人居四君子之间，谄媚之人不当其位，所以凶。

张氏紫岩曰：孟子以公孙衍、张仪为妾妇之道，谓夫事君容悦，而以顺为正，俯仰愧怍，何以自立于天下间也，戒之哉！

朱氏汉上曰：三，高位也，柔邪而说高位，凶矣。楚费无极汉息夫躬唐邳文乎？

王氏童溪曰：六三，以不正之才，居两兑之间，左右逢迎，惟以容悦为事，此小人之失正者，故于兑为凶。

九四，商兑未宁，介疾有喜。《象》曰：九四之喜，有庆也。

伊川曰：两间谓之介，分限也。地之介则加田，义乃同也。故人有节守谓之介，若刚介守正，疾远邪恶，将得君以行道，福庆及物，为有喜也。

郭氏白云曰：昔伊尹五就汤，五就桀，汤三使往聘之，然后幡然而改。所谓商兑者如斯，至于享天心，革夏正，所谓有喜有庆也。

杨氏诚斋曰：兑说一也。有事君容悦者，有以安社稷为悦者，九四近君之地，商榷而详择焉。惧夫容悦之小人，有以妄说，病吾君之心。君心勤政，彼病之以逸豫；君心忧乱，彼病之以燕乱；君心裕民，彼病之以聚敛；君心静治，彼病之以威武。六三之来兑，即容悦之小人也，非九四之刚正，介而隔之，使不得近于九五，其不为疾也鲜矣。六三者，君心之膏肓也；九四者，膏肓之针艾也。九四有喜，非私喜也，天下国家之大庆也。故魏徵用而封伦沮，李绛入而承璀去。

梁氏孟敬曰：如大臣之绝私党而忠其君，学者之远损友而亲仁贤，皆为可喜也。

谨案：兑，说也。说在心，故有喜。《无妄》九五曰："无妄之疾，勿药有喜"，《损》六四曰："损其疾，使遄有喜"，盖疾则中心抑郁，疾愈斯喜矣。《兑》之四曰：介疾，《程传》谓介，分限也，如地之界。则介盖近于疾也，其疾亦间隙小疾耳。有喜者，与《无妄》之勿药，《损》之损疾同也。惟其商兑于先，审度于平时，常恐怀晏安而致疢毒，展转图维，心不敢康，而疾可以瘳。此亦却病之方，而保身之道也。

九五，孚于剥，有厉。《象》曰：孚于剥，位正当也。

伊川曰：虽圣贤在上，天下未尝无小人，不敢肆其恶也，勉而革面，圣人亦悦之也。如四凶处尧朝，圣人非不知其终恶，取其畏罪而强仁耳。五若诚心信小人之假善为实善，而不知其包藏，则危道也。小人者备之不至，则害于善，圣人为戒之意深矣。

杨氏敬仲曰：九五亲信上六柔媚不正之小人，故曰孚于剥，剥之为卦，小人剥君子，又剥丧其国家，故谓小人为剥。信小人，危厉之道也。

雷氏西仲曰：剥之为义，阴剥阳，小人剥君子。孚于剥则听信小人，而黜退君子之谓也。孟子曰："不信仁贤则国空虚。"信小人而不信君子，则倾危必矣，故曰：孚于剥有厉。东汉之末，信群阉而锢天下之贤；唐元宗信李林甫；德宗信卢杞，皆所谓孚于剥者也。

李氏蒙斋曰：作《易》者忧畏小人之甚也，盖君子则刚鲠正直，格君之非；小人则阿媚谀说，顺君之欲。故虽刚明之主，有时而信小人，是以巧言令色，孔壬，虽舜犹畏。颜渊问为邦，孔子答以“远佞人”。上六阴柔不正，而极于欲，圣人之所忧也。故九五虽以阳居阳，其位正当，而称孚于剥，深戒人君远佞人也。

上六，引兑。《象》曰：上六引兑，未光也。

刘氏长民曰：执德不固，见诱则从，故称引兑。

郭氏白云曰：说有引之而说者，从人也，阴柔不足以有为，引之则从人而说。

王氏童溪曰：昔者褒姒不好笑，幽王为举燧以召诸侯，诸侯悉至而无寇，褒姒乃大笑，虽得笑于一女子，而失信于诸侯，此所谓引兑也。夫引之而后说，其无意味甚矣，故《象》曰：未光也。犹之曰：以说事人，已为非矣，而又待引焉，未足多也。

雷氏西仲曰：上六不能充实于内而说于外，是以汲引而用之，则说中心之喜，系于外物之得，岂光大之道哉？令尹子文三仕为令尹，无喜色，由此观之，以引为兑说者，可谓小矣。

谨案：枉己非道，就以求说，始而来终，则引类俱至矣。三曰来，如《春秋传》“佞人来矣”之来。上曰引，孟子所谓物交，物则引之而已矣。心志求所以娱之，耳目求所以悦之，则声色货利，中于所好，有迷而不知返者，来已非也，引则甚焉。顾三言凶，而上不言凶咎。《程传》谓未见其所说善恶也，诚使事君者能引之于当道，交友者能引之从善，则亦如《萃》二之引吉，而无咎也已。

易鉴卷三十

䷺坎下巽上

涣。亨。王假有庙。利涉大川，利贞。

《彖》曰：涣，亨。刚来而不穷，柔得位乎外而上同。王假有庙，王乃在中也。利涉大川，乘木有功也。

王氏辅嗣曰：内刚而无险困之难，外顺而无违逆之乖，是以亨。

孔氏颖达曰：涣之为义，小人遭难离散而逃避也，大德之人能于此时建功立德，解难释险，所以为亨。

陆氏希声曰：人，气聚则生，气散则死，故圣人以神气涣散乃立宗庙，所以明聚散之理，为教化之宗主也。

薛氏温其曰：二以身入险，四则辅君任事。上下同志，厥事乃济，李晟入险，陆贽辅后，二爻之象。

张子曰：财散则民聚，王乃在涣中之一也。

杨氏龟山曰：禘之说，孔子不知，则其说盖有言论之所不能及，非求之度数之末所能知也。惟先王报本反始之义，与夫《观》盥不荐，《涣》、《萃》假有庙之象，则圣人所以自尽其心者，于斯为至，非深知鬼神之情状，其孰能知之？知此则于治国乎何有？

朱氏汉上曰：天下离散，不安其居，本于人心失中。鬼神依人而行，离散则鬼神不享。圣人推原其本，将以聚之，故建国设官以为民极，而宗庙为先。宗庙者，收其涣散之心而存之也。人孰不有父母？知报本则知祭祀。是于人心复其本心，则离散者可合，而天下无事矣，治涣之道也。

胡氏云峰曰：萃之时，因民之聚而立庙，以坚其归向之心。涣之时，忧民之散而立庙，以收其荡析之志，皆所以统摄人心而坚凝之也，必曰利贞者。祭祀而非正，是谓神以邀福；涉川而非正，是行险以徼幸，故深戒之！

《象》曰：风行水上，涣。先王以享于帝，立庙。

石氏徂徕曰：享帝，所以训民事君。立庙，所以教民事亲。二者忠孝之道，教化所先也。

明道曰：《萃》《涣》皆享于帝，立庙因其精神之聚而形于心，为其患散，故立此以收之。

伊川曰：收合人心无如宗庙，祭祀之报出于其心，故享帝立庙，人心之所归也。孟子曰：得其民有道。得其心，斯得民矣。归人心之道莫大于此。

张氏紫岩曰：天心眷佑莫大于孝，故恭肃寅畏之心生，而过失不闻于天下，涣治可成。盘庚告群臣百姓必以天以先王，盖所以先天下而合其心。

朱氏汉上曰：享上帝以一天下之心，使知无二主也。立庙以合天下，涣散则人知反本，鬼有所归。观此则知鲁用郊，晋祀夏郊，鲁有周庙，郑有厉王之庙，非先王意也。秦位在藩臣，胪于郊祀，天子不能制，反致文武胙卒并天下。扬雄曰："僭莫僭于祭，祭莫重于地，地莫重于天。"雄其知涣之说矣。

雷氏西仲曰：享上帝立宗庙，屯难解散，四方既平之事也。汉高祖之起丰沛，唐太宗之起晋阳，当此之时，寇敌患难，日不暇给，其可议郊庙之事乎？涣者，屯难解散之时也。

初六，用拯马壮，吉。《象》曰：初六之吉，顺也。

刘氏纬曰：初六，身既无位，众不羁縻，足可避乎患难，宜乎乘马自往而得壮吉，内难而行，不与险争，故曰顺也。此如，齐小白入莒之类是也。

伊川曰：六爻独初不言涣者，离散之势辨之宜早，方始而拯之，则不至于涣也。

郑氏东谷曰：豪杰之士奋于溃散，四出之中，必得其下。托以为资而在下者，亦必赖豪杰为能拯己也。此初之从二，为顺于理，而二之就初，为得所愿也。

九二，涣奔其机，悔亡。《象》曰：涣奔其机，得愿也。

伊川曰：机者，俯凭以为安者也。

郭氏白云曰：九二，刚自外来而得中，得去危就安之义，故有奔其机之象。

杨氏诚斋曰：九二，以刚中之才当险难之世，居大臣之位得其志愿，何悔之有？幡然而改，尹奔汤以济内搆之难也，舍筑而起，说奔高宗以济大川之难也。

六三，涣其躬，无悔。《象》曰：涣其躬，志在外也。

刘氏纬曰：如晋重耳，内有坎难而志在外。

朱氏汉上曰：三非拯时之涣，以济人者，其正躬卑巽。以远于悔者，志在外，之外则无悔也。蘧伯玉闻卫乱而之近关，杜泄葬叔孙豹，而行之时乎？

朱子曰：此上三爻皆因涣以济涣者也。

谨案：人臣伏处草茅，素无外志，苟全性命以保其身，可也。若既以身许国，而可闭户匿居，坐视时难而不拯乎？六三曰涣其躬，与《蹇》二之匪躬同，皆事君能致其身者也。诸葛武侯既出草庐，许汉先主，以驰驱至于鞠躬尽瘁，死而后已也。若乃君国之念轻，身家之念重，徒知全身躯保妻子而已，玩《易》之占，能无愧乎？

六四，涣其群，元吉。涣有丘，匪夷所思。《象》曰：涣其群，元吉，光大也。

王氏辅嗣曰：逾乎险难，得位体巽，与五合志，内掌机密，外宣化命者也，故能散群之险以光其道。

伊川曰：方涣散之时，用刚则不能使之怀附。用柔，则不足为之依归。四以巽顺之正道，辅刚中正之君，君臣同功，所以能济涣也。丘，聚也，方涣散而能致其大。聚其功甚大，其事甚难，其用至妙，非平常之见所能思及也，非贤知，孰能如是？

朱氏汉上曰：宣王承厉王之后，天下离散，召伯之徒佐王建国，亲诸侯，遣使劳来安集，涣其群也。

朱子曰：能散其小群以成大群，使所散者聚而若丘，则非常人思虑之所及也。老苏云：群者，圣人之所欲涣以混一天下者也。盖当人心涣散之时，各相朋党不能混一，惟六四能涣小人之私群，成天下之公道，此所以元吉也。

梁氏孟敬曰：天下之涣，常由人心之畔，上而各缔其私交，然后王命壅而下权张。六四，当涣之时而下无应与，是能散其私党者。私党散，则公道行，而势合于一，如丘陵之高。所谓散小群以成大群，岂寻常思虑所能及哉！尹吉甫之称仲山甫曰："夙夜匪懈，以事一人"，岂非涣六四之谓乎？

谨案：天下离散之时，群雄割据，各拥其众，各擅其土，乱靡有定也。圣人出而混一之，涣其群则定一尊也。涣有丘则大一统也。盖有人则有土，私党既散，并其土宇版图而悉归之，如东汉之窦融是也。彼负固不服者，如井底之蛙，辽东之豕，自取诛夷而已。

朱氏矣鲜曰：凡树私党者，皆心之暗昧狭小者。惟无一毫之私，则光明正大，自能涣其群矣。

九五，涣汗，其大号。涣王居，无咎。《象》曰：王居无咎，正位也。

石氏徂徕曰：发大号令，为民除其疾苦，如汗之通腠理壅滞，亦取必行而不可反也。

伊川曰：大号，大政令也，谓新民之大命，救涣之大政。

郭氏白云曰：令出惟行，弗惟反，则号令之出，其犹涣汗乎！一出不反之义也，是以王者重慎之。

朱氏汉上曰：涣之时，民思其主，故王居位乃无咎。故禹别九州而终于冀，汤胜夏而归于亳，武胜商而至于丰。王正位则涣散者知所归矣。

谨案：王居，谓王者之正位。朱氏所云与先儒合，盖从《象传》正位之说也，《本义》取陆贽所谓，亦可备一解，故亦录之。

朱子曰：人君之号令当出于人君之中心，由中而外，由近而远，至幽至远之地，无不被而及之，亦由人身之汗出乎中而浃乎四体也。涣王居，如陆贽所谓散小储而成大储之意。

何氏楷曰：凡大命令之下，大政事之布，大财用之发，以散则为和风，以润则为甘雨。如人之汗从心而液，无不沾透，则群邪之郁积尽涣，而天下之险难亦庶乎可解矣。

上九，涣其血，去，逖出，无咎。《象》曰：涣其血，远

害也。

王氏辅嗣曰：逖，远也。最远于害，不近侵克，散其忧伤，远出者也。散涣于远害之地，谁将咎之？

吕氏蓝田曰：上九，远处物外。阴阳之所不争，名位之所不累，全身远害，得散之义。

朱氏汉上曰：上九，居不用之地，故远害无咎。若施之用事之地，则有咎。仲由死于卫，季羔避祸而去，一也。

王氏童溪曰：此张子房从赤松子游，大夫蠡去越之时也。

李氏蒙斋曰：夫履险之小人鲜不夷灭，能与涣离则其伤免矣。避险尚远，故逖出而后无咎，张翰避赵王伦，得此道也，蔡邕不远董卓而卒及祸。

☵☱兑下坎上

节。亨，苦节，不可贞。

《彖》曰：节，亨。刚柔分而刚得中。苦节不可贞，其道穷也。说以行险，当位以节，中正以通。天地节而四时成。节以制度，不伤财，不害民。

孔氏颖达曰：天地以气序为节，使寒暑往来各以其序，则四时之功成。王者以制度为节，使用之有道，使之有时，则不伤财不害民。

石氏徂徕曰：苦节者，味苦，人所不乐，如申屠狄抱石入河，陈仲子之廉，晏平中之俭，皆不得礼义之中也。

杨氏龟山曰：侈用则伤财，伤财必至于害民，故爱人必先于节用。

朱氏汉上曰：凡物过则苦，苦节则违，性情之正，物不能堪，岂道也哉？量财之所入，计民之所用，节以制度，自下等级而上。

其费有经，其敛有法，财既不伤，民自不害。

赵氏汝梅曰：圣王知财之生也有数，故其用也有节，不得已而取诸民。过节，则貉道而伤于财。无节，则桀道而害于民。是以量入为出，不惟用之有节，取之亦有节吁！长府、税亩、三征并用，孔孟讥之。后世乃至税间架算舟车，竭泽空林，犹以为未足，必使四方皆失其职，咸思离畔而尚不之恤，哀哉！

梁氏孟敬曰：节者，节人欲以存天理也。如节财用，节事为，节言语，节饮食，皆是也。

《象》曰：泽上有水，节。君子以制数度，议德行。

孔氏颖达曰：数度谓尊卑礼命之多少，德行谓人才堪任之优劣。君子象节以制其礼数等差，皆使有度。议人之德行任用，皆使得宜。

王氏童溪曰：古者之制器、用宫室也，莫不有多寡之数，隆杀之度，使贱不逾贵，下不侵上，以是为节，则各安其分，存于中。为德发于外，为行随时合宜，无过不及，则为中节，如禹稷之于平世，颜子之于乱世，曾子之去，子思之不去，孟子概以同道与之，其善议德行也与？

赵氏汝梅曰：数，命数也，如一命至九命之类。度，制度也，如六瑞六贽之类。修于身为德，见于行为行。成德有大小，履行有纯驳。圣人固不以一律齐天下，亦岂容不量才而授之任？是以任事而爵，位定而禄，必先之辨论。然后官之论者议也，议其德行之偏全，制为度数之品级，皆所以节而一之。使德足以称位，服足以章身，而无鹈梁伐檀之讥也。

初九，不出户庭，无咎。《象》曰：不出户庭，知通塞也。

刘氏长民曰：节者，止也。物通散而止之，非所愿也，不得已而从其制也，犹叔孙通创绵蕝之仪耳。将立制以节物情，可使由之，不可使知之也。凡机事之失泄于言语，防其言语，不出户庭，慎之至也，何咎之有？

伊川曰：通则行，塞则止，义当出则出矣。尾生之信，水至不去，不知通塞也，故君子贞而不谅。

张氏紫岩曰：夫子曰：乱之生也，言语以为阶，夫合意而谋之，一言而漏之，利未加于民而适足以产祸召乱，岂君子行道之心哉！古之君臣必用密。

赵氏汝梅曰：存于胸臆者，言语之户庭也。出诸口则起羞招祸，皆由此始。圣人岂教人缄默如瘖哑者？不儳言，不剿说，时，然后言。此通塞之道也。

九二，不出门庭，凶。《象》曰：不出门庭，凶，失时极也。

伊川曰：节之道，当以刚中正为节。如惩忿、窒欲、损过，益有馀，是也。不正之节，如啬节于用，懦节于行，是也。

张氏紫岩曰：是盖才健而不肯任事者，是皆容悦以取媚；当世不恤国家大计者，失时之凶。不独其身，其家天下何所蒙利哉！

王氏童溪曰：此韩退之贻书少室山人之时也。

朱子曰：户庭主心，门庭主事。

项氏平甫曰：凡事当密而不密，与当尽而不尽皆谓之失节。初九，节在于谨密，二则失时极，犹准则也。义与节，通失时之节，遂至于凶者，张禹、李勣谨密不言而覆汉唐之祚，凶孰大焉？

李氏蒙斋曰：九二，以刚中之才体说而上无应，与是有成物之德，安于慎默，乐于退藏，不求进达者也，圣人虑夫后时不出，无以通天下之志，以至于伤财害民。戒之曰：失时极也。极，中也。谢安不出，如苍生何？凶在苍生也，昔高宗之戒说有曰：若岁大旱，用汝作霖雨，是岁之丰凶系乎霖雨也。

六三，不节若，则嗟若，无咎。《象》曰：不节之嗟，又谁咎也？

张子曰：能嗟其不节，有补过之心，则亦无咎也。若武帝下罪己之诏，而天下说。夫人过既改，则复何咎之有？

赵氏汝梅曰：二之不出门庭，知塞而不知通者。三之不节，知通而不知塞者。释《象》之辞曰：中正以通，节其所当节，通其所当通也。节而不通，固不可；过于通，可乎？三能忧其不节则知悔，知悔则进退有节，谁将咎之？汉武之轮台，唐德宗之奉天是也。

丰氏寅初曰：处兑之极，水溢泽上，说于骄侈，不知谨节，以致穷困。然其心病悔，形于悲叹，能悔则有改过之几，犹可以无咎也。

何氏楷曰：诸卦爻辞言无咎者，九十有九，多补过之辞。

六四，安节，亨。《象》曰：安节之亨，承上道也。

伊川曰：节以安为善，强守而不安，则不能常，岂能亨也？

张氏紫岩曰：顺理以行，臣道之正，夫在节而违众，生事变乱旧章，以重失天下心，岂所望于近臣也哉！惟当理而后动，动斯安矣。

郭氏白云曰：以阴比阳，以柔从刚，安行承上之节，而无勉强矫为之意，所以亨也。亨，自亨也，古之所谓守节之士也。

谨案：凡事之出于勉然者，可矫饰于一时，久则渝矣。安则不至于渝节，所以亨也。且以德行之节言之，臣有臣节，妇有妇节。夷齐之采薇食蕨，苏武之卧雪餐毡，皆出于心之安以尽臣节。共姜之矢志，巴妇之怀清，亦皆出于心之安以守妇节。惟其中心安之，斯有恬适之心，而无拘迫之形。故为忠节、为亮节、为贞节、为高节，足以愧天下后世之为臣而事二君，为妇而更二夫者矣。

九五，甘节，吉，往有尚。《象》曰：甘节之吉，居位中也。

陆氏希声曰：圣人通乎情，故达节。贤人达乎情，故守节。苟能通天下之情不违乎礼？守极中之节，不失其时，以此而行，圣人之所尚也。

薛氏温其曰：甘临无攸利者，在下用甘，佞而进也。甘节有尚者，在上用甘，民悦随也。大禹勤俭于邦家，可谓节矣。未闻有不乐者也。

郭氏白云曰：诗所谓如日之升，如月之恒者，其往有尚之意与？盖言日进而无已也。

朱子曰：甘对苦，甘节如“礼之用，和为贵”相似。

谨案《书》曰：稼穑作甘，以其得中央之主也。咸、苦、酸、辛，皆味之偏，甘则中也。《礼》曰：甘受和。和者，节味之偏而适其中，五居中位，故以节为甘。六三有不节之嗟，当节而不节也。上六有苦节之凶，节而过于节也。惟中则无过，不及九五之所以吉，而往有尚也夫。

上六，苦节，贞凶，悔亡。《象》曰：苦节贞凶，其道穷也。

孔氏颖达曰：上六处节之极，过节之中，节不能甘，以至于苦。若以苦节施人，则是正道之凶。若以苦节修身，则俭约无妄，可得亡悔。

伊川曰：固守则凶，悔则凶亡。悔，损过从中之谓也。

王氏童溪曰：世之匹夫行一介之行，以佛氏之寂灭，老氏之空虚，往往自信其说，至于老死而不悔者，类皆如此。此上六之悔，所以亡也。

项氏平甫曰：古之苦节之士，蹈悔败而不悔者多矣。

胡氏云峰曰：《本义》谓苦节，虽有悔而终得亡之，与《贲》"束帛戋戋终吉"意同。盖苦节之悔，犹胜不节之嗟也。

易鉴卷三十一

☱☴兑下巽上

中孚。豚鱼，吉。利涉大川，利贞。

《彖》曰：中孚，柔在内而刚得中。说而巽，孚乃化邦也。豚鱼吉，信及豚鱼也。利涉大川，乘木舟虚也。中孚以利贞，乃应乎天也。

王氏辅嗣曰：信立而后邦乃化也。刚得中，则直而正；柔在内，则静而顺。说而以巽，则乖争不作，如此则物无巧竞。敦实之行著，而笃信发乎其中矣。

伊川曰：二柔在内，中虚为诚之象。二刚得上下体之中，中实为孚之象。卦所以为中孚也。

郭氏白云曰：自二帝以来，言信者盖寡。至成汤而后言彰信，文王演《易》称孚，诗人亦言万邦作孚。至武王而后，复言惇信。孔子曰：中孚，信也。使后世由信而可得中孚之道也。

朱氏汉上曰：古之人虚己游世，五兵虎兕不能害，用此道也，故曰利涉大川。先王之交万物，无非信也。取之必有时，用之必有节。《风》有《驺虞》，信及豚也。《颂》有《潜》鱼，信及鱼也。信及豚鱼，上下、草木、鸟兽无所不及，而至诚之道可以赞天地之化育，如是乃吉。

朱子曰：以一卦言之为中虚，以二体言之为中实。一念之间，中无私主，谓之虚。事皆不妄，谓之实。

赵氏汝梅曰：伯牙之音，非期于鱼鸟，而鱼鸟应之。曾谓中孚之盛，不能及豚鱼乎！利贞之训为有心于为信者之戒，尾生以之杀身，弃灰徙木，终以亡国。为信者，必宜于正也。

李氏蒙斋曰：海客之机心，海人未知，鸥鸟先知；燕客之忮心，秦人未觉而白虹先贯。涉危化邦有不足为者矣。

胡氏云峰曰：豚鱼，至愚无知，惟信足以感之。大川至险，惟信足以济之。然信而或失其正，则如盗贼相群，男女相私。士大夫、死党、小人出肺肝相示而遂背之。其为孚也，人为之伪，非天理之正，故又戒以利贞。

《象》曰：泽上有风，中孚。君子以议狱缓死。

郭氏白云曰：《书》言宥过无大，又言罪疑惟轻，皆议狱之谓也。观舜与皋陶之言，而知圣人之刑皆不得已而用也。故至于好生之德，洽于民心，则尽孚天下之道矣。后世舍道德仁义，独任刑以为治，于是有刲屠夷族之祸。而人之有生者，殆犬彘之不如矣，又安足语中孚之道哉！秦汉是也。

杨氏诚斋曰：风无形而能鼓幽潜，诚无象而能感人物。中孚之感莫大于好生不杀。议狱者，求其人中之出；缓死者，求其死中之生。至元恶大奸，不在是典，故四凶无议法，少正卯无缓理。

王氏童溪曰：汉法于疑狱则有谳，周官亦有八议之辟，盖不以一成而不可变之刑加诸不可复生之死。故议狱者，所以缓其死，谓其有未必死者存也。

项氏平甫曰：狱之将决则议之，既决则又缓之，然后尽于人心，王听之，司寇听之，三公听之，议狱也。旬而职听，二旬而职听，三旬而上之，缓死也。故狱成而孚输而孚，在我者尽，故在人者无憾也。

赵氏汝梅曰：周公之于刑狱也，群士司刑皆在，各丽其法以议狱讼，议之何其详。狱讼成，士师受中，若欲免之，王及三公六卿会其期，断之何其缓。凡以使人中心孚信，庶乎辟以止辟，不以上为戕民也。卫子羔尝刖人之足，卫乱，子羔走，刖者免之。子羔曰："吾在难，乃子报怨时也。何故逃我？"刖者曰："断足固我罪也，当论刑。君愀然不乐，仁人之心固如是，此臣之所以脱君也。"子羔刖人之足，而刖者信其仁，亦庶几中孚之义乎。

谨案：《易》大象言刑狱者，皆取象于离之明。《噬嗑》、《丰》，兼取震以威之，《旅》、《贲》，兼取艮以止之。《中孚》则兑以议之，巽以缓之，体风泽之象，德风布于上，惠泽施于下也。盖刑一成而不易，故不惮再三之议；死不可以复生，故为是不果之情议而缓之，或情有可原，或法犹可恕。而于是解之赦宥行焉，圣人哀矜恻怛之君，其慎重民命也如此，后之君子尚其鉴诸！

初九，虞吉，有他不燕。《象》曰：初九虞吉，志未变也。

伊川曰：虞，度也，度其可信而后从也。燕，安裕也。

杨氏诚斋曰：中孚之诚，不可不防其有他也。责子在初，闲家在初，防心亦在初。《中孚》初九，防心之法也。虞，防也，敬无虞，戒不虞是也，不及初志未变而防。俟其亡而追，炎而扑，曲而柔，决而堤，则噬脐矣。一真之外，无非妄。一诚之外，无非伪。妄与伪皆所谓有他也。如御寇贼，如避风雨，察吾心一毫有他，即惕然而不安，则防之周矣。不忠、不信、不习，当如曾子之所省者三。勿视、勿听、勿言、勿动，当如颜子之所克者四。其庶矣乎，不燕不安也。

九二，鸣鹤在阴，其子和之。我有好爵，吾与尔靡之。《象》曰：其子和之，中心愿也。

张子曰：居中体巽，无所私系，德必有邻。物愿所归，位以德致，为五所任，故曰："与尔靡之。"

苏氏东坡曰：中孚，必正而一，静而久。惟九二端悫无求，而物自应焉。

张氏紫岩曰：《书》曰：惟说实克钦承，旁招俊乂，列于庶位，九二之谓也。

朱氏汉上曰：荀子所谓同焉者合，类焉者应，好爵者爵命之美。

郑氏东谷曰：自耀者，其实丧；自晦者，其德章。无心于感物，而物无不感者，至诚之道也。二静晦而无求者，无求而物自应感于天也。

赵氏汝梅曰：鹤鸣子和，同声相应之孚也。好爵尔靡，同心断金之孚也。虞廷之赓歌都俞，高宗之旨哉。傅说之不命其承，成王之拜手稽首，诲言周公之勿有间之。上唱下和，自然之应，非曰声音笑貌以为容悦而已。盖与之共天位，治天职，非若晋平公之于亥唐也。

六三，得敌，或鼓或罢，或泣或歌。《象》曰：或鼓或罢，位不当也。

刘氏长安曰：人惟信不足，故言行之间变动不常如此。

简氏曰：失中与信，何以事君？故进退忧喜皆妄也。

伊川曰：三、四皆以虚中为成卦之主，然所处则异。四得位，居正，故亡匹以从上；三不中，失正，故得敌以累志。

朱氏汉上曰：敌者，势均而不相下也。《艮》之《象》曰：上下敌应，不相与也。

六四，月几望，马匹亡，无咎。《象》曰：马匹亡，绝类上也。

伊川曰：四为成孚之主。居近君之位，处得其正，上信之至。当孚之任者也，盛之至也。

张氏紫岩曰：几望，盖位高而不亢，象臣德之谦也。大臣所宜绝者私类也。私则二，二则不诚于君。若因天下之公，举而用之，而其人果贤也，何嫌于类哉？

沈氏守约曰：弃其匹敌以顺承上，是以马匹亡，无咎也。两虎共斗，非国之福也。此廉颇之所以避相如也。居上不盈，在丑不争，所以全事上之信也。

梁氏孟敬曰：夫大臣位近于君，宠禄过盛。苟盈满而不戒，必至于倾覆。结党以固位，必至于上陵。六四，巽顺之主也，故其事君也，深自贬损如月之几望，不盈满而亢阳，又能绝去初阳之应，如亡其马匹焉。

谨案：《象传》曰：绝类，非离群而立于独也，绝其私党而已。亦犹《坤》之丧朋，《涣》之涣其群也。古者人臣无私交，聘弓鏃矢，不出竟埸。束修之肉，不行竟中，春秋之义也。后世统于一尊，师济同朝，和衷共济。荐贤为国，悉出公忠，非植党而营私也。若窃柄擅权，招朋引类，布满朝列，以钳谏臣之口而蔽主上之聪，至于宗社覆亡。追论者以为有君无臣，可慨也夫。

九五，有孚挛如，无咎。《象》曰：有孚挛如，位正当也。

胡氏安定曰：居尊而有中正之德，是有至诚至信之心发之于内而交于下，以挛天下之心。上下内外皆以诚信相通，是得为君之道，何咎之有？

郭氏白云曰：孚之道无不通，亦无不感，可以通天下之志至于固，结挛如是以无咎。

上九，翰音登于天，贞凶。《象》曰：翰音登于天，何可长也？

王氏辅嗣曰：翰，高飞也。飞音者，音飞而实不从之谓也。居卦之上，处信之终，信终则衰。忠笃内丧，华美外扬，故曰：翰音登于天也。

胡氏安定曰：是无纯诚之心，笃实之道，徒务其虚声。外饰以矫伪为尚，如鸟之飞登于天，徒闻其虚声而已。

苏氏东坡曰：翰音飞且鸣者，飞而求显，鸣而求信者也。九二，在阴而子和。上九，飞鸣而登天。其道盖相反也。

伊川曰：好信不好学，其蔽也贼，固守而不通之谓也。

张氏紫岩曰：巽极信衰。志在悦人而虚文，终不足以欺天下。后世者汉新室之谆谆其辞者，凶其宜哉。圣人立此象，其戒后世尚虚言而无其诚者乎！

沈氏守约曰：汉哀帝御史大夫朱博为丞相，少府赵元为御史大夫，临延登受策，有大声如钟鸣。李寻谓《洪范》所谓鼓妖。人君不聪，为众所惑，空名得进，则有声无形，不知所从生。说者谓易所谓翰音也。

项氏平甫曰：上九，巽极而躁，不正不中，内不足而求孚于外。声闻过情，其涸也，可立而待，愈久愈凶，何可长也？求之于古，其殷浩房琯之徒与？

赵氏汝梅曰：和在阴之鹤，凶，登天之音，岂曰：声必高乃远扬耶？

李氏蒙斋曰：声闻过情，君子耻之。人有无实之虚名，遂任之高显之位，以有所正则必有败事之凶。赵以赵括，正拒秦之师；

晋用殷浩，将以正桓温，能勿凶乎？

谨案：《朱子语类》，孚字从爪从子，如鸟抱子之象。今之乳字一边从孚，盖中所抱者，实有物也。爻辞多言鸟以孚，有卵象，曰燕曰爵，假借之辞也。二曰鹤，上曰翰音。鹤知秋，鸡知旦，皆信鸟也。鹤，羽族之贵者，鸣于九皋，声可闻于天，在阴子和，同声相应之孚也。鸡，羽族之微者，一步一啄，不能高飞，乃欲振羽而登于天，徒闻其虚声而已。乃知暗然者日章，的然者日亡，君子亦守纯诚笃信之道，敦其实行，无徒骛外饰之虚名，自丧其内美也。

䷽艮下震上

小过。亨，利贞。可小事，不可大事。飞鸟遗之音，不宜上，宜下，大吉。

《彖》曰：小过，小者过而亨也。过以利贞，与时行也，柔得中，是以小事吉也。刚失位而不中，是以不可大事也。有飞鸟之象焉，飞鸟遗之音，不宜上，宜下，大吉。上逆而下顺也。

孔氏颖达曰：过于小事，即过恭过哀之类是也。褚氏谓小人之行，小有过差。君子为过厚之行以矫之，如晏子狐裘之比也。飞鸟声哀以求处，过上则愈无所适，过下则不失其安。譬君子处小过之时，为过矫之行，顺则执卑守下，逆则犯君陵上，故以臣之顺逆类鸟之上下也。顺时矫俗，虽过而通。柔顺之人能行小事，柔而得中，故小事吉。刚健之人能行大事，失位不中，故不可大事。

张子曰：时宜用过，虽过，正也。失其所安者，必矫其所为以求安。过于自大，其势必危；过于自损，可以获吉。故曰：上逆而下顺，飞鸟之象。

吕氏蓝田曰：过奢过慢则凶，不宜上也。过恭过俭则吉，宜下也。上逼下则可，下僭上则不可也。

朱氏汉上曰：君子制事以天下之正理，所以小过者时而已。譬之寒或过于阴，暑或过于阳，冬裘夏葛，无非正也。故曰：过以利贞，与时行也。

朱子曰：小过是过于慈惠之类，大过则是刚严果毅气象。

陆氏铨曰：君子虽行贵得中，事期当可，然事有极重，时须损馀以补缺，事必矫枉而后平，即夫子所谓礼俭丧戚之意。理所当过即时中。

《象》曰：山上有雷，小过。君子以行过乎恭，丧过乎哀，用过乎俭。

孔氏颖达曰：小人过差失在慢易奢侈，故君子矫之。

晁氏以道曰：时有举趾之莫敖，故正考父矫之以循墙。时有短丧之宰予，故高柴矫之以泣血。时有三归反坫之管仲，故晏子矫之以敝裘。虽非中行，足以厉俗。

赵氏汝梅曰：恭所当恭，中也。小过为三命而俯若足恭，则大过矣。哀所当哀，中也。小过为水浆不入口者，七日若毁而灭性，则大过矣。俭所当俭，中也。小过为麻冕纯俭，若裸葬，则大过矣。

胡氏云峰曰：可过于小而不可过于大，盖可过乎恭，不可过乎傲；可过乎哀，不可过乎易；可过乎俭，不可过乎奢。又以为不可过甚，盖恐其恭之甚，则为足恭；哀之甚，则为丧；明俭之甚，则为豚肩，不掩豆也。

杨氏启新曰：过恭过哀过俭，此岂不为高世绝俗之行而过乎人？但所过者，以收敛卑下为过。故但言小过，而不可以言大过也。

初六，飞鸟以凶。《象》曰：飞鸟以凶，不可如何也。

伊川曰：小人躁易而上有应助，过速且远，救止莫及也。

朱氏汉上曰：与《鼎》“信如何也”同象，是谓恶成而不及改者。

朱子曰：郭璞洞林占得此者，或致羽虫之孽。

梁氏孟敬曰：初六，阴柔在中，而上应九四，不量其力，以小而图大，不知其止。欲上而不下，其凶宜矣。

六二，过其祖，遇其妣。不及其君，遇其臣，无咎。《象》曰：不及其君，臣不可过也。

孔氏颖达曰：臣不可自过其位。

伊川曰：谓上进而不陵及其君，适当臣道，则无咎；过臣之分，则咎矣。

张氏紫岩曰：圣人发此义以明臣子之大分。盖君道微弱时，为臣者尤当谨于忠而厚于礼，倘附丽权臣以丧其大节，将自罹于咎矣。

王氏童溪曰：六二，或过或不及，皆适当其时与分而不愆于中，故无咎。

李氏蒙斋曰：以顺正之道，履其祖武而位望过之，其德可以配祖，则孝于家之道也。以顺正之道，上承其君而不僭越，则合臣之分，此忠于国之道也。孝与忠，臣子之道尽矣，何咎之有？盖过乎祖则有继世之誉，过乎君则有犯上之嫌，故《象》曰：臣不可过也。

张氏振渊曰：祖妣只作阴阳象，阳亢而阴顺也。过祖遇妣是去阳而就阴，去亢而从顺，如此则不陵及其君，适当臣道之常矣。

吴氏敬斋曰：六二中正，而爻辞以过不及言之。盖当过而过，当不及而不及，此权之所以取中，而卒无过不及之偏矣。

九三，弗过防之，从或戕之，凶。《象》曰：从或戕之，凶如何也？

伊川曰：阴过之时，必害于阳；小人道盛，必害君子。当过，为之防，防之不至则为所戕矣。

郭氏白云曰：惟礼足以防人，亦足以防己。遇人而不知防，则从或戕于外；守己而不知防，则从或戕于内。伤害既至，其凶如何，信不可逃也。

朱氏汉上曰：晋阳处父易狐射姑之班，伯宗言于朝，而诸大夫莫若皆过之而弗防，故及于难。

项氏平甫曰：九三在艮之上，有防止之义。既不能过，则当止而防之。若恃其重刚而往从之，则足以取凶而已。从犹、从禽、从兽，谓往逐之，鲁昭公之于季氏，高贵乡公之于司马氏是也。

谨案：小人之害君子，每乘其所不及。防过为之备，则可以免害矣。保身者，防之必周；思患者，防之宜豫。严以闲之，密以察之，犹恐有疏虞也。弗过防而从之，可乎？盖祸患常伏于至微，智勇多困于所溺。害已至而后图之，已无及矣。况小事过者，尤宜谨小慎微；矜细行者，不累大德；勤小物者，终无大患。

《程传》曰：防小人之道，正己为先。正则足以闲邪矣。

九四，无咎，弗过遇之，往厉必戒。勿用永贞。《象》曰：弗过遇之，位不当也。往厉必戒，终不可长也。

王氏介甫曰：遇者若孔子之遇阳货也，可遇也不可往也。

伊川曰：当阴过之时，阳刚失位，君子当随时顺处，不可固守其常也。

项氏平甫曰：九四，自知不能过之。而与之相遇，见危能戒以柔，自晦而不敢往，足以免凶矣。然冠履易位，舛逆已甚，柔可暂用，不可长守。宣帝之于霍氏，代宗之于李辅国，皆始柔而终刚，非永贞也。若永贞于柔，则为周赧汉献矣，故曰："勿用永贞。"

霍氏西仲曰：九四，君子之失位者也，不能过。小人亦当逊言以相待，遇不可甚疾而遽绝之。故曰：遇之孔子，不绝阳虎是也。君子和而不流，亦不可与小人同流而俱往，必敬戒洁身以防小人之患，此危行言逊之道也。小人虽一时得志，而终不久，此所以往则危。

《象》曰：往厉必戒，终不可长也。

六五，密云不雨，自我西郊。公弋取彼在穴。《象》曰：密云不雨，已上也。

孔氏颖达曰：施之于人，是柔得过而处尊，未能行其恩施，广其风化也。

张子曰：小过有飞鸟之象，故因曰取彼在穴。

胡氏安定曰：以弋缴取穴中之物，犹圣贤虽过行其事，意在矫正于下也。

姚氏舜牧曰：阴至于五，过甚矣。其所居者尊位也，挟势自亢，泽不下究。云虽密而不雨，自我西郊，故耳当此之时，欲沛膏泽于下民，必须下求严穴之士以为辅，乃可也。故又戒之以求助，抑之以下贤。

上六，弗遇过之，飞鸟离之，凶。是谓灾眚。《象》曰：弗遇过之，已亢也。

王氏辅嗣曰：过至于亢，将何所遇？飞而不已，将何所托？灾自已致，复何言哉！

孔氏颖达曰：以小人之身过而弗遇，必遭罗网。其犹鸟飞而无托，必离。缯缴过亢，离凶，是谓自灾而致眚。

胡氏安定曰：上六，过而不已，若鸟之高翔不知所止，以至穷极而离于凶祸。不能反于下以图其所安，犹人之不近人情，亢已而行，故外来之灾，自招之眚，皆有之。

郭氏白云曰：上六，当过之时不知处过之道，至于亢极，其凶宜矣。太甲曰：天作孽犹可违，自作孽不可逭。其斯之谓与！

项氏平甫曰：六五虽过，其君能与之遇，犹未失中，则霍光之时也。上六，过之而不与之遇，由是天恶其盈而降之灾，人忿其亢而成其眚。此其为凶，盖天人之所同弃，故于凶之下证之曰，是谓灾眚，则霍禹霍山之时与？

李氏蒙斋曰：小人得志，疏远君子，骄亢逆极，其凶必矣。如飞鸟穷上而无所托，则颠坠必离，离犹罹也，所谓自遗其咎者也，是谓灾眚。盖言灾由自作也，观梁冀、董卓之徒，则可知矣。

谨案：《小过》有飞鸟之象焉，卦辞飞鸟遗之音，不宜上，宜下，大吉。爻辞惟初与上言飞鸟而皆凶者，盖鸟溯风而上为逆，随风而下为顺，过上则无所戾止，过下则得所安栖。若君子过行其事以矫世厉俗，亦宜，下附民怀也。初在艮之下，当止而反飞，是以飞致凶也。上居震之极，其飞已高，则离于网罟矣。卦以飞鸟之上下喻人事之顺逆。孔氏云：顺则执卑守下，逆则犯君陵上，吉凶之所由判也。然则，在下者宜巽顺自卑，不可越位逾分；在上者宜贬抑戒亢，不可务远穷高，亦庶几可以免凶而获吉矣。

易鉴卷三十二

䷾离下坎上

既济。亨小，利贞。初吉终乱。

《彖》曰：既济亨，小者亨也。利贞，刚柔正而位当也。初吉，柔得中也。终止则乱，其道穷也。

孔氏颖达曰：人不能居安思危，慎终如始，故戒以今日既济之初。虽皆获吉，若不进德修业，至于终极则危乱及之。

薛氏温其曰：享已成之业，忘未然之患，衰乱之起必自佚乐。开元之盛，继以天宝，初吉终乱之验。

胡氏安定曰：天下久治则人苟安，万务易坠，祸患不警。故持盈守成之道，当须至兢至慎，然后可以久济。苟止于逸乐，不自省惧，以为终安，乱斯至矣，此圣人深戒之辞。

伊川曰：天下之事不进则退，无一定之理济之，终不进而止矣，衰乱至矣，其道已穷极也。九五之才，非不善也，时极道穷，理当必变也。惟圣人能通其变于未穷，不使至于极也，尧舜是也。

郭氏白云曰：昔成汤黜夏命，慄慄危惧，武王大告武成，乃偃武修文。若是者，岂有终乱之道乎？商周享国久长，由汤武有以济终乱之道也。

朱氏汉上曰：终始，时也，治乱者道之穷通也。晋隋有天下不旋踵而乱，不知终止则乱之道也。

杨氏诚斋曰：秦灭六国，而秦自灭；晋平吴乱，而晋自乱；隋取亡陈，而隋自亡。自非圣人外靖，必有内忧。此鄢陵之胜，范文子所以忧晋之必祸也。盖人之常情多难则戒，戒则忧，忧则吉。无难则骄，骄则怠，怠则乱。惟能守之以贞固而不移，持之以忧勤而不怠，则可以免终乱而不穷。

朱子曰：大率既济了时便不好，如唐贞观之盛，便有那不好处。

赵氏汝梅曰：当济之初，何事非吉？及其终也，君止于安而情不下交；臣止于佞而忠不上效；上止于自奉则德泽壅；下止于无告则疾苦不闻。保济之道穷，如唐天宝而祸乱作矣。

胡氏云峰曰：创业之主以忧勤而吉，守成之君以逸乐而乱。初吉不几时，终乱乃迭见。圣人所以于既济之时深戒之也。

《象》曰：水在火上，既济。君子以思患而豫防之。

郭氏白云曰：既济，虽非有患之时，而患每生于既济之后。君子思此而豫防之，成汤之危惧，成王之小毖皆是之谓也。

王氏童溪曰：益戒，舜曰：儆戒无虞。傅说告高宗曰："惟事事乃其有备，有备无患。"此守济之道也。

项氏平甫曰：君子制行、立教、行政、举事，必皆有以济之，防末流之生患也。周秦之强弱，师商之过不及，皆其事也。

龚氏焕曰：能防在乎豫，能豫在乎思。

初九，曳其轮，濡其尾，无咎。《象》曰：曳其轮，义无咎也。

王氏辅嗣曰：始济，未涉于躁，心无顾恋，志在弃难于义，无所咎也。

朱子曰：曳轮则车不前，濡尾则狐不济。既济之初，谨戒如是，无咎之道。曳轮濡尾，是欲到与未到之间，不是不欲济，是欲济而未敢轻济。如曹操临敌，意思安闲，如不欲战。老子所谓“犹兮若冬涉冰”之象。涉则毕竟涉，只是畏寒，未敢便涉。

六二，妇丧其茀，勿逐，七日得。《象》曰：七日得，以中道也。

伊川曰：五既得尊位，时已既济，进而有为矣，则于在下贤才，岂有求用之意？故二不得遂其行也。自古既济而能用人者鲜矣。以唐太宗之用言尚怠于终，况其下者乎？二虽不为上所用，然中正之道无终废之理，不得行于今，必行于异时也。

郑氏东谷曰：二以文明与五相应，若汲汲然以其文明之德而求为粉饰太平之事，人方乐于安静，必不我从。此贾谊欲改制度于文帝之时，终不得行其志也。惟自晦其文明，勿逐，逐以求其上，则七日必得矣。七日者，以卦有六位，七则变也。周公相武王，于定商之后，止于反商政而已。制礼作乐，以文太平，乃在成王之时，始之丧茀勿逐，而终必得也。

李氏蒙斋曰：戒之，曰勿逐，不久当自复也。管蔡之谤周公，公不辨而上自悟。燕王上官之谮霍光，光不言而帝自察。即此义也。

九三，高宗伐鬼方，三年克之，小人勿用。《象》曰：三年克之，惫也。

伊川曰：既济而远伐暴乱，威武可及而以救民为心，乃王者之事也，惟圣贤之君则可。若骋威武、忿不服、贪土地，则残民肆欲也。故戒不可用小人，小人为之，则以贪忿私意也。三年克之，见其劳惫之甚。

杨氏诚斋曰：以中兴之贤君，伐远方之小人，犹久而后胜。

既胜，而中国之民亦惫且困矣。以贤君伐远夷，宜易而难，宜速而久，宜福而祸，而况其馀乎？武帝承文景之后而伐匈奴，太宗当贞观之隆而征高丽，皆此类也。善处既济者，惟光武却臧宫、马武之请乎？

王氏童溪曰：小人之心贪功则生事，肆忿则残民。外难未去而内难复作，岂不为济道害乎？故以小人勿用戒之。卫、霍连年出伐，而汉业已亏，此用人之明验也。

赵氏汝梅曰：高宗商武丁征伐事，诗《殷武》言其略，《竹书纪年》武丁征西戎鬼方，以至仁伐至不仁，岂不能霆击而电扫？

不忍残民于锋镝，徐徐以就吾事。然已不免于惫，虽惫也，视长平、淝水天渊矣，以高宗而犹若此，后之佳兵者戒诸！

胡氏云峰曰：三居离终，火性易躁。况复以刚居刚，圣人惟恐其失之躁也，故曰："高宗伐鬼"方，宜若易然，然且三年克之。其不如高宗者，可知矣。小人勿用，用小人则有躁动之失，三代之兵未尝用一小人，用小人是平一乱而生一乱也。

谨案：小人勿用戒与《师》上六同，《师》之爻辞曰：勿用。《象传》曰：乱邦，盖小人之使为国家，未有不乱者也。历观上世兴亡之迹，可知矣。故当出师伐暴之时，用一贪功之小人，必至于偾事。迨克敌之日，用一黩武之小人，必至于残民。爻言伐鬼方而克之，既济之象也，用小人则非保济之道矣，可不戒哉！

六四，繻有衣袽，终日戒。《象》曰：终日戒，有所疑也。

王氏辅嗣曰：繻宜曰濡，衣袽所以塞舟漏也。

伊川曰：四在济卦而水体，故取舟为义。四，近君之位，当其任者也。富既济之时，以防患虑变为急，又当终日戒惧，不怠虑患，当如是也。

张氏紫岩曰：补舟以袽，不忘备具。周公迨天未阴雨，诗使人三复不能已也。夫君德之或失，国政之或弛，谗邪投隙将害吾治。孜孜然正救弥缝之是务，如是则既济之治可长也。《诗》云："衮职有阙，惟仲山甫补之。"四之谓矣。

朱氏汉上曰：制治保邦之道，患至而后虑之无及矣。心有所疑，知祸乱之源，必先事而塞之，乃保既济之道。故曰：终日戒，有所疑也。

赵氏汝梅曰：智者烛利害之几则豫而戒，察可否之的则决于戒。戒而终日疑，事变之隐伏有不及料故也。

胡氏云峰曰：备患之具不失于寻常，而虑患之念又不忘于顷刻，此处既济之道。

谨案：终日戒与《乾》九三"终日乾"乾同。自古圣人罔不乾惕戒惧。尧之兢兢业业，日慎一日。禹之思日孜孜。文王自朝至于日中昃，不遑暇食。盖皆常存敬畏，未敢愒日玩时也。衣袽所以塞舟漏也。民犹水也，君犹舟也。水能载舟，亦能覆舟。《书》曰：若涉大水，其无津涯。又曰：慄慄危惧，若将殒于深渊。盖惟防覆溺于未然，斯可免祸患于临时。求济者宜戒之，保济之道，尤宜戒之。

九五，东邻杀牛，不如西邻之禴祭，实受其福。《象》曰：东邻杀牛，不如西邻之时也。实受其福，吉大来也。

吕氏蓝田曰：九五刚中居尊，既济之主也。保既济者，不恃其全盛，而恃其克诚。物备而诚不至，不如诚至而物不备。故诚信可以感鬼神，而不能保其邦家者，未之有也。

郭氏白云曰：既济，亨矣，其吉方兴而未艾，是犹《天保》之诗言：吉蠲孝享。其卒章曰：日升月恒，如南山，如松柏，谓之大来者，如此。

郑氏东谷曰：治莫大于守成，福莫长于无祸。以无所事为福，乃福之至也。既济求福，徒为是，纷纷尔。文帝俾祠官致敬，无有所祈，而海内享富庶之乐。武帝侈大多欲，虽东封西祀，何尝有分毫之补哉？

杨氏敬仲曰：既济，盛极则衰。至君子，当思患豫防，持盈以虚，保益以损。六四已有终日之戒矣，而况于五乎？西邻之时，守以损约，故终受福。

胡氏云峰曰：《本义》云：当文武与纣之事，福在天地间，未尝不以与人。非吝于纣而私于文王也，文王实有以受之，纣自无受之之道耳。

梁氏孟敬曰：自人言之，东邻杀牛，其妹邦之商纣乎！西邻禴祭，其岐丰之文王乎！纣当时之既济，虽使谦损，犹惧其福之或艾也，而况有贯盈之罪哉！

潘氏士藻曰：夫祭时为大时，苟得矣，则明德馨而黍稷可荐，明信昭而沼毛可羞，是以杀牛不如禴祭。实受其福，在于合时，不在物丰也。东西者，彼此之辞不以五与二言。

姚氏舜牧曰：人君当既济时，享治平之盛，骄奢易萌而诚敬必不足。故圣人借两邻以为训，若曰神无常享，享于克诚。彼杀牛者，反不如禴祭之受福。信于享神者，在诚不在物。保治者以实不以文，盖教之以祈天保命之道。

上六，濡其首，厉。《象》曰：濡其首厉，何可久也？

陆氏希声曰：初沾尾以象难在后，上沾首以象难之极。初难浅则可揭之，上在险极力不能济。其危已甚，安可久乎？

胡氏安定曰：物盛则衰，治极必乱，理之常也。上六处既济之终，其道穷极至于衰乱。如涉险，而濡溺其首，是危厉之极也。皆由治不思乱，安不虑危，以至穷极，而反于未济也。故当翻然而警，惕然而戒，何可久如此乎！

薛氏温其曰：濡其尾者，有后顾之义；濡其首者，不虑前也。恃以为济，遂至陷没，没而至首，其危可知。历险而不虑患，故曰：乱者有其治者也。既济终乱，其义见矣。

伊川曰：既济之终，而小人处之，其败坏可立而待也。

䷿坎下离上

未济。亨。小狐汔济，濡其尾，无攸利。

《彖》曰：未济亨，柔得中也。小狐汔济，未出中也。濡其首，无攸利，不续终也。虽不当位，刚柔应也。

孔氏颖达曰：未济之时，小才居位，不能建功立德，拔难济险。若能执柔用中，委任贤哲，则未济有可济之理，所以得通。故曰：未济，亨。

石氏徂徕曰：圣人以六十四卦明天地君臣之大分，然以《未济》为终篇者，存王道而知始终也。盖易取生生不绝之义，不可穷极，不曰不济，而曰未济，言犹有可济之理。

郭氏白云曰：《易》六十四卦，终于《既济》、《未济》者，凡人事之终始，惟曰济与不济而已。先既济而后未济者，犹泰之与否也。泰极则否，既济穷则未济。天道人事莫不然也。济难大人之事，岂狐疑小人之所能哉！宜其濡尾而无攸利，几济而濡其尾，不丧其生，亦幸矣！何所利乎！有始有卒者，其惟圣人乎！是以续终之事，固非狐疑小人之所能也。

项氏平甫曰：《易》终于《未济》而始于《屯》，其意深矣！

李氏蒙斋曰：为人君者，当知刚中。君子为可任，邪媚小人断不可用也。《易》之取象，岂不深切著明哉！

梁氏孟敬曰：以人言之，则必有老成之德，然后可以济天下之难。若少年不经事者，则昧于时势，进锐退速，身且不保矣，而何以济天下乎！

吴氏敬斋曰：既济曰终止则乱，此曰无攸利，不续终也。盖事之既济而生乱，与未济而无终，皆一念之怠为之。君子是以贵自强不息。

郭氏鹏海曰：既曰柔得中，而又有不续终之戒，可见济事无可轻忽之时。既曰不当位，又著刚柔之应，可见得人无不可济之事。

《象》曰：火在水上，未济。君子以慎辨物居方。

赵氏汝梅曰：君子小人同生斯世，必辨忠佞正邪，使小人不得间君子，谗说不得害善良，然后君子在位，小人在野，真儒之效济于当时。此圣人因水火之辨以昭任贤去邪之象。

谨案：阳为君子，阴为小人，《易》扶阳抑阴，君子小人之辨最严。《大象》于六十四卦之终复申其旨，言不可不慎也！辨，明辨也，使真君子不得目之为小人，真小人不得伪托于君子。卦体火居南方，水居北方，辨而居之，各于其党。如君子则耻独为君子，小人则喜同为小人。淑慝分，则彰瘅必当。枉直判，则举错必公。后之君子，用人其可不慎哉？

何氏楷曰：慎辨物者，物以群分也。慎居方者，方以类聚也。

初六，濡其尾，吝。《象》曰：濡其尾，亦不知极也。

伊川曰：不度其才力而进，终不能济，可羞吝也。

张氏紫岩曰：才弱志险，不足有为，进必遭祸，冒昧幸用不知止，足为吝大矣。

张氏振渊曰：卦辞所谓小狐，正指此爻新进喜事，急于求济而反不可济，可吝，孰甚焉！

九二，曳其轮，贞吉。《象》曰：九二贞吉，中以行正也。

伊川曰：刚有陵柔之义，水有胜火之象。方艰难之时，所赖者才臣耳，尤当尽恭顺之道，故戒以曳其轮。杀其势，缓其进，戒用刚之过也。刚过则好犯上，而顺不足。唐之郭子仪、李晟，当艰危未济之时，保其终吉者，用此道也。六五言贞吉光晖，尽君道之善；九二则戒其恭顺，尽臣道之正。

潘氏天锡曰：曳其车轮，不敢轻进，待时而动，乃为吉也。不量时度力而勇于赴难，适以败事矣。

六三，未济，征凶，利涉大川。《象》曰：未济征凶，位不当也。

伊川曰：未济，有可济之道，险终有出险之理。上有刚阳之应，若能涉险而往从之，则济矣。故利涉大川也。

张子曰：有强援于上，故利涉大川。非义躁进，凶之道也。

朱氏汉上曰：沦胥以溺之象，虽正亦凶。窦武、何进是也，故曰：征凶。

朱子曰：行者可以水浮而不可以陆走也。

九四，贞吉，悔亡，震用伐鬼方。三年，有赏于大国。《象》曰：贞吉悔亡，志行也。

陆氏希声曰：既济，九三以文明，而用武三年，则惫矣。未济，九四用威明，以伐国三年，而有赏者。明有德之君，亲征不足贵，用得其人，故有功而可赏。

王氏昭素曰：既济九三，当明衰之运，此九四初出其险，文明之始也。震为长男大臣之象，彼三年力疲而成功，明衰之际也。此三年力全而成功，初兴之际也。彼则君功，故不言赏也。

薛氏温其曰：名臣任重，再造区宇。

伊川曰：古之人用力之甚者，伐鬼方也，故以为义。力勤而远伐，至于三年，然后成功，而行大国之赏，必如是乃能济也。

吕氏蓝田曰：既济九三，强刚之质，尚力以取胜，此爻不纯以武，修文德以服之，不战而服。故不曰克之，而曰有赏也。

郭氏白云曰：自古观之，禹八年于外而后平水土；汤十一征而天下信之；文王九年而大统未集；周公东征三年而归。未济之难如此，则九四之三年有赏，未为久也。

朱氏汉上曰：天下之弊，固有盘结而难去者，四凶顽民，历年既久，乃能去之。

李氏蒙斋曰：圣人于《既济》之三，以伐鬼方为戒；《未济》之四，以伐鬼方为功。盖既济之世，利用静。未济之世，利用动也。然亦必曰三年者，以兴师远伐，劳民动众，久而后能成功也。犹春秋凡土木兴作之役，虽当必书也。

六五，贞吉无悔。君子之光有孚，吉。《象》曰：君子之光，其晖吉也。

郭氏白云曰：文王徽柔懿恭，所谓柔中也。光于四方，显于西土，非君子之光乎！至于得贤而用之，有若虢叔、闳夭、散宜生、泰颠、南宫适之徒，以为疏附，后先奔走，御侮之臣。故在《诗》则文王独称《大明》，而在《易》则《未济》六五亦独为君子之光也。

赵氏汝梅曰：柔中之君当世道将济之时，守正而行以辑吉福，固已无有悔吝，明德旁烛，虚怀无我，与建功立业之大臣交孚而无间，吉之道也。上言贞吉，自善之吉也；下言孚吉，及人之吉也。有君如此，未济又何患焉！

上九，有孚于饮酒，无咎。濡其首，有孚，失是。《象》曰：饮酒濡首，亦不知节也。

伊川曰：至诚，安于义命而自乐，则可无咎。若从乐而耽肆过礼，则于有孚为失也。人之处患难，知其无可如何而放意不反者，岂安于义命者哉！

朱氏汉上曰：以有其孚矣。相与饮酒，乐天顺命以俟可济之时，则于义无咎。若从乐耽肆，亦不知节矣。晋魏之交士多逃于曲蘖，无济时之志，以故世复大乱。圣人之戒，不亦深乎！

王氏童溪曰：上九，济道已成。此武王在镐饮酒乐岂之时也。至幽王之时，君子犹思之，为之赋《鱼藻》焉，此上九所以无咎也。如幽王之荒废无度，而兴卫武《初筵》之刺焉，则沉湎淫佚而有濡首之失矣。然则饮酒一也，而武王则君子思之，幽王则武公刺之，此无他，有是孚与失是孚之异也！

项氏平甫曰：夫人居患难之久，幸其将平，方欲相与以乐其终，而反因乐以坏其终，此何等时而作事，如此亦可谓不知节矣。圣人系《易》至既未济之终，与民同患之意愈切，其辞皆惧，所谓仁之至，义之尽也。

赵氏汝梅曰：古者酒以成礼，不继以淫。陶侃之饮酒有限，况未济之时乎？是亦不知饮之当有节也。竹林放逸，闻此足以戒矣！

李氏蒙斋曰：君子始于忧勤，终于逸乐。以未济之初，志存不懈以至于济。当此之时，与忠臣嘉宾饮酒宴乐可也。然不可恃其治安，饮酒无节以至于沉溺，则复入于未济矣。《易》之为道大矣，其忧天下后世而教戒之也至矣！《泰》斯有《否》，《既济》斯有《未济》。既济之时戒以未济，未济之终，甫及既济，而复以濡首戒之，惧以终始，其要无咎。此之谓《易》之道也。

谨案：古者酒以成礼，一献而百拜，三爵而油然以退，终日饮而不醉，何至于濡首哉！后世耽情曲蘖，沉湎成风，彼昏不知，日醉壹富。至于呼号屡舞，丧仪失德，则酒之流生祸也，不知节之故耳。故酒非不可饮也，节之以礼而已。《豳风》民俗之最古者，《七月》一章言酒者，再为春酒以介眉寿，致孝养也。称兕觥而祝万寿，抒忠忱也。此则饮酒之有孚者也。

吴氏敬斋曰：《易》之为义，不易也，交易也，变易也。乾坤之纯，不易者也。既济未济，交易变易者也。以是始终，易之大义。

谨案：魏王辅嗣《周易注》只注上下经及《彖》《象传》，其《系辞传》以下未注，惟以《文言》分附于《乾》《坤》二卦之后。宋程子《伊川易传》悉因之，今采辑由汉及明先儒《易》说，亦仿王注、程传，只将六十四卦、三百八十四爻经传各说择而录之，以为玩《易》者之法戒。

易鉴卷三十三

系辞传上

郭氏白云曰：上篇自天尊地卑至存乎德行，篇章相次，事理大小皆有条理，不可紊乱。次章之言，皆前章所未尽，至存乎德行则易道备矣。下篇复起其说，前后相次，复如上篇。是则初为二篇，非后人妄分也。

胡氏云峰曰：上下系各十二章，始皆言易简，终皆言《易》在德行，不在言辞。示人学《易》之要深切矣！

天尊地卑，乾坤定矣。卑高以陈，贵贱位矣。动静有常，刚柔断矣。方以类聚，物以群分，吉凶生矣。在天成象，在地成形，变化见矣。

苏氏东坡曰：方本异也，而以类而聚，此同之生于异也。物群则其势不得不分，此异之生于同也。象者，形之精华发于上。形者，象之体质留于下。盖雷电日月之类象也，水火山泽之类形也，天地所以变化而既成万物者也。

张氏紫岩曰：圣人以一心之微稽诸天地，阐万理于太极，揆常变于卦爻，其象数之所包括，莫非天地自然之理。天下后世顺则治，逆则乱，得则吉，失则凶，其道必致不可少易也。

朱氏汉上曰：道虽屡迁，而上下不易。君尊臣卑，父尊子卑，夫尊妇卑，谓之三纲。高者贵卑者贱，则贵贱之位分矣。阳为贵，乾也；阴为贱，坤也。高者乾之位也，卑者坤之位也。上既曰尊矣，尊无二上。元士、大夫、三公、诸侯承之，然后君位乎五也。君不刚则臣强，父不刚则子强，夫不刚则为妻所畜。尊卑之位，贵贱之分也。五方之物，各以其类聚，同气也。五物之类，各以其群分，异情也。气同则合，情异则离，而吉凶生矣。爻或得朋或失类，或远而相应，或近而不相得，或睽而通，或异而同，阴阳之情也。

谨案：尊卑者，天地上下之位；贵贱者，卦爻上下之位。然亦兼人事而言。朱氏以尊卑为君臣、父子、夫妇之三纲，尊卑之位，贵贱之分也。后世三纲不正，上而朝廷如汉之外戚、唐之藩镇、季世之阉臣，篡逆之事屡见于史，夺储则子至于弑其父，易后则夫不能制其妻，其祸有不可胜言者。下而公卿士庶之家，强奴可以叛主，逆子可以忤亲，悍妇可以凌夫。尊卑之不辨，贵贱之莫分也，其所由来者渐矣。蔡氏介夫曰：定者有尊卑，各安其分之意。位者有卑高，以序而列之意。学易之君子，其知之！

胡氏云峰曰：此一节言画前之易，固如是也。

是故刚柔相摩，八卦相荡。鼓之以雷霆，润之以风雨。日月运行，一寒一暑。乾道成男，坤道成女。

韩氏康伯曰：相切摩，言阴阳之交感。相推荡，言运化之推移。

龚氏深甫曰：雷霆风雨，百物之所以生。日月寒暑，四时之所以行。

朱子曰：乾道成男，坤道成女，通人物言之，如牝马之类，在植物亦有男女。如麻有牝麻，及竹有雌雄之类，皆离阴阳刚柔不得。

胡氏云峰曰：此一节画后之易，又如此也。

乾知大始，坤作成物。乾以易知，坤以简能。易则易知，简则易从。易知则有亲，易从则有功。有亲则可久，有功则可大。可久则贤人之德，可大则贤人之业。易简而天下之理得矣。天下之理得，而成位乎其中矣。

张氏紫岩曰：圣人发乾坤之奥，明易简之德，盖将使夫履大宝之位者，会乾坤于一心，致易简之妙用，庶几有以参天地赞化育也。后之作者，矜智能，峻刑罚，而易失之矣。作聪明，变旧章，而简失之矣。理失于上，乱作于下，又安能保有大业中天地而成其覆载之功也与？

郭氏白云曰：此章前言设卦之道，而后言贤人可久可大之德业，则知易不徒设也，将以其道用于天下耳。昧者未之知，故务为艰险以去其易，务为繁苛以去其简。苟目前之利而不顾方来之弊，则德于是乎不可久。作聪明，穷奢欲，矜权术，滋法令，则业于是乎不可大。天下之理既不能得，于是上下乖离而天下始乱矣，汉唐之弊是也。

吴氏草庐曰：始谓始其气也，成谓成其质也。知者主之而无心也，作者为之而有迹也。

右第一章。

圣人设卦观象系辞焉，而明吉凶。刚柔相推而生变化。是故吉凶者，失得之象也。悔吝者，忧虞之象也。变化者，进退之象也。刚柔者，昼夜之象也。六爻之动，三极之道也。

朱氏汉上曰：圣人设卦，本以观象不言而见吉凶。自伏羲至于尧、舜、文王，近者同时，远者万有千岁，其道如出乎一人，观象而自得也。圣人忧患后世惧观之者，其智有不足以知此，于是系之卦辞，又系之爻辞，以明告之，非得已也，为观象而未知者设也。

赵氏玉泉曰：吉即顺理而得之象也，凶即逆理而失之象也。悔即既失之后困于心，衡于虑，而为忧之象也。吝即未失之先，狃于安，溺于乐，而为虞之象也。

是故君子所居而安者，《易》之序也。所乐而玩者，爻之辞也。是故君子居则观其象而玩其辞，动则观其变而玩其占，是以自天祐之，吉，无不利。

郭氏白云曰：《易》之序者，卦之序也。序有时在其中，故君子居其时而安之者得其序也。如居否之时，则俭德辟难。居既济之时，则思患豫防之，是以安也。爻之辞所以明道也，道非乐玩其辞则不可得而见。故因介于石，而有得于知几之神。因鸣鹤在阴而有得于枢机之慎。举爻辞尚乐而玩，则卦辞为可知矣。

柴氏中行曰：一动一静，不违天理，则俯仰无愧。心逸日休，德进业长，用无不利。

俞氏玉吾曰：或曰观象玩辞，如蔡墨云在乾之姤，知庄子云在师之临，谓之“在”者是也。观变玩占，如陈侯遇《观》之《否》，晋侯遇《大有》之《睽》，谓之“遇”者是也。

右第二章。

彖者，言乎象者也。爻者，言乎变者也。吉凶者，言乎其失得也。悔吝者，言乎其小疵也。无咎者，善补过也。

龚氏深甫曰：吉者言乎得，若元吉、征吉、往吉、大吉、中吉、终吉之类。虽为吉不同，要之皆为得也。凶者言乎失，若贞凶、征凶、终凶、见凶之类，虽其凶不同，要之皆为失也。

杨氏诚斋曰：吾身之过，犹吾衣之破也。衣有破，补之，斯全身有过，补之，斯还还者，何复之于善也，补不善而复之于善，何咎之有？

胡氏云峰曰：大抵不贵无过，而贵改过。无咎者，善补过也。圣人许人自新之意切矣！

谨案：大象于益曰：有过则改，如汤之不吝，颜子之不贰，子路之喜告，皆是也。于震曰：恐惧修省，如尧之兢兢，舜之业业，宣王之遇灾而惧，皆是也。要知惧以终始，其要无咎，则益之改过，必由于震之恐惧矣。故于此释无咎之文曰：善补过而下即推原之曰震。无咎者，存乎悔。盖惟惧则思悔，悔则思补，补斯善矣，何咎之有？圣人从而善之，所以开天下自新之路也。天下不患人之有过，而患人之有过而不知自悔。人亦何惮而不改过，而甘为文过之小人哉！

是故列贵贱者存乎位，齐小大者存乎卦，辨吉凶者存乎辞，忧悔吝者存乎介，震无咎者存乎悔。是故卦有小大，辞有险易。辞也者，各指其所之。

胡氏安定曰：恶积则不可掩，罪大则不可解。万事之理始于纤介。履霜坚冰至，圣人防微杜渐之深戒也！

朱氏汉上曰：易于小事不忽，于大事不惧。视履尊位与居家同，视征伐天下与折狱同，视享上帝、养圣贤、养万民与饮食同。知此则知颜子与禹稷同，曾子与子思同。故存乎卦之小大，则见事之小大齐矣。所之者动爻也，言乎其变也。《春秋传》观其动，曰之某卦是也。

汪氏砥之曰：《易》凡言悔吝即寓介之意，言无咎即寓悔之意。忧盱豫之悔，存乎迟速之介也。忧即鹿之吝，存乎往舍之介也。震甘临之无咎，存乎忧而悔也。震频复之无咎，存乎厉而悔也。

右第三章。

《易》与天地准，故能弥纶天地之道。仰以观于天文，俯以察于地理，是故知幽明之故。原始反终，故知死生之说。精气为物，游魂为变，是故知鬼神之情状。

游氏广平曰：弥之使不亏其体，则覆帱者统元气，持载者统

元形。阳敷而能生，阴肃而能成，夫是之谓弥。纶之使无失其叙，则日月代明，寒暑迭运，将来者进，成功者退，夫是之谓纶。

刘氏屏山曰：由生死而知其终始者，必践形理也。魂魄之变，茫昧莫测，岂可情识猜揣哉？知之必有道也！畏生死者，未达也，达者不畏焉。不畏者犹未能践形也。存亦乐，亡亦乐，是齐生死也。聚则有，散则无，是泯生死也。名立不朽，没而愈光，是轻生死也。安时俟命，力不可为，是任生死也。齐泯轻任，终为生死所囿。昔夫子读《易》，三绝韦编，于是原始要终，知死生之说。其于乾坤之蕴，幽明之故，鬼神之情状，如目辨苍素，手数奇耦也。然当时弟子微言奥义，问答多矣。季路一发问，夫子拒之。学者遂谓，吾儒所急，修己治人而已，三纲五常而已。身外之事何足预穷哉！是知听夫子之言，而不知求夫子之心也。死生亦大矣，圣人岂忽之哉？负手曳杖，逍遥而歌。往来之际，湛然如此，非平日有见焉不能也。所以不切切言之者，惧学者守易晓之空言，而不闻至精至赜之道也。故曰："朝闻道，夕死，可矣。"是夫子虽不切切言之，而常诲人以生死之大方也。

朱氏汉上曰：天气也而成文。地形也而有理。形散为气，明

而幽也。气聚成形，幽而明也。大史公曰：儒者□□鬼神而言有物，何也？人之死也，各反其根。体魄，阴也，故降而在下。魂气，阳也，故升而在上，升则无不之矣。今也魄降而气不化，非物而何？所以不化者，物欲蔽之也。子产曰：其用物也洪矣，其取精也多矣。故圣人死曰神，贤人死曰鬼，众人死曰物。圣人清明在躬，志气如神，故五帝配上帝。传说上比列星，贤人得其所归，众人则知富贵生而已。其思虑不出于口腹之间，衽席之上，夸张于世，以自利焉。物欲蔽之，不能自反其初，故谓之物。然物之乘间而出，岂离乎五行哉？五行即阴阳二端也，故管辂论杜伯如意、宋无忌，皆以五行推之。

张氏南轩曰：鬼神之说，合而言之，来而不测谓之神，往而不返谓之鬼。分而言之，天地、山川、风雷之属，凡气之可接者，皆曰神。祖考、祀飨于庙曰鬼。就人物而言，聚而生为神，散而死为鬼。又就一身而言，魂气为神，体魄为鬼。凡六经所称，盖不止是数端。然一言以蔽之，莫非造化之迹，而语其德，则诚而已。

熊氏良辅曰：《易》之书与天地准，故用《易》之书可以观天地间之理，观天文而知明，察地理而知幽。原始而知生，反终而知死。精气为物则知神之情，游魂为变则知鬼之状。所以然者，阴阳之变化而已。

与天地相似，故不违。知周乎万物，而道济天下，故不过。旁行而不流，乐天知命，故不忧。安土敦乎仁，故能爱。

谢氏上蔡曰：或曰意必固我，有一焉则与天地不相似矣。

郭氏白云曰：与天地相似，犹《中庸》所谓参天地也。知周乎万物而道济天下，犹《中庸》所谓非自成己而已也，所以成物也。乐天则无伪，知命则无欲。忧者伪，欲之所生。无伪、无欲、无适而非天，则忧无自而至也。

朱子曰：旁行者，行权之知也。不流者，守正之仁也。安土者，随所遇而安也。敦乎仁者，不失其天地生物之心也。安土而敦乎仁，则无适而非仁矣，所以能爱也。仁者乐山之意，于此可见。

胡氏云峰曰：有周物之知，而实诸济物之仁，则其知不过。有行权之知，而本诸守正之仁，则其知不流。至于乐天知命而知之迹已泯，安土敦仁而仁之心益著，此其知仁所以与天地相似而不违，尽性之事也。

范围天地之化而不过，曲成万物而不遗。通乎昼夜之道而知。故神无方而易无体。

郑氏康成曰：范者，形之所自出。围者，数之所能周。天地之化，有形数，故可得范围。木挠而水弱，金坚而火燥，土均而布，稼穑出焉。相成也，而开物。相克也，而成务。制于形，丽于数，而未始有穷也。无以范围之，则天有伏阴，地有愆阳，五行之气怫郁而失其性。其发也有不得其平，而甚至于过。水有启闭，火有出纳，而必适其时。冶金以为利，伐木以为用，陶土以为器，而必顺其理。此范围天地之化也，故不过。

郭氏白云曰：以人事言之，则盛衰、治乱，进退、存亡、得丧，孰非昼夜之道乎？故有范围之道以参天地，有曲成之道以育万物，通乎昼夜之道则寂然不动，感而遂通天下之故矣。非圣人极天下之至神，其孰能与于此！

右第四章。

一阴一阳之谓道。继之者善也，成之者性也。仁者见之谓之仁，知者见之谓之知。百姓日用而不知。故君子之道鲜矣。

游氏广平曰：道之在人，则出作而入息，渴饮而饥食。性者，无妄也。苟得其性之本然，反身而诚，则天地万物之理得，而道自我成矣。惟其同出于一气，而气之所值有全有偏，有邪有正，有粹有驳，有厚有薄，然后有上知、下愚、中人之不同也。

杨氏龟山曰：继之者善无间也，成之者性无亏也。道者，民所日用，故可使由之。以其日用而不知，故不可使知之。世儒以为，民可使由之而已，不可使知之，务为智术，笼天下之愚而役之，失其旨矣。

朱氏汉上曰：仁者见其静，则谓之仁，智者见其动，则谓之智。君子之道，则合仁与智。

显诸仁，藏诸用。鼓万物而不与圣人同忧。盛德大业至矣哉！富有之谓大业，日新之谓盛德。生生之谓易。成象之谓乾，效法之谓坤。极数知来之谓占，通变之谓事。阴阳不测之谓神。

胡氏安定曰：大易之道，寂然不见其体，杳然不见其形。以之悦泽生民，功业万世，施为德泽，则可以衣被万物，是显诸仁也。及夫推究本原测度，云为不见其迹，是藏诸用也。天地以时而生，以时而杀。雷霆以鼓动之，风雨以滋润之。使万物洪纤高下，皆遂其性。或万物之中有夭折、暴亡、凶荒、札瘥者，皆任自然之理，不能忧恤，老子所谓天地之道，其犹橐籥，以万物为刍狗者，是也。圣人代天牧民，物之夭折、暴亡常如已纳于沟中，故大易之道，载天地生成之理，而不能与圣人同忧也。

明道曰：鼓万物而不与圣人同忧。圣人，人也，故不得无忧。天则不为尧存，不为桀亡也。

伊川曰：天地不宰，圣人有心也。天地无心而成化，圣人有心而无为。

胡氏云峰曰：富有者，无物不有，而无一毫之亏欠。日新者，无时不然，而无一息之间断。藏而愈有，则显而愈新。

徐氏在汉曰：一阴一阳，无时而不生生，是之谓易。成此一阴一阳，生生之象，是之谓乾。效此一阴一阳，生生之法，是之谓坤。极一阴一阳，生生之数而知来，是之谓占。通一阴一阳，生生之变，是之谓事。

右第五章。

夫《易》广矣大矣，以言乎远则不御；以言乎迩则静而正；以言乎天地之间则备矣。夫乾，其静也专，其动也直，是以大生焉。夫坤，其静也翕，其动也辟，是以广生焉。

朱子曰："不御"言无尽，"静而正"言即物而理存，"备"言无所不有。乾一而实，故以质言而曰大。坤二而虚，故以量言而曰广。

广大配天地，变通配四时，阴阳之义配日月，易简之善配至德。

朱氏汉上曰：至德，天地之德，隐于无形者也，故易简之善配至德。夫子于太伯之让，文王之德，孝也。中庸也，皆谓之至德。德至，于是无以复加矣。

冯氏深居曰：阴阳之义配日月。复之七日，阳之义也。临之八月，阴之义也。

右第六章。

子曰：“《易》，其至矣乎！”夫《易》，圣人所以崇德而广业也。知崇礼卑，崇效天，卑法地。

吴氏草庐曰：崇德者，立心之易，而所得日进日新也。广业者，行事之简，而所就日充日富也。德之进而新，由所知之崇，高明如天。业之充而富，由所履之卑，平实如地。

张氏振渊曰：天运于万物之上，而圣心之知亦独超于万象之表，故曰：崇效天。地包细微，不遗一物，而圣人之礼亦不忽于纤悉细微之际，故曰：卑法地。

天地设位，而《易》行乎其中矣。成性存存，道义之门。

郭氏白云曰：惟成之以性，存存不忘，则修身、齐家、治国、平天下。其道义之要，皆由此涂出。故易为道义之门也。

右第七章。

圣人有以见天下之赜，而拟诸其形容，象其物宜，是故谓之象。圣人有以见天下之动，而观其会通，以行其典礼，系辞焉以断其吉凶，是故谓之爻。

朱子曰：象，谓卦之象。如《说卦》所列者。会，谓理之所处而不可遗处，通，谓理之可行而无所碍处。如庖丁解牛，会则其族，通则其虚也。会通者，观众理之会，而择其通者而行。且如有一事关着许多道理，有父子之伦，有君臣之伦。若父子之恩重，则便得“身体发肤，受之父母，不敢毁伤”之义，而“委致其身”之说不可行。若君臣之义重，则当委致其身，而“不敢毁伤”之说不暇顾。此之谓观会通。

吴氏草庐曰：见理精审，则行事允当。如此则吉，不如此则凶也。

胡氏云峰曰：不会则于迩有遗阙，如之何可通？不通则于理有窒碍，如之何可行？通是时中，典常是庸。

言天下之至赜而不可恶也，言天下之至动而不可乱也。拟之而后言，议之而后动，拟议以行其变化。

郑氏康成曰：老子曰：善言无瑕谪，善行无辙迹。夫言至于无瑕谪，行至于无辙迹，可谓神矣，则所谓变化者，其外乎拟议之间哉？

王氏童溪曰：拟而后言，则言有物矣。议而后动，则动惟厥时矣。

潘氏士藻曰：有至一者存，所以不可恶。有至常者存，所以不可乱。

"鸣鹤在阴，其子和之。我有好爵，吾与尔靡之。"子曰："君子居其室，出其言善，则千里之外应之，况其迩者乎？出其言不善，则千里之外违之，况其迩者乎？言出乎身，加乎民。行发乎迩，见乎远。言行，君子之枢机。枢机之发，荣辱之主也。言行，君子之所以动天地也，可不慎乎？"

杨氏龟山曰：褚遂良修《起居注》，唐太宗曰：朕有不善，亦当记之乎？或为之言。曰：借使遂良不记，天下亦当记之。曰：此语亦善。但人主好名，则可以此动之耳，未尽也。夫君子居其室，出其言善，则千里之外应之。出其言不善，则千里之外违之。故言行，君子之枢机，不可不慎。纵使史官不记，而民之应违如此。虽欲自掩其不善，其可得乎？

张氏紫岩曰：古者圣贤之君在上，日月为之著明，四时为之顺遂，阴阳为之调和，天下为之安平，夷狄为之驯服，万物为之敷畅，嘉祥为之兴发，灾戾为之消弭，皆自言行发之。而言行之所以至善，要在拟议。此圣贤所以贵于学也。

保氏八曰：枢动而户开，机动而矢发，小则招荣辱，大则动天地，皆此唱而彼和，感应之最捷也。

“同人，先号咷而后笑”。子曰：“君子之道，或出或处，或默或语。二人同心，其利断金。同心之言，其臭如兰。”

张子曰：惟仁者能听善言。己不欲为善则已，苟欲为善，惟恐人之不言。二人同心，其利断金。夫一人固自明矣，又有一人言而同心，其为利也，如金铁之可断。

初六，“借用白茅，无咎。”子曰：“苟错诸地而可矣，借之用茅，何咎之有？慎之至也。夫茅之为物薄，而用可重也。慎斯术也以往，其无所失矣。”

程氏敬承曰：天下事成于慎而败于忽。况当大过时，时事艰难，慎心不到，便有所失，故有取于慎之至。

“劳谦，君子有终，吉。”子曰：“劳而不伐，有功而不德，厚之至也。语以其功下人者也。德言盛。礼言恭。谦也者，致恭以存其位者也。”

张氏紫岩曰：禹平水土，不矜不伐，得此道焉。

杨氏诚斋曰：人之谦与傲，系其德之厚与薄。德厚者无盈色，德薄者无卑词。其德愈盛，其礼愈恭也。

“亢龙有悔。”子曰：“贵而无位，高而无民，贤人在下位而无辅，是以动而有悔也。”

王氏童溪曰：亢者，谦之反也。九三，致恭存位。上九，则贵而无位。九三，万民服。上九，则高而无民。九三，能以功下人。上九，则贤人在下位而无辅。

“不出户庭，无咎。”子曰：“乱之所生也，则言语以为阶。君不密则失臣，臣不密则失身，几事不密则害成。是以君子慎密而不出也。”

胡氏安定曰：夫节之为道，节人之性，防人之欲，禁民之非，正民之伪。天下之所恶闻，人情之所不愿者也。凡君子为节之道，当慎重而周密之，不然则法出奸生，令下诈起，适以坏其成事矣。

杨氏诚斋曰：唐高宗告武后以“上官仪教我废汝”，此君不密而失臣也。陈蕃乞宣臣章以示宦者，此臣不密而失身也。

俞氏玉吾曰：为君而言语不密，则祸及其臣。晋杀其大夫阳处父是也。为臣而言语不密，则自丧其身，郑雍纠之死是也。

子曰：“作《易》者，其知盗乎？《易》曰：‘负且乘，致寇至。’负也者，小人之事也。乘也者，君子之器也。小人而乘君子之器，盗思夺之矣。上慢下暴，盗思伐之矣。慢藏诲盗，冶容诲淫。《易》曰：‘负且乘，致寇至。’盗之招也。”

张氏紫岩曰：盖小人在位，播其恶于天下。礼失于上，政乱于下。礼失故慢，政乱故暴，奸邪自是生，君子自是去，民心自是失，法度自是废，礼乐自是亡，骄奢自是作，财用自是匮，戎备自是弛。盗斯伐之，复何疑哉！

杨氏诚斋曰：司马氏安能盗魏，曹操教之也。萧衍安能盗齐，萧道成教之也。盖盗非能盗，小人之有也。小人实教盗以盗己之有也，所谓知盗非知夺伐之盗也，知教夺伐者之盗也。故又终之曰：诲盗。曰盗之招者，以此。

李氏彦平《义海撮要》曰：春秋之时，诸侯有问鼎之轻重者，陪臣有窃宝玉大弓者，亦以上慢下暴故也。盖治乱之本，隐而难知，及其显也，众人莫不知之。唯圣人能知之于隐微，难知之时也。故其为力不劳而天下治。季氏旅于泰山，孔子谓弟子曰：汝弗能救与？八佾舞于庭，曰：是可忍也，孰不可忍也？当此之时，天下可谓乱矣。季氏旅泰山舞八佾，岂足过哉？孔子特忧之如此。盖惟圣人能探其本，而知其所以治乱安危，为在此也。然则，非作易之圣人，其孰能知盗者乎？

谨案：妇人所重在德不在容，周官妇学之法有四，妇容虽与妇德同举，然所谓容者，温恭淑慎之德容，非妖媚艳丽之冶容也。故善容曰窈窕，好逑所以思淑女，谓其乐而不淫也。彼扬且之颜，扬且之皙，至拟之以胡天胡帝，形容非不尽致，然如子之不淑，何《墙茨》、《鹑奔》诸诗皆刺淫也！其为丑辱，孰甚焉？后世权贵之妻，髻名堕马，步号折腰，愁眉为妆，龋齿为笑，冶则冶矣，而淫荡无行，卒致覆宗之祸，可为炯戒矣。乃近曰：妇女好为艳冶，珠翠盈头，脂香泽面，佩皆宝玉，服必绮纨，甚至入庙焚香，结党观剧，谓非诲淫而何？玩《易》之君子宜鉴之！

右第八章。

天一，地二，天三，地四，天五，地六，天七，地八，天九，地十。天数五，地数五。五位相得而各有合。天数二十有五，地数三十。凡天地之数五十有五。此所以成变化而行鬼神也。

张氏南轩曰：夫天地，自然之数。盈虚消息，往来不停。变化虽妙，而数有以成之，若月令。所谓鸠化为鹰，雀化为蛤，林木乃茂，草木黄落，可以数推而逆之者，此天地之数所以成其变化也。鬼神虽幽，而数有以行之。若其神勾芒，其神祝融，其神蓐收，其神元冥，各司其时，各治其职者，此天地之数有以行鬼神也。

大衍之数五十，其用四十有九。分而为二以象两，挂一以象三，揲之以四以象四，时归奇于扐以象闰，五岁再闰，故再扐而后挂。

邵子曰：大衍之数，其算法之原乎？是以算数之起，不过乎方圆曲直也。乘数，生数也。除数，消数也。算法虽多，不出乎此矣。

《乾》之策二百一十有六，《坤》之策百四十有四，凡三百有六十，当期之日。二篇之策万有一千五百二十，当万物之数也。

朱氏汉上曰：《易》有以一策当一日者，乾坤之策是也。有以一爻当一日者，七日来复是也。有以策数七八九六言日者，勿逐七日得是也。易之取象，岂一端而尽哉。

是故四营而成易，十有八变而成卦。八卦而小成，引而伸之，触类而长之，天下之事毕矣。显道神德行，是故可与酬酢，可与祐神矣。

朱子曰：引而伸之，触类而长之，是占得一卦，则就上面推看。如乾，则推其为圜、为君、为父之类是也。道因辞显，行以数神，酬酢谓应对，祐神谓助神化之功。

子曰："知变化之道者，其知神之所为乎？"

张氏南轩曰：变者，自无而出有。化者，自有而归无。日月之往来，寒暑之迭运，雷霆之震惊，风雨之散润，以至山岳之鼎峙，江河之流注，草木之荣枯，虫鱼之出没，无非变化之道，有以为之枢机。然变者，不能以自变，有神以变之。化者，不能以自化，有神以化之。故知变化之道者，疑若窥测其妙也，然能知神之所为而已。

右第九章。

《易》有圣人之道四焉：以言者尚其辞，以动者尚其变，以制器者尚其象，以卜筮者尚其占。

张子曰：辞、变、象、占，皆圣人之所务也，易道具焉。尚辞，则言无所苟。尚变，则动必精义。尚象，则法必致用。尚占，则谋必知来。四者非知神之所为，孰能与于此？

是故君子将有为也，将有行也，问焉而以言。其受命也如向，无有远近幽深，遂知来物。非天下之至精，其孰能与于此？

张氏紫岩曰：《诗》称帝谓文王，岂曰谆谆然谓之文王，心与天同？文王之心，天实启焉。故曰谓君子问焉而以言，盖若拟之而后言者。

吴氏草庐曰：有为谓作内事，有行谓作外事。

蔡氏介夫曰：行之于身，是有为。措之事业，是有行。

参伍以变，错综其数。通其变，遂成天地之文。极其数，遂定天下之象。非天下之至变，其孰能与于此？

朱子曰：案荀子云：窥敌制变，欲伍以参。韩非曰：省同异之言，以知朋党之分。偶参伍之验，以责陈言之实。又曰：参之以比物，伍之以合参。《史记》曰：必参而伍之。又曰：参伍不失。《汉书》曰：参伍其贾，以类相准，此足以相发明矣。错者，杂而互之也。综者，条而理之也。参伍错综又各自是一事。参伍，所以通之。其治之也，简而疏。错综，所以极之。其治之也，繁而密。

《易》无思也，无为也，寂然不动，感而遂通天下之故。非天下之至神，其孰能与于此？

朱子曰：此四者之体所以立，而用所以行者也。《易》指蓍卦无思无为，言其无心也。寂然者，感之体。感通者，寂之用。人心之妙，其动静亦如此。

胡氏云峰曰：象未画，辞在策，蓍未变，占在椟，皆无思无为，寂然不动。人心之寂也如是。揲蓍以求卦，则天下之故无有不通者矣。人心之感也如是。非至精至变之外他，有所谓至神，神即精与变之至妙者也。

夫《易》，圣人之所以极深而研几也。唯深也，故能通天下之志。唯几也，故能成天下之务。唯神也，故不疾而速，不行而至。子曰："《易》有圣人之道四焉"者，此之谓也。

张氏南轩曰：深者，理之奥。能极深，则天下之志果有不通者乎？几者，事之微。能研几，则天下之务果有不成者乎？然深之所以通天下之志者，以其穷理之奥，而天下之好恶取舍，从违去就，揆之以理，莫不一以贯之而无所遗也。几之所以成天下之务者，以其察事之微，而天下之得失，利害，成败，存亡，图之于微，莫不预为之计，而无所废也。然深也，有待于极，不极则不能造。其至几也，有待于研，不研则不能穷其精。故通天下之志，成天下之务，可以指其方隅而言之也。至于神，则不疾而速。

初未尝疾而速也，感而遂通者乎！不行而至，初未尝行而至也，寂然不动者乎！

右第十章。

子曰：“夫《易》何为者也？夫《易》开物成务，冒天下之道，如斯而已者也。”是故圣人以通天下之志，以定天下之业，以断天下之疑。

明道曰：开物成务，有济时之才。

朱氏汉上曰：关子明云：象生有定数，吉凶有前期，变而能通，则治乱有可易之理。天命人事，其同归乎！

张氏南轩曰：此尧帝之命羲和，历象日月星辰，推此以敬授人时者也。武王之访箕子，以陈洪范，以立九畴，演此以相协民居者也。万物所听者命，命此而已。万物所由者道，道此而已。而《易》果何为哉？未尝赘亏于其问也，未尝损益于其间也。《易》之开物，则因其数之自生者，从而与之。开也，如出乎震，相见乎离，说言乎兑，劳乎坎，俾之流通而无所壅遏者与？《易》之成务，则因其数之自成者，从而与之。成也，如制礼于履，作乐于豫，明政于贲，设教于临，俾之就绪而无所坠废者与？夫开物则物咸得其性，成务则物咸有成功。凡道之在范围之中者，莫不冒之而无所遗，此《易》所以用数而不役于数者与？

是故蓍之德圆而神，卦之德方以知，六爻之义易以贡。圣人以此洗心，退藏于密，吉凶与民同患。神以知来。知以藏往。其孰能与于此哉！古之聪明睿知，神武而不杀者夫！

邵子曰：圆者，星也，历纪之数，其肇于此乎？合二始以定刚柔，二中以定律历，二终以纪闰馀，是谓历纪也。方者，土也。画州井地之法，其仿于此乎？州有九井九百亩，所谓画州并地也。盖圆者，河图之数。方者，洛书之文。故羲文因之而造易，禹箕叙之而作范也。

张子曰：神武不杀。神武之大者，使知惧而不犯神武者也。

谨案：古之圣王诛无道以救世，戮有罪以安民，皆用武而未尝废杀。盖辟以止辟，兵刑所以济，德化之不及也。《系传》言神武不杀者，张子谓神者武之大，知惧而不犯，此武之所以称神也。惟上有好生之德，洽于民心。下有交让之风，化于邻国。民生其时，老死不见锋镝，终身不对吏庭，戢干戈而櫜弓矢，刑皆措而不用。俗美风醇，诚哉，可以去杀矣！后世杀人盈野，杀人盈城，以土地之故，至于糜烂。其民惨莫惨于此矣。复有武健严酷之吏，淫刑以逞残小民之肢体，供堂上之戏怒，或立毙于杖下，或瘐死于狱中，荼毒生灵，草菅人命，吁可慨也夫。

张氏南轩曰：说者云：屏思虑而安其厥躬者，圣人同患于民而不汨其身也。察安危以存其古训者，天下知其吉凶，而均获其利也。如此，天下之民皆即蓍之神以知其来，可以探赜而索隐，可以钩深而致远。见不见之形，抽不抽之绪，三揲而一爻，具十八变而一卦成。衍忒以是而决，臧否由是而著，此神以知来，蓍可以穷天地之数也。即卦之知以藏其往，可以鉴古昔之兴衰，可以察前日之得失。尧舜致衣裳之治，汤武成炳蔚之文。考《明夷》而知箕子，观《既济》而知高宗，囊括大始，包裹太极，此知以藏往。卦可以该天地之数也，能尽此以推天下与来世，乃古之聪明睿智，神武而不杀者夫？今夫伏羲之始作八卦，神农之制耒耜，黄帝之迎日推策，尧之历象日月星辰，舜之在璿玑玉衡以齐七政，夏禹之《连山》，成汤之《归藏》，文王之重卦，武王之《洪范》，孔子之《十翼》，皆觉之于心，悟之于性，其聪所以闻天下之不闻，其明所以见天下之不见。其叡则默识，心通其智，则神解意悟。

是故明于天之道，而察于民之故，是兴神物，以前民用。圣人以此齐戒，以神明其德夫！

龚氏深甫曰：有思则与物杂，故欲斋。斋者，所以齐不一之心。有为则与物敌，故欲戒。戒者，所以警不虞之患。斋，可以入而致一，故其德神。戒，可以出而莅众，故其德明。

朱子曰：神物谓蓍龟，湛然纯一之谓斋，肃然警惕之谓戒。

是故阖户谓之坤，辟户谓之乾。一阖一辟谓之变，往来不穷谓之通。见乃谓之象，形乃谓之器。制而用之谓之法。利用出入，民咸用之谓之神。

郭氏白云曰：治天下之道无他焉，如制一户之法，使之变通可久，斯得之矣，虽黄帝尧舜之治，不过于此。是故《易》有太极，是生两仪。两仪生四象，四象生八卦。八卦定吉凶，吉凶生大业。

张氏南轩曰：吉凶既定，则知其利之可兴，害之可除。伏羲之兴网罟，神农之制耒耜，黄帝尧舜之垂衣裳与！夫帝之所兴，王之所成，所以举而措之天下之民者，无非本于此也！

是故法象莫大乎天地，变通莫大乎四时，县象著明莫大乎日月。崇高莫大乎富贵。备物制用，立成器以为天下利，莫大乎圣人。探赜索隐，钩深致远，以定天下之吉凶，成天下之亹亹者，莫大乎蓍龟。

朱氏汉上曰：立成器，如网罟耒耜之类，以为天下利，唯圣人能之。象言先王、大人、君子之所以者是也，故莫大乎圣人。

朱子曰：占龟。土兆大横，木兆直，金兆从右邪上，火兆从左邪上，水兆曲，以大小、长短、明暗为吉凶。或占凶事，又以短小为吉。又有旋者吉，大横吉。“大横庚庚”，“庚庚”，是爆起恁地庚庚然，不是金兆也。易中言帝乙归妹、箕子明夷，高宗伐鬼方之类，疑皆当时帝乙高宗箕子曾占得此爻，故后人因而记之，而圣人以入爻也。如《汉书》“大横庚庚，余为天王，夏启以光”，亦是启曾占得此爻也。《火珠林》亦如此。《火珠林》犹是汉人遗法。

是故天生神物，圣人则之。天地变化，圣人效之。天垂象，见吉凶，圣人象之。河出图，洛出书，圣人则之。

郭氏白云曰：河出图而后画八卦，洛出书而后定九畴。故河图非卦也，包羲画而为卦。洛书非字也，大禹书而为字，亦犹箕子因九畴而陈洪范，文王因八卦而演周易，其始则肇于河图、洛书，画于八卦、九畴，成于《周易》、《洪范》其序如此。

张氏南轩曰：大抵通于天者河也，有龙马负图而出。此圣人之德上配于天，而天降其祥也。中于地者洛也，有神龟载书而出。此圣人之德下及于地，而地呈其瑞也。

《易》有四象，所以示也。系辞焉，所以告也。定之以吉凶，所以断也。

张氏南轩曰：夫示人以吉凶，告人以吉凶，无非俾人自探也。然犹有安其危而利其菑，乐其所以亡者，故定之以吉凶。如昼夜之易知，如黑白之易变，断然使人易知也。故征吉正凶，正吉征凶，大吉、终吉之类，有凶、终凶之类，圣人至此，可谓至矣、尽矣！

右第十一章。

《易》曰："自天祐之，吉，无不利。"子曰："祐者，助也。天之所助者，顺也；人之所助者，信也。履信，思乎顺，又以尚贤也，是以自天祐之，吉，无不利也。"

张氏南轩曰：由是观之，则天不妄祐人，而人当反求诸己。如《大有》之上九，庶几获祐而无所愧也。

子曰："书不尽言，言不尽意。"然则圣人之意，其不可见乎？子曰："圣人立象以尽意，设卦以尽情伪，系辞焉以尽其言，变而通之以尽利，鼓之舞之以尽神。"

耿氏南仲曰：鼓天下之动，则使天下之动，进退迟速之有节。若周官或鼓而进，或鼓而退，或鼓而驰，或鼓而聚也。

张氏南轩曰：变而通之者，俾民仰事俯育，养生送死，耕而食，织而衣，舟楫以济其川涂，室宇以御其风雨。一日不可无，万世不可易，均获其利者，此推其卦象，《系辞》变而通之，以尽其利者与？鼓之舞之，其道弥庸，其化罔测。动静变化，易其思虑。德威之震叠，德风之摇荡，由之以罔觉，用之而不知。咸妙于神者，此推其卦象，《系辞》鼓之舞之，以尽其神者与？

乾坤，其《易》之缊邪？乾坤成列，而《易》立乎其中矣。乾坤毁，则无以见《易》。《易》不可见，则乾坤或几乎息矣。

张氏南轩曰：乾坤者，人之四支。而《易》者，人之精神也。方其首圆足方，胸南背北，则精神有所托，而立乎其中矣。若夫四支坠废，则精神散而之他，而手足亦几乎息矣。

是故形而上者谓之道，形而下者谓之器。化而裁之谓之变，

推而行之谓之通。举而错之天下之民谓之事业。

朱子曰：化而裁之，化是因其自然而化之，裁是人为，变是变了他。如《尧典》分命羲和，许多事，便是化而裁之。到敬授人时，便是推而行之。

张氏南轩曰：道不离器，特形而上者而已。器不离道，特形而下者而已。试以天地论之，阴阳者，形而上者也。至于穹窿磅礴者，乃形而下者与！道虽非器，必托于器。礼乐刑赏是治天下之道也，然礼非玉帛，而礼不可以虚拘。乐非钟鼓，而乐不可以徒作。刑本遏恶也，必托于甲兵，必寓于鞭朴。赏本扬善也，必表之以旗常，必铭之于钟鼎。故形而上者之道托于器，而后行形而下者之器得其道而无弊。

是故夫象，圣人有以见天下之赜，而拟诸其形容，象其物宜，是故谓之象。圣人有以见天下之动，而观其会通，以行其典礼，系辞焉以断其吉凶，是故谓之爻。极天下之赜者存乎卦，鼓天下之动者存乎辞，化而裁之存乎变，推而行之存乎通。神而明之存乎其人。默而成之，不言而信，存乎德行。

杨氏龟山曰：子贡，能言者也，而天下之理有言之不能喻者。故子曰：予欲无言以发。《易》曰默而成之，不言而信，存乎德行。《记》曰天道至教，圣人至德，其斯之谓乎！

朱氏汉上曰：神而藏用，明而显仁，存乎古之人可也。《革》存乎汤武，《明夷》存乎文王，箕子，《复》存乎颜氏之子。故曰：存乎其人，默而成之。言不下带，而道存者，以心感心也。存诸己也，故曰不言而信，存乎德行，则得意忘象。我与圣人一也。上系终于默而成之，不言而信。下系终于六辞语默一也。

右第十二章。

易鉴卷三十四

系辞传下

郭氏白云曰：上篇所言，多易道之大，与其精微神变之用。下篇多卦义及上所未终粗显之说，又不可不明之者，则上下二篇略有辨也。

八卦成列，象在其中矣。因而重之，爻在其中矣。刚柔相推，变在其中矣。系辞焉而命之，动在其中矣。

郑氏康成曰：蹇之不可以往也，坎之不可以出也，大过之可以大有为，睽之可以小事。履之所以经世，需之所以待时。率其辞而揆其方，天下之动不可易矣。故曰：系辞焉而命之，动在其中矣。

朱子曰：成列谓乾一、兑二、离三、震四、巽五、坎六、艮七、坤八之类，象谓卦之形体也。因而重之，谓各因一卦，而以八卦次第加之，亦六十四也。爻，六爻也。既重而后卦有六爻也。刚柔相推，而卦爻之变，往来交错，无不可见。圣人因其如此，而皆系之辞，以命其吉凶，则占者所值当动之爻象，亦不出乎此矣。

吉凶悔吝者，生乎动者也。刚柔者，立本者也。变通者，趣时者也。吉凶者，贞胜者也。

张氏紫岩曰：《易》书之作，凡以明吉凶于天下而同民患也。故下系首推吉凶贞胜之理，使后世之学《易》以著之事业者，知所尊尚焉。

朱子曰：吉凶二义无两立之理，迭相为胜，非吉胜凶则凶胜吉矣。故吉凶常相胜，所以训贞字作常者。贞是正固，只一正字，尽贞字义，不得，故又著一固字，谓此虽是正，又须常固守之，然后为贞。在五常属智，孟子所谓智之实，知斯二者弗去是也。正是知之，固是守之。徒知之而不能守，则不可。须是知之又固守之。

胡氏云峰曰：卦有卦之时，爻有爻之时。立本者，天地之常经。趣时者，古今之通义。

蔡氏介夫曰：刚柔立本，所谓交易而对待者。变通趣时，所谓变易而流行者。

天地之道，贞观者也。日月之道，贞明者也。天下之动，贞夫一者也。

张氏南轩曰：天位乎上，地位乎下。为法象之大而以观于天下者，以贞而能长久也。日显乎昼，月显乎夜，为垂象之大而以著明于天下者，以贞而能久照也。观天下之动，知者之所谋，勇者之所争，纷纷藉藉不能自已者，此天下之动贞夫一者也。

夫乾确然，示人易矣。夫坤隤然，示人简矣。爻也者，效此者也。象也者，象此者也。爻象动乎内，吉凶见乎外，功业见乎变，圣人之情见乎辞。

郑氏康成曰：出而应物，则帝之所兴，王之所起，应时而造者，或损或益，不可以为常也。故曰：功业见乎变。

张氏紫岩曰：天下本无事也。诚能指诸爻象，考诸吉凶。因天地之自然，顺万物之常理，行其所当为，而不行其所不可为。清明其性以奉天心，何凶咎悔吝之复起？惟夫性以情动，情以欲肆，欲以物迁，邪伪滋生，天理蔑弃，易简至善于是而丧。内之不足以利一身，外之不足以利天下，而乾坤妙用始不明于天下。天下万物将不得遂其生矣，圣人忧天下后世之情，切著于辞，其亦有所不得已耶！

张氏南轩曰：人人能法乾坤之易简，则圣人之《易》不复作矣。窃观乾确然在上，其日月、星辰、虹霓、云雾，与夫昼夜有常而可准，寒暑有数而可推，此示人以易也。奈何仰观诸天者，不明乎乾之易，转而为难者有之。坤隤然在下，其山川、草木、虫鱼、鸟兽，与夫勤劳则所获者厚，荒弃则不能有秋。此示人以简也，奈何俯察于地者，不明乎坤之简，转而为繁者有之。此众人在天地之间行矣而不著，习矣而不察，终身不能与天地相似，而至其易简之至德。圣人忧之。

天地之大德曰生，圣人之大宝曰位。何以守位？曰仁。何以聚人？曰财。理财正辞，禁民为非曰义。

郑氏康成曰：敛聚有经，费出有法。兼并无所，肆其开阖。邦国不得擅其节制，此之谓理财。垂法于象魏，读法于乡党，著之话言，布之典册。上言之以为命，下守之以为令，此之谓正辞。奢不得僭上，贱不得逾贵，造言者有诛，伪行者有刑，有以率其怠倦，有以锄其强梗，此之谓禁民为非，凡此皆义也。

郭氏白云曰：天地以生物为德，故人以大德归之。圣人得崇高之位，然后成位乎中，而赞化育，故以位为太宝也。然位惟仁可守，不仁则失之。故孟子曰：惟仁者宜在高位，且足以资人之生者，皆曰财。得其所资则人聚，失其所资则人去。斯民一日不可以无者也，圣人理财非自用也，生聚人而已。又正其辞以出号令，禁民为非以明法禁，此五教五刑之用有义存焉。

项氏平甫曰：财者，百物之总名，皆民之所利也。理财谓水火金木土，穀惟修所以利之也。正辞谓殊贵贱，使有度，明取予，使有义。辨名实，使有信。利之所在，不可不导之，使知义也。禁民为非，谓宪禁令，致刑罚，以齐其不可导者也。盖养之、教之、而后齐之，圣人之政尽于此三者矣。其德意之所发主于仁民。义者，仁之见于条理者也。

谨案：圣人以仁守位，以财聚人。《洪范》八政首言食货。《周官》冢宰制用司徒赋财，固邦国之重务也。顾财为生人所共欲，亦为生人所共争者也。富者多财以自雄，越防检而不顾。贫者无财以自病，丧廉耻而不辞，是不可无以理之。理之之道，取诸民有定制，赋于国有常经，于是正之以辞，条教以告之，使知以下供上，分所当然。名分正则纪纲肃，庶有以息其机伪，杜其争端，为非之心不禁自止。盖仁也而义行乎其中矣，此《大学》十章论理财而归之于义也。后世言利之臣，不知以财聚人，徒知聚财于上。辞之不正，安能禁民之为非哉？如汉之桑孔，宋之王安石，是皆务财用之小人，昧乎以义为利之训者也！

右第一章。

古者庖牺氏之王天下也，仰则观象于天，俯则观法于地，观鸟兽之文与地之宜，近取诸身，远取诸物，于是始作八卦，以通神明之德，以类万物之情。作结绳而为网罟，以佃以渔，盖取诸《离》。

朱子曰：凡草木禽兽，无不有阴阳。鲤鱼脊上有三十六鳞，阴数龙脊上有八十一鳞。阳数又龟背上文中间五段者五行也，两边插八段者八卦也，周围二十四段者二十四气也。个个如此，又如草木之有雌雄，银杏、桐楮、牝牡、麻竹之类皆然。又树木向阳处则坚实，其背阴处必虚软，男生必伏，女生必偃，其死于水也亦然。盖男，阳气在背。女，阳气在腹也。

张氏南轩曰：上古之时，禽兽多而人民少，兽蹄鸟迹之道交于中国，故庖牺氏为之网罟，以教民佃渔者，非徒使民知鲜食之利，抑亦去其害，俾民得安其居也。

庖牺氏没，神农氏作。斲木为耜，揉木为耒，耒耨之利，以教天下。盖取诸《益》。

张氏紫岩曰：包牺之网罟，神农之耒耜，莫不皆以生养为心。圣人之仁也。若夫日中为市，致民聚货以尽其利，则有义存乎其中。然则圣人之为义，亦本诸利乎？曰：圣人所谓利，使天下交相利，非若后世之利其身、利其国者所为也。

张氏南轩曰：夫天产之物，食之所以生精。地产之物，食之所以生气。民之初生，搏裂禽兽，茹毛饮血，非徒暴殄天物，而淫乱之风滋炽。圣人忧之，故为耒耜，以教稼穑而地产，所以养其气也。

日中为市，致天下之民，聚天下之货，交易而退，各得其所，盖取诸《噬嗑》。

郑氏少梅曰：十三卦始离，次益，次噬嗑，所取者食货而已。食货者，生民之本也。

张氏南轩曰：山居者，足于鸟兽而不知水之所生。水居者，足于鱼鳖而不知山之所产。故物货贸迁，以其所有易其所无者。

日中为市，致天下之民，则远近可以辐辏。交易而退，各得其所，则出入可以相友。

神农氏没，黄帝、尧、舜氏作。通其变，使民不倦。神而化之，使民宜之。《易》，穷则变，变则通，通则久。是以自天祐之，吉，无不利。黄帝、尧、舜垂衣裳而天下治，盖取诸《乾》《坤》。

郑氏康成曰：黄帝、尧、舜，其号名虽殊，其所以应时而趋变。凡以为民而已。执久则释，视久则瞬，事久则弊，不更则斁。故通其变者，使民不倦而已。非常之变，黎民惧焉，故神而化之，使民宜之。川行而涉，陆行而涂也。为之舟车以通之，未处而颠，土处而病也。为之宫室以居之，为之棺椁以易沟壑之陋，为之书契以革结绳之简，为之衣裳以辨上下，为之弧矢以威不恪。患至而为之备，事来而为之应，法之所未病，圣人不强易民之所未厌，圣人不强去，凡此者所谓通其变也。

张氏紫岩曰：衣裳之制无为而示于上，礼法之化不言而行于下，争讼以息，巧诈以除，其为大治，孰御哉！

张氏南轩曰：夫民知饮食则嗜欲日滋，民有货财则贪求愈炽。黄帝尧舜不能通其变，则攘夺诞谩之俗生，而乖争陵犯之变起，此无他，以其饱食暖衣逸居而无教也。

翁氏庶善曰：乾之数极于九，故王之司服九章。坤之数终于六，故后之司服六章。

刳木为舟，剡木为楫，舟楫之利，以济不通致远，以利天下。盖取诸《涣》。

朱氏汉上曰：上古山无蹊，泽无梁，至是舟楫之利以济不通，盖取诸涣。

张氏南轩曰：衣裳之垂，固欲近远之民不观而化。然川涂之险阻则有所不通，惟夫舟车之利既兴，则日月所照，霜露所队，莫不拭目观，天下如一家，中国如一人矣。

服牛乘马，引重致远，以利天下。盖取诸《随》。

朱氏汉上曰：上古牛未穿，马未络，至是服牛乘马，引重致远，以利天下，盖取诸《随》。

重门击柝，以待暴客，盖取诸《豫》。

朱氏汉上曰：上古外户不闭，御风雨而已。至是重门击柝，以待暴客，盖取诸《豫》。

郭氏白云曰：豫之一卦本无备豫之义，而孔子又明备豫于此者，以见诸卦之象无穷，不可以一义尽也。

张氏南轩曰：夫川有舟楫，陆有牛马。涂既通，则居民资之水者，坐而至越；陆者坐而至燕。然暴客亦可至也，故重门以御之，所以为寇者不能攻。击柝以警之，所以为盗者不能窃。

俞氏玉吾曰：柝，夜行所击之木，亦作欜。今呼为梆子。《周礼》野庐氏聚欜，郑元云击柝以宿卫之也。《汉书》作㯷，马融曰：两木相击以行夜。

断木为杵，掘地为臼，臼杵之利，万民以济。盖取诸《小过》。

朱氏汉上曰：知耒耜而不知杵臼之利，则利天下者有未尽。故教之以杵臼之利，盖取诸《小过》。

张氏南轩曰：圣人教人知艰，食矣复为杵臼，以治其五谷。

弦木为弧，剡木为矢，弧矢之利，以威天下。盖取诸《睽》。

朱氏汉上曰：知门柝而不知弧矢之利，则威天下者有未尽。故教之以弧矢之利，盖取诸《睽》。

张氏南轩曰：外有门柝以防其暴客，内有杵臼以治其粒食。而无以威其不轨，则虽有险而不能守，虽有粟而不能食，此弧矢之利不可缓也。

上古穴居而野处，后世圣人易之以宫室，上栋下宇，以待风雨。盖取诸《大壮》。

朱氏汉上曰：上古穴居而野处，后世圣人易之以宫室。自黄帝而来，夏后氏之世室，商人之重屋，周人之明堂。宫室之制有不同，而上栋下宇，以待风雨，取诸《大壮》者同也。

张氏南轩曰：冬则穴居以避其寒，夏则野处以逃其暑。当是时也，凫居雁处而无常者，以外有侵轶之患也。今也弧矢以威不轨，然后可营宫室之制。

古之葬者，厚衣之以薪，葬之中野，不封不树，丧期无数。后世圣人易之以棺椁。盖取诸《大过》。

朱氏汉上曰：自尧舜已来，有虞氏之瓦棺，夏后氏之望，周商人之梓。棺椁之制有不同，而取诸《大过》者同也。

郭氏白云曰：上古之世，知简不知礼，故葬亲之薄有至于此。丧期无数者，哀尽则止也。圣人为之制礼，然后棺椁有度，则丧期可知矣。大过虽取其过于厚，然四刚居中，有坚中之象，故取以为棺椁也。养生不足以当大事，惟送死可以当大事，可不过于厚乎？上世尝有其亲死，则举而委之于壑者，孟子谓孝子仁人之掩其亲，亦必有道矣。此圣人易之以棺椁，取诸《大过》之意也。

上古结绳而治，后世圣人易之以书契，百官以治，万民以察。盖取诸《夬》。

龚氏深甫曰：言有所不能记者，则书述之。事有所不能记者，则契别之。

杨氏诚斋曰：鸿荒之世，民之初生，非若今日之备器，用便起居，具服色也。自斯人之饥而未知佃渔也，圣人于是乎作为网罟。自斯人之肉食而未知粒食也，圣人于是乎作耒耜。自斯人之食货或有馀或不足之偏匮也，圣人于是乎作市易。自斯人之寒而衣皮未知织纴之制也，圣人于是乎作衣裳。自斯人之出入厄于川隔而道断也，圣人于是乎作舟楫。自斯人之疲于负担而趼于远涂也，圣人于是乎作轮辔。自斯人之虞于寇攘而懈于守御也，圣人于是乎作门柝。自斯人之知有耕耨未知舂揄也，圣人于是乎作杵臼。自斯人之无爪牙以自卫而忧于搏噬也，圣人于是乎作弧矢。自斯人之穴处而病于湿垫也，圣人于是乎作宫室。自斯人之死而戚于虆梩之掩也，圣人于是乎作棺椁。自斯人之穷于结绳而相欺无藉也，圣人于是乎作书契。十三卦之象历乎五，圣人而后备。韩愈曰：如古之时无圣人，人之类灭久矣。又曰：今吾与汝得安居而暇食优游，以生死与禽兽异者，可不知其所自耶！

张氏南轩曰：门柝之制，足以防民之侵轶。弓矢之利，足以威民之不轨。此皆小人之过，恶显而易见，可得而治也。若夫事之情伪是非，有无虚实，此包藏于内，有不可测者，是以圣人制为书契。故书以记久而明远，契以结信而止讼。百官之务，虽繁，而以此治。万民之情，虽隐，而以此察。此决去小人，无所容纵于其间也。故必取诸《夬》者，盖夬者，决去小人，而君子之道长者乎！

俞氏玉吾曰：书，文字也，载之于简策者也。契，约也，所以合同也。以刀刻其言于木者，予者执左，取者操右，彼此各有所据，以为验也。《周礼》质人掌稽市之书契，《说文》：契，约也。徐锴曰：案《周礼》司约掌万民之约，大约剂书于宗彝。注：大约，剂邦国约也。剂即券契也，《左传》云：王叔氏不能举其契，韩子云：宋人得契，密数其齿，谓以刀分之有相入之齿缝也。

谨案：上古俗敦庞风淳朴，结绳治之而已。且其时并无官民之称也，稍有之而亦略焉。后世俗日浇漓，风渐诈伪，于是乎书契作焉，且设官莅民，使民以养官。百其官者百其事，官百则利弊亦百，不可无以治之。万其民者，万其心。民万，则情伪亦万，不可无以察之。自有书契而后考三载之绩，黜陟维严，按图籍稽之，秩如也。陈九土之风，贞淫各异，进版册核之，昭然也。顾官所以安民而反至于扰民，民自当畏官而或不免欺官，有并其书契而窃之者，末世官既非官，民亦非民，吏治舆情俱不古，若可慨也夫！

右第二章。

是故《易》者，象也。象也者，像也。彖者，材也。爻也者，效天下之动者也。是故吉凶生而悔吝著也。

朱子曰：《易》之有象，其取之有所从，其推之有所用，非苟为寓言也。然两汉诸儒，必欲究其所从，则既滞泥而不通。王弼以来，直欲推其所用，则又疏略而无据。二者皆失之一偏，而不能阙其所疑之过也，且以一端论之，乾之为马，坤之为牛，《说卦》有明文矣。马之为健，牛之为顺，在物有常理矣。至于案文责卦，若屯之有马而无乾，离之有牛而无坤。乾之六龙则或疑于震，坤之牝马则当反为乾，是皆有不可晓者，是以汉儒求说卦而不得，则遂相与创为互体变卦。五行纳甲、飞伏之法参互以求，而幸其偶合。其说虽详，然其不可通者，终不可通。其可通者，又皆傅会穿凿，而非有自然之势。唯其一二之适然而无待于巧说者，为若可信。然上无所关于义理之本然，下无所资于人事之训诫，则又何必苦心极力以求于此，而欲必得之哉！故王弼曰：义苟应健，何必乾乃为马。爻苟应顺，何必坤乃为牛。而程子亦曰：理无形也，故假象以显义。此其所以破先儒胶固支离之失，而开后学玩辞玩占之方，则至矣！

右第三章。

阳卦多阴，阴卦多阳，其故何也？阳卦奇，阴卦偶。其德行何也？阳一君而二民，君子之道也。阴二君而一民，小人之道也。

张子曰：一其归者，君子之道。多以御者，小人之理。

朱氏汉上曰：阳卦一君而遍休二民，二民共事一君。一也，故为君子之道。阴卦一民而事二君，二君共争一民。二也，故为小人之道。

右第四章。

《易》曰："憧憧往来，朋从尔思。"子曰："天下何思何虑？天下同归而殊涂，一致而百虑。"天下何思何虑？日往则月来，月往则日来，日月相推而明生焉。寒往则暑来，暑往则寒来，寒暑相推而岁成焉。往者屈也，来者伸也，屈伸相感而利生焉。尺蠖之屈，以求伸也。龙蛇之蛰，以存身也。精义入神，以致用也。利用安身，以崇德也。过此以往，未之或知也。穷神知化，德之盛也。

杨氏龟山曰：《易》于《咸》卦初六言"咸其拇"，六二言

“咸其腓”，九三言“咸其股”，九五言“咸其脢”，上六言“咸其辅颊舌”。至于九四一爻，由一身观之，则心是也。独不言心，其说以为有心以感物，则其应必狭矣。惟无心以待物之感，故能无所不应。

朱子曰：因言屈伸往来之理，而又推言学，亦有自然之机也。精研其义，至于入神，然后乃为出而致用之本。利其施用，无适不安，然后乃为入而崇德之资。内外交相养，互相发也。下学之功，自不能已，至于穷神知化，乃德盛仁熟而自致耳。

蔡氏介夫曰：精义以致知言，利用以行言。

《易》曰：“困于石，据于蒺藜，入于其宫，不见其妻，凶。”子曰：“非所困而困焉，名必辱。非所据而据焉，身必危。既辱且危，死期将至，妻其可得见邪?”

张氏紫岩曰：圣人出而致用，莫忧乎小人之或为我害也。自困于石，据于蒺藜以下，深明小人情状，剧言之，至于再，至于三，庶几夫世之为小人者，知所戒惧而改悔焉！

郭氏白云曰：当因而困，当据而据，道之正也。非所困非所据，失道之正，是以名辱身危也。太甲所谓自作孽，不可逭者也。妻者至近而易保，入宫必可见者也。非所宜为而为之者，终至于不能保其妻子，尚安能保四海乎？此所谓失道寡助也。

《易》曰：“公用射隼于高墉之上，获之，无不利。”子曰：“隼者，禽也。弓矢者，器也。射之者，人也。君子藏器于身，待时而动，何不利之有。动而不括，是以出而有获。语成器而动者也。”

伊川曰：苟无其器，与不以时而动，小则括塞，大则丧败。自古喜有为而无成功，或颠覆者，皆由是也。

杨氏龟山曰：君子藏器于身，待时而动，犹之有美玉于斯，非韫椟而不沽也，待贾而已矣。若夫求善贾而沽，则取贱之道，圣人不为也。

朱子曰：括，结碍也。

谨案：高墉有隼，公用射之，君子解，去小人之象也。顾小人之用机最巧，每先君子而夺其权，其操术甚工，常扼君子而制其命。我未握其全胜之局，彼且伺其可乘之端。谋之不臧，动成反噬者，多矣。所以为君子者，固贵于遇事能断，尤贵于观变能沉。其用在器，而其妙在有器而能藏。其动在时，而其妙在有时而能待策，不可示于左右计，不可假于亲戚谋，不可及于妻孥。委曲以徐图，从容而决胜，无求急功，无欲速效。天时会逢其适，人事复合于宜，于以取彼凶残歼厥渠首，社稷之福，亦人民之利也。然则去小人者，失其道则身蒙其罪，天下亦受其害。得其道则身享其功，天下亦受其利。功罪在一身，其事小。利害关天下，其事大。观于陈窦，轻露其锋，故汉移为魏。梁公善藏其用，故周复为唐。大臣谋国，可不兢兢于得失之鉴也哉！

子曰："小人不耻不仁，不畏不义，不见利不劝，不威不惩。小惩而大诫，此小人之福也。《易》曰：'屦校灭趾，无咎。'此之谓也。"

张氏紫岩曰：圣人论小人情状，于是无馀蕴矣。是以圣王奉天行事，以施赏罚，折其萌芽，杜其微渺，绝其本源。非徒不使小人之恶得加施于天下，亦将以警惧保全之，俾无抵于灭耳之凶也。后之有天下者，其可于小人初起谓其无能为也，而略之不问哉？

张氏南轩曰：人不知义，则所见者利。苟不早有以惩之，则将至于无父无君，其祸有不可胜言者。此《噬嗑》之初九所以制之于其小。屦校灭趾，而使之不行，乃小惩而大诫也。使小人知所忌惮，不敢肆其暴戾，是乃小人之福也。

善不积不足以成名，恶不积不足以灭身。小人以小善为无益而弗为也，以小恶为无伤而弗去也，故恶积而不可掩，罪大而不可解。《易》曰："何校灭耳，凶。"

朱氏汉上曰：精于义者，岂一日积哉？彼积不善以灭其身者，不知小善者，大善之积也！

谨案：积，渐积也，累积也。积少以成多，积小以至大也。积善积不善，已见于《坤》之《文言》。馀庆馀殃，指一家而言。所谓远报也，此言成名灭身，则祸福之切于一身者。所谓近报也，小人以小恶为无伤，至于恶积不可掩，罪大不可解，灭身之祸，其报应固昭昭不爽也。近日学者好为高论，每谓报应之说，涉于二氏，为儒生之所不道。自命为通而不知其所见者，狭也。二氏固属异端，然其心存救世，而其说亦有与圣经贤传相吻合者。遵圣训而黜二氏可也，不可因二氏而废圣言，且书言之矣。惠迪从逆，吉凶捷于影响，非报应之说乎！降祥降殃，悉由自作，非善不善之显报乎！圣人垂训，无非劝人为善，而惩其为不善者，所以挽风俗之浇漓，杜人心之机变，盖觉世牖民之道也。学易者其知之？

子曰："危者，安其位者也。亡者，保其存者也。乱者，有其治者也。是故君子安而不忘危，存而不忘亡，治而不忘乱，是以身安而国家可保也。《易》曰：'其亡！其亡！系于苞桑。'"

伊川曰：汉王允，唐李德裕不知此戒，所以致祸败也。

张氏南轩曰：否之九五休天下之否，而天下已向于泰通之时也。然古之人君，在《解》则必思夙吉，在《既济》则必思豫防。

谷氏家杰曰：养身处优曰安，宗社巩固曰存，纲举目张曰治。

子曰："德薄而位尊，知小而谋大，力小而任重，鲜不及矣。《易》曰：'鼎折足，覆公悚，其形渥，凶。'言不胜其任也。"

张氏紫岩曰：宰相以德为主，有德而无智则不足以应变，有知而无力则不足以镇浮。若夫德之不立，虽有知力，亦无以感格天人而措天下于治矣。德其贵乎！

朱氏汉上曰：位欲当德，谋欲量知，任欲称力，三者各当其实，则用利而身安。小人志在于得而已，以人之国侥幸万一，鲜不及祸。自古一败涂地，杀身不足以塞其责者，本于不知义而已。

钱氏融堂曰：古之人君，必量力度德而后授之官。古之人臣，亦必量力度德而后居其任。虽百工胥吏犹且不苟，况三公乎！为君不明于所择，为臣不审于自择，以至亡身危主，误国乱天下，皆由不胜之故，可不戒哉！

子曰："知几，其神乎。君子上交不谄，下交不渎，其知几乎。几者，动之微，吉之先见者也。君子见几而作，不俟终日。《易》曰：'介于石，不终日，贞吉。'介如石焉，宁用终日，断可识矣。君子知微知彰，知柔知刚，万夫之望。"

张氏紫岩曰：方天下悦豫时，六二居大臣正位，不谄不渎，以交乎于上下。中正之道，上合于天，上无附丽之嫌，下无狎比之失。全身远害，而礼行朝廷。微彰柔刚，用之以中，可以折权势之气，可以消淫泆之心，有补于豫治甚大。

郭氏白云曰：至诚者，大则通于道，小则穷于理。天下事物未有能逃于此者。是以祸福善不善，必先知之。自君子观之，谓之知几。自众人言之，谓之前知。

项氏平甫曰：谄者，本以求福，而祸常基于谄。梁窦之客是也。渎者，本以交欢，而怨常起于渎。窦灌之交是也。

子曰："颜氏之子，其殆庶几乎？有不善未尝不知，知之未尝复行也。《易》曰：'不远复，无祇悔，元吉。'"

刘氏屏山曰：颜子终日如愚，《论语》所载惟发二问，一为仁，一为邦。夫子答之皆极天理人事之大者。原《易》之用，内焉惟穷理尽性，外焉惟开物成务。颜子尽之，虽无诸子之著撰，谓之通《易》可也。

陆氏振奇曰：诚则明者，知几之神由介石来也。明则诚者，不远之复由真知得也。在豫贵守之固，故曰贞吉。在复贵觉之早，故曰元吉。

天地絪缊，万物化醇。男女构精，万物化生。《易》曰："三人行，则损一人；一人行，则得其友。"言致一也。

张氏紫岩曰：此周公所以辅成王茂建大治，毕召之徒皆不足以拟其专也。

杨氏诚斋曰：天下之事一则精，二则粗，天地人物皆然，而况于万事乎！故舜曰惟精惟一。而仲尼亦曰言致一也。致者，力至之谓也。羿致力而一于射，故精于射。王良致力而一于御，故精于御。使羿而欲为良，良而欲为羿，则两丧其固能矣。尧、舜、禹、汤、文、武、周公之治，仁义皆致一也。

张氏南轩曰：邵子云：絪气之相因，缊气之相温，相因以为合，相温以为和，此万物之化也。醇而已醇者，其气也，所谓精神生于道者也。

子曰："君子安其身而后动，易其心而后语，定其交而后求。

君子修此三者，故全也。危以动，则民不与也。惧以语，则民不应也。无交而求，则民不与也。莫之与，则伤之者至矣。《易》曰：‘莫益之，或击之，立心勿恒，凶。’”

张氏紫岩曰：天下之祸，常起于动作语言用舍之间，有国有邦者，不可不慎也！

胡氏云峰曰：上系七爻，下系十一爻，皆《象传》之《文言》也，学《易》者可触类而通其馀矣。

谨案：胡氏以乾坤二卦俱有《文言》，因谓上下系。释爻辞者，共十八条，皆为《象传》之《文言》，然尚未敢割裂圣经也。吴氏草庐于《系辞》内，则竟删去此十八条。后儒遂有谓十八条本《文言传》内，脱误于上下《系传》者，并有取《系辞传》内十八条移附于乾坤文言之后者。今悉不从。

右第五章。

子曰：“乾坤，其《易》之门邪?”乾，阳物也。坤，阴物也。阴阳合德，而刚柔有体。以体天地之撰，以通神明之德。其称名也，杂而不越。于稽其类，其衰世之意邪?

杨氏龟山曰：乾坤为《易》之门者，阴阳之气有动静屈伸尔。一动一静，或屈或伸，阖辟之象也。故孔子又曰：“阖户谓之坤，辟户谓之乾。”所谓门者如此。老子曰：“天地之间，其犹橐籥乎！”

张氏紫岩曰：至德之世，吉凶得失之道，泯然为一。德失而后《易》作，衰世之意，圣人有不得已焉者也！

刘氏屏山曰：学《易》者必有门户。《复》卦，易之门户也。入室者当自户始，学《易》者当自《复》始。

夫《易》彰往而察来，而微显阐幽。开而当名辨物，正言断辞，则备矣。其称名也小，其取类也大。其旨远。其辞文。其言曲而中。其事肆而隐。因贰以济民行，以明失得之报。

张子曰：《易》三百八十四爻，变动以寓之人事，告人以当如何时，如何事，若其应也，如何则吉，如何则凶。宜动宜静，丁属以为告戒者，此因贰以济民行也。

张氏南轩曰：民虽安其危而利其菑，乐其所以亡者。有知者，疑而不能肆其谋。有力者，疑而不能肆其勇。此圣人之作《易》，所以因民之疑，以济其行，以明失得之报。

吴氏草庐曰：彰往即藏往也，谓明于天之道，而彰明已往之理。察来即知来也，谓察于民之故，而察知未来之事。

程氏敬承曰：济者，出之陷溺之危，而措之安吉之地。

右第六章。

《易》之兴也，其于中古乎？作《易》者，其有忧患乎？

朱氏汉上曰：作《易》者，上古也。兴《易》者，中古也。何以知《易》之兴于中古邪？观九卦之象，圣人有忧患后世之心，得失滋彰矣！然则上古作《易》，何以知有忧患乎？曰：圣人随时者也，佃渔不厌则耒耜之利不兴，结绳未弊则书契之文不作，而所以忧患后世，固已具于八卦之中，至于文王而易道兴矣。

是故《履》，德之基也。《谦》，德之柄也。《复》，德之本也。《恒》，德之固也。《损》，德之修也。《益》，德之裕也。《困》，德之辨也。《井》，德之地也。《巽》，德之制也。

朱子曰：九卦皆反身修德以处忧患之事也，而有序焉，基所以立，柄所以持。复者，心不外而善端存。恒者，守不变而常且久。惩忿窒欲以修身，迁善改过以长善。困以自验其力，井以不变其所，然后能巽顺于理，以制事变也。后世拘于象数之学者，乃以为九阳数，圣人之举九卦，合此数也，尤泥而不通矣。今之谈经者，往往有四者之病，本卑也而抗之使高，本浅也而凿之使深，本近也而推之使远，本明也而必使至于晦。此今日谈经之大患也！

李氏蒙斋曰：九卦皆反身修德之事，圣人体《易》六十四卦备于身，九卦其要也。基所以立也，故君子非礼弗履。柄所以持也，君子之德谦，为可执。复则复于善也，人性本善。恒者，守不变而常且久也。人而无恒，不可以。作巫医，损去其害。德者，德自此而修矣。益者，日益以增而进，故裕然有馀也。困穷之时，不待言而德自辨矣。风雨然后知鸡鸣之不已，岁寒然后知松柏之后凋也。井犹性也，井则安而不移，故为德之地。巽顺于理，故能决制事变也。

《履》，和而至。《谦》，尊而光。《复》，小而辨于物。《恒》，杂而不厌。《损》，先难而后易。《益》，长裕而不设。《困》，穷而通。《井》，居其所而迁。《巽》，称而隐。

郑氏康成曰：与物杂而不厌，然后见君子。若长沮、桀溺之徒，方且厌用之浊，而自谓处其清宜，君子以为不可与同群也。

朱子曰：此如书之九德。损，先难而后易，如子产为政，郑人歌之曰：孰杀子产，吾其与之。及三年，人复歌而诵之。盖事之初，在我亦有所勉强，在人亦有所难堪。久之，当事理顺，人心这里方易。

李氏蒙斋曰：此明九卦之德也。礼以和为用，至者至于中，无过不及之谓也。谦以自卑而尊，且光复于微而能辨事物之理，不远复也。白而易污者，不若涅而不缁。刚则易折者，不若磨而不磷。故有恒德者，杂而不厌，然后见其道之久也。损欲先难，习熟则易，益之长裕，本乎自然。非有所撰造也，撰造则为伪也。故曰：苟得其养，无物不长。揠苗之伪，则反害其物性之裕矣，岂益道哉！张子曰：益物必诚，如天之生物，日进日息。自益必诚，如川之方至日增日深。施之妄，学之不勤，欲自益且益人，难矣哉！困，处险而说，身穷而心亨通也，能存诸己，然后可推而及人。井居其所，乃存诸己。往来井井，迁而及人者也。巽，称而物之宜然，心之权衡，隐而不可见者也。

履以和行，谦以制礼，复以自知，恒以一德，损以远害，益以兴利，困以寡怨，井以辨义，巽以行权。

胡氏安定曰：九卦皆即以之一字言之，亦如六十四卦象辞皆着一以字，盖以明其用《易》也。

谨案：以者，用也。大易一书原以致用，圣人垂训，罔不切于人事，俾人皆知用易也，不独九卦然，六十四卦皆然。推之三百八十四爻，亦无不然。故程子曰：六爻，人人可用，圣人自有圣人用，贤人自有贤人用，众人自有众人用，学者自有学者用。君有君用，臣有臣用，无所不通。是在善学《易》者观其通焉，可也！

欧阳永叔曰：君子者天下系焉，一身之损益，天下之利害也。君子之自损忿欲耳，自益迁善而改过耳。然而，肆其忿欲者，岂止一身之损哉？天下有被其害者矣。迁善而改过，岂止一身之益哉？天下有蒙其利者矣！

郭氏白云曰：权者，反乎古而宜于今。道之权也，非小人之狙诈也。尧舜传贤，而禹传子，权也。夏尚忠，商尚质，周尚文，亦权也。

杨氏诚斋曰：此章圣人既赞九卦之德以示人，复发九卦之用以示人也。

李氏蒙斋曰：礼之用和为贵，故礼以和行。谦之象日称物平施，而传以谦轻为戒，故君子之谦非乐于下人者也。德言盛，礼言恭，谦以制礼而未尝过也。有不善，未尝不知。知之，未尝复行。此岂非自知乎？此非因人而知，乃悟之于心，觉之于性也！故曰：复以自知，德惟一动，罔不吉。德二三动，罔不凶。恒之君子，素富贵行乎富贵，素贫贱行乎贫贱。其德如天地之贞观，日月之贞明，终始如一，故曰恒以一德。九卦所论皆修身行己之事。损以远害，益以兴利，非谓去天下之害兴天下之利也。害于己者，远之如惩忿窒欲是也。利于己者，兴之如迁善改过是也。在困而怨者，不能乐天者也，然人皆有情，能寡其怨者，亦可贵也。故曰贫而无怨难。内能存己，外不绝物，乃为义也。孔子论可与共学，未可与适道，可与适道，未可与立。可与立，未可与权。盖权不易至也，巽以行权，则顺于理而得中也。人道惟此为大，故以此终之。

右第七章。

《易》之为书也不可远，为道也屡迁，变动不居，周流六虚，上下无常，刚柔相易，不可为典要，唯变所适。

朱氏汉上曰：《周易》论变，故古人言易，虽不筮，必以变言其义。史墨论乾之初九曰在乾之姤，九二曰其同人，九五曰其大有，上九曰其夬，用九曰其坤。坤之上六曰其剥。以史墨之言推之，则乾九三当曰其履，九四曰其小畜。伯廖举丰上六，曰其在《周易》丰之离。知庄子举师初六，曰在师之临。至今占亦然。崔武子遇困之大过，六三变也。庄叔遇明夷之谦，初九变也。孔成子遇屯之比，初九变也。南蒯遇坤之比，六五变也。阳虎遇泰之需，六五变也。敬仲得观之否，贾逵曰：观爻在六四，变而之否。三国时关羽败，孙权使虞翻筮之，得《兑》下《坎》上，《节》，五爻变之《临》，凡所谓之某卦者皆变而之他卦也。《系辞》曰：变动不居，周流六虚，上下无当，刚柔相易，不可为典要，唯变所适。信斯言也，则易之为书，无非变也。

蔡氏伯静曰：屡迁，谓为道变通而不滞于物。不居，犹不止也。六虚，六位也，位未有爻曰虚。典常也，要约也，其屡变无常不可为典要，唯变所适而已。

其出入以度，外内使知惧，又明于忧患与故。无有师保，如临父母。初率其辞而揆其方，既有典常。苟非其人，道不虚行。

郑氏康成曰：有出焉往而之上，有入焉来而之内，则不可以无度也。若中孚之初九以虞吉，屯之六二以无虞而吝，则出入以度。

蔡氏介夫曰：卦爻皆利用出入之事，必以其法。法者，事理当然之则也。入而在内，出而在外，皆知有法而不敢妄为，是使知惧也。

赵氏振芳曰：明于忧患与所以忧患之故，谆谆然与民同患同忧，不止如师保之提命，直如父母之俨临，爱之无所不至，虑之无所不周，故训之无所不切也！

右第八章。

《易》之为书也，原始要终，以为质也。六爻相杂，唯其时物也。其初难知，其上易知，本末也。初辞拟之，卒成之终。若夫杂物撰德，辩是与非，则非其中爻不备。噫！亦要存亡吉凶，则

居可知矣。知者观其彖辞，则思过半矣。

张子曰：《易》为君子谋，不为小人谋。故撰德于卦，虽爻有小大，及系辞其爻，必谕之以君子之义。

张氏紫岩曰：易道甚大，用之于天下国家，亡可存，凶可吉。而易当求之于《复》，复其心以极于虚静之道。易可学焉，为臣者宜尽心于此，然后以导其君，庶几夫忠臣之为也。

朱子曰：杂物撰德，辩是与非，则非其中爻不备。先儒解此多以为互体，如屯卦震下坎上，就中四爻观之，自二至四则为坤，自三至五则为艮，故曰非其中爻不备。互体说，汉儒多用之，《左传》中说《观》卦处亦举得分明，看来此说亦不可废。

二与四同功而异位，其善不同。二多誉，四多惧，近也。柔之为道，不利远者。其要无咎，其用柔，中也。三与五同功而异位，三多凶，五多功，贵贱之等也。其柔危，其刚胜邪。

郑氏康成曰：《诗》称仲山甫之德，曰柔嘉维则而已。柔之为道，不利远者，盖远者大者，非柔之所能为也。故其要止于无咎者，以其用中故也。

张氏紫岩曰：二远故誉，四近故惧，而所谓远近者，自权势之相敌为辞也。二之柔中，其皋夔稷契之伦与？若伊尹、周公，则有不可不惧焉者耳。三五同功，诸侯之于天王，功固一也。齐威晋文之于周，有凶德矣。文武成王功可胜计邪？文武成王之德刚，是以胜幽厉平王之德柔，是以危。

何氏楷曰：月远日则光满，近则光微，此多誉多惧之说也。

右第九章。

《易》之为书也，广大悉备。有天道焉，有人道焉，有地道

焉。兼三才而两之，故六。六者非他也，三才之道也。道有变动，故曰爻。爻有等，故曰物。物相杂，故曰文。文不当，故吉凶生焉。

张氏紫岩曰：君子趋中则吉，小人背中则凶。君子常居其吉，小人常居其凶。吉凶之生，自文不当中来，故夫圣贤用《易》有安无危，有治无乱，有存无亡，凡以明易之心而已矣。然则学之为圣贤事，其可一日已乎！

朱子曰：三画已具，三才重之，故六，而以上二爻为天，中二爻为人，下二爻为地。

右第十章。

《易》之兴也，其当殷之末世，周之盛德邪？当文王与纣之事邪？是故其辞危。危者使平，易者使倾。其道甚大，百物不废。惧以终始，其要无咎，此之谓《易》之道也。

朱子曰：危惧故得平安，慢易必至倾覆。易之道也。

张氏南轩曰：既惧其始，使人防微杜渐。又惧其终，使人持盈守成。要之以无咎而补过，乃易之道也。

何氏楷曰：使者，天理之自然。若或使之也，所谓殖有礼覆昏暴，天之道也。

右第十一章。

夫乾，天下之至健也，德行恒易，以知险。夫坤，天下之至顺也，德行恒简，以知阻。能说诸心，能研诸侯之虑，定天下之吉凶，成天下之亹亹者。

朱子曰：至健恒易以知险，如胆欲大。至顺恒简以知阻，如心欲小。

李氏蒙斋曰：夹谷之诈不能敌仲尼之礼，豁臾之对不能欺仲尼之听，盖仲尼得乾坤易简之理，以照天下，而天下之险阻情伪，孰得而遁之哉！

是故变化云为，吉事有祥。象事知器，占事知来。天地设位，圣人成能。人谋鬼谋，百姓与能。

张氏南轩曰：天能天，而不能地。地能地，而不能天。所赖圣人成其能。

蔡氏介夫曰：凡卜筮问易者，先须谋诸人，然后乃可问《易》，虽圣人亦然。故《洪范》曰：谋及卿士，谋及庶人，然后曰谋及卜筮。又曰：朕志先定，询谋佥同，然后曰鬼神，其依龟筮协从是也。

八卦以象告，爻彖以情言。刚柔杂居，而吉凶可见矣。变动以利言，吉凶以情迁，是故爱恶相攻而吉凶生，远近相取而悔吝生，情伪相感而利害生。凡《易》之情，近而不相得则凶，或害之，悔且吝。

朱氏汉上曰：变动者何？情伪之所为也。人之情伪难知矣，以情相感，则利生。以伪相感，则害生。

郭氏白云曰：吉凶以情迁者，卦之吉凶因人善恶而迁也。

张氏南轩曰：天下之物，同声相应，同气相求，所以相近而相得也。庙堂之上，闺门之中，乡党之间，学校之内，皆贵乎近而相得也。今也近而不相得，其为患也！异乎行道之人，故大则凶，小则害，其微则为悔吝矣。将叛者，其辞惭。中心疑者，其辞枝。吉人之辞寡。躁人之辞多。诬善之人，其辞游。失其守者，其辞屈。

龚氏深甫曰：上系以理为主，终于不言而信，盖所以成已。下系以人事为用，而终于六辞，盖所以知人成已。仁也，所以尽性知人。智也，所以穷理。

张氏紫岩曰：六辞之设，为诸子百家言，为异端言也。诸子百家不明于道，而驰骋于辞。呜呼！辞六而已。凡天下之有言，靡不曲尽其情，其一吉，其五凶，其可不慎与？非得道之中正者，遽可著之于辞与？将叛，谓叛于理，叛于道，叛于事。知其不可言而言之，不可为而为之，故惭。

杨氏诚斋曰：此言学《易》而有得者，可以知言矣。孟子曰：我知言。盖得乎此！大抵歉于中者，必愧于外。秦舞阳色变，而荆轲为之辞谢是也。疑其不售也，必左右其说以尝之。此不有售焉，则彼必售矣！商鞅之说孝公是也。直情无所烦言，至正无所揣摩，申公之对武帝是也。人而躁竞，则卮言以眩世而无所忌。强聒以撼人，而不能已，能令人厌亦能令人喜，淳于髡之见梁惠王，连语三日三夜是也。小人之疾君子而欲毁君子也，必深匿其毁之之迹，疾之愈甚则毁之愈缓，或显誉其人而阴寓其忮，或泛为之说而旁见其意，故毁行而人不悟，公孙之谮仲舒汲黯是也。人之心未有无所主者，所主者义乎！攻之者愈众，而主之者愈坚，所举者不义乎外，必周为之防而内，必深窒其隙。幸而遇庸人攻之，莫知所以攻之者。不幸而遇智者，先得其隙而入之，逆夺其防而据之，则一语而折。夷之之见孟子是也。

项氏平甫曰：吴王失国，故辞屈于晋。夷之失对，故辞屈于孟子，皆失其所据也。六辞之中，吉一而已。躁、叛、疑、诬、失，居其五，犹吉、凶、悔、吝之分，吉居其一，凶、悔、吝、居其三也。

真氏西山曰：缄默不言者，有似乎寡敷陈。无隐者亦近乎多听言者。苟不察焉，则怀奸者得吉士之名，尽忠者入躁人之目，岂不误哉！

右第十二章。

易鉴卷三十五

说卦传

朱氏汉上曰：《易》之有《说卦》，犹《诗》之有《训诂》也。《说卦》脱误，比于诸传特多。《荀氏易》本乾后有四象，坤后有八，震后有三，巽后有二，坎后有八，而又有以揉为挠，离后有一，艮后有三，兑后有二。《虞氏易》本以龙为駹，反为阪，专为旉，寡为宣，科为折，羊为羔。郑本以广为黄，幹为乾，黔为黚。《京氏本》以羼为末，蠃为螺，果蓏为果堕。其馀陆续、王肃、姚信、女廙，偏旁点画亦或不同。盖焚书之后，《周易》虽存，至汉已失《说卦》三篇。后河内女得而上之，故三篇之文容有差误。今随文辨正，归于至当，疑则阙之。

胡氏双湖曰：尝谓数圣人取象，各有不同。故《说卦》言象，求之于经不尽合。盖夫子自取之象为多，不必尽同于先圣。若分文王周公各自求之，坦然明白矣。昔者圣人之作易也，幽赞于神明而生蓍。

朱子曰：幽赞神明，犹言赞化育。《龟策传》曰："天下和平，王道得而蓍草长丈，其从生百茎。"

项氏平甫曰：生蓍，谓创立用蓍之法。神不能言，以蓍言之。所以赞神出命，故谓之幽赞神明，即太衍所谓祐神也。凡蓍必藏于庙中。人即而蓍焉，示受命于神也。

俞氏玉吾曰：蓍，神草也，赞，助也。生蓍，谓圣人生出用蓍起数以求卦之法，即是兴神物以前民用之谓。参天两地而倚数。

马氏季长曰：倚，立也。

张子曰：地所以两分，刚柔、男女而效之法也。天所以参一，大极两仪而象之性也。一物两体，气也。一故神，两故化。此天之所以参也。两不立则一不可见，一不可见则两之用息。两体者，虚实也，动静也，聚散也，清浊也，其究一而已。

朱子曰：天圆地方。圆者一而围三，三各一奇，故参天而为三。方者一而围四，四合二耦，故两地而为二。数皆倚此而起。

观变于阴阳而立卦，发挥于刚柔而生爻，和顺于道德而理于义。穷理尽性以至于命。

张子曰：论生死，则曰有命，以言其气也；语富贵，则曰在天，以言其性也。此大德之所以必受命。易简理得而成位乎天地之中也。性通乎气之外，命行乎气之内。自明诚，由穷理而尽性也。自诚明，由尽性而穷理也。

伊川曰：凡一物上有一理，须是穷致其理，穷理亦多端：或读书讲明义理，或论古今人物别其是非，或应接事物而处其当，皆穷理也。

杨氏诚斋曰：天之授人者曰命，人之受天者曰性。在物情之所具者曰理，在人事以处物者曰义。会义理而行之通者曰道，体斯道而充乎己者曰德。

朱子曰：穷理是知，尽性是行。如为子知所以孝，为臣知所以忠，此穷理也。为子能孝，为臣能忠，此尽性也。能穷此理，充其性之所为，方谓之尽。尽性，是我之所至也。至命，是说天之所以予我者耳。舜尽事亲之道，瞽瞍厎豫而天下化，瞽瞍厎豫而天下之为父子者定。知此者，是穷理者也；能此者，是尽性者也。

张氏南轩曰：义在我也，命在天也。惟天下之人不知义者，甘心于自暴自弃。不知命者，奔竞而患得患失，此圣人不得已而上蓍倚数，立卦生爻，凡以为不知义命者设也。

项氏平甫曰：阴阳以气言，刚柔以形言。道，即天之命。德，即人之性。义，即地之理。易之奇耦，在天命，则阴阳之道。在人性，则仁义之德。在地宜，则刚柔之理。

徐氏子与曰：善观易者，推爻义以穷天下之理，明卦德以尽一己之性，则进退存亡，得丧之天理可以知，而天命在我矣。

右第一章。

昔者圣人之作《易》也，将以顺性命之理。是以立天之道曰阴与阳；立地之道曰柔与刚；立人之道曰仁与义。兼三才而两之，故《易》六画而成卦，分阴分阳，迭用柔刚，故《易》六位而成章。

张子曰：屈伸相感而利生，感以诚也；情伪相感而利害生，杂之伪也。至诚，则顺理而利。伪则不循理而害。顺性命之理，则所谓吉凶，莫非正也。逆理则凶，为自取吉，其险幸也。

伊川曰：昔者圣人立人之道曰仁与义。孟子曰：仁者，人也，亲亲为大。义者，宜也，尊贤为大。唯能亲亲，故老吾老以及人之老，幼吾幼以及人之幼。唯能尊贤，故贤者在位，能者在职。唯仁与义尽人之道。尽人之道，则谓之圣人。仲尼言仁，未尝兼义，独于《易》曰：立人之道曰仁与义。而孟子言仁必以义配。盖仁者，体也；义者，用也。知义之为用，而不外焉者，可与语道矣。

谨案：易有天道地道人道，《系辞》已言之矣。至此，复言道之所以立。天之阳、地之刚，人得之则为仁。天之阴、地之柔，人得之则为义。《朱子语类》所谓义，主于收敛；仁，主于发舒。阳舒阴敛。仁属阳，义属阴也。惟人以仁义而成德，故能配天地而成位，人字统上下而言。孟子言，未有仁而遗其亲，义而后其君。又曰：仁之实，事亲是也。义之实，从兄是也。为人臣，为人子，为人弟者，不可不知也。《中庸》言"仁者，人也，亲亲为大。义者，宜也，尊贤为大"。《程传》又申之以能亲亲。故老吾老以及人之老，幼吾幼以及人之幼，皆为在上之人言之也。然仁与义，必相兼而行。盖宽大之朝下易生其狎玩，必裁之以义而后恩不滥施。威武之主下多惮其严明，必济之以仁而后政无苛刻。此则为人君者，尤不可不知也。天地之生人为贵，尽人之道可不知所以自立乎！

朱子曰：兼三才而两之，总言六画。又细分，则阴阳之位，间杂而成文章也。

吴氏草庐曰：所谓物相杂曰文，即此成章之谓也。

右第二章。

天地定位，山泽通气，雷风相薄，水火不相射。八卦相错。

孔氏颖达曰：若使天地不交，水火异处，则庶类无生成之用，品物无变化之理。故云：天地定位而合德，山泽异体而通气，雷风各动而相薄，水火不相入而相资，八卦之用变化如此。故圣人重卦，令八卦相错，以象天地雷风水火山泽，则《易》与天地等，性命之理，吉凶之类，备在爻卦中矣。

邵子曰：此伏羲八卦之位，乾南坤北，离东坎西，兑居东南，震居东北，巽居西南，艮居西北，于是八卦相交而成六十四卦，所谓先天之学也。

朱子曰：山泽一高一下，而水脉相为灌输也。水火下然上沸，而不相灭息也。

龚氏泉峰曰：定位以体言，通气相薄不相射以用言。天地乾坤之定体，水火乾坤之大用。山泽之气即水之气，雷风之气即火之气。而水火之气又天地之气也。

梁氏孟敬曰：云雨出于山，则山通泽之气；水泉注于泽，则泽通山之气。是山泽之所以相通也。雷动则风随，风激则雷迅，是雷风之相薄也。

数往者顺，知来者逆，是故易逆数也。

张子曰：如孟子曰："苟求其故，则千岁之日至，可坐而致也。"

张氏紫岩曰：伏羲以数画八卦，自一至八，九实周流乎其间。时有往来，道则一致。考千古于目睫之前，明百世于指掌之近，皆不离乎六十四卦中易之逆数，道通神矣。

朱子曰：起震而历离兑，以至于乾，数已往之卦也。自巽而历坎艮，以至于坤，推未生之卦也。易之生卦，则以乾、兑、离、震、巽、坎、艮、坤为次，故皆逆数也。

邱氏行可曰：易言藏往知来，彰往察来。又言数往知来，则方来已往之事，《易》皆有以知之。然往者已过而易知，来者未形而难见。易之占筮为知来设。故曰：《易》逆数也，正如所谓占事知来，所谓遂知来物，所谓以前民用，皆逆数之谓也。

董氏真卿曰：尹氏曰：未到泰之上六，便知泰将极。未到否之上九，便知否欲倾。盖数者，理也。理有必然，如政在大夫，五世希不失陪。臣执国命，三世希不失故也。

右第三章。

雷以动之，风以散之，雨以润之，日以晅之，艮以止之，兑以说之，乾以君之，坤以藏之。

龚氏深甫曰：上言八卦，自然之象。此言八卦，自然之用。万物自动而止，自止而说，物极矣，而莫为之君，则无主乃乱，故乾以君之，所以治之也。治之而已，无以安之，犹不得所也。坤以藏之，所以安之也。

张氏南轩曰：阳气升而阻于阴，此雷所以动而震发其万物也。阴气达而碍于阳，此风所以散而吹嘘其万物也。阴之不固而成和于阳者，此雨所以润万物，异乎灌溉之劳也。阳之所宗而烁于阴者，此日所以晅万物，异乎爝火之微也。此四者皆其生物也。故主象以言之，物之小大、长短之不同，刚柔、缓急之不等。椿菌各安其寿夭，鹏鷃各安其巨细，物物有正性，物物有正命者，有艮以止之者与！太和所禀而无所乖戾，大顺所钟而无所偏陂。劳者自此而少息，华者自此而向成者，有兑以说之者与！夫有风雷以作其气而雨日以成其形，而又有艮以止其分，兑以说其情，岂无司其造化之权者乎？此乾所以君之也，岂无冥其出入之机者乎？此坤所以藏之也。此四者取其成物也，故主卦以言之。

俞氏玉吾曰：雷动发其萌，风散舒其气，生万物也。燥则雨润，湿则曰晅，长万物也。止以成其质，说以遂其性，收万物之功也。至于君藏，则又以为来岁发生之地，故以乾坤终之。

右第四章。

帝出乎震，齐乎巽，相见乎离，致役乎坤，说言乎兑，战乎乾，劳乎坎，成言乎艮。

郭氏白云曰：天道始于震，万物从之，皆出而有生。生而齐。齐，毕出也。至离而明。明则可见。至坤而养，养而后物成。物成则说。乾以纯阳居阴地，故阴阳相薄而战自出。至战久，劳于外必归，而有以休息之，故劳乎坎。息之而后终，终则有始。此虽万物之情，实天之道也，故以帝先言之。

朱子曰：帝者天之主宰。邵子曰：此卦位乃文王所定，所谓后天之学也。劳乎坎，劳字去声，似乎慰劳之意。

项氏平甫曰：古语谓交恶者为有违言，交好者为有成言。春秋楚遣黑肱，成言于晋。晋遣向戌，成言于楚。此章说言、成言，即此类也。秋时收成，故有说言。艮如两国之交，故有成言。兑为口舌，艮有伏兑，皆得用“言”字。

俞氏玉吾曰：帝即天也。以其主宰万物，故谓之帝。

梁氏孟敬曰：后天八卦之序如此。以方言之，则有周游之义。以时言之，则有迭旺之时。以五行言之，则得相生之次。又自震而坤，为元亨，诚之通。自兑至艮，为利贞，诚之复。

万物出乎震，震东方也。齐乎巽，巽东南也。齐也者，言万物之洁齐也。离也者，明也，万物皆相见，南方之卦也。圣人南面而听天下，向明而治，盖取诸此也。坤也者地也，万物皆致养焉，故曰致役乎坤。兑，正秋也，万物之所说也，故曰说言乎兑。战乎乾，乾，西北之卦也，言阴阳相薄也。坎者水也，正北方之卦也。劳卦也，万物之所归也，故曰劳乎坎。艮，东北之卦也，万物之所成终而所成始也，故曰成言乎艮。

郑氏康成曰：万物出于震，雷发声以生之也。齐于巽，相见于离，风摇长以齐之。洁，犹新。万物皆相见，日照之使光大。万物皆致养焉，地气含养，使有秀实。万物之所说，草木皆老，犹以泽气说。成之战，言阴阳相薄。西北阴也，而乾以纯阳临之，犹君臣对合也。坎劳卦也，水性劳而不倦，万物之所归也。万物自春出生于地，冬气闭藏，还入于地，万物之所成终而所成始。

言万物阴气终，阳气始，皆艮之用事。

杨氏诚斋曰：于帝言致役者，盖坤，臣也。帝，君也，君之于臣，役之而已。于万物言致养者，盖坤，母也。万物，子也，母之于子，养之而已。

郑氏夹漈曰：乾居西北，父道也。父道尊严，严凝之气盛于西北。西北者，万物成就之方也。坤居西南，母道也。母道在养育万物，万物之生，盛于西南。西南者，万物长养之方也。

李氏蒙斋曰：八卦或言方，或言时，盖互见也。

俞氏玉吾曰：前言帝，此言万物，其致一也。

梁氏孟敬曰：于离独言圣人之所取，姑举其一尔。如对时育物之取于震，申命行事之取于巽，皆可类而推之也。

陈氏紫峰曰：火气极热，物无由而成。水气极寒，物无由而生。惟土气最为中和，故金火之交有坤土，水木之交有艮土，而为万物之所出入者也。养身、养民、治天下，皆要中和。

谨案：火金之交有坤土，水木之交有艮土，相生相克之理。先儒论之详矣。顾艮也者，闭塞而成冬。庶汇当敛藏之候，百昌无甲坼之形，以为成终可也。而并以成始属之何也。盖物虽一岁而告成，帝则终古而不息。剥极必复，贞下起元大造好生之德。虽沍雪坚冰严寒栗烈，纵脱落其枝叶，未尝不保护其根株。是以王者之政不废刑诛，然初无虔刘之意，常存恻怛之心，施仁于法外，寓德于刑中，皆欲使民自新而与天下苍生更始也。

张氏彦陵曰：成始只在成终，内无两截事。

右第五章。

神也者，妙万物而为言者也。

崔氏憬曰：天地无为而无不为，无在而无不在。故能成雷风等有为之神妙也。

龚氏深甫曰：八卦以序则有时，以居则有方，以象则有物。相继以为衰旺，相继以至无穷也。若夫神则无物也，其用无时，其居无方，其实则即万物以为体，其用则妙万物以为言也。

吴氏草庐曰：万物有迹可见，而神在其中无迹可见。然神不离乎物，即万物之中而妙不可测者，神也。

梁氏孟敬曰：神即帝也。帝者神之体，神者帝之用。

动万物者莫疾乎雷。挠万物者莫疾乎风。燥万物者莫熯乎火。说万物者莫说乎泽。润万物者莫润乎水。终万物始万物者莫盛乎艮。故水火相逮，雷风不相悖，山泽通气，然后能变化，既成万物也。

邵子曰：火生湿，水生燥。水遇寒则结，遇火则竭，从其所胜也。金火相守则流，火木相得则然，从其类也。

杨氏诚斋曰：六子变化不言乾坤，非不言也，六子之功即乾坤之功也。故舜以五人治，文王以多士宁。

张氏南轩曰：水之饮酌有待于火，火之烹饪有须于水。此水火相逮也。雷之震惊有风以散之，风之鼓舞有雷以先之，此雷风不相悖也。山之气下下通乎泽，泽之气上上通乎山，此山泽通气也。惟六爻交相为用，故变者自无而有，化者自有而无，此既成万物者乎！

徐氏子与曰：伏羲八卦方位主造化对待之体而言，文王八卦方位主造化流行之用而言。对待非流行则不能变化，流行非变化则不能自行。

右第六章。

乾，健也。坤，顺也。震，动也。巽，入也。坎，陷也。离，丽也。艮，止也。兑，说也。

张子曰：阳陷于阴为水，附于阴为火。一陷溺而不得出为坎，一附丽而不能去为离。

龚氏深甫曰：上序八卦之相为用，此序八卦之各有才也。震也，坎也，艮也，皆阳卦而生乎乾也。故其才刚，极下则动，极上则止，在中则陷于阴。巽也，离也，兑也，皆阴卦而生乎坤也。故其才柔，极下则伏，极上则见，在中则丽于阳。有是才，故可以远取诸物，近取诸身。

朱子曰：此言八卦之性情。卦体如内健外顺，内阴外阳之类，卦德如乾健坤顺之类。

右第七章。

乾为马。坤为牛。震为龙。巽为鸡。坎为豕。离为雉。艮为狗。兑为羊。

孔氏颖达曰：此一节略明远取诸物也。乾象天，天行健，故为马。坤象地，任重而顺，故为牛。震动象，龙动物，故为龙。巽，主号令，鸡能知时，故为鸡。坎，主水渎，豕处污湿，故为豕。离，为文明，雉有文章，故为雉。艮，为静止，狗能善守，禁止外入，故为狗。兑，说也，羊者顺从之畜，故为羊也。

朱氏汉上曰：说八卦本象也。或曰：号物者有万，八卦能尽之乎？曰：其变不可胜言也。张子曰：游气纷扰，合而成质者，生人物之万殊。其阴阳两端循环不已者，立天地之大义。

张氏南轩曰：乾得阳而健，为马者，以其致远也。坤得阴而顺，为牛者，以其任重也。震为龙者，龙善动而升降自如，而东方之七宿，其象苍龙也。巽鸡者，鸡知时善变而工商，执鸡者亦如其知时。坎为豕者，豕主污湿，其性趋下也。离为雉者，雉性耿介而外文明也。艮为狗，言其能止人而又止于人也。兑为羊，言其外柔而内狠也。

项氏平甫曰：造化权舆，云乾，阳物也，马故蹄圆。坤，阴物也，牛故蹄折。阳病则阴，故马疾则卧。阴病则阳，故牛疾则立。马，阳物，故起先前足，卧先后足。牛，阴物，故起先后足，卧先前足。

胡氏双湖曰：周公于《大畜》乾爻称马，《大壮》互兑称羊，《中孚》巽爻称鸡，睽互坎卦称豕。至若坤牛、震龙、艮狗，实夫子于《说卦》又有所取，而前圣未有其例者也，下章皆然。数圣人取象本各不同，如必欲执彖爻之象，尽求合于《说卦》，则多不通矣。

胡氏云峰曰：周公以乾为龙，而夫子以为马。文王以坤为牝马，而夫子以为牛，以见象之不必泥也。学易者必以坤为牛，或以一体取，或以一爻取，或以互变体爻取，至不可取则又取离之牝牛，其凿甚矣！要之，天地间万物无非易也，又岂特此八物哉？触类而长之可也！

右第八章。

乾为首。坤为腹。震为足。巽为股。坎为耳。离为目。艮为手。兑为口。

孔氏颖达曰：此一节略明近取诸身也。乾尊而在上，故为首。坤为包藏含容，故为腹。足能动用，故震为足也。股随于足，则巽顺之谓，故巽为股也。坎，北方之卦，主听，故为耳也。离，南方之卦，主视，故为目也。艮既为止手亦能止持其物，故为手也。兑主言语，故为口也。

朱氏汉上曰：足动股随，雷风相与也。耳目通窍，水火相逮也。口与鼻通，山泽通气也。

项氏平甫曰：首会诸阳属乾，腹藏众阴属坤。足主下六经为震，手主上六经为艮。耳轮陷内为坎，目睛射外为离。巽下开为股，兑上开为口。人觉则神在目，寐则神在耳。故觉则用目而视，离日主昼也。寐则用耳而寐，坎月主夜也。坎阳陷于阴，故耳居阴而能听。离阴丽于阳，故目资阳而后视。李椿年侍即自号逍遥子，作《周易传》曰：一身之荣卫，还周会于艮时，故艮时在寅，其象为手。余以医书考之，信然。按十二经之脉，其始从中焦，注于手之太阴，肺脉。手之阳明，肺之府大肠脉。阳明注足之阳明，脾之府胃脉。足之太阴，脾脉。太阴注手之少阴，心脉。手之太阳，心之府小肠脉。太阳注足之太阳，肾之府膀胱脉。足之少阴，肾脉。少阴注手之厥阴，心包脉。手之少阳，心包之府三焦脉。少阳注足之少阳，肝之府胆脉。足之厥阴，复注手之太阴。常以平旦为纪，平旦为寅，艮之位在焉，则李氏之说信矣。

谨案：易之为书，广大悉备，无所不包，一切术艺家罔不援易以为说。要皆非易之本旨，其说俱可从芟。惟医家一门颇与易近。盖易言阴阳，医家之辨气血虚实，察寒热表里，皆不离乎阴阳。特上古良医，望色闻声，俱可以决生死。自岐黄不作，和扁罕逢，今世惟切脉审证，精其术者，尚不至妄戕非命。无如庸医实多，浮躁卤莽，一己之气息且不能调和，而以三指按六脉，乌能测其微于一毫端哉？轻投药饵往往杀人，则不善察脉者之遗害无穷也。项氏引李椿年之说，而自云考之医书信然，其于人身之荣术脉络皆能洞晓，可见宋儒之读易兼通医术也。语有之为人子者不可不知医。今姑录之以为儒者之事亲守身，备一说焉。

余氏芑舒曰：首以君之，腹以藏之。足履于下为动，手持于上为止。股下歧而伏，口上窍而见。耳外虚，目内虚，各以反对也。

俞氏玉吾曰：首者，众阳之所会圆而在上，故乾为首。腹者，众阴之所藏虚而有容，故坤为腹。

右第九章。

乾，天也，故称乎父。坤，地也，故称乎母。震一索而得男，故谓之长男。巽一索而得女，故谓之长女。坎再索而得男，故谓之中男。离再索而得女，故谓之中女。艮三索而得男，故谓之少男。兑三索而得女，故谓之少女。

朱氏汉上曰：将说天地生万物，而先言人者天地之性。人为贵，万物皆备于人也。万物分天地也，男女分万物也。察乎此则天地与我并生，万物与我同体。是故圣人亲其亲，长其长，而天下平。伐一草木，杀一禽兽，非其时，谓之不孝。

柴氏中行曰：物物有男女之象，天地之性人为贵。故以人言之耳，物皆有雌雄牝牡之分，则父母男女之象也。其生皆有先后次序之异，则长中少之象也。

吴氏草庐曰：万物资始于天，犹子之气始于父也。资生于地，犹子之形生于母也。坤交于乾而得三男，乾交于坤而得三女。以索之先后为长中少之序也。

右第十章。

乾为天，为圜，为君，为父。

朱氏汉上曰：易言天者皆乾也。天位，天德，天道，天则，天行，天命，天衢，天宠，天险，天祐，天下。曰在，曰统，曰御，曰先后，曰奉，曰承，曰顺，曰应，曰丽，各以其卦爻变化言之。曰圜者，浑沦无端，周而复始也。

程氏沙随曰：为圜天之体也。

郑氏少梅曰：圜者数之本也。

张氏南轩曰：乾为天者，运而不息，会诸阳而在上者也。圜者运而无穷，而《考工记》谓衣裳画火为圜，亦以象乾也。

项氏平甫曰：乾道大而无极，惟天足以尽之。运而无极，惟圜足以尽之。故以二象为首句也。在国则君，在家则父，皆物之元也。

王氏巽卿曰：天以象言，圜以形言，君父以人道言尊也。

俞氏玉吾曰：尊而居上，君之象也。万物资之以为始，父之象也。

谨案：王氏辅嗣谓《易》者，所以理人伦。君亲以等，臣子以顺，此作易垂教之本意也。故易之首乾说者以为明伦之书，伦之大者莫尊于君父。君统人群而为天之宗子，其分尊。父总家政而为家之严君，其分亦尊。世无君则乱，不得父则穷。惟天定位以来君与父可以配天。上文言乾以君之，又言乾称乎父，此复拟乾象于为君为父，所以示天下后世之为人臣者，事君如事天，畏威则咫尺不违。为人子者，事父如事天，报德而劬劳罔极。而为君者必奉天以照临刑赏，顺时而各当，宽与猛兼施，斯君尽君道矣。为父者必法天以怙昌，威孚交济以闲家，爱与劳备至，斯父尽父道矣。君明而臣良，父慈而子孝，则家齐国治而天下平。信乎！易为明伦之书也乎。

为玉，为金，为寒，为冰，为大赤。

王氏巽卿曰：为玉，纯粹精也。为金，至刚也。

俞氏玉吾曰：其质纯粹，故为玉。其性坚明，故为金。

龚氏深甫曰：其位西北，秋冬之交，其气严凝而为寒。积寒而为冰，其卦四月也，故为大赤。

吴氏草庐曰：赤加大字，以别于坎。

为良马，为老马，为瘠马，为驳马。

龚氏深甫曰：其性健而善为良，久而不息为老。其形确然为瘠，其色有中有正为驳。

项氏平甫曰：为良马，则马之德莫加焉。为驳马，倨牙食虎豹，则马之力莫加焉。为老马，则智之最高者也。

为瘠马，则筋骨之至峻者也。

董氏真卿曰：宋史刘敞奉使契丹时，顺州山中有异兽如马，而食虎豹。虏人不识以问，曰：此驳也。为言形状声音皆是。虏叹服，按韵会驳兽如马，倨牙食虎豹，从马交声。又驳马色不纯，从马爻声。易乾为驳马，系作两字训。

俞氏玉吾曰：乾健故为良马，老阳故为老马，纯刚故为瘠马。瘠，言其骨之峻，非羸弱之谓也。《说文》云驳马，色不纯也。诗《东山》云：皇驳其马。注云：黄白曰皇，骝白曰驳，即不纯也。按《山海经》、《尔雅》并云，驳如马而锯牙食虎豹，既云如马则驳乃别是一物，非易之驳马也。孔氏引以为证，不审谛尔。

为木果。

邵子曰：木结实而种之又成，是木而结，是实木非旧木也。此木之神不二也。此实生生之理也。

吴氏草庐曰：为木果以实承实也。若艮为果蓏，则下有柔者存焉。

俞氏玉吾曰：圆实而在上，故乾为木果。

乾逸象为龙，为直，为衣，为言。荀九家集解，其书今亡。朱子《本义》引此附于各卦象之末，后仿此。

朱氏汉上曰：秦汉之际易亡说卦。孝宣帝时，河内女子发老屋得说卦古文。至后汉，荀爽集解又得八卦逸象三十有一。

项氏平甫曰：乾逸象为龙，震之健也。为直，巽之躁也。为言，兑之决也。震之龙，巽之绳直，兑之口舌，皆以乾爻故也。乾为衣，上服也。坤为裳，下服也。

坤为地，为母，为布，为釜。

孔氏颖达曰：坤既为地，地受任生育，故为母也。

王氏巽卿曰：地以形言，母以人道言。

俞氏玉吾曰：坤积阴处下，故为地。万物资之以生，故为母，以配父。

朱氏汉上曰：麻纻葛曰布。釜有范金者，有合土者，其象有腹，有耳，无足。

张氏南轩曰：为布者，言其无远无近，行地无疆，德合无疆者也。为釜者，化物而不化于物也。为布行之广也，为釜中高而四垂地之形也。

俞氏玉吾曰：古者以泉货为布，盖取广布流行之义。或曰：地，南北为经，东西为纬，故为布。釜，所以化生物为熟物。乾生之坤，则化之以其能熟万物，故为釜。

为吝啬，为均。

崔氏憬曰：地生万物，不择善恶，故谓之均。

张氏南轩曰：为吝啬者，其静也翕，而敛藏为事也。为均其势，均平而无偏陂者也。

项氏平甫曰：吝啬，其静之翕均其动之辟也。陶人制物之形者谓之均，亦此义也。

俞氏玉吾曰：阴性至静，受而不施，故为吝啬。

谨案：阳主义，阴主利。阳施之，阴受之。受利而不施利，故为吝啬。阴之性也。妇人禀阴气而生，其出纳未有不吝，其日用未有不啬，亦其性使然也。盖吝啬俭德也。吝或至于鄙，啬或通于悭，此在士君子未免失之固，而在妇人固无足怪者。自古闺门之内，撙节俭用，省约持家者，罔不称贤。蓼菜成行，瓶瓯有堤，知其内政之肃。椎髻荆钗，布衣练裙，知其阃德之修，皆能顺其本性于坤道，不失其正也。后世势家贵族，富贾豪门，妇女以骄盈成性，帷薄以华丽相矜。珠翠盈头，绮纨蔽体，镂金琢玉以为饰，粉香脂腻以为容。口厌膏粱技争奇巧，由奢侈而生淫佚，其弊有不可胜言者，可慨也夫！

为子母牛，为大舆。

朱氏汉上曰：为子母牛，坤交离也。离畜牝牛者母也。大畜艮坤之初，为童牛者子也。

俞氏玉吾曰：性顺而多孕育，故为子母牛。

项氏平甫曰：舆主于方，柄主于执，皆与乾圜相反。舆加大字，则又取其载之广也。

俞氏玉吾曰：方而能载者，舆也。地之形方，载华岳而不重，故为大舆。

为文，为众，为柄。

张子曰：为文，众色也。为众，容载广也。又曰：物之生于地，至杂而文为柄。柄者，生物之权。

朱氏汉上曰：一刚一柔，相错成文，有天而后有地。一不独立，二则为文。天一地二也。众者，对寡之名。《师》以一阳主五阴，故曰用众，曰畜众。《明夷》以二阳临四阴，故曰莅众。《解》以初九之坤四，故曰得众。

项氏平甫曰：乾质故坤文，乾一故坤众。

李氏蒙斋曰：为柄有执也，盖永贞之义。

其于地也为黑。

项氏平甫曰：黑者，幽阴之色也。

俞氏玉吾曰：乾极阳，故为大赤。坤极阴，故为黑。黑者，地之肥美而能生殖者也。

坤逸象为牝，为迷，为方，为囊，为裳，为黄，为帛，为浆。荀九家

项氏平甫曰：曰牝，曰迷，曰方，曰囊，曰裳，曰黄，皆见本卦繇辞。帛即文也。又乾为蚕精而出于震，至巽离而为丝，至坤而成帛也。酒主阳，浆主阴，故坤为浆。震为酒，皆乾之阳也。

震为雷，为龙，为元黄，为旉，为大涂。

张子曰：阴气凝聚，阳在内者不得出，则奋击而为雷。阳在外者不得入，则周旋不舍而为风。其聚有远近虚实，故风雷有小大暴缓。

张氏紫岩曰：为龙，苍龙直东方。

孔氏颖达曰：元黄，取相杂而成苍色。旉，取春时气至，草木敷布而生。

龚氏深甫曰：坤为布，言体。震为旉，言用。

张氏南轩曰：震为四时之首，天地始交，二气未分，故为元黄。方春而发生萌芽条达，故为旉。

项氏平甫曰：元黄，天地之色也。乾坤初交而生震，具父母之气，故其色元黄。以其受气之初言之也。震为旉，按《释文》引王肃干宝说，皆以旉为花敷，则字之为旉久矣。古文花字为华，为荂，为蘛，皆音敷。

朱氏汉上曰：郑康成曰：国中三道，曰涂。震上直房心，涂而大者，取房有三涂焉。

张氏南轩曰：万物由之而出，异乎艮之径路，故为大涂。

为长子，为决躁，为苍筤竹，为萑苇。

杨氏元素曰：震为长男，代父之任，故位于生物之地。世子宅于东宫，盖取诸此也。

俞氏玉吾曰：决指阳画，躁指阴画。动于初为决，动于中，动于末，再三动而不已则为躁。

张氏紫岩曰：为苍筤竹，以色取。阳动于一贯，四时而不改。为萑苇，蔓衍相连，其生不穷，一阳之动似之。

朱氏汉上曰：竹中虚节，实重震之象。竹草类而有木气，草于五行为木，故苍筤竹乃尽震象也。竹，震之变也。萑苇，震之废气也，故竹坚而萑苇脆，竹久而萑苇易枯。郑康成曰竹类。

胡氏双湖曰：案诗注云：萑之未秀曰蒹，苇之未秀曰葭。稍大为芦蒹，至秋成为萑苇，可以为曲薄。

俞氏玉吾曰：苍筤，青色也。青，震之本色也。《释草》云：薍似苇而小，初生者菼，长大为薍，成则名为萑葭。初生为葭，长大为芦，成则名为苇。愚谓竹与萑苇皆根固而丛生，上虚而下盘固，阳在下之象也。

其于马也，为善鸣，为馵足，为作足，为的颡。

俞氏玉吾曰：震阳始动，故为马之善鸣。震居左，故为马之馵足。震动于下，故为马之作足。《诗·小戎》云：驾我骐馵。注云：左白曰馵，作，动也。《鲁颂·駉》诗云：斯马斯作。

苏氏子由曰：作，奋起也。或云双足并举也。的，白也。巽为白，又为广颡。《诗·车邻》云：有马白颠。《尔雅》云：驹颡白颠。刘备、庾亮皆名其所乘之马为的颅，盖马之白额者也。

其于稼也，为反生。

宋氏仲子曰：阴在下，阳在上，故为反生，谓枲麻之属戴甲而出。

翁氏庶善曰：夫稼之生也根于土。土之气上升焉，则为谷已。而谷之坠则又反生于土焉。生生不穷之妙也。

俞氏玉吾曰：反生者，百昌产于土而归于土。又自土中戴甲而出，麻豆之属是也。

蔡氏介夫曰：凡稼之始生皆为反生。盖以其初间生意实从种子中出，而下著地以为根，然后种中萌芽乃自举。

其究为健，为蕃鲜。

孔氏颖达曰：蕃鲜，取春时草木蕃育而鲜明也。

俞氏玉吾曰：究，终竟也。阳长而不已，则其究为乾之健。蕃，谓草也，与《坤·文言传》草木蕃之蕃同。鲜，乃鱼也，即《书·益稷》鲜食之鲜。汉上朱氏曰：郭璞谓鱼者震之废气也。巽王则震废，故虞翻以巽为鱼。

震逸象为王，为鹄，为鼓。荀九家

项氏平甫曰：为王者帝，出乎震也，与长子同。鹄，古鹤字为鹄，为鼓，皆声之远闻者也，与雷同。鹄，正白色，与彝的同。

巽为木，为风，为长女。

项氏平甫曰：木曰曲直，巽入之象也。

俞氏玉吾曰：巽内柔而外刚，本静而末动，故为木。他卦言木，如乾为木之果，坎为木之坚多心，艮为木之坚多节，离为木之科上槁。震兑坤虽不言木，震乃木之旉，兑乃木之毁折，坤乃木之众多者也。顺而无所不入故为风，阳激阴为雷，阴激阳为风，故雷与风皆有声。巽一索而得女，故谓之长女，震为长子，故巽为长女配之。巽离兑皆称女，所以配三男也。

为绳直，为工。

张子曰：为绳直，顺以达也。为工，巧且顺也。

朱氏汉上曰：巽一柔为二刚所纠，有股而合绳也。刚爻直也。绳所直者，以刚纠柔也。又为徽纆，为繘系，或以此系彼，或以彼系此，引者持绳相应，牵者手挽而股动。维者，绳反复而维之也。天地变化万物者以巽，而莫见其变化之迹，故巽为工。《讼》之鞶带，《比》《坎》之缶，《泰》之城隍，《解》之墉，《同人》《随》之门，《节》之门户，《象》之门柝，《小畜》《大畜》之舆輹，《大有》《贲》《困》之车，《既济》之轮，《井》之收，《噬嗑》《旅》《解》之矢，《睽》之弧矢，《旅》《巽》之斧，《贲》之帛，《困》之绂，《既济》之衣袽，《剥》《巽》之床，《涣》之机，《大过》之栋宇，《渐》之桷，《困》之宫，《小畜》之室，

《大壮》之宫室，《丰》之屋，《旅》之次，《剥》之庐，《坎》之樽簋，《井》之瓶甕，《鼎》之耳铉，《中孚》之舟楫，《益》之圭，《归妹》之筐，《既济》之茀，《离》之罔罟，《益》之耒耜，《小过》之杵臼，《大过》之棺椁，《夬》之书契，《恒》之浚，《井》之渫甃，皆巽工为之也。

为白，为长，为高。

孔氏颖达曰：为白，取其洁也。

龚氏泉峰曰：为白者无所不及，白能变采而善入也。故染有一入、再入之差。

俞氏玉吾曰：长如风行，而长高如木生而高。

为进退，为不果，为臭。

《子夏传》为进退，巽于物不自执，其志从时而进退也。为不果，巽从于物，不决成也。

项氏平甫曰：为进退，为不果，皆巽者之性也。人柔则多疑，刚则多决，故巽疑则震决。

吴氏草庐曰：为臭者，香、膻、腥、焦、朽之五气。凡物有声色臭味，声臭属阳，色味属阴。巽二阳外达，故为臭。反以三隅则震，一阳内主为声。兑者巽之反体为味，艮者震之反体为色也。

俞氏玉吾曰：阴气在下，盘郁而不散，故为臭。

其于人也，为寡发，为广颡，为多白眼，为近利市三倍。

孔氏颖达曰：寡发，风落树之华叶，则在树者稀疏，如人之少发。

俞氏玉吾曰：发者血之馀。血，阴物也。阳多阴少，巽二阳而一阴，故为寡发。阳广阴狭，巽二阳在上，如人之额阔，故为广颡。躁人之眼多白，目睛不正也。离以柔居中，目之正，故为明。巽以柔居下，目之不正，故为多白眼。利市，谓物之美而利于市者也。按《春秋·昭公十六年左氏传》云："尔有利市宝贿。"利市，盖古语也。

龚氏深甫曰：商人执鸡则知时而善动，故为近利市三倍。

李氏家斋曰：小人之情急于利三倍，言其甚也。

其究为躁卦。

王氏介甫曰：言巽为躁卦，则知艮为静卦矣。

项氏平甫曰：震究为健，巽究为不顺。君子之刚，其极为健。小人之柔，其极为躁。此阴阳之所以分也。观坤上六之战，则躁可知矣。

俞氏玉吾曰：其终变为震，故曰：其究为躁卦。震为决躁也。震、巽皆言其究，所以例其馀也。或曰：震得阳气之先，巽得阴气之先，故其卦皆有究极之义。

巽逸象为扬，为鹳。荀九家

项氏平甫曰：巽称而隐，称即扬也。扬子曰：巽以扬之鹳，水鸟能知风雨者。诗曰：鹳鸣于垤。朱氏汉上曰：震为鹤。鹤，阳禽也。巽为鹳，鹳，阴禽也。

坎为水，为沟渎，为隐伏。

朱氏汉上曰：盈天地之间皆水，曰水者，举其凡也。上而为云，下而为雨，通流为川。自泽物言之谓之兑。或为渊，又为泉，又为膏，为隐伏者，坎为水。水善隐伏，沇济沱潜之水，潜行千有馀里。

郭氏白云曰：江河溪涧皆水也。沟渎，人所为者也。

吴氏草庐曰：沟水之通流而注于川者，渎水之通流而注于海者。隐伏，水之潜流于地中者。

俞氏玉吾曰：一阳匿于二阴之中，为二阴所蔽，故为隐伏。

为矫輮，为弓轮。

宋氏仲子曰：水流有曲直，故为矫輮。

孔氏颖达曰：弓者激矢如水之激射也，轮者运行如水行也。

俞氏玉吾曰：矫者，矫曲而使之直也。輮者，輮直而使之曲也。弓与轮皆矫輮之所成。

其于人也，为加忧，为心病，为耳痛，为血卦，为赤。

孔氏颖达曰：为加忧，取其忧险难也。为心病，忧险难故心病也。为耳痛，坎为劳卦，听劳则耳痛也。为血卦，人之有血犹地之有水也。为赤，亦取其血之色。

龚氏深甫曰：《素问》曰：西方生金在志为忧，北方生水在志为恐。以恐对忧，则有加矣，故为加忧。

项氏平甫曰：阳萌于地中为赤，及其纯也，则为乾之大赤。

俞氏玉吾曰：一阳陷于二阴之中，故为加忧。心耳以虚为体，坎中实故为心病、为耳痛。坎为水，血在人身则水之属也。赤其色也，故为血、为赤。

其于马也，为美脊，为亟心，为下首，为薄蹄，为曳，其于舆也，为多眚。

孔氏颖达曰：为美脊，取其阳在中也。为亟心，亟，急也，取其中坚内动也。为下首，取其水流向下也。为薄蹄，取水流迫为行也。为曳，取水磨地而行也。

项氏平甫曰：美当马之中者为脊。为美脊，为亟心，在内则心为中，在外则脊为中也。

俞氏玉吾曰：亟，急也，内刚劲故其心急。下首者，柔在上也。薄蹄者，柔在下也。中实而重为曳。

王氏巽卿曰：水行舟非车舆之利。

钱氏复新曰：中满下无力，故多眚。

为通，为月，为盗。

王氏巽卿曰：为通，水之性也。

俞氏玉吾曰：水由地中行，万折必东，故为通。或曰：通以舆言，可以济险，故为通。月体阴本黑，受日之光而白，外阴而内阳也。坎之体外阴而内阳，故为月。

李氏蒙斋曰：月乃水之精，故方取诸水。

张氏紫岩曰：为盗，阴始陷阳，其情贪，其中险。

朱氏汉上曰：水潜行，伺隙而动，故为盗。太元以水为盗，阴阳家以元武为盗。元武，水也。

项氏平甫曰：盗之潜行，有水之象。月行于夜，有盗之象也。

其于木也，为坚多心。

朱氏汉上曰：坤众为多。坎，阳卦，其刚在中坚心也。重坎者坚多心也。

俞氏玉吾曰：内刚故为木之坚多心。水生木，木得水之润则坚。

项氏平甫曰：坎，劳卦也。沟渎，隐伏，矫鞣，弓轮，为通为盗，皆事之劳也。舆之多眚，马之下首，亟心薄蹄而曳，人之加忧，心病，耳痛，皆劳象也。

坎逸象为宫，为律，为可，为栋，为丛棘，为狐，为蒺藜，为桎梏。 **荀九家**

朱氏汉上曰：为宫者，坎之位。为律者，法度之始。太元以水为法为准。水可动而动，可止而止，故为可。水就湿避燥，去高取卑，有栋之象焉。丛棘者，坚多心之木而有刺棘属也。坎隐伏为狐，为蒺藜，象与棘同。桎，足械也。梏，手械也。坎有狱象，故以桎梏言。

项氏平甫曰：宫与穴同象，皆外围土而内居人也。陷也，隐伏也，阳在中也。律者法也。水能平准，故为法。十二律亦法度之所从出也。水之气随万物之大小皆能可其中而足焉，而水之形则能相地势之高下而为之平。此可与栋之分也。

离为火，为日，为电，为中女。

孔氏颖达曰：为火，取南方之行也。为日，日是火精也。为电，火之类也。

朱氏汉上曰：离在地为火，在天为日。电，阳光，雷阳声，阳自子息至春分，四阳成大壮。雷乃发声，后五日始电。

李氏蒙斋曰：日是火之精，故阳燧取火。

俞氏玉吾曰：离，丽也。火丽于木，日丽于天，电丽于云，皆有所丽而明者也。电光乃日之光，然必丽于云则见。无云则无电也。离再索而得女，故谓之中女。

郭氏白云曰：坎艮不言中男少男，离兑言中女少女者，互见也。

为甲胄，为戈兵，其于人也，为大腹，为乾卦。

龚氏深甫曰：外刚而卫柔为甲胄，上锐而丽物为戈兵。

张氏紫岩曰：火炎，兵象也。

俞氏玉吾曰：甲，铠也。胄，兜鍪也。所以内卫也。刚在外而火气上锐，故为戈兵，所以外御也。火性燥，故为乾卦。

朱氏汉上曰：内虚外坚，实大腹之象。离燥故为乾卦，于日为烜，于木为槁。

项氏平甫曰：大腹、下首皆疾证也。坎为血卦，水之润也。离为乾卦，火之熯也。

王氏介甫曰：离为乾卦，则坎为湿卦可知矣。

郑氏正夫曰：离言乾卦，而坎不言湿。坎言血卦，而离不言气，互相备也。

为鳖，为蟹，为蠃，为蚌，为龟。

孔氏颖达曰：皆取刚在外。

龚氏深甫曰：蠃则形锐而善丽，蚌则内虚而含明。

郭氏白云曰：皆介物也。介物，甲胄类也。

朱氏汉上曰：五者皆大腹离也。

其于木也，为科上槁。

宋氏仲子曰：阴在内则空中，木空中则上枯槁也。

郭氏白云曰：科木上槁，阴中而无实也，与坚多心之义反矣。

项氏平甫曰：中空而上槁。空者，其形。槁者，其性也。

离逸象为牝牛。荀九家

项氏平甫曰：荀氏九家逸象多取于繇辞，若离之牝牛，岂不信哉？

艮为山，为径路，为小石，为门阙。

孔氏颖达曰：为山，取阴在下为止，阳在上为高，故艮象山也。

张子曰：艮为小石，坚难入也。为径路，通或寡也。

俞氏玉吾曰：山止而不动者也，艮，止也。震之阳出则为大涂，艮之阳小而上穷，故为径。

朱氏汉上曰：辟乾为门，阖坤为户。艮土东北，当启闭之际，门，阙也。

李氏蒙斋曰：为门阙，上实下虚且其中分故也。又万物出入莫不由于斯也。

为果蓏，为阍寺，为指。

孔氏颖达曰：木实为果，草实为蓏。取其出于山谷之中也。为指，取其执止物也。

项氏平甫曰：乾纯阳，故但为木果。艮一阳二阴，故为木之果，又为草之蓏。震为旉，为蕃鲜，草木之始也。艮为果蓏，草木之终也。果蓏能终而又能始，故于艮之象为切。

俞氏玉吾曰：木之植生，而其实有核者曰果。桃李之属是也。草之蔓生，而其实无核者曰蓏。瓜瓠之属是也。阳刚在上，故为果。阴柔在下，故为蓏。周官阍人掌王宫中门之禁，止物之不应入者。寺人掌王之内人及女官之戒令，止物之不得出者。艮以刚止于外，以卫内之柔，故为阍寺。

宋氏仲子曰：阍人主门，寺人主巷。艮为止，此职皆掌禁止者也。

朱氏汉上曰：为阍寺者，阍守门者也，寺守巷者也。郭璞遇《豫》之《小过》曰：当有群鱼入州城寺舍，言《小过》，艮也。艮为手，又为指者，在上体为手指，止者动也。在下体为足指，动者止也。震动艮止，相反也。

为狗，为鼠，为黔喙之属。

《子夏传》为狗，能守止也。为鼠，止于人也。为黔喙之属，上刚喙，刚而能啄止其物也。

龚氏深甫曰：以阳止于外者，狗也。以阴止于内者，鼠也。

郭氏白云曰：坎之为隐伏也，在贤者为隐，在小人为盗。艮之为利则为狗，为害斯为鼠，皆一义而二象也。震之刚动于下，故言足。坎之刚动于中，故言心。艮之刚动于上，故言喙。

朱氏汉上曰：郭璞筮，遇《咸》之《井》曰：东方当有蟹鼠为灾，亦坎艮也。

程氏沙随曰：黔，东方之色。青黑杂也。

其于木也，为坚多节。

孔氏颖达曰：取其坚凝，故多节也。

朱氏汉上曰：郭璞筮遇《家人》之《蒙》，巽变艮，为高松。松，多节也。

俞氏玉吾曰：坎之刚在内，故为木之坚多心。艮之刚在外，故为木之坚多节。

艮逸象为鼻，为虎，为狐。荀九家

朱氏汉上曰：为鼻者，传曰：鼻者，面之山。兑为口。山泽通气，故鼻口相为用。

项氏平甫曰：艮为山，鼻者，天中之山。艮为寅虎，寅，兽也。坎为狐，取其心之险也。艮为狐，取其喙之黔也。

兑为泽，为少女，为巫，为口舌。

郭氏白云曰：兑，薮泽之象，亦为天泽，雨有润泽之功。故雨亦名泽。

俞氏玉吾曰：泽乃潴水之地，物之润而见乎外者，亦为泽。兑之阴见乎外，故为泽。三索而得女，位在末，故谓之少女。巫，尚口舌，以言语说人者也。兑上折，口之象也。阳动于内，舌之象也。

孔氏颖达曰：为口舌，取西方于五事为言也。

张氏南轩曰：为巫，以言语而说神，而又以说人者也。为口舌，以言而说人，以食而说已。

项氏平甫曰：为巫与口舌同。阴在下为股，在中为大腹，在上为口舌。巫，以口舌为官者也。

为毁折，为附决。

张子曰：为毁折，物成则止，柔者必折也。兑为附决，内实则外附，必决也。

朱氏汉上曰：为毁折者，阴见则阳毁，阴升则阳折。物极而穷。阴盛阳微，则阳附阴。阳盛阴微，则阳决阴。或附或决，时也。

俞氏玉吾曰：春气发生于震东方，而万物敷荣。震主生，故以为萬。秋气肃杀于兑西方，而万物摇落。兑主杀，故以为毁折。附谓柔附刚也。兑，阴卦。阴柔多疑，不能决也，附二阳以决，故为附决。

孔氏颖达曰：兑，西方之卦。秋物成熟，槁稈之属则毁折。果蓏附丽之属则分决也。

其于地也，为刚卤。

龚氏深甫曰：《素问》曰：辛散，酸收，甘缓，苦坚，咸耎，而此于地为刚卤者，外柔而二阳在下也。

郑氏少梅曰：刚者出金，卤者出盐。虽不生五谷，而宝货兴焉。此天地之仁也。

项氏平甫曰：此亦末作之象也。凡兑之象皆属末。口舌者行之末，妾婢者女之末，金宝者利之末也。

吴氏草庐曰：东方曰斥，西方曰卤。东方之斥在湿地而柔，西方之卤在燥地而刚。下二阳，刚也。上一阴，卤也。西方之地中，下坚坚如石而上柔，为卤者化盐也。

谨案：国以民为本，民以食为天。五谷熟而人民育。地无论高下、肥瘠，相其宜而种之，皆能产谷以养人。若刚卤，则产金产盐之地。项氏平甫以兑之象皆为末，此亦末作之象也。圣王之政重农贵粟，罔不崇本而抑末。禹贡辨九土之坟壤涂泥及田之上下，以定赋之差等。郑注孔疏俱谓土地所生唯谷。税谷以供天子也。至金贡，扬州祇以饰器。盐贡，青州祇以和味，皆未尝以之充赋敛也。盖白镪黄镠不敌仓箱之宝，东斥西卤不如稼穑之甘。古人惟以谷为贵者，重本务也。自铸山之利兴凿矿而冶之，始则范铜为钱，以通交易。继乃征银为饷，以供度支，而黄金之价十数倍于白金。然惟勋贵豪富之家，封靡之具，闾阎之流通，帑库之敛发，银钱而已。民用足而国用亦饶。盛世之所以丰亨豫泰也。自宋室岁输金币于北国五代，以迄明季至以金银市易番夷珠玉珍异者。今则奇技淫巧及毒害生灵之物，皆自外洋扬帆而至。通商贸易竭中夏之赀财，饱外番之囊橐，彼赢则此绌，势有必然。计臣谋国不可不熟筹之也。至盐为民间日食所需，天生之地产之，民取之，民自鬻之。古时原无禁例，胶鬲贤臣举于盐肆，其明证也。自管子煮海以富国，汉唐以来，法令日严，此疆尔界画地以食。越境即为私盐。然肩担背负例原不禁。唯时商民两便，厥后商以奢侈败家而商疲，官以苛索盐规，而商益疲，商疲则亏帑。于是以私盐充积官引滞销为词，多设卡房，以为巡察员弁视为利薮，兵役肆行抢掠。虽一盏半斤之盐，指为私贩，无不陷于缧绁，甚至拖毙囹圄。又或动兵捕拿，杀戮无辜，祇图利商，不恤害民。究之，民困而商亦未必利。疲商仍无起色，尤恐驱贩为枭，激而生变，如唐末之黄巢、王仙芝弄兵潢池，元末之张士诚、方国珍啸聚海滨。司鹾政者，尚其鉴诸！

为妾，为羊。

朱氏汉上曰：《传》曰：聘则为妻，奔则为妾。巽离女也。兑独为妾者，娶论年德，而得妾者以其子，故常少。为羊，郑康成本作阳，虞翻本作羔。今从郑。郑曰：此阳谓养。无家女行赁炊爨，今时有之，贱于妾也。案《尔雅》阳，子也。郭璞引鲁诗曰："阳如之何"，又曰："今巴濮之人自呼阿阳。"

俞氏玉吾曰：兑，少女，故为妾。从姊为娣，从姑为侄，盖皆女之末也。羊说见前，此重出。

兑逸象为常，为辅颊。荀九家

朱氏汉上曰：为常，先儒谓西方之神。误也。当在坤后，编简错乱耳。坤顺得常，故曰：后得主而有常也。

项氏平甫曰：为辅颊，即口舌之类也。兑之为常意者，其为商之误与？辅颊字出咸卦，商字出兑卦。

右第十一章。

胡氏云峰曰：此章广八卦之象，凡百十有二，其中有相对取象，如乾为天，坤为地之类是也。上文乾为马，此则良取其德老，取其知瘠，取其骨驳，取其力，皆取其健也。上文坤为牛，此则子母牛，取其生生有继，兼取其顺也。有相反取象者，震为大涂，反而艮则为径路。巽为长，为高，反而兑则为毁折。有相因取象者，乾为马，震得乾初之阳，故于马为善鸣，馵足，作足，的颡。坎得乾中爻之阳，故于马为美脊，亟心，下首，薄蹄，曳，善鸣似乾马之良，美脊似乾马之瘠也。作足者阳下而强，薄蹄者阴下而弱也。有一卦之中自相取象者，坎为阴伏，因而为盗。巽为绳直，因而为工。艮为门阙，因而为阍寺。兑为口舌，因而为巫。有不言而互见者，乾为君，以见坤之为臣。乾为圜，以见坤之为方。离为乾卦，以见坎之为湿。坎为血卦，以见离之为气。巽为臭，以见震之为声。他可触类而通矣。

易鉴卷三十六

序卦传上

邵子曰：乾坤，天下之本。坎离，天下之用。是以易始于乾坤，中于坎离，终于既未济。而泰否为上经之中，咸恒为下经之首，皆言乎其用也。乾坤坎离为上篇之用，兑艮震巽为下篇之用也。颐、中孚、大过、小过、为二篇之正也。易之首于乾坤，中于坎离，终于水火之交不交，皆正理也。自乾坤至坎离，以天道也。自咸、恒至既济、未济，以人事也。

伊川曰：乾、坤，天地之道，阴阳之本，故为上篇之首。坎、离，阴阳之成质，故为上篇之终。咸、恒，夫妇之道，生育之本，故为下篇之首。未济，坎离之合，既济，坎离之交。合而交则生物，阴阳之成功也，故为下篇之终。二篇之卦既分而后推其义，以为之次，序卦是也。

项氏平甫曰：上经言天地生万物以气而流形，故始于乾坤，终于坎离。言气化之本也。下经言万物之相生以形而传气，故始于咸恒，终于既济、未济。言夫妇之道也。

有天地，然后万物生焉。盈天地之间者唯万物，故受之以《屯》。屯者，盈也。

伊川曰：万物始生，郁结未通，故为盈。塞于天地之间，至通畅茂盛，则塞意亡矣。天地生万物，屯物之始，故继乾坤之后。

项氏平甫曰：屯，不训盈也。当屯之时，刚柔始交，天地絪缊，雷雨动盈，见其气之充塞也。是以谓之盈尔。故谓之盈者其气也，谓之始生者其时也，谓之难者其事也。若屯之训纷纭盘错之义云尔。

屯者，物之始生也。物生必蒙，故受之以《蒙》。蒙者，蒙也，物之稚也。物稚不可不养也，故受之以《需》。需者，饮食之道也。饮食必有讼，故受之以《讼》。

伊川曰：屯者，物之始生。物始生，稚小蒙昧未发，蒙所以次屯也。夫物之幼稚必待养而成，养物之所需者饮食也。故曰：需者，饮食之道也。云上于天，有蒸润之象。饮食所以润益于物，故《需》为饮食之道，所以次《蒙》也。

朱氏汉上曰：物生者必始于蒙昧、勾萌、胎卵是也。故次之以蒙。物稚而无以养之，则夭阏不遂。蓄德养才者亦然。故次之以震需。坎为酒，兑为口，有饮食之道。饮食所以养也。饮食必有讼，乾餱以愆，豕酒生祸。有血气者，必有争心，故次之以《讼》。

梁氏孟敬曰：人之纷争常始于醉饱之过，故饮食必有讼，而《书·酒诰》之所以深戒，岂苟然哉！

谨案：物兼动物植物言。稚必需养，养亦兼动植之物。程传谓云上于天，有蒸润之象，则万物之滋培润泽胥赖之矣。故雨露之养，以养植物。饮食之道以养动物。飞走鳞介，皆动物也。其饮食，天地制之而生。民之饮食，则非圣人不能成之。变茹毛饮血之风始为火食，兴耒耜、佃渔之和，并奏艰鲜。而且食之以时，取之有制，饮以成礼，让而后食，讼何由起乎？顾饮食，人之大欲，不得其欲则争衅也。羊羹隙生，鼋鼎自来，饮食不平，未有不互相仇怨者。是以君子以节饮食为要，可以保身而免疾病，亦可以处世而息争端也。

讼必有众起，故受之以《师》。师者，众也。众必有所比，故受之以《比》。比必有所畜，故受之以《小畜》。

伊川曰：师之兴由于争也，所以次讼也。比，亲辅也。人之类必相亲辅，然后能安，故既有众，则必有所比。比所以次师也。

朱氏汉上曰：师，众也。众不能以治众，治众者至寡也。众之所以比，执一以御之，则众治矣。故次之以比。

张氏南轩曰：烹鼋弗与，遂萌篡弑之心。采桑侵疆，乃起战争之患。故始乎讼而众起，故受之以师也。

项氏平辅曰：师、比二卦相反。师取伍两卒旅军帅之名。比取比闾族党州乡之名。师以众正为义，比以相亲为主。

物畜然后有礼，故受之以《履》。履而泰然后安，故受之以《泰》。

张子曰：德积则行必有方，物积则散必有道。

伊川曰：夫物之聚则有大小之别，高下之等，美恶之分，是物畜然后有礼。履所以继畜也。履，礼也。礼，人之所履也。履得其所则舒泰，泰则安矣。泰所以次履也。

郭氏白云曰：人有礼则安，无礼则危。

谨案：既富方谷救死不赡之小民，奚暇治礼义哉？惟有恒产，斯有恒心。野处不匿其秀民，田间可蒸乎髦士。故古者后、夔、典乐、司徒、明伦，皆在教稼之后也。信乎！畜然后有礼也。无畜则民多失礼而入于刑，有畜则民之畏礼也甚于法。礼者，人之所履也。安上全下莫善于礼。君子有礼以章身，小人有礼以淑性。亲逊之风成，而于变时雍之化亦奏矣。所由王道隆而世运泰也。

有养民教民之责者，其思所以致泰，治焉，可也。

泰者，通也。物不可以终通，故受之以《否》。物不可以终否，故受之以《同人》。

伊川曰：夫物理往来通泰之极则必否，否所以次泰也。夫天地不交则为否，上下相同则为同人，与否义相反，故相次。又世之方否必与人同力，乃有济。同人所以次否也。

张氏紫岩曰：知泰必有否，而兢兢勉修厥德，泰可长也。

郭氏白云曰：泰否时也，同有盈谦皆在人事自取之耳。能尽同人之道，则否倾矣。舜文是也。

胡氏双湖曰：小畜履后，乾坤自相遇，成泰否。然乾坤十变，方泰何其难！泰一变即否，何其易！履其交，处其会者，宜知警戒，为变化持守之道可也。

与人同者，物必归焉，故受之以《大有》。有大者不可以盈，故受之以《谦》。

伊川曰：夫与人同者，物之所归也。大有所以次同人也。其有既大，不可至于盈满，必在谦损，故大有之后受之以谦也。

朱氏汉上曰：同人者与人同也。与人同者，物必归焉。舜太王是已。故次之以大有。认物之归为己有者必骄，骄则亢满大复为累矣。有大者不可盈也。故次之以谦，物归之矣。又持之以谦，犹富而守之以俭，岂不有馀裕哉？

张氏南轩曰：人能乐以天下，与天下同其乐。忧以天下，与天下同其忧，此与人同也，而物归焉。故受之以《大有》。有天下之大者，不可自任其聪明，要在持之以谦。

谨案：人同此心，心同此理。心理相同，所欲与聚，所恶勿施，好恶不拂乎人。九州虽广，亿兆虽众，近说远来而所有者大矣。所有既大，骄侈易生，骄则亢，侈则满，必至于盈。持盈之道莫如谦。高而不危，所以长守贵也。满而不溢，所以长守富也。记曰志不可满，欲不可纵，玩易之君子其知之？

有大而能谦，必豫，故受之以《豫》。豫必有随，故受之以《随》。

孔氏颖达曰：圣人顺动能谦，为物所说，所以为豫。人既说豫，自然随之，则谦顺在君，说豫在人。

伊川曰：有大而能谦必豫，故受之以豫。承二卦之义而为次也。有既大而能谦，则有豫乐也。豫者安和，说乐之义。夫说豫之道，物所随也。随所以次豫也。

张氏南轩曰：惟能说以动，故天下之人如蚁之慕膻，蛾之赴火矣。此象所以必有随也。

以喜随人者必有事，故受之以《蛊》。蛊者，事也。有事而后可大，故受之以《临》。临者，大也。

伊川曰：以喜随人者必有事，故受之以蛊。承二卦之义而为次也。夫喜说以随于人者，必有事也。无事则何喜何随？蛊所以次随也。蛊，事也。蛊非训事，蛊乃有事也。临，大也。蛊，事也。有事则可大矣，故受之以临也。

朱氏汉上曰：以喜随人者必有事。臣事君，子事父，妇事夫，弟子事师，非乐于所事者，其肯随乎？故次之以《蛊》。蛊者，事坏而后有事也。韩康伯曰：可大之业由事而生，临者以大临小也，故次之以临。

项氏平甫曰：蛊不训事，物坏则万事生矣。事因坏而起，故以蛊为事之先。万事之坏皆起于怠与随，所谓荒于嬉，毁于随者，此之谓也。方其随也，自以为无故也。孰知多事之端，实肇于此乎？圣人断之曰：必有事。其辞切矣！临不训大，大者以上临下，以大临小。凡称临者，皆大者之事，故以大释之。若丰者，大也，则真训大矣。

物大然后可观，故受之以《观》。

伊川曰：观所以次临也，凡观视于物则为观，为观于下则为观。人君上观天道，下观民俗，则为观。修德行政，为民瞻仰，则为观。风行地上，遍触万类，周观之义也。二阳在上，四阴在下，阳刚居尊，为群下所观仰，观之义也。

阎氏彦升曰：物大然后可观。昔孔子观于东海之水，子贡问曰：君子之所以见大水必观焉者，何也？孔子告之以似德，似义，似道，似勇，似法，似正，似察，似善化，似志，可观之说。

张氏南轩曰：天下皆山也，惟泰山可观。天下皆水也，惟东海可观。况于人乎？惟物大而后可观。

可观而后有所合，故受之以《噬嗑》。嗑者，合也。

伊川曰：嗑者，合也。既有可观，然后有来合之者也。噬嗑所以次观也。

张氏南轩曰：惟其可观，然后有所合也。大公居东海之滨，伯夷居北海之滨，所以嗑于文王者。以文王可观而后有所合也。故受之以噬嗑。

物不可以苟合而已，故受之以《贲》。贲者，饰也。

伊川曰：物之合则必有文，文乃饰也。如人之合聚，则有威仪上下。物之合聚，则有次第行列。合则必有文也。贲所以次噬嗑也。

苏氏东坡曰：君臣、父子、夫妇、朋友之际，所谓合也。直情而行谓之苟，礼以饰情谓之贲。苟则易合，易合则相渎，相渎则易离。贲则难合，难合则相敬，敬则能久。

龚氏深甫曰：贲者，饰也。诗书之光，礼乐之容，车服文章，莫非贲也。

吴氏草庐曰：不执贽不可以成宾主之合，不受币不可以成男女之合。

致饰然后亨则尽矣，故受之以《剥》。剥者，剥也。

伊川曰：夫物至于文饰，亨之极也，极则必反，故贲终则剥也。

龚氏深甫曰：致饰然后亨则尽矣。其周公成王之时乎？礼仪三百，威仪三千，不可加也。有剥而已，譬之日中则昃也，故诗序假乐之后有戒焉。

张氏紫岩曰：致饰亨，尽驯至于剥，千万世一辙也。三代而下，喜文华，忽敦朴，略介胄，恬不知变，此何理哉？

物不可以终尽剥，穷上反下，故受之以《复》。复则不妄矣，故受之以《无妄》。

周子曰：不善之动，妄也。妄复则无妄矣。无妄则诚矣。故无妄次复。

伊川曰：物无剥尽之理，故剥极则复来，阴极则阳生。阳剥极于上而复生于下，穷上反下也。复所以次剥也。复者，反于道也。既复于道，则合正理而无妄，故复之后受之以无妄也。

余氏德新曰：自有事而大，大而可观，可观而合，合而饰，所谓忠信之薄，而伪之始也。故一变而为剥，剥而复，则真实独存，而不妄矣。

有无妄，然后可畜，故受之以《大畜》。

伊川曰：无妄则为有实，故可畜聚。大畜所以次无妄也。

项氏平甫曰：因比而畜，以情相畜者也，故谓之《小畜》。有无妄而畜，以道相畜者也，故谓之《大畜》。

物畜然后可养，故受之以《颐》。颐者，养也。

伊川曰：夫物既畜聚，则必有以养之。无养则不能存息，颐所以次大畜也。

项氏平甫曰：小畜者，畜之初，有夫妇、父子、君臣、上下礼义方有所错也。大畜者，畜之终，天地之间，物莫不备，故养道足。此周之礼乐庶事备之时也。

不养则不可动，故受之以《大过》。

伊川曰：凡物养而后能成，成则能动，动则有过。大过所以次颐也。

阎氏彦升曰：养者君子所以成已，动者君子所以应物。然君子处则中立，动则中行，岂求胜物哉？及其应变，则有时或过，故受之以大过。

项氏平甫曰：物极则老，不可复动，如衰老之人。得养而后能动，动气虽存，本末弱矣。此所以为大过也。

林氏次崖曰：不专一则不能直遂，不翕聚则不能发散，故必有养，然后能动。不养则不可以动。孟子曰："人有不为也，而后可以有为。”即此理也。

物不可以终过，故受之以《坎》。坎者，陷也。陷必有所丽，故受之以《离》。离者，丽也。

张子曰：一陷溺而不得出为坎，一附丽而不能去为离。

伊川曰：理无过而不已，过极则必陷，坎所以次大过也。陷于险难之中，则必有所附丽，理自然也。离所以次坎也。

张氏南轩曰：夫物过其中，则陷而入于险矣。陷而入于险，必思有所附丽而出于险，故受之以《离》。

易鉴卷三十七

序卦传下

有天地然后有万物，有万物然后有男女。有男女然后有夫妇。有夫妇然后有父子。有父子然后有君臣，有君臣然后有上下。有上下然后礼义有所错。

于氏宝曰：此详言人道三纲六纪有自来也。天不地不生，夫不妇不成，相须之至，王教之端，故《诗》以《关雎》为国风之始，而《易》于《咸》、《恒》备论礼义所由生也。

伊川曰：天地万物之本，夫妇人伦之始，所以上经首乾坤，下经首咸，继以恒也。天地二物，故二卦分为天地之道。男女交合而成夫妇，故咸与恒皆二体，合为夫妇之义。咸，感也。以说为主。恒，常也，以正为令。而说之道，自有正也。正之道，自有说焉。

张氏紫岩曰：父子、君臣、夫妇之道不明于天下，天下不流入于夷狄禽兽者几希矣。有君臣、父子、夫妇之名，而钦之不至，诚之不尽，忠之不竭，信之不立，和之不生，其与无之何异哉？治道之不兴，所由来久矣。

项氏平甫曰：上下既具，则拜趋坐立之节形，而宫室车旗之制设。其行之必有文，是以谓之礼。其辨之必有理，是以谓之义。然则礼义者，非能制为人伦也。有人伦，而后礼义行于其间尔。

夫妇之道不可以不久也，故受之以《恒》。恒者，久也。物不可以久居其所，故受之以《遯》。遯者，退也。

伊川曰：恒，久也。咸，夫妇之道，夫妇终身不变者也，故咸之后受之以恒也。

龚氏深甫曰：遯者，求远小人而已。洁身不仕，则废君臣之义。

张氏南轩曰：君子以永终知敝，使三十之男二十之女，夫妇偕老而无华落色衰之弃。此夫妇之道所以贵于恒而久也。此咸而受之以恒为久也。夫流水不浊，户枢不蠹。物之久居其所则蛊而易坏，故受之以遯。遯者，知退而有所迁者也。

物不可以终遯，故受之以《大壮》。物不可以终壮，故受之以《晋》，晋者，进也。进必有所伤，故受之以《明夷》。

伊川曰：遯为违去之义，壮为进盛之义。遯者，阴长而阳遯也。太壮，阳之壮盛也。衰则必盛，消息相须，故既遯则必壮。大壮所以次遯也。物无壮而终止之理，既盛壮则必进，晋所以继大壮也。夫进之不已必有所伤，理自然也。明夷所以次晋也。

龚氏深甫曰：以天时言之，成功者退。以人道言之，大化有四，故不可以终壮。

项氏平甫曰：遯于义为退，则大壮似于进矣。而杂卦曰：大壮则止，何也？盖大壮之义似进而未进，似止而非止。蓄材待事，养锐积力，以止为进者也。孟子曰：我善养吾浩然之气。其为气也，至大至刚，以直养而无害，则塞乎天地之间。其大壮之事乎？

夷者，伤也。伤于外者必反其家，故受之以《家人》。

伊川曰：夫伤于外则必反于内，家人所以次明夷也。

龚氏深甫曰：以人属者，迫穷祸患害相弃。以天属者，迫穷祸患害相收，故伤于外者必反其家。

朱氏汉上曰：物无不反其本者矣。疾痛则呼其父母，伤于外者未有不反于内。故次之以《家人》。家人，内也。

张氏南轩曰：明夷者，明入地中，而有所伤也。人困苦则呼父母。林回弃千金之璧，负赤子而趋，故伤于外者必反其家。

家道穷必乖，故受之以《睽》。睽者，乖也。

周子曰：治天下有本身之谓也。治天下有则家之谓也。本必端，端本诚心而已矣。则必善，善则和亲而已矣。家难而天下易，家亲而天下疏也。家人离必起于妇人，故睽次家人。以二女同居，其志不同行也。尧所以厘降二女于沩汭，舜可禅乎？吾兹试矣。

伊川曰：家道穷则睽乖离散，理必然也。故家人之后受之以睽也。

龚氏深甫曰：家人之道，以严则不穷，以和则乖。

张氏紫岩曰：家道穷，其好色欤？先王谨礼，家道日昌。

朱氏汉上曰：治家者，刚柔有节。过刚则厉，过柔则渎。无节则道穷而亲族乖离，故次之以睽。

乖必有难，故受之以《蹇》。蹇者，难也。

伊川曰：睽乖之时，必有蹇难。蹇所以次睽也。

张氏南轩曰：三军同心，则胡越一家。六亲不和，则舟中咸作敌。睽乖而不和，宜乎有难也。故受之以《蹇》。蹇见险而止，所以为难。

项氏平甫曰：屯动险中，则行乎患难者也。蹇之见险而止，则但为其所阻难，而不能得前尔。非患难之难也。故居屯者，必以经纶济之。而遇蹇者，则待其解缓而后前。其难易固不侔矣。

物不可以终难，故受之以《解》。解者，缓也。缓必有所失，故受之以《损》。损而不已必益，故受之以《益》。益而不已必决，故受之以《夬》。夬者，决也。

伊川曰：物无终难之理，难极则必散。解者散也。所以次蹇也。纵缓则必有失，失则损也。损所以继解也。盛衰损益如循环，损极必益，理之自然。益所以继损也。益之极必决而止，理无常益，益而不已，已乃决也。夬所以次益也。

张氏紫岩曰：荒怠安佚，乱所由生。励精为治，周宣所以中兴也。

张氏南轩曰：皇天多难，所以增益其所不能，故勾践之伯生于会稽，而威公之伯生于在莒。此物不可以终难，故受之以《解》。解者脱于险，而人情之所懈怠，有攸往夙吉者，世鲜其人，故曰解者缓也。夫在解而缓，则所失多矣。故受之以《损》。凡物有损而致益，如木落则粪本是也。损而不已必益，故受之以益也。益而不已则失其常分，如断鹤续凫，揠苗助长，反为害矣。故益而不已，有必决之理，而夬者决也。

决必有所遇，故受之以《姤》。姤者，遇也。

伊川曰：决，判也。物之决判，则有遇合，本合则何遇，《姤》所以次《夬》也。

郭氏白云曰：人之于性，决去其恶，则德可遇其在国也。决去小人，则君子可遇。

项氏平甫曰：阳之长也，人以为君子之当然，故曰复。如人之复常也。阴之长也，人以为小人之夭幸，故曰遇。如人之遭遇也。

物相遇而后聚，故受之以《萃》。萃者，聚也。

伊川曰：物相遇会则成群，《萃》所以次《姤》也。

张氏南轩曰：凡物相遇然后聚。如羊狼不同囿，凤鸷不同林，此不相遇，故不聚也。惟同声相应，同气相求，此遇也，故为萃也。言其合聚而不散也。

聚而上者谓之升，故受之以《升》。

伊川曰：物之积聚而益高大。聚而上也，故为升。升所以次萃也。

谨案：积小以高大必能聚，然后升而上之。积学成德，积勤成家，莫不皆然，而尤切于治道。二八举而帝治隆，十乱兴而王业定。自古贤才汇聚，未有不大猷允升也。盖师师有襄赞之百僚，济济生思皇之多士，故内而启沃，论道同心，外作股肱，宣猷协力，所由致太平而臻上理也。倘君无翕受之量，臣怀娼嫉之心，则野有遗贤，朝多幸位。欲其聚而上也，难矣！其何以为升乎？且聚人之权必归于上，聚而上则明目达聪，辟门开登进之路。聚于下则党同伐异，举朝怀朋比之私。盖道德之聚，斯聚矣。门户之聚，非聚也。牛李斗而唐祚衰，蜀洛争而宋室弱，君子观萃升之卦，不能无三致意焉！

升而不已必困，故受之以《困》。困乎上者必反下，故受之以《井》。

伊川曰：升者自下而上，自下升上，以力进也，不已必困矣。

故《升》之后受之以《困》也。承上“升而不已必困”为言，谓上升不已而困，则必反于下也。物之在下者莫如井，井所以次困也。

张氏南轩曰：凡人困于功名富贵，然后可从于俭约。故困于上者必反下，故受之以井。

井道不可不革，故受之以《革》。革物者莫若鼎，故受之以《鼎》。主器者莫若长子，故受之以《震》。

伊川曰：井之为物，存之则秽败，易之则清洁，不可不革者也。故井之后受之以革也。鼎之为用，所以革物也。变腥而为熟，易刚而为柔，水火不可同处也。能使相合为用而不相害，是能革物也。鼎所以次革也。鼎者，器也。震为长男，故取主器之义，而继鼎之后。长子传国家继位号者也，故为主器之主。序卦取其一义之大者，为相继之义。

震者，动也。物不可以终动，止之，故受之以《艮》。艮者，止也。物不可以终止，故受之以《渐》。渐者，进也。进必有所归，故受之以《归妹》。得其所归者必大，故受之以《丰》。丰者，大也。穷大者必失其居，故受之以《旅》。

伊川曰：动静相因，动则有静，静则有动。物无常动之理，艮所以次震也。止必有进，屈伸消长之理也。止之所生亦进也，所反亦进也，渐所以次艮也。进则必有所至，故渐有归义，归妹所以次渐也。物所归聚必成其大，故归妹之后，受之以丰也。丰胜至于穷极，则必失其所安，旅所以次丰也。

张氏紫岩曰：乱生于治，穷奢极侈致之也。居丰用约，非有德之君，孰能行之？不然耳目心志之间，鲜不为谗佞所侈惑矣！

张氏南轩曰：得其所归者，如文王得伯夷太公之归，此其所以大也。故受之以丰。

项氏平甫曰：物皆归我，我奄而有之。能有大者也，舜禹之有天下是也。物得所归，其聚必大。能致大者也，天下之归汤武是也。穷大者必失其居，秦隋是也。

旅而无所容，故受之以《巽》。巽者，入也。入而后说之，故受之以《兑》。兑者，说也。说而后散之，故受之以《涣》。涣者，离也。物不可以终离，故受之以《节》。

伊川曰：羁旅亲寡，非巽顺何所取容？苟能巽顺，虽旅困之中，何往而不能入，巽所以次旅也。物相入则相说，相说则相入，兑所以次巽也。说则舒散也。人之气忧则结聚，说则舒散，故说有散义，涣所以继兑也。物既离散，则当节止之，节所以次涣也。

项氏平甫曰：人之情相拒则怒，相入则说，故入而后说之也。忧则气结，说则气散，故说而后散之也。

节而信之，故受之以《中孚》。

伊川曰：节者，为之节制，使不得越过也。信而后能行，上能信守之，下则信从之。节而信也，中孚所以次节也。

朱氏汉上曰：天地之节不可以不信，不信则无以成万物，而况于人乎？饮食起居，身之节也，不信则致疾。尊卑长幼，家之节也，不信则召乱。故次之以《中孚》。中孚，信也。

郭氏白云曰：有节故可信。如人之言无节，行无节者，皆不可信也。

谨案：节以制度数，则民用有经而志无荡佚。以议德行，则民行有准而心无诈虞。节以制于外，斯孚以信乎中矣！惟人君立节于上，不外托恭俭之名，而内存奢侈之习。人臣守节于下，不貌为廉洁之举，而阴行贪黩之风。朝议蠲赈奉行者，不敢视为具文。国有正供榷算者，不敢肆其掊克。财可散而民不可散也。食可去而信不可去也。为人上者，安可不节用彰信于民哉？

有其信者必行之，故受之以《小过》。

伊川曰：人之所信则必行，行则过也。小过而继以中孚也。

朱氏汉上曰：行者足相过也。小过以阴过阳，有行之象。有其信者必行，中无所疑也。故次之以《小过》。

项氏平甫曰：人过训动，小过训行。明过皆经越之义，非过失之过矣。

有过物者必济，故受之以《既济》。物不可穷也，故受之以《未济》终焉。

伊川曰：能过于物必可以济，故小过之后受之以既济也。既济矣，物之穷也。物穷而不变，则无不已之理。易者，变易而不穷也。故既济之后，受之以未济终焉。未济则未穷也，未穷则有生生之义。

朱氏汉上曰：物各有量，不过则不能相济。所过大则其济亦大，是以智周万物，然后道济天下。故次之以既济，而止复入于未济。物之相生不可穷，故以未济终篇焉。

项氏平甫曰：既济、未济，盖情之交者，不可以久而无敝，故必以分之正者终之。

易鉴卷三十八

杂卦传

和靖尹氏赞《易》，至《序卦》曰："大哉！时之相生也。达者可与几"矣。至《杂卦》曰："旁行而不流，守者可与存义"矣。子曰："名实相生，利用相成，是非相明，去就相安也。"

龚氏仁夫曰：按《春秋传》释《系辞》所谓：屯固、比入、坤安、震杀之属，以一字断卦义，往往古筮书多有之。杂卦此类是也。夫子存之，为经羽翼，非创作也。

《乾》刚《坤》柔。《比》乐《师》忧。

龚氏深甫曰：刚柔，体也。健顺，用也。比则相亲，师则在险。

苏氏东坡曰：有亲则乐，动众则忧。

朱氏汉上曰：比，得位而众比之，故乐。师，犯难而众从之，故忧。忧乐以天下也。

项氏平甫曰：比者，圣人之本心。师者，圣人之不能已。故比谓之吉，师谓之毒。

余氏芑舒曰：在上而得众，故乐。在下而任重，故忧。中天下而立，定四海之民，比之乐也。鞠躬尽瘁，死而后已，成败利钝非所逆睹，师之忧也。

《临》、《观》之义，或与或求。

郭氏白云曰：或有与无求，或有求无与，皆非临观之道。有舜在上，必有戴舜者，是为临观也。

项氏平甫曰：临，二阳方进，我出而与人也。观，二阳将出，人望而求我也。孔孟之周流忧世，思济斯民，其临之义乎？反鲁居齐，人矜式之，其观之义乎？

《屯》见而不失其居，《蒙》杂而著。

龚氏深甫曰：不见则不足以济众，不居则不足以为主。

项氏平甫曰：屯之初九已出乎震，而未离乎下。盘桓居贞，奠而后动，不使有失策也。齐威公之次陉，晋文公之表里山河，其虑深矣，不可得而危也，此高、光之关中、河内也。蒙之九二藏于坎中，不求于蒙而蒙自求之。刚中而志应，不可得而掩也。诸葛孔明、王景略之事是也。此二卦者皆有康主济民之用。

李氏蒙斋曰：蒙者，物之稚也。人之方稚，要在养之，不失其正。养之失正，则入于邪矣。《传》曰："幼子常视母诳。"盖蒙稚之时，未有所知，易为杂乱而有所附著也。孟子亚圣，其母犹为之三迁，况其下者乎？故曰：蒙以养正圣功也。

《震》起也，《艮》止也。

虞氏仲翔曰：震阳动行，故起。艮阳终止，故止。

朱氏汉上曰：阳起于坤而出震，则静者动。阳止于艮而入坤，则动者静，故起莫如震，止莫如艮也。

《损》、《益》，盛衰之始也。

龚氏深甫曰：损之终必益，则损者乃盛之始。益之终必损，则益者乃衰之始。损益者，其渐也。盛衰者，其成也。

张氏南轩曰：损而不已必益，为盛之始。益而不已必决，为衰之始。

项氏平甫曰：泰之变为损，损未遽衰也。然损而不已，自是衰矣。否之变为益，益未遽盛也。然益而不已，自是盛矣。为人者能使恶日衰，善日盛，其为圣贤也，孰御哉？为国者能使害日衰，利日盛，其为泰和也，孰御哉？

《大畜》时也。《无妄》，灾也。

何氏楷曰：《大畜》若上九天衢之亨，可谓得时矣。然无畜而时，不谓时也。《大畜》故谓之时耳。《无妄》若六三或系之牛，可谓逢灾矣。然有妄而灾，不可谓灾也。《无妄》故谓之灾耳。

《萃》聚而《升》不来也。

王氏巽卿曰：萃，势之所归也。升，势之所去也。

张氏振渊曰：萃有聚而尚往之义，升有往而不反之义。

《谦》轻而《豫》怠也。

苏氏东坡曰：锐于有为者，折节以下人。安于无事者，知乐而不忧。

龚氏深甫曰：意在卑而不自重，意在乐而不自勤。

张氏南轩曰：谦而不持重者，失于轻也。豫而不警戒者，失于怠也。

项氏平甫曰：自以为少，故谦。自以为多，故豫。少故轻，多故豫。

《噬嗑》，食也。《贲》，无色也。

项氏平甫曰：物消曰食，色灭曰无。噬者合而强物消矣。贲者施则真色灭矣。故以食与色相对也。

梁氏孟敬曰：有色之为贲，尤不若无色之为贲也。

谨案：食色，性也。口之于味，有同嗜焉。目之于色，有同美焉。食与色，人之所不能去者也。圣人于噬嗑之卦以为食也，盖颐中有物，有齿牙咀嚼之义。有物则内间而口用其噬，物消则内合而口用其嗑。起于有味，终于无味。不味之味，有馀味焉。奈何饕餮者流纵口腹之欲，贪于饮食，而不知甘脆肥醲，腐肠之药，厚味滋毒，适以自戕其生，可不戒哉？至贲者，饰也。饰必有色，何以谓之无色？韩康伯谓饰贵合众无定色。蔡节斋谓贲则其色不常，故无色。

俞玉吾谓：其无色，所以贲之。若原有色，则不可谓之贲也。与项氏、梁氏诸说皆通。即《记》所谓白受采也。忠信者，礼之本。三千三百，礼之文也。自世道竞尚乎哗嚣而敦庞尽丧，人心日趋于巧伪而本真全亡，耽色悦色而欲不可胜穷矣！有维持风化之责者，亦惟返醇而归朴，崇实而黜华，斯可矣。

《兑》见而《巽》伏也。

张子曰：兑，说在外。巽，入在隐。

朱氏汉上曰：施说之道，小者亦伸。处巽之时，大者亦屈。无非天也。

《随》，无故也。《蛊》则饰也。

苏氏东坡曰：故，事也。饰，修也。以随时为安，故其象曰：君子向晦入宴息。以修惰为安，故其象曰：君子以振民育德。

朱子曰：随前无故，蛊后高饰。

项氏平甫曰：随以无故而偷安，蛊以有故而修饬。故圣人不畏多难，而畏无难也。

《剥》，烂也。《复》，反也。

郭氏白云曰：小人之道必害于物，君子必反其道。

项氏平甫曰：剥，烂尽。复，反生也。凡果烂而仁生，物烂而蛊生，木叶烂而根生，粪坏烂而苗生，皆剥复之理也。

《晋》，昼也。《明夷》，诛也。

龚氏深甫曰：日未及中，故不亢，而锡侯蕃庶赏可知也。明者伤则暗者不可久，故上九复入于地，诛可知也。

郭氏白云曰：《晋》与《明夷》，朝暮之象也。故言明出地上，明入地中，诛亦伤也。

《井》通而《困》相遇也。

王氏巽卿曰：相遇而取足，故通。相遇而取穷，故困。

《咸》，速也。《恒》，久也。

蔡氏伯静曰：有感即应，故速恒，故能久。

谨案：咸者，感也。圣人感人心，而天下和平。绥斯来，动斯和，一何速也？恒者，久也。圣人久于其道，而天下化成。渐以仁，摩以义，一何久也？顾求治者，有捷取其功，或急遽于旦夕，而未必可以持久。有缓收其效，或稽迟于日月，而未必有其速化。要之，治不久则不能速。驰骤束缚之政，索之急则无馀矣。

治不速则不能久。迂疏阔远之政，需之过则大甚矣。是以兴王之条诏，感人最捷而久安和平治之道，基此矣。先代之章程历久无弊，而过化存神之妙寓焉矣！主治之君子玩咸速恒久之义，可不深长思耶！

《涣》，离也。《节》，止也。

龚氏深甫曰：涣所以散之，节所以制之。

张氏南轩曰：涣者民情散而离也，节者民情有所惮而止也。

《解》，缓也。《蹇》，难也。

王氏巽卿曰：解到势已宽，故缓。蹇则事方急，故难。

《睽》，外也。《家人》，内也。

张氏紫岩曰：家道乖于内，睽孤见于外。《易》始乾坤，《礼》始钦，《诗》始二南，《书》始二女，畏睽也。其事莫不以正身正家为本。尧典曰：我其试哉。意盖有在矣。

郭氏白云曰：睽本于外疑，家人本于内治，故治家者必先其身，治天下者必先其家。

《否》《泰》，反其类也。

张氏南轩曰：否，君子退而小人之类进也。泰，君子进而小人之类退也。此其类所以相反也。

《大壮》则止，《遁》则退也。

龚氏深甫曰：君子非用壮也，势足以胜小人则止。非好遁也，势不足以胜小人则退。

梁氏孟敬曰：君子时当大壮，则止于朝以行道。时当遁，则退于野以全身。

何氏楷曰：壮不可用，宜止不宜躁。遁与时行，应退不应进。止者难进，退者易退也。

《大有》，众也。《同人》，亲也。

《子夏传》：大有，柔得大中，而能柔服。无有远迩，皆有而容之。大有，其众也。

项氏平甫曰：《大有》、《同人》皆以离之中爻为主。在上则人归于我，是故谓之众。在下则我同乎人，是故谓之亲。

谨案：有之于上，太曰众。同之于下，故曰亲。圣人著众亲之义，合上下以成治，君臣相助以为理也。夫抚我则后，虐我则雠。民罔常怀众，岂遂为吾众哉？惟大有以六居五，抚众刚而有之，柔道服民。是即先王怀保惠鲜之德，故其民咸戴之为父母。彼世之权谋术数，师武兵威，以力服人者，岂能安百姓、子庶民，而可以得众哉？至同人以一柔居二，而为五阳所同获上者，先信乎友？是虞廷之协恭，周官之笃棐也。自古有以婞直孤立者，未闻以醇谨致疑者。故不美其功名事业之烂，如而予之曰亲也。可以立后世，以人事君之则矣。顾君道一于柔则懦，臣道一于柔则媮。观大象之辞，大有曰：遏恶扬善，则宽而有制也。同人曰：类族辨物，则群而不党也。处之当而知之明，玩《易》之君子宜参看之。

《革》，去故也。《鼎》，取新也。

朱氏汉上曰：功成者退，方来者进。一去一取，天之道也。

《小过》，过也。《中孚》，信也。

蔡氏介夫曰：莫非过也，惟小过乃谓之过。若大过，则罪恶而非过矣。莫非信也，惟中孚则谓之信。若外孚，则色取而非信矣。

《丰》，多故也。亲寡《旅》也。

项氏平甫曰：凡物之情，丰盛则故旧合，羁旅则亲戚离。作《易》者，其知之矣。

梁氏孟敬曰：人处丰之时，则多故旧。处旅之时，则少亲友。

《离》上而《坎》下也。

朱子曰：火炎上，水润下。《小畜》，寡也。《履》，不处也。

《子夏传》小畜之寡，知足而不多藏，终得其畜也。履之不处，恭谦而不敢自恃，保其履也。

张子曰：危者，安其位者也。故履以不处为吉。

《需》，不进也。《讼》，不亲也。

关氏子明曰：履而不处者，其周公乎？需而不进者，其仲尼乎？

李氏舜臣曰：乾上离下为同人，火性炎上而趋乾，故曰：同人，亲也。乾上坎下为讼，水性就下，与乾违行，故不亲也。

《大过》，颠也。

朱子曰：自大过以下卦，不反对或疑其错简，今以韵协之。又似非误，未详何义。

项氏平甫曰：大过之象，本末俱弱，而在杂卦之终。圣人作易示天下，以无终穷之理，教人以拨乱反正之法。是以原其乱之始，生于姤。而极其势之上，穷于夬。以示微之，当防盛之不足畏。自夬而乾，有终而复始之义也。

《姤》，遇也，柔遇刚也。

《子夏传》姤者，柔遇刚也。修已以敬，守素安下，君子之素行也。时遇而得天之幸也。

《渐》，女归待男行也。

朱子曰：女待男而行，所以为渐。

《颐》，养正也。

郭氏白云曰：养其正，所以去其非正，谓之颐。

谨案：颐者，养也。《彖传》曰：养正则吉。养德，养身，诸儒之说备矣。即以饮食论，食以养阴，饮以养阳。正则养人，不正则反伤人矣。周官膳夫掌食饮膳羞以养。魏氏庄渠谓：养之为言保安其体也。内饔辨腥臊膻香之不可食者。王氏谓：不可食者，去之则无阴阳偏胜之气，而体赖之以安矣。亨人结水火之齐。先儒谓：水有善恶，火有新旧。不齐之，则足以伤生害气焉。《论语·乡党》篇记圣人之所不食者。陈氏谓不食者皆非所以养志气。君子之养未尝不正也。古者贪于饮食，谓之饕飨。后世纵口腹之欲，穷极奢侈，厚味腊毒。君子犹且戒之。乃近日有一种毒烟，名曰鸦片。医书所谓阿芙蓉也。来自外洋，流毒中国，其价甚昂，其害最烈。食其烟者，每日不可间断，终身不能绝止。形容日枯，家计益窘，卒至败家丧身，至死不悟。是鸦片之杀人，其罪更浮于造蓄蛊毒。例禁綦严，原不准私入内地。沿海有榷关通津。有税口丁役人等，或难保无贪利私放情弊。司榷者高位重禄，岂亦未免染指，何至漫无稽察？间有差使夹带过境，且复为之护送。

明知而故纵之，诚不解其何心。有养民之责者，玩养正之义，去其不正，使悉归于正，亦正人心，正风俗之一端也。医书载：鸦片，啬精助火，惟房中术用之。故食烟之徒，始不过狭邪者流，借以取悦妇人类，皆倡优隶，卒为人类之所不齿者。未幾，引诱良家子弟、贵介富豪居多。今则营伍胶庠，甚至达官长吏间亦沾染，而衙门内亲丁幕客，食者十有八九，往往贩卖私烟过境。破案丁幕等曲为庇宥，反究问盘查人等，治以抢夺罪名，而大吏亦复将地方拿烟员弁褫革。以致贩烟之徒横行无忌，开馆卖烟者，自通都大邑以至穷乡僻壤，无处不有。良可慨也夫！

《既济》，定也。

郭氏白云曰：济则难定。

俞氏玉吾曰：既济，六爻皆当位，故定。

《归妹》，女之终也。《未济》，男之穷也。

龚氏深甫曰：女始于笄，终于嫁，故曰：归妹，女之终也。离中女而趋上，坎中男而趋下，非相求也，故曰：男之穷也。

项氏平甫曰：终与穷不同。终者，事之成。女子之义，从一而终，不可以复进也。穷者，时之灾。事穷势极，君子之不幸也。

《夬》，决也，刚决柔也。君子道长，小人道忧也。

项氏平甫曰：自《大过》以下，皆以男女为言。至《夬》而明言之曰：君子小人。然则圣人之意断可识矣！

李氏蒙斋曰：先儒谓，桀纣之世非无君子，难乎其为君子也。尧舜之时非无小人，难乎其为小人也。难乎其为小人，乃小人道忧也。

易鉴卷贤录

诰授朝议大夫、晋赠通奉大夫、浙江道监察御史坦斋欧阳公乡贤录

湖南巡抚臣陆费瑔谨题，为敬陈刍荛事。据湖南布政使司万贡珍、按察使司徐泽醇会详称案。据安仁县通详，已故原任浙江道监察御史欧阳厚均请入乡贤祠一案，奉批饬取事实，册结照例详办等。因当经转饬去后，兹准衡永郴桂道张志咏移据署安仁县知县董树杰，详准安仁县学教谕陈能超、训导钟昌澍牒。据安仁县举人李宅钦、欧阳人骥、贡生周建镐、侯襄朝，廪生卢运亨、许明远，增生李中棠、何黼藻，附生侯利贞、何福基等呈称，为公举乡贤，恳恩加牒以光祀典，以励儒修事。邑故浙江道监察御史欧阳厚均名垂农部，教衍麓山，子道与师道兼隆，治术偕学术并茂。源窥洙泗，宜报馨香，业述朱张，克光俎豆。惟侍御馀山旧族，渤海名家，生有异才，夙擅龙文之誉，弱不好弄，早征麟角之祥。始冠童军，继叨廪饩。龙门发轫，养健三年，鹏路先声，冲霄一日。乾隆五十九年甲寅恩榜中式第十四名举人，高攀蟾桂，鸦赋鹿苹。炉九转而纯青，纻三升而脱白。蕊宫唱晓，鹏翼奋飞，杏院采春，马蹄得意。嘉庆四年己未，会试中式第七名进士，名高题于雁塔，彩竞耀于鸾坡。乃邀宸眷之隆，俾视农曹之政，牙筹对簿，展布从容，齿版宣猷，声华卓荦，典铜运而司榷税，粲乎有条。筹军务而理漕储，厘然不紊。驳加耗加津之请，陈恤丁

恤弁之条，盖裕国由于便民，故损上即以益下也。由是司农倚为右臂，胥吏黜其贪心。戊辰之秋，京闱分校珊收铁网，桃李门盈，冰贮玉壶，苞苴路绝，宜乎！京堂保举河书交荐其才能，察典褒扬。

殿壁仰承夫注记爰由兰省洊至柏台，举动皆协乎机宜，疏陈必审其缓急。当阶拔薤，匪徒之搜缉必严。幽谷披榛，教习之条陈悉协。披皂囊而风厉李忠定，岂恣讥弹？执白简以霜寒包孝肃，不通关节，而乃辉联卿月，感切春晖，表上陈情，为怀萱老辞歌归去，且赋棣华。遂宽绣豸之衣，戏披莱服长，勒花骢之马，欢奉板舆。若乃桥有虹，垂继先人未成之志，亭张鸟翼，广高堂远荫之恩。塔峙峰头，人文丕振，阁临江渚，地脉长延。为学校首捐输，为乡闾筹捍御，为朝廷助军饷，为宗族济贫穷，诚哉！见义必为，无废不举矣。诸大宪以师儒模范，屡致聘征都，讲岳麓书院，尔乃缁帷阐道，绛帐传经，却执贽以肃廉隅，出束脩以周寒畯。昔贤旧迹，以修葺为表章。往哲遗编，悉搜罗于剞劂。每甄一艺，每析一疑，真如牛铎谐声，不啻犀灯照渚。课艺群奉为圭臬，条教悉遵其步趋。元恪图诗识大不遗，识小子明。演易鉴古，即以鉴今。执经者三千人，讲学垂廿七载。

鸿章屡锡，九重知卢诞人师，鹊起争先，一榜皆胡瑗弟子。内而玉壶蓬馆，阁部寺监之服采，济济盈廷。外而节署封疆，府厅州县之宣猷，师师在位。匠成翘秀，培植人材，众望所归。明征斯在，勒诸旗常而不愧，访之桑梓而同称，宜跻崇祀之班，允协乡贤之位，为此备呈节略公诣鳣堂，尚祈加牒，勘详上申。

凤阙庶几，士林矜式，知有伟人，圣代旌扬，允无缺典等情，并据递到绅士里邻甘结及事实，迹册到学。据此，该安仁县学教谕陈能超，训导钟昌澍查看得，已故浙江道监察御史欧阳厚均，儒修克笃，宦绩懋昭，蟾窟昂头，龙门烧尾。遂分曹于农部，旋晋秩于郎官铜运，偕榷税，兼司军务，与漕储交赞。驳加耗加津之请，敷恤丁恤弁之谟。士校京闱锁院有得人之庆，考超察典。

御屏留循吏之名，兰省转迁柏台洊陟。或以名分宜正而务息刁风，或以殉节可嘉而使沾湛露。或详教习之法而健养搏鹏，或严缉匪之条而先除害马。固已职殚喉舌，行将任寄股肱矣。然而头换冰衔，心驰云舍，虽九重荷宠，敢辞豸服之荣，而一疏陈情，竟遂乌私之养。油油兰采，韡韡棣华。成先志而梁巩虹腰，广慈荫而亭张鸟革。闾里资其保障，族戚赖其周全，固不独阁耸江头，远培地脉，塔撑山顶，高簇文峰已耳。及其主讲麓山也，表章先哲，陶铸后贤，才惊蔚水之奇，业擅藏山之富。演羲文而作鉴，席夺易林。辑雅奏以成篇，轨追诗史。坐缁帷者廿七载。亲绛帐者三千人。弟子瑞应星云，门墙士多卿相。培沅芷澧兰之秀，维楚有材。萃岳云湘雨之英，于斯为盛。可谓出处无愧仕学兼优者矣。允协舆评，宜邀从祀。兹据结报前来，理合查明，加结据情备文牒请转详等因过县。准此。该署安仁县知县董树杰核看得，已故浙江道监察御史欧阳厚均斯文领袖，后进楷模。早赋霓裳，旋题雁塔。升阶兰省，丕著鸿猷。晋秩柏台，允标骏望。逮夫陈情归里，乐善弥殷，创桥梁而义，举咸沾恤梓里而仁。闻胥洽大吏重其行谊，聘主麓山廿七年。讲席宏开，群沐苏湖之化，三千士教思广被人，领濂洛之遗允矣。乡邦耆宿洵哉，士类典型。兹准牒报前来，理合加结转详等由到府。据此，该衡州府知府高人鉴看得，原任浙江道监察御史欧阳厚均植躬端正，操履纯全，本孝友以传家祇，凛鲤庭之训。由草茅而奋迹早联鹓队之班，惟其无负科名，是以不求温饱，度支分掌儒衡之气岸偏高，会计专司苏弁之丰裁独峻。迨由农部，晋秩乌台。

帝简在心，启沃益增闻望。臣飏拜手，敷陈悉合机宜而乃表，上陈情《春晖眷》，念宠邀温旨。

予告言归，凡兹子职之克全，益信臣心之无斁。既而主讲麓山，传经绛帐。景前徽而勤著述，先器识而后文章。维楚有材，三千士连镳竞秀。于斯为盛，廿七年霁月光风。至若一经课子，三党推仁见义，必为无废不举，此又乡评舆论，翕然同声者也。闻其风者，胥怀景仰。师其范者，共切尊崇似此，表式乡邦，不愧名贤之望。固宜馨香俎豆，请从祠祭之仪。兹据该县转准儒学，牒报各绅士呈请入祀乡贤。前来理合，加结转详等因到道。据此，该衡永郴桂道张志咏查看得，原任浙江道监察御史欧阳厚均持躬勤慎，操守清廉。早步蟾宫，旋题雁塔。职司农部，持衡催督綦严。秩晋霜台，敷奏刁风，毕悉而乃上陈情之表，承养志之欢。家庭则孝友可风，乡党则有无与共。迨夫麓山主讲，资化育者廿七年。槐市谈经，沐甄陶者三千士。况且捐赀成美，见义必为洵哉，多士之仪型允矣。一乡之模楷，舆评允协，祀典宜崇。理合加结，同事实册结，详请核转等情，由道加结移司详请核题等情前来。臣看得定例，名宦乡贤有呈请入祠者，令督抚学臣秉公核实汇题等因。遵照在案。兹据湖南布政使万贡珍、按察使徐泽醇会详称，查看得安仁县已故原任浙江道监察御史欧阳厚均，立品端方，持躬淳朴。由蕊榜以登瀛，政绩卓著。念萱闱而返楚，孝养陈情，掌教名山，务使通经足用，裁培后进，总期为国储材，舆论咸孚，不愧名贤之望。乡评允协，宜邀祀典之崇。兹据该县府查取事实册结，由道加结移司相应详请核题等情前来，除册结送部外，谨会同湖广总督臣裕泰、湖南学政臣陈坛恭疏具题。伏祈皇上圣鉴，敕部议覆施行，谨会题请旨。奉旨该部议奏。钦此。

礼部谨题，为题请入祀名宦乡贤事礼科抄出，湖南巡抚陆费璪，会同湖广总督裕泰、湖南学政陈坛疏称，已故浙江道御史欧阳厚均立品端方，持躬淳朴，请入祀乡贤祠，造具事实册结具题，奉旨该部议奏。钦此。钦遵抄出到部，该臣等议得定例，各省举报名宦乡贤，该督抚学政每年八月前具题，并将事实册结送部于岁底，汇题应确核事迹。倘名实不能相副，仅以人品学问空言誉美，即行指驳，以昭慎重等语。今查该省送到事实册内，开已故浙江道御史欧阳厚均，湖南安仁县进士，事亲至孝，强仕之年即告养回籍。少时与诸兄弟闭户潜修，有《棣友堂》诗文行世。主讲岳麓书院，增置书籍，先后捐金千馀两。不受诸生贽仪，远近来学者甚众，著述甚富，好学至老不倦。

题请入祀乡贤祠之处，名实相副。臣等谨拟准其入祀乡贤祠，再此本向归。年终汇题，合并声明。臣等未敢擅便，谨题请旨于道光二十七年十二月十二日具题。十四日奉旨依议，钦此。

计开事实册：

一故御史，生于乾隆三十一年丙戌岁十一月初三日，于乾隆五十九年甲寅恩科湖南乡试，中式第十四名举人。嘉庆四年己未科会试，中式第七名贡士。

殿试三甲，第九十四名进士。

朝考，钦取第五十四名引见。奉旨以主事用签掣户部。十一年丙寅，补授贵州司主事。

十三年戊辰恩科顺天乡试，钦点同考试官。十六年，升授广西司员外郎。十八年，升授陕西司郎中。十九年，京察一等，改补浙江道监察御史，钦派巡察裕丰仓，并点考试笔帖式监试官。是年十月，告假省亲旋里，后告养在籍。自授主事，历员外郎中及御史，居官共计一十六年。前后任内并无公私过失。二十三年，巴中丞聘请掌教岳麓书院。道光四年，嵩中丞以六年期满，训课有成效，奏请议叙。三月初三日奉旨欧阳厚均著纪录二次馀依议。钦此。道光十一年，苏中丞以二次六年期满，奏请议叙于五月十七日。内阁奉上谕。苏成额奏省会书院院长六年期满，请交部议叙一折。湖南省会岳麓书院向延浙江道监察御史欧阳厚均，在院训课诸生，迄今又满六年。据该抚查明，该院长始终不倦，实有成效。欧阳厚均著交部议叙，仍留馆训课，以示鼓励。钦此。吏部议准覆奏于六月三十日。奉旨欧阳厚均著纪录二次馀依议。钦此。十六年，裕中丞以三次六年期满，奏请议叙于十一月初七日。内阁奉上谕，裕泰奏省会书院长三次期满，请交部议叙一折。

湖南省会岳麓书院院长，原任浙江道监察御史欧阳厚均，在院十九年，训诲诸生，始终不倦，著交部议叙，仍留院训课，以示鼓励。钦此。吏部覆奏于十二月初十日。奉旨欧阳厚均著纪录二次馀依议。钦此。计长院二十七年，以道光二十五年乙巳正月十二日卒于里，年八十岁。

一故御史，勤慎供职，如勷漕政、筹军务、司铜运、裕榷税诸务，一皆仰体损上益下之意。至请漕加耗屯、加津岁、定采买额数，悉驳其议。其以苏民困、纾丁力、恤弁员，请者咸韪之。而于通部事案，督催綦严，胥吏莫敢稽误。在户部十有五载，历任大司农，倚如右臂，虽杨机之才识，卢承庆之赅详，奚以加焉。

一故御史在台时，不婞婞抨弹以为直。其所敷奏，必审其缓急，动合机宜，如请查教匪滋扰地方殉节男妇一折、匪徒窜入湖南传教一折、严名分以习刁风一折、条陈八旗教习一折，通行直省，刊入则例，至今悉传颂之。

一故御史，事亲至孝。失怙时年方十二，哀恸异常。暨供职部员，屡迎母周太恭人入都，未果。迨改御史才数月，即告养回籍。时御史正强仕之年，周太恭人亦精神强健，御史依依膝下不忍远离。当道聘请主讲岳麓，却之再三。太恭人以密迩家庭，不许固辞，始行就聘。每春往夏归，秋往冬归，色养者又二十年。暨周太恭人身没，御史年近七十，哀毁骨立，痛不欲生。

一故御史，友于性成，自失怙后，伯兄理家政，一切禀命而行。与仲兄、叔兄、季弟闭户潜修故科，岁试俱列优等，宗工咸赞赏之。其《棣友堂倡和诗文》，今已梓行于世。迨御史告养归籍，兄弟五人祇存仲兄，每于太恭人傧笾舞彩，互以承欢为乐。

一故御史，薄于自奉，归里后，主讲岳麓，束脩所馀，修理各祖山坟墓，编辑族谱支谱，赎回前三百馀年之旧宅，创立家庙，置数百石租，以为祭祀修理之费。子姓孙曾，列搢绅游庠校者，济济盈庭。每于环侍时，教以忠孝，戒其奢逸，家范整严，里鄙咸以为式。

一故御史，笃于大义。在部时，亲友有亟难者，竭力佽助。归家后，姻亚无不周恤。岁壬辰，猺逆滋事，捐五百金以为团练乡勇之费。岁壬寅，有捐输海疆经费之举。时主讲岳麓，首捐五百金以为之倡。此外如修本邑文庙，建文明塔，一切急公尚义之事，成就者不可枚举。

一故御史，少负笈岳麓，从罗慎斋先生游。暨身任主讲，则悉遵其遗法。在院中先后捐脩千馀金，创修庙宇，表章诸贤，缮复古迹共一十八处。泐石以记之，载在历代山长传略。且捐募各祭祀暨朱张渡渡船经费，以垂久远。增置书籍，以便肄业生博览。与当道厘定各生课银课米，奖赏银两，及新中举人花红银两，务使惠归实际。自御史主讲，不收诸生贽仪，故远近担簦而来者，总计三千馀人。兴立堂课，咸为批阅，循循善诱，耄不倦勤。每值乡试、会试，院中之士得隽者十六七。而乙酉、丁酉明经两榜，且得十八九矣。内而翰詹科道卿贰部员，外而督府藩臬府厅州县，多出其门，其成就人材如此。

一故御史，学问渊博，著述甚富。少时壎篪倡和，著有《同怀课艺》八卷，《棣友堂试帖》四卷。及官京师，著有《望云书屋试帖》四卷。归里后，纂修《安仁县志》十六卷。暨主讲岳麓，编集《岳麓诗抄》三十五卷《文抄》十八卷，《词抄》一卷，《赋抄》三卷，《课艺》四集十六卷，又著有《岳麓山长传略》四卷。晚尤邃于易义理象，证以史事，著有《易鉴》六十卷。盖好学至老不倦云。

一故御史，家学渊源，多所成就。长子嗣钦监生，自幼随任京师，肄业国子监，早卒。次锡瀔，长沙府善化县训导，升授湖北黄州府黄梅县知县。次锡畴，候选。从九孙世洵，湘潭学训导，陕西候补知府。世淦，丁酉拔贡，候选直隶州州判，改捐训导。世澧、世瀛、延禧业儒。曾孙恩桀，江西候补知县。恩霖，岳州府临湘县训导。恩桐，江苏候补知州。恩彬，业儒。恩麓、恩楚，俱候选。未入几如樊重之门，五经并举，王筠之族，七叶皆兴。

图书在版编目（CIP）数据

欧阳厚均集/(清)欧阳厚均撰；方红姣校点.—长沙：

岳麓书社，2013.5

ISBN 978-7-5538-0114-8

Ⅰ.①欧…　Ⅱ.①欧…②方…　Ⅲ.①欧阳厚均（1766~1846）—文集　Ⅳ.①Z429.52

中国版本图书馆 CIP 数据核字(2013)第 064475 号

湖湘文库

欧阳厚均集

据湖南图书馆藏本校点

作　　者　〔清〕欧阳厚均

校　　点　方红姣

责任编辑　马美著　刘　文

特邀编辑　赵振兴

整体设计　郭天民

出版发行　岳麓书社

网　　址　http://www.yueluhistory.com

地　　址　湖南省长沙市爱民路47号

邮　　编　410006

电　　话　0731—88885616(邮购)

经　　销　湖南省新华书店

印　　刷　湖南凌华印务有限公司

版　　次　2013年5月第1版第1次印刷

开　　本　960×640　1/16

印　　张　52

字　　数　628千字

书　　号　ISBN 978-7-5538-0114-8/Z·26

定　　价　110.00元

如有印装质量问题，请与承印厂斢换

厂址：长沙市黄花工业园　电话：0731—82755085　邮编：410137

ISBN 978-7-5538-0114-8

9 787553 801148 >

国家出版基金项目

NATIONAL PUBLICATION FOUNDATION

[清]欧阳厚均　撰　方红姣　校点

欧阳厚均集

（一）

湖湘文库编辑出版委员会
岳麓书社

湖湘文库

出版说明

湖湘文化源远流长，博大精深，是中华文化中独具地域特色的重要一脉。特别是近代以来，一批又一批三湘英杰，以其文韬武略，叱咤风云，谱写了辉煌灿烂的历史篇章，使湖湘文化更为绚丽多彩，影响深远。为弘扬湖湘文化、砥砺湖湘后人，中共湖南省委、湖南省人民政府决定编纂出版《湖湘文库》大型丛书。

《湖湘文库》编辑出版以“整理、传承、研究、创新”为基本方针，分甲、乙两编，其内容涵盖古今，编纂工作繁难复杂，兹将有关事宜略述如次:

一、甲编为湖湘文献，系前人著述。主要为湘籍人士著作和湖南地区的出土文献，同时酌收历代寓湘人物在湘作品，以及晚清至民国时期的部分报刊。

二、乙编为湖湘研究，系今人撰编。包括研究、介绍湖湘人物、历史、风物的学术著作和资料汇编等。

三、乙编中的通史、专题史，下限断至1949年。

四、甲编文献以点校后排印、据原本影印及数据光盘三种方式出版。

五、除少数图书以外，一律采用简体汉字横排。

六、每种图书均由今人撰写前言一篇。甲编图书前言，主要简述原作者生平、该书主要内容、学术文化价值及版本源流、所用底本、参校本等。乙编图书前言，则重在阐释该研究课题的研究视角和主要学术观点等。

七、对文献的整理，只据底本与参校本、参校资料等进行校勘标点，对底本文字的讹、夺、衍、倒作正、补、删、乙，有需要说明的问题，则作出校记，一般不作注释。

八、甲编民国文献中的用语、数字、标点等，除特殊情况外，一般不作改动。乙编图书中的标点、数字用法、参考文献著录规则等均按现行出版有关规定使用和处理。

《湖湘文库》卷帙浩繁，难免出现缺失疏漏，热望社会各界批评指正。

《湖湘文库》编辑出版委员会

前　言

一

欧阳厚均（1766—1846），字福田，号坦斋，衡州安仁县人。清岳麓书院四大山长之一。

欧阳厚均生于诗书世家，祖父欧阳徵昌（号岐峰），父亲欧阳熊（字象占，号湘亭），先后被朝廷封为朝议大夫。欧阳家族在安仁是名门。据欧阳厚均在《长兄心田行略》中称，安仁在唐以前是隶属于衡阳的一个镇。后唐清泰年间，其始祖鹏翔公以将军镇安仁。至宋建隆间，二世祖顺达公以上将军镇安仁，宦业显赫，安仁自此升级为县。二世祖以下，欧阳家世居安仁县。欧阳厚均少时接受良好的家塾教育。在父亲尤其是长兄（父亲在他十二岁时去世）的督教下，德业俱佳，于1786年考中秀才。1789年，欧阳厚均求学岳麓书院，从学于罗典。1794年，获中恩科举人，候选内阁中书。之后三应会试，于1799年中“会魁进士”。

欧阳厚均历任农部曹官、户部主事、京兆秋闱考官、贵州司员外郎、陕西司郎中、浙江道监察御史等职。1814年冬，升任浙江道监察御史不久的欧阳厚均以母老为由辞官回乡。1818年，五十二岁的欧阳厚均掌教岳麓书院。1844年返回安仁，两年后辞世。享年八十，岳麓书院建山长专祠以乡贤供祭。

二

欧阳厚均治学以大易为宗。其易学思想以穷经致用为旨，《易鉴》正文前有其孙欧阳世洵所作序文，其中说：“公于经无所不通，而指示人者，往往切于日用行习，不徒为帖括资。惜世洵质愚，未克领会于万一也。晚年尤耽学易，玩索不置，尝谓：易理无所不包，但天地之道高远难言，不若反求近取，爰萃诸家之说，耑择其以人事诂易，而足以观感动惩者，汇为一编，间亦附以己意，名曰《易鉴》。盖鉴古即以鉴今，显示穷经致用之旨，实隐寓转移世道之机，于人心风俗补救，岂浅鲜哉?”[①] 欧阳厚均强调学易的根本在于德行，不在言辞。他特别善于阐发《周易》于日用行习之指示意义，并常援引史事加以佐证。在《系辞》开篇注文中欧阳厚均分别引用郭白云、胡云峰之言，认为《系辞》在上下篇章节的安排上即蕴含了学易的主旨。

欧阳厚均极富诗才。他以《周易》立言之道为诗文之道，认为诗文以“诚”为贵。好诗本于真性情，言之有物，故能合乎温柔敦厚之教。因此他批评时人将诗作为博声华、取功名的工具，言之无物，虚妄造作，故作姿态，无痛呻吟，实是作诗之大患。欧阳厚均有一首题为《白沙舟次留别长兄心田》的诗，作于当年离开家乡赴京任职之时。诗文刻画了一个敦厚、笃实、情深意长的长兄形象，而弟弟对兄长的感恩、不舍亦真真切切。整首诗情感真实、丰富，所感所发皆出于真性情。本于“诚”，不诚无物，欧阳厚均作诗、为人、治学，始终坚持这一原则。李元度如此评

①欧阳世洵，《易鉴》序。

价其师："其发为文者，俯仰揖让，有庐陵文忠公之风。求一言之不出于诚，无有也。发于诗者，皆自真性情流出。蕴藉风雅，求一言之近于亢厉、怨诽、纤靡，无有也。斯其为古之立言者欤?"①

欧阳厚均的影响主要在书院教育和建设方面。他掌教岳麓书院二十七年，一方面遵循前任山长治学遗法，并结合自己多年的治学和从政经验，以"忠孝廉洁，敦品励行"立教，以"经世致用，明习时务"课书。教育学生德以"诚"为本，倡导"有体有用之学"。培植了曾国藩、左宗棠、胡林翼、郭嵩焘、李元度等众多人才，门下弟子"著录者"多达3000余人。书院在继罗典之后呈现了又一个繁荣景象。他也成为继罗典之后岳麓书院又一位卓有成效的山长。欧阳厚均将自己高尚的德行操守和才情能力融汇到教书育人和书院建设中，以其"始终不倦"、"著有成效"，先后获准记录八次，得旨叙议三次，多次受到清朝廷的"鼓励"、"嘉奖"，使"士林荣之"。

三

欧阳厚均的著作有《坦斋全集》，原书三十四卷，今存《望云书屋文集》二卷、《有方游草》二卷、《来念堂诗草》二卷、《粤东游草》一卷；《易鉴》三十八卷；编纂有《安仁县志》十四卷，《岳麓诗文钞》五十七卷。

本书所收欧阳厚均的著作包括：《有方游草》二卷、《望云书屋文集》二卷、《来谂堂诗草》二卷，《粤东游草》一卷以及《易鉴》三十八卷。前四种属于诗文集，是欧阳厚均不同时期的诗文

①李元度，《有方游草》叙。

作品，充分体现了其好诗本于真性情、至诚无物的诗文创作思想，同时也可藉此间接了解其仕途历程和生活状态。《易鉴》是欧阳厚均晚年研究《易经》的专著。此书最大的特点是摒弃了以往的象数、义理、筮占之说，专引古今史事解释六十四卦三百八十爻。原本刊于道光丁未年（1847），罗汝怀为之作序，版藏麓山。重刊于同治甲子年（1864），卷首有其学生周玉麟所作的序。

上述所收著作原刻本藏于湖南图书馆与湖南省社会科学院图书馆。由于编者学识有限，加之时间紧迫，差错和不当之处，敬请批评指正。

方红姣

2012 年 12 月于湘潭大学

目　录

有方游草

卷下

来谂堂诗草

卷上

卷下

粤东游草

望云书屋文集

卷上

卷下

易鉴

①原稿存目，并无正文。

有方游草

叙

岳麓在湘西，衡山七十二峰之一，宋朱、张讲学流风至今未艾。

国朝耆宿主讲席最久者，推罗慎斋先生，而坦斋夫子继之，各二十有七年。湘人士无不宗仰两先生者。元度生晚，不获见慎斋。道光已亥庚子岁，幸及坦斋夫子之门，所以启掖之者甚挚。尝侍坐风雩亭，从容请益，问诗古文法，师辟咡诏之曰："若知立言之要乎？今夫立言之道，莫著于《易·家人》之象曰：君子以言有物，夫有所为而为之之谓。物必读书深，见理明，博究夫天道、人事、物理之蕃变，乃能指事类情，持之有故，所谓物也。孔子释《乾》之九三曰：修辞立其诚。惟立诚，故有物。否则虽强自弸襮，亦《中庸》所谓：不诚无物者而已。惟诗亦然。诗之为教，微矣。古之人未尝欲名其诗也，而固已有诗。虽野人、女子、农夫，皆能自言其情。情之所至，而诗自至。盖诗本性情，性情得其正，斯合乎温柔敦厚之教，而无亢厉、怨诽、纤靡之病。不惟作者之性情可见，即读者之性情，忽不知其何以易焉。今人以诗为博声华、争坛坫之具，自汩其性情，舍己之诗，以摹拟古人之诗，诗之所以衰也。尹吉甫之自颂曰"穆如清风"，而孔子赞其诗为知道。"道"岂易言知哉？肆而为亢厉，激而为怨诽，流而为纤靡，皆无与于性情之事者也。盖吾师之教人，其大指不外此。越数年，师归道山，学者既祀诸讲舍，复得旨祀乡贤。又二十年，元度客长沙。喆孙信甫太守将刻其遗集，属为之序。既读而卒业，乃喟然曰：师之所以作，即其所以教者欤？师性孝友，在台省建白皆关大计。年逾强仕，即告养归。少从慎斋先生游，继主岳麓，益以培养人才为务。相助以有本之学，其积于中者，充实不可已。故其发为文者，俯仰揖让，有庐陵文忠公之风。求一言之不出于诚，无有也。发于诗者，皆自真性情流出。蕴藉风雅，求一言之近于亢厉、怨诽、纤靡，无有也。斯其为古之立言者欤？元度恂愗，无似读吾师诗若文，谨次吾师垂教之语，用以谂天下后世之读师文集者。回忆执经请业时，忽忽又二十七年。西望麓峰，烟云缭绕，謦咳如新，盖不胜泰山梁木之感云。

同治乙丑长至日门下士李元度谨序。

卷上

出门

平生不直温太真，忍哉绝裾长弃亲。颇亦愿学子舆子，三釜乐逮吾亲存。不然循陔足眷恋，胡为插脚奔红尘。高堂五十发未白，伯仲迭奏篪与埙。绕膝不乏负米子，承颜况有舞勺孙。男嗣钦时年十三今我不出复何待，毋乃长作蓬藁人。骊驹户外促征驾，陬吉开岁之三辰。昨日辛盘上寿酒，今朝子舍开离樽。老母衔杯輾然喜，走马许看长安春。长揖兄弟别妻子，仰天大笑而出门。

白沙舟次留别长兄心田

昨日别慈母，送我出户庭。稚子牵衣走，送至河之汀。吾兄远相送，襆被同舟行。舟行五十里，一弯新月生。泊舟沽美酒，把酒话残更。自古重离别，矧乃为弟兄。燕云隔楚水，迢迢万里程。今宵酒对酌，何时壶共倾。夜阑复剪烛，烛炧寐不成。晨鸡忽唱晓，不觉东方明。舟子催解缆，握手泪纵横。兄登岸上立，遥望不胜情。我从舡头望，四目共荧荧。渐望路渐远，风顺舟复轻。一溪浪花碧，两岸山色青。望兄兄不见，犹闻呜咽声。

元夕舟中寄怀二兄树堂时摄沅郡学篆

处处上元夜，华灯张酒筵。一般佳节过，两地客心悬。兄秉黔江铎，我乘湘浦船。家中人聚首，应说月团圆。

早发汉阳

北上三千里，茫茫驿路赊。云开初见日，风起不扬沙。山径多樵客，乡村认酒家。早春寒意重，卓午且停车。时正月念四日也。由汉阳取小径二十里至桃林冈宿焉。

汉阳道中阻雨

辨色天将晓，惊心雨乍霏。冰丝千片散，云幪四山围。有客方挥策，怜余独倚扉。兀居朝复暮，自悔赁车非。由汉镇雇手车行甫一日，遇雨，舆夫寸步难行，适有骑者，扬鞭径去，颇悔失计。

滴沥雨声续，嗷嘈人语哗。破寒倾竹叶，索笑倚梅花。萍水他乡合，同寓有贾人子颇工谈笑云山客路赊。汉阳犹在目，何日到京华。

忆自辞家后，迁延近两旬。湖壖风滞客，村店雨留人。把卷聊消昼，提壶且买春。吾生原任达，未敢叹邅屯。

偏有村氓喜，能消逆旅愁。披蓑来野店，把酒话田畴。农为一春计，客经三日留。滂沱雨应足，我欲谢鸣鸠。

报晓一声鸡，征装结束齐。星明天欲霁，云暗路旋迷。停辙寻荒径，呼船渡小溪。行行三十里，又听鹧鸪啼。念七日晨起，见天色微霁，开车径行三十里至卫家垅，又复遇雨。

天漏疑无日，山深只有云。已愁泥滑滑，况是雪雰雰。似桂薪难购，堆花酒易醺。堆花酒名瞢腾成美睡，不必问朝曛。

野色昏如墨，人心急似弦。眉因愁雨锁，眼为望晴穿。缩地惭方士，开云愧昔贤。何当生羽翼，瞬息路三千。

我仆宁辞瘁，天公不放行。为期已九日，计里只三程。二月三日，由卫家垅行四十里至半壁店宿焉。计离汉镇甫九十里耳。出水日无色，扫云风有声。山山听鸟语，应是乐新晴。

过杨店是丙寅年孝感教匪滋扰处也。舆夫有应募亲历行间者，津津谈往事，不置因缀次其语成六绝句

闲听舆人话短长，当车奋臂笑螳螂。只今十里胡家寨，古树寒鸦噪夕阳。

年年赛社祝丰穰，堪叹村愚愚更狂。白发红颜尽黄土，可怜一炷太平香。

闻道妖旗指汉东，湖堤连夜雨兼风。邪氛隔断盈盈水，先策阳侯第一功。

官军持重稳如山，贾勇乡民野性蛮。直捣穴巢探虎子，白棓三百尽生还。

五月征兵赴汉川，游魂釜底七旬延。将军肯打无钱仗，一炬功成奏凯旋。

义士黄陂不署名，万金家散募乡兵。功成长揖将军去，依旧南山叱犊耕。

孝感道中

澴州古治路回环，雨后苔纹匝地斑。董永墓荒青草里，黄琼宅在白云间。西澴水接东澴水，大伍山联小伍山。竟日车中看不厌，舆人指点武阳关。

黄河阻风

风蓬蓬，浪汹汹，汴京隔河三十里，声声震耳耳欲聋。猊吼虎哮不可喻，有如千军万骑交。相讧喑哑叱咤大王雄。巨鹿呼声动天地，昆阳屋瓦飞凌空。马行欲前复欲却，骑者走者双目矇。但见飞沙卷石吹，作雨如雾暧暧云。霁霁万重白浪蔽，白日一色苍波混。苍穹奔腾势若挟山至，砰訇直欲与天通。舟子魄栗胆已碎，津吏口噤气结胸。焚轮三日朝复暮，停车两岸西又东。临流但有望洋叹，猛虎可暴河难冯。我欲淋漓张盖蹈，波去波上长揖葛仙翁。我凭忠信涉险阻，君操幻术多奇踪。倾壶与我沽一醉，左骖白鼋右骑龙。蛟螭前导神鱼舞，冯夷和之鼓逢逢，助我破浪万里乘长风。

河朔道上大雪

一夜寒风号不停，开门失却西山青。大地茫茫混一色，南阡北陌无畦町。驱车欲行行不得，马行一步一踣蹶。偕偕士子愁无聊，车上愁心日千叠。遥望长安阻且长，屈指春官试期迫。那得追风骋千里，除是凌虚揽六翮。从此朝朝复暮暮，一车不行百车驻。固知世上行路难，胡来天亦绝人路。滕六葛三呼不应，阊阖九门莫由诉。流星一骑天上来，行人始得知其故。鼎湖之龙今上升，特遣玉虬迓龙驭。风云惨淡日无色，山川草木尽缟素。即看开霁重睹天，檐溜点滴如涕涟。桥上试听双鹤语，今年不减尧崩年。

汤阴谒岳忠武祠

英灵河岳壮千秋，豹略龙韬第一流。宇宙生才原有数，古今论将更无俦。誓心天日忠谁鉴，唾手燕云志未酬。造物故留遗憾事，供人凭吊恨悠悠。

过庐生祠用乙卯年原韵

一哄邯郸马上尘，停骖曾此访仙真。怪他仆仆车中客，尽是蘧蘧梦里人。

神仙踪迹亦浮尘，假寐安能觉便真。不信祠中看塑像，至今犹是未醒人。

榜后恭纪

捷旗一骑马奔尘，淡墨标题姓字新。我似袁生却无梦，斗魁傍立亦前因。古今诗话袁郭初应举，梦立斗下，果第七人及第。今子亦登礼部榜七名。年来抱玉漫矜奇，三献初逢剖璞时。余凡三应会试何幸前茅容滥厕，文章亲荷九重披。会试前十名闱卷例应前期进呈御览太史新占五纬明，四月朔日，五星联珠特恩增额纲群英。今岁恩加中额倍前数科散材自幸依桃李，也逐春风放满城。

群仙逐队咏霓裳，此会真同选佛场。最羡宣公门下士，一时天雨四花香。今科湖南取中七名，甲寅同年获隽者，罗静贮志谦、方雪浦应纶、李仑圃象鹄及余凡四人。

文章结契信因缘，问字频来绛帐前。惭愧登庸旧衣钵，可能瓦砾荷陶甄。揭晓后谒见房师汪熏亭夫子，谓闱中定名次时，座师置余卷于第七。因刘云房夫子辈行第七，盖欲以同乡举，主衣钵相传云。

含元殿上静无哗，对策丹墀日未斜。只恨墨禅参不透，行行春蚓绾秋蛇。余楷法素不工

嵯峨阊阖倚云开，步逐奎躔拜舞回。天上仙韶停凤吹，一声胪唱响春雷。本年因国服传胪不陞，殿乐亦设而不作。

二百银袍济济仙，前鸿后雁一行联。曲江例撤同年宴，犹赐云章五色鲜。今科闻喜等宴俱因国服停止，仍颁赏表里等物。

昔曾游处仰宫墙，依旧森森桧柏苍。五载流光如电掣。何时风雨复连床。余乙卯会试来京时，二兄树堂为上舍生，同寓北雍。今以释奠重来，相距盖五年矣。

天人策后试鸿词，珥笔重逢上玉墀。自愧雕虫原小技，亲题甲乙荷恩慈。恭应朝考蒙恩人选。

龙颜咫尺对丹宸，御笔亲除到小臣。脱得襕衫换宫锦，草茅初拜诏书新。引见蒙恩分部

凫飞花县凤栖桐，尽入丹毫点注中。八十曹郎尤异数，好添故事纪南宫。今科入词垣者七十三人。知县即用者十五人，已属同榜盛事。而分部行走者至八十员之多，尤为本朝开科以来未有之异数。

蓬莱合让列仙居，红药阶前愿亦虚。余曾以内阁中书注选。今蒙恩分部例应注销。从此趋翔入兰署，日含鸡舌侍彤除。

郎位星原列太微，神仙宝玉有光辉。师门我亦卢行者，金缕珈梨手授衣。甲寅，座师谈韬华夫子榜下分农部，余引见前一日谒见，蒙手付一带与余，曰：以此传衣。今果分部签掣农曹。

灯穗连宵送好音，阿连入梦最关心。分明吉语同繇卜，更有新诗寓诫箴。引见前一夕，梦亡弟金田贺余得官并赠以诗，题为四科诗。其词曰：文学已食报，政事新畀予。所重在德行，所戒在言语。云云。

鲤庭期望忆髫年，一第谁能报九泉。余年十二岁失怙。差喜除书到闾里，占乌犹有北堂怜。

送李仑圃同年归里

秋风同听鹿鸣歌，又忝南宫射策科。愧我拙才迁粉署，输君高足上鸾坡。朋簪乍有弹冠庆，客绪无如判袂何。此去也知成暂别，离愁偏是旅人多。

送蒋锦乔同年归里

标格曾闻说项斯，饮香名更动相思。封侯肯易瞻韩愿，登榜欣逢御李时。正喜看花同走马，那堪折柳遽歌骊。再来已是经年别，此会倾壶醉莫辞。

元日早朝

静鞭鸣后奏韶钧，立仗鸿胪引缙绅。雉扇蜿旌排紫殿，夔飏虎拜向丹宸。同朝共庆风云会，隔岁犹为草莽臣。从此趋陪贺元日，长沾圣泽总如春。

移寓珠市口西柳树井

城南卜就数椽庐，家具无多载一车。但使厅容旋马地，本来身是寄蜗居。当门正对陶潜柳，插架多藏李泌书。拟欲栽花兼莳药，后园新拓半弓馀。

新寓为安溪李文贞公故第叠前韵再赋一律

午桥旧是晋公庐，门闬曾容驷马车。范后尚留三亩宅，杨先原受一廛居，弓裘世守延家泽，纶绰高悬仰御书。庭悬康熙年间御书夹辅高风赐额犹存。燕垒堂前故无恙，衔泥时堕落花馀。

买春词

梅花窗外影随身，无计消寒欲买春。自笑坐禅心不定，维摩天有散花人。

强驱吏牍散衙回，便有闲蜂冉冉来。指引桃源仙路近。采花使者是牙媒。

小车油壁载云鬟，次第文鸳接彩鸾。三日俸钱刚五百，且逋酒债买花看。

春风人面映桃花，翠袖红绡门丽华。痴绝女儿怜少小，生平强半属龙蛇。

墨字何妨白纸书，问名纳采例删除。牙婆便是春风主，桃实桃花合问渠。

不信灵花也有根，柳条藤蔓借扳援。一年一度一来往，彩异红笺是活门。

圆趺三寸学官装，橐橐声生响屧廊。花到长安看不足，春风日日马蹄忙。

梨花嫌瘦柳嫌狂，五色迷离过眼忘。我愿化身作蝴蝶，百花丛里只寻香。

三月望日农部同年小集于瞻云书屋和萧石舟原韵

佳游载酒同年会，宣武城西旧有名。次第看花人得意，联翩出谷鸟和声。兰亭燕集情殊畅，沂水风流服既成。广市饧箫千巷出，高棚茶鼓六街横。含鸡乍入黄金阙，络马来游白玉京。隔岁胪传初释褐，一时除授并垂缨。仙曹好比东南秀，官级犹殊左右更。任氏书原经作笥，杜家库是墨为兵。旁通人物胸中志，对唱筹签座上惊。记昔才曾称二妙，即今望早致三清。皎如玉树森森立，瑞比珪桐菶菶生。始信巍科能拔隽，间披小录与增荣。蟾宫何幸连枝缀，鹓序还欣接武行。独我鱼鱼惭报称，诸公衮衮悉峥嵘。衔杯乘兴呼红友，拈笔酣吟倚绿卿。莫道官间无个事，宫商一片赞承平。

题同曹赫听泉柳阴垂钓小照

杨枝临水悟前因，小坐滩头作钓人。认取本来真面目，薜萝原是画中身。

即今须发半苍然，往事风流一笠传。却是柳条青不改，依依风度似当年。

题朱贞女采兰图

楚畹有幽兰，兰生迥殊众。孤根托庭隅，晨夕长相共。但愿入室芳，不作同心梦。我读南陔诗，持为作花颂。

梦弟

梦与吾弟言，兄弟如五指。伯兄任家督，巨擘差堪拟。诸兄悉翘特，居中三指似。渺渺缀其末，季指毋乃是。醒时顾我掌，弟言良有以。骨肉本相连，况乃属毛里。痛痒偶有时，端不分我彼。一朝伤其一，此痛彻骨髓。嗟哉予之季，天胡独断尔。既断胡由续，今生长已矣。

集唐人句寄叔岳张半苍

末学曾为叔父知，风流儒雅亦吾师。文章立事须铭鼎，语笑方酣各咏诗。吊影分为千里雁，论交却忆十年时。何当共剪西窗烛，美酒香茶慰所思。

头角由来出世姿，鬓丝休叹雪霜垂。半苍年甫三十有四，近闻鬓有二毛。正当海晏河清日，又到金虀玉脍时。景物也知输健笔，好风偏似送佳期。太微宫里琼刚树，未必嫦娥惜一枝。

闻三兄食饩喜而有赋

朝廷重师儒，廪饩给庠士。往往拔其尤，奖异恒于是。岁颁有定额，月赐有常纪。勿言升斗粟，食禄从此始。念我同怀产，前后十年里。采芹既接踵，食饩亦继轨。盛事赓棣华，芳声继泮水。遥知乡曲间，啧啧为叹美。

寿致仕蒋翁七十

喧阗仙乐奏云璈，介寿春筵一曲高。红杏映霞开锦帐，碧桃和露佐香醪。荣分阙北参鹓侣，美媲河东悉凤毛。会有软车林下贲，扶鸠叠荷圣恩褒。

零陵周桐冈进士出所题花桥一律属和

见说春陵道，花桥跨小溪。一江红冉冉，两岸绿萋萋。犀带谁人解，鳌头有客题。香风还四起，拂拂引征蹄。

同曹祁鹤皋先生为其乡人杨孝子征诗为赠二律

大道关名教，由来一贯之。几人能负荷，万古此纲维。草向南陔采，金曾北郭施。孝子轻财，好施予。到今传懿行，载道口为碑。族望关西旧，恩荣阙北新。九重颁绰楔，奕叶荷丝纶。孝子已故。近蒙旌表，并膺赠命。典则成前辈，馨香付后人。正宜长不朽，华岳共嶙峋。

即事和李仑圃同年之作对灯

纸窗风雨夜潇潇，一盏青荧照寂寥。每卜开花心亦喜，多缘起草手频挑。案头检点残编积，枕上追寻客梦迢。赖有檐梅堪索笑，短檠相对伴长宵。

围火

重门回曲一罏深，红炭高烧绿酒斟。清坐正思添半臂，温谈聊与话同心。庭阶扫雪烹云液，帘幕生香试水沉。习气未除旋炙砚，又呵冻笔写新吟。

早起

问夜如何夜未晞，一声鸡唱曙光微。惊回栩栩庄生梦，起着黄黄晏子衣。宵柝齐鸣催玉漏，晨钟初动启金扉。前身恐是城楼鹊，日望觚棱逐队飞。

晚归

衙参放晚太匆匆，衔尾雕轮退自公。鸟阵参差暮云里，马蹄蹀躞夕阳中。凉生庭院蟾光白，影透窗櫺蜡炬红。刚欲闭门教煖酒，谯楼已报鼓铜笼。

岁除前二日三兄送眷属来都

旷矣三年别，悠然两地思。乍逢疑是梦，失喜转成悲。雨雪严如此，关河渺若斯。何当五千里，为我慰分离。

兄兮远来顾，母也近如何。堂上欣无恙，天涯喜倍多，傧笾斟美酒，击鼓听春歌。几度逢佳节，今宵乐且和。

慰内

伉俪情原笃，寒暄话转无。卅年惯离别，三载感勤劬。嘉耦为儿配，馨羞奉母娱。今宵一杯酒，且以慰长途。

新恩承象服，往事戒难鸣。好作同心梦，几忘结发情。食贫曾共我，买笑亦娱卿。时新纳倪姬记得先民训，和家福自生。

慰陶姬

转问转低头，盈盈泪欲流。欢娱刚百日，怨别动三秋。姊妹新花并，雌雄故剑求。不须怜薄命，夫婿悔封侯。

春闱受卷口占四律呈同事诸君子

铢毫捧出五云端，签掣春闱受卷官。蜂号昔游嗟龌龊，龙门今日任盘桓。自怜断木沟中选，从此鏖兵壁上观。煮茗焚香清白昼，隔帘犹有故人看。

晓来同上至公堂，鹓鹭班分左右行。照出签须亲检点，关防戳恐或遗忘。蚕声听处春方永，蚁战酣时昼正长。竟日欲穷千百卷，篇篇翻阅亦匆忙。

明远楼头画角催，乌台齐上瞭高台。凫趋小吏分班出，鱼贯诸生结队回。共盼捷书旗鼓到，先防贴榜姓名开。而今始信登科事，第一关从受卷来。

棘闱人散夜沉沉，手不停披漏已深。忘寝生防旷公事，怜才颇亦费婆心，三春桃李人争植，万卷琳琅我借吟。记得昔年辛苦地，些些疵纇莫搜寻。

九月三日送三兄出都

世间最难得，无如埙与篪。聚首浑忘乐，别袂一何悲。昔我赋行役，策驽游京师。身为一官缚，言归未有期。吾兄重垂念，跋涉不辞疲。穷冬十二月，雨雪独驱驰。挈我妻孥至，慰我长相思，手足重欢晤，乐也何怡怡。欢乐殊未艾，日月如奔骐。三年刚一聚，九月遽分离。客中难送远，歧路倍嗟咨。矧乃为骨肉，兄弟又匪伊。兄归返故里，弟留客天涯。归者心恋恋，留者梦随之。梦为双翼鸟，飞过湘水湄。登庭拜慈母，慈母喜可知。自言犹健饭，精神不少衰。努力报知恩，归家未为迟。携儿坐中庭，庭树绿参差。昔是同根生，今分南北枝，不惜枝南北，本根务培滋，昨夜隔今朝，相去复几时。空馀别兄泪，盈盈滴酒卮。仰视南征鸿，犹是一行随。

嗣钦生日示以诗

一过千言熟，十五常敬忠。说经重席坐，十六戴侍中。今尔逢生日，计年已成童。昔贤非所期，何以承家风。收尔骛外心，勉尔稽古功。铁顽犹待炼，木坚亦可攻。不惜质愚鲁，惟恐安瞶聋。谆谆提尔耳，尔莫亵如充。所贵三隅反，庶几一贯通。古人亦有言，学与白日同。少年而好学，如日初升东。后生良可畏，来者方无穷。

汉阳朱孝女守贞图

兰花同臭玉同清，膝下瞻依过此生。孝笋每随慈竹长，孤鸾常作乳禽鸣。江深汉广遗风远，夏清冬温古道行。只有白华能喻白，管彤应得纪芳名。

立春日贺友人生子周岁

才荐辛盘试晬盘，锦绷彩服护春寒。正开缘酒名长寿，恰剪红罗制合欢。绣陌好腾千里骥，香阶新茁一枝兰，应知挈印提戈后，胜里金花仔细看。

彩云二十首代

彩云一片化轻烟，酒泛霞觞是别筵。再世鸾胶谁更续，今生鸳梦已无缘。非关天道如弓曲，难得人心似镜圆。又是落花随去水，桃源仙子仕三年。

蜀山环碧越江清，孕出蛾眉旧有名。嫁得相如徒壁立，归随范蠡一舟横。吹篪每作同声应，打鸭先防比翼惊。至竟诗人犹未老，花前何处觅莺莺。

仙鬟小谪自蓬池，记得清娱隔几时。弹烛代郎哦白蜡，裁笺为我写乌丝。闲调鹦鹉言偏巧，惯绣鸳鸯意最痴。往事不堪回首忆，合欢被底著相思。

梅曾嫌瘦杏嫌肥，检得名花锦作围。活水自煎闲斗茗，生香不断为熏衣。温如燕玉春常暖，媚比隋珠夜倍辉。记否却寒帘下语，伯劳燕子莫分飞。

游仙一枕梦初惊，空结山盟与海盟。萍性易飘卿负我，藕丝难断我怜卿。市中谈虎讹谁起，屏上飞蝇误已成。咒得莲花生舌本，好将心事说分明。

可怜山石海禽衔，冤意谁投谤木函。玉女悔曾留一笑，金人从此重三缄。空歌冰上鸬鹚曲，难辨车中薏苡谗。怪底问花花不语，翻嫌梁燕语呢喃。

对人强笑背人愁，一错真成铸六州。月过圆时旋见缺，花经春后便悲秋。怪来慧鸟偏饶舌，学得痴虫只叩头。绝似临风然绛蜡，空馀红泪两行流。

偷书闷字拨寒罏，泪点如冰滴唾壶。从此山鸡休舞境，自怜海蚌未生珠。青梅吐尽酸于枣，红豆抛残苦似荼。帘下倩谁呼李十，扑翻鹦鹉怨狸奴。

一灯闪闪夜沉沉，四壁寒蛩助苦吟。红线专房悲既往，绿珠堕地誓从今。痴心竟欲长埋玉，谗口何难便铄金。我为护花铃特系，肯因弹雀损芳林。

谁掣雷鞭放炮车，杯中顾影自惊蛇。疗心绝少君臣药，解语全凭姊妹花。正拟比肩同鼠负，休教短气笑虫邪。儿家自保千金璧，借得他山好涤瑕。

春悲春病日相牵，憔悴姬姜绝可怜。变态风云殊冷暖，无情面目换媸妍。自知命薄真如纸，空说心高欲比天。一曲箜篌一行泪，不堪旧调改新弦。

织缣曾许住东邻，偏惜馀光照此身。去燕辞巢犹傍主，征鸿出塞已如宾。檐前难索梅花笑。陌上空惊柳叶颦。一片夕阳闻叹息，落红无计可留春。

怪他叙卸吉丁虫，想到非非路更穷。峡雨行时原是梦，天花散后本来空。生防饮墨同名士，便拟披缁入梵宫。只恐禅心如柳絮，不沾泥处也随风。

我亦年来觉岸登，在家人似出家僧。禅机活似东流水，戒律精于北陆冰。愿仗慈航投苦海，早凭慧剑劚情藤。他时白首遥相忆，前后三三证佛灯。

隙中驹影梦中身，过眼悲欢一哄尘。聚似罗浮合风雨，散如卯酉各参辰。周婆原不疑樛木，假妇何曾解洛神。瓦上双鸳惊打破，氤氲使者注前因。

黄金不惜惜芳菲，茧结同功愿已违。三字狱成莫须有。一生缘断是耶非。弃捐不比齐纨扇。投赠何如郑缟衣。刚醉中山千日酒，醒来谁唤鹤重归。

自是前身杜牧之，寻春旋到送春时。渡头记昔迎桃叶。陇畔而今赠柳枝。未免有情殊恋恋，最难为别故迟迟。娇红惨绿花无主，寄语东风好护持。

魄磊全消酒一杯，芳心径寸冷如灰。去年崔护成长往，前度刘郎不再来。纵是骅骝谁忍换，寄言蜂蝶莫相媒。月中尽有闲田地，移取名花作意栽。

多情禅伯谢樊蛮，香火缘悭福亦悭。肠断也同河九曲，目穷难望海三山。春风惜别啼黄鸟，秋月思归放白鹇。从此相逢不相识，短歌长恨已全删。

曳云队里等云浮，裙底仙飞不得留。已付东洋抛旧恨，休吟南浦触新愁。出山泉水宁辞浊，迁谷黄莺且免幽。缘酒红亭终一别，秋波临去莫回头。

乌鹊行

乌哑哑，鹊喈喈，终日鸣，鸣不息。乌鹊尔无喧，听尔主人言。我有三间屋，半亩园，与尔栖身蕃子孙。灵禽慧鸟今已散，惟尔朝朝暮暮飞傍主人门。主人学仙兼学佛，朝常独坐暮独宿，已忘结习任飞花。但觉此心如枯木，有时抱云石上眠。石不能言一味禅，席上尚嫌鼎有耳，壁头长挂琴无弦，迩来更愿聋如马，酷爱秋林雌蝉哑，清风刮尽耳根尘。乌兮鹊兮胡为者，我闻云中之雁哀嗷嗷，命俦啸侣苦分曹。又闻濛濛阴雨鸠逐妇，鸠妇悲啼怨吾耦。乌兮尔何慈，受哺自有时，鹊兮尔何智，送喜亦有期。况尔同飞同宿栖一枝，哑哑喈喈尔胡为。

风筝

一般线索一般飞，得借吹嘘便不同。赢得儿童齐拍手。看他平地上苍穹。

哭长兄心田一百八韵

忆余同怀产，丈夫兄弟七。六弟甫七龄，七弟才六日。存者五人耳，依依绕双膝。痛惟岁丁酉，父兮婴笃疾。药饵讫无灵，卜筮不告吉。吾兄叩苍穹，泥首朝至夕。夜半率诸季，罗拜焚香乞。矢愿兄及弟，各减年龄十。合之五十春，以为吾父益。胡天亶不聪，梦梦罔攸恤。堂上椿一株。坐使霜风折。是时兄未冠，孤子遽当室。亹亹事孀慈，出入禀训迪。终朝勤三省，遑敢自暇逸。绸缪廑户牖，艰难念稼穑。奢靡夙所戒，施予亦弗惜。先人有遗言。谆谆嘱易箦。劝善莫如书，刻施丹桂籍。家塾既鼎建，祠宇复修葺。书院与考棚，以次创诸邑。济人成杠梁，除道剪荆棘。周贫振困乏，偻指不能悉。至今乡曲间，父老犹啧啧。闻善既倾慕，见恶尤痛嫉。往往触众忌，时复遇横逆。末俗失朴醇，几筵生矛戟。本来入世难，矧乃吏贪墨。有令猛如虎，飞而择人食。真同钳与纲，无事亦罗织。举家甚惶惧。兄仍守耿直。金以锻弥纯，玉因磨逾洁。遇险心自夷。刚肠不少屈。事定顾诸弟，垂涕话畴昔。昔者就传初，有志在诵习。蠹简日孜孜，萤窗时矻矻。童军才一试，家政相逼迫。缥缈望龙门，终身不再入。学业日就荒，公私猬务集。受侮常不少，外御是余责。纵复遭荼苦，受之甘如蜜。所幸诸弟贤，一一脱颖出，联翩采泮芹，次弟振云翼。前程未可量，乘时宜努力。弟能读父书，吾愿亦粗毕。回头语五弟，尔体最癯瘠。何当复善病，少小多啾唧。尔身偶失调，我胆已先慄。愿保千金躯，如守连城璧。夫何弟命蹇。年犹未及立。灾忽来二竖，身已抛七尺。吾兄哭之恸，一恸几欲绝。恸定寻自慰，恐诒高堂戚。循陔强排遣。独处常掩泣。间与亲串言，言之辄呜咽。手足爱何挚，情真意弥切。直欲终身聚，讵忍一朝别。死别已吞声，生别常恻恻。忆余赋壮游，远作长安客。家山五千里，关河为间隔。兴言陟彼冈，瞻望常弗及。吾兄念征人，邮筒无虚月。一纸报平安，缕缕为余述。闻兄鬓未华，犹自黑如漆。闻兄齿未摇，犹自坚如铁。兄性素嗜饮，豪饮号无敌。颇闻数年来，饮酒亦知节。兄昔多义愤，怒气伤肝胁。颇闻数年来，客气亦稍戢。私心方窃幸，远怀为怿悦。谓兄善养生。庶几登大耋。理数竟无常，变异不可测。一朝风烛悲，讣书来蓟北。和泪读讣书，泪尽继以血。始知开岁来，眠少食多噎。延绵至夏初，尚未卧床席。步履须扶持，精神渐渫越。既望后五日，晨起自盥栉。衣冠拜慈母，杯酒别弟侄。遗命不及私，端坐正寝没。吁嗟乎吾兄，年仅逾不惑。忆自失怙后，克家尽子职。门户独撑持，如瓯曾无缺。辛苦既备尝，艰危亦周历。迄今卅年来，精疲力亦竭。可怜血肉躯，安得比顽石。兄能正其生，故能正其卒。平生孝友性，临终仍了彻。泉台如有知，应侍严父侧。亡弟在九原，具迩歌戚戚。逝者竟如归，生者忧难释。雁阵已参差，何堪复挫翮。窦桂馀几枝，那忍一再摘。吹篪谁作唱，埙音长寂寂。仲兄与叔兄，愁肠已百结。嗟余独远游。升斗恋微秩。一身为官缚，难弃如鸡肋。兄病未尝药，兄殁未视息。殓未能含饭，葬未能执绋。佳城卜牛眠，亦未临窀穸。念此心蠹伤，中怀倍抑郁。犹忆北上时，扁舟驾一叶。吾兄远相送，溪流助呜咽。行行五十里，天气渐昏黑。挑灯衔杯酒，永夜语不歇。辗转不成眠，话到东方白。清晨各分手，榜人竟鼓楫。兄独立岸头，遥望泪犹拭。谁知一夕话，已作千秋诀。

戏柬罗内翰麓西余太史星堂

诗寄麓西与星堂，隔岁之约何荒唐。云俟开春上辛日。会须过我倾壶觞。客寻旧约刻期到。不车不马坐冰床。面城认是潘岳宅，入室不见阮生狂。呼童一一问其故，始言主人今善忘。旧腊新年隔几日，日日衔杯入醉乡。晨起驱车出门去，城东城北宾筵忙。三更四更归未得，归来直恐天欲明。客闻此语殊错愕，相对默默意茫茫。欻然仍坐冰床返，细嚼寒冰润酒肠。

何仙槎昔为铨部，借予骑近两载矣。今岁以第三人及第改官编修，牵骑归余。甫入厩，仰首嘶鸣，倘亦有感旧怀新之意耶，赋此以报仙槎

疾蹄曾踏软红尘，一日长安遍看春。从此清高矜顾视，更饶飒爽有精神。遭逢已感新知己，蹀躞来依旧主人。薄笨车边槽尚在，年年苜蓿莫辞贫。

伤小儿鹤寿九月二十九日

吉梦征兰隔几时，膝前犹复待携持。才迎三岁承欢笑，解与双亲作别离。学语鹦哥怜尔慧，断肠猿母助余悲。恩缘未了他生在，化鹤重来未可知。儿以九月十四日两周岁，晨起索衣冠拜余夫妇及儿生母陶氏。午后即病，竟以痘殇。甫三月，陶姬亦殂。猿母断肠之语，竟成谶焉。

题晓桩图

瘦石玲珑苔未扫，帘外垂杨丝袅袅。绿阴如许眠不得，起着红兜绸缪结。玉笄尖尖理云鬓，顾影生怜频看镜，心事只许菱花

窥。侍儿痴小那得知，推窗无力故迟迟。

题罗养田静观图小照

静坐此无事，聊作如是观。不妨参我相，貌出与人看。

余与温江刘比部芳皋、泸州王铨部式庵、汾阳冯铨部正斋、菏州周农部梧庭同生于丙戌年。芳皋与余同举于乡，馀子皆会试同年也，而又同官。今岁年各四十，开筵作二百岁同年会赋长律二百韵以纪之

海内为兄弟，吾生信有缘。只今会同甲，矧乃更齐年。藜阁星光映，兰亭墨宝传。将军依大树，君子爱清莲。棨戟家声旧，箕裘世泽延。门能容驷马，席屡集三鳣。笏列盈床象，冠簪累叶蝉。族原称鼎贵，地亦与陶甄。秀绝南岷岭，雄哉太岳巅。精光久腾烛，灵气自蜿蜒。应运生朱草。呈祥耀紫璇。仁禽声节足，仙骥态蹁跹。国器成瑚琏，儒珍重梓楩。胸经文水涤，肠向锦江湔。笔力千钧弩，词源万斛泉。盈腔皆锦绣，馀唾亦珠蠙。朗朗怀如月，汪汪量似渊。清标同淡菊，令德比温瑄。望范葵倾日，闻名蚁慕羶。攀稽欣侣凤，御李愿随骍。意气孚千里，声华遍八埏。诸公何衮衮，爱我独卷卷。自愧才原拙，由来力本孱。散材笑樗栎，鲜识等蚳蝝。乡邑邻炎徼，山居傍翠瑌。衡峰青崱屴，湘水碧漪涟。揽胜时携屐，探奇日扣舷。平生半蓑笠，家世一糊饘。麟阁图先范，泷冈表旧阡。高曾留矩矱，奕叶守杯棬。训早闻诗礼，庭惟有诵弦。纵观书灏灏。日玩易乾乾。请学来匡鼎，通经引服虔。讹曾辨乌马。悟更到鱼鸢。讵有窥园暇，惟知闭户专。六经心欲醉，万卷手常搁。早岁侪衿佩，穷年握椠铅。腹虚

惭炙锞，志壹且磨砖。远负苏生笈，常加祖逖鞭。鸣方鄙盆缶，用或类豰钼。春雨培鳞久，秋风刷羽便。踏槐随士子，赠桂自婵娟。匹马从南楚，公车赴北燕。灵蛇空自握，正鹄不能穿。隔浦鸿飞断，过都鹢退还。龙门终缥缈，桃涨自潺湲。仙汞空烧鼎，神风惯引舡。望穷三海岛，谁是九方歅。爨下桐方泣，山头骥已瘨。所嗟时龃龉，毋乃运屯邅。壮不如人也，身将用隐焉。进空劳蚁战，退复恋蜗跧。风雨三间屋，烟霞数亩软。孤盘松偃蹇，遍绕竹獭猭。射鸭萦长矢，从禽荷短铤。弋难效飞卫，钓欲学娟嬛。揭斧箐林伐，施罛泽国佃。樵歌入窈窕，渔唱出滃漾。长此泥涂辱，何辞手足胼。忘机同白鸟，习苦伴乌犍。伏沼甘为蝬，于牢肯作牷。旌胡来孑孑，帛岂望戋戋。沧海求遗琲，良工采短枅。闻飚思振翼，见猎喜游畋。龟卜频占墨，狐疑且折筳。货来都尉粟，输作水衡钱。难入彀中选，庶几流外铨。齐竽未一试，荆璞忽三镌。喜听泥金报，名将淡墨填。九霄云灿烂，五色日佪儃。黄帕初开后，朱衣暗点前。珠探平地上，酒赐曲江壖。玉笋班群羡，琼林宴已竣。看花来簇簇，走马共骓骓。捷鼓连番奏，降旗并日搴。得朋皆凤翥，求友咏莺迁。旧雨萃蒿绿，新花桃李妍。乍逢无白眼，各喜未华颠。问齿年相若，占星岁共躔。忘形到尔我，同气比兰荃。磁引针原合，胶投漆倍坚。直将肝胆照，自觉性情颛。雅量醇如醴，温言暖胜棉。断金相切切，倚玉共翩翩。义重龚君宝，名高马伯骞。赠何须缟纻，贽但有韦弦。白水盟奚益，丹鸡誓可捐。本来交道笃，肯被俗情牵。用比还如蟨，相怜宛若蚿。偶睽旋折简，每会必缠绵。蒋诩新开径，张融或并廛。直疑芝作室，不碍蕙为櫋。延客门常扫，留宾户每键。榻悬时欲下，幕设日频褰。古鼎猊唇喷，新茶蟹眼煎。冰瓯浮碧藕，雪椀荐香橼。乡味青菘甲，山肴紫蕨拳。市饶吴下鼓，家有汉江编。暇日修觞政，逢场握酒权。删除座上史，跌宕醉中禅。射覆饶心计，藏驱费意筌。手谈闻剥啄，拇战亦喧阗。出玖筹输采，投壶算告纯。席前召优孟，堂下问轮扁。兴到掺斑管，情酣擘采笺。韵能谐竞病，声不类敲彈。写就埙篪曲，传为倡和篇。共言才是锦，谁定笔如椽。记结云霞契，焉知岁月遄。时花几度过，夜月数番圆。乍听饧箫出，旋闻荼鼓鼘。雨中桃映頬，霜后菊如鬈。梅坞消寒粟，瓜棚避暑烊。正阳方浴佛，小岁又傩袄。胜地骑常并，佳游驾每骈。六街呈曼衍，九陌接辎軿。宝马嘶红鬣，香车载翠钿。歌翻桃弃引，舞选柘枝揎。橦上缘纤腕，绳头走曼鬋。擅奇才弄剑，贾勇复张卷。幻术雕灵鹊，雄心肘巨挻。分棚戏傀儡，遂队看秋千。不学闹装辔，聊为觖势鞯。时时随毂转，处处足舟旋。往者高年会，曾为盛事沿。轩裳来奕奕，杖履自佡佡。元老游东洛，群贤集涧瀍。胜筵作图绘，佳话付诗编。遗韵今堪溯，流风古已扇。远巡双义烈，瑜策两便儇。冬柏雕原后，秋蒲陨或先。甲辰雌寄哂，戊子小堪嗎。有客连江醉，寒儒会节怜。生年虽偶合，爵秩每相悬。念我青云友，同为画省员。南宫应纬象，北斗佐玑璿。释褐初怀版，垂绅共佩瑞。赤毫双管握，彩墨一丸研。粉壁图贤烈，金罏侍婉婵。口含悉鸡舌，衣护有龙涎。忭舞瞻云表，趋翔到日边。衣冠仪济济，旌旆象辀辀。诜荡门皆辟，嵯峨桷有梴。梅梁雕佹傚，藻井篆蜵蜎。四注琱櫓直，三阶釦砌平。鳞差银作瓦，肪截玉为磌。闲馆皆文杏，崇台悉美硃。宫莺歌呖呖，禁柳暖仟仟。琼岛彤云丽，金河碧水溅。踏鳌惊赑赑，飞蛛望连蜷。入听铜壶漏，归携宝鼎烟。升公常接武，退食亦随肩。得放朝参下，旋因吏牍缠。簿书欣有暇，夙夜庶无愆。更听忠言告，能医俗病痊。清谈虽娓娓，巧舌戒諓諓。片善交相劝，微瑕尚许悛。息争平雀鼠，剔蠹若鹰鹯。禄己沾升斗，家应饱廪癖。相期矢清白，庶以报埃涓。不惮虚前席，何妨割半毡。情堪拟骨肉，意每觉拳挛。忽忆同怀产，真如五指连。辛家龙骠袅，谢氏凤蹁跹。桂馥何殊窦，荆荣更胜田。祥刀方代佩，肱被每同眠。绰绰推黎枣，怡怡傧豆笾。敢言眉尽白，所幸鬓俱元。式好无犹矣，嗟行上慎旃。循陔兄负米，捧檄我乘蜎。两地劳驰企，中怀独结悁。迈征心自警，瞻望目空睚。伤猘犹分痛，燎须冀解痏。夫何嗟逝水，难以挽回漩。竹断平安报，花惊次第蔫。棣华半零落，宿草已绵芊。恸哭频枯眼，悲歌竟塞咽。在原比鸣鹡，漫野泣啼鹃。叹息三株陨，空馀两雁翾。忧非萱可解，忿岂草能蠲。何幸车依辅，如将石补天。睘睘行有佽，落落数尤全。少逊竹溪逸，多于商岭仙。岳生如柱列，星聚似珠联。彰色相辉映，和声共节宣。官骸曾不隔，臭味本无偏。此日逢强仕，詹期敞盛筵。雕弧同炫丽，彩服共褊褼。访道吴居士，成名孟浩然。无闻惭贱子，不惑羡诸贤。颂祷聊为祝，诗歌强著诠。人间即壶峤，陆地有期佺。黄发来丹井，庞眉出豆篙。炼成金液鼎，濯向玉浆汧。碧奈凝霜雪，青精胜稻秈。戏批麟作脯，何事马为朘。春酒年年绿，蟠桃岁岁鲜。筹添应满屋，福至自如川。不老齐仙李，恒春比寿钱。重之各二百，纪算合成千。

除夕

瞥眼流光四十过，头颅如许尚蹉跎。文章自叹穷难送，骨肉何堪病作魔。珠未成胎嗟剖蚌，侧室陶氏因病堕胎花才解萼遽辞柯。孙女世祺是日病殇室人强晋团圞酒，祝取新年乐事多。

正月十四日生孙

今朝破涕时侧室陶氏新亡笑孜孜，四十生孙尚不迟。立竹可能朝异日，传柑况又近良时。蹲鸱正煮宜男芋，卜茧新添喜子孙。早觅邮筒传吉语，春风先报北堂知。

代题介文女史仙蝶图

几生修到白云乡，彩蝶翩翩纪太常。太常寺仙蝶雅幸托身近蓬峤，自怜遍体有文章。梅花旧忆香为国，凤子原宜玉作堂。三百诗篇传谢逸，仙心杂入更芬芳。

仙家近住五云东，纷翅香须惯舞空。每逐彩衣迎爱日，曾披纱幔对春风。一千岁老长生蝠，十二辰吟称意虫。拓得滕王新画本，添毫同写入图中。

耕织图

绘出村居景，耕图并织图。艰难资擘画，纤悉费心摹。杏雨研朱点，桑烟泼墨濡。笠红欹陇畔，梯绿倚墙隅。蹠耒平畴远，携钩曲径纡。播琴牵犊子，叠鼓祀蚕姑。马耳旋俱荷，龙精箔遍铺。锄云千耦合，缫雪一灯孤。劝自劳田畯，巡应重野虞。馀三农克敏，襄七妇忘劬。瑞表重思异，章成五彩殊。霜粳墉栉庆，冰茧篚筐输。始事曾乘屋，终宵更辟垆。鸡粮堆菽粟，豚圈近瓜壶。含哺辕频叩，迎暄杖共扶。鹿场真绣错，蜗舍半绳枢。问俗豳风验，占时吕览符。书还采汜胜，曲漫拟罗敷。春扈闻声未，秋螿听语无。借将虫鸟意，写就室家模。古朴形惟肖，丹青色不渝。传神同刻木，纪实等编蒲。幅展层层锦，诗吟字字珠。至今留粉本，犹仰宰公凫。

田家词集陶四首

寝迹衡门下，聊为陇亩民。只鸡招近局，斗酒聚比邻。谈话终日夕，淹留忘宵晨。寄言酣中客，从我颍水滨。

贫居依稼穑，好爵吾不荣。俎豆犹古法，园林无俗情。桑麻日已长，果菜始复生，息交游闲业，高歌散新声。

阡陌不移旧，依依墟里烟。御冬足大布，馀粮宿中田。采菊东篱下，种桑长江边。春秋多佳日，闲饮自欢然。

既耕亦已种，旧谷犹储今。方宅十馀亩，洪柯百万寻。朝霞开宿雾，微雨洗高林。啸傲东轩下，遥遥沮溺心。

九月廿九日奏补主事纪以诗

试吏经三载，权官又五年。昔犹同蠖屈，今亦比莺迁。捷让南山径，迟于上水船。朋侪方指羡，两鬓未皤然。

四月十九日生第二孙

檐前吉语报灵禽，连岁添丁喜不禁。正爱兰枝香满座，又看桐树绿成阴。高曾矩矱留遗泽，伯仲埙篪奏好音。竟爽他年犹后望，含饴聊慰此时心。

题望云图

谁着征衣试彩衣，寸心难报是春晖。身同四鸟辞巢出，目断孤云绕舍飞。此日牵车登岵屺，何时酌斗介庭闱。披图宛有循陔乐，补句应输束广微。

题渔乐图

我家湘山楚水曲，傍山临水数椽屋。门前半系钓人船，隔岸渔歌断复续。少小清狂好游戏，夫须作帽荔作服。轻舟一叶惯随波，渔弟渔兄相征逐。打桨朝从白鹭游。停桡夜傍芦花宿。何处笛声破清梦。微风剪剪波如縠。波上游鳞鱼正肥，杯中浮蚁酒初熟。不管江头鹬蚌持，肯羡人间升斗禄。年来走马负初心，软红道上尘千斛。六街九陌莽奔驰，湖烟泽雨劳梦毂。披图忽见旧家山，桃花蒸红柳酿绿。一溪流水一扁舟，想见当年真面目。何时返棹归渔村，重理溪头篧篧竹。为嘱画师参我相，裁取生绡云一幅。

长律百韵恭祝罗慎斋夫子九龄望秩并贺重赴鹿鸣之喜

吾党高山仰，神仙陆地行。齿尊秦博士，门列鲁诸生。直道追三代，声华播八纮。文章悬北斗，科第冠西清。散诞浮邱伯，优游洛社英。德谦占并吉，心泰遇弥亨。绰绾歌麋寿，重番赋鹿鸣。即今传盛事，自昔饮香名。来水家诒泽，昭潭地效祯。良材原产楚，美璞早辉荆。感象分朱鸟，怀珍重白珩。胃肠经浣濯，头角露嶒嵘。过目千言熟，盈腔万卷撑。百家足肴馔，六艺播琴筝。身是文坛将，胸罗武库兵。草书三昧得，雄辨四筵惊。壮志摩霄鹄，豪才横海鲸。朝阳梧菶菶，出谷鸟嘤嘤。蟾窟攀丹桂，琼林宴紫樱。高文标艺圃，妙选入蓬瀛。巨眼常悬鉴，虚心屡主衡。铸人分铁冶，乾隆己卯顺天乡试癸未会试两充同考官网士悉珠瑛。原隰歌周雅，因缘记汴京。丙子壬午两充河南乡试考官幕曾前度撤，茶忆旧时京。再揽皇华辔，重瞻使者旌。槎才河曲返，星向益州明。提督四川学政锦样江边濯，词源峡口倾。泮宫采芹秀，中沚乐莪菁。木铎随时警，银袍到处迎。公廉群献颂，劲直夙驰声。誉自槐厅著，官曾栢署更。由编修改官侍御乘骢霜凛凛，冠豸铁铮铮。日丽丹心矢，风声白简呈。百僚归纠察，群吏畏弹抨。品望无瑕璧，威灵有耳铛。晋阶入仙掖，捧敕出天枨。晋秩给谏鸾渚台称长，转掌谏鸿臣位列卿。擢升鸿胪寺少卿迁公资补衮，辅世待和羹。

象阙恩原渥，乌私慕独诚。彩衣三釜乐，赤芾万钟轻。怀有金丸橘，盘登玉粒粳。祥鱼冰畔扣，孟笋雪中萌。志每惊明发，心仍凛迈征。宿儒胸有笥，故业舌为耕。讲席开名麓，生徒遍里闳。岳峰青窈窕，湘水碧澄泓。禹碣摩挲古，唐碑拂拭莹。深心毫素托，馀事椠铅精。书传删梅赜，诗笺胜卫宏。麟经词炳炳，羲卦说铿铿。著有周易今文尚书诗经春秋管见共若干卷行世末学遵圭臬，从游奉准程。灵枢疗众痼，神篦刮群盲。剑锷咸资砥，弓材悉受檠。琢成廊庙器，蔚作国家桢。桃李盈门植，参苓满笼盛。卅年多乐育，乾隆壬寅掌教岳麓书院，迄今二十六载。四考荷褒荣。丁未癸丑巳未乙丑叠经吏部题准纪录共八次暇日携筇屐，闲心课雨晴。种花明月证，傍水白鸥盟。松下时调鹤，林间偶听莺。莲红牵荇藻，蕉绿映棕栟。母行慈兼孝，郎榆弟及兄。妒梅新放柳，嫁橘每依橙。化雨欣滋润，秋阳仰颢晶。直教香作国，讶是锦为城。辛苦当年地，栽培此日情。从头思往事，屈指念居平。记负苏生笈，常探晏子楹。云山空啸傲，金石发噌吰。钞贵云蓝纸，磨穿水蕨坑。探珠蛇在握，破的鹿为正。笔阵谁能敌，词锋莫与勍。无双称国士，第一协乡评。乾隆丁卯科领乡荐第一岁序奔乌兔，年华几蟀鹒。科仍开冒卯，宿共仰长庚。虎榜夸新贵，龙头重老成。红绫思饼饫，绿野又蒿苹。

依旧承筐币，还闻侑爵笙。渊源旧衣钵。今丁卯湖南乡试考官固始吴美存编修为河南壬午科取中门生某之孙康健老簪缨。纪算同胡杲，延龄迈许琼。精神真矍铄，意气尚纵横。台背松为骨，方瞳漆点睛。不知年及耄，只觉貌如婴。人望纯禧介，天教茀禄并。室生祥止止，家集福贞贞。瑞草堦前植，明珠掌上擎。箕裘能负荷，堂构克经营。更喜龙孙绕，争看犀角盈。班真联玉笋，教早薄金籯。风为鹏抟助，雷因鲤变轰。飞腾入词翰，次第列庠黉。映日九苞凤，筞云千里骍。承颜酌兕斝，绕膝捧瑶觥。佳话闻华阀，良辰敞寿棚。雕弧薄星汉，刻羽奏韶韺。风实千年熟，霞浆五斗酲。淋漓呼羽盏，沆瀣挹铜茎。宠已天衢荷，筹应海屋赢。恒春比期羡，久视即聃彭。愿上庄春祝，聊将郢曲赓。椵词一千字，一字一称觥。

送涂瀹庄同年视学湖北

白简威棱著，彤廷宠命加。簪毫称国士，瀹庄考差取录第一名揽辔咏皇华。自矢心如水，相期眼不花。荆州三品贡，珍重好披沙。

英夫人为子作画代友人题二断句

训勤曾忆织纮綖，馀事丹青代棨铝。偶向纱帷临粉本，传经心托画图传。

春风春雨一帘深，想见挥毫拂素心。我亦门前旧桃李，披图如对鲤庭阴。

贺友人六十双寿

响福原归种福人，惠风到处便生春。惯将枝借凌云翼，不惜波分涸辙鳞。誉望已闻碑在口，康强无事杖随身。即今鹤算同开甲，取次华筵敞令辰。

本来眷属是神仙，次第雕弧绣帨悬。不假茱囊方益寿，只飧菊酯最延年。承颜舞彩真麟凤，绕膝含饴悉梓楩。愿晋鹤南飞一曲，纶章伫拜五云鲜。

宋小岚招同人宛中宴集以文章有神交有道为韵分赋得章字

斯盟久不寻，词翰日就荒。今日成嘉会，为乐未渠央。主人敬爱客，华灯高馆张。春酒缥以清，黄封出尚方。小岚侄官光禄以所得官酒分饮酒酣发吟兴，吐辞协官商。分韵属宾朋，和者篇琳琅。吾爱徐陵笔，香珏架上珊瑚光。吾爱逋仙句，迪园座上梅花香。奕奕张公子，崧甫英妙独冠场。文成真鸑鷟，养翮待翱翔。贱子复何为，艰涩搜枯肠。愿以诗五字，重约法三章。旧书牲上读，曩盟未可忘。

怀涂瀹庄学使

乌府新持节，骚坛旧擅场。昔曾牛耳执，今忆马蹄忙。楚岫云千叠，晴川水一方。故人倘相念，春雁正回翔。

怀郑松谷太守

寮采雍雍日，相违四载馀。风流思五马，芳讯托双鱼。南浦飞云后，金台落照初。苍茫人独立，何以慰离居。

送长男嗣钦肄业北雍戊辰

儒珍席上重藏修，况值贤能大比秋。仙桂本非平地种，云梯也许上天求。春风养翮思前事，夜雨联床忆旧游。余乙卯下第留京，二兄树堂时为上舍生同寓北雍。十四年来一弹指，砚田无恙是弓裘。

三月六日，张棠村携酒过，余时会试考官入闱日也。即席成句，并呈吴山尊、冯正斋属和

送喜刍尼听又虚，故人相过颇回车。谈心此日惟杯酒，鞅掌经年是簿书。过野空求唐肆马，腾霄谁助禹门鱼。满城桃李春无限，惆怅东风剪不如。

京兆秋闱分校恭纪

行幄黄封一骑传，时上驻跸热河。钦点考官及同考官名单由驿驰递。纶扉新启五云鲜。姓名亲荷丹毫注，簪绂齐听紫綍宣。敕捧礼臣仪肃穆，筵开京尹乐喧阗。十年郎署惭荒殖，何幸追陪步列仙。联镳同入棘闱来，风味堂前首重回。沧海曾经窥弱水，神仙犹未到蓬莱。壬戌春闱曾充外帘受卷官虾帘一桁当年隔，鱼钥重门此日开。早晚朋侪尚无事，剪茶觅句共低徊。十五年前折桂枝，又开庆榜际昌期。余乡荐为乾隆甲寅恩科，迄今十有五年，又值恩科入帘。只今锁院焚香日，尚忆风檐限烛时。往事悲秋怜铩羽，者番鼓浪助扬鬐。御题捧到恭寻绎，抱玉怀冰答主知。钦命诗题清如玉壶冰。曾闻席上重儒珍，待聘今为受聘人。乡试同考各官例给聘礼银牌分铸青萍归大冶，合抟黄土付洪钧。旧知兰谱行联袂，新序鹓班坐接茵。竞说文章推六一，持衡家法勉遵循。连房谊更切同舟，疑义奇文互讨求。时与同乡喬绐练笔珊、何太史仙槎、同年花侍御晓亭、吴太史美存同住会经堂之东廊，每阅荐闱卷互相商榷。葑菲不遗宁节取，参苓备用自兼收。握针欲向鸳机度，拾芥还因虎魄投。犹恐珊瑚疏入网，然犀海底复重搜。朱衣暗点事虚无，清夜分明眼不糊。细辨龙文知赝鼎，肯教鱼目混真珠。材

收爨下音初发，锥出囊中颖自殊。问讯门前桃李树，登瀛人数恰相符。门下士得十有八人。

儿病

怜尔婴羸疾，夏徂秋又过。即今卧床蓐，呻楚四旬多。精神渐越渫，肌肉日消磨。奔走召群医，所言各殊科。或云火灼肺，养肺保无他。或云怒伤肝，养肝戒嗔呵。或云宜养心，心能伏百魔。或云养脾肾，姹女藉黄婆。初服参苏饮，莫救瘵与瘥。继服地黄丸，涎痰阻心窝。用术兼用桂，喘急气嘘呵。一身如枯木，百药寻斧柯。坐令日伐削，束手唤奈何。我叹医者术，治病如治河。源委曾莫悉，妄言斫蛟鼍。岂知千金堤，溃此一蚁窠。惊心对海若，无计锁淮涡，木石与竹楗。尽付东流波。昨者逢冬至，群医纷喽啰。直如防大泛，抢险立危坡。日忧风鼓怒，夜恐雨滂沱。愁日复愁夜，岁月已蹉跎。卢扁久不作，安得缓与和。仙方传肘后，为尔起沉疴。

卷下

元日早朝

五色祥云护禁城，香烟缥缈绕霓旌。编斓凤诏丝纶焕，忭舞鹓班喜起赓。通籍十年惭报称，覃恩三锡荷褒荣。一门四世承天宠，庆典欣逢有弟兄。二兄厚基官桂东教谕，今岁同遇覃恩。

元日太和殿赐宴恭纪

九霄诶荡启天门，万寿筵开御酒温。舜乐喧阗调玉琯，尧厨优渥酌金樽。怀来仙果遥将母，分得甘饴叠弄孙。刚喜椒盘新荐后，加飧更与饱君恩。

祝女寿

衡峰青矗矗，湘水碧粼粼。灵照修真地，华存降祉辰。芳宗称鼎贵，淑气韫坤珍。设幔传经术，和丸助苦辛。班姑通旧史，孟母接芳邻。志自承夫子，仪惟咏淑人。即今逢今旦，共喜祝长春。竹叶倾杯绿，梅花酿酒醇。承颜多吉凤，绕膝悉祥麟。堂北金萱茂，陔南彩服新。德堪型梓里，宠待贲枫宸。愿晋延年斝，巴歌一曲陈。

清明日携两孙赴瞻云书屋奠酒，是亡儿嗣钦停榇处也

小屋如舟薄榰停，纸旛飘缈伴刍灵。可怜一滴清明酒，洒向西风泪共零。阶前罗拜两孙雏。稻饭鱼羹荐一盂。褓褓也知天性爱，可怜一拜一悲呼。

嗣钦百日复携两孙奠酒

永别成千古，为期已十旬。相逢惟有梦，欲见杳无因。积雪消残腊，飞花送暮春。年光愁里过，触处总伤神。

曹翊庭吉士同年乞假归祝祖寿，诗以送之

曾记追陪步月宫，翩翩英妙羡终童。踏槐已喜名相次，释褐何当岁亦同。余与翊庭乡榜名次相近，己未岁余年三十有四成进士，今翊庭成进士年亦三十有四。官滞十年惭拙宦，身经七战有新功。余官部曹十年不调，翊庭七上公车今始获隽。围棋自笑争先着，一着输君是阆风。

本来仙籍注瀛洲，合向蓬山顶上游。馁饼才名夸绣虎，含饴乐事忆扶鸠。鸾章已拜天家宠，鹤算新添海屋筹。屈指介眉春酒近，归鞭早迩稻花秋。

送林迪园出守郢中

诗坛曾忆共追寻，更结贤邻契最深。十载趋公常并辔，一麾出守怅分襟。往来此后凭黄耳，晨夕同谁数素心。今日倾壶须尽醉，梅花三白莫辞斟。

本来郎署应星辰，福曜新移汉水滨。竹马争迎贤郡守，板舆躬奉太夫人。循陔彩舞君将母，绕舍云飞我望亲。何日扁舟赋归去，阳春亭上可延宾。

贺聂驾部蓉峰重入翰林

仙家只合住蓬池，小别桐风隔几时。蓉峰乙丑授庶吉士，戊辰改部政事尚迟三载考，文章终荷九重知。今上五旬万寿，蓉峰恭进颂词三百六十五首，衢歌一百首，蒙恩授职编修。

含香不复趋华省，珥笔重番侍玉墀。从此词林添掌故，一朝纸贵写新诗。

送三侄嗣钰归家

天涯骨肉别离难，泪点如珠对酒弹。一百六旬时冉冉，嗣钰五月来京，留寓凡四阅月。五千馀里路漫漫。风波到处须防险，雨雪随时谨护寒。归日重慈问痴叔，为言近况尚平安。

往事

我生四十又逾四，去日滔滔如奔驷。已叹壮也不如人，渐觉髦及老将至。平生心迹海鸥盟，一官拓落匏瓜系。只今积年阅两考，回首滥竽已十岁。曾见终童头上繻，曾记孔融袖中刺。几辈纵壑同巨鱼，可怜伏枥成老骥。生无万里封侯骨，甘老太微积星位。薛疏漫与滕争长，郾强故应宛为次。口中早已戒雌黄，胸次何曾有芥蒂。况复宦海波茫茫，惊波令我思往事。往事扁舟过岳阳，登楼遥望水天际。赤沙青草八百里，楚舶吴艘万千计。重湖破浪乘长风，中流击楫竟先济。巨艇势若青山来，高帆捷如白隼逝。辟易万舶与千艘，欲泊不泊快风利。岂知江神无世情，须臾龙堆沙上滞。眠樯卧橹坐湖心，坐看众舟日鼓枻。

老诗与宋小岚、徐香钰、张崧甫同赋

入塾回思束发初，今来雪染鬓毛疏。流光迅似传言鸟，况味甘同食字鱼。剩有吟情间角菽，自矜目力夜雠书。少年漫诩才华富，朴学崇深恐不如。右老儒

频年辛苦老泥涂，听惯青牛白咽呼。两鬓雪霜压蓑笠，一畦烟雨荷犁锄。人安耕凿升平福，天与康强岁月娱。最羡鸡豚村社散，迎门稚子杖争扶。右老农

壮年投笔事从戎，垂白真成矍铄翁。百战馀生留牖下，三军宿望在师中。鹈膏惯拭青萍剑，虎韔新韬黑漆弓。最羡旧时临阵马，每闻鼓角辄嘶风。右老将

本来谙练胜时髦，霜鬓萧萧老决曹。细剖疑团心似发，力除弊窦笔如刀。狱成北寺冤能雪，判重南山法不挠。往事平反试回首，充闾顶卜里门高。右老吏

观奕

已将世事付棋枰，先着何堪处处争。敌手竟难第优劣，痴心犹自斗输赢。局中可叹势多暗，败后谁知功转成。我等旁观无得失，颇嫌黑白尚分明。

梦

梦中知是梦，觉后转疑真。后梦续前梦，安知想与因。

诗债得偿字

偶然阁笔费平章，检点吟窗债未偿。何日填还同社约，肯教羞涩小奚囊。湖山难负君频索，风月相催我亦忙。不是偷闲久悬欠，待沽清酒浣诗肠。

酒债得逃字

青帘悬处足香醪，酒债寻常饮自豪。旧券未能村媪折，誃台可许曲生逃。兴来那复愁羞涩，闷后凭谁解郁陶。纵使杖头钱已尽，何妨日日典春袍。

庚午除夕

瞥眼年华似水流，客中岁已一星周。官如鸡肋偏难弃，迹比鸿泥到处留。座上何当冰玉映，李婿家骐时赘余家樽前最喜漆胶投。曹翊庭同年时寓余家杯盘指点孙曹奉，竟夕亲朋互献酬。

冷眼

十年踏遍软尘红，热态全归冷眼中。颇有闲情窥斗蚁，漫矜小技学雕虫。文章花落随流水，世事云浮过太空。终古神仙原是幻，痴心犹自羡樊桐。

闲身

乞得闲身暂闭庐，胸中浩浩养空虚。细倾坐上忘忧物，只读人间有用书。覆鹿于今无幻梦，寄螺随处可安居。连宵多谢风兼雨，门外车尘渐扫除。

小园

拓得墙东半亩基，小园惟与种花宜。春华早谢开原早，秋实迟成落亦迟。色艳惯招蜂蝶妒，根深不受雪霜欺。年来悟彻荣枯事，日向篱边醉几卮。

杨惕吾持其亡室新阡图索句图中题句最多

披图三叹息，此意独君知。好句纷如叶，为君一扫之。有辞皆婉切，妙义亦搜罗。不扫诸公句，吾诗将奈何。夜坐忽闻雁，孤鸣凄以清。抬头语孤雁，替我说诗情。

五月二十六日转官员外恭纪

忆辞蔬孱列班联，自比微禽号信天。敢诩年劳从隗始，谬推资望在卢前。农部主事十四员，惟余资俸俱深。菲才何幸邀三荐，余拟陪员外二次，此次拟正计引见已三次矣。清秩今兹荷一迁。同日众仙颇相望，堂除部注尚茫然。己未榜下同日分部者八十人，今各部未经补实尚有三十馀员。

送伊世讲墨卿之官江西便道乞假省亲

眼中犀角轶群才，英妙翩翩羡后来。黄榜已开弓冶绍，花封伫看李桃栽。喜心奉檄同毛义，乐事循陔效老莱。归日趋庭倘垂问，故人无恙住燕台。

送黄琼田同年赴任云南

记曾同赋鹿鸣诗，十八年中几别离。乍喜朋簪来日下，又传仙舄向滇池。案头已兆三鳣集，琼田曾官宝庆教授琴外今惟一鹤随。琼田出都仅携一仆早晚政成膺上考，重逢应共倒千卮。

和裴芥舟同年读李仓圃遗诗之作

与君同读故人诗，文采风流想见之。已取遗编寿梨枣，本来夙契等埙篪。桂攀蟾窟思前事，星聚燕台忆往时。一别只今经十载，昔游空感李公垂。

醉后酬友人之作

块磊全凭酒破除，醉中聊寄数行书。生逢知己恩须感，事到求人计已疏。得失只应同塞马，技能终恐似黔驴。隔林试听寒号语，相唤相呼凤不如。

小轩

剥啄无声静掩门，开怀且复对芳尊。梦占蛇虺仍生女，时侧室方姬又生一女。学究虫鱼自课孙。两孙近授尔雅早暮频看庭树影，阴晴微辨砌苔痕。清凉一片心如洗，那有炎埃到小轩。

夜坐对月

露冷风微夜五更，天心月影倍分明。闲情耐坐浑忘寐，门外渐闻车马声。

李双圃庶常三十初度

忆余初识君，君年甫舞勺。秀气扑眉宇，峥嵘见头角。洎余再遇君，峨冠游京洛。填胸富奇文，脱口成雅谑。日月奔何驶，寒暄催岁籥。而我渐成翁，衰态日以作。羡君年及立，壮志凌霄霏。新花探杏苑，古籍校藜阁。君家旧玉堂，盛事赓棣萼。即今揽揆辰，群仙交献酢。蓬岛摘蟠桃，瑶池奏钧乐。何幸茑萝姿，高松许附托。趋步群仙后，介寿晋康爵。一曲下里歌，聊比南飞鹤。

友人纳姬，盖旧相识者，诗以调之

芜菁流水出天台，小别刘郎去又来。可有冰人成海誓，漫劳日者避河魁。千金宝马原难换，五色桃花许乞栽。闻说夜珠似明月，几时含得蚌中胎。

鸳谱曾凭月老书，天教宅借故人居。只缘同赋呦呦鹿，肯使空歌育育鱼。闲雅多情怜宋玉，风流特眼识相如。良宵三五佳期近，从此团圞比望舒。

赠友人却宠戏作有序

仆初晤君时，年才及冠，貌不胜衣，闲丽多情，风流自赏。每谓：生无别嗜，只解怜花。名苟粗成，即当买笑。心常耿耿，事竟悠悠，荏苒至今，而君年逾四十矣。花攀蟾窟，锦夺龙标，品早重乎玉堂，娇宜藏诸金屋。爰乃征珠喉于午夜，选琼珮之。丁冬，花看长安，岂无春色？柳栽彭泽，欲借秋风，访诸佳丽之乡，重以纪纲之仆。时经五载，价重千金。双桨轻凫，迎来桃叶。一行粉蝶，送到莲香。谓夙愿其可酬，胡初衷之遽变。胆如鼠怯，心似鹿撞。昔如渴而如饥，今畏首而畏尾。梦回巫峡，云雨俱销。诵罢洛神，风波顿起。擘鸾笺而寸断，全付涂鸦。惊鸳偶以分飞，竟成打鸭。一朝决绝，两字乖张。不知何以为情，况复未曾识面。是可忍也。蒙有惑焉，聊赋短章，用当长恨云尔。

结就琼楼购绿珠，廿年此愿托虚无。飞花已逐张公子。友人近有赠婢之举访翠空劳范大夫。应悔充饥成画饼，待谁解渴更浇酥。梅尧臣诗：肺渴如浇酥。鬓边渐欲星星出，他日须防笑老奴。

无端异想入非非，特地迎春又送归。只觉负心同李益，几曾窥面识徐妃。黄金作弹鸳鸯散，红柬成烟蛱蝶飞。自是嫦娥光太逼，一轮高照小星稀。

曹翊庭同年出宰繁昌，偕同乡诸友人饯于尺五山庄，以为政风流，今在兹为韵，分赋得今字

南国循良宰，西清翰墨林。兰台游感昔，芸馆别从今。翊庭由庶常改官知县架擅徐陵笔，弦调宓子弃。掣云千里骥，映日九苞禽。人望文星莅，天移福曜临。舟从牛渚泛，山向蜃居寻。孤圻山一名蜃居山，在繁昌县南。遥浦鸿初渐，周行马载骎。神仙此飞舄，朋辈怅分襟。折柳情殊恋，维桑谊倍深。敞筵陈野蔌，列坐悉朝簪。园选芙蓉胜，杯倾竹叶斟。佳游作图绘，是日聂蓉峰太史绘秋郊祖饯图以纪其事。好句叶球琳。自幸莺迁木，同赓鹿食芩。齿惭十年长，鬓已二毛侵。何事盟车笠，相投比芥针。张融曾割宅，鲍叔恕分金。盐豉咸酸味，埙篪伯仲音。本来如骨肉，讵忍偶商参。乍会喜无极，将离愁不禁。饯君沽鲁酒，听我献虞箴。过眼成苍狗，埋头笑白蟫。虚荣谢青紫，实惠被黎黔。但使堂悬镜，毋教影愧衾。错盘征利器，磨琢发奇琛。矧乃重闱庆，能娱寸草心。谷诒承素业，葵向励丹忱。桃待盈门植，棠留四野阴。名应推一叶，誉直媲三岑。计日歌郇雨，他时卜传霖。伫延东阁上，重续玉堂吟。

赠菊隐中书赵象庵年伯

市朝容大隐，松雪忆前身。座上一樽酒，胸中三月春。以花为性命，与菊更精神。我愿西风起，吹香过隔邻。

题白云上将军遗照

御灾捍患为民勤，轶事维扬溯旧闻。见说淮黄资保障，万家俎豆祝将军。

长句为仙槎太史四十初度寿

我初识君君壮岁，君尚儒巾我郎吏。握手片语交盟心，弹指十年一转睇。羡君捷似脱韝鹰，自怜老作伏枥骥。五岁空惭马齿长，一官难为鸡肋弃。回忆陆子游洛时，居常并宅出并辔。照我曾将肝胆披，知君直以腹心寄。巴歌和出阳春词，牙弦识得流水志。恍如伯仲吹埙篪，只觉臭味合盐豉。是时阿舒年二八，执经曾为弟子侍。何幸魏照得人师，更喜侯芭识奇字。座上面拥百城书，枕边腹擅五经笥。倚天拔地有奇才，铁画银钩特馀事。下笔虱心鸣镝穿，落纸鱼肠出匣利。文章奕奕信有神，遂使科名重拔萃。枫陛抡才荷亲除，兰省分曹暂小试。三年养翮兼培风，连岁搴旗遂拔帜。秋雨方赓苹在野，春风又开花及第。鼎足甲科占高名，杖头乙火读中秘。锦衣游罢赋皇华，探花使者作星使。手持玉尺量云锦，炉分铁冶铸利器。网得珊瑚出南海，一过马群空北冀。门前雨露栽李桃，堂上豆笾咏棠棣。雁序一行正联欢，鸾章五色新锡类。仙槎曾遇覃恩，恭请貤封令兄健国先生更闻挽鹿佐贤媛，最喜蜡凤多佳嗣。珩璜杂佩解中闺，琪花四照绕阶砌。即今阅岁四十强，已觉盈门诸福备。我歌一曲请君听，我晋一卮为君醉。人生至乐属家庭，终古神仙在陆地。灵丹长保金石躯，药言更胜砭针治。经营嘉我膂力刚，愤乐相寻老将至。已幸半生共切劘，相期晚节交淬励。华皓不负此心初，出处何妨他日异。君为捧日擎天人，我作卧云归山计。我愿守道如守身，君其寿身兼寿世。

陈秋舫上舍以近稿见示，庄诵既毕，欲缀小诗于卷末。甫脱稿，闻其有南归之役，因续成之为六章，即以赠别

眼中犀角正丰盈，绮岁吟坛早擅名。叹我目花如隔雾，新诗读罢豁双睛。

刻羽调宫百二篇，弹丸脱手比珠圆。只今到处逢人说，标格犹应胜子迁。

感君行卷半思亲，每一披吟一怆神。我亦天涯作游子，十三年阅几昏晨。

前身合住凤麟洲，肯落人间第二流。君每试辄冠其军，今岁以优行入贡，应朝考又褒然举首。醉踏金鳌他日事，即今仙李已同舟。君与李双圃庶常结伴同行。

何堪把袂便分襟，小句移为送别吟。诗思君应称国手，离愁我亦动乡心。

燕山楚水路漫漫，屈指归期岁已阑。腊酒团栾行乐处，可能回忆客长安。

送李双圃庶常乞假南归

银袍游洛锦袍旋，脱得凡胎已是仙。除却登瀛诸学士，莺迁榜上更无前。君登礼部榜第十九名。

年年银榜曲江开，次第前鸿后雁来。更向玉堂披旧谱，郊祁接踵入麟台。君伯兄仑圃成己未进士，从兄湘帆成戊辰进士，而仑圃与君又先后入词垣。

锦坊花样惯翻新，奕奕文章信有神。壮气漫夸南杜宅，余寓宅内连年借寓者试辄获隽，今岁又捷南宫。论者颇谓：宅有吉相云。前生原是蕊珠人。才名家世接青莲，此去同赓感遇篇。君与蕲水陈秋舫上舍同行。看遍燕云听楚雨，尽收诗料入归鞭。

秋风蓴菜动归思，匹马今当雨雪时。为我客中难作别，聚粮三月故迟迟。

十三年望白云飞，难报春晖寸草微。羡杀锦还游宦子，堂前亲舞老莱衣。

送裴芥舟同年游浙

裴迪有诗癖，诗稿与身齐。不愁胸无诗，但恨诗无题。湘山湘水吟不了，计车三上长安道。古驿长亭复短亭，到处题名留诗草。春风得意过芦沟，秋雨潇潇蓟门留。吟风啸雨一诗卷，冲雪又向浙西游。泰岱云，淮南雨，收入诗人囊中贮。西湖月，钱塘潮，尽付诗人笔底描。君诗许我读，我酒与君斟。同甲复同榜，知己最知心。男儿堕地悬蓬桑，那有别泪洒离觞。出门只合仰天笑，此酒为君洗诗肠。

祝宜章吴孺人寿

黄岑山下水，大章合小章。坤舆钟神秀，兰蕙播芬芳。绰然林下风，令德彤管扬。和丸师柳母，画荻亦欧阳。绕膝麟与凤，云路看翱翔。燕喜奉鸾诰，鹓班列雁行。设帨开令旦，舞彩罗华堂。仙果熟千岁，仙乐弹八琅。南望义章城，佳气郁苍苍。何异居青琳，翠水环两旁。

曹翊庭同年由皖城邮寄一函，缄题岁月，误以今岁，壬申为壬戌，走作长句报之

自与君别后，思君肠百结。一日如三秋，何当九阅月。昨者奉君函，开函蒙有惑。书才一字讹，时已十年隔。回忆十年前，君方养修翮。几载困骥车，一举栖鸾掖。芸馆方簪毫，花封复飞舄。而我滞郎位，长安长作客。迎君复送君，坐使流光掷。两鬓渐欲华，无复旧时黑。目青须镜养，牙疏借杖剔。往往文酒场，退舍怯强敌。衰年非复壮，壮年已成昔。岁月不贷人，无计留驹隙。岂谓造化权，竟归吾子笔，如戈反鲁阳，如绳系白日。想见落笔时，自矜年廿七。不然岁在申，那能复次戌。或后五十年，岁仍在元黓。是时我耄期，君亦登大耋。君当坐庙廊，我当卧蓬荜。分虽隔云泥，谊仍似胶漆。天涯念知己，往来劳雁帛。新缄书莫误，旧缄字难灭。裁取缄上字，因风达记室。

裴芥舟同年由浙西邮寄东南行一百四十韵，属和以一十四韵答之

自君东南行，寒往暑亦徂。燕越数千里，各在天一隅。相思

不相见，搔首空踟躇。欲寄数行字，难觅双鲤鱼。南风来何驶，吹到故人书。书后缀以诗，诗字一千馀。君才何太多，才多腹自腴。余才苦太少，才少肠亦枯。况自别君后，词翰日以疏。时复斗酒量，未暇撚吟须。今日读君诗，兴到辄掺觚。敢谓鸣瓦缶，可以和笙竽。一字敌君十，多寡已不如。诗成聊自恕，较胜一字无。

对月

高楼近水常先得，绮阁临江特早开。自笑小庐茅结构，清光次第亦移来。

清景偏于冷性宜，闲庭矮榻坐频移。停杯欲问停琴伫，莫讶云深出海迟。

正资点缀衬蟾蜍，轻薄浮云过太虚。一道寒芒遮不住，漫劳风力借吹嘘。

星云快睹惯争先，习见何如罕见鲜。却是冰轮长不改，魄成三让故依然。

空明无处著山河，可有银蟾与素娥。天意也应怜太察，教留一点不须磨。

几时如玦又如弦，今夕团栾似镜悬。世上痴情怜饱满，桂轮一月一番圆。

以鲜荷叶蒸豘肉，馈笛楼给谏同年并系以诗

采采清池嫩叶荷，登盘聊复佐调和。色从翠葯青房借，香较吴菘蜀蒻多。未许金虀擅南国，可能玉糁比东坡。野人献后休教折，留待秋深听雨过。

送聂蓉峰太史奔丧南旋

年谊复乡谊，结契何缠绵。交情一以笃，胶漆不为坚。今朝忽分袂，四顾惨无欢。屈指期后会，瞬息三阅年。岂是惜离别，怅触心怆然。昔余岁十二，严亲遽弃捐。风木有馀恨，此恨抱终天。往往羡君家，轩以一乐颜。鲤对方雍容，雁序喜翩翾。胡为阴阳剑，割断父子缘。旧忧余莫解，新愁君复牵。临歧一握手，泪下如奔泉。挥泪为君语，行矣早著鞭。陟岵瞻弗及，倚闾望方悬。陔南慈云覆，堂北春晖延。寸草心区区，与子各勉旃。

送赵笛楼同年观察粤东

鹿鸣忆同赋，廿载结深知。握手一成契，开怀两不疑。交情兄及弟，分谊友兼师。胶漆绸缪固，埙篪唱和吹。忘形真莫逆，如影每相随。坐惯连茵席，行常接履綦。自怜容附骥，那忍听歌骊。霁月昔曾照，德星今忽移。我愚孰针砭，君性肯磷缁。慷慨埋轮后，澄清揽辔时。豸冠辞左掖，犀带向南陲。旧泽仍琴鹤，新衔秉节麾。箴良献丹扆，绳直媲朱丝。望早铭心版，名应播口碑。伫闻舆颂协，宁假药言规。赠策徒为尔，倾壶共酌之。浇胸惟有酒，搜腹强吟诗。此日劳攀柳，何年复晤芝。粤东烟雨隔，蓟北梦魂驰。愿借归鸿翼，缄书慰渴饥。

西林菊花盛开，邀诸同寅看花后过舍小饮，即席成句

结得芳邻许看花，小园如锦复如霞。顿回九月冰霜色，谁信二春雨露赊。坐上喜陪知己酒，门前多系故人车。吾庐近种疏疏菊，可似柴桑处士家。

和裴芥舟同年秋夜见怀原韵，时大雪后一日也

离思我方切，游踪君更遥。越江曾听雨，闽海复观潮。路怅云山隔，时仍风雨骄。计期商后会，建斗七移杓。客岁芥舟游浙，临别时约明年夏月返。辔计抵京，当在五六月间也。

宣武门外接待寺明都御史刘念台先生，罢职后曾读易于此，贺耦庚太史过寺吊以诗，邀余同赋。依韵和之，率成四律阙第三首

黄发皤皤雪满簪，老臣忧国涕横襟。场多硕鼠常蒿目，泽集哀鸿最疚心。先生蕺山集中汰新饷招流亡诸疏最中时弊。但使天倾容石补。何妨身废比舟沉。退闲分得维摩榻，日玩羲文寄慨深。

归来烽警遍邮巡，肯伴渔樵赋隐沦。欲挽天心扶末造，何堪国事误庸臣。桂姜不改平生性，薇蕨长留万古春。先生南都破后绝粒而死，见明史本传。料得剡溪流水咽，怒涛夜夜尚惊蘋。

城西访往马蹄巡，胜代遗踪未遽沦。二庙有谁怜相国，崇祯十六年，首揆周宜兴赐缢于顺城门外二庙。见《花村谈往》。三忠空复附陪臣。上斜街三忠祠，天启间建，祀张忠烈铨高忠节，邦佐何忠愍廷樾。其乡人复以山西死王事者

附祀于祠，列主亦复繁乱。见《楮园杂记》。乌台气节真千古，绀宇荒凉阅几春。更幸椒山留旧宅，寺门咫尺荐芳蘋。

题郑年伯母何太恭人疏影轩遗草

余本年家子，夙闻贤母慈。慷慨明大义，馀事工哦诗。诗篇丽以则，音谐竹与丝。高调树风骨，清言沁心脾。手泽留哲嗣，一编珍重遗。回环日三复，盥手不停披。但愿书万遍，那能赘一词。况乃富题跋，卷端光陆离。众体既具备，雷同非所宜。且取集中句，长言咏叹之。集中诗二百，佳句何夥颐。一语聊借赠，巾帼胜须眉。句见集中咏史第三首。

七月七日转官郎中恭纪并呈滇司同事诸君子癸酉

画省趋翔十五春，可怜虮虱早称臣。握兰济济多新进，题柱堂堂少故人。自愧菲才同瓦砾，何当高选列星辰。要津策足争先据，大造从来雨露匀。

山头果毅竟由他，我记含香岁月多。升似历阶无越等，进如流水待盈科。莺巢乍欲迁新树，燕垒还教傍旧窠。余新授陕西司郎，而大少司农暨旧同寅仍留坐办云南司事。却喜同人肯相恕，刚肠褊性赖磋磨。

七月十五日蒙恩记名以御史用恭纪

柳风拂拂御园宽，旬日连番觐霁颜。敢冀衔堪题柱上，且欣名又记屏端。依乌刚喜迁郎位，冠豸还教作谏官。早觅双鳞慰慈母，寿辰遥拜舞蹁跹。先二日家慈七十寿辰。

三月十一日转官御史恭纪

含香兰省几经春，又换头衔署谏臣。身立斗旁怀旧梦，星明柱后证前因。余成进士，官御史，幼年具有先兆。平生惯耐冰霜冷，今日偏承雨露新。自揣峨冠还自愧，可能如豸触邪人。

贺耦庚太史三十初度寿以诗

君昔游洛偕计车，皎如出水清芙蕖。与君执手问君齿，三十不足二十馀。是诗余年四十三，鬓边华发何毵毵。欲追骐骥步苦蹇，每对珠玉形自惭。羡君南宫甫射策，科第真如颔髭摘。遂入芸馆发金匮，旋向桂林秉玉尺。门前桃李纷森罗，网底珊瑚交枝柯。坐拥皋比设绛帐，春风春雨岁月多。岁月奔走如白驹，少年回首一须臾。自昔饮酒惯濡首，只今吟诗亦捻须。酒户诗材两无敌，本来英妙年甫立。排云乘风不可当，瘁羽凡鳞那能及。即我年年增马齿，四十九年尚尔尔。君今壮也我就衰，迨君衰时吾老矣。倾壶日尽千百卮，卮酒到君君莫辞。记取他年留老笔，洒笔为君祝期颐。

奉还陈秋舫诗集并题其后

别君天一方，相思不相见。何以慰离索，手此诗一卷。每读故人诗，如见故人面。倏忽经三载，何止读万遍。聚散信无常，流光驶于电。君去君复来，握手欢且忭。我方索新诗，披读意忘倦。君复索旧稿，令我殊眷眷。君诗如鲜花，五色发光炫。我心如蝴蝶，镇日绕花罥。持花归主人，蝶心有馀恋。

送都转方雪浦同年出都

春慵无事晨起初，应门童子欢且呼。昨日莅官新御史，持节旋向海东隅。呼童策马走刺贺，径向酒爰酤清酤。同学少年复同榜，此别那惜倾千壶。座中佳客复何人，萧石舟杨小泽罗静贮蒋锦桥四大夫。说曾同赴曲江宴，不觉一十六载馀。我辈伏枥成老骥，君独纵壑比巨鱼。莫言牢盆事琐细，崇论且读桓宽书。他年调鼎此先试，会当缘鹄登敦瑚。况复楚粤地接壤，故乡归去途匪迂。昼日锦衣照廉里，莱阶舞罢迎潘舆。嗟我天涯亦游子，七十老母今倚闾。已拚弃官若菅蒯，不待入秋思蒪鲈。今日饯君须尽醉，醉后有梦循陔趋。明日君南我仍北，我心辗转随君车。

寿蒋锦桥同年五十初度

与君齐年识君久，罕识君家樽与缶。古人生日辄称觞，君复杜门谢僚友。猎酒从事笑君悭，君亦唯唯亦否否。目言生逢春再仲，两辰之间斜指斗。只今逢春不逢闰，未得悬弧那置酒。春来春去年复年，日月如丸坂上走。少壮韶华曾几何，君今已作五十叟。忽闻折简走相速，洒扫陈馈有肥牡。门前桃李纷成行，瑜珥瑶环侍左右。介眉春酒缥以清，问谁新笤出小妇。颇忆论交十六载，此会从来得未有。自是畴人善推测，闰置今岁良非偶。秋月春花一转移，先是上年秋八月置闰，钦天监奏改于今春二月。花前酌酒恰上寿。借令桐树不添叶，那得兰英与涤口。从此闰月定四时，不在春前与春后。逢春逢闰常开筵，阅几元会几章蔀。我亦长为座上宾，何惜椵词千百首。诗成不愿酹青缣，一字偿余酒一瓿。

玉堂归娶图

金屏玉署映光辉，游洛才人昼锦归，羡煞凤池身到后，求凰今始咏于飞。

暂辞鳌禁奏鸾箫，燕树滇云万里遥。犹是春风疾蹄马，看花归去驾骈轺。

声价由来重阆蓬，银河此去跨长虹。问名赢得夫人号，不独风流白敏中。

福禄鸳鸯并蒂莲，峤壶眷属亦神仙。催妆好咏秦嘉句，补入麟台故事编。

陈秋舫孝廉都中过夏，适值三十初度，开尊速客酣饮甚欢，因念余年三十，初应礼部试下第，留京揽揆之辰，诸同人竞持卮酒为寿。时太岁在旃蒙单阏忽忽盖二十年矣。感今思昔，情景宛然。即席成长句一章，用以介寿云

积雨初晴暑初伏，夏凉健人美睡足。一声剥啄清梦醒，闻君折简走相速。雕弧炫丽门左悬，华缨济楚开宾筵。宾酬主酢爵无算，绝似渴虹饮长川。愧余那及公等豪，饮少辄醉年又高。平生嗜酒颇成癖，飞觞浮白不肯逃。酒酣回忆年少初，我亦三十偕计车。青衫落泊醉燕市，三百六旬醒时无。是时朋辈悉毰毸，倡和随声只取闹。醵饮无名强为名，揆辰索我开瓶罄。美少风流各矜

诩，四座曾无须一茎。风流云散一弹指，迅速流光若流水。青铜镜里看容颜，今日容非昔日比。我昔登蟾充秋赋，君方蜡凤就外传。君今脑满肠正肥，我从不惑行知非。我如客鸟思旧巢，故山招我今倦飞。君如溟鹏振云翼，培风暂为六月息。迨君服政我就衰，而我期颐君耄耋。他时扶杖话畴曩，后视今犹今视昔。葡萄酒注琉璃钟，狂歌起舞欢兴浓。二十年前重回首，与君此会将毋同。

恭祝远皋夫子五十寿

五云瑞霭岳生申，廿载簪毫侍紫宸。阆苑久储公辅器，岩廊佥仰栋梁臣。阅勋并重唐裴度，文武兼资汉寇恂。心似冰霜元不滓，性同姜桂有馀辛。沈诗任笔称双绝，豹略鱼钤萃一身。银棨传符严壁垒，金垆作铸荷陶甄。使星高照频持节，卿月长悬待秉钧。士望凤麟想丰采，天教龙马走精神。即看路筑长堤软，正喜筹添海屋春。弟子家依南岳下，愿将山寿祝庄椿。

苏云耕观察招饮看菊，即席成句，兼以留别

西邻菊花看不足，走马城西更访菊。菊花主人笑问余，花较邻家如不如。长安种菊千万家，明光如锦艳如霞。自来余邻数第一，今年数到君家花。主人拍手喜不禁，呼童取酒花下斟。花前明镜高八尺，镜里看花花更深。我叹菱花太分晓，照花易妍人易老。即我与君相识初，双鬓青青全未疏。流光迅速一弹指，不觉一十六载馀。君今已作五十叟，我亦行年四十九。过一番花管一年，对此如何不饮酒。况复中间多别离，动如参辰各卯酉。昔年持节君西行，令我西望频搔首。今日返辙君北归，而我南旋又分手。男儿堕地悬桑蓬，壮游那计西复东。满浮太白向花酹，与君

何日重相逢，花亦有情惜离别，分外精神斗颜色。主人爱客复洗盏，花态花情仔细说。花香入酒酒亦香，为花不惜倾千觞。酒酣扶醉出城去，西山一桁挂夕阳。悬知今夜梦游处，犹傍黄花结邻住。

留别曹碧泉给谏

月窟同攀桂，仙曹共握兰。已随蝇附尾，又共豸为冠。久聚浑忘乐，将离惨不欢。今宵樽酒约，何日复盘桓。

留别牛次原、宋小岚、徐香钰农部诸同年

雁塔联题后，同官十六年。疾蹄方并驾，倦羽独言旋。后会知何日，今朝敞别筵。倾壶拼一醉，不惜舞蹮蹮。

昔与刘芳皋、王式庵、冯正斋、周梧庭岁岁为同甲会。上年式庵奉讳而归，今岁正斋守宁夏，芳皋牧郁林，余亦请急旋里。都中惟梧庭孑然独留。临别依恋，殊难为情，赋此留别

昔年会同甲，散忽若浮沤。今我复南返，惟君仍北留。边陲云漠漠，蛮徼路悠悠。好向山阴道，招来王子猷。式庵明春服阕计日当来京矣。

重九日张馀亭吏部、萧石舟农部、罗静贮仪曹、蒋锦桥比部载酒饯别，即席赋诗留别

同乡复同榜，相爱复相亲。聚话日以久，离悰难具陈。佩兰仍里俗，看菊同比邻。此会年年健，明年少一人。西邻为赵菊隐中书家

栽菊最多。

出都十月初七

来岁重来未可知，只今我亦惜分离。长安久住浑忘客，蓟树燕云系去思。

风风雨雨亦多情，三日迟留阻客程。先诹吉于初四出都，因雨改于初七。怜我思归心似箭，俶装不待放新晴。

忆作随班祝嘏归，出都前一日恭祝万寿。华簪绣豸出彤扉。退朝检点藏行箧，此去莱阶着彩衣。

客中无岁不思亲，今日言归归始真。刚欲修书递闾里，举头鸿雁正南宾。适有急脚旋南，因以起程日期寄慰家中。

唱彻骊歌一曲停，无多家具散如星。尚馀薄笨车前马，蹀躞相随过堠亭。

可怜黄耳绕征车，前后追随到日斜。豚栅鸡栖散邻舍，不知尔更属谁家。

新寒天气朔飙狂，刮地尘飞处处扬。冷性不嫌风力劲，平生原自耐冰霜。是日大风寒甚。

劳劳送客短长亭，今日离樽为我斟。同是天涯作游宦，故人多起故园心。谓仙槎、双圃及林生缙光。

山程水驿路漫漫，消尽长途九九寒。爱日举头常见日，回头从此远长安。

屈指冬除与岁除，五千里外客归初。山妻前月新筜熟，前一月先送眷属南旋。腊酒团圞慰倚闾。

过芦沟桥

年年星传过桥头，络绎华轩似水流。我亦浮沉人海里，疲驴破帽故夷犹。

题杜当年意气轻，只今蒜发满头盈。可怜晓夜芦沟月，十六年来一样明。

宿长新店

作客经多载，归途第一程。风遒送云返，月淡照水清。征载重重束，村醪细细倾。更阑人语静，梦尚忆春明。

早过涿州

半天红欲烧，万仞放霞光。旭日犹迟照，寒星独有芒。参差明远屋，历落见疏杨。忽听晨鸡唱，车声过范阳。

早起迟车夫不至，黎明始发保定，夜行四五十里，至清风店宿焉

闻鸡推枕起，兀坐待舆夫。星影乍明灭，柝声时有无。野柴烧榾柮，村酝泻葫芦。颇忆趋朝日，时应侍直庐。

晓发舆夫误，长途趁夜行。月明霜有迹，风静树无声。肃肃看鸿渐，萧萧听马鸣。村烟遥指点，投宿已三更。

保定道中

大车小车驮白粲，前驴后马走不断。就中觳觫惟老牛，一行一步喘且汗。我闻畿辅今无秋，低田苦涝高田旱。况复飞雹兼陨霜，纵有熟田杀其半。吁嗟乎！载者负者，胡为乎来哉，令我反复生疑猜。父老道旁前致词，车上长者君莫疑，迩来市侩多居奇，乃从赵卫齐梁转致之。可怜村南与村北，三载无禾复无麦。腹中时复闻雷鸣，面上何人不菜色。君看如茨如梁积，城外那得一颗食。城中贵人冠盖多，昼日选舞夜征歌。玉粒凝脂皆八凿，粉粢胜雪必重罗。宾朋奴隶醉且饱，食馀委弃填沟河。也曾沿门托钵去，亦复入市吹箫过。白眼惯遭富商怒，朱门旋被阍者呵。日暮归来对妻子，环坐相泣唤奈何。壮者蒲螺就东海，老弱掇草西山阿。但得藜藿果乃腹，遑敢奢望求其他。我闻此语长欷歔，竟日车中眉不舒。牛羊尚复求牧刍，此孰非践土食毛之而忍令其辗转同作沟中瘤。满城冠盖者当道其谁欤，聊洒一腔泪敬告子大夫。

过滹沱河

滹河无复浪汹汹，北辙南辕一彴通。十里红泥深旋马，满天元雾远藏鸿。秦疆汉域地今古，夏涨冬澌时异同。底事中兴成帝业，竟教冰凌策奇功。

赵州怀古寄刺史许春山同年

河朔中权扼要途，武灵雄据此遗区。买丝愿绣佳公子，完璧争传上大夫。李谧百城犹拥否，冯唐尺土尚封乎。许侯曾是蓬莱客，春山由庶常改农部，出知州事。可有新编按旧图。

早过沙河

地天忽同色，一白冷森森。衰草霜华染，寒沙月影侵。劲风欺酒力，清景浣诗心。不断闻铃铎，宫商播好音。

过庐生祠仍用乙卯年原韵

五百年来几劫尘，争将遗迹说仙真。庄严色相浑门□，兴替还须世上人。祠新落成，捐建者皆朝士，协揆张菊溪制军为之倡。

不信神仙混俗尘，黄金能假石能真。怪来驷马高轩客，输与黄冠野服人。

富贵何如弱草尘，幻泡身世本非真。睡乡可是神仙窟，大梦悠悠吊故人。祠壁载捐建姓名，首列故同年彭远峰太史。

脚跟今尚插红尘，幻境茫茫孰是真。自笑诗成犹说梦，须知我亦一痴人。

磁州道上呈刺史颜九丈同年

滏阳城外女如云，提筐陌上微行遵。是时木绵花正熟，掇者捋者何纷纷。车中凭轼一遐眺，千畛万隰铺鱼鳞。老弱妍丑不能辨，如群蚁附如蜂屯。驱车渐近郊城闉，道旁走夹双车轮。淡妆靓服谢涂泽，不朱不粉天然真。但见一一娴且静，目不斜瞬睨路人。一道红尘踏步步，偶有笑语无哗喧。我从冀北去燕赵，买欢倚市姑不论。城村亦有良家女，强半欲效西子颦。不然鸠形与菜色，令我目击含酸辛。就中邢台尤惨切，家家盂饭上新坟。大妇中妇半孀寡，伶俜小弱亦缟巾。此邦女士风何醇，眼中所见无其伦。且往入城问刺史，何由致此良有因。刺史开阁正迓宾，跻堂士子何訚訚。鹄立济楚候宾过，青佩青衿一簇新。时学使按试，适值新进生员谒见之期。

韩魏公故里

华堂留旧址，遗事仰高风。况复传名记，吾家六一翁。

嗟余亦归里，锦服岂为荣。直以浮云视，谁兮昼日行。

早行

三家两家野店，十树五树枯杨。人语闹醒宿梦，马蹄踏破晨霜。

早行望太行山色

风静浮埃绝不扬，饱看山色映朝阳。东坡相较侥侥幸，了了连朝见大行。

碧玉青泥自夕闻，群峰合沓路难分。归鞭早慰门闾望，何事登高望白云。

临河不得渡

宵征趁月色，微茫辨径路。遥指古渡头，疏落几株树。滔滔河水流，舟泊不知处。溯游十五里，沿堤路盘互。隐约见帆樯，贴岸如鸥鹭。人语沸若羹，车尘积若雾。停辙招舟子，舟子莫肯顾。但见马成群，蹄鬣纷无数。奚官鞭其后，且鞭且詈怒。船头一武夫，狞恶如虎踞。云奉长官令，官马不可误。渡马不渡车，官符硃点注。是时东方白，辨色天始曙。窃恐城中官，熟眠尚未寤。况隔盈盈水，未济何由诉。侧闻估客言，守此朝复暮。朝飧忍饥饿，暮宿犯霜露。货贿居既多，安敢离寸步。早知殢河干，何若觅村寓。须臾日高舂，马渡犹不驻。大车与小车，一一渐引去。余亦戒仆夫，且复回辔御。忽见双华毂，中坐小童竖。怒马扬鞭呼，飞渡捷于骛。道旁有识者，为我言其故。伊本游冶子，新入大府署。驱车河南北，往来谁敢御。吁嗟行路人，临河不得渡。

阻风不得渡

征途隔河水，夜寐辄复寤。戒仆寻津梁，为我整策驭。车行七八里，忽闻声在树。渐听势渐猛，树叶落无数。行行抵河干，不觉晨光曙。扬沙空际飞，吹尘岸头雨。顿教两目眯，恍隔十里雾。浪声何汹汹，如泣复如诉。如万骑悲嘶，如千军号怒。津吏胆应裂，榜人手无措。未暇问舟楫，回车觅归路。仆夫颇有言，昨被官马误。况复非官马，其中多贩竖。窃见前奚奴，道旁语呶絮。私马实充仞，官符为袒护。人事一乖违，天时乃错迕。不然大梁道，扬鞭已南去。回头语仆夫，时事勿疚恶。夷险信无常，迟速随所遇。河神不世情，石尤肯我妒。平生仗忠信，吾惟守吾素。颇忆北上时，河堤屡回互。只因万丈涛，曾为三日住。迄今十六载，回思宛如故。河流仍汤汤，风阻不得渡。

借船乃得渡

前日河无风，而为官马误。昨日岸无马，狂风复留驻。今日沿河行，且行且郤顾。曾无一苇杭，那得五石瓠。对此叹茫茫，迷途谁与度。野老敬爱客，导我寻津路。云昔河南北，古渡十馀处。处处济人舟，官私纷无数。迩者徭役繁，悉籍入官簿。避徭因弃船，渐渐失其故。今岁河工兴。官船悉调赴。工次屯如云，渡头稀若露。西去数十里，鹾船可借雇。盍投主人刺，往叩徐君户。徐君行九，忘其名字。盖为鹾贾主计簿者。命驾往造访，欢若平生素。顷刻命榜人，扬帆送客去。忆余出都门，归心逐孤鹜。奔走燕赵郊，修途免错互。梁成利乘舆，杠成利徒步。君子道用船，济涉原急务。矧乃天堑险，舟楫竟不具。坐令往来客，借船乃得渡。

朱仙镇谒岳忠武祠

计日戈旗指汴京，金牌无奈促归程。犁庭灭卤心空矢，割地和戎议已成。只合焚香怜父老，莫将叩马怪书生。他时锻狱冤三字，独有蕲王意不平。

将军不惜死封疆，君相偏教请室亡。志亹原同汉诸葛，功成岂让郭汾阳。黄龙未抵平生恨，白雁重来异日伤。祠树一枝忽南响，犹馀怒气郁苍苍。

中州道上

大河南北走双轮，四顾茫茫远近村。水毁金饥连载歉，甲区丙舍几家存。疏林落落馀穷鸟，广陌累累半馁魂。尚剩原头衰草白，未随掇尽有新根。

昨过梁王旧吹台，丝声袅袅有馀哀。含沙恐射河中影，把酒空浇狱底灰。牢为羊亡方待补，罗教雉罹竟谁开。即今沍雪严寒候，正藉邹生暖律回。

隔年传说更纷纷，所见今犹愈所闻。不信骼胔填满谷，可怜骨肉散如云。稂䓍嘉种原宜去，玉在崐冈或恐焚。此日嬉游含哺乐，光天何处有邪氛。

早闻二麦满沟箱，一路风吹饼饵香。稍喜黍禾皆有获，只馀菽菽不登场。饱鹰飏去犹栖木，饿鼠潜行尚在仓。新语传来颇奇绝，今年幸得免官荒。近因连岁饥歉，叠逢蠲缓，僚吏每相语以为官荒云。

太平乐事近如何，一饱旋闻鼓腹歌。真觉民皆登衽席，可堪政不拙催科，林中尚有哀鸿集，辙内谁分涸鲋波。却是传厨纷络绎，邮亭听说八驺过。

马铃牛铎遍村墟，百八花封走役车。伏莽已消欣有豸，惊波渐定免为鱼。颇闻似桂薪难购，底事抛金十不如。隔岁军储供未足，宣防今又筑新渠。

凶岁流亡乐岁归，人民犹未觉全非。檐前哑哑鸟谁哺，野外狺狺犬独肥。古树褪皮惟有干，荒村留屋总无扉。莫愁吉贝花多萎，果腹何心更问衣。

三年谁与起疮痍，痛定回思痛可知。惊后鸟犹怯荆笴，病馀人更望秦医。村联保甲编氓集，野不呼庚造物慈。最喜祥霙深一尺，来年重待报双歧。

过颍谷

寤生弃母不足齿，犹有悔心心不死。谁令母子仍如初，颍谷封人纯孝子。当年泄泄复融融，隧中之乐乐莫比。要知激发天性恩，遗羹一语良有以。吁嗟小人亦有母，窃禄长安缺甘旨。违颜岁阅十六春，望云路阻五千里。即今定省亦已迟，堂上高年七十矣。况复请归有期限，安得弃官如脱屣。驱车今日过颍谷，景慕先贤深仰止。敬取遗言三复之，令我赪颜发汗泚。

叶县怀古

古邑双贤令，遗踪今尚传。慈终怀父母，幻不羡神仙。龙降亦偶尔，凫飞其信然。须知民望岁，何事宰朝天。

自叶县至裕州

黄城山势接方城，石子嶙峋路不平。孔道雨馀成险阻，古桥岁老半欹倾。车如箕簸轩轩舞，马亦盘旋款款行。忽听节麾传唱到，驺舆安稳过前程。

登舟

樯橹久不见，匆匆十六春。今朝理归棹，欢若逢故人。伊余本楚产，结茅湘水滨。近水因习水，扁舟垂钓纶。自分老蓑笠，江湖为散民。胡然改初服，奔走京城闉。长安九条陌，碾遍双车轮。坐令素衣化，何时鸥鸟亲。即今谢嚣滓，言寻烟水邻。陆程三千里，淹留逾四旬。辗辕不到处，乃见波粼粼。昔闻汉江水，沧浪清且沦。登舟一遐瞩，信足怡心神。为我谢渔父，且濯缨上尘。

放舟

汉水广无际，日夜流汤汤。逝波阅今古，浮送千万航。念我倦游历，迢遥归路长。陆行马既惫，水驿帆初张。张帆饱且满，风细浪不扬。推篷放远目，天水空青苍。是时雪初霁，银练分晴光。岸尘静不起，汀沙寒有芒。平生避炎热，冰铁为心肠。到此念逾净，万虑归清凉。且沽绿蚁酒，酌彼黄帽郎。努力打双桨，为我歌沧浪。清歌度一阕，美酒倾一觞。明朝遇山简，烂醉游襄阳。

来谂堂诗草

卷上

乙亥元日

天涯游倦客归初，字帖宜春岁已除。里俗应酬多脱略，乡人礼节任生疏。喜无贵客通名刺，闲与孙曹看日书。忽揣头颅深自省，行藏未卜念居诸。余今年已五十矣。

椒盘柏酒奉慈帏，兰砌荆庭试彩衣。无复五千馀里隔，始知四十九年非。占风岁喜三秋稔，爱日心同寸草微。却望瞳眬开旭景，红云多处是彤扉。

舟行遇望

湾洄江入四山中，刚向西流复转东。篙似飞蜻常点水，帆如轻燕半欹空。酒杯扑泻鹅儿绿，茶灶倾翻兽炭红。一等人情易反覆，顺风偏作打头风。

偕李燮亭同游岳麓，晤山长袁晛冈侍讲留饮

旧曾游处话缘因，屈指流光廿七春。余与燮亭肄业岳麓时为乾隆己酉岁也。三绝碑谁剔苔藓，六朝松已化烟尘。松近为士人所伐。抠衣问字怀前事，把酒谈心遇故人。桃李阴浓尚无恙，一番雨露一番新。

风风雨雨打窗时，记得前鸿后雁随。岂谓琴亡嗟子敬，又教

弦绝恸钟期。谓三先兄南屏、五亡弟金田及同窗诸故友。道林寺古僧何在，余壬子岁曾借寓寺中，今寺僧无一存者。爱晚亭荒鹤不知。亭为罗慎斋夫子所建，畜驯鹤一双，今亭圮鹤去矣。稍喜谢庭多玉树，名山几砚是弓箕。亡友李仑圃编修之子星房、黄蔚堂学博之子星园时俱在座。

六月四日生子

五十尚举子，自矜年未衰。兰征前岁梦，荔是侧生枝。侧室韩氏所生海蚌含胎易，林乌受哺迟。他时儿半百，为我祝期颐。

偶以事命奴子持名状赴郡申理，友人有过郡治者，见余名已大署于墙壁间矣。归以报，余赋此答之

蓬桑悬后锡嘉名，五十年来不忍更。黄榜标题曾与录，丹毫点注屡叨荣，惯呼别字为僚友，偶以新衔上列卿。今日光辉生粉壁，堂堂太守竟批明。

家畜鸭多亡，或以为攘者供奉宰官厨矣。因以八翼馈贾旭轩明府，并系以诗

护鸭无阑泛水滨，那堪弹挟往来频。池中惊与鸳同起，桑下何如雉共驯。纵使香山饱奴隶，肯教杜曲恼比邻。双鸡闻欲更公膳，聊佐金羹献野人。

送郑婿芝泉吉士偕小女入都

湘江清澈清见底，帆影如梭上下水。隔年载得游人归，又向江头送游子。是时水天共一色，两岸芦花胜白雪。辞巢燕子飞傍人，小语呢喃诉离别。燕燕飞来复飞去，榜人放棹不肯顾。岂知江神谙世情，特遣朔风为留住。君家兄弟欢不禁，连日沽酒船头

斟。堂上老人亦含笑，乍离复聚聊慰心。酒阑不觉长欷歔，归来停泪说向余。谓君髫龄绕双膝，膝前那忍离须臾。只今行年甫逾冠，一朝翔步游天衢。风翮云程岂不羡，嗷嗷林下谁哺乌。此日魂消黯然别，翻悔当年教读书。阿大中郎特妙语，服官儿似出嫁女。以身许国同许人，可怜父母那能主。我闻此语愁结胸，舐犊之爱将毋同。亦知骨肉难分舍，文凰彩凤飞相从。女子婉娩随所天，丈夫堕地弧矢悬。只合大笑出门去，莫作喁喁儿女怜。

罗麓西同年起复入都召饮留别，酒后登拱极楼眺远，因成长句一章，即以饯行

重阳节近风雨俱，闭门愁听人催租。啄剥一声骇且愕，闯然来者君家奴。低头嗫嚅致君语，新篘碧酒和红萸。水陆洲头洗盏待，驿步门外停舟呼。冲风冒雨渡江去，握手一笑掀髯须。速教奚奴且暖酒，料量酒户如不如。酒酣登楼一凭眺，天然潇湘风雨图。如此江山如此兴，相逢不醉胡为乎。西望麓山云缥缈，曾共抠衣堂上趋。屈指同学少年侣，落落更比晨星疏。回头参差望城郭，十万人家鳞瓦铺。柳浑陶潜宅多少，华屋强半归丘墟。眼前指点湀湾市，中有高人抱膝庐。往日登高重回首，不觉二十七载馀。君为乡人一岁长，同月同日生不殊。麓西长余一岁，同生于冬月初三日。老大蹉跎两成叟，疏狂仍是旧酒徒。几载酩酊醉燕市，归来一吸吞醽湖。而今君更厌乡味，走马复入长安都。男儿不洒别离泪，生来早已悬桑弧。况复聚散若风雨，倏离倏合才须臾。酌酒与君壮行色，痛饮那惜千百觚。更酬江神一杯酒，助君满挂十幅蒲。

谒予告宫保大学士刘长沙夫子于里第

弱冠登朝五十年，文章誉望满垓埏。黄扉旧是夔龙侣，绿野

今同绮角仙。

帝许扶鸠返林下，人方罗雀向门前。我来正值生申日，时九月七日，为老夫子七十有七寿辰。聊奏鹤南飞一篇。

和陈莫皋见赠原韵

屈指乡邻几老更，如君名望亦觥觥。文章曾见称词伯，莫皋受知于姚雪门学使，诗古制萩俱置第一。风味难忘是曲生。最爱林泉助吟兴，每闻金石出歌声。只今十亩桑阴外，可许闲闲与共行。

五十初度之辰，族弟斗山学博携酒过余为寿，酒次询悉斗山亦于前三日四十寿辰，因还以卮酒酬之，并寿以诗次韵

世事嗟余少不更，衰年犹自醉罍觥。未能寡过惭前哲，可叹无闻愧后生。舞彩近才归里舍，诵芬何以继家声。与君共守先民训，矩矱高曾勉率行。

聚首燕台岁已更，斗山去岁应庭试入都，寓余邸舍。归来次第迭称觥。成丁我愧十年长，览癸君先三日生。自欲入山敛云翼，犹期击水待雷声。春明回望红尘软，何日联镳并辔行。

初夏泛湘

小艇如瓜皮，往来湘江里。来时鱼苗风，去时鱼苗水。愁水复愁风，两岸客槎舣。舟轻亦良便，行或数十里。打桨劳榜人，尚恨行不驶。楚南地清绝，香风挹兰芷。沿江帘影悬，处处有村市。呼童取青蚨，为我沽绿蚁。山蔬剪薇蕨，河鱼烹鲂鲤。渔歌互酬唱，音亦中清征。饮酒听清歌，陶然竟醉矣。回忆长安游，

六衔走双轨。偶尔浊潦升，那能谢器滓。兹行虽滞迟，吾土信为美。

舟过衡山，晤聂心如仪部，留宿并示近作，彻夜不寐，挑灯卒读，因成长句缀书于后

一别匆匆倏五载，我归潇湘君南海。扁舟几度过衡山，室迩人遐空往还。苦恨相思不相见，何缘今日觌君面。美哉髯也真绝伦，皙颜相映转光绚。感君下榻何殷勤，令我停桡且留恋。把盏循环话离绪，挑灯次第读诗卷。美酒何惜倾千卮，新诗不厌读万遍。中宵辗转眠不成，起坐披吟意忘倦。是时潇潇风雨鸣，我亦勃勃诗兴生。兴来搦管急挥就，窗前纸白东方明。

三侄嗣钰补弟子员，喜而有赋

好音檐角听刍尼，一骑流星报捷旗。可是龙文千里足，年年送喜慰重慈。上年二侄嗣锡食饩，今岁侄复获隽。

一衿伯氏叹无缘，遗恨茫茫孰问天。余兄弟五人，惟长兄每以未能入泮为恨。今日有儿弥阙憾，且持杯酒酹黄泉。

龙门曾忆共争雄，迅速驹阴过隙中。三十年来看小阮，又传痴与叔相同。乾隆丙午，余县试一名入学。侄县试亦列第一。

从此风云期会合，莫教雨露惜栽培。顾名自问真难副，汉代兴贤重茂才。

牛次原同年视学滇南，由途次邮寄一函，并系以诗，次韵奉和

归来三度故园春，又见梅花迓岁新。里曲与谁同唱和，村醪独自辨醨醇。常依爱日娱慈母，每望停云忆故人。珍重天涯书一纸，殷勤犹念草茅臣。

同榜同官十六春，交情历久总犹新。听来妙说甘于肉，坐对清标饮胜醇。我已倦飞作归鸟，君方宣勚赋征人。从今粉署先光采，赢得头衔署使臣。

壮游回首几经春，飞盖重来景倍新。争睹瑞云舆望惬，得沾时雨士风醇。趋庭曾识佳公子，适馆仍逢旧主人。闻道棠阴犹蔽芾，知君到处念先臣。香东年伯历任滇南太守，次原曾经随任。

纸上烟云笔底春，兴来脱口惯生新。遥知隽语才原捷，偶发高吟格最醇。问字应多青眼士，赏奇犹有素心人。谓宋芷湾、钱宝甫两同年。诗成可得源源寄，独立苍茫望雁臣。

赠别摄令田守愚别驾

赠得名刀自吕虔，堂堂誉望早巍然。棘林未许栖鸾翼，乔木旋当咏鸟迁。刚喜瞻韩真有幸，那堪借寇竟无缘。临歧款款何由致，洁爱亭头一掬泉。

赠郡伯黄松溪太守次柳宜斋原韵

分曹联步几经年，福曜新移到楚天。听说车旁曾鹿夹，果看

庭际有鱼悬。扶筇父老携箪榼，骑竹儿童迓旆旃。近日朱轓来络绎，时宝永郴守牧同至衡州。尽收岳色入吟鞭。

赠幕客陈芸坡次韵

声华仰慕已多年，握手初逢四月天。岂料萍踪旋再合，只缘莲幕又新悬。与君式好无犹矣，嗟我将行上慎旃。时余将起假入都也。却恋庭闱难遽舍，迟迟临发屡停鞭。

赠宝庆太守柳宜斋次韵

衡门寝迹已三年，落落交朋各一天。旧雨忽如星共聚，清光正值日高悬。未知后会复何似，不尽欲言姑舍旃。判醉且沽醽醁酒，莫教五马促归鞭。

赠郴州刺史朱右佺次韵

匹马郴山忆隔年，露华冷湿桂花天。地邻炎徼风微暖，岭入苍穹月朗悬。到处曾闻唱襦袴，今来新得仰旌旃。乍逢欢若平生素，临别相期一赠鞭。

朱右佺偓和诗

幸步鹓班忆甲年，遥瞻道貌大罗天。封章庆协明良会，谠论高如日月悬。养善宅多君子树，薰良人爱大夫旃。倚闾我亦思将母，欣慕先生愿执鞭。

九日偕柳宜斋太守、朱右佺刺史、陈芸坡幕友游花药寺，涤尘和尚乞诗，次韵答之

古刹巍然阅几秋，残碑犹记宋时修。绕篱寒菊花迟放，遵渚

阳禽语互酬。衲子多情乞题咏，大夫能赋擅风流。自惭倦客归山晚，廿五年前忆旧游。

柳宜斋迈祖原作

堕落尘凡几十秋，偶来萧寺话真修。山僧有意传诗偈，过客无心作唱酬。岳色万重当槛出，水光千里抱城流。人生难得偷闲日，乘兴还为物外游。

赠郑湘堤

廿五年前别，相逢各黯然。讶君饶蒜发，嗟我亦华颠。电掣流光迅，云随倦羽旋。解龟多暇岁，走蠹理残编。日采陔南草，新耕砚北田。抠趋曾此地，联步忆诸贤。忽听跫音至，还将渴念蠲。清谈霏似玉，妙议涌于泉。雪亮胸无滓，风生笔有权。抗怀论今古，纵目瞩垓埏。大海原难测，名山庶可传。万言书莫上，闭户自丹铅。

索徐香庄画梅

美人欲出不肯出，竟日檐前巡几回。怪底淡妆犹未就，月明林下待诗催。

悼郑氏女

儿生在家余在京，三岁随娘北道行。入都一见我心喜，眉目宛然如画成。珍似明珠爱似玉，长成婷婷年十六。又随父母归故庐，嫁得夫婿旧华族。夫婿名在玉堂谱，携儿同踏软红土。长安年去年复来，从此一别竟如雨。碧湘之水碧于油，蚁聚云屯千万舟。记得送儿上舟日，朔风三日若为留。岂知欲留留不得，遂教生离成死别。生年二十尚未满，既生何忍遽催折。天耶人耶医无灵，吾儿可能双目瞑。况有遗雏皆弱小，可怜孤苦嗟零仃。泉台夜夜哭旅邸，会见亡兄与殇弟。骨肉同作他乡魂，此恨茫茫深无底。侧身遥望天一涯，云昏雾惨风扬沙。老泪一腔向北洒，儿死在京余在家。

重主长沙有感

星沙自昔号名区，风气今番与昔殊。交友惟知结陶倚，卖婚不独是崔庐。营巢惯见鸠欺鹊，穿穴常看鼠媚狐。翻手作云旋覆手，车行大小軏輗无。

书杨紫卿春星阁诗钞后

浰浰潇水清，疑山复奇秀。芳草沿溪生，香风发岩岫。我欲蹇裳游，搜奇讨幽秘。溯洄阻且长，此愿何日副。杨生家永陵，千里远来就。贽以诗一编，逡巡出怀袖。如闻零陵香，采之时一嗅。想见搦管时，泉石供吐漱。

次韵和谢向亭学使试日饮诸生茶诗

惮暑方歌云汉诗，暍者谁人拥扇之。就中夏畦甚矣惫，犹向南亩勤力为。烈日炙背背欲裂，四野炎炎驰火威。独我山中自散诞，清风峡口台赫曦。一枕高卧足午睡，百城坐拥忘朝饥。白鹤泉水旨且洌，汲泉亲涤冰纹瓷。柳烟花雾篆千缕，云液露芽烹数卮。茶罢临流看把钓，亦有童子闲调饴。款款飞蜻鼓翅翼，泼泼游鳞扬鬣鬐。颇忆触热褦襶子，那能磅礴一解衣。肠枯吻燥坐廊庑，一饮之外无所祈。忽擎茗椀出官阁，饱啜咸拜仁人施。使者吟兴复不浅，手握班管书赫蹏。词源可似峡水倒，教思何如时雨滋。是时百谷仰膏雨，稻花初实苗正肥。斋心步祷感大吏，群望祑祀劳有司。安得滂沱沛然下，须臾倾盆遍濯枝。闻说使者亦默祝，以诗言志志可知。为霖为雨待何日，仁术仁心由此推。即看醍醐普一滴，已免汗雨挥临淄。

又和代

竞传韵事遍长沙，试日诸生饮以茶。凫鼎调和分雨露，鸿炉嘘咈起云霞。吹来香气含书味，沾得馀芬涨墨花。从此应将凡骨换，醍醐一滴出仙家。

扃院何当烈日烘，一轮如火丽晴空。炎炎正惮三庚暑，习习新生两腋风。锦字浮光融乳碧，笔花吐艳绽珠红。怜才无限滋培意，此际欣欣化雨同。

绛帐高悬不染尘，冰壶澡雪见精神。已闻赏拔怜焦尾，更喜涵濡济涸鳞。活水正看流汩汩，馀香犹觉味津津。含膏岂止同甘露，夏雨今番普雨人。

一腔慈惠寄清哦，悦志还期共饮和。膏黍泽方望南国，煎茶韵欲拟东坡。直惊风雨挥毫落，旋化烟云拂纸过。茗鼎墨池俱作浪，崇朝到处洒滂沱。

翁凤西方伯过江，步祷于岳麓峰绝顶，赋诗一首。次谢向亭学使祈雨诗韵

荆楚岁时俗淳古，玉烛年年调风雨。今岁离毕偶失期，长沙十里有沙土。偏灾一隅中一隅，大吏恻然悯农苦。试存方寸为物

祈，撤盖去轩不惮暑。精意自应通九苍，欢声已闻动万户。而我无田食破砚，兀坐深山日忘午。偶携弟子得得行，窃听田家啧啧语。昨宵渡江大方伯，灵泉晨向岳峰取。灵泉汲取灵雨零，风来不复热如煮。立见稿苗兴勃然，时有山云润柱础。更闻星使浮湘来，多士云集麓江浒。连朝扃试蒸炎威，望雨频复计日数。斋心默默祈以诗，造化欲使笔端补。猗与南国多慈君，召伯甘棠郇伯黍。遥遥千载遗爱留，至今尸祝奉樽俎。吾侪小人亦何幸，前贤惠政后贤举。从此膏泽自上下，绥以屡丰其福汝。

书徐香庄赞府镇筸守城纪略后

家法徐熙笔有神，香庄善画，其淡墨梅花尤擅名。怪来瘦骨独嶙峋。倚松哦啸常终日，执策驰驱阅几春。炊向剑头烟自扫，磨从盾鼻墨犹新。闲时写就平生照，人与梅花共一身。

又题

一片孤城万骑尘，蛮溪烟雨几经春。旄头落后浑无事，日对癯仙自写真。

劲骨森森拂素成，毫端浮动暗香清。有时纵笔惊风雨，犹是长枪大戟横。

书蒋厚山征士心竹轩诗草后

零陵先贤不可作，流风千载尚如昨。九疑连绵湘水清，灵气蜿蟺复磅礴。中有伊人闭户居，范水模山自娱乐。计车催去旋催归，载将诗料返云壑。我曾相识未相亲，觌面失之大谬错。只今遥望天一方，深心欲向毫素托。何期琼瑶先我投，珍重一编慰离索。拂拭净几披且吟，香溢行间胜杜若。平生吾直爱古人，今亦犹古吾敢薄。会当溯洄从子游，心竹轩前共斟酌。

题蔡尔嘉柳边垂钓小照

清湘清绝得未有，援笔揉蓝映垂柳。柳丝袅袅绿阴罩，若个闲身坐把钓。钓人生长姑苏台，浮家万里湖南来。脱得征衫著裌衫，披图不觉生面开。我亦楚江老渔父，笠檐蓑袂旧时侣。何日渔村结渔社，又向潇湘听夜雨。

赠旌表节妇蔡母颜孺人诗

郁郁岩上松，凌冬秀孤绝。虬枝千尺高，坚如百炼铁。举世悦桃李，乘春播芳烈。柯叶忽已改，谁能耐冰雪。卓哉岁寒操，劲风表清节。

贞禽失故侣，将雏巢旧垒。风雨惨以凄，一朝堕地委。慈心天地知，受哺仍有子。卵完巢亦安，教诲式谷似。啧啧闾里间，芳名播彤史。

葩经三百篇，独录共姜诗。乃知靡他谊，古人亦靳之。圣代植风化，阃阁多贞慈。旌门建绰楔，以为闾巷师。高风足千古，与世扶纲维。

和左杏江中丞辛巳监临乡闱诗次韵

特开庆榜际新元，济济欢腾学校门。共仰使星临楚泽，更瞻台曜照文垣。踏槐几辈争先路，围棘今番绝弊源。堂上至公真不负，冰心一片答羲轩。

昔年辛苦记犹真，肯负怀材抱玉人。关节不通严锁钥。奇尤得援荷陶甄。三条烛烬莲千朵。五夜更残桂一轮。食叶春蚕声渐息，尚闻传警几番巡。

闻听瓶笙茗熟迟，兴来汩汩吐芳滋。正当撤幕焚香暇，想见凭栏点笔欹。报国丹忱秋月证，怜才素志夜灯知。太冲世诵清芬远，又见传钞纸贵时。

新诗读罢重低徊，何幸天移福曜来。往事遗踪深景仰，书生迂态许追陪。斯文欲衍朱张绪，此地犹传屈宋才。今日芷兰香不歇，济时霖雨乐滋培。

书戴戎帷珥笔图后

奕奕毫端信有神，旌旗壁垒自生新。功成不受将军赏，留得书生面目真。

冬日山中早起

关心缘底事，消息问梅枝。老树迎春早，寒禽报晓迟。披衣数残漏，秉烛写新诗。何处吹香到，山中酒熟时。

题阎公雅四时行乐图

鼎鼎百年内，行乐当及时。岁月不我贷，容颜随盛衰。少日如春花，老作雪霜姿。雪中有春气，勃勃含生机。一身备四序，环转无穷期。即事欣多暇，不乐将何为。云何逐名利，终岁劳奔驰。谁人解此意，披图如见之。

奉题许莱山学使湘月泛槎图

月映湘江彻底清，臣心一方鉴虚明。水程底事邮签报，不系中流自在行。

本来明月是前身，照入澄波面目真。他日南宫图八景，添毫应写景中人。

题韩研庄归去图

男儿堕地，户外悬桑弧。安能杜门不出，郁郁守此蓬户居？仰天大笑辞故庐，策骏马，泛轻凫，耽游兴，计归途。忽听山中杜宇声声呼，呼君君不听，请君洗眼披此图。

题研庄柳阴垂钓遗照

浮生百岁几时间，小坐垂纶水一湾，如此高怀谁得似，羊裘翁去杳难攀。

苍苔绣没钓人矶，逝者滔滔去不归。惟有江边杨柳色，当年风度尚依依。

见田从弟携示其家藏工笔牡丹一轴为题断句归之

浮云看世事，华实几荣枯。廿载归家后，今犹见此图。

书松山族祖谱讳图后

自来谱式推吾欧，庐陵一派分潭州。只今潭州百千派，翻从庐陵寻源流。吾宗有谱颇纪实，有宋名宦诒孙谋。是为吾邑始迁祖，至今岁时禋祀修。旧谱初录宋乾德，续录洪熙乙巳秋。惜哉二谱不得见，茫茫令我空冥搜。闻昔松山古君子，曾见旧谱亲检雠。踵成谱讳图一部，三百馀载今尚留。族人示我一披阅，纸色墨光香欲浮。广尺五寸径三尺，煌煌巨册工雕锼。亲者详之疏者略，去其非族如锄耰。生没日月及庐墓，但有叙述辞无廋。就中一一细讨索，阅罢抚卷怀先猷。

赠韩氏姊妹双节诗

嘉莲开并蒂，下有鱼比目。水涸鱼亦枯，朔风来谡谡。容华非不矜，萎谢一何速。独有岁寒姿，凌冬仍鲜绿。孤根生孝笋，双双傍慈竹。我读《联芳集》，薛氏擅双英。坤珍蕴灵淑，藉藉传才名。卓哉韩氏女，皎然双珏莹。岂不工吟咏，才名非所荣。君看高绰楔，千古表清贞。

题阎心一小照

貌似神尤似披图望。俨然笑容真可掬。妙手若为传想见，胸无滞由来笔有。权不妨参物象，松下伴神仙。

题杨某小照

髯也何超绝，家声凛四知。曾闻心不滓，自矢志无欺。落落今谁及，遥遥古与期。多才推蜀士，好向此图披。

和罗麓西太守见赠之作并谢惠贶家母八旬寿物

拱极楼头一杯酒，行藏踪迹两相违。君如逸骥方腾步，我作归禽已倦飞。六载名山开讲席，八旬康爵晋慈帏。何当千里殷勤意，锦轴琼松佐彩衣。

名长孙世洵

名尔世洵，而字诚之。心戒妄念，口戒妄辞。祛浮去伪，端尔初基。载在尔雅，均洵同诂。我无诒孙，尔当念祖。惟曰存真，庶几绳武。

长孙世洵入泮

已厕儒冠列，犹为总角年。悬门看鲤跃，乔木喜莺迁。笔耨幸予健，书香期尔延。云程此初步，猛著祖生鞭。

岁在甲申之夏，湖以南雨泽愆期。地方大吏率属设坛，祈祷甘霖。叠沛岁乃有秋，先是长沙县村间有李真人，肉身祠往，时祈雨有应。乡民舁至会城景福泉，方伯复率属往祷雨。后归祠，见梦于方伯。因成七律一章纪其事，同时和者甚众。谨依原韵叠次四首，命肄业诸生并和之

煮风炙日冶镕银，责重旬宣倍怆神。耗斁不妨丁及我，恫瘝原自切于身。膏苗肯与泉同浸，庇穀方知玉足珍。但使沴灾能捍御，斋心何惮祷祈频。

底事蒸丹乞药银，真人炼气独通神。修成早悟无生相，蜕后犹留不坏身。散作香烟云外袅，播为慈雨世间珍。灵旗一片随来往，清夜分明入梦频。

霎时檐竹溜如银，雨势倾盆信有神。波上滂沱浮豕蹢，云间

夭矫见龙身。苍生已慰为霖望，绿野群占乃粒珍。不是诚求心保赤，那能感召泽施频。

兴来勃勃管挥银，好雨催诗妙入神。欢洽蔀檐添喜色，凉生薇阁健吟身。颂传万口碑长在，钞遍三湘纸亦珍。一曲阳春真有脚，调高难和捻髭频。

题无碍上人小照

色相非空却是空，禅家三昧画家同。写生妙是空空手，照为衲子法苑所写恰在传神阿堵中。

即看扫石坐桐阴，清景临摹苦费吟。悟得前身与今日。水流明月照禅心。

寄赠罗麓西太守六十寿

生同日月不相悬，堕地输君一岁先。偏是登蟾同折桂，不同年却又同年。

雁塔名题君后我，凤池身到我先君。余曾以内阁中书注选岂知十载升沉判，君坐黄堂我卧云。

君今已作六旬翁，我亦行年五十九。揆辰次第厂华筵，应让乡人先酌酒。

悬知羊酒正跻堂，堂上同称介寿觞。楚水直通镇江水，洄游可得到潇湘。

五老图歌

一老闲傍花前行，看花倍觉精神生。胸中盎盎春气盈，高月岩，名桂。常州人年七十五。一老徐步相招迎。花下如闻欢笑声，满腔和气心太平。丰璞园名玉，长沙人，年七十四。二老对棋心无营，颜西村，名德峻，连平人，年八十。杨瑞庐，名标贵，常州人，年七十三。局中黑白何分明，欣然不计谁输赢。意态殊暇神殊清，世事付之棋一枰。一老垂钓聊娱情，彭畅园，名信系溧阳人，年八十。临渊而羡鱼不惊。此心常与鸥共盟，家世遥传殷老彭。乔松期羡为弟兄，人间何异蓬与瀛。

砚铭

一片石，父所遗。少入塾，壮临池。试棘院，上丹墀。握赤管，磨隃糜。皂囊贮，白简披。自六岁，拜赐时。数十载，携以随。今老矣，拥皋比。饘与粥，恒于斯。道光乙酉春月，欧阳厚均坦斋氏铭于麓山之半学斋，时年六十。

曾孙恩桀生

屈指年龄正六旬，兰阶已见子生孙。隔年绣帨犹悬户，去岁曾孙女生今岁蓬弧又挂门。五世同堂慈母喜，九重异数圣朝恩。一封驰奏劳疆吏，表宅今当第四番。

寄山东都转王式庵同年即以介寿

昔在京华会同甲，廿载流光才一瞥。当时自幸膂力刚，转瞬六十成小劫。即我无田食破砚，问字雠书眼生缬。齿虽未脱全动摇，发留种种半飞雪。嗜酒不复夸酒豪，每逢大户胆先怯。回忆壮年轰饮时，往事风流对谁说。升沉何异沤影浮，聚散真如电光掣。冯君已矣不可招，刘郎去后杳无迹。梧庭近隔一湖水，尺素空投报书绝。侧身东望东海滨，三千里外路遥隔。济水不与湘水通，衡云常共岱云结。悬知艳阳正三月，有酒如淮旨且洁。我欲登堂为君寿，上有慈母年逾耋。子又生子孙抱孙，那许远游赋离别。行行且止归故山，聊作新诗道款洽。

次祁春浦学使留别湖南士子诗韵即以送别

福曜何缘此地来，轸垣光被仰昭回。争传月梦岩头霁，公曾梦见濂溪周子又见云从岳顶开。公曾登衡山绝顶讲院朱张留道脉，人文屈宋有骚才。殷勤三载搜求意，珊网宏收尽异瑰。

为栽嘉植剪邪蒿，野处安能匿秀髦。不惮选金淘瓦砾，肯教攻玉用铅刀，马因求骏千群刷，士得登龙十倍高，手作炉锤心是秤，诸生何以答甄陶。

伊谁脱颖出锥囊，得失还争一日长。爨下焦能谐律吕，沟中断亦有文章。顿开宿翳劳金篦，直引群迷渡宝航。我向春风借嘘植，培成桃李竞欣昌。今岁及门士膺乡荐者十五人，贡成均者三十有六人，皆公所拔识。

飞倦微禽脱毕罗，无才只合老岩阿。故交已觉寥寥少，吉士欣看蔼蔼多。正喜听谈承尘拂，那堪赋别唱骊歌。相期他日开东阁，秉轴持钧总不颇。

长句寄祝黄州太守周梧庭六十寿

回首都门别，忽忽星一周。燕云隔楚水，欲见杳无由。已恨关河渺，道路阻且修。君更一麾出，乃在伊凉州。绝塞岂无雁，不向湘江浮。坐令音问断，搔首空怅惘。忽闻策五马，新拜楚诸侯。盈盈一湖水，双鱼速置邮。往来频尺素，奚啻与面谋。矧君表系念，赠我丝绔绸。感此缠绵意，翻触离索愁。忆昔强壮日，声气相应求。同官复同榜，欢若胶漆投。况乃同庚甲，生日互献酬。酒户两无敌，一饮连十瓯。往往笑侪辈，撼树如蚍蜉。岂知别君后，我亦懒且偷。遇饮辄退舍，避酒如避仇。吾衰也甚矣，六甲已平头。暇时理鬓发，常有雪丝抽。齿虽未摇落，刚者化为柔。君今年六十，衰态应不侔。我行足重茧，君出引鸣驺。悬知腰脚健，步不假扶鸠。我盘堆苜蓿，君食罗珍羞。精神足颐养，体胖心日休。自怜函丈地，空羡百尺楼。寒毡守如故，安得千金裘。昨逢览癸日，闭户谢朋俦。弟子强载酒，村酿出新篘。三杯径醉矣，兀兀昏两眸。开眸一遐睇，太守最风流。阶前绕麟凤，舞彩复袴韝。跻堂列羊酒，济济冠盖稠。往者苏玉局，此地曾勾留。一曲南飞鹤，献寿发清讴。只今称兕者，吹笛有客不？我欲参末座，一叶驾轻舟。高堂有慈母，未许赋远游。聊书四百字，当筵佐酒筹。

六十初度和及门诸子

不觉花龄已一周，闲中日月许优游。田耕砚北无荒岁。草采陔南有洁羞。孙又生孙衍瓜瓞，太恭人今见五世元孙士恒为士绍弓裘。长孙今年食饩只今初度无他祝，再着莱衣六十秋。

载酒雍容萃一堂，抠衣叠晋介眉觞。盈门桃李争舒秀，今岁名下士贡举四十有九人。入室芝兰倍有香。莫侈年龄齐绮角，相期道脉衍朱张。名山况是曾游地，我亦诜诜弟子行。

集禊寄兴

万事岂由人致，一生自有天知。此怀无躁无妄，与世不激不随。

群生咸游化宇，一室坐领春风。静观无不自得，清兴亦与人同。

每日一觞自足，此外万事不知。激水因生湍浪，和风听引游丝。

风月以外无言，山水之间足乐。揽古可兴可观，寄怀有感有托。

拟励志诗示岳麓肄业诸生

粤宛大圜，万物之橐，若鼓有椁，呕生吹落。日月如环，寒暑相错，来者为今，去日成昨。

志士感时，如驹过隙。逝者悠悠，不舍旦夕。无宝元珠，无珍白璧。寸阴分阴，古人所惜。

人性本善，宜葆厥初。勿为习染，勿为气拘。立圣贤志，读圣贤书。学之不志，牛马襟裾。

蠢尔昆虫，时术不已。人而怀安，曾不如蚁。譬诸测海，不可以指。如何弃舡，而求蹇水。

彼蓬之植，生于麻中。染丝斫梓，初化有功。虽有美质，尚藉良工。璞玉其琢，宝刀其硫。

承蜩如掇，嘉披丈人。悬蜻作的，厥有武臣。一技之妙，乃凝于神。覃精厉志，罔或因循。

日知其新，月守其故。毋求速成，毋求广骛。骐骥千里，积于跬步。我马驽骀，十驾可赴。

为山九仞，毋息尔肩。掘井九仞，必及于泉。慎终如始，久且益坚。泰山之溜，虽石可穿。

积尘岳峻，纳水溟深。友善未足，与古为林。行有芳躅，言有良箴。书之座右，以警予心。

卷下

丙戌元日试笔

杯倾娄尾醉如泥，老笔犹能小字题。扶寿不餐三秀草，养和那藉一枝藜。曾元绕膝娱慈母，伉俪同心有老妻。计日衔恩来阙北，客岁，太恭人五世同堂，康兰皋中丞于腊底驰折奏请旌表。丝纶五色焕云霓。

赋闲岁已一星周，七秩初开第一筹。自比白蟫甘食字，惯耽绿蚁且擎瓯。斑衣作戏焉知老，破砚为田亦有秋。笑抚吟髭霜未染，青青犹得数茎留。

生女

孙生孙后子生子，走报高堂喜不禁。自怜婚嫁何年了，迟我游山约向禽。

送彭宝臣起复入都

昔我与君少同学，壮岁君后我释褐。漫矜雁塔名先题，何如龙标锦高夺。从此长安年复年，出常并辔居并廛。况复旧好结新特，两家犹子成良缘。自我望云返故里，此生愿作老莱子。陔南草色堂北萱，更将苜蓿佐甘旨。麓山不到三十秋，无田食砚今重游。风雨一窗怀往事，故人何处思悠悠。君舟曾向此间系，携筇复寻旧游地。空山无伴空寂寥，何幸跫然足音至。我作倦禽巢故枝，君如鸿遇风顺时。直翔千仞薄云表，此志燕雀安能知？时有劝宝臣买宅星沙者沙堤合筑红软尘，问君岂是家食人。留君不住饯君酒，一杯犹觉乡味醇。

送张十仁斋同年之官芷江即次仁斋赠周节庵刺史韵二首

宦辙云州入豫州，仁斋历任山西左云、河南泌阳、滑县等处。凫飞新向五溪头。屡闻异感能驯雉，到处风移共佩牛。卓政即当书上考，良谟争欲借前筹。悬知㵲水明山畔，都入虚堂镜里游。

荆及衡阳本一州，况同射策上螭头。羡君健以凌霄鹄，而我闲如露地牛。握手各惊双鬓雪，谈心那计五更筹。何当放棹春江水，兰芷香中共溯游。

代周节庵次韵

一螺壳奇古潭州，白发萧萧雪满头。退后自甘同宋鹢，喘馀人任笑吴牛。节庵素患痰喘无台可避寻常债，纪帙空添七十筹。羡煞故交多壮兴，弹琴调鹤尽优游。

题黄生芝芳屈竹图小照

爱此亭亭立，根蟠本自深。天留伴松柏，肯使雪霜侵。

今岁七旬开秩，里中诸姻娅竞持卮酒、诗文为贺，乃先期开筵速宾，各用其体分和之

兴贤自昔重明经，难得埙篪奏一庭。胸次学曾窥二酉，肩随名不逊双丁。争传物论推耆宿，又见天文聚德星，多感新诗作投

赠，调宫刻羽韵珑球。右和陈十一明经少年逐队弟子员，宿学竞说陈顽仙。自我壮怀四方志，不见顽仙二十年。归来握手各惊愕，相看两鬓俱皤然。我年渐衰兴渐减，枯肠那更禁熬煎。君今年逾七十矣，兴复不浅何翩翩。昨我七旬甫开秩，洒笔赠以诗一篇，我捧新诗日披诵，弹丸脱手如珠圆。安得长留顽仙笔，他日饮我百岁筵。右和陈顽仙十三明经。

送张麓门舍人起复入都

我昔解组长安，逢君释褐初弹冠。从此一别十三载，燕云楚水相见难。何期别袂重携手，不料班荆又折柳。人生聚散谁得知，饯君聊酌一杯酒。酒酣回念林下人，君今香案作仙吏。戾汉摩霄正展翅，年来倘遇南宾鸿。顺风为寄数行字。

寿彭母黄宜人九十

响福原归种福人，璇闺茀禄自天申。齐眉忆举堂前案，和胆培成掌上珍。走马花曾探杏苑，含鸡身早侍枫宸。即今绕膝抽簪佩，况复承颜悉凤麟。七叶衍祥旌宅里，五花锡命荷丝纶。争看绰楔垂千禩，又晋觥筹介九旬。雪藕冰桃佐羞膳，苍松翠柏见精神。椵词好上冈陵颂，预卜期颐送喜频。

送陈荫堂部郎北上赴选

子昔年甫冠，英妙谁与伦。神清骨复秀，文亦如其人。赏识幸不谬，文章信有神。连年掇科第，名位应星辰。华资岂不羡，乃心恋双亲。服官七八载，南北往来频。严命复催迫，子意犹因循。策马竟行矣，胡为滞里门。古人重禄养，三釜乐逮存。努力在扬显，壮志及时伸。

曾孙恩霖生

充闾喜气报慈亲，又见呱呱五代孙。弧矢连年常挂户，丝纶前岁已旌门。乙酉，长曾孙恩粲生。母周太恭人五世同堂，蒙康兰皋大中丞奏请旌表。凤毛誉可承前美，燕翼诒还念祖恩。从此绵绵衍瓜瓞，含饴乐事庆便蕃。

晤郑倩芝泉时由部郎出守襄阳，请急归里省亲

记得舟头别，悠悠十四年。老予甘骥伏，羡子等莺迁。乍自金闺彦，旋为画省员。分曹依斗极，列宿应星躔。香阁铨除慎，云司职守专。法曾无枉滥，意每在矜全。信谳参详定，爰书画一编。敏才重寮采，令誉播垓埏。槐棘交章荐，丝纶特命宣。襄阳本繁要，太守简良贤。五马驰何驶，双亲望早悬。言归迫程次，请急觐庭前。忽念宾甥馆，趋来主讲筵。相逢真喜极，追忆转凄然。比翼凰安在，并头花早萎。泉台伤弱女，同去不同还。

挽周节庵刺史

昔年归故里，风雪阻南阳。策我征途马，登君治事堂。淹留忘异地，款曲话同乡。不尽临歧意，相期后会长。

洎余耕砚亩，君亦赋归田。蒋诩开三径，张融并一廛。本来胶膝固，矧乃茑萝牵。聚久浑忘乐，迢迢已十年。

别君甫三月，放棹我重来。岂谓音容杳，谁为笑语陪。积尘封砚匣，馀韵绕琴台。人往物空在，魂兮招不回。

作宦四十载，归来星一周。怜才真是命，嫉恶每如仇。梓里亲尤笃，花封爱遍留。诸郎念遗训，何以绍弓裘。

挽陈华鼎先生

七十年来一味真，争传弥勒是前身。平生好事书难尽，到处交称陈善人。

叩门水火任人求，今日谁为旦夕谋。听说孤寒逾八百，齐声恸哭满潭州。

神仙眷属住蓬池，挽鹿鸣鸡赋唱随。先后十旬同跨鹤，携归蓉馆亦齐眉。先生德配吴恭人，先于五月仙逝。

叠拜鸾章五色书，眼看膝下曳朝裾。只今论定人争道，积善门庭庆有馀。

挽聂蓉峰太守

客夏遇子湘江滨，捧檄归觐堂上亲。闻子亲拜浙西守，早策五马无逡巡。五马初临语儿浦，争如星云快先睹。即看入座生春风，已觉随车播甘雨。一时传遍山阴道，镜湖何幸福星照。岂知竹马刚迎来，旋赴天上玉楼召。可怜奔走里人子，有若群儿失怙恃。间关仆仆求系援，一齐恸哭返湘水。我闻噩耗惊且疑，不信斯人而有斯。生才胡不竟其用，茫茫天道谁得知。吁嗟天道何茫茫，只教三月治黄堂。犹幸登瀛二十载，等身著作光焰长。

送城南山长余星堂观察入都用南轩赋别晦翁诗韵

朱张讲学地，对峙古潭州。中隔一条水，湘江如练旒。我忝居岳麓，惧贻坛坫羞。君作城南师，庶与古匹休。忆昔橘洲渡，两贤曾溯游。今我素心侣，过从常淹留。六载共切劘，两意何绸缪。却笑陶宏景，无心画两牛。出处虽异致，行藏仍同谋。譬彼谷中鸟，择木且藏幽。鸿毛遇风顺，展翼凌飕飕。君本济世才，乐行夫何忧。幸际交泰日，俊乂方旁搜。矧君昔持节，到处恩泽流。苍生久属望，揽辔快登舟。愿诵南轩句，邈矣追前修。

名次孙世逢

水之高下，厥名曰逢。能高能下，道乃协中。顾名思义，以牖尔衷。逢之谐声，丰大而盛。字尔兴之，庶有馀庆。防满戒盈，尔其克敬。

次孙世逢入泮

尔兄年未冠，已向泮池游。迟尔后三载，较兄轮一筹，文能成鸑鷟，驾并是骅骝，好奏承平曲，埙篪互唱酬。

书陈两峰职思集后，时由镇筸将军任内奉使，祭告陵岳，往返途次纪胜录也

皇威震西域，迅速扫欃枪。底定恢前烈，怀柔率旧章。幽宫稽帝世，峻岳纪炎方。秩祀崇千古，明禋溯百王。九重颁使节，特简命戎行。戒道从蛮徼，詹期趁艳阳。柳迎幢盖影，花衬马蹄香。争睹传闾左，填观塞路旁。轻骑无扰累，缓带不矜张。优异宸恩荷，寅虔盛典襄。斋心升肸蚃，娱目亦相羊。黔粤交冲地，

苗瑶杂处乡。巡行遍溪洞，游览历疑湘。岚霭千峰叠，烟波一苇杭。墨时磨盾鼻，颖每出锥囊。名胜兼形胜，官良并俗良。诹征咨必及，险要识毋忘。聚米差为略，披图此较详。岂惟助谈柄，允足备边防。野乘咸资考，名山信可藏。自惭居僻邑，何幸接清光。慕蔺情常切，瞻韩愿已偿。未曾实筐币，聊与载壶浆。别绪云依树，离悰月照梁。皋比寒独拥，虎帐日遥望。鲤素来铃阁，鸿编寄讲堂。至情真款款，大著最煌煌。顿觉胸襟豁，犹馀齿颊芳。才原称武库，宿本列文昌。诗字才三百，焉能罄赞扬。

大夫家庙钟铭

于我祖，谷诒孙。恢先绪，裕后昆。余小子，食其报。守遗基，爰作庙。庙既成，念祖功。召凫氏，冶为钟。钟之铭，告予后。永亿年，肯堂构。

送张乙舟太守谢病归里，次留别原倡三十首之第二十七首叠韵

五年膏泽入民深，忽动归思返故林。棠舍树犹留美荫，蒲帆风亦送清音。借恂无计争扶毂，思范难忘合铸金。万口作碑传载路，由来直道在人心。

楚岫千峰阻且深，路难行处棘成林。虞弦仍奏南薰曲，由瑟曾无北鄙音。肯使势炎焚美玉，尽教口众铄良金。只应清澈湘江水，照见冰壶一片心。

仙曹联步五云深，曾共含香过禁林。归里只今常息影，居山何处觅知音。忽逢剖竹重连袂，仍觉如兰叶断金。谁以我公归去

也，临歧莫慰我悲心。

倦禽自合入山深，吉羽何当隐薮林。决起安知鸿鹄志，和声终待凤鸾音。一尘不染虚堂镜，百炼弥纯丽水金。何日朱轓重莅止，济时早慰望霖心。

夏夜

小亭空四壁，独坐倚胡床。有月逾生白，无风亦赠凉。墙坳闻蛤吠，丛薄度萤光。浅沼荷英发，时来冉冉香。

次蒋奇男明府留别石门诗韵

台鼎家声重世臣，奇男，常熟世家，高曾两代相国。服官端不负先人。才临蒲邑争称善，已觉花封遍是春。奇男初任民社权石门，甫数月，士民为赠《花满河阳》匾额。骑竹迎来风自古，随车播处雨常匀。澧阳三月讴歌起，传遍湘山楚水滨。

赠吕丽堂太守时权长沙府篆

治谱渊源世泽长，福星何幸照清湘。及时甘雨随车播，到处仁风奉箑扬。骑竹争看迎召杜，买丝竞欲绣龚黄。即今论秀烝髦士，采遍汀兰岸芷香。

苏抚陶云汀前辈寄示沧浪亭七友图题后

一别悠悠十七载，每从梁月想风采。披图美哉髯绝纶，本来面目仍未改。图中高贤其数七，竹林散诞那足匹。建安才名今古传，若个升堂又入室。德星今聚天一方，斯文坛坫谁主张。先生政暇擅风雅，吟诗作绘镌琳琅。我昔奔走软红土，曾步后尘许接武。只今空谷无跫音，翘首吴门望旧雨。

题陶云汀前辈沧浪亭五老图

潘老三松先生名奕隽。齿望居第一，年八十有八。我本年家子若侄，今日披图始相识。韩大司寇桂舲先生名葑。石廉使。琢堂先生名韫玉。我亦门生亦故吏，抠衣曾为左右侍。昔我滥厕西台时，玉松先辈姓吴名云。曾相知。廿年不见空驰思，此邦信多贤大夫。杖履翛然林下居，礼贤今有陶尚书。云汀先生新晋官保尚书，衔总督两江。尚书黑头建牙节，听说年来鬓飞雪。皤然诸老与并列，在昔吾家六一公。年未五十亦称翁，前贤后贤其揆同。

题鲁镜亭赞府听涛图

自作山中客，盘桓日抚松。知音久不遇，今向此图逢。

举世重艳色，岁寒谁与盟。输君坐松下，洗耳听涛声。

寿李双圃五十

昔在长安时，饮君壮岁酒。座客悉少年，褎然我居首。流光一何驶，如丸版上走。我年六十六，衰态成老丑。可畏如君者，亦作五十叟。回头思旧游，联吟争先后。我断髭数茎，君呕血一斗。坐此君益癯，腰细如纤柳。岂知廿年来，昔无今则有。看君颊上毫，颇亦覆其口。当年称瘦生，今也肥且厚。经笥何便便，此腹真不负。润屋兼润身，体胖良非偶。悬知悬弧日，娱宾复速舅。济楚集华缨，陈馈有肥牡。而我归里门，鞠膪奉慈母。遥望华筵开，未得尝旨否。会乘秋气清，仍招曩时友。不速有客来，登堂为君寿。藏酒需不时，请君谋诸妇。

送裕馀山方伯调任入都原号东岩

湘中扶老复携少，千人万人走相告。吾侪小人缘太悭，南国福星忽移照。扳者挽者填道周，旌麾那得飞鸣驺。赖有中丞一封奏，暂使我公三月留。我公德政孰与媲，爱士爱民恣加子。共仰膏两生芃苗，无限春风植桃李。即看诹吉载征旆，郭外士民大和会。留鞾志爱谁能忘，更写去思作图绘。是时寮采集湘渚，吉甫作诵山甫祖。我借一卮持献公，祝公重来福吾楚。

送苏云耕中丞内召入都

仙曹回忆旧时侣，相聚如星别如雨。何当一别十八秋，重逢才得九月聚。自我倦游还故山，彩阶日效老莱舞。白华致洁兰采馨，更将苜蓿佐三釜。只怜空谷无足音，素心晨夕孰与数。停云遥望天一方，欲往从之路修阻。侧闻我公扬历周，飞引鸣驺半寰宇。来如时雨争相徯，望似卿云快先睹。节从西北移东南，到处舆歌作政谱。一路福星万口传，福星何幸照吾楚。楚山环翠楚水清，吏治循良俗淳古。我公敷政慈兼威，吏畏民怀泽施普。昨者湖西灾一隅，已溺已饥亟绥抚。哀鸿无复鸣嗷嗷，仍集中泽庆得所。夏月武陵、龙阳、沅江、益阳、巴陵、华容、安乡等县被水，藩司吴荷屋星往查勘，立时煮赈公奏请给壹月中粮。邻封襁负于于来，亦悯流离亦助补。果腹旋闻鼓腹歌，遂使湘中成乐土。今夏，湖北、江西等省俱被水。流民分路逃灾至南省者以数万计，络绎不绝。公饬属劝谕士商设厂施赈，地方尚不致骚扰。何期丹诏来九天，槐棘虚位召台辅。公才素裕军国储，公昔在农曹，谙习漕务。今召还总督仓场。公名早向金瓯贮。出膺封圻为股肱，入赞谟猷作心膂。黄相重来应有期，寇君欲借尚未许。小民何知奔且驰，有如婴儿失恃怙。苍颜皓首黎而黔，子佩子衿及材武。攀辕挽辙遮马前，留公不住献公酹。我亦无限依恋情，借献一卮道旁祖。故交海内存几人，倏离倏合如逆旅。昔我都门留别时，公曾开筵菊花坞。公今别我归都门，又值黄花开老圃。古人临别重赠言，对花聊将寸怀吐。君子之交淡以成，人淡如菊友所取。愿言同保晚节香，何论行藏判出处。

陈庆覃水部招饮看菊，次韵奉和阴堂改字庆覃

看花已过重阳节，蟹簖新披又举杯。拨眼喜逢佳客至，滇南陆观察卸上海道，任归里道，出星沙。数心多是故人来。座客善化唐育庵、徐礼堂、贺耦庚、蔗农昆仲皆旧友。正欣肃肃宾鸿集，忍听嗷嗷旅雁哀。竟日纵谈经济策，腐儒怀抱若为开。时邻封被水，逃荒来楚南者以数万计。会城绅士捐赀设厂赈济。主人及座客籍隶善化者皆与焉。席间筹画救荒善策及仓储利弊、察吏安民等要务，听之忘倦。

衮衮诸公年正富，老余独自逊名流。也须插菊因吟杜，愧不能诗本姓欧。墨海争濡麟角笔，觥筹交错虎彝舟。主人酣兴先成唱，高咏群推百尺楼。

送李将山广文谢病归里，次留别诗叠韵

虚名过眼悉浮烟，赋就闲居养性天。共羡悬车刚七十，况经振铎化三千。文章直欲追前辈，泉石由来有旧缘。从此种松多岁月，著书闭户乐年年。

金篦开盲拨雾烟，青衿始得睹青天。春风广被吹群万，法雨宏施普大千。马帐共依方有幸，骊歌忽唱叹无缘。怪来士子争攀辙，曾受薰陶十二年。

锦肠绣口吐云烟，咳唾随风落九天。伸纸乍看义手八，挥毫已觉扫军千。鸳针普向同门度，鸿爪留题异日缘。赋别新诗无限思，殷勤后会属何年。

记曾香案惹炉烟，归鸟依然号信天。愧我退如鹢飞六，羡君高似凤翔千。平生素有登龙愿，今日欣逢御李缘。相爱相知忍相别，柳条留待想当年。

晓迷上人像赞

万法皆空，无寿者相。无我无人，是为和尚。咄彼禅师，犹留形状。满月金容，俨然在望。弥勒龛中，菩提座上。付钵传衣，永垂法藏。

吴荷屋中丞同年属题南岳开云图

中丞示我开云图，披图令我怀订谟。时总师千师全楚，公时兼署湖广总督。蠢尔逆苗新歼除。功成斋心答神贶，壬辰九月，以猺匪平，祭告南岳。登祝融峰，夜宿上封寺，观云海，作此图。礼成展眺登崎岖。我公岂是好游者，大儒经济胸次储。千仞冈头振衣立，目穷疑岭连湘湖。周知物土揽形胜，宜民善政施裕如。直使湖南亿万户，齐上康乐和平书。尔时岳云献奇景，五峰散紫千峰铺。云耶海耶混莫辨，随风变灭才须臾。在昔昌黎祷衡岳，积云旋被长风驱。公凭正直足感格，不烦掷珓劳庙巫。云开自合信神力，前贤后贤如合符。

三月得家报韩姬生子

我闻古来人生七十稀，七十生人今亦罕。老凤犹能将九雏，吾亦老矣雏乃诞。他年千仞翱翔未可知，可能及见尔羽毛之丰满。

惟将一语留告儿，记取老夫一生坦。

七十初度和及门诸子

鹿鹿浮生七十秋，山斋仍乐聚名流。余主岳麓讲席今十有八年矣。何当迢递心香祝，都中门下士制屏寄祝。近喜雍容手爵仇。在馆诸生开筵醵饮。锥出囊中多脱颖，今科南北乡闱，同门获隽者，共二十有八人。彩娱堂上竞希镈。腐儒自幸犹顽健，揽镜方惊雪满头。

惊心岁序易迁除，再着莱衣愿已虚。余《周甲诗》有：再著莱衣六十秋。树背花荐谁腹我，齐眉案冷孰卿予。诗情渐觉衰无兴，酒户回思壮不如。弟子却嘲师未老，新年喜气尚充闾。今春余生一子。

丙申元日

不辞衰鬓插春旛，献岁新开柏酒尊。绣褓怀中怜稚子，上年七旬曾生一子。班衣队里数曾孙。五旌闾宅承天宠，孀媳陈氏现蒙题请旌表，统计一门之内前后叠邀旌典五次。十赍丝纶荷国恩。家藏诰敕凡十轴。又听刍尼檐角噪，门庭应卜喜便蕃。

律篇吹暖斗回寅，老觉韶华倍可珍。纪筭八旬开一秩，归田二十有三春。名山久忝师儒席，陆地长容散诞身。我整豸冠贺元日，孙曹今亦列朝绅。长孙世洵时权攸邑学篆。

读贾谊治安策

贾生年少时，才名甚籍籍。弱冠登庙廊，慷慨多建白。无何谗口张，一官被迁谪。犹闻汉天子，夜半虚前席。征召重入朝，曾上治安策。马史阙其文，班书录于册。发箧陈遗编，展读耐寻绎。娓娓千万言，拳拳矢丹赤。中外严边防，冠履辨天泽。布德兼布威，利病咸洞辟。执卷深流连，今犹想见昔。如何言不行，终为此才惜。遗策如龟蓍，救时等药石。手披安忍停，口诵那能释。

青山静对图跋后有序

吾友余星堂观察自豫章解组归，绘此图属题且曰："此山连峰秀拔，实吾乡之门户。自先世卜居于此，环其麓者，皆吾族党亲故。敦本茂实，最近古处，某自束发受书，即断取昔人。平生受不起青山笑词句、篆刻、引章，自盟幽独兹经六十馀载，幸生平出处、举动尚可告无罪于族戚乡党，即当可仰对青山。故为此图，聊以自证，亦仍以自励云尔。"爰不揣谫陋，赋五古一章跋于后。

潭州古驿道，中有青山铺。叠秀峰回环，村烟接云树。吾友星堂翁，累世此宅寓，地灵人杰钟，先泽后昆裕。早登青云梯，蜚声木天署。出巡秦与滇，豫章理鹾务。所至民爱之，所去民思慕。风顺方扬帆，长途忽回驭。年未及悬车，飘然赋归去。不羡钟鼎荣，每怀钓游处。尘鞅一以息，三径寻旧路。追忆年少时，曾诵昔人句。青山解笑人，瞿然发惊悟。抱此区区怀，肯被出山误。暇日作图绘，心期托毫素。矢念永弗谖，华皓长如故。而我归田庐，烟霞已成痼。入山恐不深，惜无买山具。循环披此图，深得静中趣。何当从子游，约云与同住。

贺外孙罗生翼庭入泮即罗超杰

五色禽飞入梦来，文坛树帜遂登台。周官论秀由乡选，汉代兴贤重茂才。万里风云欣会合，九霄雨露荷栽培。腾骧直步天衢上，得驾骅骝道路开。

妙龄早赋采芹诗，先泽传留裕后基。积善门庭肯堂构，读书家世衍弓箕。鸡窗奋志怀珍日，凤阁蜚声脱颖时。从此云程欣发轫，会看高折桂林枝。

嗣翌男更名锡穀入泮

诒谋早已薄籯，教子惟期守一经。但使析薪能负荷，且欣采藻播芳馨。云梯得路初登级，霜剑腾辉始发硎。从此芸窗须努力，好将盛事慰衰龄。

次孙世逢选拔

连朝乾雀噪檐阿，又报孙登拔萃科。论秀从兹升璧沼，摛华伫望上銮坡。哄传闾里欢声动，难得门兰喜事多。亲友竞持杯酒贺，开怀不觉醉颜酡。

有感

得失何关塞上翁，纷丝蛮触漫争雄。那知天道如环转，五十年来看小同。

送次孙世逢入都

襁褓孤儿实可怜，八龄随我故乡旋。只今幸尔能成立，努力功名及壮年。

我出都门廿四年，故交稀似曙星悬。两三知己如相问，展卷犹堪细字笺。

题徐松庵课孙图小照

海鹤丰姿望俨然，披图讶是地神仙。更饶乐事消清昼，雏凤咿唔绕膝前。

一经旧德属儒门，祖砚留遗付后昆。我亦无田惟食砚，年来课读到曾孙。

题周蘅吾半身小影

奕奕丰姿迥出尘，一生面目本来真。添毫更嘱丹青笔，写就循陔洁白身。

握手论交已廿年，自嗟须鬓两皤然。羡君风度仍如故，家世原来角里仙。

题杨玉田松下调鹤种芝图小照

丰标一片彩霞新，小立迎凉夏健人。认取本来真面目，苍松骨干鹤精神。

曾记偷闲学少年，只今华发已盈颠。何缘得似商山皓，采采灵芝作地仙。

集唐

橘花香泛白蘋洲，陈翊两两三三舴艋舟。张志和却把渔竿寻小径，张志和楚云湘水各悠悠。戴叔伦

送贺蔗农侍御入都

我昔解组归故山，君方释褐登金銮。过都我如鹢飞退，乘风君似鹏扶抟。愧君不到木天署，输君妙选清华班。铁冶鸿陶我分铸，金针鸳度君独看。我昔滥竽列台谏，君亦峨峨冠豸冠。我恋北堂归奉养，君亦采采南陔兰。自我无田食破砚，饱尝腐儒粗粝飧。而君膏粱食亦厌，菜根香溢苜蓿盘。城之南兮岳之麓，中隔湘江水一湾。君居湘东我湘右，扁舟时复相往还。在昔朱张两夫子，千秋教泽留讲坛。我企先贤渺难及，君追曩哲庶可攀。世人笑君复笑我，胡不同升廊庙间。山中宰相愧宏景，海内苍生望谢安。自顾我年与君齿，我正悬车君服官。君志澄清且揽辔，我已颓唐难据鞍。我劝君驾饯君酒。开怀饮我宜尽欢。愿君扬历遍中外，容我啸傲歌考槃。

寄祝李双圃方伯六十寿

昔我成童后，曾习天文书。夜视文昌宿，光射翼轸墟。轸傍长沙子，精光尤炳如。长沙原主寿，占星考舆图。地灵钟人杰，征验在湘湖。应运君乃诞，峥嵘头角殊。草龄游泮沼，弱冠偕计车。登第年甫壮，妙选入蓬壶。五马出为守，畿辅揽辔初。监司旋秉臬，扬历豫与吴。连迁任方伯，乃在黔西隅。黔西地千里，敷政绰有馀。福星一路照，歌颂塞巷衢。昨君寿周甲，令且悬雕弧。寮采雍雍集，祈年竞洗觚。跻堂诸父老，牵羊酌清酤。而君再三却，辞让怀谦虚。但使民安乐，不啻身康娱。君志矢清白，我闻倍欢愉。本是素心侣，况复托葭莩。椵辞何所祝，浮言肯贡谀。愿君葆初志，华皓永勿渝。从此建牙节，锡福普寰区。寿身兼寿世，化日乐长舒。再阅六十载，老笔重扬揄。

寿邑侯子占明府名善恒

余与明府世交，昔见于都中，年方丱角，早器许之，忽忽盖三十年矣。今以名进士出宰百里，权吾邑篆。晋谒时，道故言欢，坐谈移晷。因述其近志，愿学止酒之陶令，不肯效沉醉之孔公，欲得余言铭诸座右。适值寿辰，邑中父老朋酒跻堂，明府辞之。佥丐余一言以称觞。余既重违明府意，又不能却邑民之请，勉搜枯肠，赋嘏辞一首于篇末，亦聊致区区焉云尔。

衡岳之东乐江浦，地瘠民勤俗醇古。竞持羊酒跻公堂，称觥齐声祝纯嘏。我公再三谦未遑，大斗康爵悉辞拒。父老拳拳意莫申，愿得余言劝公酺。我本与公为世交，乃翁十载同农部。见公头角峥嵘时，紫芝秀气扑眉宇。今登墨榜魁南宫，出宰花封任守土。南国公家先泽留，曾总师干帅全楚。累叶簪缨世德长，祖武弓裘肖政谱。本来家声清白传，勺饮肯向小民取。公方矢志盟冰壶，我敢饶舌奉觞具。敬谢父老我何言，聊取三百篇中语。介眉只合风咏豳，受祉还宜颂歌鲁，更诵宾筵诗一章，祝公耄期同卫武。

书湘阴郭存门七十自寿诗后

麓山风雨共当年，记得前鸿后雁联。犹是少时同学侣，相看须发并皤然。

落落知交曙后星，倏离倏合水中萍。索君每向停云望，旧雨重逢眼倍青。

故交历久总如新，老觉良朋谊更亲。我幸聪明犹未废，输君龙马足精神。

山斋洗眼读君诗，想见掀髯搦管时。再廿馀年留老笔，唱酬先后祝期颐。

恭跋万荔门方伯监临秋闱即事诗后

宾兴盛典辟龙门，堂上巍巍独坐尊。鱼贯诸生行有序，凫趋群吏静无喧。怀材方庆风云会，爱士宏施雨露恩。岸芷汀兰香不歇，滋培厚泽普湘沅。

旧游回首记分明，曾共青山逐队行。往事衔枚酣蚁战，者番食叶听蚕声。照廊烛烬莲千朵，吹幕风寒漏五更。多少覃思忘寝食，矮檐辛苦念诸生。

退食雍雍锁院深，庭阶闲步测砖阴。随时乘兴濡毫咏，即景拈题拂纸吟。金鼎焚香吐芳韵，铜瓶煮茗播清音。新诗南楚传钞遍，仰见冰壶一片心。

扃门试毕乐融融，笑语欢腾万口同。何幸福星临境内，况兼文曜照闱中。搜罗尚待逢明眼，护惜先劳费苦衷。济济银袍齐献颂，心香一瓣祝南丰。

粤东游草

叙

余在楚南六年，与岳麓山长欧阳坦斋侍御讲求经义诗文，无间心曲，同年如侍御者卅八年中尚有几人。今与侍御别矣，他日相晤，迥不可知。谨记几字于《粤东游草》篇首，以当泥鸿一爪耳。

道光丙申二月十二日，年愚弟吴荣光荷屋氏倚装书此。时年六十有四。

叙

余自请急旋里近二年矣。农事既登，循陔多暇，禀奉慈命，许赋远游。爰乃诹吉俶装，取道郴岭，泛泷江，历浈水，过中宿峡，而止于五羊城。已而由循至潮，由潮至梅，复自羊城而言返。水则乘舟，陆则乘舁，所过访旧言欢，触景生兴。间复因见闻所及，形为讽吟，计往还百十有二日，得诗若干首。始余就道时，与家弟斗山学博偕行，杯酒笑谈，互相酬唱，甚乐也。自斗山归帆先发，余则踽踽睘睘，苍茫独立，每赋一诗，发笑自点而已。蛙鼓蚓笛有感辄鸣，巷曲村谣矢口成咏，自适其情亦自成其是，夫曷敢言诗哉？归日，斗山来访，索观游稿。倾箧出示，嘱为删定。而斗山谦让，未遑请并存之，以志一时游兴。长孙世洵、次孙世泽年俱就传，因命各录一编，存诸塾中，以俟世之大雅君子采择焉。时丙子腊月，坦斋自识于来谂堂。

八月十日偕陈和亭父子及家斗山弟起程往粤

幸有循陔暇，高堂许远游。客程桐叶雨，天气桂花秋。酒共陈遵饮，诗邀谢惠酬。兹行不寂寞，一笑到番州。

过龙海塘

入郴此门户，山势亦嶙峋。鸟道盘纡处，蝇头竞逐人。往来怜负戴，旦暮重讥巡。鹾客曾知否，爰书宥细民。

自永兴至郴州

径小平如砥，疏疏列堠亭。遥峦经饱看，浅濑足清听。雨过沾苔润，风来送桂馨。井边多种橘，何处访仙灵。

望郴州山色

吾爱郴州好，崔巍百态呈。浓如将黛抹，高欲入云撑。岩陡飞难到，峰奇削不成。双眸一以豁，雨过有馀清。

野望

宜晴宜雨地，半歉半丰年。编竹因成圃，烧山即是田。荞花翻白浪，烟草散青烟。尚喜民风朴，熙熙太古前。

折岭谣有序

连日阴雨泥泞，行者苦之。过折岭则晴，霁路乾矣。舆夫中有老于行役者，为言此地向来少雨，因述谚语云：“郴州雨，宜章晴，宜章若雨没路行，爰补缀其语，作折岭谣一章。

郴州雨，宜章晴，黄岑山下路，折岭最分明。上折岭听鸠鸣，下折岭闻鹊声。呼晴唤雨各自适，禽鸟无知讵有情。一岭划开楚粤界，物候与之随变更。是时百谷秋告成，村村报赛吹豳笙。农家晴雨两无系，关心旅客愁长征。若教宜章雨，行人无路行。

舟行泷江

章流大小入庐川，水势逶迤楚粤连。望见蓝豪山下路，单船卸载过双船。

船尾船头锐似犁，江中泛泛走凫鹥。不知夹岸山多少，只觉青天一罅低。

何年古庙立江汶，凿险人人颂使君。汉桂阳太守周昕始开新泷，后人立庙祀之。称为周使君。盼到夕阳斜照里，钟声敲断半山云。

文章八代起颓澜，挽住狂涛与恶滩。况是昔曾游历处，至今泷庙合称韩。庙祀公及周使君马伏波，土人相呼为韩泷庙，题额亦然。

水到泷头便有声，纵无风处也涛生。可怜一瞥浮沉判，怪尔潺湲诉不平。

水自低流浪自高，小船如纸石如刀。那容石与船相见，千里毫厘借一篙。

不管三泷与六泷，曾闻险绝似巴江。须臾听得舟人说，一笑平安报客舣。

说险传闻各异词，今来过险竟如夷。九泷十八滩头路，无雨无风水涸时。

游仙人石室

缓步自西郊，薄游寻石室。扪萝传往时，诛茅始何日。结构倚青霄，涂髹饰丹漆。扶筇上郁盘，循磴登崔崒。古窦后关键，虚岩左邃密。阳鸟避匿深，老蝠惊飞疾。然蠣径初通，绾蛇文未悉。窈然从右旋，仍复向前出。兹洞势玲珑，其中光漏溢。嚣埃远俗距，灵境最幽谧。历遍厂重重，忽闻流汩汩。小亭临水坐，旧事听僧述。福地岂虚名，泐溪多故实。夏炎无火威，冬冷少寒栗。壁有卢能床，崖题陆羽笔。邓庠屧后来，余靖履先率。谁辟径三三，不殊林七七。泉声杂磬笙，竹韵鸣琴瑟。过客屡停骖，仙人常驻跸。伊予偶骋怀，到此聊盘膝。愧乏妙言摹，恐令清景失。会当呼雪禽，相伴采烟术。宿世笠瓢缘，今生婚嫁毕。可容分一龛，稽首维摩诘。

同游者有翁源二生，谈次称前令张洁田先生不置诗以贻之

张侯与我同桑梓，弱岁曾经仰典型。先生讳宗祊，仕粤东时，余为诸生犹及见之。冰贮一壶无点翳，风携两袖有馀清。已闻绛帐思遗泽，先生曾官安化，学博，今邑志载入名宦。又听花封说令名。凭语翁源诸父老，可知俎豆奉先生。

泊韶州

武溪浈水两悠悠，绕郭萦纡此合流。岭峤北关资锁钥，楚吴东下扼咽喉。曲江风度人千古，南汉英雄土一丘。缥缈箫韶何处

听，九成台畔石空留。

过英德县

参差城郭古衡州，县旧名东衡州。烟雨无池亦有楼。山势狰狞围两岸，可能清绝比湘流。

曾说涵晖谷口碑，云华洞亦有新诗。今来何处寻遗迹，山不知名只觉奇。

游峡山寺

曾闻中宿峡，古寺号飞来。游客今杭苇，禅僧昔渡杯。云山本天凿，风雨运神锤。杰栋入霄表，虚堂临水隈。谈经空有石，说偈尚留台。历劫穹碑没，何年老树栽。危栏半攲仄，曲磴几纡回。行到绿阴处，步过黄叶堆。禽声互酬唱，人语绝嚣豗。忽听鸣琴筑，相看喷雪雷。一帘垂素练，千点溅琼瑰。灵境疑仙界，清心浣俗埃。闲情倚箐竹，小憩拂莓苔。福地茅君说，新诗坡老裁。遗迹多附会，往事亦奇诙。金锁胡为者，玉环安在哉。悬藤谁与叩，磨角孰为摧。狮伏形如故，猿跳迹已灰。墨讹称宋刻，器误指秦罍。肯信廋词诳，徒令大雅猜。伊余爱幽僻，更拟上崔嵬。访洞披烟雾，搜崖剪草莱。凌高衣独振，眺远首频抬。呼共二禺语，试将双手推。挴身触阊阖，引手摘星台。腰脚幸犹健，襟怀聊以开。乍循溪北转，俄报日西颓。帝子不可见，舟师无那催。芒鞋仍结纳，筇杖且追陪。宵磬击犹未，晚潮生恰才。出门馀眷恋，解缆重低徊。记得湾凝碧，归帆待溯洄。

过清远县

政宾古治倚江干，淼淼江流眼界宽。山过二禺无陡壁，水经三峡少奔湍。孤帆饱挂秋风老，双桨催摇夕照残。今夜泊舟在何处，蓼花洲上雁声寒。

过三水县

昆都山下水迢迢，合沓奔腾势渐骄。无复峭崖围两岸，直趋大壑汇三条。风扬露苇酣秋色，蜒唱蛮歌杂暮潮。欲访镜台沽美酒，舟人乘汐不停桡。

花田有序

伪汉时葬美人处也。相传素馨最多香，胜他处。今则弥望皆花，居民多以卖花为业。

吞声犹是玉钩斜，地老天荒岁月赊。一种香风吹不散，寄魂多在素馨花。南汉刘铱有美人名素馨，簪亦素馨。

霸业繁华一晌空，倾城遗恨古今同。内家学士知多少，南汉宫中有女学士十馀人。付与深红浅白中。

一双蝴蝶绕花飞，想见歌裾与舞衣。问讯才人风月下，姗姗来去是耶非。庐琼仙，刘铱之才人也。能诗，曾降笔有句云：“身轻不许风中立，腕白愁教月下看。”

薄命红颜一断肠，雨云空复梦高唐。一腔旧事与谁说，残月晓风秋海棠。

含笑含颦各有情，夕阳叹息尚闻声。春风自占香为国，肯逐卖花人入城。

纵然解语总无言，嫩色幽香放满园。我是楚人歌楚些，临风一酹为招魂。

九月三日抵广州晤赵篴楼方伯同年

昔日笙簧赋苹鹿，济济群仙四十六。就中吉羽翩翻飞，如鸿渐逵凤在竹。自怜驽驾附骐骥，每惭形秽对珠玉。年来东华软红土，曾步后尘许追逐。一朝契阔倏五载，叹息流光太匆促。君方捧日凌清霄，而我望云返乡曲。苍茫云树天一方，粤山青青楚水绿。只今命驾千里来，故人仍是真面目。颇怪须鬓半苍白，不展眉头两道蹙。宣勩毋乃哺常吐，惕若悬知睡不熟。诸葛一生讵有短，犹愿勤攻献忠告。老范忧先天下忧，乐事欿然常不足。惟君平生最慕古，遥遥千载企芳躅。盛名此日遍寰宇，皓首相期保初服。岂惟吾党生辉光，到处苍生受其福。

九日马竹亭招姚文溪、蔡天石诸同年同饮于大佛寺

秋风瑟瑟荻芦里，一棹泷江入漓水。闻说羊城多故人，越王台畔客舟舣。白眉公子来姗姗，握手一笑色然喜。自我不见今十年，离悰襞积话不已。良辰洗盏邀宾朋，慈恩塔上旧知己。姚公德政孰与俦，杜牧之句烂漫门前树桃李。蔡侯静者意有馀，杜工部句说剑谈诗坐屡起。人生聚散信有缘，良会今朝非偶尔。诸君游宦共一方，何期我亦来千里。不辞衰鬓簪黄花，且开笑口醉绿蚁。酒阑欲散那忽散，须臾挂帆吾归矣。悬知年年此会健，难得相聚常

如此。凭君记取鸿宾时，慰我相思书一纸。

何缓斋太守席上，友人述知冯正斋同年客死豫章，诗以哭之

把酒天涯话别离，樽前历历数相知。怪君欲说眉先蹙，令我惊闻泪已垂。名在人间谁不惜，才归地下竟何为。豫章隔断汾阳路，遥对西风酹一卮。

次日闻林楞园同年病故京邸，复哭以诗

记别长安甫二年，故人消息总茫然。隔朝乍听伤心语，连日何堪噩耗传。不肯留才到白首，尽教赍憾入黄泉。大招拟就离骚句，洒泪临风欲问天。

登越秀山

独立高冈放远眸，番州形胜此全收。耳边风雨人声沸，眼底河山海气浮。刘龚楼台空蔓草，赵陀城郭半荒丘。我来正值重阳后，露叶霜花满地秋。

游五羊观

南交自古悉尧封，播谷曾闻稷与农。底事此邦降嘉种，遍传当日有奇踪。神仙变化何年见，游客纷纭到处逢。竟向道人询往迹，指看五色石横纵。

闻安陆太守林迪园谢病旋里，过访得晤，因赠以诗

畴昔之夕梦游处，与君执手若平素。醒来狂喜转猜疑，不谓今朝得把晤。回忆兰省同寮时，数心晨夕日几度。三百六旬来往

频，一弄两家对宅住。自君一麾竟出守，只凭鱼鸿达情愫。长安索米居太难，年来我亦赋归去。记者襄江入沔水，扁舟曾过五马署。五马行春未得归，游人放棹不肯顾。君在楚北我楚南，从此两地空洄溯。渺渺洞庭一湖水，千里烟波隔云树。偶然乘兴游岭南，喜见故人尚如故。问君何时谢珪组，言之令我发悚惧。世事浮沉信叵测，人生会合良有数。往时欲见不得见，只今邂逅适相遇。八载离悰话不尽，坐谈娓娓日行暮。诘朝迟君尽馀话，中宵辗转寐复寤。

留别砺堂蒋制军前辈暨赵方伯齐观察

家在洞庭衡岳间，一帆上下时往还。曾游淮泗溯江汉，看遍江南江北山。壮年游兴颇不浅，燕赵齐梁足重茧。归来复作汗漫行，岭南千里未为远。于山望罗与浮，于水泛扶胥舟。更欲乘风破巨浪，直登蓬岛凌沧洲。岂知岩岩者象，渊渊者量，泰山河海，俨然在望。从来筇杖芒鞋俱可弃，问水寻山等闲事。天下大观聚乎此，丘垤行潦拔其萃。平生万户轻侯封，今日瞻韩惬素志。归家犹得夸向人，此行筮得乾九二。

舟发广州，将由惠至潮，留别家斗山弟，即送其南归

自作岭南客，三秋节已过。游踪消岁月，旅鬓老江河。匹马鹅城路，扁舟鳄渚波。阳关君莫唱，此去故人多。

一路埙篪曲，相亲忍暂违。衔杯及今夕，诘旦分帆飞。渚雁随宾至，樯乌送客归。到家问游兴，腊酒奉庭闱。

风雨望罗浮山不见

名山如佳士，但愿一识面。如何咫尺间，欲见不得见。昔闻罗与浮，中有神人宅，灵境一以开，缥缈多仙迹。葛洪既尸解，坡公亦物故。云构空自然，苍茫不知处。山灵更护惜，风雨常迷离。纷纷尘俗子，那能窥见之。惆怅复惆怅，此缘何日补。归帆莫作恶，为我谢风雨。

霁后望罗浮山

何年浮海鳌，戴来蓬莱岛。横亘五百里，屹然镇海表。灵踪不可测，云气常缥缈。每于风雨中，时为往还道。世人那得知，连络讶天造。一朝阴雨翳，妄学韩公祷。海风方送迎，层霾孰与扫。我欲呼问之，惜无传言鸟。翩翩一仙蝶，飞傍舟头绕。如闻灵山归，遣来慰怀抱。亟起推蓬望，天气忽清晓。璚房与瑶室，到眼悉了了。何当携屐游，岩洞足搜讨。平生师坡公，此山吾欲老。

惠州

治古称梁化，环州白水中。帆看来上下，桥尚跨西东。浪带潮音壮，山连海岛雄。登亭怀往事，遗迹纪坡公。

归善道中

岭东开一径，千里到潮阳。野阔尘氛净，山平驿路长。密林尚春色，远景亦江乡。想见民藏富，投墟处处忙。

山径苦毒热，兹晨生嫩凉。风微常阁雨，露薄不成霜。蜒酒聊为醉，蛮花亦有香。村村响枷板，晚稻正登场。

海丰道中

泛舟自鹅埠，地名乘舁上羊蹄。岭名划水惟闻桨，登云直是梯。传呼来令尹，静肃立苍黎。谁谓粤俗悍，斯民犹可齐。

陆丰道上

循潮此分壤，置邑自何年。沃土民常佚，通邮地不偏。乱山多带石，断港屡呼船。谁识霜威重，南风拂面前。

由陆丰至葵潭

辨色促征装，停骖已夕阳。舆夫叛初约，暴客怒空囊。孔道无商旅，空山有汛房。秋风偏送客，今夜宿荒庄。

过寒婆径

欲访遗碑已断残，何年古庙立江干。小溪乱石潺潺响，不独风寒水亦寒。

竭来水驿复山邮，节候深秋似早秋。今日寒婆径中过，松风竹雨冷飕飕。

普宁登舟

痛矣顾我仆，余亦厌山行。轻舠呼一叶，恰趁午潮生。

逼仄复啾嘈，风声杂蛮语。夜深残月明，微听一枝橹。

清晓推蓬望，潮回风打头。问程三十里，迟我到潮州。

海阳登岸

又别蓬窗坐笋舆，寒风料峭路迴纡。路人指点寒山后，溪水东西汇两湖。

二十七日抵潮州

岭东门户此雄关，郭外苍波翠岛环。嘉植仍栽五子树，名区谁识九侯山。浇风赌命轻蝼蚁，旧俗争雄斗触蛮。至竟鳄鱼犹感格，昌黎化尚在人间。

抵潮之日，为庐厚山观察同年生辰，邀同万子雨太守同年过访，酒次成长句一章

忆昔樱桃曲江宴，次第同年始识面。惟君与我称四同，同举于乡：同捷南宫，仕同官，寓同邻。长安何日不相见。自君持节莅吾楚，我亦挂帆返湘浦。聚首曾无十日留，匆匆一别竟如雨。怜我僻居最荒陋，兀坐空斋若聋瞽。杜迹不知公府事，关怀惟有素心侣。秋风飒飒秋水长，扁舟乘兴到韶阳。闻说使君过梅岭，新衔宠命巡海疆。更有风流贤太守，子雨同年故人星聚天一方。欣然命驾径相访，掀髯一笑欢若狂。正欲把盏叙离话，适值羊酒跻公堂。人生聚散信非偶，三千里外寿良友。不先不后贲然来，此会如何不饮酒。酒酣太守催裁诗，醉笔淋漓风雨驰。诗成自觉兴不浅，犹是京华聚首时。

寓郡斋与子雨同年夜话

海内兄弟曾几人，一别悠悠今五春。相逢洗眼各惊喜，鬓毛

虽改面目真。感君下榻复把盏，我亦开怀忘主宾。酒后挑灯话离绪，虚衷焰然垂下询。昨我崎岖走山径，采风时复听舆论。到处戴君若父母，祝君愿得好儿孙。君曾摄肇罗道篆，离潮之日。郡人制联赠别，有为政真如慈父母，愿公常得好儿孙，之句。君复何事待规劝，三代直道留斯民。适见瑶環侍左右，峥嵘头角双麒麟。暇日趋庭问诗礼，知君家有至乐存。而我天涯作游子，倚闾悬望有慈亲。记得辞家再叮嘱，朔风迟我归故村。且复绸缪永今夕，诘朝别酒重开樽。旧雨更邀新豸使，厚山同年本来同出宣公门。难得八千里外聚，醉吟一曲篪与埙。

子雨招同厚山及杨筱坪分运、徐春帆明府宴游凤凰台

何年凤去尚留台，今日登临我辈来。烟瓦万家围雉堞，雪潮十里拥龙堆。断桥短艇吹渔笛，树色山光入酒杯。自笑倦飞犹作客，雍雍吉羽共追陪。

厚山招同前人及特正斋余椒云诸明府宴游西湖山

苍茫何处是西湖，郭外峰峦自郁纡。折叠房如蜂酿蜜，盘旋路似蚁穿珠。林前奇石千拳立，座上嚣尘一点无。良会今朝觉清晓，衔杯为忆楚山图。

湖光一片纪当年，赢得佳名此地传。往事画桡入烟霭，只今绣错看云连。湖久湮，今则弥望，皆沃野也。两朝亭榭馀基址，相传此山有观稼亭，为唐时所建。乘风待月二亭，为宋时所建。百代沧桑感变迁。且喜当筵话畴昔，故人遗迹尚巍然。亡友林南耘观察题额犹存。

湘子桥在潮州东门外，横跨鳄溪，广五丈，长百八十丈，盖即旧记所谓济川桥也，今俗呼湘子桥。

南迁曾否挈妻孥，湘子何时到海隅。虹起空中半荒渺，鹊填天上本虚无。只缘遗泽千年仰，更说仙踪万口孚。秦岭蓝关争此地，桥名应亦听人呼。

舟发海阳留别诸友

浃日盘桓久，今朝理棹还。离情如毂转，旅绪念刀环。湖上烟千里，桥头水一湾。临行屡回首，犹自望韩山。

由潮州至嘉应州舟中偶赋

作客三千里，放舟今始归。乡心上帆叶，旅梦习庭闱。浦口云思返，天涯鸟倦飞。殷勤谢樯燕，留不住征衣。

溪水夹沙流，水行沙尚留。临江堤渐远，傍岸树多浮。汀白浑疑雪，山青不似秋。鳄鱼幸早徙，何处任洄游。

晓发溜隍汛，地名看看到日斜。孤篷冲暮霭，双桨划寒沙。戍鼓空山寂，渔灯远树遮。月明风不起，萑苇静无哗。

闻听篙师说，鱼鹰此穴巢。防曾无汛卒，守尚有舟鲛。岸树深深见，山箐密密包。夜来风雨作，讶是柝声敲。

舟溯三河上，地名江行节节滩。山深多起雾，风逆更惊湍。不有悬流急，焉知上水难。黄头甚矣惫，劳尔一豚柈。

自入梅州境，洄流溯自南。石狞阑水住，树竦与天参。浮瘴野云合，酿凉山雨酣。破寒沽一醉，蛮酒亦芳甘。

抵嘉应州

闻说此乡古，江随人姓程。州治旧程乡县《太平寰宇记》载，县在程江之口，以江为名。州志载，南北朝时邑人程旼行谊甚高，里人化之，因以名乡江亦因旼而名。但教能厉俗，底事辨传名。城郭今犹是，山川昔未更。遗风应不远，何处觅先生？

平远卢桐坡明府闻余至，兼程来州晤，饮连日，赋此留别

孤舟泊程水，夜月一轮照。跫然来故人，握手各欢笑。君方宰百里，胡为知我到。不先不后间，此会那及料。剪灯话不尽，忽听荒鸡叫。今宵且分手，诘旦赴君召。聊作三日留，为我沽醇醥。

连年曲江宴，次第我与君。我方恋京秩，奔走红软尘。而君悬绛帐，振铎沅水滨。一朝需次来，同醉燕市春。朋簪乍喜聚，客袂旋又分。君今官岭海，我亦归乡枌。丈夫志四海，朝楚暮复秦。云浮本无定，萍聚讵有因。何期三千里，我来遇故人。匆匆一夕话，离悰难具陈。

昨我过武溪，听说张夫子。翁源令洁田先生至今翁水人，爱慕浃肌髓。谈者竟忘倦，闻之胡不喜。遗泽留甘棠，芳名重桑梓。君亦官岭南，况乃同故里。秉性素廉洁，皎然盟白水。连宵听事论，洞达识治理。颇闻此邦中，亦复歌乐只。庶几前后间，遥遥相继美。

发嘉应州

水涸舟行滞，蹊间一径开。笋舆穿竹出，石笕引泉来。丹叶林初见，苍松地遍栽。殊怜板桥板，半是衬宫材。

宿兴宁县

寒柝惊乡梦，孤灯照客心。不知为月蚀，时十月十七日丑刻初亏，卯刻复圆。误道已星沉。冽冽虬松吼，凄凄风竹吟。明朝龙母嶂，应卜有时霖。时颇旱。

过长乐县

左别溪流右别溪，山城如斗傍沙堤。隔三十里兴宁道，望九龙冈日已西。

雨夜过清溪竹桥

危桥卅丈跨清溪，断竹编成节不齐。偏是宵深无月上，寒风淅淅雨凄凄。

停舆步过竹桥西，彳亍荒江念小奚。我醉一杯长乐酒，三更迟汝渡清溪。

过山

依山路似虫缘壁，载道人如蚁慕羶。一线相牵行不断，熙熙洵出太平年。

老隆登舟

万舶千艘泊水滨，熙来攘往此通津。忙忙似我缘何事，江上浮鸥笑问人。

过龙川县

赵佗旧是龙川令，如此关河亦足雄。浰水至今尚萦抱，嶅山终古自穹窿。江通循广千帆集，路入梅潮一线通。欲上霍峰访仙迹，笛声遥在白云中。

过河源县

循江南下放轻船，历落人家傍水边。可信山犹藏獭窖，真教河必待龙穿。弩营冈畔知何处，镬在溪头不计年。闻道英雄曾割据，至今古堞尚巍然。

重到惠州访韩侯祠

志载侯名京，宋时军屯广东，击破大盗七十馀，屯威镇岭南。盗平，授建州观察使。知循州十年，大有功于民。去循之日，州人绘像祀之，曰：韩侯祠。惟传内称侯为河南人，未免失考。或河与湖音相近，传写之讹耳。按侯乃衡之安仁，与余同里。绍兴间仗义勤王，屡立战功，授忠亮大夫，封上党郡开国侯，没赠太尉，敕葬县南宝塔村凤凰岭下。事载湖南湖广通志及郡邑志，甚悉。证以《岳忠武集》内奏措置曹成事宜状，并申省分拨军马状，知侯曾统水陆军马，驻札茶陵，奉檄隶岳少保营，追击曹成，始入粤东立功。其为吾湖南人无疑，且遍阅河南通志各人物传，内俱无其名也。惜宋史不为立传，然分见于高宗本纪及南连夫季陵陈橐等列传中。其功烈尚赫赫可考，粤东通志载之尤详，守御全境，民赖以安，土人追思其功，立祠以祀宜也。今竟无有知之者，遍询遗祠，亦不能指其何处，爰作诗以吊之。

韩侯奕奕旧同枌，仗义勤王早统军。保障三湘推宿将，荡平百粤有奇勋。遗编谁采金陀录，故土犹留宝塔坟，闻说此邦崇庙祀，我来未及荐芳芹。

舟次博罗，过访姚文溪明府同年不遇，晤其子松麓，名在之

羊城话别近如何，今日扁舟访戴过。可是巡行问疾苦，应教抚字寓催科。谪仙居与蓬莱近，文溪曾官翰林。儒吏书藏宛委多。更喜新阴桃李下，文溪今岁分较粤东乡闱。鲤庭亦不废吟哦。

夜泊石龙听邻舟教歌

大声唱，小声和，小声小，大声大。大声声中宫，其声如扣钟。小声发稚齿，其声中清征。大声年几何，四十不足三十多。小声岁何年，年在七龀八龆间，轻重高下与疾徐，大声小声如贯珠。短长节奏无参差，大小之声如缫丝。大声发在小声先，小声常与大声连。小声住，大声怒，大声嘶，小声啼，大声哮如虎，小声泣如雨。大声哮不绝，小声啼渐歇。小声带泣歌啾啾，大声鼓掌笑不休。大声笑罢鼾声起，小声歌声不敢止。大声鼾起惊舟邻，小声歌止哭双亲。

南海神庙

赫赫南海神，庙祀扶胥口。秩礼自隋唐，岁时村翁走。古树争盘拏，浓阴覆十亩。木棉花如火，波罗实似斗。我来未及见，寒风树底吼。铜鼓信古物，脐间隐蝌蚪。扣之音清越，抚之色苍

黝。玉简与象鞭，俱归无何有。惟有龟趺碑，遍列廊左右。韩碑何矗矗，阅岁千年久。旧碣立孔戣，补刻自陈叟。旧碑久没，后为宋循州刺史陈谏重书。巍然一片石，雄文长不朽。

越俗多淫祠，殚力奉二氏。琳贝仙佛宫，土木穷华美。祝融司南海，秩与上公比。渺渺烟波中，古庙立其涘。岁时修祀外，罕见贵人趾。我行及孟冬，大吏肃禋祀。先日粪庭阶，拂拭筵与几。笾豆有司存，刲羊复刳豕。惟神所凭依，贵实不贵侈。明德荐馨香，原不事奢靡。门左祠何神，云是波罗使。颇怪往来人，纷若用巫史。

铜鼓歌

何人制鼓范以铜，置在南海神庙中。广径五尺其中空，高亦如广脐隆隆。波纹隐约跳鼊虫。一解扣之鞺鞳声铮鈲，远数十里听逾洪，不比革鼓鸣冬冬。二解我闻在昔蛮夷风，其大都老众服从。亭悬铜鼓呼獠峒，诸獠闻鼓群相讧。构雠报怨鸣以攻。三解至今山坳或水潆，深夜往往闻铜笼，寻而掘之得其踪。四解世人艳称伏波功，得鼓辄以名相蒙。此鼓款识俱磨砻，世代年月谁能穷。但觉古翠深且浓，嗅之不腥铜质镕，金光射映初日曈，五解或云鼓昔分雌雄，雌鼓飞入蓬莱宫，独留雄鼓音相通。有时风雨阴濛濛，雄鸣雌应惊蛟龙。六解遂有小鼓制亦工，形模小异而大同。庙巫莫辨如瞽曚，两鼓并列庭西东，年年击之歆祝融。七解

浴日亭和东坡原韵

渺渺扶胥浪拍天，孤峦屹立傍江湾。拂云仍是亭旁木，刘克芷《和浴日亭诗》"亭旁乔木拂云天"。隔雾遥看海上山。不惮披榛寻旧碣，亭

上有东坡原诗石刻。谁将拱日易新颜。《广州志》载亭后改名拱日。无缘我叹停舟晚，未见乌轮浴水间。

重游峡山寺

朔风掀浪如倒山，势与禺峡争巑岏。舟行欲上不得上，落帆泊向凝碧湾。湾前古寺寺边树，曾是来时系舟处。老僧拨眼尚相识，扫径重行旧时路。山猿长啸山鸟鸣，菊花褪尽梅花新。惟有泉声解娱客，琴筑依然迎故人。我既来时有初约，欲披烟雾访岩壑。诘朝乘兴当再来，风雨何妨连夜作。

次日登飞来古寺

峡山之游兴未足，晨起披衣问筇竹。独寻芳径登层巅，苍磴千盘曲复曲。步到福地第十九，此境人间未曾有。风声不住吹断云，片片飞云落户牖。读书帝子空留台，避世秦人安在哉。和光洞口没榛莽，谁见榴花五色开。野猿变幻更难寻，逐伴归山烟雾深。老僧迎客憩方丈，沦取清泉名定心。泉在寺右，相传为初祖画锡而出。茶罢导我觅泉路，浓绿参天数株树。树间一勺清且莹，万斛千条发源处。名山不动水不竞，问我禅心几时定。何缘修得到此间，聊取山泉一相证。是时风静浪亦平，兴尽归来鼓枻行。须臾扁舟出峡口，仿佛犹闻琴筑鸣。

虞夫人庙

夫人英德之虞湾人。唐季黄巢破东衡州，其夫为塞将，死于战。夫人躬擐甲胄，率家人讨贼，败之，寻亦死焉。后猺寇起，每见夫人朱衣白马而来，贼辄惊溃。嘉定间，封正顺夫人，立祠香炉峡中。

报憾提戈不顾身，粤中巾帼勇无伦。谁知锦伞夫人后，白马朱衣更有神。

英州汛卒遍江滨，戍角烽烟重警巡。盗满萑蒲何处捕，香炉峡里拜夫人。

望夫石

妾已化为石，望郎郎不知。纵教不知妾，犹自望郎归。

妾已化为石，郎归妾不知。妾知复何益，郎尚有归期。

登观音岩

峭壁何年划，玲珑一窍开。窈然隔尘境，斗绝瞰江隈。挂锡容僧住，呼船载客来。依虚辟门户，扫径剪蒿莱。蜂结房幽邃，螺旋路曲迴。星星列明炬，橐橐走轻雷。隐壁螭蛟避，栖岩蝙蝠猜。忽看天有罅，又敞石为台。立脚真能稳，昂头不碍抬。我怀觉空旷，此景别喧豗。槛外雪成练，窗前云作堆。新题嵌翠巘，古碣没苍苔。贱子思涂抹，山灵恐哂咍。只宜完大璞，未许涴纤埃。烟细萦香鼎，风清沦茗杯。兴阑归棹去，无限意低徊。

粤东杂咏

虎

粤地多虎，商旅患之，至相戒，无山行者。或曰：乃人所化也。粤俗素称悍戾，其凶族往往化为蛰兽，伺人于路而攫之，盖亦有复化为人者。然则今之耽耽于山径间者，其虎耶？其人耶？彼蚩蚩焉得而测之耶。

粤地素多虎，人复化为貙。攫人以为饵，轻亦残其躯。所恃藏身固，依险而负嵎。我闻古仁政，除道亦亟图。梅岭与蜡岭，凿辟皆坦途。险阻既已远，猛兽庶可驱。

鱼化虎

鲨鱼化虎，夫人而知之矣。闻粤有鳄鱼，生齿如锯，食人。秋间亦多化为虎，乃者洋面肃清而后昔之出没于洪涛巨浪间者，今则悉化为虎，黄茅白苇深林密箐之中，呼群啸侣，所在咆哮，此则凶暴之族，其天性使然也。

昔闻南海鱼，凶暴莫能取。窟宅烟波中，往来无定所。诛之不可尽，登舟漏网罟。仁人泽万物，用心亦良苦。但令失所依，险涛成乐土。狞物本难驯，野性安肯处。至今藏山泽，时复啸俦侣。在水为蛰鳞，在陆为猛虎。渔师技已穷，智待弋人补。

山神

山神，帝命以治虎者也。闻昔从化山中，常有绯衣幞头、盛陈仪从而出见者，以为山神。未几，哮吼而前扑途人而食之。盖假山神之衣冠以食人者，虎也。呜呼，今之假衣冠以食人者，岂独一从化山中也哉?

上帝命山神：尔其治猛兽。猛兽食人肉，诛之不可宥。锡尔以冠裳，衣尔以文绣。巍然居上坐，以为一方佑。岂知衣冠中，厥途多径窦。遂有虎而冠，御寇乃为寇。虞人方尔伺，恢恢网不漏。

毒虫

粤故多毒虫，蛇为甚。诸毒物乘之，相伏于山泽中，其名不一，随时各异，气类相感，招集愈多，往往发为异香，散行于林间水际，以毒摄人，以香为饵，饮其水则为蛊染，其气则为瘴。蛊能惑人，瘴能杀人。蚩蚩之众，千百咸集，方爱其香，而不知已受其毒也。可哀也夫！

蠢尔含生者，可怜虫一例。煽之辄复动，动为妖与厉。随时立名目，招聚结同契。岂知虺与蝮，流毒不可制。上天德好生，那忍聚而毙。群游化宇中，勿堕毒虫计。

四时蚊

蚊，微物也。性逐炎热，处处有之。粤东则四时皆生，依附草木，作暗昧之行，呼朋引类，冬月可以成雷，甚可厌也。

孑孑尔何物，命曰嗜人虫。厥丑生孔繁，趋热乘炎风。岭南气候殊，节序无春冬。依附草与木，到处飞蔽空。主人四方客，坦怀如有容。焉知行暗昧，口舌含针锋。驱之不可得，尔方居幕中。

四时蝇

蝇之丑不一，或青衣，或皂服，类皆赤，其弁以伺于前后左右间，性贪而不洁，志在一饱，然摇唇鼓舌，最能荧惑视听，所在皆然也。至无冬无夏，四时营营，惟粤东为甚耳。

适从何处来，遽集主人宅。主人方尔憎，谓尔变黑白。地暖天不寒，炎炎手可炙。岂有如市门，而无触热客。

五色鹦鹉

鹦鹉，世称为绿衣使者。粤中则五色具备，斑烂华彩，置之鵷鹭斑中，最能炫目。皋鹤泽雉，以其同类也，引而进之，且性慧而舌巧，遂终日听之而不厌。记曰：鹦鹉能言，不离飞鸟。呜呼，此辈语也，其可听乎哉？

有鸟擅毛羽，五色成文章。善伺主人意，朝夕升华堂。主人甚爱尔，调舌如笙簧。尔言难得知，百舌在尔旁。

澳门土

九州之土不一，其性皆能生物，以养人。惟澳门土，自洋舶来，烧之成烟，臭而有毒。始，不过狎邪者嗜之，今则士大夫间亦嗜之，日久而形销骨立，自戕其生而已，乌足怪。惟是土，性甘而善合，和水为泥，抟而成之。虽秦越人肝胆如一矣，迩来同嗜者，联而为友，借以通声气，树党援焉。呜呼，所可虑者，固在此不在彼。

人谁不恶死，而乃自速之。旁观惊若鬼，彼昏曾不知。复有同嗜者，臭味无差池。结气号烟友，邪僻罔不为。此物来海表，不翼焉能飞。重洋隔门户，关市严征讥。胡为至中夏，令我生猜疑。

归家

风风雨雨客中过，菊圃秋容负最多。归向园丁问花事，寒梅消息近如何？

琴剑萧然返故乡，乡人团坐问长途。橐中检出新诗稿，惭愧当年陆大夫。

望云书屋文集

卷上

易解拾遗序道光辛巳

余为童子时，耳衡山周仲兰先生之名旧矣。穷经汲古，尤研心《周易》一书。观象玩占，反覆推阐，多创解，亦多确解，实能发前儒之所未发。憾未亲炙门墙，得窃聆其绪论也。迩者与节庵刺史缔姻，好叙情话，诵述先芬，乃知先生盖刺史之世父也，曾撰《易解拾遗》七卷，《周易句读读本》二卷。乾隆年间，内廷开四库全书馆，经楚南大吏采访进呈，因其家无力付梓，刺史时尚垂髫。迨既冠，通籍宦游，垂四十载而始归，庋架藏书散佚殆尽。闻先生此集，衡湘间嗜学之士犹有录存之者，迹而求之，往往秘不肯出。今岁其群从昆季始访得于戚友之家，盖即采进，稿本首尾尚为完善。刺史惧其久而仍就湮没也，爰锓木以寿之，而问序于余。余学殖荒落，于易义，尤茫无心得，曷能稍赞一词?顾念是集也，先生竭半世之心力而始成，乃中年不禄，缮本幸存，曾经采进，目存秘阁。伏读《钦定四库总目提要》，称其务拔奇于旧说之外，盖较之剿袭陈言，与夫支离附会之说，固未可同日语也。而乃显而复晦，几至逸而不存。刺史犹子谊笃，念手泽之留诒，多方购求，始获原稿，复勉力开雕，以公同好。余嘉其志而重违其请，爰不揣谫陋而为之序。而因以感世之学者累日穷年，覃精瘁力，勒成一书，藏之名山，不一再传，卒归于晦蚀遗亡者，其家之子弟贤不肖为何如也。

四书正旨约要序嘉庆乙亥

四书讲章，浩如烟海。盖自宋淳熙间，朱子编定之后，迄今五百有馀年。由元明以至本朝，悬为程式。令甲学者自束发从师，口传指授，童而习之，至老不忘。于是，绩学之士，心有所得，笔之于书，日久成帙。辄复标立门目，锓梓以行，坊肆所刊，几于汗牛充栋矣。陶特斋，沩宁名宿也。幼承庭训，学有渊源。既长，耕砚北之田，馇粥于湖湘粤岭间。与海内操觚士相研究，往复辨论，务求其是，著有《四书正旨约要》若干卷。手自钞撮，稿经数易，今年且七十矣。扁舟过访，出以示余。时余奉檄省亲归甫半月，匆匆应接，未遑卒读也。兄子锡钰辈方攻苦为举子业，命其录而存诸案头，并语之曰：四子书，家弦户诵，人以为习，见无奇矣，不知奥旨。微言阐发难尽。元以前注释诸家，往往为经义计，故其言皆切实。自八比盛而俗学炽，高头讲书出而捷径开，惟揣测其虚字语气，以备临文摹拟，而宋人讲学讲经之遗已无复有存者。说者谓讲明义理之书，渐为弋取功名之路，而府过于近代讲章，诚慨乎其言之也。第末，俗嗜好新奇，遂至厌弃一切，凿空立论，又或牵引诸经，支离附会，不问经意如何，不问注意如何。其弊殆更有甚焉！则夫讲科举之学者，诚能发明圣贤立言之旨而约其要，其有裨于初学者，亦非浅鲜矣。既以语兄子辈，复题数语于简端，仍以归诸特斋云。

重修上湖南会馆传书序嘉庆甲戌

会馆旧有传书，传其人，传其地，传其事，乡先辈论之详矣。顾自乾隆辛未重修之后，迄今六十有四载。剥蚀漶漫，字迹多不可辨，加以收贮不谨，版片之残缺十盖二三焉。今岁同里偕计车应礼部试者、贡成均应廷试者，先后来京师，济济称盛。诸同人以传书创自先辈，有举莫敢废，倘任其散佚，愈久而愈失。其传后且无以溯旧规、征故实也。翕然亟谋所以修补之。以余官京师最久，近复有新葺会馆之举，余实董其役，馆中故事，每举必书，于是佥以采辑之责畀诸余。余既不获辞，暇日辄取旧传书，逐一翻阅，疑者阙之，讹者正之，繁者删之，逸者补之。体例悉照旧式，间复附以鄙见，互相商榷，五阅月而书成。适余以省亲乞假于朝，束装南旋，行有日矣。校雠一过，遂付剞劂氏，锓之梓而纪其始末于左。

附录各案

一、前明会榜　谨按会馆创自有明，题名应自明始。旧传书载：唐状元：李郃、宁远人；路振、祁阳人。宋状元：朱经贯、桂阳人；吴必达，道州人、乐雷发、宁远人。元状元：何克明，衡山人。由唐迄今，仅载寥寥数人，殊多遗漏且科分爵秩俱未刊载，无凭考正。今姑阙之，至旧书乡会试汇总，刊刻并未分编，合逐一厘正，分晰开载其官阶谥号及名次先后，悉照旧书，间有遗佚，以太学进士题名碑录补之。至碑录偶缺而传书载入者，科分藉贯班班可考，仍照其旧内。惟杨鼎、杨鼐二名，旧书载郴州人，官俱至布政使，天启年间进士，并未注明科分，无凭，编入附载于后，以俟再考。又茹瑺、朱衮二名，旧书只列其名于卷末，载俟详考，今证以题名、碑录内载朱衮永州卫人，宏治壬戌科进士，已按科分编入矣。至茹瑺《湖南通志》载，系衡山贡生，官至兵部尚书，今应改列于贡选，尚有通志内所载各属进士，为传书及碑录所遗漏者，一并补列于后。

一、前明乡榜　谨按旧传书，乡会榜系汇总刊刻，并未分编，今逐一厘正。会榜已按科分列，载于前矣，至各属乡榜，旧书于已登科甲者特详，其馀遗漏甚多。间有科分颠倒、姓名籍贯错误者，今以《湖南通志》参互考订，佚者补之，讹者正之，仍按科分先后，分晰开载于左：

一、前明贡选　谨按有明一代贡生旧传书称，考稽尤难，深以虽历仕宦而名就，湮没为可惜。其有政迹名儒，尚俟采辑登焉。今考旧书原录续录，仅十有三人，诚不免于挂漏，而其中于原录之罗卿谋，籍贯无考及。原录之段晋锡一名，续录之。申翥等四名，遍阅《湖南通志》，俱无其名，今一并附录于后，以俟再考。至通志所载四郡，各属贡生不下四千馀名，卷帙繁多，难以悉载，今以旧传书原录。左晟等七名列于前，其馀姓字爵里，犹藉藉在里党间者，各举所知得百馀人，备载于后。尚有硕儒名宦遗佚未登者，望后之君子留心采择焉。

一、增祀先贤　谨按　国初会馆被占，首先争讼断回之举人李熙明，科分久无知者，旧传书不忍湮没，附载于本朝乡榜之前，以俟再考。嘉庆壬戌年，桂东县来京会试之李梦鲢，称系其第十一世叔祖，呈出《桂东县志》，载熙明中崇祯己卯科举人，仕嘉鱼县教谕，并云宜与会馆有功之唐友群先生，同列木主一体崇祀。维时馆中同人以崇祀之典，昔未举行，今遽增入，恐涉造次，姑纪之，以俟来者。方今有明一代乡榜，检查《湖南通志》所载，悉行补刻。李熙明先生已按科分编入矣。至国初有功会馆者，惟友群唐先生已祠先贤，其馀李先生而外，尚有骆、黄、王、廖诸公，应否补行崇祀，应遵照王家珏先生前录。俟公议允协方可举行，仍以俟后之君子熟商焉。

重刻文昌全书序道光戊子

文昌之为神旧矣。或曰斗魁，戴筐六星。曰文昌此星明，则文运昌。或曰蜀之梓童有神，名北郭生，实掌文昌职，贡举故更名文昌，曰梓童君。或曰文昌在周为张仲，在汉为张亚子，一十七世为士大夫身。其说不一，大旨皆以为文章主宰，故士之习科举业者，胥奉祀之，唯谨敬之诚，斯信之笃。世所传阴骘文等篇咸尊之为宝训，踵事而增，各立名目，采而辑之，汇为一编。海内于是有《文昌全书》。其书旧若干卷，今岁吾郡士子搜罗所及，订旧征新增成共若干卷，彬彬乎称大观矣。说者谓其语涉二氏因果报应之说，为儒生所不乐道，而其劝善惩恶，谆谆然，至再至三屡言之而弗倦，易所谓福善祸淫书。所谓降祥降殃有以异乎，且六经多言鬼神，曰相予，曰惠我，曰殛汝，曰断弃汝，赫赫然，明明然，如或见之，如或闻之，何尝不以神道设教哉！夫天下善者少，而不善者多。其悍然为不善而不顾者，未必畏人，未有不畏鬼神也！故与之言圣经贤传，反以为迂，及闻显戮冥诛果报不爽，鲜不骇然色怖，怵然心惊，诚畏之也。故信之也，因其畏与信而导之，庶足以遏绝其邪念，而兴起其善心。斯亦扶世翼教之道也。且自嘉庆辛酉，文昌列于祀典，颁之令甲规制仪注悉与文武庙等。今自畿辅以及各直省郡厅州县，罔不立庙崇祀，文昌之为灵昭昭也。虽在偏陬小邑，灵爽式凭。矧吾郡岳峻湘清秀髦芈出，人文之蔚起，科第之蝉联，孰非神之所潜扶而默佑？其敬而信之也，宜哉。余先人尝得浙东颜氏丹桂，藉爰之，爰绣诸梓，以公同好，盖即文昌阴骘文注证也。其于全书，余未能悉览，而遍观之。今闻增刻之举，嘉其好善之心，并乐其与人同归于善之志，欲坚其信，而使勿懈于敬也。因为之序，以遗之。

汇刻文昌宝训序道光乙酉

今世士大夫，虔奉文昌帝君者多矣。帝君之垂训也，其始有阴骘文一篇，厥后若蕉窗十则，鳣堂劝世文诸条。踵而增之，名目不一，悉与阴骘文相表里，皆所以扶翼世道，矩范人心，谆谆然至再至三，言之不足而屡言之焉，而其大旨，则诸恶莫作、众善奉行。二语足以蔽之。论者或以果报之说涉于二氏，为儒家之所不乐道，然圣贤立言，无往非劝善惩恶之旨。《书》不云乎，作善降祥，不善降殃，《易》不云乎，善积成名恶积灭身，六经所言，悉数难竟报施之，理固昭昭也。夫徼福而始为善，避祸而始不为不善，诚非吾儒之心顾？无所为而为，与无所为而不为，求之挽近，有几人哉？则夫帝君之言，近报远报，历历不爽，未必非觉世牖民之一道也。况其言浅近，人人所共知；其事平易，人人所能行，盖不仅为巾智以下言之也。儒者戒欺求慊之学问，尽伦尽性之功能，有不基诸此者乎？永兴李生宏均颖达，士也，从游门下数载，今岁出其尊甫所辑。《文昌帝君宝训汇编》，属余言弁其首。可谓有志于为善矣，匪知之艰，行之惟艰，是余之所望于李生者。归其集，而为之序。

重刻元宰必读书序道光乙酉

昔长洲彭凝祉先生，曾集感应诸篇，以训其子弟，为家塾课本。其后人世奉是书为家传，名曰“元宰必读书”，谓状元宰相未有不遵斯道也。燕山丁氏复注而刻之，吾同年友汤敦甫先生，视学湖南，取丁氏注本梓之于长沙，以资世之好善者。跋其简端，曰：为圣贤不外是，岂独元宰旨哉？言乎何笃信是书之深乎。今祁阳邓生重梓是书，问序于余。余惟积善馀庆见于《易》，作善降祥见于书。自古圣贤立言，无非教人以迁善改过。感应诸篇援神以设教，亦欲感发人之善心，惩创人之逸志，其大旨与圣经贤传原不相悖。集是书者，凝祉先生祖孙会状科甲，联绵信是书者。汤敦甫先生位登台鼎，名重一时，天之报信之者，亦无或爽然。则能取是书而读之。有不可为元宰者乎？能体是书而行之，有不可希圣贤者乎？而不能读是书与不能体是书者，可以废然返奋然兴矣。有志者谅不以余言为谬也。是为序。

祝谭母陈太孺人六旬晋一寿序嘉庆甲子

今岁甲子之秋，吾母周太宜人寿六十有一。厚均宦京师，不获偕诸弟拜舞承膝下欢，爰以帨辰称觞邸舍。凡与均联兰谱共梓里者，师师毕集，同郡谭君旭海循例来都，时在座，因言其北堂陈太孺人亦以其冬仲月六旬晋一寿，于是同乡诸君子闻之，将制屏以献祝。以余与旭海有葭莩亲，得悉闻其家世，而太孺人又与吾母同庚甲，因授简于余。余曷可辞？谭，酃之著族也。簪缨衿佩，代有嗣音，赠公怀庵先生能文章，尚气谊，慷慨乐善，为乡党所称述。德配刘太君贤而艰嗣，乃求太孺人以助箧室。甫入门，公姑交相庆。凡阃以内之事，蓼菜成行，瓶瓯有堤，裕如也。而且雍雍然，肃肃然，如茧同功，如树交让，如岳之崇，无分于太室少室也。如月之明，更借映于三星五噣也，和气所感祥，斯应之征，兰叶吉理，固有不诬者。无何赠公捐馆舍，太孺人撤瑱环屏，膏沐夙夜，劬心黾勉，为门户计，抚遗孤九岁，慈威兼用，绮龄秀发，名贡成均，而义方之训未尝一日辍。今且彩棒青袍，厕身鹓序，孙支叠出，立竹森森。太孺人之志可以少慰矣。余髫年失怙，与旭海同。吾母鬈以当门，茹荼忘苦，丸胆助勤，与太孺人将母同。太孺人以络秀之贤，为安东而屈，虽难等诸伉俪，唱随同心敌体。恭逢盛典，宠荷褒纶，其被命服之荣，又与吾母无少异。庚甲同，志操亦同，乃其所遇之境抑又异而同也？夫同生之会，古所不废，如程文惠呼庞公为小戊子，裴晋公谓庾威为雌甲辰。他若戊已四先生见于墨庄，漫录四人三百二十岁，况是同生丙午年，见于文潞公诗。然往往皆学士大夫之所为，而巾帼中未之闻也。余愿与旭海为贤母作同甲会，以补古人所未及。异时或同归于里，则必登虞母之堂，或同仕一方，则必导郤母之舆。奉觞上寿，迭为酬酢，相与庆耄耋期颐于未艾也。岂不懿哉？

祝陈母欧太孺人八旬晋一寿序 嘉庆乙丑

《周南》十一篇《召南》十四篇言女德者详。其以君子称女君而祝其福履，惟见于《樛木》一诗。序者谓德能逮下，无嫉妒之心焉。夫嫉妒之心化，斯和顺之气生。和以感和，顺以召顺，阴教修而国祚蕃衍。妇职理而家庆伙颐，匪稚圭，所谓万福之原由。于配匹者，上自朝廷，下及于闾巷闺门，无二理也。乃今于陈母欧太孺人益信之。太孺人出自华阀，归姻太翁鹤圃先生，主继室。太翁故好行其德，太孺人佐之，杂佩报将，有鸡鸣风。他如采蘋致孝，桃夭宜家，葛覃著其勤俭，卷耳泯其险陂，动合诗教，难以缕指。数乃贤而艰嗣，爰广求淑媛，力劝太翁置箧室。阃以内，肃肃雍雍，至相亲如昆弟而相依为左右手。和气所感，休嘉应之。始有芣苢之乐。今且衍螽斯之庆，吉祥止止，集于德门，斯其无愧于樛木之君子者欤。岁之十月朔有十日，为太孺人九旬开秩寿。里中姻娅子侄将届帨辰献祝，以令嗣贞复。大兄为余亲家，走简数千里索余文为序。余之文如吹剑首耳，乌足为太孺人重？而太孺人之懿行纯嘏，卓然见重于乡党间者，又缕述之不能尽。无已请三复《樛木》，为太孺人晋引年斝。方太孺人相夫子，皇皇然为似续计者，行乎其心之安而已。而洗腆庆则身受其养，燕翼贻则家蒙其休。心安者身安，身安者家亦安矣。请歌《樛木》之初，为太孺人侑一觞曰：乐只君子，福履绥之。洎夫兰梦频征，桐孙济济，誉重乎成均，声蜚乎艺苑。天之扶佑我太孺人者，于以昌大乎门闾，其德大者其福亦大。请歌《樛木》之再，为太孺人侑一觞曰：乐只君子，福履将之。今者太孺人，年登大耋矣，犹闻其强步健饭，神明不衰，从此阅耄勤逾期颐。膝下二难率蔼吉诸雏凤，掇芹之香，攀桂之馥，捧褒纶之璀璨，以和怿乎寿颜。有全德者，斯有全福，理固信而可征也。请歌《樛木》之三，为太孺人侑一觞曰：乐只君子，福履成之。

祝何母陈太孺人八旬暨哲嗣某六旬寿序乙丑

余与詹事簿何君毅文同官京师，以井里丱角之好，又忝葭莩亲，故往来最密。今岁八月念七，为其尊翁先生寿六十。十有一月朔二为其太母陈太孺人八旬晋一诞辰。縠文拟于夏秋之交，乞假归里，次第捧觞为寿，并索余文以致颂祷。忽封翁手谕阻其行，令以冬月为归期。俟太孺人设帨辰，将率之以承膝下欢。縠文谨受命不敢违。于是厚均闻之，曰：余之所以致颂祷者，在是矣。夫生日称觞，古所不废。明学士陶庵有言曰：天之所佑，人之所期，莫盛于寿。是以诞生之辰，视为吉旦。而封翁以太孺人在堂，引恒言不称老之义，不敢以已之寿为寿，而惟以吾亲之寿为寿。是《邵真记》所谓归寿于高堂，是《萨都刺诗》所谓惟期母寿，庄椿馀有子，愿效返哺乌者也。昔《鲁颂》歌寿母曰：万有千岁，固诗人侈大之词，亦未始非人子冀望之本心。第近自吾身上溯夫生我之身，一堂齐福盖往往难之。以余所闻，若淳于髡希韝鞠䐟侍酒亲前，老莱子著斑斓五色衣，作婴儿戏以博亲欢。《史策》所载，循陔者犹传为盛事。今封翁花甲一周，称黑头老子，奉太孺人皤皤黄发寿，逾八秩，起居食息，神明不衰，阶下列侍孙曾上舍、蜚声泮林，储秀济济。然玉茁兰芽，争扶鸠杖，索香沥饴羹喧呼满室，斯其燕喜为何如也？而我縠文服朝衫，垂绅委，佩先酌，引年斝，拜舞晋祝重帏，然后跪奉一卮为大人寿。吾知封翁此时必且辗然，色怡受爵乐饮，太孺人顾之喜更可知矣。至于母仪足式家庆伙颐，太孺人以慈教而封翁以孝率。若捐祭田，助学租，分赀以给孤嫠，减税以惠佃户，凡学校津梁诸义举，封翁禀承太孺人慈训，无不慷慨乐输，此固以德致福，同享高寿之原也。大府旌之，族党颂之，途之人皆能言之，又奚余文之赘也哉！

祝王母刘太孺人五旬寿序嘉庆辛未

戊辰秋，余奉命分校京兆试，得士十有八人，宝坻王生为尤隽。揭晓后来谒，询及家世，甚悉。今岁庚午之冬，为其北堂寿五十。同门诸君子将届帨辰，申祝竞为诗歌，以丐余言为之序。余曷敢以不文辞？余惟诗歌之作，必根本于《三百》自《鲁颂》歌寿母，固诸君子今日献祝之权舆也。而太孺人之德，又实有可歌可咏，足备诗人采者，宜诸君子之乐为颂祷哉！太孺人出自名门，夙娴姆训。颂所谓“女士”，雅所谓“君子女”也。迨明经先生御轮之日，正大父雷阳太守解组之时，祥女入门，重帏交贺，宜室宜家，有桃夭风。若乃鸣机佐读，解钏延宾，则齐之鸡鸣警戒于夙夜，郑之鸡鸣赠报于知来，不是过也。无何所天遽殒，髽以当门，撤瑱环，捐膏沐，茹荼饮蘖，足不逾闺者近三十年矣。庶几与柏舟之操后先比烈焉。女节为女德之大，而圣人删诗，只录共姜一人，何其靳也。岂篇什所载，类皆妇人女子自写怀抱之作，而以节全者，不欲自鸣欤，然亦可见靡他之义自古难之矣。太孺人守洁怀清，先立乎其大者。由此型家立训，罔不动合诗教，抚襁褓遗孤爱而能劳，择名师，严课读，期以远大，使无负先人志。而且躬亲绨绤，衣却绮纨，惜物力以养厚福。谆谆然训俭训勤，小宛之诗曰：式穀。有駜之诗曰：贻穀。太孺人之谓也。今生年甫逾冠，宴赋鹿鸣，掇丹桂香，酿延年酒，率济济桐孙奉觞上寿，以和怿乎慈颜，又例得上太孺人之节行，请于当亠建绰楔以表厥门闾，固已绥福履而播徽音矣。而余更有进焉者。南陔之子眷恋庭闱，四牡之子倭迟周道，出处不同而同归于孝。异日者生，释褐登朝，移孝作忠。入则赋白华之章，匪惰其恪。出则赋皇华之什，必咨于周。于以阐扬懿训，被之管弦以传颂于邦国乡人。太孺人寿且无疆矣。若夫康强逢吉，家庆伙颐，指晋鸾章，长延鹤算，太孺人受祉之多，如鲁颂所歌。尔寿而臧，尔炽而昌者，则诸君子之嘏词。彬彬乎备矣，奚俟余言之赘也哉！

祝侯补斋明府六旬寿序道光壬午

安邑居衡岳之东，弹丸地也。乾隆间云峰太先生权邑篆，仁风善政，父老至今犹称道之。越六十馀年，我补斋明府德器深固，基宇高邃，以名进士出宰兹土，为云峰太先生哲嗣。本诗礼之家声，沿廉慎为门法，理县有谱，敷政有科，洁齐乎冬冰，泽侔乎春露，噢咻抚循，与民休息，盖六载于兹矣。民气协洽，颂声四起。大府闻之，登诸荐剡，调任剧邑，诏书宠颁行有日矣。邑绅耆士，庶攀辕卧辙不能留。秋七月望后六日，为明府六旬初度，佥愿趍庆辰跻堂以介之。僚吏等以长官谦已下人，樾荫广庇，且慈威并用，不敢干以私请，先期举觞献祝，明府却之。于是阛阓之中，近郊之地，相与哗于市，曰："吾父母以德化民，不务刑威，而豪猾自肃，食用依市价，取给不勒抑，雉堞谯楼圮捐廉补葺，无扰于肆。设十家牌稽宵小，夜击柝相闻无盗警。商贾安居，园廛乐业，皆吾父母之赐也，是乌可以不寿?"明府亦却之。于是三乡八里之苍而白黔而黎者，莫不喁喁然交为颂曰："我父母德绥仁抚，视民如伤，治狱多平反，无冤民，亦无留牍。催科缓下文符，听民自输。甫下车奉檄，广积贮，因地瘠民贫，分年买补，俱增价籴。庚辰岁偶歉，请粟济饥，减价粜，严保甲巡察奸伪，故得乐事劝功，安堵无恙。今邻封夺我慈父母去矣，父母之寿，为子者而不申其情，恶乎?申其情。"明府闻之，又却之。于是邑诸生聚而谋诸黉校，曰："吾邑得慈父母临政，民胥赖之，而肫肫爱士之心，倍深于爱民。邑宜溪书院膏火无定额，学多旷。为广额数，立科条，选子弟之秀者聚而教之，不敷，则以清俸益之。按课亲诣，择其尤者奖厉之。又建文塔，以植文风，设宾兴会以助资斧。岁科三试，童军所录皆得人。邑乘未纂者百馀年。莅任初，即延采访，征文献，聘邑绅为纂辑，删繁补漏，逾年而书成，极详慎。嘉惠士林至周且渥，寿者酬也，是愈不可不酬。”介学博以为言。明府复却之。适余由麓山解馆归省，断断济济，咸造庐而商，所以达下情申祝悃者。余推明府之所以却者，谓是捐民之财，伤已之廉也。而余则谓阴德之及人，以卜海筹之握算也，舆歌之悦志，以当鞠跽之称觥也。明府奉简，命司牧世布泽于湖湘间。体圣天子，敛福锡庶之至，意寿世即所以寿身。况其膏雨吾土，襦袴吾民，汉则黄颖川之外宽内和，唐则韦仁寿之人人安悦，宋则张南轩之敦本善俗，所谓声闻之寿，方将垂誉于无穷。今官迁衡山，古称衡岳为寿岳，即谓明府如岳之崇，如山之寿也。可余请先酌兕而进，邑之绅耆士庶以次罗拜于公堂，而明府且言言洒如受爵乐饮，而不之却也。谨拜手而纪其实。

祝陈母侯太安人七旬晋一寿序道光癸未

吾邑族望以陈、侯、周及余欧阳氏为最著。周，余之所自出也。陈若侯累世姻娅，其家声之播誉与壶德之嗣音，余耳熟焉。

敕封安人，陈母侯太安人玉孕名阀，德容媲婳，端操有踪，倘所谓善心为窕者归。我敕授儒林郎州司马，望翁姻老先生祥女入门，翁姑皆贺，兰馨枣洁，悉得其欢。视少姑如其姑，抚小叔如其弟，阃以内，无闲言，相槁砧，操井臼瓶瓯有堤，畜檕茧红，家隆隆而日起。自朝夕佐馂，洎乎鬒以当门，盖数十年如一日矣。举五丈夫子，爱劳备至，哲嗣培初，诸昆弟游黉校，佐州符，入胄学，联以雁行，垂为燕翼，诸雏凤胥矗没于芸窗，复蜚英于芹藻。吉祥止止，玉树森森，介福锡纯，其来有自。以余所闻，太安人仁心为质，不自有其有，出其有以周人之所不有。盖尝折券缓逋，鬻茗荫暍，斶粟以资。邑之宾兴者，建塾以居。族之鼓箧者，他如济人以櫆，平道如砥，更仆数之，不能尽也。今年且七十有一矣，精神禫粹，绰绾如常，族姻子姓请以设帨之辰，手爵以介眉梨而问嘏词于余。余其可以辞？余惟妇学懋则家道兴，母教宜则门枋振。匡稚圭，所谓万福之原由。于配匹，诚不磨之至论也。余髫龄失怙，禀母训以有成，犹惧鲜闻凉德无以报答春晖。今虽请急归养，复以无田食砚，谬托所游，有常之义。帐设麓山，旷定省而疏在视，赧且滋探。以视我培初，大兄金昆玉友环侍南陔，鞠朣希耩，奉卮献寿，极家庆之伙颐，固廉里所目擩，而为余之所心折者也。余尤愿其华趺竞奕，媲荀龙而轶辛凤，使德星复占于太史一家之光，实吾一里之光，于以和怿乎寿颜，婆娑乎老福。紫纶叠晋，彩砌胪欢。太安人之食报正未有艾，而寿且无涯矣。

祝陈贞复亲家中外六旬双寿序道光甲申

余自请急归养阅十载矣。梓里丱角之交，少相狎，长相亲，至于今而尤相得者，屈指计之，惟余亲家陈贞复先生为最。今岁履端元旦为先生六十大庆，族鄙姻娅将届期献祝，先生辞之。秋之八月朔有四日，吾姻母樊孺人六秩晋一寿，诸君子请为周甲齐眉之庆，先生亦辞之。于是佥造庐而商于余，属为文以达其悃诚。余惟生日称觞，古所不许，以先生谦抑之怀，其辞之也，固宜至寿人以文，古亦靳之。以余所见，自宋始有笺启，元明始为序言。近日操觚者，流类皆夸多，斗靡侈，家声之赫奕，来美誉于不虞。言阃德，则家皆桓孟。征穀诒，则人尽芝兰。千喙一词，随声倡和，先生其受之乎？余请为一家言，以质不以文。先生初家于城，与余为比邻，世相交也。太亲翁鹤圃太先生义声著闾里间，仁厚之泽，尤足以垂裕后昆。先生禀承庭训，克荷析薪，急人之难，济人之危，成人之美，以及族里中义举如葺宗祠、创家塾、建文塔、修泉亭、重新黉宫考舍书院，胥躬董其役，任劳任怨而不辞。其继述先志，恪守而力行之者有如此。姻母入门之始，公姑皆贺，筮为祥女，宜家以和，待物以恕，悉无违其家法。是又徽音克嗣，宜其身康强而子孙逢吉也。今世之皓首庞眉唱随偕老者，大不乏人，以庸庸而受祉福，率碌碌无所短长。如先生与姻母，余皆得之于习见习闻，而知载福之符，延寿之券，其来也实有。自回忆里巷相慕悦，时两家子弟往来无虚日，登堂上寿，岁以为常。自先生移居于乡，余复以宦途淹久，砚亩奔驰，远游之日多，家居之日少。先生由三十而四十而五十，皆未及奉觞为寿。今余年五十有八矣，先生大中外六旬双庆。以茑萝之戚，适值燕喜之期，相与追溯童稚情事，衔杯道故，酌兕抒忧，愿异日者大中外寿届期颐，膺旌典于彤廷，传盛事于廉里。而余亦复厕诸宾之末，济济称觞，为欢正未有艾也。其安可以辞？于是率子姓孙曹载朋酒以介，双眉先生亦受爵乐饮，不复辞云。

祝张化亭亲家中外七旬双寿序道光甲申

吾邑族望以张为最，诗书仕宦，惟赤塘为尤盛。与余家世好也，重以婚媾，洁田姻太翁先生以名孝廉司铎安化，继宰粤东之翁源。爱士爱民，悉如其子，仁心善政，迄今犹俎豆而尸祝之，德洽一时，量周百世，縠诒之泽，有自来矣。我亲家化亭大兄，沿其家学，有声黉校，以冢嗣随侍太翁左右，爰乃画迹棘闱，佐襄琴署，裁决事体，动和机宜，虽幕中老宿，往往欢为弗如。在视晨昏，无几微不合意旨，咸称克家有子矣。顾当日者太亲翁怀冰厉洁，酌水盟清，只携琴鹤以自随，未拥油幢而同上。太夫人在堂，蘽砧念切，门闾望悬，不有莱妻之助，谁奉潘母之舆？时则我姻母陈孺人，以名门女士实主中馈，阃以内肃然，阃以外翕然，下气怡声，婉容愉色，最能得堂上欢。盖自滫兰致洁，洎乎湘藻升香，内职之修，罔不克举焉。土之美者信禾，流之方者孕玉。芝阶桐砌，欣欣然竟茁秀而敷荣。亲家本鲤趋之训，作燕翼之谋，教薄金籯，学传经笥。姻母佐之，交相警惕，机丝轧轧，篝火荧荧，于以勖勤而励志。膝下二难固已联翩接踵补博士弟子员。伫见绳武诵芬，掇科第如摘颔髭，翔步螭坳叠承鸾诰，直可操左券而获也。至于眉案相庄，同心俪德，以孝友为家政，以任恤和乡邻。割宅分田，培植亲串子姓，有逾寻常，尤为人之所敬。式福以德基，庆缘善积，身康强而子孙逢吉，理固有不爽者。先是亲家七旬开秩大庆，族党姻娅欲趁揆辰申祝，适当遏密之时未及举行。今岁某月姻母开秩嘉诞，诸同人请届期制锦为屏，扬令德与淑仪介齐眉之双寿。以余谊属至戚，授简于余以序之。余其可以辞？顾念余之文如吹剑首耳，不值一吷，且浮辞贡谀素所不工，爰述景行之夙志而推原于其所自，以见旧德相承，徽音克嗣，实为介纯受祉之符。其家法之整齐，与声之隆懿显烁，则又皆得之于习见习闻，而非诬也。谨偕里中执友，抒拳拳之微忱，质言数行，聊志嘏祝云尔。

祝湘阴蔡作庵七旬双寿序道光己丑

从来有贤父者必有贤子，而贤父之教得贤母助之而益彰。余主讲岳麓岁一星周矣，湖湘士素多英才，訚訚济济，萃于一堂。其翘然秀出者，未有不由于家教之宣也。湘阴蔡先生俊以上年负笈从游，秋闱报罢而归。康大中丞搜阅遗墨，得蔡生卷而韪之，调赴麓山以资造就，故蔡生今岁复游门下。生貌温言寡，恂恂若不胜衣，操觚为文具有典，则诸同人交口称其直朴。交友以诚，见义勇为，出财力无所吝。其尊翁作庵先生善教子，求塾师必博学有品行者，馆榖必赡且丰。年四十始抱子，连举丈夫子六，长即生也，早岁补弟子员。仲叔悉入胄学，幼者学业俱将有成。今冬十月之六日，先生寿七十，德配杨孺人偕老相庄，同人竞为诗歌以献祝，乞余言序于屏端。余与先生素未谋面，非有握手之欢也，非有促膝谈心之旧也，其将何辞以寿先生夫人？即通材达识，蓄道德，能文章，有嘉言懿行，或并世而生。必问其人之姓氏与其里居，至于平生之操短长大小之美节，亲序友恤，行为士先，尤必识其人而后坦然无疑也。今先生之贤，余观于蔡生之器识、文艺，固得其概矣。虽然未闻其详也，于是诸生佥进而言曰："先生济阳望族，代有令德，生而歧嶷，性颖异，读书不事章句，为文伟博有奇气，材力若不可极。阅古人节烈忠义诸传，辄掩卷太息不自禁。以亲老善病画迹名场，循陔色养，油油如也。复慨然曰：古孝子之事亲也。疾痛疴痒，无几微不致其察。奈何以不可知之病，付之不可知之医乎？爰乃究心方书，遂精其术，推视亲之心以视他人疾，无不应手而愈，盖数十年于兹矣。与其兄及弟友爱尤笃，暨今须眉浩然，昕夕聚晤，犹孩提时也。伯兄若霖封翁善治生。先生偕其哲弟果亭封翁唯命是听。事无巨细，必禀命而后行，以故家日隆隆起。而积而能散，遇郡邑中修废举坠，虽縻金数万，率为之倡。好施与而不矜名誉。族鄙姻娅间，振贫周困尤难，更仆数岁。丙戌，潜蛟为患，茶、攸、醴陵同日被水，溺者枕藉，蔽江而下。先生号于众曰：“能收瘞者予以金。”人争收之，争瘞之。此一举也，至今犹传颂于不衰。杨孺人和柔淑慎，阃内肃然，解佩延宾，和九励学，允称内助之贤云。余既得闻诸君子之言，翕然无间夫，而后先生之贤庶，其坦然信之而无疑矣。《传》曰：恭则寿。《语》曰：仁者寿。先生以亲故，不获展其才，以用世退而敦行于家。施德于乡里，不炫已，不傲人，可不谓恭欤？本仁心而行仁术，其以之寿世者，盖其所以寿身者也。然则先生之精神完固，孺人之福履绥成，家庆伙颐，康强而逢吉者，岂偶然哉？今者蔡生昆季鞠腟畚耩，奉觞上寿，胪欢聚顺，乐也何如？余尤愿其恪遵庭训，勿替家声，努力及时为显扬计，从此逾耄耋登期颐，弧旦帨辰，朝衫侍养，荷龙纶而歌燕喜，于以和怿乎寿颜。上博贤父母之欢心，其为乐当更何如也。蔡生勉乎哉！余之所望于蔡生昆季者方未有艾也。是为序。

祝周母陈孺人八旬晋一寿序 道光辛卯

岁在辛卯九月既望，周母陈孺人八旬晋一帨辰。里中诸姻娅将届期制屏申祝。以余姑母归于周与孺人为妯娌，谊属姻家，叔母素稔其懿行，丐余文叙次之，其曷可以辞？孺人系出名宗，貌温言寡。余自孩提时往来晋谒，见孺人与姑母相爱如昆季，相倚如左右手。时则衰翁远游，慈姑在室，训勤训俭，周详备至。姑母暨孺人每事必请，最能得其欢心。洎翁游倦而归，年已逾耋，尊章堂上，垂白皤，然先志承颜，无几微不中意旨。惜姑母未及终养而早逝，孺人随诸宛若瞿瞿梅梅共襄大事，盖自瀹兰告洁。及乎湘藻升香，孺人之妇职可谓克尽矣。其归大学擎柱老先生也，琴耽瑟好，眉案相庄，操井臼以习劬，在中馈而占吉，畜槃于圈，茧红于筐，家遂隆隆而日起。擎柱素勤于学，孺人篝灯佐之，杼声、书声常相和也。余自舞勺后逐队童子军中，曾共元礼以同舟与张融而并宅。擎柱由壮而强，志弗稍懈，厥后图南已息乎鹏翼。昧旦犹警于鸡鸣，解杂佩以报知来，推有馀以振乏急。惠周于鄙鄗，誉起乎成均，悉以内助之贤。赞成藁砧之美，孺人之妻道可谓克尽矣。山之润者孕玉，川之媚者胎珠，土美信禾有固然者。孺人举丈夫子六，立竹森森。曩余与中表群从为儿嬉戏，其长君常骑竹以从于后，次亦裸而相逐。自余宦游长安，年就衰而旋里，长君早立胶庠，仲叔俱游胄学。迩年来四君踵掇芹香，新登蕊榜，克家则贤。称季子绕膝，而秀毓诸孙济济一堂，比之韩桐谢树。而我孺人犹且席丰图匮，履厚思盅，绩不辍于敬姜丸，常和于柳母，孺人之母教可谓克尽矣。今世士大夫每谓，寿人以文非古也，女寿尤非古。其说本于望溪方氏，而余窃以为不然。夫生日相庆，自宋以来，名人集内有笺，有启，有序，何尝无文？特浮词贡谀夸而鲜实，操觚家所不为尔。若孺人之克孝、克敬、克慈，则余垂髫以至华发，得之于习见习闻而非诬也。德随年邵，福以德基，宜其身康强而子孙逢吉，岂第享大耋跻耄龄已哉？行且荣膺九重之命，高建百岁之坊，即以余之文为左券焉，可也。是为序。

枧田张氏重修族谱序嘉庆壬申

自来衣冠巨族，惟张最显。张之望凡一十有四，惟清河最著。清河望之在吾衡也。聚族而居，支分派别，不下数十馀宗。惟吾邑之枧田为最盛。枧田，余妻族也。簪缨衿佩，代有传人，其家声之赫奕，与家法之严肃整齐，余耳熟焉。自余备官京师，与梓里诸姻娅相间阔，盖十有二载矣。今岁妻弟天吉来都，为言枧田续修族谱，欲问序于余，并辱其族人某某遗以书曰：吾族自徽岳公由江西宦于衡始，卜居于邑之枧田。厥后宗绪蕃衍，分隶于清耒两邑，接江西旧谱，上溯自汉之留侯，凡四十有馀世。至玉带公世称玉带张家。徽岳公即其裔也。顾疆圉间隔，未及深考，恐纪载不实。故族谱断自徽岳公为始祖。自徽岳公之后，谱牒一修。于禔榜公再修，于文举公三修，于蕃城诸公四修，于照南公今且五修矣。列世系明齿序，志懿行，垂家规，悉遵照南公之旧式，行将付诸剞劂。丐一言为之序，以为族谱重。余闻之愧且滋甚，窃惟谱法之传首推余家庐陵。他若眉山氏、南斗氏则皆不传于谱，而传于序。然往往出自学士大夫、名公巨卿之手，故序传而谱亦赖以重。若余之文如吹剑首耳，不值一吷，且名位不彰，鲜闻浅识乌足为谱重轻哉？既而念照南公为定庵先生之哲嗣，余岳父柳湄夫子之严君也。一庭绩学，三代明经，凡郡邑知名之士，罔不出于其门。余昔从岳父游，寒暑八易，学海观澜，沿波讨源，犹得亲炙照南公之光霁。而窃闻其绪论，今枧田续修之谱，旧式悉禀承于照南公，其必有可传者，而余得缀一言于其末，谱以余重耶？抑余以谱重耶？故不敢违其族人之请而乐为之序。

湘潭欧阳氏重修族谱序嘉庆庚辰

余渤海望欧阳氏，自晋室始迁于长沙，历齐陈及唐代，有达人见于史传，可考也。由长沙而迁蜀、迁闽，不常厥居，其散处于楚南各属者，当亦不乏。自唐率更令，元孙琮官吉州刺史，琮之八世孙万为安福令，是为江右庐陵欧阳氏之祖。宋文忠公作谱图及序，载之最悉。万有孙二人，各生三子，后人遂有一祖六宗之说。创于前明万历年间，庐陵裔孙所修之通谱。近日长衡二郡踵而修之，曰合谱。凡吾楚同姓，胥以为迁自庐陵，出于六宗之后，是说也。余窃疑之，文忠公集内所载谱图，谱吉州庐陵县之欧阳氏也，实为安福令之后，故自令以下特详，其自令以上并吉州刺史，凡八世而亡考者。七世文忠公不敢妄有所增，盖慎之也。且自跋其后，云姓氏之出其来也远。故上世多亡，不见谱讳之法，断其所见者，凡子孙各纪其所当纪而已。今吾楚同姓之聚族而居者，一郡一邑所在皆有支分派别，不可胜纪。其自晋以来，世守之；或自唐宋以后，迁居之。代远年湮，难以追溯，屡经兵燹，旧谱多亡。为子孙者，自当遵文忠公谱式。近者亲之、详之，远者疏之、略之。各纪其所当纪，使谱谍互见，庶足以备参。稽其上世之亡考者，必欲溯所自出秉笔者，或复有所窜易。是子孙自诬其先人，不止蹈妄附汾阳，错认颜标之诮已也。故吾族通谱、合谱之修，专主于收宗睦族，厥意甚美，而于阙疑之义，盖犹未之讲也。余不敏，才识肤浅，于谱学尤疏。然抱此区区，尝欲与族中诸父老一证明之。历碌奔驰，有志未逮兹者，中湘宗彦某某重修族谱，因出其旧谱，并述重修之，指介余从弟厚堦问序于余。既不获辞，爰取其旧谱而观之，明本原、垂世系、辨长幼、别齿序。彬彬乎美矣、备矣。历年既久，生齿日繁，踵而续之。为之前者美既彰，为之后者盛相传。诸君子重修之指，悉善继善承之义举也。奚待余言之赘也哉？惟是乾隆丙子旧谱，祖始迁于潭之邦美公，迨乾隆癸卯合长郡而修支谱，称邦美公为安福令，世孙以安福令为一世祖。以余管蠡之见，请守文忠公谱图之法，断自其可见者。邦美公始迁于潭，庐墓基址昭然可考，是为潭邑欧阳氏之一世祖。丙子旧谱纪其实也。其邦美公以上，既经癸卯支谱载入，存而不删，别录于简端，亦疑以传疑之义云尔。是为序。

沩乡欧阳氏重修族谱序道光丁酉

余欧阳氏自西晋始迁于楚，历六朝，迄隋、唐代，有达人世居潭州。唐元宰相世系表纪其略。宋庐陵文忠公作谱图载之加详。自家乘不上于国史，谱学失传，支分派别，鲜有能确述其所自者。今则全楚之一乡一邑，皆有吾欧阳氏聚族而居。或自晋以来世守之，或由唐以后迁居之，代远年湮，殆不可考。明万历中，江右族人修通谱，因文忠公谱图世次始自安福令，万公令有裔孙六人，遂创为一祖六宗之说。联六宗通为一谱，至国朝乾隆年间，江右人携谱来楚，于是吾楚遂有合谱之修，则皆摭拾通谱，以欧阳氏悉出自六宗，无论同异，合而谱之。不知文宗公之谱图谱庐陵县之欧阳氏耳。故其曾祖所生八子以下特详，曾祖以上五世为令，其子孙则仅列其名，令以上七世则并其名阙之，盖文忠公之慎也。且自跋其后，云姓氏之出其来也，远谱断自其可见，凡子孙各纪其所当纪，亲者、近者详之，疏者、远者略之而已。此诚谱家不易之良法也。以余所见，长衡永宝各属之合谱多矣。竟有捏造先代名字、里居牵合附会于六宗之后者，诬人之宗祖，以愚人之子孙，未必非秉笔者之过也。今沩乡宗彦某某重修族谱，嘱余文为之序，并出其旧谱示余，回环披读，而叹其深有合于文忠公谱图之法也。谱以始迁邑之可大公为一系祖。自可大公而下，总系、分系叙别详明。自可大公而上，亦据通谱、合谱出六宗托公之后，而七系不录，仅为图列其名于前。其与谱图之法，详其亲近，略其疏远，不诚有合与？且汉之千乘派、晋之渤海派、唐之长沙派、宋之庐陵派、及宋以后一祖六宗，分衍之图，悉与登载于谱端，则又收宗合族之义云尔。而其宗图、祠图，折衷有法，家规、家戒各条，尤足以正人心，而厚风俗，可谓斟酌尽善矣。阅岁既久，生齿日繁，踵而修之，则有旧谱之成式在矣。奚俟余言之赘也哉？是为序。

重修族谱序道光乙酉

岁在旃蒙作噩，族兄望隆先生掌族事。年且八十有一，齿望素孚于众口，鸠族人重修家谱，翕然响应，爰择贤肖某某董其事，而命余与斗山自庵参互而考订之。其曷可以辞？余惟吾家谱帙相传二世祖顺达公，始录于宋乾德丁卯十一世祖珏献公，续修于明洪熙乙巳，是二谱。余俱未及见，询之族人，亦鲜有藏本。余所见者，嘉靖庚子十四世族祖松山公之谱讳图，万历辛卯十七世族祖思馀公之续谱。嘉靖谱称一世祖、初家唐州方城县，与《唐书·地理志》合。偕二世祖领兵镇安仁场。宋建隆辛酉始迁居焉。与县志、与《湖南通志》合。初为左金吾大将军，后加上将军，与《唐书·百官志》合。是时，安仁犹称场，则当在唐、五代、宋初年事也。惟以世次而计，有宋三百馀年。吾家仅六七传，恐其中或有遗佚亡考者，今不敢以臆断也。至以唐宗庙号误为宋，且前后失序，此则松山公之疏于考证，万历谱删之，宜也。万历谱载二世祖没于崇宁三年丁亥，姑无论崇宁三年为甲申，至丁亥已改元大观，而与建隆相距百五十馀年。二世祖之寿更多历年所矣。思馀公不应如是之疏，殆亦以世次为疑，意吾祖迁自有宋中叶，因删去旧谱所载，迁居修谱各年号，复自一世祖以上详述，先世之略一则而后乃名之曰《族谱源流记》，妄称为二世祖手录，谬矣。今其略尚刊在谱端，称吾家出自庐陵，系文忠公曾祖郴公之后，因先世与艺祖有旧，招自汴京，遂居唐州，其于旧谱载吾祖迁自唐州之说，无以异也。然《文忠公全集》著有谱图，称其曾祖郴为安福令，万公六世孙。今日记并不祖万而祖万之兄彪公，又以郴为彪公四世孙，其与文忠公之谱图已不免参差互异矣。近日长衡各属俱有合谱，悉摭拾文忠公谱图，以吾楚之欧阳氏罔不出自庐陵，至有臆造先代名字世系者，牵合舛伪，殆难悉数。然皆以万为祖，有载吾祖为万十七世后者，有载吾祖为万十三世后者，爵里皆同，而名之偏旁又各异，其将何所适从乎。夫吾祖由唐州方城始镇安仁，继家安仁，官阶宦绩，参之史乘，尚有足稽，而年代先后犹且传闻异词乃欲追而上之，更溯吾家所自出，窃恐攀援附会，在所不免。然则吾亦祖吾家之祖耳，而所谓源流记者，直付之若有若无之数而已。至嘉靖谱，本无序，万历谱所刊珏献公之序，当非谬托。特其先本庐陵后徙唐州之语，未知有窜易否也？所称远祖玉峰一君、二君科贡济美，旧谱俱亡其名，殆即后所遗佚者，与松山公之序尤有可疑。谱载二世祖修谱在乾德，而序又称手录于崇宁。谱载始祖建隆辛酉居邑，证以八世祖于元大德丙午，由邑迁乡，历岁且三百四十馀载。而序又称吾始祖居邑，历岁一百九十有五。谱序同出一人之手，不应彼此两歧。其中疑有窜易。惜嘉靖谱首尾残阙，无从而辨证之耳。其临武曾文恪公所撰之序，原文具在，而后人乃从而删改之，此则不可解者耳。

国朝所修谱帙，纂于阖族。雍正癸丑谱悉照万历旧谱，不足置议。乾隆庚辰谱大旨又主嘉靖谱，而多所增窜。旧谱五世祖以上不著祖妣姓氏，而乃悉为补载。旧谱十世祖以上不详生年月日，乃又一一补叙，如以一世祖生于后梁，二世祖生于后晋，与嘉靖谱称建隆迁居之说合。而万历称崇宁祖没之说，不可通矣。而亦有自不能通者。七世祖生年距九世祖几二百载，中隔八世祖一代。而八世祖又有由邑迁乡，年号干支载在旧谱，信而有征。以八世叔祖生年推之，当亦在宋政和年间，迨迁于乡已百八十有馀岁矣。说逾难通，爰乃更政和为改如，故为笔误。以示疑后世，其谁信之？然则补叙之生年月日，其皆凭空结撰乎？而补载之祖妣姓氏，其又何所据乎？故吾谓吾家之世次，其中或有遗佚亡考者，既不敢以臆断，又安可以妄增？与其增之而滋疑，何如阙之以存信也？至所载宋代官诰并未详考。历朝司封之制，此其出于赝作，显然也。乃嘉靖辛酉谱又悉仍之，虽间有订正，而亦未能尽为厘定，则犹是沿讹袭谬之书已尔。余不敏，既承谆诿以谱事相商榷，窃以为，家谱之修，所以传信。疑者可阙则阙之。信以传信也，必不得已而姑存之。亦疑以传疑之义也。惟讹者，宜正谬者，宜纠是在毅然而出于能断。惜余以馆事羁身，不克面与参稽，谨竭其区区之见，管蠡所及，悉据之以备采择。若乃严昭穆之失序，惧异姓之乱宗，则有我先人之旧规在。诸君子增新订旧，尚其矢公矢慎，庶无遗訾议于后人焉，斯可矣。是为序。

泉山派下支谱序嘉庆甲子

形家有少祖之喻，谓老祖远矣。近身数节特起处最著精神。此山水所以绵亘无穷也。人家之有远祖，又如树之有根，根之有干，干之有枝。愈大而愈少，愈细而愈繁。当其初止一人之身耳，历数世而亲尽，而无服，至于若涂人。然昔之人虑其若涂人也，于是乎有谱。故苏氏族谱云：谱吾苏氏之谱也。尝考尧典九族，当以高祖以下至元孙为确，《正义》所引三党之说，则不合。盖谱以收族自得姓受氏以来，由发派而开族，由开族而分房。今日之房又为异日之族，而今日之所谓房，即昔人之所谓族。统之则曰族，析之则曰房耳。吾族自顺达公袭上将军职，驻兵安仁，寇靖邑安，遂籍于斯。欣逢我国家承平数百年，仁渐义摩，重熙累洽。吾族生齿日繁，新修谱牒告竣，既蒙长沙刘云房夫子鸿序冠首矣。但族谱简帙，重大不便携之行箧，念先大夫以上，曾荷褒荣两代。近者厚均幸捷南宫职，列部曹，得邀覃恩封典，纶音屡颁，所当珍重。久远更宜，以时省览。爰于族谱中，撮录房谱一牒，付之剞劂，板片纸张俱从简易。盖我支由淑起公派分上山房祖及妣合葬泉山象形。吾曾祖儒林郎尔见公附葬。左先大夫湘亭公叠葬右。而象形之修整培植，不下数百金者，皆吾祖儒林郎岐峰公之力也。其獠山笑天龙形，东关外湖鸭塘背齿录中各详，殁葬繁未及载斯谱也。简而文，约而赅，此即形家少祖之喻。由近身数节而联属之者也。若由近考而远稽，则有堂伯华庭公倡修全册，源流一一具在兹，不复赘。

重修泉山支谱序道光壬辰

昔在嘉庆辛酉，从伯华庭公掌族事，鸠族人重修族谱。告成之后，因谱牒浩繁，恐不免遗漏舛错，商之吾兄。树堂学博，纂修房谱，断自十七世祖淑起公以下，由太高祖至于曾元叙录，其亲者近者庶几，简而易明，详而不紊也。星更二周为道光乙酉，族兄望隆充户长，复有重修族谱之举。初议以余与侄孙自庵、孝廉族弟斗山明经秉笔，阖族翕然从之，援成例口，率出钱计，吾族食指数千，得缗钱几百万，以之召募剞劂，购备纸张及族内司事人食用，绰绰乎有馀裕矣。乃设局于祠，择乡庠胄学之士董其役。时余方主讲麓山，承当道奏奉谕旨留馆，不克赴局，面与商榷，只作一序，嘱在局者矢公矢慎，无遗后人之訾议，而于谱牒则未尝一寓目也。斗山、自庵俱膺州邑，聘延为西席，设帐之日多，居家之日少，亦未尝偶至谱局与闻谱事也。逾年而工竣，诸父老争欲先睹新谱，而皆不可得。向例按房俱有应分额谱，而亦延未颁发，颇闻有需价售谱之议。余乃奉价向本甲理局之文学生锡纯购谱备览，迟之数载，额谱仍未全颁。幸而理局者各携谱十馀册藏于家，名曰馀谱，尚可购求。于是本支存一，似鹏亦备价，各向锡纯购谱，互相披阅，则舛错者难以悉数，而遗漏之多，不独湘亭书院之祭田学田已也。群相聚而谋于余，请踵前事修房谱。余惟吾族派为三甲，甲各分房，房各分支，淑起公以下，特吾二甲獠山房之一支尔。谱以房名，尚属统称，淑起公始葬泉山，实开吾支，宜名为泉山派。下支谱凡吾支登科第、贡成均、通仕籍、游胶庠、习儒业者，共襄厥成。后裔追溯其先人、父兄督率其子弟，所有宅闾、坟墓、生殁年月，亡考者始略之，其可考者补其残亡，增其阙佚，则遗漏之弊或寡矣。纂辑者无苟简，校对者无草率，勿论新谱也，凡历届重修、续修之谱，悉心校雠，讹者正之，误者更之，则舛错之弊或寡矣。而且始事无敛钱，蒇事无索价，悉以余兄弟捐出之。泉山墓田积年馀款供支用不足。余请称贷以益之，则假公济私之弊或可免矣。其自十七世祖而上溯之，由吾二世祖以后而析居分派者，旧谱所录，今悉仍之。由吾十世祖以后，而分甲、分房、分支者，亦为注明。族人有仿吾支而修谱者，聊以备采择焉。云尔。其自前明以来，所修族谱，孰得孰失，宜去宜从。余从新修族谱序内已论列之，今亦刊于简端。后有留心谱学而订正之者，聊以备稽考焉云尔。此次编载，以嘉靖庚子十四世族祖松山公之谱讳图择而首录之，从其朔也。以万历辛卯十七世族祖思馀公之续谱择而缀录之，又其次也，皆以征信也。至乾隆庚辰阖族重修之谱，姑亦择而附录之，以存疑也。其有参差互异、牵引附会者，皆不录，则亦阙疑之义焉。云尔。草创既毕，以其稿授存，一似鹏及吾次孙世淦重加釐定，而后锓诸梓。爰先序其颠末于右。

长沙刘文恪公诗集序道光壬寅

溯自嘉庆已未，厚均始受知于刘文恪公。成进士、宦京师，侍函丈者，十有六年。迨甲戌冬，同归林下，往来晋谒于里第，又四载。至戊寅夏而夫子薨，年已八十矣。其一生大节，立身行政诸遗行，厚均就见闻所及已述其崖略，送湖南志馆为之立传。

因念夫子由词馆洊入黄扉扬，历阁部寺院，敷奏昌言著作，必富叠掌，文衡辅轩，所至题咏，必多询之。哲嗣长君寿山比部、次君桐坡太守佥称先大夫谟猷入告，俱不令外人知奏稿，悉焚而不留。生平不喜作应酬，文偶一为之，亦不存草。少年诗古文词久已散佚，惟壮岁以后所作古近体诗，自飏赞赓歌矢音作诵，以及即事咏怀、游览赠答诸什，曾经手订。并未及纂辑者，俱存箧中，行当付清泉。丁伊辅太史校雠而厘定之，厚均亟称其诿委得人。今太史已迁学士矣，告养在籍，循陔之暇，谊笃渭阳，取夫子遗诗，悉心校订，又复旁搜补缀，网罗逸剩，诠次成编，厘为三帙，曰《自订剩存诗草》曰《诗存》曰《恭和诗集》，邮寄桐坡太守，将召剞劂氏锓诸木。因厚均为夫子门下士，以其缮本授厚均，命作一序。自维谫陋之文，如吹剑首不值一吷，乌足以序夫子之诗哉？而重违太守之命，谊不敢辞。谨叙其颠末，缀于后焉。云尔。

伍翊臣诗序道光辛卯

余方编刻历代岳麓古近体诗，校雠甫竣，适翊臣伍生自沅江来谒，以余为知诗者，出所著《爱山诗集》质于余。余告之曰：“余之编岳麓诗也，或传其人，或传其地，或传其事，就见闻所及钞撮之已尔。”曷敢言知诗哉？且余之论诗也，不拘体格，不限时代，宋之不能为唐，犹唐之不能为宋也。杜之不必为李，犹李之不必为杜也。一代有一代之诗，一人亦各有一人之诗。子既能诗，寸心得失，子自知之矣。奚必问人？虽然，诗患无才，尤患无学。学患不博，尤患不精。秘文廋说，原可入诗，稗贩謭词，恐其伤雅。搜猎而淘汰之，是在吾子义归正大，辞尚和平，如是焉而已。伍生唯唯而退。他日，复来请益，曰：“先生之所以教弟子者，弟子归而复加检阅，可删者删之，宜改者改之矣。愿得先生一言弁诸简端，以为弟子砭。”余闻之愕然，曰：“异哉。子之勇于进取，不自满，假若是哉。古人之诗，或惨淡经营而成，或不烦绳削而合。”纵自然而入妙要，非率尔而操觚。昔贾长江遇韩大尹，推敲一字而始定。明复初从虞伯生删除百二十字而益工。韩子苍寄人之作，久或累年，远或千里，复追取更定，无毫发憾乃止。其锻炼淬磨之功，不吝改窜类如此。今由子之志充子之才，益之以学力，矢之以虚心，造诣岂可量耶？其以此为初稿，出而与海内词坛相欣赏，吾知其必有合也已。是为序。

牍馀诗课初集序嘉庆丙寅

《牍馀诗课》起于癸亥四月，讫于甲子三月，阅岁一周，作者凡八人，得诗若干首。始余与宋君小岚、徐君香珏、郑君松谷以齐年之好共事农曹，时当长夏，日似小年，簿书多暇。诸同寅相与茗战手谈，而非余辈之所长。乃拈题作五言、八韵以消。永昼工拙所弗计也。未几，同年涂君瀹庄暨同曹杨君刚亭、林君迪园闻之，颇有同好，于是始联为诗课。何君仙槎时官铨部，主余家为长男嗣钦授句读，亦邀与同课。每课浃日为期，食不重肉，饮无算爵，宾至各出。其诗多者十首，少亦不下五六首。交主人汇为一帙，以次传阅。余择其尤惬于心者，命男录存之。男复就其见闻所及，为之注释，置诸案头，时以展诵。今距甲子之春甫二载尔。小岚、香珏先后以忧去职，松谷出守豫章，瀹庄、刚亭改官侍御，仙槎以第三人及第，入词垣，乞假旋里。农部中惟余与迪园二人在焉。回忆会课时，与诸君子雍容退食，唱和言欢，车上成吟，樽前觅句间，复讨古论今，谈风啸月，犹依依如昨日事。日月几何，而已不胜今昔之感耶。爰取嗣钦所录，复加遴选，付诸剞劂，名之曰《初集》。其散存于诸家者，踵而梓之，是所望于二三同志焉。兹为述其始末，并及作者之姓字爵里，列于简端。款焉！良对忽成旧游，每一翻阅，想见文酒过从，一时乐事，则所以破寂寥慰离索者，又未尝不在斯编也已。

水竹园古近体诗草序嘉庆庚辰

客腊余由麓山解馆归里门，访学博刘瑞斋先生于其署。谈次，出《水竹园古近体诗草》授余，曰："从兄柳门所作也。兄素旷达，笃于伦纪，今岁年五十有三矣。犹未博一衿门下士脱颖而出者，大不乏人。平生寡营求，无他嗜好，惟耽吟咏，裒然成集。今手自钞撮，缄寄示余，属为介绍。愿质正于大雅，并丐一言弁其首。"余素不工诗而好读诗，且重违学博之请，乃袖之而归。时当改岁，匆匆未及披吟也。今岁仍馆麓山，携藏行箧，讲学多暇，取其诗而卒读之，而信学博之言不诬也。如《月出篇》："长生本无药，拙哉求海东。闲居诗万变，看云过此生。"无太忙，其胸怀旷达，可知矣。《杂诗》："翩翩凤鸟翔，肯与饥鹜争。闻蝉诗此生，高举宜缄口。"与世无求，亦写心，其淡泊寡营可知矣。《七月十四夜诗》："可幸趋庭双健在，报晖无力草空肥。"学博为其从弟寄怀诗："齐年兄弟频看老，异地心情最感秋。"可见其笃于门内。《怀友人诗》："莫便穷边坐摇落，去时琴剑可归来。"《读陈兰庄师诗》集即题集后："空山灯暗濛濛雨，梦魂超忽精诚通。"可见其笃于师友。《送儿入塾诗》："世人谓我知，鼓箧愿卜邻。磨砻出美玉，往往天下珍。"可见其从游者众。周服之鲁云璁皆尝从游者。先后入《京师集》中有《怀周王》《赠鲁王》、《秋夜忆二生》诸诗，盖即其门下士之脱颖而出者。读杜诗温柔敦厚，是诗情四字，尼山有定评。殆自道其生平，吟咏之根柢欤。书曰："诗言志。"杨子曰："言，心声也。"余与柳门虽未谋面，读其诗如见其人也。爰仿孟宾于之叙碧云集，于五七言古近体诗中各标举一二句以概其馀。阅《水竹园诗》者，已见一班矣。至欲窥其全豹，则诗草具在，海内多大雅君子是质是正焉，而余曷敢也？为之序而归之。

味闲斋遗草序嘉庆乙丑

余与长沙李仑圃太史同学同榜，其相交为最笃。既而同捷南宫，太史选词馆，余观政农部。同宦京师，因割宅以居之。数心晨夕，尤为莫逆金兰之好，不啻埙篪焉。太史耽吟咏，性敏而勤于学。余听鼓趋朝，夙兴命驾，犹闻诵声琅琅不辍，因劝其节劳，年虽壮盛，体素清癯，勿过耗其精神，以保身为重。太史颔之，无何而果以积劳致疾矣。乃蹴居于医家之邻以就医。余退食之暇，源源往视。每至，辄出其诗示余，共相商榷，或互相酧和也。无如药饵不灵，病益加剧，执友中有劝其南旋者。太史告余曰：“此某数年来之心血也。稿经删定，敢以累子梓之，以示吾家子弟。”言讫，泪涔涔下。余亦泣而受之，相与洒泪而别。越翼日而凶问至矣，亟为之经理其殡事，俾其身无遗憾；清厘其逋欠，俾其家无遗累。并循例呈请驰驿以归其榇。暇日追思遗言，校阅遗草，召剞劂氏锓之版。装池既毕，分送于师友各若干册，使读其诗，想见其人，则太史虽死之日，犹生之年，而余亦可告亡友于地下矣。适其哲弟双圃孝廉偕计车而来，因取其原稿及版片，悉举而归之，并记其颠末于右。

零陵谭子遗草序道光壬辰

往余在都中为长男择塾师。同年，蒋锦桥给谏荐其郡人谭子某某先生。时方以选拔应京兆试，爰于嘉庆丁卯延至寓邸，与男同习举子业。厥明年，同肄业北雍。夏五月，男忽舆疾归，甫半载而殂。谭子亦以是秋落榜旋里。迨庚午，谭子举于乡，偕计入都，常徒步过，余相与道故言欢，谈及长男之不禄，辄不禁太息而欷歔。自甲戌冬，余请急南旋，未几养亲例符，遂膺聘主讲麓山。彼此不相闻问盖十馀年。于兹矣零陵颜生宗典屡从余游，偶询及之，始悉谭子已修文地下，为悼叹者久之。今岁颜生复游门下，出其哲嗣文学生朝泮一函，并录谭子遗稿，嘱为点定，丐一言弁于简端。因忆谭子主吾家西席时，与亡男抵掌谈诗，捻髭觅句。余索观近作，仅得见其一斑。每以未窥全豹为憾。今其遗集皆生前所手订，删而存之，犹不下三百馀首。古作雄浑，近体清隽，彬彬乎大观也。逐一披吟，觉畴昔感怀为之顿释，而其须眉大度与其精神魄力恍遇于毫端，纸上呼之欲出，如闻其声，如见其人也。已是为序而归之。

湘阴易问斋诗序道光庚子

湘阴易子问斋，年甫冠，负笈从游门下，其文勃勃有英气，一见决为远到之士。曾选刻于岳麓课艺中，时道光己丑岁也。厥后易子官京师，捷北闱，未经谋面者盖岁一星周矣。客冬，易子奉讳归里。窀穸事竣，今岁来麓山，仍寓于往岁读书之屈子祠，密迩讲院，往来晋谒，恂恂执弟子礼如昨。越数旬，始告归，临别出其近作，古今体诗若干首，嘱为点定并丐一言弁其首。余重违其请，方欲执笔序之，适同门中有请益者质于余，曰："古君子之丧亲也，礼无容言不文。今士大夫斩然在衰绖之中，而乃长吟短咏于哀痛迫切时也，可乎?"余应之曰："子之言诚笃，实君子不刊之论也。顾余之欲序易子诗者，非敢好为通论与其旷达而蔑视夫礼法也。窃以为诗必根本于三百，《小雅·蓼莪》之篇，诗人所自作也。"其三章有曰："出则衔恤，入则靡至"，情真语切。自系初丧亲时，境况即笺疏家亦以为作在三年内也。居丧吟咏，古盖有之。今易子诗中，其天性至爱时流露于楮墨间，即谓其以悲歌当痛哭，可也。他若将母之忱、埙篪之好、伉俪之情、师友之谊，往往笃于伦常，不可谓非风人之旨也。易子年力方壮，有志于诗，此编乃其初稿，再从此学，日博识日广出而与海内词坛相质证。其进境正未可量。余故嘉其志，不惜奖藉之，以勉其将来。因为之序，而归之。

无碍诗草序道光丁亥

昔吾师慎斋夫子主岳麓书院讲席，曾倡建屈子祠于院之南，盖即古湘西道林寺旧址也。遴高僧为住持，得浏阳永兴寺僧晓迷上人使居之。夫子没后，及门诸子设木主为龛位，祔祀于庙内，曰：罗山长祠。越十载，余受当事聘掌院事。每春秋祭、朔望行香以次至谒山长祠。上人迎送惟谨，貌温言寡，恂恂然有儒者风。余心敬异，之初，不知其能诗也。未几，上人来谒，以五言排律百韵诗赠余为贽，并出所著《无碍诗草》若干首，嘱余言弁其首。无碍，盖上人之别字也。余展阅之，则罗山罗湘州太守已为之序矣，称其神采焕发，声调谐适，多超旷之神，无蔬笋之气。又奚余言之赘也哉？顾太史以上人之诗侪于楚僧，寄尘竹轩而悼两僧之俱没。叹上人之漠然无所尚也。夫两僧者，特吾楚近日之以诗标榜者耳。以余所闻，楚南诗僧代不乏人，山幽境僻，供怡悦而深。自韬晦者，尤指不胜屈。其卓卓表见惟唐代。楚僧齐已才高思远，无所不到。当时搢绅名流雅推重之，叹为莫及。其所著《白莲集》十卷、《外编》一卷、《全唐诗内录》至七百馀首之多。而湘西道林寺诗复不少，今上人居名僧寓游之地。振兴宗门，仰希往哲，方将取法乎上，不徒局局与挽近缁流相颉颃已也。且上人年已七十矣。犹复模山范水，瀹性陶情，口不绝吟，日孜孜而弗倦，由此进之，安在今人之不古若也哉。是为序。

僧彦岑诗序道光庚子

余掌岳麓书院二十有三年矣。昔在壬午，彦岑禅师接充麓山寺方丈，谒余于讲院，以诗为贽。接谈之，顷见其骨格清癯，语言爽利，知为方外之表表出尘者也。阅六载，往来过从，相得甚欢。退院之后，每至麓寺，必来访余。洎余七旬初度，复寿余以诗。余固已知彦岑之为诗僧矣。今秋复至讲院，相与道故言欢。临别，出其所作古近体诗若干首，乞余一言弁其首。余逐一披阅，悉皆楚楚可观，而其本师圆寂、诸衲子索其诗答，以孝嗣无歌诗之礼，是即《孝经》第十八章所谓“礼无容言不文”也。至于回念本生《哭母》一章，情悲语痛，亦有合于《蓼莪》诗人之旨。然则彦岑盖墨而有儒行者，非徒以赠答应酬，栩栩然自命为能诗已也。因为之序，而归之。

棣友堂试帖偶存序嘉庆丙子

余既搜辑同怀制艺，锓木以存诸塾，命家中子弟弆藏之。兄子辈复检录帖体诗百馀首，余逐一披阅，盖皆余兄弟少壮时所作也，然已十亡七八矣。其诗虽未尽可存，顾念余兄弟垂髫就传之。始先大夫即拣取唐宋律诗，手自抄录，各授一册，俾之朝夕讽咏。诸塾师于讲习之暇，亦即教以属对成章。五弟甫八龄，赋《人影》诗，极为先大夫所赏悦。情景犹依依如昨日事，厥后场中限韵窗下联吟。吾兄弟当少壮时，惟帖体诗最夥，今其存者只有此数，又曷可以不存？爰于各题目下疏证出处，授诸梓人，名之曰《棣友堂试帖偶存》，所冀吾家子弟与同怀制艺汇藏于塾，勿复任其散佚焉已尔。

粤东游草序嘉庆丙子

余自请急旋里近二年矣。农事既登，循陔多暇，禀奉慈命，许赋远游。爰乃诹吉俶装取道郴岭，泛泷江，历浈水，过中宿峡，而止于五羊城。已而由循至潮，由潮至梅，复自羊城而言返。水则乘舟，陆则乘舆，所过访旧言欢，触景生兴，间复因见闻所衣形为讽吟，计往还百十有二日，得诗若干首。始余就道时，与家弟斗山学博偕行，杯酒笑谈，互相酬唱，甚乐也。自斗山归帆先发，余则踽踽睘睘，苍茫独立，每赋一诗，发笑自点而已。蛙鼓蚓笛，有感辄鸣。巷曲村谣，矢口成咏，自适其情，亦自成其是，夫曷敢言诗哉？归日，斗山来访，索观游稿，倾箧出示，嘱为删定。而斗山谦让，未遑请并存之，以志一时游兴。长孙世洵、次孙世逢，年俱就傅，因命各录一编，存诸塾中，以俟世之大雅君子采择焉。

岳麓诗文钞序道光庚寅

余年既冠，负笈从游岳麓，前后凡三载。时方攻苦为举子业于山中，古迹名胜，偶一游览，未暇究心也。壮岁赴计车捷南宫，登仕籍，仆仆于长安道上垂二十载，而始以省亲归。未几，养亲例符在籍，得请乃受当事之聘，假馆麓山，抗颜为弟子师。追念昔游，惓怀往事，暇日与二三子寻幽讨秘选胜探奇，景先哲之芳徽，揽时贤之规画，阅时既久，湮废良多。爰表复之，更建之，圮者修之，阙者补之。自祠宇以及台榭，葺旧增新，以次兴筑，盖十有三年于兹矣。窃惟岳麓一山，唐以前湘西二寺最著，自宋始，有书院之建，朱张讲学而后遗躅长留。至明而禹碑出，又为兹山添一故事矣。惜山志不备，以余所闻，前明旧志久佚无存，得康熙丁卯赵郡丞重修之本，虽不免于残亡，尚足以资考证。爰择集中诗古文词，芟繁去冗，录而存之，复就见闻所及，加以咨访，上溯唐宋，逮于国朝，凡宦寓名贤钓游，髦士题咏、传记诸作，悉与钞撮，按时代之先后为编次，其中之古迹名胜为之寻流讨源，考其沿革兴替，一一疏证之，附以案语，俾后之修山志者采择焉。至于作者之姓字、爵里，可考者详之。亡考者姑略之，计诗钞若十卷，以词钞赋钞附之，文钞若十卷。及门士翕然同心，共襄厥成，遂召剞劂氏锓诸梓。山斋兀坐，素寡交游，家鲜藏书，搜罗未广。楚南书肆复无善本，可以购求，择既不精，且多遗漏，阅是编者谅焉。是为序。

岳麓课艺初集序道光戊子

余主岳麓讲席阅十年矣。日与诸同人讲艺论文，有奇共赏，有疑共析，孜孜忘倦，不自知其老之将至矣。书院旧规，每月课期三，官主其一，山长主其二，届期诸生骋妍抽秘，各抒所长，或以理胜，或以气胜，或以才胜，平奇浓淡，不拘一体。总之，惟其是尔。卷既校定，余择其尤者，俾诸生互相传阅，以资观摩。回忆十年来，为课三百有奇，佳构如林，几不可以缕指数矣。今岁诸生请汇刻之，以示及门。而公同好，余亦欲以管见所及，而与当世文人学士以质证。顾阅时既久，聚散靡常，向之所击节欣赏者，卷各归于作者，稿未藏于馆中，其奚以副诸生之情。则亦抱此区区，徒存虚愿而已。长孙世洵自舞勺时，携至山斋，随侍左右，今年已逾冠矣。每阅课文间，窃取而录之，闻是举也，因悉缮案头所积呈于余。余复加遴选，得百廿篇，付剞劂氏锓诸梨枣，此初集也。倘从游诸子，不我遐弃，缄其旧作，寄至麓山，余将踵而刻之，为续集焉，为后集焉，是余之志也夫。

岳麓课艺二集序 道光辛卯

前岁编《岳麓课艺初集》，锓木以问世，盖只就长孙世洵案头所录铨次之已耳。自顾年逾六旬，精神渐衰，目力益逊，管蠡之见，谬为评骘，方恐贻笑艺林。乃未及数月，远近走相购求，几至日不暇给，爰以原刻付坊，间而刷印繁多，致等于麻沙行板，肆贾摹刻至再至三，初不意其竟能行远若斯也。今岁同门士请续刻课艺，而曩日及门诸子间亦录其旧作，缄寄山斋，汇而辑之，加遴选焉，复得百有廿篇，为《二集》，仍付坊肆开雕。尚诸君子悉出其佳构，源源而寄，尚欲踵刻《三集》，以就质于当世之论文者。是为序。

岳麓课艺三集序 道光乙未

余主岳麓书院讲席，忽忽十有八年矣。每阅六载，节经当道奏留请叙。道光辛卯岁，钦奉谕旨留馆，仰蒙天语褒嘉，抚躬自省，惭感交集，伏念虮蝨微臣赋闲假馆毫无报称，奚以仰酬高厚于万一。惟有殷殷训迪，罔敢倦怠，以蕲培植人材，为有体有用之学，出为名臣，处为名儒，固不徒在区区文艺之末也。即以文论，亦先资拜献之端，必禀经酌雅取法先民，夫岂苟为炳炳烺烺而已哉！先是书院课艺刻已至再阅者，幸不予瑕疵也。今岁同门请踵刻三集，因取前后及门之士缮存各稿汇而选之，仍付坊间锓诸木，以副诸生之请，而就正于宇内之操觚者。是为序。

岳麓课艺四集序道光壬寅

余主岳麓书院讲席二十有五载矣。每阅六年，节经封疆大吏，遵照乾隆年间谕旨，叠次奏奉天语褒嘉留院议叙，今已四次期满。又承当道聘留，既不获辞，仍复膺聘来馆。自维马齿日增，年已近耋，虽聪明未废，而精力渐衰，抚躬自问，方恐难以胜任。而负笈从游者，济济称盛，小聊藉友朋之讲习，以消迟暮之居。诸尔诸君子争自濯磨，互相砥砺，骋妍抽秘，日异月新，每与讲艺论文，亦觉乐此不疲，孜孜忘倦也。而其中之出色当行目有共赏者，命另缮而存于山斋，积久成帙，美不胜收。复加遴选，又得百二十篇，付坊间锓诸板，为书院《课艺四集》，就质于海内之能文者。是为序。

岳麓书院同门齿谱序道光乙酉

余既掌岳麓八载矣，远近及门之士，前后盖以千计，其捷南宫、膺乡荐、以明经贡入成均者数且逾百。今岁为贤能大比之秋，又例举行拔萃科，诸生乘时图进取，担簦来就学者至三百六十有奇。济济訚訚，称极盛焉。二三子以古者学，必以齿于是。取后先同业者，循长幼编次为谱，而请序于余。余昔负笈麓山，从罗慎斋夫子游。岁在己酉，同门曾有齿谱之刻。余得厕名于其中，辄后游辙所至，行箧内常携以自随。间一展阅，犹想见联步登堂，抠衣问字，依依如目前事也。自余请急旋里，受当事之聘，抗颜为弟子师，幸得步吾夫子后尘。凡今日之所以为教，皆昔日之所以为学。一步一趋，罔敢逾越。回忆吾夫子以乾隆壬寅主讲席于兹，越己酉，凡八载。余得列于齿谱。今二三子之编斯谱也，距余寓砚之初，亦八载，即一齿谱之刻，岁数亦适相符。予其可违诸生之请，而不为之序耶？因自叙有生以来，迄于今令并镌之列于谱端，亦犹循吾夫子之旧式焉，云尔。

续刻岳麓书院同门齿谱序道光丁酉

余自嘉庆戊寅膺聘主麓山讲席盖二十年于兹矣。前后从游者以数千计，其捷南宫登贤书、贡成均者，指不胜屈。内而选瀛馆列仙曹，入直枢廷，出操衡鉴者，比肩而结绶，外而鹿夹辐凫飞舄，秉师儒之铎，佐郡邑之符者，接踵而弹冠。每阅六载，当事循例考成，节经奏奉谕旨留馆议叙，仰蒙宠命，重申褒纶叠沛，自维学殖谫陋，奚以仰副高深。惟有弗懈，益勤孜孜训迪，与诸生文行交勉道艺，兼资相期出为良臣，处为良士，庶无负圣天子作人之雅化。幸二三子争自砥砺，敦品力学，互相规劝，歌伐木而叶断金，一堂之上，彬彬雅雅，每雍容进退，未尝不顾而乐之也。先是道光乙酉，同门曾有齿谱之刻，余序之。忽忽岁一星周矣。今秋，又值乡荐之年，且例应举行拔萃科，鼓箧而来者济济称盛。佥请踵已事续刻同门齿谱，问序于余。余维朋友之谊，本属人伦、长幼之节，实由天叙。今萃英隽于名山，联异姓为一帙，苔岑之好，比于埙篪，诸君子之交情可谓笃矣。异日者，在朝协寅恭之道，在野讲亲睦之风，虽出处不同，而某良臣某良士皆足为式于邦家，增光于吾党，一展卷如或遇之。则是编也，较之登科小录，为尤重矣。余故乐为之序。

杨益庵文稿序道光丙戌

西昌杨养田明府，以名孝廉出宰吾邑。悃愊无华，心劳抚字，环邑之人，歌乐只焉。而振兴学校、培植士林之意，尤孜孜不倦，望而知为儒吏，以经术饰吏治者也。洎长孙世洵得厕门墙，乃得其家世最悉。明府，盖益庵太先生之哲孙、茎九先生之令子也。一庭积学，两世明经，群从昆季悉游校序，明府始领乡荐绾百里，符其云路之初梯耳。后来之秀，隆隆日出，发祥正未艾也。世洵以弟子谊躬侍函丈。学海观澜，沿波讨源，既饫聆乎诲言，复窃闻其遗训。明府复检行箧所藏，自益庵太先生以下试牍凡若干篇，命世洵钞录以质于余，嘱为点定，将寿诸梓，以公同好，且彰世泽也。余望之眼明，读之心开，反覆之而手不忍暂时释，如入织锦之坊，机杼各出，而花样日新也。如游大匠之门，变化从心，而矩矱世守也。其可以售世，并可以传世，有断然无疑者。昔管子有云："士，恒为士。"班固亦曰："士，食旧德之名氏。"自来诗礼儒宗蔚为衣冠华阀，莫不本渊源之家学，以振起其门材、父兄之教，素宣子弟之率，胥谨积之愈久，发之弥光。乃今读明府之家集，而益信之。余不敏，学识浅薄，曷能仰赞高深？聊就谫见所及，僭加评骘，未知有当焉否耳？为之序而归之。

万弹峰时文序道光癸巳

华容万子弹峰先生，余老友也。往岁同游岳麓，先生登贤书，计偕北上，往来过从以为常。自余窃禄长安，复以养亲旋里，膺聘主麓山讲席，万子筮仕皖江佐州符权邑篆，彼此不相闻问，几三十年矣。前岁，万子忽溯重湖泊舟麓江，登岸视余，相与握手道故，始悉万子亦早已辞秩归田。谈次，出所著《易悔》示余曰：“此一生心血所聚也。因复丐一函，庋于讲院书楼，用以备名山之藏焉。”今岁复邮寄所作时文百馀篇，嘱为勘定，并乞一言弁诸简端。余逐一披诵，其文有笔有书，有才有识，而尤服其有胆。神明于规矩之中，仍不放轶于规矩之外，乃益叹万子之深于《易》也。韩子曰：“易，奇而法。”记曰：“洁净精微，易之教也。”万子之文备有之。而余何赘焉？是为序。

张画山时文序道光甲午

往余负笈麓山，从罗慎斋夫子游，获交中湘张子画山先生。岁甲寅同举，交益笃。余以糠粃先扬，窃禄长安。画山屡试春官不第，维时岳麓同门先后通籍者，济济称盛。甲寅一榜，捷南宫，选词馆，列仙曹者，尤踵相接而项相望。凡与画山友者，无不爱其才而惜其遇。而画山益奋励于学，不肯稍自贬损为逢时取悦之技，以故文益工、遇益奇也。每偕计入都，与余往来过从，樽酒论文，无间心曲。洎余请养旋里，膺聘主麓山讲席，画山曾扁舟过访，相与道故言欢，剧谈终日而后别，初不意其遽捐馆舍也。悲夫，山斋兀坐，追忆昔游，相聚如星，一别如雨，已不能喻之于怀。况华屋山丘零落殆尽，九原谁起，泉路茫茫，念我良朋，怆怀尤甚。今岁，其犹子文学生某携其遗稿若干篇，嘱余言弁诸简端。回环披诵，想见数十年前，风雨一窗，数心晨夕，抠趋堂上，角艺争长，依依如目前事也。而画山之精神魄力，犹得于行间纸上，如或见之。至其文，无美不备。慎斋夫子遗批具在，城南山长贺蔗农侍御又复逐篇评骘矣，固不俟余之赘言也。是为序。

棣友堂试草课艺偶存序嘉庆丙子

余兄弟间岁而生，以至入塾就傅踵相接肩相随也。自先大夫捐客馆，长兄年甫十八，以家督摒挡外务，遂出塾门，废举子业，岁延师以课诸季。前后十年，幸俱游庠食饩。二兄走京师，为上舍生。三兄挈余与五弟负笈麓山，南北乡闱屡邀呈荐。而文章憎命，诸昆仅以明经老。惟余微幸登贤书、捷南宫已耳。忆昔童子军中，余兄弟常列前茅，及补博士弟子员。岁科试，亦铮铮有声。五弟曾取应试，各卷择其尤者，按年编录，名之曰：同怀试草，志知遇也。三兄复取诸塾师评骘之文，亦择其尤者按年编录，名之曰：同怀课艺。尊所闻以示无忘也。夫何五弟年未及壮而夭，长兄、三兄相继谢世，二兄秉铎桂东，余则窃禄长安，久客未归。家中子弟年皆稚弱，手泽遗编，罔知爱护，迨余请急旋里，检阅藏书，昔之满架充厨者，盖亡失过半矣。询及试草、课艺，荡然无有存者。痛念吾兄弟束发受书以来，明句读，通训诂，习帖括，悉赖名师之训诲，功曷可忘？厥后操觚为文，虽不能登作者之堂上规先辈，然颇亦不溷于俗，不戾于时。用是弋取微名，多蒙拔识，则知遇之感，又乌可以不志，况为我亡兄亡弟所手订者乎？暇日，命兄子辈遍搜书簏，得稿若干，因取其完好者，缮存之。间有残缺，复就记忆所及补成之。惧其久而仍归散佚也。乃锓之梓，名之曰："棣友堂试草、课艺偶存。"噫，余同怀五人，少同学，壮同游，今其存者惟二兄与余两人，而年又皆逾半百矣。回思纸窗灯火，问字执经，矮屋风檐，骋妍抽秘，此情此景，何可再得？幸赖一二旧作犹有存者，每一披吟，想见兄及弟赏奇析疑，此唱彼和，依依如目前事。而先生长者之謦咳，与宗工哲匠之叹赏，亦如或闻之，后之子弟尚其弃藏诸塾，是余之所厚望也夫。

重修族祠记嘉庆辛酉

宋建隆间，始置安仁县。有吾县即有吾欧阳氏，载于邑志、郡志及湖南通志，由来旧矣。自宋以来，世居县之北门。至元八世祖，始迁于会阳里洪桥头。十世祖复徙于湖子腹，今名金盆塘，遂称会阳欧阳氏云。十世祖殁于明洪武癸酉岁。厥后子孙以先庐为祠堂，当在祖殁之后，明初年事也。嘉靖乙未，祖之元孙志黄公集群从子姓，改作祠宇于故地。祭酒邹守益为之记，称元至正壬辰始立祠，不知壬辰乃十世祖徙居之年，非立祠之岁也。万历癸酉，族祖乾梧公见旧祠规制未宏，鸠族人鼎而新之，见其续修谱后。因未作碑记，后遂不知曾有此举。然门额大书“欧阳氏祠”四字，乃其子坤受手迹，迄今尚仍之也。崇祯壬申，志黄之孙正遴公与族庠鼎珑复议重修，族众翕然捐助。逾年工竣，因自为记述其崖略，此前明历次修祠之举，载在谱帙可考。越百有馀岁，檐瓦破漏，栌柱攲斜，幸而四堵岿然。

国朝乾隆癸亥岁，吾祖西侯府君与璞先诸绅耆协力修葺之。又四十馀载，祠复旧圮，吾长兄心田掌族事，倡议大修。庚戌冬，与接充户首慎徽集绅庠谋之，佥有同心，乃举吾三兄情田及庠生德华、照南、胄学运昌、明周、寻芳董其役，合族以经理得人，靡不欢欣鼓舞，乐观厥成。盖三兄谙习工程，尤精算学，虽老工师莫之能及。诸君亦皆能节慎出入，不辞劳勚，爰于是冬召陶人、抚工，命匠氏庀材度木于林，伐石于山，以辛亥之春兴工。拆旧创新，偕诸同事昼夜经营，矢公矢慎，至冬月而土木之工俱毕，闬闳高而垣墙厚，规模盖式廓矣。是举也，縻白金千六百两有奇。

始则照丁派费，吾族食指数千，得缗钱逾百万，值千金，度支不敷。复议按粮派捐，吾族额粮千有馀石，除零星升斗粮户不派外，管粮壹石，派银壹两，亦可得数百金备用。无如族中有挠其议者，改为量力输捐。吾三兄即首蠲三百金倡之，同事诸君暨族内好善之士，悉皆踊跃佽助，昔正遴公修祠记内所谓慷慨尚义，从者如云，虽多寡不等，要皆仁孝之心所不容泯者，先后如一揆焉。

今上纪元之二年，余主家塾讲席，入祠与春祭。见栋宇虽成，斧藻未施，奚以美轮奂而壮观瞻也。爰出资募役，涂蔇之，丹垩之，制龛位，悬匾额，悉与髹漆之，以家塾总管拔衡为监修，约费钱八万，气象更焕然一新矣。厥明年冬，祭礼成，父老以祠虽成而碑未立，诸君子之瘁力劬心乐施成美，将湮没而不传，且恐后有掠美窜名即传闻而鲜实者。以余素不为虚诬之词，授简于余为文以纪其实。适余将偕计入都、兼赴舍人之选，行有日矣，匆匆未及报命也，释褐后备官农部，昕夕趋公，而亦未遑及此。族人走简数千里相索。爰以簿书之暇，详考旧祠之源委，备述新修之巅末，濡毫为记，仍邮寄而归之，用备诸父老之采择云。

新建欧阳大人家庙记道光庚寅

大夫家庙之建，祀祖考西侯府君也。昔我先民，终有明之世，家号素封。鼎革后，田庐弗守，迁徙靡常，继以滇逆之变，役繁赋重，十室九空。维我高祖，实丁其厄，洎高祖既没，曾祖年复就衰，吾祖甫十有八岁，家计日窘，支绌时形，於是由乡徙城，弃儒服贾，权废著迁有无，前后垂二十年。时则海寓乂安，年丰物阜，加以瑾身节用，家隆隆而日起，而积而能散，凡义所当为与力所能为，悉慷慨为之，无少吝。善积厥躬，庆延于后，肆予乃能仰沐馀泽，有位于朝，从大夫之后，爰得立庙。先是，明隆万年间，太高祖之祖及考繇清溪卜筑于县北门内，爰居爰处三世矣。崇祯末年，太高祖伯仲始避居于乡，兵燹之馀，戎马蹂躏，垣颓瓦毁，宅废为园，幸而遗址犹存。乾隆初，曾祖乃与群从析而为四，按房分管。未几，后裔中竟有将此园四分之一出售外姓者，势不能以赎回，先祖母引以为憾，遗命犹淳淳及之也。厥后吾父吾兄迄于厚均，以次购于各房昆季，而此园所存四分之三今俱归于吾祖子孙矣。厚均念先人世业守之几三百年，有后勿弃基，予曷敢不仰承遗志？思所以维持而振举之，为世世子孙计长久。乃寻旧址，翦蓬蒿，除瓦砾，鸠工庀材，经始于丁亥初五，阅月而庙成。逾年而勤垣墉。又逾年而涂丹雘，爰择期妥吾祖之主于庙中，以岁时奉祀焉。诒厥之恩，曷云能报。亦惟是肯堂肯构，冀自今以始，子若孙念祖考之灵爽式凭，庶几绵绵延延，永保于万斯年而勿替也夫。是为记。

增建家庙寝堂记道光庚子

余既作庙以祀祖考，譔文而记其岁月。承师友暨从游诸子书丹，篆额并为之跋，后爰选石而镌之，藏于庙庭，嵌于庙壁矣。庙基为前明先世旧庐，鼎革之际，频遭兵燹，废为荒园。后裔犹世守之。乾隆初年，曾祖群从昆季析而为四，各管一隅，无何管后左隅之裔孙，竟出售外姓，于是四隅只存三隅。厥后，吾父吾兄迄于厚均，以次购买于分管各支，其前左前右两隅，概归于吾祖后嗣矣。厚均念三百年前先世旧庐之遗基有后，弗敢弃，乃于前两隅建立家庙，俾世世子孙永远奉祀，守祖业也。复念吾家世荷褒纶，荣封锡类，屡承朝命表宅旌闾，因分建绰楔于庙门外，纪国恩也。庙后右隅，旋亦售与厚均。惟后左一隅，尚为他人是保。赖先祖之灵，外姓复不能守鬻于客民，而客民又不欲居吾土，闻诸厚均亟备价转售之，是盖数十年前我祖父尝思赎回，有志而未逮者。今厚均于荡析之馀得全而有之，庶可以告慰祖父及七世之先灵也已。爰割后基，广三丈，袤丈有五尺，式廓家庙，命次孙世逢相度经营，增建寝堂，费缗钱三十万有奇。四阅月而堂成，择吉奉祖考之主升于堂上，并制东西两龛祔祀。伯叔兄弟及后嗣之群昭群穆，尚冀贤肖子孙。自今以始，继继绳绳长保之而勿替也，至庙后两隅系厚均所购买，仍交厚均子孙管业，尤宜筑室于兹，以似续乎古人，兼得顾瞻家庙，幸毋滋他族处。此是余之所深望也，夫谨记。

阖族捐置岁课田租碑记嘉庆丙子

古者家塾之设，与庠序并重，所以陶养中材，其功效甚捷而远。顾塾必有课，或以旬，或以季，或以岁，优劣第焉，勤惰分焉，于培育之中寓鼓励之意，家教之日宣所由来矣。吾族自先大夫建立家塾，岁延师以训族中子弟，阅今五十馀年，成就多材，甚盛举也。往余尝在塾中肄业多年，复主讲席于每月，常课之外，时聚阖族生徒而课之，岁或数举焉。迨余备官京师以后，此举遂废，虽间一行之，复不能岁有常课。课有常期，于是仲兄树堂与族衿尚华、南林、雨田以每岁秋祭后一日，课族中子弟于祠，诸父老佥以为可。复慷慨输金，捐置田租，以为课期经费。适余省亲旋里，闻是举而深为吾族喜也，既有塾以教之，又有课以董之、劝之，从此贤肖辈出，蒸蒸日上，诸父老栽培振兴之良法美意，讵可忘哉？爰述颠末，用告来者。

崇真观灯油田碑记嘉庆丙子

邑城南门内之西崇真观，建自宋开禧元年，由来久矣。元时道士袁国霞，精法术，能致雷雨，旱祷有验。至今，羽流奉之以为祖。明以来，设道会司，遇有圮毁，守土官屡修葺之，载于县志，可考也。昔吾祖朝议大夫西侯府君，乾隆年间曾捐租于城西之三元宫，为长明灯之油田。复念三元宫道士，乃崇真观所分派者，其观最古，正殿奉神，后堂供祖，今有龛无灯，有灯而无长明，奚以昭诚敬也？奚摘邑花冲租谷六十三桶二升，捐与观内住持，为正殿后栋长明灯两盏，终日终夜，继继不熄，永远供奉龛前，迄今数十馀年矣。阅时既久，虽相沿罔替，道侣以庄系朋管，恐田亩丘塅之隐匿，庄房、山岭、树木、园塘之侵占，请补立一石备志之，以垂久远。余乃命世仆持名状呈县记档立案。既蒙杨养田明府批准，因以呈祠稿案付住持道士，并记其始末如左。

乐昌县楚南会馆碑记嘉庆丙子

韶之乐昌，旧有楚南会馆。今岁余游粤东，一帆上下，行李往来，爰得而舍馆焉。先是余邑安仁，为馆中置香灯，悬钟鼓，丐余文以纪其实。因询及建馆颠末，遍索旧碑，盖无有存者。斯诚馆中一阙憾事，不可不亟为补之。于是同乡诸君子进而言曰："斯馆之建其始也，吾乡之侨寓于兹土者。不过安、耒、茶、攸及郴州各属寥寥数家耳，鸠集里人，量力出资，铢累寸积，获有成数，爰乃购基址，谋兴筑。竟为土人所阻挠，客主之势分众寡之形异。幸赖当道巨公为之迪率，于是浮议息，众心安，乃获次第经营，盖武陵贵观察平江余太守之力也。洎乎鸠工庀材，土木交作。劝捐者唇焦，督工者力瘁，任劳任怨，俱不敢辞，俾得蔽风雨、美轮奂，以聿观厥成也。倡之者严国信、萧廷选，协之者刘朝选、萧禄，而总司其事则李苏山其人也。经始于乾隆癸卯，落成于乾隆丙午前后。同里之慷慨乐输，暨各邑董事者之奔走赞襄，皆与有力焉。迄于今三十馀年矣，有增置，有改筑，月有费岁有修。管理苟非其人，则经费俱无所出，且恐有假公事而便私谋者。吾乡若陈益谦、袁际可、李艺圃某某值年轮管，庶几矢公矢慎，可告无愧于同乡焉。谨述崖略，用备采择。余惟事莫难于谋始，而尤不易于图成。道旁筑室，用溃厥成，盖始谋之，不臧也。至于作室底法而堂构之，肯尚难望诸厥子矧在合异姓于他乡乎？今吾馆之建，始而创之者有人，继而成之者有人，久而守之者又有人，从此维持保护，历千百年不敝可也。诸君子之始终竭力，以及解囊佽助之义举，是皆不容以泯灭而无传。余虽不文，爰即所闻而备书之，俾补立一石以志不朽，且以为后之好善君子劝。

同邑捐置楚南会馆香灯钟鼓记嘉庆丙子

余以省亲旋里，家居多暇，适有岭南之游，道出韶之乐昌，舍于楚南会馆。悦其堂庑之宏壮，房舍之爽垲，日与诸同里道故言欢，询及建馆颠末，而知前之创者难，即后之守者亦良不易，为喜欢者久之。未几，余同邑诸君子复进而言曰：“吾馆中立主以祀贤圣，塑像以供神佛，盖有年矣。而香灯、钟鼓阙如也。今岁始，将吾安邑旧置东头街桥头店三所内，摘一所捐入会馆，收值为每岁恭然长明香灯之费。复量力捐输铸钟，以悬于厅左；冒鼓以悬于厅右，规制亦粗备焉。第人或境过而辄迁事，必历久而无弊。敢乞一言纪之，刻诸石，以垂示来者。庶兹后之侨寓于斯土者，无或敢有侵蚀废省等事也。”余闻而愈叹美之。夫馆中既设龛于厅，以奉诸神龛之前，必有灯厅之左右，必有钟有鼓，此诚不可以或阙者。有举莫敢废，又奚必为之过虑预防，尚烦余言之赘也哉。唯是会馆之建，昔人之经营缔造，既已专美于前，其有待于后人之维持而保护之者。正复不少置香灯、悬钟鼓，特一事耳。而吾邑适成之，以为吾楚倡。从此规模式廓，经费裕如，于以妥神灵而和辑乎梓里，是所望于楚南各属诸君子。此则余区区之鄙意也夫。

新建岳麓书院崇圣祠碑记道光辛巳

书院旧有圣人庙，创始于宋乾道间，曰：“礼殿。”屡有兴废，无定址。明宏治间，始为大成殿。正德二年，移建今所。于是庙有专地矣。庙后平冈高二仞许，除其地为明伦堂，后圮。嘉庆九年，仍旧址，为敬一亭。厥后易其额，曰：“四箴。”立两程夫子主祀于其中，未知始于何时也。阅岁既久，风雨剥蚀，材多朽蠹，壁半欹斜。厚均以乾隆己酉负笈从罗慎斋夫子游，始履其地，距今三十载。为嘉庆戊寅，妥当事之聘，主讲席，抗颜为师祭菜，后展谒各先贤祠宇。登斯亭也，四堵就颓，梁倾柱塌，仰视檐瓦，漏见日光，亟与同人谋，撤而新之。诸生请另辟地为亭，以存旧制。即其遗址式廓之，仿各学黉宫之制，建崇圣祠于其上。余韪之。考圣人先代，自宋大中祥符元年始加封号，元至顺元年始封王爵，别建殿于大成殿之西，曰：“启圣王殿。”明正统三年，始以颜曾孔孟之父配，然惟阙里家庙行之。嘉庆九年，始通行于各学，别立一祠于大成殿之后，曰：“启圣祠。”四配俱称先贤，后复增从祀先儒为两庑。国朝雍正元年始，追封五代皆为王爵，额为“崇圣祠”。自京师及各直省府厅州县学宫皆遵行之。至各处书院，间有立庙以祀圣人者，制皆从杀后殿之建鲜哉希矣。惟岳麓为四大书院之一，地居山水极胜，既奥且旷，自宋立圣庙后，由元明以迄国朝，规模日扩，殿陛戟门，以次递增东西配位，两哲两庑庙制，悉与各学宫等。今复建后殿以崇祀圣人先代，庶彬彬乎大备矣。惟是鸠工庀材，厥用不赀，筑室道谋，不溃于成，叹多谋之不集也。诸生既翕然一心，事成于有志，功成于能断，其勗哉，毋怠于是。佥举谙习工程、节慎出入者综其事，其筹经费、劝捐输，则诸生分任其劳，经始于仲秋之吉。四阅月而栋宇成，饩赀告竭。佽助者缓不济急，予乃出修金佐其用，不足复称贷以益之。至岁暮而土功毕、木功休。越明年己卯，复筹款垫用设龛位木主，咸雕镂之加金漆焉。香案炉瓶厘然毕具，门阤楄楹胥施丹垩，修平阶堿，开浚沟道。秋之八月，厥工乃蒇。先后监院请于大府，发帑存馀款以济之。又逾年，乐输家亦节次赍至，爰乃填还垫借各款，复以其羡葺。门以内祠庙堂舍，增新改旧，位置咸宜。凡门以外之亭台古迹，亦罔不次第修复焉。是举也，縻白金二千百两有奇。自崇圣祠而外，若四箴亭、若六君子堂、若濂溪祠、若岳神庙、若讲堂、若半学斋、若中道亭、若赫曦台、若禹碑亭、若北海碑、若极高明、道中庸二亭、若道乡台、若风雩亭、若吹香亭、若奎星阁，或因或创兴筑者凡十有六处，倡其议者，长沙李家骥、浏阳宋承采、宁乡周封万、衡山陈济川、邵阳黄甲第、慈利符正道。董其役者，善化杨璋赞。其成者，长沙冯序甫、饶先曙、袁定甲、李兴之、余士轸、陈赓、何荟祥、周时翥、善化罗瑶、杨振声、黄维善、欧阳新、黄垣、劳崇光、葛之镛、楚拔南、湘阴易即昌、浏阳李长春、伍宗德、宁乡杨文治、周校缃、益阳罗云、周戴炳、湘乡谢鸿逵、衡山胡赞圭、耒阳伍枝芳、新化欧阳垣、沅江王元麟、郴州曹甲先、桂阳州曹德鸿，俱不可以不书其慷慨好善之士，悉泐其芳名于左。时皇清道光元年，岁在辛巳孟春朔日。是日也，日月合璧，五星联珠。

移建濂溪祠碑记道光辛巳

岳麓旧无濂溪周子专祠。嘉庆初年，吾师罗慎斋夫子掌教时，倡建屈子祠于山之阳。落成后，以其左为贾太傅祠，附周子主于其内，每朔望释菜，春秋丁祭。大成殿礼成，率诸生躬诣祠内行礼，岁以为常。厥后有通人秉臬，吾楚以屈公称谓不典，易其额为三闾大夫，于贾祠内增设左徒弟子宋玉、景差、唐勒等主。复以周子未闻一至岳麓，乃即其主刓削之，改题为汉太史司马迁，加丹漆焉。谓迁曾至楚，有《史记》可考也。近日遂有以汉侍中王逸尝注《离骚》，复增一主于祠内者。夫注《离骚》者，前后数十家，往哲名流，指不胜屈，安得人人而祀之？此其不待辨者也。至于濂溪未至岳麓而削其主，易其名如腐迁者，奚堪与大儒相颉颃耶？且如宋玉、唐勒、景差，人品更不足论，亦尝涉足至吾楚南地耶？濂溪楚人，以乡人祀其乡先生，何地不宜？乃黜濂溪而祀诸子，通人固如是耶。嘉庆壬申，袁岘冈侍讲为院长，始建专祠于书院内，特祀濂溪周子。捐赀者，平江黄修谅、宜章吴楚翔、临湘方大锦、溆浦严正基。董其役者，善化杨璋。碑记具在也。越六年，厚均膺聘而来。又三年，大中丞李松云先生率僚属渡江送学，周视祠宇，以濂溪之有专祀，礼固宜之，惟祠在朱张两夫子之右，位置尚为不协。于是诸同人闻之，请移建于上，适新辟地，构四箴亭以祀。两程夫子其旁尚有隙地，祠濂溪于其左位次，先后庶几咸宜矣。爰以募建崇圣祠之羡金，鸠工庀材，三阅月而告成，仍奉周子木主祀于其中。制龛位者，衡山肄业生周濂也。先是康熙年间，邵阳车给谏主讲席时，尝摘张南轩夫子诗句“超然会太极”五字，手书为额，藏于院，今粉饰而新之，悬诸祠内，以存乡先生之手迹。云尔。

改修六君子堂碑记道光辛巳

书院之祀六君子也，始于前明嘉靖五年。学道许宗鲁、郡守杨表改旧院讲堂为祠，御史黄衷记之。隆庆二年，于其前建仓二间，“岳麓旧志”载之甚悉，今其遗趾未知在何处也。

国朝康熙八年，抚偏沅周大中丞讳召南，始移建于四箴亭之上，崇冈隆起，树林翁蔚，历磴道数十级而上，游人之迹罕至焉。阅今百四十馀载，风雨飘摇，雀鼠穿穴，栌楹墙壁势不能支，亟欲撤而新之。费无所出，乃属监院申请于大府，发帑馀以资修葺。估计履勘有稽时日乃者。暴风摧木，檐瓦多毁，转瞬伏雨秋霖，漏涔涔下，非所以妥神灵也。会诸同人新辟地，移建濂溪祠于上，其旧祠岿然犹存。爰乃贷赀济用，即旧宇坋除之，补苴之，涂塈茨焉，涂丹雘焉，浃旬蒇事，迁六君子主祀于其中。门额罗慎斋夫子所书，仍悬之，以存吾师之手泽。六君子者，宋郡守朱公洞、山长周公式、郡守李公允则、安抚使刘公珙，元时与朱张两夫子合祀一祠，明始特建祠以祀朱张，曰“崇道”，更为堂焉祀诸君子，益以明判长沙府事陈公纲、同知府事杨公茂元为六。盖皆有功书院者也。厥后屡有兴筑祠与堂，莫不并建。今移堂于祠之右，位次既宜，庶足以复旧观矣。旧志戴六君子之外宜祀者，尚有元学正刘必大、通判刘安仁、明知府钱澍、王秉良、孙存潘、鉴季本、吴道行及指挥杨溥标，其姓名著之篇首，以志表扬。今按旧志所录，榜而悬诸祠内。其国朝以来有功书院者，采辑而踵行之，以俟后之君子。顾近日有刊石载：桂林陈文恭公抚楚时，大修岳麓斋舍者，有镂板载其事属之。诸城刘文清公者稽之旧牍，陈文恭公曾厘定书院章程，迄今悉遵行，其大修斋舍事在乾隆四十有四年己亥岁，距文恭公抚楚时十馀年矣。维时镇抚湖南者，南丰李中丞讳湖吾，座师长沙，刘文恪公实董其役，廉使姚雪门先生碑记具在也。乃工犹未竣，中丞调任粤东，受代者为刘文清公，甫下车，遽命停撤，以故斋舍虽修，讲堂暨各祠庙悉仍其旧。论者至今惜之，事关书院兴废，恐传闻异辞，纪载不实，并书之以告来者。

移建四箴亭碑记道光辛巳

四箴亭旧在圣庙，后岁久就倾。余既以其址建崇圣祠，诸同人请改亭为厅，另辟地为之，以存旧制。费无所出，商之陈生启伯。禀命于其尊翁华鼎先生，慨然许诺独任其成。乃卜吉地于御书楼之左，翦除榛芜，平其陂陀，培其低洼，以十月之朔兴役，鸠工庀材，匝月而告成，仍奉两程夫子之主祀于中。是举也，费缗钱二十有六万。董事者，善化杨玉田名璋。落成之后，请书其事于石，华鼎辞之甚力，而余未之允也，于是玉田从容为予言："华鼎家故不饶而好行其德，一乡皆称善士，斯亭之建，特其一端耳。郡邑里党间有义举，罔不慷慨乐输，而深自敛抑，不欲表暴于时，盖务实不求名者。"余曰："是愈不可以不书。"楚南上游素无不赀富室，多收数斛粟，即多易数饼金，岁有羡赢，复问舍求田为遗子孙计。其有以轻财好施予劝者，掩耳若不相闻。里有义举，事初集必挠其成；事垂成，犹冀其败。闻足音跫然至，往往闭门不内。间有乘其不备闯然入室者，舌敝唇焦，始输数金而簿记之。又复年推月展，不践前言。虽未必与好义者相难，如学使钱南园先生，长沙学记所称之败类。然纤啬成性，此其人固比比然也，厥子若孙守其遗训，尺寸不逾，故家号素封垂久远可至百年，然一宴饮之豪，一服御之侈，以之济人之急，成一时之义举，绰绰乎有馀裕矣。孰得孰失，而顾智不及此也。如华鼎者，见义勇为，无吝色，亦无骄容，可多得哉？爰伐石而记之，以为吾楚风。

新葺岳神庙碑记道光壬午

衡岳七十有二峰，绵亘数百里，迄于此峰，故称麓焉。峰在湘江之西，其东岸为长沙郡，今湖南会垣也。出云降雨，环郡之人往往于此占验，故又称云麓焉。昔宋真西山帅潭时祈晴谢雨，尝祭麓之神，今其文具载于郡邑志中。厥后官斯土者，偶遇雨旸愆期，罔不渡江而祷之，祷亦罔有不应者，盖麓山之为灵昭昭也。书院建山下，故事相沿。春秋二仲月，山长率肄业生望而祭之，岁以为常。余既迁六君子堂于崇道祠右，其旧宇岿然特立于高冈之上，瓦破檐攲，榱楹蠹损，倘不及时修筑，势必日就倾颓。爰与诸同人谋，即以工次羡金急为补葺，易朽材，购新料，垣墉涂塈，焕然一新。制岳麓山神之主祠于其中，颜其门曰“岳神庙”。自今以始，岁时享祀，庶有专地矣。庙成之次年，岁在壬午夏四月，山中虫食树叶殆尽，土人走告于余。余乃择吉于望后三日宿，斋戒厥明，具牲醴，告于神曰：“灵山之发，厥惟草木。神实司之，昆虫毋作。蠢尔昆虫，厥生孔速。适从何来，弥山满谷。山有桥松，林有朴樕，昔也葱葱，今也濯濯。螟螣蟊贼，害我穜稑。田祖有神，尚火其族。赫赫明神，实佐衡岳。岳视三公，神亦蒲谷。惟夭惟乔，神所覆育。蠢尔昆虫，敢肆其毒。神赫斯怒，风驰电逐。歼彼群丑，填于沟壑。我酒既清，升香然烛。神其鉴兹，庇此灵麓。”祭毕，命近邻、各祠庙僧人，悉鸣钟伐鼓，以助神之威灵。越翼日，天乃雨，殷殷其雷，有风自西来，振拂于林樾间。移时而虫薨薨，蔽空而坠入于泥胥化为鳅。噫，奇矣！麓山之为灵昭昭矣。于是同人请书其事于石。余惟神庙之立，其颠末亦不可不书，爰伐石而备记之。

道乡台祠田汇记道光辛丑

岳麓书院旁，旧有道乡台。宋南轩张子所筑，晦庵朱子为之刻石立碑，以表谪宦邹忠公，讳浩，别字道乡也。详见《宋史》及《湖南通志》。明万历年，其十三世孙邹志隆视学楚南，捐赀建祠，复购田给僧以奉香火，撰有《碑记》，嵌祠壁。鼎革后，田被侵占，祠亦就圮。康熙年，巡抚赵恭毅公改卜构祠，饬善化张令清厘田亩，亦有碑记，并立于祠。无如奸人舞法致滋弊混，旋据其裔孙邹言正具禀，护抚阿方伯批饬善化蔡令再行确实细查，始讯出劣绅假印伪契，作奸情，弊详奉批，准田给岳麓寺僧收租完粮，责令每岁供奉道乡祠，祭祀勒石寺中，以垂久远，今碑尚存于寺也。日久废弛，祭祀不供。乾隆壬寅，吾师罗慎斋先生为山长，遍谒祠庙。行香至道乡祠，见门户扃闭，栋宇欹斜，传询岳麓寺僧，称祠租除完粮外，仅敷春秋两季祭需，雇僧守祠，食用无资，情愿退田退租，请另召别寺僧住。乃率肄业诸生朋捐，修葺祠宇，另择僧人住持。每岁田租给其收纳完粮之外，馀为早晚香灯及僧徒食用之费。两季祭祀，师生捐办，岁以为常，迄今遵行罔替。自先生没后越十馀年，余膺聘主岳麓讲席。祠僧初犹谨恪，及长老物故，其徒年少不谙，并未住祠看守，垣颓瓦破，祠复难以久支，并闻有私减祠租、加增佃规等弊。爰命肄业生呈明监院，长邑教谕戴监院据呈详请，鹾使高观察动项修祠，折旧增新，规模较前式廓矣。郡学教授何监院复据呈牒移善化县沈明府，讯究该僧退出祠宇，追取私得规银给佃交书院另择僧住，永不准增减额租，俱经取结附卷在案。窃惟名山古迹、往哲遗踪，后之人当如何爱重而珍惜之。昔宋潘昉《游道乡台诗》有“一落名胜手，境与人俱香”之句，可知人以境传，境以人重，山灵亦为之呵护。故由宋以来七百有馀岁，台碑无恙，祠宇常新，所以维持而振举之，固深有赖于官。斯土得，尤望书院师生朔望行香，春秋致祭，必躬必亲，随时稽察。俾祠僧知所警惕，恪守旧规，罔敢违越，则名臣一夕之淹留，经朱张两大儒之表章，自明至今，诸君子兴废举坠之功，庶几可以永垂不朽矣。爰将前后碑石卷汇而锓之木，藏于院中书楼，用以告后之掌院事者。

增捐朱张渡船工食碑记道光辛卯

朱张古渡，大贤过化之地，今为行旅通津，密迩书院，师生之利涉尤便，向设渡舡四，每舡用渡夫二。雍正年间，里人刘克昌始捐田亩，为修造食用等项费用，历系善化六七两都绅耆经理。嘉庆年间，宁乡刘巨河续捐田亩以备岁修。其渡夫工食则系旧捐之田，每岁给各舡分收。无如田多硗瘠，遇旱干水溢，往往歉收，甚至食用不敷，辄向书院中募助。间有分虀盐之馀，给渡夫略资沾润，复不能岁以为常。诸同人恻然闵之，思为经久计，而力难副其所愿者多。湘阴蔡生先哲归商其伯兄程斋，慷慨解囊，出缗钱六十万，增置产业，以济渡夫食用之不足。于是佥举杨生本章、向生简修董其事，买邻近渡口肆廛二区，岁收其税值，按季分给各舡添补工食。每岁书院择人经管，立定章程，凡肄业生及仆从人等渡江，随到随开，不得迟留需索。诸生既呈明善邑，以杜侵渔，并请书其事于石，垂诸久远。因念先兄南屏学博，昔从慎斋夫子游，集同门十有二人，各醵十金以襄春秋祀典。极蒙吾夫子嘉赏，作记付梓，一一奖许之。今蔡生昆仲，独力捐输为数奚翅倍蓰。此见义勇为超越寻常万万矣。予其可没人之善，而不为之表扬哉？爰砻石而记之，并以告地方之经理朱张渡事者。

祁阳县捐立保婴义举记道光辛丑

余主讲岳麓二十有四年矣。门下士晋谒者，间访以风土人情，以匡余闻见所不逮。己亥岁，祁阳邓生冕台负笈从游，述其梓里旧俗常有溺女之风，兢兢以未获挽救为歉。余闻湘南各处多有此风，天方生之，人即杀之。我既生之，我旋杀之。人而不仁，一至于此。不思我亦有母，我亦有妻，使人皆效尤，产女不育，生我身者何人？为我室者何人？伤天理，绝人伦，风俗人心之害，可胜言哉？况律有明条：溺女者，照尊长杀卑幼之例治罪。乃小民无知，藐不畏法，是在好行其善者量其力之所能，为在一乡则救其同里，在一家则救其同族。虽不能博施济众，亦可以挽末世之浇风焉。今秋生复来谒，备述其里中诸君子捐设保婴义举，议定章程，丐余裁定，逐一披阅，见其斟酌尽善，措置咸宜。动以天良，使不忍溺。申以禁令，使不敢溺。资以抚养，使不必溺。严以纠察，使不能溺。何其立法周而用意远，生其善于挽救也哉！

是举也，为天地全化育，为国家召祥和，为祖宗绵世泽，诚大有功于世道者。而区区修善获报之说，不足云矣。诸君子既呈明邑侯，褒嘉奖美，批准存案。从此择人经理，毋稍庇徇，秉公核实，永杜侵渔。前人倡而创之，后人率而由之，继继绳绳，世守成规于勿替，于以正人心而美风俗。其造福为无穷矣，余故乐为之记。

尹氏明经书院捐置增课田亩碑记道光壬午

吾邑与茶接壤，茶故衣冠渊薮，其往哲之芳踪，与世家之流风馀韵，盖耳熟焉。火田尹氏，茶之旧族也。昔在宋时，岳少保军至其境，尹彦德犒以牛酒，供其糇粮扉屦。少保亲书“一经堂”三字贻之，曰：“君，长者也。当以一经教子，为请于朝，遣国子生教习之。”淳熙初，建书院曰：“明经。”后改为观，尹氏子孙仍肄业其中，今且七百有馀岁矣。一经相授，世守勿替，簪缨衿佩，代不乏人。湖广及湖南通志载之綦详。余以养亲归里门，受当事之聘，主岳麓讲席，其族之慧而文者，曰瑞良、曰光甲、曰瑞起、曰瑞麟、曰铉，先后从余游。询及其先世之明经书院，佥曰旧址虽湮，遗规未泯。每岁族中父老必集子弟而一课之。有晴川先生者，欲割田以捐于祠，岁增一课，志未逮而疾革，遗命，犹谆谆也。厥嗣宗胖功筠、功策、功籍、功笃等遵父命，捐田租若干亩为增课费。自是岁有两课矣，敢乞言以记之。余惟古之教者始于塾，古之学者始于家，周礼大司徒兴贤能，分其职于乡。大夫以下党正闾胥各有所书。而其有学者，惟族师书之，诚以家庭之地至近，而宗族之情最亲。亲则其教易行，近则其学易知，况又有课以劝励之乎？课之，为言计也，程也，试也，第也。既计其功，复程其能，试勤怠焉，第优劣焉，岁一再举，庶几愧者愧、奋者奋，中才不至终弃，而贤肖得以有成。此即管子所谓教不肃而成，学不劳而能”，夫是，故士之子恒为士也。此其事诚不可以不书，于是生等复进而言曰：“吾族始祖仕于宋，为显官，有爵土，曾建坊于火田以表之。岁久就倾，晴川先生之尊甫独力重新之。未幾复圮，晴川承父志，亦独力踵成之，皆不惜重赀，动费千金。”余曰：“此亦不可以不书。”夫农服先畴商修氏族弓冶之子必为箕裘。凡民且然，矧其冠儒冠，而服儒服者乎？《易》曰：有子考无咎，注谓能继其事，乃无咎也。《书》曰：有后弗弃基。疏谓：子孙成父祖之业，古道当然也。今晴川志切绳先，心存裕后，延坠绪而建坊，振家声而增课，求之挽近，可多得哉？爰允其请而为之记，俾立石以扬美行，且为火田尹氏之子姓劝。

三仙石记 道光辛巳

往岁归，舟泊江滨。岸多小石，因登岸选石，得数十枚，五色俱备。内一石，其色黄，大不盈寸，上锐下方，亦颇凸凹。上左一科头，仙人侧面，有眼有鼻，抱一小兽，形如猿。转右一仙人正面，较小，具有眼鼻，并有口，其后小孔，谛视之，内藏一仙人面，更小口，眼鼻俱全，因名之曰，三仙石。云。

卷下

印心石屋跋道光丙申

印心石屋，宫保陶云汀尚书之先庐，幼随其尊翁乡贤公萸江先生读书处也。乡贤公品醇学粹，教有义方。尚书禀承庭训，成名进士，由词馆转谏垣洊，历封折总制两江，政通民和。天子嘉之，以上年冬入觐。上询悉家世，爰洒宸翰新书“印心石屋”四字赐之，诚异数也。尚书受而恭刻于家，以为世世宝。复念乡贤公曾肄业麓山，藏修息游之所，履迹犹存。乃鸠工选石摹泐，嵌于岳麓峰步虚岭上洞真墟福地，并构亭以庇风雨。余携门弟子往观焉。而叹尚书此举，尊君赐也，念先泽也。令人忠孝之心油然以生，岂独名山增重已哉？

孔门实纪跋道光癸卯

浏邑黎子桂舫，往岁负笈从游岳麓，敦品力学，余深器焉。洎乙未，科乡荐第二名，举孝廉。不相谋面者数年矣。每闻其为政于家，为善于乡，有志圣贤之学，心殷响往，未尝不嘉叹之也。今岁来会垣，谒函丈出其所编《孔门实纪》十三卷，属余言弁其首。余逐一披阅，则同邑丘谷土宝山竹林已序之矣，奚俟余言之赘也哉？聊书数语，缀于简末焉。云尔。

跋吴愚村诗集后道光丁亥

湘阴吴子愚村，从游门下三载。今岁出其古近体诗质于余，皆弱冠后所作，然已数百馀首矣。生之诗多性灵语，本来面目，未尝依傍门径，自作序文一则，与余语诗之旨深相契合。其诗亦自以为似唐、似宋可也，不唐、不宋亦可也。寸心得失固自知之矣，而余何赘焉？虽然生今年甫二十有六，少作已如此之夥，从此年复一年，造诣方未可量。或者以贪多务博病之，不知积年而愈富，亦与年而俱深。存其旧作，亦所以自镜也。且生不既言之乎。其仿剑南小体诗曰：诗因待改，多存稿。生之志盖可知也矣。

麓聘山房跋道光乙未

岳麓，胜地也。自宋建书院以来，迄今八百馀载。往哲名流，萃处于兹者，代不乏人。麓西大兄先生世卜居于其山之左。余初与定交于书院中时，主讲席者中湘罗慎斋夫子。麓西为都讲生，余得步趋于其后。尝携余蹑山椒，望麓之阴，曰："怪石幽泉，别饶生趣，可结茆以为习静之所，为延伫者久之。"厥后，同举于乡，同官京师。麓西出为司马，擢郡守，观察淮海。余则养亲旋里，受当事之聘，延主麓山。而麓西向所指顾者，适归其令弟聘岩七兄。爰乃体承兄意，架屋数椽，以为别墅。落成后，余履其地，上则丰山竦然而特立，下则幽谷窈然而深藏。翠延野色，碧混天光，余心怡然，徘徊焉不忍去。不独畴昔时把臂笑语，恍如一日。尤足见贤伯仲手足之谊笃也。是为序。

宋韩京传嘉庆戊寅

韩京，字世景，衡之安仁人也。居浦阳里。生而膂力过人，长于谋略。宋南渡时，仗义勤王，屡立战功，见《湖广湖南通志》及《县志》官本路统领，屯兵衡州茶陵县。见《岳忠武遗集》绍兴元年，知鄂州，曹成叛、掠湖西，犯沅州，屯浏阳，攻潭州，犯安仁。县执安抚使向子諲进攻道州，陷之。二年，释向子諲，犯郴州永兴县。二月，以李纲为湖南宣抚使，仍命岳飞率京及马友、李宏、吴锡共讨曹成诸盗。俱见《宋史·高宗本纪》成拥众十馀万，历湖湘，据道、贺二州。飞权知潭州兼权本路安抚使、都总管。成闻飞将至，惊曰："岳家军来矣。"即分道而遁。见《宋史·岳飞传》。飞即时关报，会合京及吴锡等各前来。飞军马至茶陵京屯兵三千人，除留看辎重，外出战者，一千馀人袭追掩击。见《岳忠武遗集》。四月，击破成于贺州。成走连州，追击破之。又走郴州，入邵州，韩世忠招降之。十一月，李纲入潭州，湖南盗贼悉平。俱见《宋史·高宗本纪》。移京一军，屯广东，官兵马钤辖。见《广东通志》。四年，广贼稠围韶州乐昌县钤辖，京遣兵击斩之。见《宋史·高宗本纪》。知广州兼经略使南连夫命京领三千屯营广州，京颇恃恩而骄。连夫委曲启导之，京遂革心为善，会溃军掠南雄，招抚得宜。馀党屯聚，京击破大盗七十馀，屯民赖以安。见《广东通志·南连夫传》。先是惠州有狂男子聚众数千，僭号作乱，季陵帅广入境，诱其徒曾衮，令以功赎罪，不旬日斩之。见《宋史·季陵传》。衮既受招，复叛。京时为催锋军统制。六年十月，督诸兵讨之，募敢死士七十三人，夜劫其营。有易青者，摧锋军效用，在行中为所执。贼驱至后军赵续砦外，谓续曰："汝大军为我所擒者甚多。"青大呼曰："勿信。所擒者我也。”贼又言：“不杀汝第，令持黄牓来招安。”青又呼曰：“勿听。任贼杀我，惟以死报国。”贼怒焚之。青死，骂不绝口。衮寻出降。见《宋史·易青传》。京威震岭南，盗平，授建州观察使，知循州。见《广东通志·京本传》。十年，宜章洞民骆科叛，犯桂阳、郴州、道、连、贺诸州。命发大兵讨之，见《宋史·高宗本纪》。初诏遣京往讨。徽猷阁侍制兼广东经略使陈橐奏：“广东累年困于寇贼，自京移屯，敌稍知畏。今悉军赴广西，则广东危矣。”秦桧以橐为京地坐稽留机事降橐秩。见《宋史·陈橐传》。十六年，赏统制。京及张渊捕广东、福建诸盗，功各进官有差。见《宋史·高宗本纪》。京阶中亮大夫，加殿前司摧韩军都统制，封上党郡开国侯。见《县志》。京知循州，时兵燹之后，邑里萧条。京一意安辑，百废具兴，扫瓦砾，立城郭，缮亭堠、馆舍百有馀所。民不知役，越陌度阡，流民载耒来归。守循十年，大有功于民。常督兵捕贼于梅，守臣衔之。因其建寺壮丽谮于朝，遂罢去循。人绘像祀于学见《广东通志·京本传》。祠，曰：韩侯祠。见《广舆地记》。归里后，置别墅于县北门外。广袤数里，亭池花卉，极一时之盛，土人呼为韩家园。没后，赠太尉，敕葬于宝塔村凤凰岭下。俱见《县志》。

论曰：韩侯生而有勇，谋略素优。当宋南渡时，仗义勤王，统领本路兵马，随岳少保以讨贼，俾湖以南而悉平。继而移军粤东，屡擒巨寇破贼，而威名丕震。守土而惠政宏施，民赖以安，立祠而祀。《宋史》虽未立专传，而散见于《高宗本纪》及《南连夫》、《季陵》、《陈橐》等列传中。其功烈尚赫赫可考也。《广东通志》有传，载之尤详。惟志传中称侯为河南人，遍阅《河南通志》人物各传，俱无其名。而湖广、湖南新旧《通志》及《郡邑志》内，载侯之里居葬地历历不爽。且证以《岳忠武遗集》所载奏申名状，其为吾邑安仁人无疑。《粤志》所载，盖湖与河音相近，或传写之讹耳。梓乡名将，绩著前朝，爵列通侯，没赠亚相，不可令其湮没而弗彰也。爰搜辑其轶事，濡毫而为之传，俾后之修志者采录焉。

李仑圃太史传道光癸巳

太史姓李氏，名象鹄，字侍卿，仑圃其别字也，居长沙之清泰都。生而颖悟，读书目数行下。初学帖括，下笔勃勃有英气。既冠，补博士弟子员，旋以冠军食饩。乾隆甲寅举于乡试，嘉庆已未成进士，改庶吉士。辛酉，散馆初改部曹以边省庶常无留馆者。越翼日，仍授编修，充国史馆协修。癸亥冬，卒于官，年甫三十有五。有《味闲斋遗草》五卷，已梓行。《试韵举隅》若干卷，藏于家。太史早以文名著郡邑中，而尤长于诗。馆选后，复究心于音韵，而诗益日进。一时馆阁巨公，咸藉藉称太史之才，孰意丰于才者啬于命耶？太史性至孝重慈，堂上双亲、膝下以及诸父诸母，悉能得其欢心。同怀二人，太史居长。其季观察公双圃后十四岁而始生，以兄道兼师道。友爱倍挚。少与从弟湘帆明府同塾，式好无尤，同食共眠，人比之融梨肱被。及通籍，盼两弟捷音，每值大比之秋，日夜引领南望，至忘寝食。厥后湘帆联捷南宫，双圃踵入词垣，惜太史俱未及见也。湘帆有弟象沅，闻太史病于京，长途数千里往视之。太史得家书喜甚，《遗集》内有《迟三弟至京》诗二首，盖绝笔也。与象沅聚首半月而卒。凡与太史友者悉来吊，见素衣而蒲伏而号泣于丧次者，询悉为从弟，莫不叹象沅之贤，而并叹太史友于之施及一家也。象沅扶太史榇归后，筮仕贵阳，官巡简，以亲老辞秩。治家有法度，群从子弟中偶有纵轶，辄畏为所知。家政之不肃而成有如此。余昔游岳麓，识太史于童子军中，继而同学于岳麓，同登乡、会试榜，同宦京师。余常割宅以居，太史其事余如兄，而余亦视之如弟，初欲缔婚而未果。没后，双圃携其长子家骐入都，余以长女赘之，遂又兼姻谊焉。今距太史之没也，盖二十有九年矣，其族人纂修谱帙，双圃走书告余曰："亡兄不可无传以垂于家乘。"以余交太史久，且知太史最深，属余文为之传，余之文何足以传太史哉？虽然义不可以不文辞也，爰濡笔而述其略，至于先世暨后人，则纂族谱者当详之，而余言不之及。

论曰：自伦教衰，而天性薄，一门之内，有不止于耰耝德色，箕帚诟谇者。然今世士大夫固未闻其不孝不友。试清夜扪心，其无愧于寝衾有几哉？勿论齐民矣。若仑圃太史之能孝而友，则余皆得之目见，而非诬也。且余与太史相信于生前，而以溢词诬我良友于地下乎？既叙太史并及巡简公之遗事，盖李氏之以孝友世其家也，素矣，而亦可见余言之不诬也夫。

耒阳谢景晖传道光乙酉

余邑与耒接壤。谢，耒之著族也。往余丱角时，应童子试于郡。既冠，应乡试于省垣。壮岁，通籍游京师几二十年，与谢家贤俊交最多，佥言其族景晖先生之贤。余耳熟焉。先生讳启棕，字仁周，景晖，其别字也。父大位生子四，以次行三。先世居凤岭之下，后随其父迁于田庄，垂二十馀年。父母踵逝，葬于凤岭之旁，遂仍居凤岭下，便省墓也。岁时展谒，至老不倦。与兄弟析居，月常数存问，并为经理其家计。无闲言，常揭书孝、弟、忠、信、礼、义、廉耻八言于堂楹，俾子弟辈触目知警。尤爱先儒治家格言，悉身体而力行之。遇人有过失，辄面斥之，事后人多感谢。族党偶有衅隙，多为排解。或至构讼，则不惮解囊以息之。邑有小川，行旅艰于徒涉，常捐金为建桥梁。振贫周困，受其赐者尤众。早岁家故不丰，以勤俭自励四十馀年。渐饶裕，延师课子，礼意备至。子三。长，承著，次，承恭。季，子斌，补博士弟子员。自余请急旋里，受当事之聘主岳麓书院讲席，今且十年矣。斌以甲申春游余门，是年夏月，先生乃放棹浮湘，访余于山斋。适余先期归里，未得见而返。先生以为憾。余亦以闻名久，而觌面疏为恨也。逾年冬，先生卒于家。遗命斌仍从余游，斌在衰绖之中泣述其先人遗行，并言其族中贤隽将采而登诸谱帙。余乃缀次其语，为之传。

长滩贺三老夫妇传嘉庆戊午

邑大江为永乐江，过邑治行五六十里，水势渊沦，沙石涌聚为长滩。滩之北岸为泮塘，贺氏环族而居之。有贺君某者近水而习于水。一帆上下，湘烟泽雨，岳色湖光，其领略为最多。厥配某孺人，黾勉持家，躬纺绩以佐其游，不忍稍违夫子志。无何，贺君以疾终。孺人髽以当门用克振其家声，身登大耋，而诸孤皆卓然有以自立。余于贺氏为姻谊，往余奔走试事，屡过长滩泮塘耳。贺君之名，与孺人行事旧矣。迩以计车仆仆，阅人颇多，常由汉沔入襄樊，北渡神河，东观沧海，涉泗与淮，溯长江而直上，巨艇如山，小舟似叶，往来樯楫，蚁聚蜂屯。即所见而参所闻，阴以求夫高人畸士，阃德闺贞，盖往往乎难之如贺君与孺人者，其亦可以传也已。

善化杨亮轩先生传并记道光丙戌

善化登仕郎、例晋修职郎杨公，讳国沧，字又东，号亮轩。先世隶江西庐陵。始祖三友公官长沙，爱善邑仙人石山水，遂家焉。阅四世，文卿公迁长邑明道都，值明季张左之乱，悉散其家赀，倡义集乡勇团练堵御，贼不敢入地方百馀里安堵无恙，乡人德之。厥嗣宗范公兄弟七人，公居长。析箸时，悉以产业予诸季。每年惟以馆谷为俯畜之资，终身淡泊晏如也。生先生之父时，夏。公复徙于善邑河西长峰。子三人，先生居长。幼读书于姑母家，年十九，奉父命弃儒服贾，凡二十有八年。险阻艰难，备尝之矣。先生性最孝，年甫八龄，即能以薪水养亲。厥后洗腆致庆，尤能得二人欢心。生尽劳，殁尽哀，祭尽敬，洵无闲言。兄及弟怡怡式好，友于之爱倍笃。年逾四十，始分居。每岁时过从，辄徘徊不忍去。教子孙宽严有法，每谓读圣贤书，当存圣贤心，行圣贤事，尽己以忠，待人宜恕。因历举所见所闻，其家兴败之由，盖一一不爽也。待侄辈悉如己子，有善者奖以田租，有难者助以钱谷，寻常之称贷，尤如水火之无弗与也。先生以勤俭起家，而好施与，振贫济困，宗族乡党间遍颂其德。每与人谈论人情世故，洞达谙习，听者莫不悦服。乡曲中偶有争忿，得先生一语，咸帖然而去。盖平日之立心行事，所洽于人者，深也。年既周甲，两目蒙障数年，一旦豁然复明，佥以为积善之报云。享寿八十有四。配崔孺人，沩邑宏远公之女。温恭慈惠，出自性成，相先生五十七年，内助称贤。享寿七十。子三人。长，璋，字玉田，太学生。次，鹤声，字九皋，太学生。季，振声，字珏田，岁贡生，候选训导。孙若干人。曾元孙若干人。余与长君玉田相友善，得悉闻其家世。季君珏田曾负笈从游门下，备述其遗行于余，爰濡毫而为之传。季君近复仰承先志，有捐祠立塾义举，亦不可以不记，因附识之于传后。

记曰：善化杨亮轩先生，善士也。其季君振声，字珏田，从游有年矣。曾备述其懿行于余，既为作传以表彰之矣。复言于余，曰："振声居宅，为先考始迁之所，又复经营构造，鼎新而式廓之，爰立为祠堂，以奉祀考妣。其昔日之堂联匾额，仍悬于内。庶登斯堂也，忾闻僾见先人之灵爽洋洋如在焉。并捐田租为祭祀及岁修之费。堂之西为家塾，每岁延师，俾后嗣皆得赴塾读书，即以租入之羡馀为馆谷资。因先考素重读书人，常仰天祝曰："但愿我子皆能读书，则幸甚矣。"余闻而叹，明经之结念良深矣。割居宅为祠宇，即置家塾于祠西，并捐田租以备一切费用，自今以始有后，勿弃基，垂裕之泽，其有涯耶？既嘉明经之孝思不匮，益仰见亮轩先生之诒谋式谷，而并望其子若孙肯堂肯构，继继绳绳，永守成规于勿替。异日之书馨嗣续，于以光大其门闾，直可券操而豫卜之也已。是为记。

攸县蔡棠湄先生传道光辛卯

先生姓蔡氏，讳锡三，字怀宇，一字嘉甫，棠湄，其别号也。世居长沙攸县之渌田。父谟烈公游庠序，有幹才，每为乡曲中排难解纷。里人德之。先生性至孝，失怙后痛不欲生，遇祭奠辄号泣。既入泮，以舌耕为业，家居训徒，不忍离慈母左右，循陔色养，孺慕终身。与弟太学钧五式好无尤。弟殁，抚其遗孤，教养成立，视如己子，友爱之笃有如此。乾隆甲寅，科举于乡。春闱屡荐不售。嘉庆戊辰，大挑二等以教职用，初权常宁学篆，课士有法度。庚午，选授麻阳县学教谕，于署内别开讲堂，诲迪士子，谆谆不倦，修脯之入无多寡，不屑与之计较。麻邑学校中至今犹啧啧称之。余与先生为同年，友三先兄南屏学博之息女缔婚于先生之郎君，以年谊而兼姻谊，故得备悉其遗行。今岁其族人重修谱帙，外孙蔡某索余文以传先生义。既不得辞，而又不敢以虚文巫我良友。爰纪其大略而为之传。

论曰：攸之渌田与吾邑接壤，相距才十有馀里。蔡氏环族而居之。其始祖朝端公为吾邑人，明洪武间，由明经官教谕于本邑。初籍于安，后徙于攸。自明以来，裔孙中成进士者六人，登贤书者二十馀人，贡成均者、入胶庠者尤指不胜屈。盖科第世家，簪缨华族也。先生沿其家学，为名孝廉，铎秉师儒，教行学校。居官克尽其职，居家克尽其伦。藉藉贤声，人言无间。易曰：积善馀庆，吾以卜其后嗣之必兴，而非阿其所好也。

大学士刘文恪公行略道光己卯

嘉庆二十有三年岁次戊寅，厚均膺聘主讲岳麓书院。夏夜，登赫曦台望月，见大星陨于湘东，照见江水皆赤。越翌日，座师刘相国夫子薨于第。乃率门弟子渡江往吊哭于丧。次既，逾月复往，唁其孤，商及夫子一生大节，立身行政，嘉言懿行，不可无述以备国史择。孤子唯唯。厚均博访而参订之，谊不容辞。爰诹于同粉，访于故老，走简于京师。凡吾夫子之门生故吏，各据所知，请备述而缄寄于楚。惟农曹刘君锡信覆札内所述颇详。悉送师门俾择而录之。逾年，而稿尚未定。闻湖南重修通志将告成，乃诣志局询之秉笔，君子长沙刘文恪公曾否立传。佥以未见其家行述为辞。爰不揣固陋，就所闻所见述其崖略如左。

公姓刘氏，讳权之，字德舆，号云房。先世为诚意伯。次子仲璟公。后曾祖君辅始由江南迁楚，隶籍长沙。配彭氏，祖彧配彭氏。父暐潭，雍正庚戌进士，历官户部主事，广西泗城府知府。配熊氏、任氏。自曾祖以下，皆以公贵赠如其官，配皆赠一品夫人。兄弟五人。公居季。与从昆弟齿行七，居会城小东街。生而颖异，资质过人，及长为文，风发泉涌，下笔滔滔，如有神助。年二十一，由县冠军入泮时，邑宰为关西杨子安先生，有知人鉴扃门五试之，拔置第一。公尝曰："此某生平第一知己也。"终身佩戴，不敢忘是年领乡荐。次年庚辰，科联捷成进士二甲，选庶吉士习清书。谒学士秦涧泉先生，倒屣以迎，一见遂订交。语人曰："此湖南第一人物也。后当以文章政绩名显天下。"次年辛巳，散馆，授编修。壬午乙酉，两科俱充顺天乡试同考官。丁亥丁父忧辛卯充贵州乡试正考官。壬辰充会试同考官。是年冬，迁右中允，旋迁司经局洗马。癸巳，充四库全书纂修兼协刊总目官。甲午，充江南乡试副考官。丁酉，提督安徽学政按试，各郡厘剔诸弊。凡传递代倩冒顶者，胥敛迹焉。尤谆谆以正文体、端士习为要务。戊戌冬，丁母任太夫人忧。己亥庚子，在籍督修岳麓书院。辛丑，仍充四库全书总目协刊官。先后同事者皆迁转出馆，公独任其劳。甲辰，全书总目告成。议叙以讲读通补。秋授翰林院侍讲，旋迁左庶子乙巳大考翰詹，列二等。丙午春正月，迁大理少卿。逾月，迁大理寺卿。四月，迁左副都御史，敷陈恺切，多见采纳。丁未，大挑直省会试举人，条陈积弊，请奏派王大臣于命下。之日即赴内阁挑选。是日，各衙门司员不许持稿入阁，画诺并请添派科道四员稽察。

上览奏，深为嘉纳。悉报可此次挑选舆论帖然都人，士咸称之。盖公意亦有所指也。夏五月，提督山东学政，益矢公慎，地方大吏悉敬佩之。明年，例举拔萃科，屏绝羔雁，惟拔其才，选士百馀人，皆山左之隽，一时翕然称得人。辛亥，迁礼部右侍郎，壬子充顺天乡试监临官。癸丑，充殿试读卷官。甲寅，巡幸天津，充召试阅卷大臣。秋，充顺天乡试监临官。乙卯，充江南乡试正考官。旋提督江苏学政，训饬士子，约束仆隶，悉如任安徽、山东时，尤加意廉访地方官吏之贤否，及民间之利弊。丙辰，今上登极，恩荫一子，转吏部左侍郎。己未，上亲政之初，整饬官常，激扬彰瘅，首擢公为左都御史。随时敷奏，多不令外人知。虽至亲骨肉，亦不得与闻。惟湖南省向以采买累民，奏请嗣后向邻封采买，仓储无亏，胥吏无所售其术，从此闾里免派累之苦。今乡曲间犹啧啧传颂之。是科充会试总裁，赐紫禁城骑马，迁吏部尚书，与同寅和衷商确，疏通选法，如部院截取人员，向只归单月铨选，议添京升一班庶常，散馆改知县，向系五缺后选用一人。议令到班时，即行选用。俟散馆人员选毕，方选各班大挑举人。向除新科中式者不计外。截止近三科，不得与挑议。以截止三科、应连新科一并计算，以及翰詹科道、国子监各衙门遇缺，升转开单进呈，比较资俸深浅，权衡公允，以免偏枯。今悉载入例条，遵行如四川举人朱琬，条陈军务，前后数万言。悉为代奏，此其一端也。庚申，充顺天乡试正考官。壬戌，充会典馆总裁，晋太子少保，经筵讲官。充殿试读卷官，朝考各直省选拔贡生，充阅卷大臣。秋，特旨授军机大臣，赐直房于圆明园。癸亥，管理户部三库事务。秋，命往河南查勘河工，轻骑减从，无丝毫扰累地方。与河督悉心商画，相度机宜，俾得及早蒇事。乙丑，迁礼部尚书协办大学士，充殿试读卷官。朝考进士，充阅卷大臣。夏，因保举军机章京，与同官意见不协，各有所举，稿未画诺。俟再商确，适奉派入城验看月选官，同官乘间，单衔入奏。

谕旨同日俱罢。加恩仍授编修。冬迁翰林院侍读，旋迁右庶子。丙寅春，迁侍读学士，旋迁光禄寺卿，命往天津鞫狱。丁卯，迁内阁学士，兼礼部侍郎。戊辰，命往正定鞫狱。两次往来畿辅，吏民俱无滋扰。原情定谳，悉得其平。迁左都御史，旋迁兵部尚书。己巳，朝考进士，充阅卷大臣。庚午，复授协办大学士，充顺天乡试正考官。辛未，充殿试读卷官，朝考进士，充阅卷大臣，晋太子少保，经筵讲官，体仁阁大学士，管理工部事务，兼管户部三库事务。秋，上驻跸木兰，充留京办事大臣。壬申，复充留京办事大臣。癸酉夏，因目疾，上疏乞假。秋初，目疾益剧，复上疏乞假。先后奉恩谕给假调养。九月，命以原官致仕，在籍食俸，旋赴宫门谢恩，奏缴圆明园赐第。甲戌夏，赴宫门奏请回籍。由水路缓程归。是冬，抵里，守先人敝庐，仅数椽，杜绝宾客，晏如也。悬前后赏赐"福"字于庭，遇朝贺节瞻仰行礼。越二载，复蒙恩驰驿，赏赐"福"字并如意一柄。戊寅夏薨于里第。遗疏入奏，赐谥"文恪"，谕祭葬。公生于乾隆四年己未岁九月初七日亥时，薨于嘉庆二十三年戊寅岁六月初八日申时。享寿八十。元配湘潭胡夫人，簉室何恭人。子二。长若琦，荫增生，任刑部主事，娶湘潭翁氏，胡夫人出。次若珪，嘉庆癸酉科副榜候选员外郎，娶巴陵方氏，何恭人出。女四。一适茶陵拔贡生、任广东连州州判谭德润。一适湘阴候选同知李文燮。一适清泉生员丁世镔。俱胡夫人出。一适巴陵任刑部司务方宗斌，何恭人出。孙三。长曾镔，娶四川秦氏。次曾鎏，俱若琦出。次曾铸，若珪出，俱幼，未聘。孙女四。长适长沙周某，馀未字。曾孙承沛，幼未聘。葬于湘潭十都双板桥，地名见龙坡，枕子趾午兼癸丁。呜呼！公自弱龄释褐通籍五十有九年。荷高宗纯皇帝知遇之隆，由词垣洊历卿贰，今上亲政伊始，首蒙擢用，仰承宠眷至优极渥，偶罣吏议无不曲赐。矜全计，自登朝以来，侍讲幄直枢廷，重入纶扉，再游芸馆，三掌台谏，扬历各部寺院，悉皆恪恭尽职，而叠掌文衡，尤为臣工未有之异数。视学各直省者三，主礼部试者一，主京省乡闱者五，分襄会乡闱者三，监临京闱者再，读卷殿廷者四，其朝考召试、覆试考差及考取御史教习等事，奉派阅卷者，复难以枚举。门下士几遍天下，培植人才，诱成后进，好善之心常若不及，至于进言无隐，行事以忠，寓精明于浑厚，挽浇薄以宽和，上以是结主知，下亦可以告无愧于僚采。此海内搢绅先生所共闻共见者也。厚均生同梓里，久列门墙，凡公之遗言。遗行得之于目染耳濡者。谨述其大略，送交湖南志馆为之立传。庶不致一代名臣遗漏失载，至于勒成年谱，垂之家乘，以备国史采择，则以俟公之哲嗣焉。时嘉庆己卯岁。

长兄心田行略嘉庆丙寅

先兄姓欧阳氏，讳履坤，字心田，一字方培，湖南安仁县人。县于唐以前为安仁镇，隶衡山。后唐清泰间，始祖鹏翔公，讳抟，方城人，以将军镇安仁场。宋建隆间，二世祖顺达公，讳瓒，复以上将军镇安仁。是时，安仁始升为县。寇盗不侵，县赖以安，宦业载《湖南通志》。自二世祖以下，世居县之会三都。曾祖尔见公，讳立贤，貤赠儒林郎。曾祖母周太君，貤赠安人。祖岐峰公，讳征昌，敕封儒林郎，例晋奉直大夫。奉父迁于县之城南门外。祖母黄太君、邱太君俱敕赠安人，例晋宜人。父湘亭公，讳熊，贡生候选，州同诰赠奉直大夫。母氏周诰封太宜人。兄生而刚直慷慨，有胆略，为先祖所钟爱。初学操觚，勃勃有英气，一应童子试不利。即援例入贡。丁酉，先父病笃，兄率诸弟焚香吁天，愿各减已算十龄以益父寿。延医调治罔效，遽遭大故。时兄年甫十八。经理丧事，悉中乎礼。既葬，兄泣告诸弟曰："先父幼读书，有志进取，自伯父、叔父相继去世，先祖年登大耋，始绝意科名，循陔色养，复以家计浩繁，外侮孔多，积劳成疾，至于不起。易箦时，犹以读书未成为恨。"弟等所共闻者，坤与诸弟约其悉就塾努力攻读，无负先志。门以外之事，坤请任之。兄持家，不专治生产，重然诺，好施与，往往罄岁所入而悉耗之。先父尝割腴田百亩，岁为族人延师课读，拟建塾以居生徒而未果。又尝得浙东颜氏丹桂籍，爱之，谓是书可发人善志，欲更付剞劂氏，而疾已笃。兄遵遗命，建塾数十楹，刻施丹桂籍数千百部。邑旧有书院，久圮基无复存者。兄请于邑侯，集邑绅士共议建之。又以邑中应童子试者，皆躬负坐具提挈不胜其劳，拟创考舍于书院前，众皆乐从，遂首捐多金，为之倡。鸠工庀材期年蒇事，他如修黉宫、新学署、成梁除道，济困扶危，事难悉数，尤笃于族谊。家塾成后，尝葺祠宇，修谱帙，有贫不能娶及老弱孤孀之无以自存者，靡不赒恤焉。年未逾三十，诸父老以兄有德望，推为族长。兄劝族人无轻构讼，有事必白于祠。凡以曲直争者，得兄一语。咸帖然服，无敢哗者。兄既行其德，而深嫉人之非，每面斥之。因是而人之改行者固多，然树怨亦不少也。邑贤宰雅重兄名，多待之有加礼。然于不满意时，辄因事罗织之，以故时受凌逼。己酉秋，有令来摄邑篆括，邑中富户输帮贴稍辽缓。逮系之暮入金而朝始出。时兄以嗣续计，携妾侨寓省垣。令疑其上控，迫促归里，锢诸囹圄，且出示招告，复嗾胥吏搜旧牍，乃向所讼兄者反，匿不肯出，令计穷，风使献金不可得。次年春，将以危法中之，三兄走诉于大府，兄乃得释。甫抵家门，适五弟岁试补弟子员，兄得书喜且泣，奔告于母曰："坤不孝，久违定省重贻母忧，坤之罪也。顾坤摒挡外务，任劳辱不敢辞者，俾诸弟潜心诵读耳。今计先父弃世以来，庚子二弟厚基、丙午四弟厚均先后以冠军入泮。去岁三弟厚垣、今岁五弟厚墀又相继成名，坤事亦粗毕矣。然尤愿诸弟之无弃前功，力图后效，坤乃告无罪于先人也。”厥后弟等次第食饩于庠，二兄三兄屡荐乡闱，甲寅恩科，厚均获充秋赋，兄乃欣然喜以家事分诿于二兄三兄，得少休息焉。五弟于同产中最醇谨，居恒无疾言遽色，母特怜爱之。貌清癯，刻苦为学，向固善病，年十六忽遘阴痿奇症，时夜过半，兄披衣趍视，已昏绝矣。兄急以口吮之，投以补剂，有顷乃苏。厥明，母始知，曰：“予季已死，生之者，予长儿也。”母泣，兄亦泣，五弟奄息在床，亦嗷然大泣，其情状至今有不忍述者。五弟自病起后，体愈尪，旋有喀血之症，竟以短折。兄以太宜人在堂，多方慰解，独坐辄抚膺而号，泣涔涔下不能止。五弟生三子，皆早殇，没之日，遗孤甫四月，又八月亦殇。兄愈恸，与亲串言，辄呜咽不能成声，又不欲哭于家，常哭于五弟之墓。其天性真挚如此。诸弟在塾，兄课勤惰，言色不少假。至平居聚首，倡和言欢，依依如儿戏时。与他人饮，或偶有言其酒失，若弟等共在坐中，曾未见其使酒也。常语人曰：吾家诸弟，吾爱之、敬之如对良友。然因颜其堂曰：棣友谓异日兄若弟俱皆白首，尚当绘棣友图，以遗示后人，而岂知此愿之不克偿也哉？兄初艰于嗣，纳妾生子，甫及期以奇疾殇。篴于省垣，生子而后归。兄外家亦居城，兄尽半子谊，生养死葬，抚其遗孤，反无礼焉？兄弗与较，尽室而徙，于会三都，已素无疾，四十以前未尝呻吟卧床蓐。已未岁，厚均成进士，蒙恩授户部主事，是年恭遇覃恩，貤封兄奉直大夫。均官京师五载，屡接兄书，俱称无恙。今年春，兄致函云：“去秋腿软无力，旋就痊，可但气体弱耳。”均即市参术药饵，寄归。昨六月十四辰刻，尚作书附邮敬问安否。乃午后归邸，忽接讣音，痛悉兄以三月十五日偶得血症，四月十九日由会三都扶病来城，二十日独步自中庭，索朝冠命服，拜辞母太宜人，旋呼酒与二兄、三兄共酌，端坐而逝。呜呼，痛哉！兄以孤子当室二十有馀载，公私应酬，日夜竭其心力，又屡遭横诬历忧危，其所以致疾者多矣。惟兄能正其生亦能正其死，其生平刚直之气根底于孝友，卒之日，衣冠拜母，杯酒别弟，倘所谓其来也有由，其去也亦有所归。与忆厚均公车北上，同舟五六十里，出县境乃携手叮咛，洒泪而后别，孰谓舟头片刻之语，竟作千秋永诀也。燕山楚水，两地茫茫，兄病未及视，兄殓未及含。均之抱憾其有极耶。兄生于乾隆二十五年六月十一日寅时，殁于嘉庆八年四月二十日申时，享年四十有四。妻周氏，侧室何氏，俱无出。侧室梁氏生子二，长嗣钰，业儒，聘衡山罗亨九之女。次仲生，幼未聘，出继五弟厚墀。女一，字同邑庠生袁其相之子。将以某月某日葬于某茔。敢拭泪，缕述其遗行，敬求当代搢绅先生锡以铭诔，感且不朽。

三兄南屏行略嘉庆丁卯

先兄姓欧阳氏，讳厚垣，字情田，号南屏，行三。湖南衡州府安仁县人。先世详长兄心田行略。中兄性和谨，内蕴才华，不自露炫。幼入塾，沉静寡言笑，终日循循伏案，无惰容，雅为塾师所器，许决以远。到岁丁酉年十有四，先大夫捐客馆，兄哀毁骨立几至灭性。诸伯叔多慰解之，乃稍稍以礼自裁。然自是貌日益癯称瘦生矣。服阕后，屡应童子试不利，益奋志读书。诸经及四子书皆能决先儒之奥，旁及于子史百家。暨汉唐以来，名人著述靡不流览。下逮岐黄经方龟蓍衍易、五行建除之学，悉能心通其解。为文浓奇平淡，不拘一体，务求其是而后已。韵语排偶皆所优为，而非性之所好。书法学颜鲁公，不屑为时世婀娜柔靡态。岁己酉，始受知于督学钱南园夫子，补弟子员。是岁冬，有令来摄邑篆括。邑中富户输帮贴稍迂缓焉。辄因事罗织之，先后系长兄、二兄于狱，风使献金不可得。次年春，将以危法中之，举家恐。兄于是走诉于郡侯。时衡阳令与邑令联宗好，猝以多役夜攫兄于邸舍，将囚之。兄请对，衡令虎而冠者，素有才辨。乘醉而出，秉烛升公座，拽兄跪于堂庑。深文巧诋，终不能以罪罪兄。乃杂治他狱，以为恐吓。银铛罗列，血肉淋漓，兄恻然于旁，目不忍睹。未几，烛尽见跋，令亦玉山颓矣。乃释兄。郡侯闻之，严檄邑令。出长兄二兄于狱，云当兄之对衡阳令也。郡邑中庠生以兄素质讷貌不胜衣，佥为兄危，及闻其宴然而出，莫不举手加额，为之庆幸。人于是始知兄也。才长兄乃以家计分诿于兄焉。长兄性刚直，嫉恶如仇，雠纤微毫，发不能容，卒以此而树怨。兄往往济之以宽，闻有以侮，至者势凶凶，几不可解。得兄一言，悉帖然服。以故宗族乡党交口相称。无闲言。族有祠宇，日就倾圮。兄倡议新之。鸠工庀材，晓夜经营，寒暑罔闲，赀弗不继，复自捐多金佽助之。阅二载：而工竣。后修族谱，置墓租。捐秋祭田，祀二世祖于祠。增夏祭田，祀先大夫于塾。邑重修黉宫，谋董事者首推兄。兄召工筹估，凡甓瓦栌柱之需，预计无丝毫爽。虽老工师亦叹为莫及。黉宫成，复捐县前智字号大街之东店房一所，入于官岁收税，值为每年岁修苫盖之费。由学师择人经理，旋迁教谕，署创新之，留其故署为文昌庙。改缮之，其经营佽助，不吝财力也，悉如其修祠宇。时邑新建宜溪书院，长兄实首为之倡。兄复多捐金赞成之。五弟以书院虽建，师生膏火不备，有学而无田，犹无学也。有田而不良，犹无田也。拟捐置良田数十顷，志未逮而早没。兄念邑中良田无如排山一带，旱潦无忧，最称膏沃，乃不惜重资，陆续购置，俟满二百石，然后捐之。志亦未逮而病作。易箦时犹谆谆及之也。辛酉岁春夏之交，大湖以南，谷价骤贵，会垣中莠民至相聚抢掠，衡郡闻风效尤。邑内失业贫民亦蠢蠢欲动。兄应科试寓郡，星夜驰归，面谒邑侯，请急发仓谷平粜。邑侯以未奉详准、不敢擅专为辞，兄乃走。白于各亲串有力之家，悉行开仓，减价发粜，谷价顿平。合境安堵如故。兄以公私应酬于举子业，虽不能以专治暇，辄手一编以咿唔孜孜忘倦，盖尝七应乡试，两荐焉未售。得失之际，不以介意，邑学帅屡以优行荐于督学，兄竟不与试，曰："吾求无愧于实而已。"

今上御极之，元年命直省各州县举孝廉方正。邑侯欲以兄应诏命。兄闻之曰："余滋愧矣。"辞之。愈力年三十有六，始以优等食饩于庠。时督学为陈花农先生，极奖借之。其明年轮届选贡之期已预相期许。未几，而先生卒于官。兄亦遂不应选拔之试。工赈例开，兄以训导注选奉檄赴省，委用大中丞试，以文深蒙赏识，以一等注册。兄在省植已方严，不妄干谒而又加之以勤慎，大宪将以试用期满，登诸荐牍。而兄因宿疾未痊，遽告归。其恬退安命也如此。兄性不近名，家居以孝友，为政自拂髦。事亲以来，在视晨昏，无几微不中意旨。父殁后，侍太宜人膝下，婉容愉色最能得慈闱欢。其事长兄、二兄以恭，待厚均及五弟以友爱，一庭之中有至乐焉。自五弟早撄弱疾，年未及壮而夭。兄哭之恸，忧气郁结，遂有失血之症。以太宜人在堂，善自调护，亦渐就痊可矣。无何长兄病故，兄愈恸，旧恙复作，然犹力疾撑持一切。殡丧之事，悉中乎礼，且多方为太宜人宽解，只冀沉疴渐起，得稍慰堂上心也。而岂知疾不可为耶？厚均以己未成进士，备官农部。兄每月必作书一次，附邮寄都中，且戒且勉，无微不至。辛酉冬，亲送厚均眷属来京，雨雪祁寒，舟车数千里，不辞劳瘁，相聚八九月。面谕谆谆也。方图久聚京华，畅叙壎篪之乐，忽闻长兄抱病在家，乃匆匆命驾而归。孰意兄归甫八月，而长兄逝。又十有八月，兄复继长兄而逝也。手足之变，连岁叠遭，均命蹇薄至于斯。犹复忝窃升斗匏系长安，病未及视息，殓未及含饭。均之抱憾深尚忍言哉！顾念兄一生端悫，立心行事无在非性真之流露，而以伦教为根底，乃其安静淡泊之志尤足止竞式浮，闾里敬之，僚友信之。卒之日，无知与不知，莫不为之悼叹。间举其遗行，辄津津乐道不置，倘任其湮没弗彰，咎兹甚矣。是敢拭泪濡毫，敬述崖略，用备采择。兄生于乾隆二十九年八月初六日子时，由优廪贡生分发湖南试用训导，奉恩例敕授修职佐郎。殁于嘉庆九年十月初七日时。享年四十有一。娶同邑贡生虞运掌之长女，敕授八品孺人。生子二，瑞庆梅魁俱殇。女三，长字攸邑，甲寅科举人候选知县蔡锡三之儿子。某次字同邑乙酉科举人，现任广东翁源县知县张宗袥之孙、庠生张振鳞之次子。某三幼，未字。侧室张氏生子一，元亨早殇，女一，幼未字。抚二兄次子嗣镛及厚均次子鹤寿承祧。将以某月日葬于祖茔某山。向敬求当代搢绅先生锡以铭诔，则感且不朽。

元配张宜人行略道光甲午

宜人姓张氏，同里恩贡生候选教谕定庵先生，讳必昌，其曾祖也。拔贡生充宗学教习照南先生，讳翼轸，其祖也。岁贡生候选训导柳湄先生，讳廷良，其父也。母族则清泉县进士，历任台湾道刘良璧之息女也。生自儒门，素娴礼法。年十七于归，余即以是岁县试冠军，旋补博士弟子员，食廪饩登贤书，故宜人之入门也，莫不贺为祥女。吾母周太恭人特钟爱之，而宜人亦善承意旨，最能得堂上欢心。洎余成进士，官京师越三载，宜人始入都，操内政十有馀年。余以久违定省，思家念切，宜人赞劝之归计，遂决始以省亲，请急在籍即援例请养，忽当道聘主麓山讲席，既不获辞，宜人乃以奉养慈闱为已任，阅十有九年。太恭人弃养逾年，而宜人亦遂辞尘壤矣。宜人体素羸，自幼善病。结褵以后，药炉茶灶相对几无虚日。年既五旬，屡濒于危，童孙世洵尝于除夕祷天割股，以疗厥疾。乃瘳未几，一病几绝，当昏迷之际，大声曰："我有老姑在，不可去。逾日复苏，及遭太恭人之丧。营葬既毕，遂谢绝医药，每自谓妇职克终，可从先姑于地下矣。卒之日，目瞑含笑，盖自安命运，视死如归也。余从岳父柳湄先生游凡八载，以师生为翁婿，故伉俪之笃比于埙篪。而宜人如宾之敬，未尝少懈。当佐读之时，篝灯午夜，甚至忘寝，及待漏入朝，常夙兴祗候，薰衣煮茗，必躬必亲。今俱值衰龄，眉案相庄，四十九年如一日也。况性和顺，不妒忌，待妾媵以宽恕，视庶出如所生。一门之内尤无间言，乃一旦失此闺中良友，独留皤然。一老犹在人间，抚今思昔，能勿悼哉！宜人生于乾隆三十四年己丑岁正月初七日辰时，没于道光十三年癸巳岁七月十七日巳时，享寿六十有五。嘉庆六年恭遇覃恩，封宜人。子二，长嗣钦，太学生，先逝，娶同邑太学生陈葆元长女，守节呈请旌表。次嗣鋆，业儒，娶巴陵进士、原任浙江监运使方应纶次女。女七，长适长沙编修李象鹍长子家骐。次适长沙中宪大夫郑世薰长子敦允，充庶吉士，历官襄阳知府。次适长沙进士李陆师之子万里，太学生。次适原任邓州知州衡山周安邵四子瀛。次字善化举人原任安远县知县黄文燮次子德珪。次六、次七俱幼未字。孙二，长世洵，廪贡生，候补训导，娶善化奉政大夫陈新六女。次世逢，邑增生，娶善化候选县丞杨达尊次女。俱嗣钦出。孙女一，幼，嗣鋆出。曾孙三，恩桀，业儒，世洵出。恩霖，业儒。恩霮，幼，世逢出。曾孙女五，世洵出者四，世逢出者一，俱未字。今择吉壤于黄田冲牛形，酉辛山卯乙向葬有日矣。用述其崖略，敬求当代缙绅先生锡之志铭，感且不朽。

周香坪墓志铭嘉庆丁丑

邑龙源周氏衣冠，旧族也。原任广东西宁明府香坪先生。解组归林下居，余为童子时，及见之，状貌魁梧，伟丈夫也。虽未接其言论，至今犹想慕其为人。自余请急旋里，与里中亲故相晋接，道旧言欢无虚日。今岁其子文学生准仁持状踵门而请曰："先君弃世三十有七年矣。宅兆未安，今择葬于某原，敢丐一言为铭，以光幽室。"顾准仁失怙，年甫九龄，先人遗行不能记忆，谨就所闻于故老传述者，粗陈一二用备采择焉。余与先生累世姻娅，曷敢以不文辞？按状先生讳惠镩，字正湘，香坪其别号也。始祖延乡自江西太和县迁居于安仁，荆子林十传生益济，明永乐时举人，历官广西郁林州训导、四川荣县教谕。益济生文璿，官北京义勇中卫经历。文璿生振德，官南京东城兵马司指挥使。振德生善俊、善儒，俊由举人官江西南昌府推官儒，邑庠生，笃行载邑志。善儒生孟安，早卒，配樊氏，守节建坊，生二子。长鸣凤，官江西永丰教谕。次鸣凰，邑庠生。鸣凰生笃恭，邑庠生。笃恭生之易，盖为先生之曾祖也。先生之祖，讳焜，信以齿德，充乡饮宾，配妣谭氏。父讳敏儒，配妣侯氏，皆以先生贵赠如其官，妣皆赠七品孺人。先生伯兄惠锞，太学生。季弟惠镜，郡庠生。先生居次，生而警颖，五岁入塾，十岁毕读五经，十四岁从师于石门寺。塾师归，寺僧亦出，键其外户。返而启钥，大骇之，盖忘食已数日矣。十九岁以县试冠军入郡庠。益博览群书，孔贾传注，考究精详，尤好庄子、离骚。试屡高等。乾隆癸酉年三十岁，始以书经领乡荐。次年赴公车下第，归连丁内外艰。丙戌，再赴春闱，仍不第。归而授徒讲业，著书自娱，聘主鄗县烈山书院。训诸生敦品行，通经术，鄗邑无不服从。四十九岁，壬辰会试之后大挑一等，分发广东以知县用，初摄顺德县丞。时濒海地方多盗，奉檄捕缉。先生分辖之境，盗不敢过。继判韶州、肇庆二府。事所至，俱以廉明称。遇旱祷雨立应。两粤制军以诘兵巡行各属，肇罗观察使讳重禄，荐其才，因命随行，屡于舟次以疑重案试之，四日四结案，如发海珠寺僧沉碑污叔各奸状。粤人至今犹称之。其由廉州司马署广宁县也，课士爱民，甫七旬而卸篆，父老攀辕祖送出郊三十里，垂涕而别。其署乳源县也，决狱讼平争斗。邑有温、张、林、罗各姓争山，积牍为之一清，士民爱戴，至立祠以祀之。改理猺军民府，广积贮以备荒，缓追呼以恤乏，训卒练兵，民猺各安其业。权官凡五载。越丙申，先生年五十有三，题补罗定州西宁县。其为治一如治广宁、乳源。时偶于道旁见有吴生者，人才甚伟，讶其衣履不完。呼而问之，始知其父曾尹四川绵竹，幼孤育于女兄冯宅，家赀遂为冯甥所侵，莫可谁何。先生严檄召冯其女兄亲诣公堂，愿还赀与吴生。环邑人咸称颂其事。罗定牧宋公讳成绥服其干练，遇事必咨商之而后行。业已登诸荐剡，先生乃引疾乞休。州牧察其疾，无状留之，而先生去志益力。初先生壮年病，目几盲，延名医治之，始愈。继以双亲踵故，连年侍疾，昼夜罔懈，及频遭大故之后，涕常盈眶，目力遂逊。入官以来，书檄文移，必躬必亲，所耗损目力者尤多。于是遂以目眚辞，获请而归。时年五十有五岁也。归之日，囊橐肃然，析其所得俸馀推与昆季维均。闲泄林园，不履城市，偶值岁歉，饘粥不继，晏如也。曾建有忠爱堂，复自制联语署于堂柱以自勉。所著有《遇著录》、《忠爱堂稿》共若干卷，藏于家。先生生雍正二年甲辰十月十七日寅时，没于乾隆四十六年辛丑五月二十七日巳时，享年五十有八岁。元配李孺人，早卒。继娶黄孺人，后先生卒。抚侄国学生青仁为嗣。青仁卒后无子。妾彭氏甫一载而卒。任粤东时置箧室何氏，香山县贡生常茂之女，明大学士源道之裔也。生子一，即文学生员准仁，娶刘氏，邑庠生名光庠之长女。女五。长适山西凤台县知县衡山县举人谭昌明之孙郁堂。次适本邑儒士刘大之次子其清。三适翰林院检讨攸县进士陈梦元之长子廪生畤，黄孺人出。四字本邑庠生张毓秀之次子，早卒。五适本邑国学生张某之孙庆灿，何孺人出。孙三。长联沚，娶李氏，次联翼，聘张氏，三联翚，幼未聘。原葬老屋湾左盘龙形，今改兆于某地某山某向。何孺人祔焉。铭曰：

奕奕先生，名登贤书。出为贤宰，处为贤儒。厥有贤配，心嘱分光。乃生贤嗣，芹藻流芳。载卜载筮，爰定幽室。振振绳绳，子孙逢吉。

严州府知府聂京圃同年墓志铭道光乙未

衡山聂京圃，余同年友也。初识于童子军中，年俱未冠。厥后同学于岳麓，同举于乡，遂定交。先后释褐，同官京师十馀载，交益笃。余年未五十，请养归里门，受聘主麓山讲席。君后出守于浙。未几，亦谢病归。每一帆上下，造君庐，必留饮，剧谈尽欢而后散。客岁，君辟居省垣。余渡江过访，呼酒共饮，临别欲有言，执手欷歔者久之。岂知别才四旬，而君遂以疾终耶！其孤有瀚，遵遗嘱卜宅兆，营佳城，葬有日矣，持状泣而请铭，余曷可以辞？按状君姓聂，讳镐敏，字京圃，世为江西清江人。太高祖讳应禅，侨寓衡山县城，遂家焉。高祖讳腾蛟，妣欧阳氏、傅氏，继妣邝氏。曾祖讳继模，号乐山，有隐德。妣曹氏，继妣庄氏。高曾及妣俱以环溪公贵封赠如例。环溪公为君祖，讳焘，字闲有，环溪，其别字。为名进士，出宰陕西镇安县。多惠政。娶欧阳氏，继袁氏。生君父，讳肇奎，字藻庭，由优贡生中试举人，官益阳县教谕，娶同邑进士知江苏昭文县康曾诏之女。祖、父俱以君贵，诰赠中宪大夫，如其官，妣俱赠恭人，康封太恭人。生子七。君居长，生而韶秀，性颖异，环溪公犹及见之，期以远大。幼承庭训，能文章，工诗赋。十二岁应童试，十六岁入郡庠，二十岁食饩。先后学使悉奖借之，文名遂噪于衡湘间。三十岁捷南宫，入词垣，以隽才膺清华选馆阁，巨公争延誉之，文名益著。擢右赞善，迁中允，视学安徽，以整饬士习、厘正文体为己任。甫数月，丁外艰，归。所选刻试牍及皖江采风录，操觚家奉为圭臬。起复仍补左中允讲官，擢洗马，改兵部郎中，俸满保举繁缺知府。年五十有一，奉旨授浙江杭州府遗缺知府。到浙后，补严州府，莅任五载。兴利除弊，修举废坠，如重修郡书院、新建所属五县书院、劝修严子陵先生祠堂、重修郡东西湖，谕各属捐修溪河及查灾赈济诸务，其大较也。年五十有五，引疾归。杜迹不履公庭，惟以循陔色养、闭户著书为事居。康太恭人丧葬，祭尽礼。著有《赐书堂诗赋》、《守严杂志》、《松心居士诗》二集、文二集，《易理象数合解》、《读经析疑》、《论孟中庸说约》、《谈经琐录》梓行于世。君生于乾隆壬辰岁七月二十四日，没于道光甲午岁十二月二十八日。享寿六十有三，娶同邑拔贡生文瑞成之女，诰封恭人，无子。女一，适同邑进士、原任清河道旷楚贤三子。

箧室周氏、孙氏。君笃于伉俪，文恭人卒，哭之恸，遂致疾，解组归。又四载，值康太恭人八十有三寿辰，率子姓称觞毕。越三日，太恭人坐堂中，诸子暨孙曾环侍左右，呼君曰："汝年近六旬，尚未生子，吾为汝择嗣。四男镇敏之庶长有瀚可。"君跪而听命，旁侍者佥应之曰："诺。"乃命立约，君遂以周氏权主继室，抚育有瀚。后又为有瀚援例入胄学，授通判职，娶江苏知县黄之女，先逝。君葬于某县某都某山某向。铭曰：

与君缔交兮垂髫年，今两成翁兮发皤然。君后我而堕地兮，胡先我而登仙。招君魂兮，九天仍侍玉皇。香案吏前瘗君魄兮，九泉犹有文光上冲霄汉间。

泉山墓表道光壬辰

呜呼，先大夫之卒也，盖五十有六年矣。今岁三月九日，先太恭人弃养，谨遵遗命，同葬一山，营窆既毕，于是不孝厚均乃和泪濡毫以哭吾母者，哭吾父并以表吾父者，表吾母焉。先大夫姓欧阳氏，讳熊，字象占，号湘亭。大父朝议公，西侯府君之仲子，幼读书，有志进取，年甫冠，伯叔踵逝。大父年已七十，乃循陔色养，画迹名场，援例入贡，授职州。同褒封锡类。荣逮所生。大父故好行其德，积而能散。先大夫先意迎志，凡郡邑中及族里义举，悉慷慨乐施，躬董其役，不辞劳勚，加以应酬浩繁，积劳成疾。迨遭大父之故，哀毁骨立，三年之丧毕，而先大夫亦捐客馆矣。易箦时，语太恭人以力行善事，教子读书，馀无他嘱。时厚均年十有二岁，诸昆皆未及冠，先大夫之遗行不能悉知。闻诸太恭人盖其略尔。鸿胪寺少卿罗慎斋先生、长沙府教授毕光祖俱为之传。今采入邑志及《湖南通志》。太恭人姓周氏，同邑廪生讳镛，字元音女，一门俱游庠序。既笄于归，逮事大父大母，以孝谨称。洎鬘以当门，命长男理外务，延名师课诸季。爱而能劳，非奉命不得出塾门。诸孤悉成名通籍，孙曾多游泮璧，列搢绅，每捷书至，戒家人勿贺第，令焚香以告慰先人而已。先大夫好聚书，遇古人言行可垂法、戒者，辄手自钞撮。偶得浙东颜氏丹桂籍，爱之，谓劝人以言，不如劝人以书，传之久且远也，欲重刊之，以公同好。又尝谓敬祖莫先于联宗族，启后要在于养中才。曾捐百亩于族为义学，拟立塾舍以居生徒，俱以疾作未果。太恭人次第踵成厥志。家塾成后，复捐田租百二十石以益之。他若振贫苏困，除道成梁，黉宫学署、宗祠祖茔之修治，动费巨赀，难以枚举。其最著者阖邑议建考棚书院，首捐多金倡之，继又割腴田二百亩以资师生。馆谷大府奏奉旌闾如例，既以乐善好施建坊。年逾八旬，复以五世同堂，拜彩娱大耋之赐额。厚均供职京师，两遇覃恩，由太宜人拜太恭人之誥命，重沐恩纶，叠承旌表，里鄗荣之，而太恭人弥自谦抑。谆谆然为子姓戒骄戒盈，自奉俭约，终身蔬布，晏如也。每语家人曰："敖不可长，欲不可纵。先夫常诵此二言，汝曹志之。"性慈和，内外亲串，无闲言。即臧获侍婢，未尝苛于责备。治家有法度，人不能欺，亦不敢欺。主中馈，操内政，数十年如一日也。素无疾病，年及耄，神明不衰，饮食起居、视听如常。没之前一日，语家事甚详，曰："吾不忘先夫所嘱，今而后可相见于地下矣。"厥明，遂端坐而逝。厚均名位不彰，学识俱浅，追维罔极，弗克显扬，而又不敢以虚辞诬我双亲。谨述其梗概，镌诸丽牲之石，俾后世子孙循览之，勿忘焉。尔至生没岁时，葬地枕址及先代世系子孙曾元之婚嫁，备书之于碑阴。

不孝四男厚均泣述

先妣周太恭人墓志道光壬辰

太恭人姓周，邑廪生，讳镛字，元音之女。昆弟俱游庠序，年十六归先大夫湘亭府君，静好无违。逮事先祖朝议公西侯府君，先祖妣邱夫人。年三十四，先大夫捐馆，嘱以教子读书，广行善事。太恭人遵遗言，命长男理外务，必廪命而后行。延名师，课诸季，爱而能劳。诸孤悉成名通籍，孙曾亦游泮璧，列搢绅。不孝四男厚均供职京师，两遇覃恩锡类，由太宜人拜太恭人之晋命。先大夫尝欲刻丹桂籍以劝世，又尝捐田百亩于族为义学，拟立塾舍以居生徒，俱以疾作未果。太恭人次第踵成厥志，家塾成后，复捐田租百余石以益之。他若郡邑族里中义举，慷慨佽助，难以悉数。其最著者，阖邑议修考棚书院，首捐数百金倡之，继又割腴田二百亩以资师生。馆谷大府奏奉谕旨旌闾，既以好善乐施建坊。近以五世同堂，拜彩娱大耋之赐额，重沐褒封，叠承旌表，里鄗荣之，而太恭人弥自谦抑，谆谆然为子孙戒骄戒盈，自奉俭约，终身蔬布。性慈和，内外亲串，无闲言。即臧获侍婢，亦未尝苛于责备，而治家有法度，人不能欺。主中馈，操内政，七十馀载。捆以内，秩如也，肃如也。体气素强，无疾病。年登耄耋，神明不衰，饮食起居，视听如常。今岁开春，倏尔违和，亦未呻吟，卧床蓐。莫春九日，疾遂大渐。厚均率家人跪奉卮酒，尚能吞咽，旋呼之，不应，端坐内寝而逝。呜呼哀哉！太恭人生于乾隆九年甲子岁七月十三日辰时，没于道光十二年壬辰岁三月初九日辰时，享寿八十有九。诰封太宜人，晋封太恭人，旌表好善乐施，五世同堂。适吾父贡生州同职欧阳公讳熊，字象占，号湘亭。以不孝厚均官户部，诰赠奉直大夫。晋赠朝议大夫如其官。子七人。长履坤，贡生，封职户部主事奉直大夫，娶邑庠生周鼎女，封宜人。次厚基，廪贡生，历官桂东县学教谕修职郎，出承伯父祧，俱先故，娶清泉举人华容教谕张永濚次女。次厚垣，廪贡生，试用训导授修职佐郎，娶邑贡生虞运掌长女，封八品孺人，俱先故。次厚均，进士，历官浙江道监察御史，授奉直大夫，娶邑岁贡候选训导张廷良次女，封宜人。次厚墀，邑廪生，先故，娶邑举人周之度长女，旌表建坊。次春坊、次七政俱殇。女一，未字，殇。孙男二十人，长嗣钦，太学生，厚均出，先故，娶太学生陈葆元长女，守节待旌。次锡，廪贡生，试用训导，厚基出，娶清泉庠生黄光墀女。次钰，邑庠生，举孝廉方正，履坤出，娶太学生何梦熊女，俱先故，继娶清泉李氏。次镛，册名诏从九品，厚基出，承叔厚垣祧，娶邑举人官河间知县张亨女，先故，继娶长沙喻氏。次镩，太学生，履坤出，承叔厚墀祧，娶善化周维岦女。次铭，册名嗣名，太学生候选。从九，厚基出，娶茶陵刘侍朝孙女。次铨，业儒，厚基出，娶耒阳陈氏，早故，继娶谢丹凤孙女。次嗣鋆，一名铢业儒，厚均出，娶巴陵进士官浙江监运使司方应纶次女。馀皆殇。孙女二十二人，长适邑庠生千总职侯万里子忠国，厚基出。次适清泉庠生罗列子太学生英，厚墀出。次适攸县举人官麻阳教谕蔡锡三子之杏，厚垣出。次适长沙进士官翰林院编修李象鹄子家骐，厚均出。次适邑庠生张振鳞子庠生禧庆，厚垣出。次适邑庠生官开州州判袁其相子，履坤出。次适衡山廪贡官绥宁训导彭汲子庠生兆桂，厚垣出。次适长沙中宪大夫郑世薰子翰林院庶吉士官襄阳府知府敦允，厚均出。次适清泉监生黄光衢子，厚均出。次适长沙进士李陆师子万里。次适邓州知州衡山周安邵子瀛。次字善化举人官安远知县黄文燮之子。幼未字者二，俱厚均出。殇者九。曾孙男十九人，长世洵，廪贡生，候补训导，嗣钦出，娶善化奉政大夫陈新女。次世淦，邑廪生，嗣钦出，娶善化候选县丞杨达尊女。次世瀚，钰出，娶长沙举孝廉方正袁定甲女。次世泽，钰出，娶茶陵太学生陈女。次世淳，镛出，娶衡山单珍之女。次世法，钰出，聘邑侯卫长女。次世漳、世清，锡出。次世泰，钰出。次世涛，錞出。世浚，镛出。世沾，铭出。俱未聘，馀皆殇。曾孙女十人，一适衡山罗百恩子，钰出。一字邑庠龙子，钰出。一字邑州同谭继泷子，镛出。未字者十有一，馀皆殇。元孙男三人，长恩棨，世洵出。次恩霖，世淦出。次恩梓，世瀚出。俱未聘。元孙女五人，世洵出三，世淦出一，世泽出一，俱未字。兹择于十月朔葬太恭人于泉山象形丑山未向，祔于祖妣邱恭人墓右，与先大夫坟相距数弓。九原有知，应相聚于泉壤，太恭人之体魄安而心亦安矣。不孝厚均谨和泪濡毫为之志。

五弟金田墓志铭嘉庆丁巳

呜呼，此吾五弟之佳城也。弟讳厚墀，字金田，号右平，又号南州，行五。生而韶秀，性恂谨，为双亲所钟爱。年九岁，先大人即世，侍母太安人膝下，婉容和气如处子。与诸兄聚首，湛乐式好无尤，一庭之上怡怡如也。幼颖悟，八岁能诗。及长，耽吟咏、摹书、作画、弹琴、奕棋，亦皆精妙胜人。始应童子试，试辄冠曹比，既补弟子员，屡列前矛，旋以优等食饩，文名盛著。入秋闱，往往病作甚，至场期，伊迩不得已返棹而旋。盖吾弟之受病匪一日矣，初弟年十六偶遘阴痿危症，呻吟半载而始痊，自是貌益清癯。既冠之后，俄而失血，医者以血由心出，未可过用其心。弟亦善自调摄饮食、风寒，无微不慎，而嗜书成癖，一编在手，不自言疲。又夙有远志，负笈岳麓，日与湘楚名士相切劘，佥谓博一第如拾芥耳。卒之，心劳血竭厥疾，弗瘳英年殂谢，岂不伤哉！好施予，不治生人产，偶入乡取租责，见贫者，辄蠲之。其有以卖妻鬻妇告者，必多予之金，使毋相离异。尤笃于师谊，尝受业于余岳父张柳湄先生之门。先生殁后，家贫逋重，即出金代为之偿。又尝从其妻叔周乐轩游。周家故不贫，向之称贷，以田为质，弟返其质，仍贷以金，而不责其偿。邑新建宜溪书院，弟与诸兄谋，欲捐良田数十顷为师生膏火资，惜享年不永，此愿未遂。没之日，语家人以曲，体亲心，力行善事，谆谆至于再三，馀无他嘱也。旋挥妇女令出，易吉服，正冠纳履，连拱手示敬，以与诸昆子侄别，于是乃端坐而逝。盖吾弟宅心处事，居家接物，在在必衷诸正。呜呼，此所以能正其终欤。弟生于乾隆己丑岁正月初十日丑时，殁于嘉庆丁巳岁十月初十日未时，年二十有九，娶本邑庚子科举人候选知县周公之度之长女。生女一，嗣妣，幼未字。生子四，志魁、岳生、梦龙俱早殇，瓜绵后，弟殁后数月亦殇，将于诸侄中择哲嗣为弟后焉。谨选吉壤于黄仙塘始祖墓右某山某向，为弟千秋之室。族绅耆以弟孝友端恪，有光于祖，许之葬。有日矣。乃和泪为文志诸幽，并为之铭曰：

彼苍苍者胡梦梦，呼之不应褎如充。伯道无儿颜命短，吁嗟吾弟将无同，茫茫千载居此宫。

亡儿嗣钦墓志铭嘉庆丙子

呜呼，此吾长男嗣钦之幽圹也。男字臣若，号敬园，世为湖南安仁县人。居城生而颖秀，记诵倍人，吾母周太恭人特怜爱之。辛酉授室，随其母张宜人。入都时，余官农曹，延师课读，工帖括，能诗赋，善书绘篆刻。丁卯，肄业。北雍因病未及，毕场。

戊辰恩科，余充同考试官，循回避例，又未入场，遂以是冬殂于邸舍，年甫二十有二岁也。男素弱，张宜人在京偶遘时疾，昼夜侍药，积劳染病，几濒于殆。自是体益癯，遂有喀血、痔漏诸症，以至不起。殁之日，无私嘱，惟以未获终事父母为憾，且以幼蒙祖慈钟爱，今并不能面诀，捶胸自责而已。所作制艺试帖，吾友曹翊庭庶常序而梓之。男生于乾隆丁未九月二十七日未时，殁于嘉庆戊辰十一月二十七日子时。娶太学生陈葆元之长女。子二。世洵、世滏俱业儒，未聘。女一，世祺。殇男殁后，衬归故里。越七年，余改官御史，请急省亲，携男妇两孙归。又二年，始窆男于番石村观前买郭家山凤形地，前后左右各一丈，界外禁步四尺，枕乾巽趾亥巳。噫！余家先世居番石村，男生之前夕，梦先大父湘亭公携余至村居故宅，谒见太高祖海若公、高祖国瑞公、曾祖儒林郎。尔见公皆南响列坐，祖考朝议大夫西侯公侍于左，先大夫侍于右。余祇拜讫，趋入后园，橘实累累，怀其一而觉，故小字男曰梦璇。今男卜葬之区，距太高祖故居二里许耳。呜呼！其亦有先兆与。

铭曰：惟吾儿之延世兮，厥梦何祥。仰先灵其如告兮，胡天道之茫芒，岂啬于彼者丰于此？厥年不永者，厥后必昌。如橘林之垂实兮，俾尔子孙世世兮，长食德于无疆。嘉庆二十一年丙子春父厚均铭，族弟学韩书丹。

次孙世滏墓志铭道光辛卯

呜呼，此余次孙之坟地也。姓欧阳氏，讳世滏，字兴之，号丰圃。先世详族谱。父嗣钦，余官农部时随任入都，不幸而短祚。孙甫晬，母陈氏矢志守节，养育成人。性颖悟，三龄入塾，读书过目成诵，舞勺后应童子试。能文章，工诗赋，精楷书，弱岁以冠军入泮。岁科试屡列前矛，旋食饩，膺选拔贡成均。赴京考验候选直隶州州判豫工例，开改分发训导。盖用意欲由科第以为出身阶也。孝友性成，善事孀慈，最能得其欢心。兄世洵长一岁。自孩提以至于壮，壎篪式好，一堂之上怡怡如也。余夫妇每顾而乐之。尤有干济材，先事善谋，遇事能断，宗族乡党咸推重之，称道无闲言。今夏偶沾微恙，为庸医所误，一药而亡。呜呼，痛哉！孙生于嘉庆丁卯岁四月十九日卯时，殁于道光壬寅岁六月二十五日未时。享年三十有六。娶善化县候选县丞杨达尊次女。子四。长恩霖，次恩霈，业儒。次恩麓、恩楚幼，俱未聘。女二，俱未字。葬于宜一都黄田冲牛形山庚山甲向，距余元配张宜人之坟十馀弓，葬有日矣。爰洒泪而为之志。

铭曰：襁褓失怙兮幼而孤，天性孝恭兮容和愉，敏而好学兮勤攻书，登拔萃科兮贡京都。监州注选兮改师儒，方期显扬兮展壮图。误于庸医兮丧厥躯，士林叹惜兮哲人徂。族里悼痛兮典型无，抚余膺兮仰天呼。雪余涕兮长欷歔，斯人而亡兮命也夫。幸天祖之垂佑兮生四雏，望他年之成立兮表幽垆。

祭叔祖贻谋公暨妣罗孺人文嘉庆戊午

呜呼！叔祖父母其竟弃孙曹而长逝也耶。自叔祖父之逝也，而吾门之子孙失所仰。自叔祖母之逝也，而吾门之妇女失所宗。昊天不吊曾一老之不憖遗也。呜呼，痛哉！忆先王父之从昆弟四十有七人，或以短折，或以夭亡，或以故游于四方而客死。十馀年来后先踵谢，其存者惟叔祖父一人耳。而先王母之妯娌相继沦亡，亦惟叔祖母岿然无恙。孙曹方谓典则长存，得以常奉杖履也。

讵知叔祖父母之一旦溘然并逝也哉。嗟嗟，叔祖父母之逝也，相距二十馀日耳。耄耋齐眉，曾孙绕膝，生既极人间之乐，殁应订地下之欢。黄泉相见，亦可融融泄泄，含笑于九京矣。唯是孙曹幼罹凶鞠，灾故频撄。自乾隆甲午，窃见叔祖之哭吾王父也。越三年，丁酉又见叔祖之哭吾父也。藐尔诸孤，未尝不重赖老成人之庇荫，今则一二伯父叔父尚有典刑，而王父母辈之褎然独存，乃至同归于尽。外焉无以范我子孙，内焉无以式我妇女，即我伯叔莫不呜咽失声，泣数行下，而孙曾之悲痛尚忍言哉！敬陈不腆，伏惟鉴诸。

祭堂叔云千公文嘉庆丙辰

呜呼！叔父与吾父从昆季也，少同塾，壮同游。吾父不忍一日离叔父，而叔父亦未尝一日离吾父也。洎侄等既生之后，时已分宅而居，每扫室开门，则叔父必跫然至。叔父至则吾父色然喜，觞酒豆肉，纵谈终日。虽风雨而罔间，此又侄等趋庭时之所目击者也。胡天下不吊，岁丁酉，吾父一病恹恹，竟至不起，当易箦时，指不肖等以外事属诸伯父，而课读之事专属叔父。迩年来诸伯父相继踵逝，所扶之持教之诲之者，侄等均惟叔父是赖，而讵谓叔父亦弃侄等而溘然长逝也？呜呼，痛哉！侄犹忆重髫侍立时，叔父与吾父历数前芬，谓吾家食德服畴，世守忠厚，登高年享遐龄者代不乏人，及侄等稍有知识，披阅谱牒，自一世以至十七世寿皆在古稀以上。乃至吾父兄弟三人，伯父短，季父殇，吾父之没也，年仅三十有七耳。叔父兄弟有四之者三人，年皆未周花甲，惟叔父孑然独存，侄等私心窃计方谓硕果不食，叔父庶可追踪先人，俾侄等得以长奉典则也，又岂知叔父之没，年亦仅五十有四哉？嗟嗟叔父之生也，少吾父一岁，叔父之没也，后吾父十有九年，以叔父与吾父较，其得年未可为不永也。且吾父之弃不肖等，坤年甫十有八岁，诸弟尤穉弱不谙。今叔父之遗孤伯子年二十有七，仲亦二十有二。叔子、季子稍穉耳。以吾兄弟与叔父之诸孤较，亦有幸，不幸也。倘诸孤克自奋立，遵叔父之遗训以无坠先志，则叔父虽死之日犹生之年，叔父亦可含笑于九京矣。第念吾父之存，与叔父志相得意相亲，其性情亦未尝不相近。自吾父没，侄等欲承颜膝下，已属此生不可再得之数，然犹恃有叔父也，见叔父如见吾父也。而今已矣。竟使吾父手足之情，同气之雅，一旦俱归沦丧矣。遭家不造曾一老之不慭遗也。天乎！天乎！何惨若斯乎！况侄等失怙以来，蒙叔父不忘吾父之嘱，殷勤训读，俾不肖侄等皆得稍自竖立。乃叔父捐馆舍之年，厚均复以公车仆仆，淹久京华。八月之朔始获哭叔父之灵，兹当归窆有期，能不呜咽而鸣忱哉。爰酬浊醪，诣灵三奠。叔父不弃，尚其鉴歆。

祭伯母侯太孺人文 嘉庆丙子

呜呼，伯母其竟弃厚均等而长逝也耶！伯母以乾隆丁丑归吾伯父正儒公为继室，庚辰岁即称未亡人。时厚均兄弟俱未生也。迨诸侄生后，幼而保抱，长而携持，悉赖伯母之恩勤。即至成立长大，抱子抱孙，伯母视之犹如孩提时之调护爱惜也。盖伯母之待诸侄，皆不啻如其所生，侄等其何以仰酬高厚于万一也哉！遭家不造，老成凋谢，自伯父壮年不禄，岁丁亥季父庶咸公夭殂，甲午祖考朝议公谢世，至丁酉先大父又以积劳成疾遽捐客馆，厚均兄弟年俱未冠，孤子当室，幼弱不谙，内赖吾母周太恭人之教诲，而我伯母实赞襄而左右之。一切持家处事，训勤训俭殷殷以惜物力，培后福为劝勉。遇有外侮，尤教之反躬。内讼下至于臧获侍婢，悉皆霁颜相待，从未闻有疾言遽色也。惟于厚均等入塾读书，稍有懈怠，则必加以诃责。每抚诸侄而告之，曰："自余为汝家妇，见汝家世积忠厚，必有高大其门闾者。惜汝父及叔父未获，躬食其报耳。汝等勖之，其努力为显扬计，以慰先人于泉下，可也。"厥后诸侄连年游庠，食饩膺锡命登仕版，厚均又仰荷祖父之馀泽，忝成进士，备官柏台。孙曹列上舍游泮沼秉师儒铎者复不乏人。每捷书至，家伯母未尝不色然喜，而又未尝不怵然戒也。曰："皆汝等先世之积累所致，其善守之，长相引于勿替可也。"无何五弟金田年二十有九而殂，长兄心田年四十有四而亡，三兄情田年四十有一而没，乃至余长男嗣钦年甫二十有二客死京邸。伯母体素癯又复多病，所遭家庭之故，伤心出涕，不一而足。以故稀龄既逾，遂有目眚。二兄为伯母嗣子，闻之即解桂东学篆，请急而归，侍养膝下。伯母亦相顾而乐之矣。甲戌腊月，厚均自京旋里拜瞻，伯母之慈范康健如常，方私心窃喜，以为寿逾期颐之征也。今秋厚均适有粤东之游，临别拜辞，犹再四叮嘱，期以早归。岂意返辔之日，灵帏在堂，而音容已杳不可得而见乎。呜呼，痛哉！伯母青年矢志以报所天，奉养舅姑，克孝克敬，教子训孙，成名服官。今年逾八旬，一堂五世受旌表，建绰楔，膺褒纶，称封母，其德其福，垂之乘志，传于里闾，家颂姆训于无穷。朝建崇祠以享祀，忝尝俎豆，千秋不朽。伯母其亦可以含笑于九原矣。惟是厚均等素承教育，遽失瞻依，兹当永诀之期，能不凄怆恸哭，敬鸣哀悃也哉！爰率群从诣灵三奠，伯母有灵，庶其鉴歆。

祭先妣周太恭人文道光壬辰

呜呼，太恭人之弃养也匝一月矣。遭家不造罹此鞠凶，抚杯棬其犹存。怅音容之顿杳，出衔恤而入靡至，徒抱恨于终天而已。呜呼哀哉！太恭人毓自名门，一庭悉游黉校，生有异征，呱啼覆翼，神实佑之。五龄失怙，礼法夙娴，德容言工，不劳箴诫。既笄于归，入门而翁姑皆贺筮为祥女。年二十，先祖妣邱恭人谢世，遂主中馈，操内政，阃以内秩如也，肃如也，时先祖朝议公西侯府君年逾七旬，馨羞洁膳，色养无违。其相我先大夫湘亭府君也。眉案唱随，琴瑟静好，篝灯佐读解佩延宾，遂成先大夫之名，早贡成均，职列州贰褒封锡类，荣逮所生。无何先大夫以应酬浩繁，积劳成疾，迨遭朝议，公之大故，哀毁逾甚，三年之丧毕，先大夫亦遂捐客馆矣。太恭人痛不欲生，几相殉于地下。顾念诸孤孱弱，谁为教养？始强自裁抑，茹荼饮蘖，慨然以无成代终为已任矣。呜呼哀哉！太恭人年十七而生长男履坤时，为乾隆庚辰岁。越壬午，生次男厚基。越甲申，生三男厚垣。越丙戌，生四男厚均。越己丑，生五男厚墀。越辛卯，生六男春坊。越癸巳，生七男七政。越乙未，生女君徽。七子一女，间岁而生，皆躬自乳哺，未尝雇觅婢媪。抚育之恩，昊天罔极，均一之德比于鸤鸠矣。不幸七男六日而殇，六男七岁而殂，女亦未及两周而夭，迨先大夫易箦之时，存者仅五人，而年皆未冠也。呜呼哀哉！太恭人自髽以当门，母道而兼父道，爱劳备至，慈济以严，命长男出塾门，摒挡外务，每事必禀命而后行。延名师训诸季，脩脯必厚，饮馔必丰，和胆折葼，课勤惰，不少假借，以故一门之内。游泮璧登甲科，名列搢绅，身膺诰命，自子姓以及孙曾尚不乏人，佥谓通母徐夫人之购书，修母郑夫人之画荻，载在史册。欧阳氏代有贤母，庶几先后媲美焉。无如不孝等庸材，碌碌有愧家声，名不立而德不彰，奚足以为显扬也？呜呼，哀哉！太恭人自奉俭约，却纨绮而屏肥甘，终身蔬布晏如。然积而能散，见义勇为，遵先大夫遗嘱，刻施丹桂籍以劝世，建塾于族，以居生徒。既割田百亩为经费，复蠲租百顷增益之，宗祠、族谱、祖茔皆不吝多金以修之。念朝议公之遗泽，不可忘命，立家庙以岁时奉祀之。邑中则倡修文庙创学署，纂志乘，建复南桥及文明阁，又独建文塔以培阖邑文风。他若蠲逋焚券，苏涸赈贫，杠梁成于通津衢途甃以砥石，济人利物之举，偻指数之，不能尽。其勗著者，如创考棚书院，佽助至数百金，又捐腴田二百顷，为师生薪水膏火资。邑侯申于大府，奏请以一门之内母子兄弟好善乐施，洵可嘉。尚奉到部，覆恩准旌闾。而太恭人受宠若惊，弥自谦退，谆谆然戒满戒骄，盖既为子孙造福，尤为子孙惜福。不孝等何以仰副慈诲，使无贻泉下恫也。呜呼，哀哉！太恭人禀性慈和，内而诸孤妯娌，外而宗族乡邻，咸亲睦无闲言。即至臧获侍婢，亦未尝苛于督责。自不孝男孤子当室以来，人心叵测，世途多险，甚至撄乳虎之怒，比于罗钳吉网。太恭人默祷于神，事得寝释。其他横逆之来，或以理遣，或以情恕，即有期功罔识尊长，孙曹不遵教令，悉以大度包之。人以为此太恭人载福之券，亦即延寿之符也。忆不孝厚均通籍后，叠遇覃恩，前曾以乐输建绰楔矣，近又以亲见元孙复拜彩娱大耋之赐额。重承旌表，载沐丝纶，五世同堂，九旬望秩，固巾帼中所仅见，亦簪缨家所罕闻也。不孝等方私心窃计，谓期颐之寿可操券获也。伫盼皇恩之三锡表贞寿于百龄，而岂知此愿之不果遂也。呜呼，哀哉！太恭人体气素强，平生未尝撄疾病，偶有小恙，逾时即瘳，亦未尝服药饵。乃自五男年二十有九而短，长男、三男踵逝，年皆未至五十。二男物故，年亦仅五十有九。孙男二十人，命名而殇者十有二，其已成立者，长孙嗣钦，三孙嗣钰，皆以英年不禄居，恒以生女不育为憾事。诸孙女悉钟爱之，乃未字。而殇者十馀人，其存者适蔡、适张、适郑、俱早亡。适黄，孙息遇人不淑，尤所矜怜。讵意先五日而亦殂。太恭人未之闻也。卑幼之丧既多，忧郁之怀难解，暮年来遂觉气不舒畅。时有痞块横于肋下，幸而旋发旋止，乃自前岁九月痰气倏而上涌，昏迷移时而始苏，从此精神渐逊，步履维艰，讦延以至于不起也。呜呼，哀哉！不孝厚均自弱龄负笈从师，壮岁偕计北上，迨成进士，官京师，违色笑者十有六年。甲戌冬，始以省亲请急旋里，谓从此晨昏定省，长承膝下欢矣。忽当道有岳麓山长之聘，辞之至再。太恭人以密迩家园，音问易通，命应聘就馆。连岁却聘客夏中丞，缮折奏奉特旨留馆。太恭人闻之，曰："馆席不可辞矣。"今岁开春，犹询问起程赴馆日期。讵意灯节之后，倏而气满胀痛，彻夜不眠。延医诊视，佥谓脉息尚佳，可保无虞，而安知有三月初九日之变也哉。太恭人抱疴几及五旬，未尝偶卧床褥，与家人欢笑如故。谈往事津津不倦。弥留之际，不孝厚均率孙曹跪奉卮酒，犹能吞咽，旋已呼之不应，端坐而逝矣。呜呼，哀哉！太恭人自于归以迄于今七十四年。为妇，则克尽乎妇职；为母，则克尽乎母道，允足垂为家范，式于比闾。不孝等世服先畴，朝议公创之，先大夫继之，太恭人实守之，以故食租衣税、家饱身温，盖百数十年于兹矣。一举匕当溯其原，一被服当念所自，创之难，守之者尤不易。前人之留贻非供后人之奢荡。太恭人言犹在耳。然则太恭人之德，其曷可忘？太恭人之恩，其又何以报耶？呜呼，哀哉！今日者灵床既设，缌帐是悬，声不可得而闻，形不可得而见矣。嬛嬛小子，忧念难忘，栾栾棘人，劳心永结。诸孙欲承颜而罔自，曾元伤点额之无期。犹忆厚均归里以来，每值太恭人生辰，鞠謄韬韝，奉觞上寿，娱宾速舅，岁以为常。而今已矣。已属此生不可再得之事矣。民莫不谷父母，俱存我罪，伊何百身莫赎，鲜民之痛，生不如死矣。顾念灵榇犹停佳城，待筑大事未终，曷敢灭性？谨遵遗命，勿卜新阡，兹以明晨发纼权殡于泉山先大夫墓旁。俟择吉期，窆于幽橇，爰随不孝承重曾孙世瀚、率孙曹等诣灵奠告。呜呼，哀哉！尚飨！

祭二兄树堂文嘉庆庚辰

呜呼！厚均同怀兄弟其成立者仅五人耳。自五弟年三十而短，长兄三兄俱以强年不禄，今其存者惟兄与厚均两人。而年皆就衰，方期皓首相聚至于大耋，孰意先我而逝也。呜呼，痛哉！遭家不造，岁丁酉，先大夫捐馆，长兄年十有八，以家督应门，兄时年甫十六，亦遂赞理家政，通缓急权，出入唯谨。偶遇歉岁，亲徂隰畛，周视禾穟，别田之上下，量获之多寡，如以数计，归悉为簿登之，以故僮仆之侵，渔佃户庄民之奸猾，不敢欺亦不能欺。岁庚子，兄年十九，以郡试冠军，补弟子员，乃与长兄同御外侮，俗不古处，吏鲜洁操，遭横逆，罹危虞者不一而足。兄对于公庭，羁于宾馆，咸处之泰然。一切公事不使诸季与闻，俾得潜心读书。年已及壮，仍从师受业在塾，与诸季同攻苦，互相劝励。厥后兄弟次第游庠食饩，惟厚均幸成进士，而兄竟老明经，艰于一第也。呜呼，痛哉！兄幼承伯祧，继伯母侯孺人实抚育之。岁壬子，兄乃上侯孺人苦节事实于有司奉大府，题请旌表建坊如例。越明年，兄志切观光，以家事交长兄、三兄，遂束装北上，肄业胄监，同舍生交口赞扬，大少司成咸奖借之，两入北闱呈荐，未售。适厚均偕计而来，聚首十有五月。兄以为至乐，及厚均连试春官不利，岁丙辰下第南归，兄送出都门，执手欷歔，洒泪而别，手足之爱，其真挚有如此。岁丁巳，奉部议叙训导，例发本省候补，兄乃挂帆而归。残腊抵家，值五弟新丧，停榇在堂，兄入门即抚棺大哭，恸几欲绝，每以同胞至谊，未能临终一诀，为生平一大恨，嘻！兄归自燕都，水陆七八千里，尚以未获与五弟诀为恨。厚均寓星沙，距家甫四百里，迨闻兄病，星急奔归，乃亦不及相见。呜呼，痛哉！岁戊午，兄奉文赴省候委，厚均两至会垣，寓兄邸舍，连床夜话，每以及时为显扬计，言之恳至。时厚均以五弟之丧，已绝意名场，虽苦口相劝，意仍游移。适川楚例开，兄乃商于三兄，称贷于亲友，为厚均纳官，以内阁中书注选。兄亦改县丞班，以图及时报效。及至兄委署沅郡学篆，临别之际，始告厚均曰："弟亦摒挡入都事宜，赴春闱，兼赴选也。"岁己未，厚均乃以开岁之初仍上公车是科，获隽，备官农部。从此贪恋升斗，久淹长安矣。岁癸亥，长兄谢世。岁甲子，三兄继亡。送死诸大事，兄悉心为之经营。独厚均病未及视息，殓未及含饭，抱憾为甚深耳。然犹可稍自宽免，以身为一官所缚也。今则仅一馆地栖身，乃于兄亦未能视病而视殓也。呜呼，痛哉！当长兄、三兄之讣音踵至也，厚均屡欲解组而归，兄辄称太恭人之命以止之。兄自度不能远官于外，爰札致厚均，趁新例叠开，由县丞改教谕班。岁丁卯，奉部选授桂东县缺。岁戊辰赴任，留眷属在家奉侍老亲，将以次年迎养于署。因伯母侯太孺人目疾，未果也。厚均以兄既通籍，虽密迩家园，音问易通，而晨昏定省未免疏缺。岁己巳，拟于恭祝万寿五旬之后，请急解官归。计已决。兄闻之，即时详请开缺终养，迅寄一音以阻厚均之行。是岁，兄与厚均同遇覃恩，荣施锡类。岁庚午，兄长子嗣锡以县试冠军游庠。厥明年，为兄五旬寿。

凡在都中与厚均称执友者，竞为文以遥祝之。兄援恒言不称老之义，不令诸子姓称觞上寿，并致语厚均曰：“俟予六旬生辰，弟可归家开樽，共饮也。”孰意此愿之不克遂也。呜呼，痛哉！岁癸酉，厚均洊升部郎保卿贰。岁甲戌，察典以一等荐转官御史，外用有期矣。厚均自维才识恐难外任，且太恭人年高，决意告归，稍慰乌私且藏鸠拙。于是兄乃作书寄厚均曰：“太恭人春秋虽高，精神甚健。至宦海茫茫，外官为甚，急流勇退，此其时也。”厚均即以省亲得请而归，抵里为小除夕。与兄握手，悲喜各不自胜。盖自戊午秋送兄赴沅州学任，兄弟之间阔别十有七载矣。乃别经十七载，而弟始归。归尚未及七年，而兄遽没。呜呼，痛哉！厚均之官京师也，有自沅芷间来者，言兄权任时，训饬胶庠，平息雀鼠，并为之改建黉宫。次年即有领荐于乡者，盖旷百年而仅一见也。去任之日，自搢绅衿佩以及兜鍪袯襫之夫，祖饯者相望于道。有自郴桂间来者，言兄莅任时，植已严，待士宽，怜才恤贫，修脯不计，曾自捐赀新其署。主讲席一载，培成隽秀，济济盈门。去任之日，祖道者一如去沅郡时。其自里中来者，则言兄在籍时，葺文昌、节孝诸祠，改修考棚及宜溪书院，俱不靳财，复割腴田二百顷捐于邑，为书院师生膏火资，以成三兄五弟之遗志。事闻诏旌，其闾邑贤侯伐石为碑以纪之。其自族中来者，则言兄在家时，诸父老推为族长，为族人释争解忿，扶弱抑强，族人至相化毋轻构讼者。他如重刊谱帙、修理先茔，凡族党中诸义举助佽赞成者，尤指不胜屈。厚均既饫闻兄之好行其德，而兄邮筒之寄，岁无虚月，言近事至详且悉，盖耳闻悉如目睹也。至于告诫厚均尤殷勤倍至，虽山川远隔，不啻侍几席而躬承提命也。乃昔者地分南北，尚凭缄寄以相通。今则路隔幽明，欲一闻謦欬而亦不可得也。呜呼，痛哉！兄以旧居狭隘，长兄已迁于乡，亦卜筑于对江之穆林坊。鸠工庀材，阅七载而落成。因太恭人膝下承颜无人，迁延未徙，迨厚均归里之明年，乃悉以旧宅让弟独居，盖室而徙于对江新宅。复念旧宅阅岁既久，诸多渗漏，且滨临大江，暴涨不时，墙壁间有倾圮。劝厚均及时修理。爰于丁丑岁，拆群房书第而新之。戊寅工竣。己卯加丹垩焉。一切规制，多出于兄之指画。土木之功，亦惟兄最为谙习，细及于居室日用，兄咸为之经理。盖厚均自备官于朝以至乞假南旋二十馀年，事无巨细，悉咨于兄。兄亦视同己事，不稍存畛域于胸中。故厚均得以糊口外游，脱然无家计之累。昨者赴省起馆解缆之晨，兄已入城相送。而归不移时，复徒步渡江，径至蓬窗，聚话良久，言家事犹历历也。乃别后，甫及两月归来，竟悭一面舟中，片刻之语，已作千秋永诀也。呜呼，痛哉！忆昔兄弟析箸时，初议以兄承伯祧，应析家赀之半以与兄，兄不受。继由伯母侯太孺人交出祖考朝议公遗约，应析家赀为三，以其一与兄。亦不受，怫然曰："同怀五人，吾曷为受产独丰耶?"兄及弟乃禀请太恭人，命奉谕将祖父遗产匀配为五兄弟，等均分之，以成兄之让德焉。厥后五弟无子，以长兄之次子嗣；三兄无子，即以兄之次子嗣。厚均既归里后，奉太恭人命，查明三五两房产业，即交其各嗣子之本生父兄经理。并命厚均立约："日后析箸，仍各按其本生兄弟受产维均，以免参差。"盖悉照兄让产成规，俾子孙遵守无违。兄亦旋将所管产业，匀配为四，按其亲生四子均分之。亲书分约，底稿缄藏之，复著间叙家事录一卷，谆谆然以能忍能让，垂戒后人。今岁七月书成，亦缮而存之，加封识焉。弥留之际，悉出以付其遗孤，曰："与四弟拆阅，如吾面诀也。"迨厚均归，家捧视手泽犹新，而音容已不可复睹矣。呜呼，痛哉！兄生而魁梧，体素强健，无疾病，复精于岐黄，全活者众。甚至有病极凶危，群医束手，药一投而辄起者，所在无不称之。今秋兄病之初，闻只感冒风寒耳。延医调治，清凉温补各主一方，遂至大渐，未及一月而竟不起也。岂善医者不自医，而乃为不善医者所误耶。呜呼，痛哉！兄于星命之学亦通，决人休咎往往奇中。尝与厚均言曰："余寿不满六十。兄弟中享长年者，其在弟乎。"厚均亦颇习子平术，自推年命以月支独财独官为用，六旬前后运破提纲，当有一厄至。兄命金生秋孟，建禄喜财，五十七岁以后行财官运者四十年。以此推之，兄寿可登百龄。兄曰："果尔，亦甚善也。顾弟命禀中和，财官与印绶并用。中年行财官运，而发晚岁得印，比运尤佳，且弟生临破日，何嫌运破运辰，两不冲一，犹未之闻耶。以余推之，弟寿亦可望九秩。兄若弟俱登耄期，为欢正未有艾也。虽然太恭人八旬前，当更损一子，其以余当之乎。"厚均反覆求其解，不可得，岂兄别有师授耶？疑信参之，而不谓兄言之竟验也。呜呼，痛哉！兄亦喜青乌家言，每鄙俗师之陋且妄也。而究心其学，尝改葬祖妣丘恭人于泉山，改葬祖考朝议公于黄仙塘，以五弟祔之。葬长兄奉直公于獠山，祔以长兄嫂周恭人。葬三兄训导公于獠山，祔以三兄嫂虞孺人。皆旧阡也。为余长男嗣钦择葬于观前山，为伯母侯孺人择葬于仙下冲，为长兄妾梁孺人择葬于黄锡冲，皆新域也。以太恭人佳城未卜，随在留心，客岁始得于白竹山之麓。以重金购有之，心甚喜，今春偕厚均同往相定。厚均亦以为吉，心愈喜，兹值易箦时，遗命诸孤另择殡地不可，预占太恭人佳城，谆嘱至于再三。诸孤悉欲谨守遗命。厚均以为预为太恭人留佳城，兄之孝也，兄之心安矣。顾有吉壤而不葬兄，诸孤之心安乎？即太恭人之心亦不安矣。于是禀请慈闱，命诸孤谨营葬事，毋稍迟疑焉。从此夜台长闭，兄及弟欲再相见，其在黄泉乎？呜呼，痛哉，噫！兄童年入泮，壮岁服官，教子成名，孙曹绕膝，建绰楔，博封典，以报所。后弃职养亲，五十犹慕，可谓孝矣。推让田宅，笃爱同气，可谓友矣。居官克尽其职守，居乡无间于人言，朝廷荣之，僚友信之，里闾族党间颂述之。兄之行修矣，名立矣，夫复何憾？独念厚均幼而失怙，诸事不更，所扶之、持之、左右维护之者，悉赖诸兄之力。诸兄踵逝，惟兄一人是赖耳。而今已矣，孔怀兄弟，先后凋零，剩我睘睘，有如孤雁。笾豆虽傧，酒随泪下，埙篪欲吹，谁倡谁和？天乎天乎，何夺吾兄之速乎？九原有知，与诸昆季同侍于先大夫之侧，未尝不泄泄融融。应亦回念厚均孑然在世，惨极无欢，来生则不可知今生，兄弟之乐已不可以复得矣。呜呼，痛哉！谨率诸孙诣灵，三奠兄灵不昧，伏冀鉴歆。尚飨。

祭元配张宜人文道光癸巳

呜呼！宜人其竟逝耶，其竟先我而溘然长逝耶！睹遗挂其犹悬，怅音容之俱杳。追念畴昔，能勿悼哉？宜人生自儒门，一庭绩学，三代明经。外舅柳湄先生，余受业师也。宜人于归之年，余即以是岁县试冠军。明年入泮，数载而食廪饩，登贤书，故宜人之入门也，莫不贺为祥女，协于易林。吾母周太恭人特钟爱之，而宜人亦善承意旨，训勤训俭，听从惟谨，最能得堂上欢心。洎余成进士，官农曹，太恭人命之入都，宜人不忍远离膝下。迟之三载，始携子女男媳就道。长途数千里，雨雪祁寒，备尝艰苦，抵京师，主中馈。阃以内之事，厘然毕举，听鼓趋公，待漏入朝，宜人必夙兴祗候，薰衣煮茗，调治羹汤，必躬必亲。一如刺绣伴读时，篝灯宿火，甚至彻夜忘寝也。迨余转官西台，思家念切，宜人亦以久违定省归计，更决乃循例乞假。既以省亲得请，宜人遂俶装先发。逾月余，亦解组而归。未幾，终养例符在籍呈请，而当道忽有麓山讲席之聘，辞之至再。太恭人以密迩家园，音问易通，命无庸坚却。宜人复援所游有常之义相劝勉，请以在视晨昏，洁馨羞馐为己任。余乃应聘就馆，计归里二十年来，外游之日多，居家之日少，仰事俯育得以晏然。无内顾之忧者，赖有我宜人在也。而孰意宜人之遽辞尘壤也，能勿悼哉？宜人事姑克孝，事夫克敬，固已翕乎，族党啧啧称颂。而处妯娌以和，待仆婢以宽，一门之内，尤无闲言。且姓不妒忌，年甫三十即劝余置媵以广嗣续。在京时一姬甫没，旋购一姬以助箧，复置一姬以待年，今皆既生既育矣。宜人抚之，悉如己出，不以隔膜视也。故举室之乐，宜人如《樛木》诗，“人之颂女，君子佥祝，其福履绥，而福履成”也。而岂知一旦之群失所庇也，能勿悼哉？宜人体素羸弱，自幼善病。结缡以后，痰喘咳逆，月常数次。连岁胎孕乳哺，气血益亏，复有心气疼痛之症，药炉茶灶相对，几无虚日。自入都门，偶沾时疾，投以寒凉峻剂，月馀始痊。自是而宿疴悉除，然亦遂断产育矣。归家数岁，冒寒受湿，旧恙复作，年甚一年，缠绵十有馀载。无药可医，无医能治，而遂至于不起也，能勿悼哉？宜人年既五旬，病忽大渐，时当改岁，合家仓皇，童孙世洵于除夕祷天，割股和药以进，厥疾乃瘳，咸以为此宜人慈教之所致也。及宜人年周六帙，一病几绝，当昏迷之时，家人微闻作呢喃语，忽大声曰：“我有老姑在，我不可去。”逾日而苏，咸以为此宜人孝思之所感也。客岁太恭人弃养，宜人以孱弱病躯佐襄大事。营葬既毕，告余曰：“婢子得延残喘，克终妇职，今而后可从先姑于地下矣。”至腊初，痰迷复醒，遂谢绝医药。自春徂夏，精神恍惚，旋而浮肿归于两足，呻吟几及十旬。余率儿孙辈劝进蓍术参汤，俱不见效。延至初秋，塔然而化，能勿悼哉？宜人亲生三子三女，有殇者，有不育者，所存一子嗣钦，业已婚娶，成名乃年才逾冠，客死长安。所存二女，适李者弱龄而寡，适郑者复以弱龄而夭。此皆宜人痛心之故，亦即致疾之由也。幸而嗣钦遗两孤。孙长世洵，名列搢绅。次世逢，亦游黉校，且皆子女成行，承颜绕膝，庶男授室，庶女之出阁者，俱皆抱子。李氏女近且抱孙，厥子游庠，方私心窃慰，谓迩年来吉事有祥，蔚为家庆，宜人庶几解愁蠲忿心泰体舒，其可占勿药之喜矣。而不谓疾终不可为也，能勿悼哉？呜呼！宜人年逾花龄，躬被象服，渥承九重之诰命，叠见四代之曾孙，眉案相庄，自少至老。在宜人自安命运方，且目瞑含笑，视死如归。独念余与外舅以师生而为翁婿，故待宜人虽伉俪不啻埙篪，回忆黾勉，同心四十九年之唱随，曾几何时。一旦失此闺中良友，独留皤然，一老偷生人世，从此欲再相见，其在黄泉乎？能勿悼哉？因宅兆未定，权殡于宅左公馆之内，明晨发绋。谨遵旧俗，率家人举行家奠。余亲盥手焚香，命承重孙世洵等诣灵行礼。宜人有灵，庶几来格。呜呼，痛哉！尚飨！

祭长男嗣钦文 嘉庆戊辰

呜呼！儿竟舍我而溘然长逝也耶。儿以乾隆丁未年九月二十七日生。生之前一夕，予梦先大夫携予至太高祖乡居故宅，堂上列坐历代高曾在天之灵，予拜谒讫，游览园林，花繁果茂。橘树一株，累累垂实。予摘其一而怀之。时儿母张宜人娠已弥月，黎明时，腹震震然动，急呼予而醒。因以梦告，至未刻而儿生，故名之曰梦璇。予方谓吉梦征祥，儿或者享长年、膺厚福也，而岂知年才逾冠遽有此变也。呜呼，痛哉！儿为太宜人长孙，生而颖慧，倜傥异常，甫离乳哺，即依太宜人膝下寒暄。饮食调护倍至，儿亦善承意旨，无几微毫发之拂逆，故最能得太宜人之欢。岁丁巳，五弟病故，遗孤甫六月，一切殡丧之礼，予命儿代行之。时儿年十有一岁，哭泣之哀，拜跪之节，悉中于礼。己未，予供职京曹。庚申，太宜人为儿授室陈氏。辛酉冬，三先兄挈儿送予眷属入都，离家时大先兄送至河干，携儿手号咷大哭，不忍离儿。儿亦俯首悲啼，哭不能止。是岁腊底抵京。次年壬戌秋九月，三先兄归里，余携儿送于都门，三先兄与儿携手大哭，亦如大先兄别儿时。盖儿之事诸伯叔也，不啻如父故。诸伯叔之爱予儿也，亦不啻如子。讵意三兄归甫数月，而大兄殁。大兄殁甫十有八月，而三兄又亡。每讣音至京，予与儿俱痛不能解。稍间，儿辄禀请归奔两伯父之丧，兼以上慰祖慈。余亦札商二兄，接到覆音，称太宜人命以阻之。以是因循未果，孰意儿竟客死京华，不能生归闾里也。呜呼，痛哉！儿以甲子四月生女世祺。是岁腊月，予由西珠市口移寓于上斜街官房。厥明年乙丑八月，儿母张宜人偶沾时疾，医者误用补剂，病遂剧，日就沉重昏迷者几及一月。而始间，儿躬侍汤药、衣不解带、目不交睫者，亦月馀。至九月，儿又撄疾矣。适予庶男鹤寿年三岁以痘殇，儿念手足之变，哭之最恸，疾几至于不可为延医调治，俱用寒凉峻药。迨十月中旬乃愈，因是气血耗损，始有痔漏之症。十二月岁除日，儿长女世祺因痘后馀毒未解而殇，儿恐以此贻堂上忧，戒媳陈氏勿过悲伤。乃丙寅新正三日，余侧室陶氏因哭子成疾，相继而亡。时当新岁，变起仓猝，儿昼夜辛勤，经理殡事。而病后积劳，旧恙复作，虽旬馀即瘳，而体益羸弱矣。幸而是月十四日，儿长男天官生。次年丁卯四月十有九日，儿次男升官生。十有一月，两男出痘俱荷平安，予只冀儿从此庆衍多男以慰予心。而又岂知两孙俱在襁褓，儿遽沦泉壤也。呜呼，痛哉！儿以五岁入塾，五经及四子书俱已卒业。十有五岁来京，授以周礼、尔雅、孝经、春秋、左氏、五子性理及文选唐宋诗文等集。十八岁始学帖括。至二十岁，时文试律均可观。书法初学松雪，后改学率更，亦颇能窥其笔意。馀事则绘画篆刻，颇能精工。去岁卯闱，予为儿纳监，俾应乡试。乃甫入头场而病作，儿甚以为愧，心殊懊恼。予稍宽解之，并嘱以积学，待时遇合自有命会也。冬间，儿益励志攻读。今岁春正，即辞家肄业北雍，专攻举业。五月始归，余索观近艺，方私心窃喜，谓儿文庶可以售世矣。孰意学问初成，功名未就，一病奄然至于不起也。呜呼，痛哉！予期儿之心甚切，故督责之意倍严，即张宜人亦未尝轻假以颜色。以故趋庭之下，罔有惰容，迩年来虽身受弱疾，终不敢因此废学。今岁入北雍自三月后，夜卧不眠，饮食鲜味。至闰五月十五日病起，头疼目眩，时咳时热，益以痔漏。初犹努力撑持，迨势不能支。十八日始舆疾而归，医治月馀，多用清暑之剂。六月内稍间，仍带病赴学读书。七月内国学考试之日，儿至晕绝于彝伦堂上。试毕归家，病遂益增矣。适大雨时行，墙壁多有坍塌，正在土木并兴，八月内余又入闱分校，儿在寓督率工匠，料理家计，兼与诸同人往来应酬，颇失调摄。九月初旬，而病又大作。予出闱后，则见已神消骨立，瘦似癯昙，咳嗽不止，潮热间作。医者始用参麦等剂以清肺保肺，服之，罔效。十月内痔漏复发，又益一疮，遂呻吟卧床褥矣。因改服熟地等药以滋补，而痰气上壅，投以参桂。十一月初间乃有气喘出汗之症，漏疮又复大发。十三日，儿亦自知不治，乃拜别予与张宜人，呼两妹作别，谆谆然叮嘱妻子，惟以未获生见祖慈为恨。弥留半月有馀，凡生前及身后之事，言之至详且悉。至二十六日夜半，连呼爹妈不绝口。二十七日子时，整冠端拱而逝。呜呼，痛哉！儿初病一痔漏耳，卒之痔发则病愈重，而医者均未顾及此。予又闻儿素有肝气，自受病以来，左胁肋不能安卧。余屡为医者言之，而医者亦不暇及此，遂至抱病半载，卧床五旬，药饵无灵，竟蹈不测也。嗟嗟，儿年甫二十有二双亲在堂上，有祖慈则不可死，妻年尚艾，两子俱孩，则不忍死；且读书十馀年而名犹未就，离家数千里而身不能归，此又儿之所不甘死者也。以不可死、不忍死、不甘死之儿，而竟死也，岂医药之所误耶？抑大数固难逃耶？天乎？人乎？予安得而测之乎？惟是幽明异路，父子情通。儿灵不昧，尚其回念父母，默护重慈，庇佑尔寡妻幼子，俾之无灾无害，则儿虽死之日，犹生之年矣。至于训诫儿媳、善抚双孤为儿守志，张宜人之责也。其教育孤儿，俾得稍有成立，以无坠家声，则予之责也。异日或附粮艘之便，载儿灵榇而归；或俟予请告归里，偕尔母、尔妹及尔妻子亲送儿灵同返于乡。选择吉壤，以安儿之体魄，儿亦可以瞑目于九原矣。兹以明晨发纼，权停儿柩于全楚馆，予亲拈香奠酒，命孤天官、升官，举行家奠。吾儿有灵，庶其歆此。呜呼，哀哉！尚飨！

祭次孙世滏文 道光壬寅

鸣呼！惟吾孙之谢世兮已一百有五旬。余在省而初闻讣兮，肝如裂而心如焚。朝欷歔而叹息兮，夜辗转而涕零。迨归里，而内含悲痛兮，外强慰乎家人。念吾孙之失怙兮，在襁褓而为孩婴。幸性敏而好学兮，勤诵读而采藻芹。旋食饩而科登拔萃兮，名遂贡乎成均。才通达而干练兮，寓浑厚于精明。称无间于族党兮，誉允协乎乡评。既名列于仕籍兮，方冀大展其经纶。胡灾来于二竖兮，奈壮志之莫伸。为医药之所误兮，倏已辞乎凡尘。忆含饴之乐事兮，追绕膝之欢欣。悼此生之不可再得兮，存与没谅有同。

情弃尔母与尔室兮，遗儿女之伶仃。儿未婚而女未字兮，应抱恨于幽冥。尚潜扶而默佑兮，俾康吉而和平。倘诸孤克自树立兮，躬弗享者后必荣。继书香而门闾光大兮，孙虽死而犹生。兹择尔葬地兮，在黄田冲之牛形。与尔祖妣之丘墓兮，实相近而相邻。黄泉如相见兮，更欢聚于九京。发纼于来月之望日兮，诘朝而归窆于隹城。今先期而奠告兮，聊牲醴之是陈。望孙其如在兮，冀来格而来歆。呜呼，痛哉！尚飨。

祭予告内阁学士兼礼部侍郎房师汪薰亭老夫子文嘉庆壬申

呜呼！夫子德星降祉，灵岳钟祥。麟文凤采，玉质金相。才为世出，德为人望。早而负异，晚乃益彰。成均初贡，年已及强。长安声誉，轶陆掩张。五十始遇，云路腾骧。乃升兰署，乃步玉堂。乃登端尹，芝苑芬芳。乃贰宗伯，纶阁赞襄。讲侍黄帷，书校青缃。芸香藜火，甲乙丹黄。三襄鹗荐，一举荐扬。韬钤门下，济济跄跄。稀龄逾六，昌炽寿康。精神龙马，福禄鸳鸯。同心唱和，延泽绵长。蜚声小阮，继武贤郎。南宫高步，上舍趋翔。纡青拖紫，播馥吐香。珂已鸣里，笏应满床。桐枝擢秀，玉树成行。千里骐骥，九苞鸾凰。修德获报，积善馀庆。惟仁者寿，固理之常。温温夫子，益矢敏皇。持盈惕励，遇泰兢惶。知止知足，可行可藏。名成身退，蒲伏抗章。遂抽簪笏，言返维桑。行旌未载，素旐忽飏。峰颓天柱，星殒文昌。同朝绅佩，涕泗盈眶。矧在吾党，曷胜摧肠。忆自己未，获侍门墙。十有五载，炙德亲光。言规行矩，为表为坊。绅铭永佩，膺服难忘。生平历历，大节琅琅。求之当世，孰与比量。拟诸往哲，庶几颉颃。夫子之德，其德允臧。于叟兴宅，郑公名乡。夫子之惠，其惠无疆。宋罕公粟，雍伯义浆。夫子克敬，以礼为防。谦恭石奋，严整范滂。夫子克哲，维智有囊。善断则杜，善谋则房。恩笃门内，植纪扶纲。汜毓字幼，马援奉孀。谊重师友，啬取丰偿。郈成割宅，徐孺赍粮。践人之约，不避雪霜。诺矜季布，言重楚庄。急人之难，不避火汤。古闻廉蔺，今见左羊。樾荫万匝，广厦千廊。寒者得庇，暍者得凉。名播都邑，遍及陬荒。闻风起慕，莫不褰裳。公卿造室，延访周详。夫子一语，奉若圭璋。荐贤为国，俾扫欃枪。材收爨下，剑惜干将。亦有吉羽，怜其杀伤。病未能植，沈舟可航。采及葑菲，不弃桷宊。潜消蜂螫，默护慈良。彼苍浩浩，大地茫茫。如吾夫子，谁其克当？茫茫大地，浩浩彼苍。如吾夫子，曷其可亡？夫子生世，选自佛场。悲心菩萨，大力金刚。夫子成佛，归于西方。播为慈雨，照以晞阳。灵兮仿佛，僾乎徜徉。如闻謦欬，爰荐醴觞。一哭一奠，来格来尝。呜呼，哀哉！尚飨。

祭旷母黄太恭人文嘉庆庚申

呜呼！金萱花谢，宝婺星移。空传灵草，谁使月支？控鸾此日，返鹤何期？中心悼叹，出涕涟洏。痛惟恭人，兰闺毓秀。华阀结褵。柔嘉维则，淑慎尔仪。郝钟礼法，班马箴规。言容以德，家室克宜。辛勤和胆，唱和齐眉。书田饷馌，绣幔经师。一灯风雨，五夜机丝。以相夫子，以课佳儿。器成瑚琏，绪衍弓箕。兰台妙选，粉帐华资。入含鸡舌，出建隼旗。凡政之善，实本乎慈。矧惟玉季，悉见琼枝。蜚声槐市，对策枫墀。并丰犀角，同拥皋比。金花日丽，彩服风披。巢多是凤，庭又生芝。承颜分食，绕膝含饴。鱼轩象服，兕斝玉卮。古称老福，今祝期颐。斑龙忽驾，青鸟传词。迎归阆苑，言返瑶池。潘舆却驭，卫幕空垂。邻家辍社，门下废诗。维桑谊切，瞻旐心悲。每怀获教，愁对繐帷。鼎焚甲煎，香爇丁皮。聊申素悃，不尽哀思。尚飨！

祭张母太安人文嘉庆庚午

呜呼！少室峰倾，北堂花卸。空说金丹，谁飧琼液。三岛波遥，九京路隔，闻者欷歔，为之呜咽。恭惟安人，秀毓璇闺。灵钟绣国，淑范庄姝。德容姽婳，早习女宗。克娴内则，篸圣针神。书仙琴客，连埋枝栄。同功茧结，锦瑟助琴。嘱星代月，既佐蘋蘩。亦襄钓弋，自奉清尘。比于贞石，梁木忽颓，菱花顿缺。膏沐晨蠲，瑱环宵撤，露纻恶笄。齐心协力，门户撑持。庭除整饬，顾此兰芽。森如玉立，辛苦和丸。殷勤画荻，轧矣机丝。勗哉学殖，玉孕方流，珠胎圆折，美土所生，嘉禾必植。令嗣崧甫农部者，幼即岐嶷长而挺特，锦水湔肠，冰壶濯魄。唾辄珠生，霏如琼屑。席上有珍，握中悬璧。一星既周，千人曰杰。选自成均，升于魏阙。粉署含鸡，云程养翮。母以子荣，庆由善积。宠贲丝纶，辉生褕翟。福既婆娑，寿于旗翼。而炽而昌，曰耄曰耋。从此筹添，可操券获。二竖胡来，双丸虚掷。白鹤夜招，黄杨闰厄。水已东归，婺将西匿。如火之炎，焰焰将熄。哲嗣闻之，当途请急。遂出都门，复我邦族。水复山重，星驰露宿，游旆初旋。灵床既设，抢地椎心，仰天泣血。某等交缔凤毛，侣同鸳列。夙仰母仪，饫聆阃德。闻讣怆凄，望灵仿佛。酒酹醁酃，香焚速迭母也，有灵魂兮来格。尚飨！

祭陈克扬先生文嘉庆丙辰

呜呼！先生于吾家世交也。当吾祖、吾父之存，与先生同里而居。衡庐相望仅数十武。往来问遗，岁时不绝。先生以父事吾祖，而吾父亦以兄事先生。两家情好之笃逾骨肉焉。夫何遭家不造，岁甲午，吾祖以寿终于寝。先生时方为吾父吊也，乃吾父积忧成损，积损成疾。迨丁酉之岁，吾父亦遽捐馆舍，于是，先生又以吊吾父者吊吾兄弟焉。四载之中，而先生哭吾家两世矣。予兄弟之频撄大故，其痛尚忍言哉！犹忆吾父易箦之时，以世途崄巇，动辄得尤，虑不肖等少年喜事之习，莫与匡持也。自顾二三执友中，惟先生胸无城府，急人之急如己之急，庶足为我后生小子庇。故遗命谆谆，指藐诸孤而属于先生也。先生不以死生易交，诲我孤儿，殷勤备至，无事也为之绸缪，有事也为之补救。故自孤子当室以来，庶无大悔。以迄于今，盖先生之力多矣。厥后，先生厌城市之嚣尘，更诸爽垲自腾蛟桥畔，卜筑于飞凤冈头，距吾家二里许矣。而先生德隆望重，夙见推于里闾。凡乡邻小有言，得先生一语，咸帖然服其意以去。至邑有兴筑谋董事者，必首称先生。以故先生虽徙于乡，而足迹未尝离城市焉。城垣学宫之佽助，其前事也。迩来创建考棚书院，予兄弟又得步先生之后，相与共赞。厥成，朝夕聚处既得饫闻夫教言，乃又蒙郎君不弃猥，以玉媛许字予之长男，旧好也益以新。特方幸茑萝有托，望高山而景仰，愈得以时奉典型也，而岂知先生厌弃尘世，一旦溘然而长往也哉。嗟嗟！先生以老成谙练又兼有干济才，其存也，自里党姻娅，下逮于樵夫牧竖，既罔不耳先生之名。今其亡也，则统五门四乡八里十二都之众，无论识与不识，闻先生之讣者，未有不咨嗟太息甚且欷歔而雪涕。盖先生之德之在人也如是。况先人之世好而又添葭莩之末戚，其被荫也既久，而其受德也日益。深当此灵辆载道之期，又安得不诣灵三奠。呜咽而鸣忱哉！先生有灵，尚其鉴诸。

中元祭祖文嘉庆己巳

伏以祖泽渊深，渤海之源流自远，宗功峻奕，馀山之支派，孔长本一脉以相通，虽两地而莫隔。厚均官如匏系，迹似梗浮，离桑梓之乡四。千馀时，旷萩鱼之祭十有一年。每极目兮湖雨岳云，徒怆心兮秋霜春露，加以鹡原伤感，雁序凋零，欲迄归亦既未遑，即展墓尚犹有待。乃至寓邸之内，亦多卑幼之丧，初折庶男，继殇孙女，小星遽殒。甫阅三年，长子云亡。又经八月，萧条客舍，常增骨肉之悲伤。飘泊旅魂，尚赖高曾之庇佑。倘九原之神灵不昧，应回思绕膝之欢，惟烈祖之灵爽式凭仍，亦遂含饴之乐。念厚均龀龆失怙，未能奉养于生前，望亡儿泉壤有知，庶代服劳于地下。迩者庆典，特开于万寿覃恩，遍锡于一门，载贲黄垆叠颁紫诰。凡此日之崇封，略沛敢云酧罔极之恩。惟先人之积善长延，实足征有馀之庆。兹值月当大庆，节届中元，正地官校籍之辰，动人子思亲之念，礼惟从俗，布筵几以尽诚，典重奉先扫庭除，而展敬焚清香，而酌明水如闻謦欬，犹存馨夕，膳而洁晨，羞不啻鸡豚侍养。伏冀来歆于室，陟降在庭，俾子姓蒙乐利之休，亦室家享和平之福。欢承桐砌，易长养以消灾，庆洽萱堂允康强而逢吉庶，其顾我惟曰相予。谨告。

祭家庙文 喜庆乙亥

厚均梼昧无知，颛蒙鲜识。赖先人之积累，业守青缃，荷圣代之栽培，名登黄榜。握兰济济，佐北斗之机枢，簪笔雍雍，肃西台之纲纪，厕身朝列十有六年。轸念家山五千馀里，望岳雨湖烟而弗及，履春霜秋露以常凄。兹者请假枫宸，言归梓里，顾瞻寝庙，亲执豆笾，奉牲奉粢，盛冀苾芬之是飨，在上在左右，望灵爽其式凭。伏愿陟降在庭来歆于室，谋诒燕翼食旧德以无疆。宠锡龙章振家声于勿替，庶其顾我惟曰相予。尚飨！

先祖考祖妣焚黄祭文 嘉庆乙亥

厚均质本颛愚，德尤凉薄，谬列南宫之选，仰承北阙之恩，入粉署而含鸡，列霜台而冠豸。华资清秩，宠被自天，善庆谷诒，泽由于祖。惟我太父太母昔在乾隆年间以先考之贵，曾拜儒林即太安人之命。迨厚均筮仕以来，于嘉庆十有四年，恭逢庆典，皇上五旬万寿，复有朝议大夫恭人之命，叠荷鸾章之锡，聊酧燕翼之恩，兹者请急枫宸，言归梓里，松楸在望，聿申展墓之仪，纶綍钦承敬举焚黄之礼。呜呼！荐苾芬以告洁，乐尚忆夫含饴。履雨露而怆怀悲，犹馀于献醴。庶几鉴佑，不尽瞻依。尚飨！

先考焚黄祭文 嘉庆乙亥

厚均命也不辰，幼而失怙，自维薄植，方惧陨夫家声，猥以菲材，竟克跻于朝列，名题雁塔，身厕鹓班，兰省含香，洊升郎位，柏台执简，旋晋谏垣。仰维燕翼诒庥，实赖先人之庇荫，恭遇鸾章锡类，叠拜天子之褒嘉。粤在嘉庆四年冬，高宗纯皇帝升，祔礼成，则有奉直大夫户部主事加一级之赠。及嘉庆十有四年，我皇上五旬万寿，则又有朝议大夫户部主事加三级之赠。荷申命之有加，聊酬恩于罔极，乃贪升斗，久恋京畿，五千里迢，递关河远，隔羊肠之路十六年。稽迟岁月，未瞻马鬣之封，每履霜露而怆怀，徒望云山而结念。兹得陈情枫陛，省视萱闱，愿稍遂夫乌私身，暂离夫象阙。言归桑梓，瞻望松楸，礼重焚黄，谨循旧典，诚抒积素，恭扫先茔。呜呼！禄不逮存，常抱终身之恨。灵兮如在，犹思绕膝之欢。曷胜悲哀！庶几鉴佑。尚飨！

獠山祖茔祔葬大兄奉直公三兄训导公祭文 嘉庆乙亥

厚均家承素业，世诵清芬，仰赖先人之诒，得从大夫之后。华资清秩，备位朝班。春露秋霜，系怀乡邑。兹者告归故里，展视先茔，封树犹存。幸松楸其无恙，粢盛是奉。执笾豆以告虔，用昭格于在天，更孔怀夫同气。痛念我大兄大人，幼蒙教读，长赖匡持。虽载锡鸾章，聊以酧德，而摧残雁序，未能忘忧。犹忆计偕北上之时，五十里外别绪萦牵，泪暗弹于白沙舟次。岂知请急南旋之日，十六年来流光迅速，酒空浇于黄壤墁头。我三兄大人唱和言欢，迈征励志，生叨荣于绅组，没沐宠于丝纶。因忆庭砌追随，居则共砚，行则同舟，寝则连床。往事之欢悰历历。孰意都门诀别，病未视息，殓未含饭，殡未执绋。只今之恨事茫茫。呜呼！一脉相延，谋犹思夫燕翼，九泉谁起？恸常抱乎鹡原，不尽怆凄。庶其鉴格，尚飨。

家庙妥神主文嘉庆乙亥

古者寝庙之建，先于营室。位列浚明，厥庙惟三礼也。厚均仰荷馀泽，幸得从大夫之后，居仍旧宅，兴筑未遑。立庙之举，盖犹有待。爰即恭祀祖先旧龛，略加丹漆，增置新主，配以东西二龛，为一昭一穆，仿古三庙之制。恭奉敕赠儒林郎曾祖考尔见府君之神主于中，一龛以敕赠安人曾祖妣周太安人祔之。恭奉敕封儒林郎晋赠朝议大夫祖考西侯府君之神主于东一龛，以敕赠安人晋赠恭人祖妣黄恭人、邱恭人祔之。恭奉诰赠奉直大夫晋赠朝议大夫先考贡生候选州同象占府君之神主于西一龛。凡我伯叔兄弟昭祔于昭，穆祔于穆，暨我亡儿嗣钦亦以其序而从祀焉。于戏！吾家自曾太父由乡徙城，逾百年矣。大父复迁于今宅，又七十年矣。吾父守之，吾兄弟复守之，自厚均备官于朝，长兄、二兄俱徙而居乡，三兄五弟之嗣亦各随其所。后父兄而居，惟厚均奉母太恭人实居之，尚冀在天之灵潜扶默相，俾我子子孙孙世守之而不失，则寝庙之禋祀亦绵绵延延于勿替矣。谨择吉辰以妥，以祀先灵，昭格其鉴，歆之。谨告。

家塾祭先大夫湘亭府君文嘉庆乙亥

家塾之建，创自大夫。利施宗族，惠及生徒。中材是养，教泽宏敷，培成杞梓，琢就琏瑚。仰惟遗法，实启良模。深恩难报，微悃略抒。爰以令旦，览揆之初。肃陈筵几，恭荐盘盂。依然酌斗，共庆悬弧。爱存悫著，默佑潜扶。荣开科第，香继诗书。登蟾夺锦，纡紫拖朱。灵兮如在，惠我有孚。谨告。

祭黄仙塘山神文嘉庆乙亥

地以人重，山以仙灵。惟兹吉壤，实为祖茔。山西围而拱秀，塘一鉴以含清。望郁葱之嘉气，钟舆地之精英，世守之五百载，蕃衍兮千万人。服先畴之亩亩，庆仓廪之丰盈，延书馨于衿佩。登仕籍而垂绅，信发祥之有，自荫遗体而显荣。固上赖乎祖泽，尤默佑于山神。兹举焚黄之令典，扫先祖之佳城，谨诹期而祭告，陈酒醴以抒诚，望明神而垂鉴，俾迪吉而安贞。尚飨。

先慈葬日祭文道光壬辰

呜呼！吾母弃世，自春徂冬，霜零冰至。凄矣寒风，痛怀吾母。怵惕于胸，椓犹权殡。大事未终，兹择今日。奉安幽宫，祔于祖妣。宅兆从同，先考相距，隔仅数弓，黄泉相见，乐或融融。闵予不肖，忧心忡忡。向凭灵櫘，如睹慈容。从此永诀，哀慕何穷。祇冀吾母，罔怨罔恫。百千亿禩，裕后兴隆。母灵如在，鉴此哀悰。尚飨！

先慈葬日祭泉山历代祖茔文道光壬辰

惟泉山之灵秀，钟吉壤于象形。望葱葱与郁郁，实先代之佳城。痛遭家之不造，慈母倏而辞尘。奈嬛嬛之小子，怅宅兆其难营。忆昔日之展墓，曾追随乎先兄。既周观而遍览，登祖妣之崇坟。谓他年而葬母，宜祔此以为茔。思遗言其在耳，敢舍旧以图新。爰诹期于朔日，为归窆之令辰。妇从姑而同域，考与妣而为邻。庶黄泉之相见，应欢聚于九京。矧在天之灵爽，悉一脉以相亲。谨焚香而虔告，奉酒醴以荐馨。冀列祖之庇佑，鉴一线之微诚。尚飨。

祭泉山象形山神文道光壬辰

惟泉有本，维山有神。山出泉以育德，泉在山而怀清。望冈峦之叠秀，亦脉络之分明。结象形之吉壤，实先代之佳城。历二百有馀岁，世守之迄于今。兹择孟冬令月朔日良辰，奉先慈之灵榇，用祔葬于祖茔。谨先期而致告，陈牲醴以荐馨。冀明神之默相，俾无害以无侵。既永安乎体魄，更佑启乎后人。衍绵绵之瓜瓞，延奕奕之簪缨。特钟灵淑代产贤英，伏祈庇荫永沐生成。神其来格，鉴此微忱。尚飨！

中元节祭先慈文道光癸巳

呜呼！吾母之弃养也，十有七月于兹矣。憾徒抱以终，天德欲酬而无地。怅音容之既杳，望灵爽其如生。兹者节届中元，正值年登九帙。泉台永隔，空思舞彩以承欢。灵几堪凭，仍效希韝而上寿，敬陈酒醴，略展孝思，肃贡衣裳聊申哀慕，庶以妥而以侑，冀来格而来歆。尚飨！

大夫家庙祭文道光丁酉

维先人之垂裕，启后代而发祥。溯诒谋之有谷，永食德于无疆。诵清芬于累世，延奕叶之书香。始登云而发轫，复联步以腾禳。锡谷幸游于泮，沼世逢拔萃于黉庠。沐在天之馀泽，受庇佑而难忘。兹言旋而告庙，陈酒馔而肃将。冀潜扶而默相，庶来格而来尝。谨告。

大夫家庙增建后栋迁升龛位奉安神主文 道光庚子

家庙之立岁一星周，园廛旧业，轮奂新修。庙后馀基，先庐旧址，谁滋他族，而令处此。在昔先人，力图复旧，有志未逮。潜扶默佑，厚均弗似，实赖扶持。仰承遗志，克复旧基。爰始经营，增建栋宇，迁升龛位，奉安神主。伯叔兄弟，序昭序穆，升袝左右，一堂亲睦。兹择吉辰，虔申祀礼，以妥以佑。升香酌醴，伏冀先灵，佑启后嗣，继继承承，永千百世。尚飨！

题豳风图 道光甲申三月

图为先大父朝议公七旬晋一诞辰，攸邑蔡上峭绘此以介寿。时乾隆二十有八年。岁次，昭阳协洽，距今盖一周甲矣。

家母周太恭人以今秋七月八十大庆，命重加潢池，仍张挂于中庭，盖追忆六十年前洁枣馨兰随先大夫后跻堂上寿时事也。厚均谨奉慈命，装潢既毕，敬识数语于其端。

攸邑蔡上峭先生，余未及见。尝闻其品行高洁，不轻与人作绘。与余家累世姻娅。

先大父为其素所敬服，绘此图以介七旬晋一寿，时乾隆癸未岁也。越三载，厚均始生。自保抱携持以来，每至中庭，谛观此图，辄不忍去。六岁入塾，初授毛诗至《豳风》《七月》之章，颇讶图中物产如鸡犬为诗中所无，趋庭时质之。

先大夫曰："此画家之点缀，犹文家之烘衬耳。"继又讶诗中枣瓜园蔬之类图中不备。

先大夫曰："此即文家剪裁之法也。"尔时尚不解操觚，谨心识之，迄于今不敢忘。

道光三年岁次，昭阳协洽，春三月之吉，厚均又题。

祭元配张宜人七旬文道光戊戌正月初七

忆宜人之谢世，享六十有五。春阅岁倏，逾乎六载。纪秩已晋乎七旬。人间之居诸易逝，天上之日月常新。兹举祝厘之礼，正乘设帨之辰，抚杯棬而追慕，拭几筵而肆陈。偕阖家以洗腆，仍鞠賸而捧樽，升香而酌酒醴，洁馔而荐鸡豚。焚冥衣与冥楮，备受用于九垠。虽音容之既杳，惟灵爽其犹存。望泉台之来格，冀佑启于后人。谨告。

先慈周太恭人道场青词道光壬辰三月

言念鞠我恩深，德欲酬而无地，闵予命薄，憾徒抱以终天，哀念几难于自伸，真诚庶乎其可达。泣思吾母，持躬淑慎，赋性柔嘉，迨归我诰赠奉政大夫、晋赠朝议大夫先考湘亭府君，兰阶馨洁，琴案雍谐，洎值科庚竟遭竖子，顿教黄鹄永判青鸾，绩每伴乎敬姜，一灯课读丸常和乎柳母，五夜程功，诸孤得遂志于显扬。曾孙亦蜚声而振起，九重载锡，屡邀宠命之殊施，五世同堂，重沐褒旌之旷典，只冀期颐可卜，谁知馐膳顿捐。呜呼！六十四载之门户支持，未报劬劳于万一，八十九岁之酸辛，备历长留巾帼之典型。爰宜梵呗之文，稍解棘人之痛，念萱谢已经七日，曷胜悲哀？与椿灵应会重泉，如闻謦欬，并备具所需之冥器，更荐及已化之宗亲。伏冀觉路宏开，引慈亲同登乐国。佛恩普度，偕严考齐上斋坛，陟降庭除，俾阖室群叨庇荫，蛢幪子姓，庶孝门共戴鸿庥，得报春晖，永蒙慧照。谨意。

先慈周太恭人百岁冥寿道场青词道光癸卯七月

言念顾复恩勤难报劬劳之德，居诸征迈，常深明发之怀。慕永矢以终身，恩不忘于没世。惟先妣寿适周乎百岁，与先考庆相聚于九原。虽弧帨莫悬，不获绕膝前而舞彩，而几筵是设，依然登堂上而肴觞，爰召缁流用申素悃全仗无边之佛力，聊酬罔极之亲恩，翻贝叶以讽经，向莲台而供馔，具应需之冥器，备受用之凡仪。谊笃本支，集群昭群穆而咸在，情通姻娅，速诸姑诸舅以偕来，推及臧获之俦，悉沾伊蒲之惠。幽室之姻亲，毕萃泉台之岁月常新。伏愿寿域宏开，共引登乎觉路，福缘普庆，咸相渡以慈航。望诸佛之慈悲，冀一诚为感格。尚祈鉴享，永锡嘉祥。谨意。

元配张宜人道场青词道光癸巳七月

言念芳声顿歇，曾传荀奉倩之伤，遗挂犹存，难免潘安仁之悼，矧为四十九年之伉俪，常如琴好瑟调，纵享六十五岁之春秋，不啻电光石火，情谁能遣？忧曷可亡？惟宜人生自儒门，归于士族，洁羞而尽妇职，解佩而成夫名。宿火篝灯伴读，曾忘夜寝，瞻星听鼓，作羹以待。早朝躬膺象服之荣，身受鸾章之宠，虽恸长界之不禄，早叠抱以含饴，而抚庶出如所生。更广求夫助箦，芝兰竞秀，芹藻流芳，铎已秉于菽林，丸犹和于萱阯。四代胪欢而绕膝，一门同祝以齐眉。方歌燕喜而作朋，长赋鸡鸣之偕老。无何凤偶先驾鹤轮，竟使鳏夫独支鸳枕。子姓悲啼而不已，孙曾哀痛以难伸。爰仗缁流，虔摅素念，皈依三宝，超拔九泉。宫室衣裳并备，具所需之冥器，宗亲姻党，复荐度已化之灵魂。伏冀果结法台，花开觉树，香烟篆里，恍共鉴此斋盘，鱼磬声中，俾同登乎乐国。蛢蠓家室，陟降庭除，得荷慈悲。不胜感戴。谨意。

请禁传教结会以靖地方折缺　嘉庆甲戌

嘉庆十九年九月二十一日奉上谕，御史欧阳奏，湖南地方从前尚为安贴，近闻村落中有男、女混杂、互相教习之事，长沙府属之益阳县亦有之，又永明、江华二县毗连粤省处所，上年曾有结会图谋劫抢等事，现在人数尚不众多，诚恐日久贻患等语。地方匪徒传教结会，其初不过意图敛钱，乡曲愚民被其煽惑，传习众多，遂至滋生事端。现据阮元奏，江西馀干县地方有匪徒朱毛俚编造谣言，伪封官职一案，已拿获伙犯多名。此等匪徒聚齐人众，不但图谋劫抢，甚至倡为逆谋。惟在地方官随时查办，不致养痈贻患。兹据该御史奏郴州等处有习教结会之事，着湖广总督即派委员前往各该处严密访查。如有倚势人众、图谋抢劫者，将为首之人查拿严办示惩，并出示晓谕乡愚无知被诱传习，准予自首免罪，分别妥办，以除稂莠而靖地方。将此谕令知之。钦此。

请查上年教匪滋扰地方殉节男妇折嘉庆甲戌

为敬陈管见仰祈圣鉴事。上年九月内，直隶、山东、河南三省毗连处所突遭贼匪滋事，所有守土官员被贼戕害者，及署内被戕之幕友、亲属人等，俱经各督抚先后奏奉恩旨，分别给予恤典在案，其地方绅士人等捐躯就义者，本年二月内经山东学政查明具奏恩，交部照例议恤亦在案。伏思我国家教养生成数百十年，虽在僻壤，无不薰陶圣化，况近畿省分涵濡尤深。当贼匪倡乱之时，乡绅百姓竟能通晓大义，坚不从贼，恐不独山东一省有之。即如前月查办出征官兵携带幼孩案，内查出刘喜儿六名父母均系不肯从贼致遭戕害。可见民间舍生取义者尚不乏人，其中或骂贼而死，与贼格杀而亡，以至贞烈妇女以身殉节者，尤为可嘉。可悯地方官于剿捕紧要时，或未留心，及此今事定之后舆论犹存，尚可查访得实。虽其人已故，其家已破，而于其生前故里悬匾建坊，表厥姓名。俾愚夫愚妇有所观感，晓然知节义之可风，此亦激励人心、维持风俗之一助也。为此缮折奏请敕交直隶、河南及山东省各督抚学政，据实再行，确切查访，仍严饬所属，无任冒滥，庶贞魂义魄不致湮没于泉下矣。臣管见所及，是否有当，伏祈睿鉴。谨奏。

请禁长随胥役讦告本官及匿名揭告本官加等问拟并百姓告官属员揭参上司应申明旧例折缺　嘉庆甲戌　存刑部覆奏

刑部覆奏臣等查律载，奴婢告家长与子孙同，雇工人告家长者减奴婢一等。诬告者不减。又子孙告祖父母，父母得实，杖一百，徒三年，诬告者绞。又例载，隶身长随恩养三年以上依奴婢论，未及三年依雇工论。又例载，奴婢首告家主者，虽所告皆实，仍照律从重治罪。又律载，奴婢雇工人为家长隐者，皆勿论。又吏典，诬告本管官者，照律问拟。又诬告人笞罪，加所诬罪二等，流徒杖罪加所诬罪三等。又投帖匿名文书告言人罪者，绞监候。又例载，奸徒纂集事件挟制官府，审实依律问罪用重枷，枷号两月发落，该徒流者发近边充军。又上司有恃势抑勒许属员直揭部科，若属员已知上司提参即砌款诬揭者，审虚照诬告律治罪各等语，伏思隶身长随，虽非契买家奴，而其投身服役。主仆名分已定。故恩养三年以上例应奴仆论，即未及三年亦依雇工科断。查奴仆雇工诬告家长均罪，应绞决。即所告皆实奴仆仍照以干名犯义拟以满，徒雇工减一等。是长随讦告本官，无论所告是否得实，均照奴仆雇工例分别治罪。律例各有明文，毋庸另立专条。至衙役书办系在官人役承办稿案拘拿人犯与长随之。专为服役者不同长随之，与本官既依奴婢雇工办理，于例亦得容隐，故一经诬控，即应以干名犯义定拟。若胥役之于本官，例不准相为容隐。官吏作奸犯科，既不专罪本官，宽其承行之咎。则本官营私骫法，亦不能以身充胥役，杜其上诉之门。故定例按其所控虚实分别办理。不与长随同科。惟是犯上之风，其渐自不可长。如胥役人等，果有切已冤抑，或本官有不公不法等情，胥役人等既已承行惧有干连，自应准其告发。至狡诈之徒，或怨信用之不专，或苦约束之太严，图陷害以快私忿，应如该御史所奏，不可不严加惩创。臣等详加酌议，应请嗣后胥役控告本官，除实有冤抑惧被干连者，仍照例办理外，若一经审系诬告，应如常人诬告加等律上再加一等，以辨名分而儆奸究。又御史奏称长随胥役匿名揭告本官，加等问拟，一节查长随既与奴仆雇工并论，如果审系虚诬，应从重按诬告家长律拟以绞决。即所告得实，向亦照匿名告言人罪，本律拟绞监候。至胥役人等匿名揭告本官，固与奴仆雇工干名犯义不同，惟究有上下名分，若肆其奸谋诡计，匿名诬控亦应严加惩治，应请嗣后胥役匿名揭告本官，如所告得实，仍照律拟以绞候。若系诬告，亦即拟绞立决。纂人例册遵行。又该御史奏称，百姓告官、属员揭参上司，应申明旧例一节。臣等查奸徒纂集事件挟制官府，报复私仇，例有分别枷号充军之条，至属员揭参上司。如果实有冤抑，且许直揭部科，若并非切已之事，捏词诬揭审虚，即应照例治罪。定例本为周密，惟是近年以来，各省案件多有地棍把持、官长属员挟制上司等事，该御史因防微杜渐起见，应如所奏，由臣部通行直省各督抚、将军、都统、府尹，申明旧例遍行，恺切晓谕其现请，增定胥役诬告本官及捏名揭告本官新例二条。如蒙俞允，应令一并出示谕知，俾共知儆惕，庶上下之分明，则刁健之风息，似于吏治民情均有裨益。臣等谨将核……①

据呈转奏并条陈八旗教习折② 嘉庆甲戌

……敷行文，各学籍追足银价以为补买书籍之用。如监院不随时禀出即着落，赔补一交代宜严也。查各学书籍俱有交代，书院设立监院教官一员，以经管书籍，历系列入交代。近年来，不知何以全归乌有。应请嗣后更换监院新旧交代之时，添设二员。省城内现有三学，共教职六员，除新监院之同学官不派外，其馀两学各派一员，监交一体，具结申报，倘有遗失书籍不即行禀报着赔者，至下届交代时查出，即责令与监院各半分赔，并量予薄罚示儆。如另委别学及候补人员监院，亦请于省城内分学派。现任教职二员监交至交代册结向来申报监宪转申大人衙门，应请嗣

①原稿此下有错乱，误接下篇文章。

②原稿无标题，据目录补。此文开头部分缺失，错接上文。

后多造数，分申报学藩、臬粮各宪及长沙府宪各衙门存案，以备稽查。

一、藏贮宜谨也。查藏贮书籍，须防霉，变起于潮湿，尤莫甚于房屋之渗漏。现在御书楼一座重修完固，楼上楼下俱可藏书。若不逐年苫盖修理，恐难经久。应请增岁修一项，每岁所需不过数金，以为添补瓦片，修整格扇之用，如椽桷墙壁损坏，应大加修饰。监院随时察看情形，申请勘估办理至贮书用柜用架各随其便必须坚实。干料做法不得苟简，庶免虫蛀损坏等弊。约计柜一双，需银在二两上下。架一只，需银不上一两，为数尚属无多，应请添制备一项。俟购书籍已有成数，再定柜架，数目之多寡，惟查前二项银两。书院内每年俱有此款项名目。近年来，竟系有名无实；应请嗣后御书楼及书院内堂庑学舍新增旧有一切制备。岁修银两每年于起馆之后一月之内，或遴委廉员会同监院领银结报办理，或由院长监院在肄业生内选择首事一二人承办，其银两随同膏伙发交该生，具领办理。或在门堂斋夫内院长监院选择一名承办，其银两随同该役工食发交，具领办理。庶不致假手胥吏，银无扣克、工归实用矣。

一、看守宜专也。查御书楼一座，在书院中最后一层，地本僻静，围墙尚为周密。应请设看守人役一名，令其在馆居住。谨司锁钥，随时看视，不许闲游人等入内窥伺，并不许肄业诸生借住楼下。每年霉雨月分，禀请监院眼同晒晾书籍，其工食银米照门堂斋夫之例，每月……①

①原稿此下有错乱，误接下篇文章。

附陈秋舫殿撰沆题语[①]

……弊之道未尝不周。今将遵行已久之考取改为挑取。臣窃以为徒事更张，反多格碍。伏查各学设立教习，原以课读八旗子弟，自不应稍有旷间。从前考取时系留京，各生情愿赴考，始行取结投卷。是以一经取录，即行在部候缺。至改挑取，各生于揭晓未经中式之后回籍者多，及至按名传补，往往临传不到每名，向三次三传共阅九日。前名不到，再传次名。以次递传，则八旗子弟之旷学为期已不少矣。况考取时，其中有现取教习誊录及在各衙门行走之员。礼部向来责成出结官于结内声明投卷时，即可径行扣除，不准入场。是以取录各生尽足敷用，不至有越次传补及别项借补等事。书吏等无从借端滋弊，至挑取俱系科举各生即有例不应补教习之员，势不能预为扣除。即如上年乡试考官在落卷中挑取教习五十名，送至礼部拆阅弥封。其中应扣除者竟有三十三名之多。榜上填列者仅止十七名。事阅一载，上月内又将十一名之张学庭扣除，以致该生啧有烦言。是挑取之格碍徒滋物议，已可概见矣。且不独此也。科场考试关防最宜严密，各项贡监向来无论正途俊秀，卷面止戳印皿字号。今因挑取教习例止应以正途贡生充补，又于卷面添印“正途”二字，其卷面只印皿字者，不问而知其为俊秀矣。房考各官近来自爱者固多，倘竟有暗通关节者，更可一目了然。恐于杜弊之中转滋一弊，尤不可不防其渐。是挑取之格碍难行，实于乡试为尤甚。应请钦派大臣会同礼部将八旗等学教习可否停止挑取，仍照旧例考取之处悉心妥议，无稍

①原稿无标题，据目录补。此文开头部分缺失，错接上文。

回护以归核实。是否有当，伏祈睿鉴。

谢赐御书城南书院匾额奏呈道光癸未

为恭谢天恩吁恳代奏事上年湖南巡抚左修复城南书院，奏请御书匾额。奉恩旨允准，本年二月二十八日巡抚左亲赍御书“丽泽风长”四字匾额一幅，颁发城南书院，交监修首事人等，选觅工匠敬谨摹泐。现已镘刻完竣，择吉于道光三年四月十六日恭悬讲堂。厚均会同前任云南迤西兵备道余正焕，率领监修书院绅士陈新彭、屈本璿、杨璋、阎有容、周时若、唐方夔、黄文耀及肄业贡监生员人等，恭设香案望阙谢恩讫。钦惟我皇上缉熙念典，精一垂谟，道协神枢，启珠囊而广运治，符心矩握金镜以周知，建皇极用敷锡，庶民观人文以化成天下。虽楚南僻居偏壤，而书院旧有名区萃屈宋骚雅之才咸归乐育，仍朱张讲学之地。式焕新模。仰荷恩纶特颁宸翰堂名丽泽，本宋儒经始之膀题化洽随风沛。圣主儿馀之奎滚高风可仰，惟先正尚有典型馀韵长留？俾后学闻而兴起。敬卜清和之吉日，恭悬云汉之天章宝墨淋漓龙缣刻翠琼笺璀璨麟管霏金腾万丈之光芒，远轶洞庭秘简永亿龄而传颂更逾岣嵝神碑湖岳增辉，疑湘溢庆，从此闾阎鼓箧志同方道同术群资朋友讲习之功，济济升堂就如日瞻，如云长，沐君师宠绥之德欢腾无既感戴难名谨合词吁恳代奏谨呈。